普通高等教育"十一五"国家级规划教材

中国信息经济学会电子商务专业委员会 **推荐用书**

高等院校电子商务专业系列教材

客户关系管理 （第3版）

杨路明　崔　睿　陈文捷　罗裕梅　杨竹青　编著

重庆大学出版社

内 容 提 要

本书是普通高等教育"十一五"国家级规划教材。全书共分 10 章,全面介绍了客户关系管理的起源和发展趋势,从概念、内涵分析了 CRM,并说明了竞争环境下,重视客户关系管理战略的关键及意义。书中系统介绍了 CRM 的流程、系统设计与实施,结合实际应用对数据管理、客户体验管理、工作流管理及"一对一营销"等先进管理思想指导下的 CRM 营销做了详细的讲解,并介绍了电子商务下的客户关系与企业资源计划、供应链管理、知识管理等的整合。同时,着重探讨了客户关系管理对现代企业的作用和价值,包括变革企业组织和业务流程、提升客户满意度和客户忠诚度、构造企业竞争力、重塑企业文化等,提出了评测 CRM 实施效果的方法和指标体系。最后,本书结合中国实际,介绍了CRM 在我国重要行业的应用现状、主流 CRM 系统的特点及发展趋势。

本书适合作为高等学校管理类、经济类以及电子商务类本、专科以及研究生的教材,同时可以作为CRM 研究和应用人员的参考书,也可以作为政府公务人员学习和认识客户关系管理的参考书与教材。

图书在版编目（CIP）数据

客户关系管理/杨路明，等编著. -- 3 版. -- 重庆：
重庆大学出版社，2020.9（2022.7 重印）
高等院校电子商务专业系列教材
ISBN 978-7-5689-2106-0

Ⅰ.①客… Ⅱ.①杨… Ⅲ.①企业管理—供销管理—
高等学校—教材 Ⅳ.①F274

中国版本图书馆 CIP 数据核字（2020）第061595号

客户关系管理
（第 3 版）
杨路明 崔 睿 陈文捷 罗裕梅 杨竹青 编著
策划编辑：尚东亮
责任编辑：尚东亮 版式设计：尚东亮
责任校对：关德强 责任印制：张 策
*
重庆大学出版社出版发行
出版人：饶帮华
社址：重庆市沙坪坝区大学城西路 21 号
邮编：401331
电话：(023) 88617190 88617185（中小学）
传真：(023) 88617186 88617166
网址：http://www.cqup.com.cn
邮箱：fxk@ cqup.com.cn（营销中心）
全国新华书店经销
中雅(重庆)彩色印刷有限公司印刷
*
开本：787mm×1092mm 1/16 印张：27 字数：643千
2020 年 9 月第 3 版 2022 年 7 月第 13 次印刷
印数：37 501—39 000
ISBN 978-7-5689-2106-0 定价：69.00 元

总　序

重庆大学出版社"高等院校电子商务专业系列教材"出版10多年来,受到了全国众多高校师生的广泛关注,并获得了较高的评价和支持。随着国内外电子商务实践发展和理论研究日新月异,以及高校电子商务专业教学改革的深入,促使我们必须把电子商务最新的理论、实践和教学成果尽可能地反映和充实到教材中来,对教材全面进行内容修订更新,增补新选题,以适应新的电子商务教学的迫切需要,做到与时俱进。为此,我们于2015年启动了本套教材第3版修订和增加新编教材的工作。

从2010年以来,中国的电子商务进入新的发展阶段:规模发展与规范发展并举。电子商务三流规范发展与中国电子商务法制定同步进行:①商流:网上销售实名制由国家工商总局负责管理;②金流:非金融机构支付服务资质管理由中国人民银行总行负责管理;③物流:快递业务规范管理由国家邮政局负责管理;④电子商务立法:中国电子商务法起草工作由全国人大财经委负责组织。中共中央、国务院及多个部委陆续出台了一系列引导、支持和鼓励发展电子商务的法规和政策,极大地鼓舞了已经从事和将要从事电子商务活动的企业、行业和产业,从而推动了电子商务在我国的稳步发展。特别是李克强总理提出"Internet+"行动计划以来,电子商务在拉动内需、促进就业和促进创业的作用正空前显现出来。全国从中央到地方多个层面和行业对电子商务的认识逐步提高,电子商务这一先进生产力正在成为我国经济社会新的发动机。

2015年7月28日人民日报报道:全国总创业者1 000万,大学生占618万。其中应届毕业生占第一位,回国留学生占第二位,在校大学生占第三位。2016年5月5日中央电视台新闻报道:全国大学生就业20%由创业带动;全国就业前十大行业中Internet电子商务排名第一。中国的大学正在为中国的崛起提供源源不断的人力支持、智力支持、创新支持和创业支持,Internet电子商务正成为就业创业的领头羊。

在教育部《普通高等学校本科专业目录(2012年)》中已经把电子商务作为一个专业类给予定义。即在学科门类:12管理学下设1208电子商务类,120801电子商务(注:可授管理学或经济学或工学学士学位)。2013年教育部公布了高等学校电子商务类专业教学指导委员会(2013—2017年)名单,共由39位委员组成,是第一届21名委员的近两倍,主要充实了除教育部直属高校以外的地方和其他部委所属高校的电子商务专家代表。

截止到2015年底,全国已有400多所高校开办电子商务本科专业,1 136所高职院校开办电子商务专科专业,几十所学校有硕士培养,十几所学校有博士培养。全国电子商务专业在校生人数达到60多万,规模全球第一,为我国电子商务产业和相关产业发展奠定了坚实的基础。

重庆大学出版社 10 多年一直致力于高校电商教材的策划出版,得到了"全国高校电子商务专业建设协作组""中国信息经济学会电子商务专业委员会"和"教育部高等学校电子商务类专业教学指导委员会"的大力支持和帮助,于 2004 年率先推出国内首套"高等院校电子商务专业本科系列教材",并于 2012 年修订推出了系列教材的第 2 版,2015 年根据教育部"电子商务类专业教学质量国家标准"和电子商务的最新发展启动了本套教材的第 3 版修订和选题增补,增加了新编教材 14 种,集中修订教材 10 种,电子商务教指委有 14 名委员参与主编,2016 年即将形成一个近 30 个教材品种、比较科学完善的教材体系。这是特别值得庆贺的事。

我们希望此套教材的第 3 版修订和新编能为繁荣我国电子商务教育事业和专业教材市场、支持我国电子商务专业建设和提高电子商务专业人才培养发挥更大的作用。同时我们也希望得到同行学者、专家、教师和同学们更多的意见和建议,使我们能够不断地提高本套教材的质量。

在此,我谨代表全体编委和工作人员向本套教材的读者和支持者表示由衷的感谢!

总主编　李琪

2016 年 5 月

　　《客户关系管理》第 3 版与广大读者见面了。从第 2 版出版到现在相隔了 8 年多的时间,在这 8 年间,随着国际经济一体化与互联网技术的发展,以及大数据、云计算、物联网等新技术的应用,企业间的竞争变得更为激烈。大中小企业都在为获取客户、保持客户而努力,如何应用客户关系管理去识别、发展、获取并保持可获利客户,从而提高客户体验、提高客户满意度与忠诚度、提高企业竞争力成为众多企业追逐的目标。

　　随着 IT 技术与互联网的快速发展,在数字经济时代,企业、组织甚至国家之间的竞争已经从过去的以质量、价格、管理为中心的竞争,转变为以客户为中心的竞争。而在管理及竞争中的一个重要环节,IT 环境下的客户关系管理(CRM)全面解决了针对企业外部及企业内部的客户问题,实现了对客户资源的有效挖掘和利用。而各类组织在管理模式向服务模式的转变中也需要客户的支持,因此,客户关系管理已经不再是单纯的企业问题,而是向新的管理方式转变的一种需要。它对企业及组织的发展起到了重大的促进作用,并成为企业获得客户的竞争手段。

　　客户关系管理的实施目标就是通过对企业业务流程的全面管理来降低企业成本,通过提供更快速和周到的优质服务来吸引和保持更多的客户。作为一种新型管理机制,客户关系管理将极大地改善企业与客户之间的关系,实施于企业的市场营销、销售、服务与技术支持等与客户相关的领域。对于现代商业来说,客户关系管理是商务活动中的信息资源,企业所有的商务活动应当具有的信息都与客户关系管理有直接的关系,客户关系管理已经成为各行各业信息技术与管理技术的中心。

　　本书以第 2 版作为修改的基础,吸收了最新的科研成果、应用方法与现实案例,理论与实际相结合,以求读者能获得更多的理论与方法。

　　本书不只是为了高校学生学习客户关系管理而编著,也是为各类企业、政府部门及相关组织的人员认识、理解和学习客户关系管理而编著的一部客户关系管理书籍。

　　本书以理论与实际相结合作为出发点,比较系统地介绍了客户关系管理的理论、方法及应用技术。它具有如下特点:

　　①系统性强。准确介绍了客户关系管理的基本概念,具有较强的逻辑性。

　　②内容翔实。书中收集了大量的客户关系管理的应用案例,读者可以从案例中了解并认识客户关系管理的应用。

　　③符合学生及一般人员学习的特点。本书的作者都是高等院校的教师,具有丰富的教

学经验,并已经多次讲授过客户关系管理课程,因此能够从学生的角度,从一般读者的角度出发来引导读者学习并掌握客户关系管理理论,掌握其方法与相关的技术。

④技术先进。本书对客户关系管理所涉及的技术进行了比较详细的分析与说明,对侧重技术及管理的读者也具有比较好的参考价值。

⑤实用性强。此次修订对各章案例全部更新,针对实际案例进行分析,具有比较好的指导性,也可以作为学习与研究客户关系管理的入门向导。

⑥习题多样化。此次修订对习题进行了大幅更改。从各方面提高学习的效果,有助于读者掌握客户关系管理的理论与方法。

本书由杨路明(福建阳光学院特聘教授/云南大学教授、博士生导师)负责全书的整体策划、编著和最后统稿及修改。本书第3版的修订工作主要由杨路明(福建阳光学院特聘教授/云南大学教授、博士生导师)、崔睿博士(江苏理工学院)完成。2018级研究生余梦、常瑶,也参与了本书的写作与修改。本书的PPT由2019级研究生杜昱辰、李海兰,2020级研究生刘阳阳、李玉玲制作完成。

本书得到了教育部高等学校电子商务类专业教学指导委员会众位专家的大力帮助与支持,教指委专家对本书提出了许多宝贵意见,在此表示谢意。对关心本书编写的各位专家及读者表示感谢。对在本书写作过程中所参考的专著、教材、论文的作者深表谢意,由于所参考书目众多,不可能一一列出,在此深表歉意。

本书在原有基础上进行了大量的修改,特别对案例和部分习题进行了更新,对客户体验、客户抱怨与投诉、客户流失与预警等部分内容进行了重新的撰写、更新与补充。但是由于本书作者在教学及科研上,特别是对客户关系管理的理解与认识上仍有许多不足,书中难免有不当之处,敬请读者批评为谢。

谨把此书献给所有努力对企业、政府的客户关系管理进行研究、学习、设计与实现的各类工作人员、科研人员和学者及学习客户关系管理的各类人员。

杨路明

2021年3月1日

云南昆明龙泉路云南大学小区

Lmyang@ ynu.edu.cn

目 录

第1章
客户关系管理的起源和发展

［课前导读］

随着互联网的迅猛发展,市场的不断成熟,世界经济进入了电子商务时代。产品和服务的差异越来越小,以生产为中心、以销售为目的的市场战略逐渐被以客户为中心的战略所取代。谁能掌握客户的需求,加强与客户的关系,有效挖掘和管理客户资源,谁就能获得市场优势,在激烈的竞争中立于不败之地。以客户为中心的客户关系管理(CRM)成为电子商务时代企业制胜的关键。

［学习目标］

- 了解客户关系管理的起源及历史演变过程;
- 了解客户关系管理产生的背景;
- 了解客户关系管理的发展动力;
- 从 CRM 理念、应用技术和市场等方面分析 CRM 的未来发展趋势。

1.1　客户关系管理的起源和理论背景

1.1.1　CRM 的起源及发展历程

客户关系管理的理论基础来源于西方的市场营销理论,经历了以"产品为中心""市场为导向"及"客户为中心"的演变过程,而对应的客户关系管理系统也从早期的帮助办公桌(Help Desk)、接触管理(Contact Management)等应用系统发展到今天的客户关系管理(CRM)系统,其间经历了 10 多年的演变。

1)客户关系管理的起源

市场营销作为一门独立的管理学科,其存在已有将近百年的历史,它的理论和方法极大地推动了西方国家工商业的发展,深刻地影响着企业的经营观念以及人们的生活方式。信息技术的快速发展,为市场营销管理理念的普及和应用奠定了基础,并开辟了更广阔的空间。

在工业经济时代,企业通过提高工效并最大限度地降低成本,同时建立质量管理体系以控制产品质量,从而取得市场竞争优势。可以说,工业经济时代是以"产品"生产为导向的卖方市场经济时代,也可称作产品经济时代。产品生产的标准化及企业生产的规模大小决定其市场竞争地位,企业管理最重要的指标就是成本控制和利润最大化。

生产力的不断发展,逐步改变了全社会生产能力不足和商品短缺的状况,并导致了全社会生产能力过剩。由于商品的丰富并出现过剩,客户选择空间及选择余地显著增大,与此同时,客户的需要开始呈现出个性化特征。为了提高"客户满意度",企业必须完整掌握客户信息,准确把握客户需求,快速响应个性化需要,提供便捷的购买渠道、良好的售后服务与经常性的客户关怀等。企业尝试着去衡量每一个客户可能带来的赢利能力,并委派专门的客户代表负责管理客户。在这种情况下,企业将为客户送去他们需要的产品,而不是让客户自己去寻找他们需要的产品。在这种时代背景下,客户关系管理理论不断被提升,并逐渐得到完善。

客户关系管理被企业重视的另一个重要因素是近年来资本市场的发展。一个新成立的企业尤其是服务类企业,在没有取得利润前,会计师事务所及投资公司都将企业客户资源作为对企业价值评估的重要指标,这一点在网络公司最为显著。

2)客户关系管理的演变过程

事实上,客户关系管理是在早期的数据库营销中发展和完善起来的。在早期的数据库营销阶段,企业已经意识到掌握丰富的客户信息能够为他们带来巨大的效益,于是纷纷投巨资用于建立客户资料数据库,以获取客户的信息。同时,为取得客户的"忠诚",企业通过消费积分或通过价格折扣等营销活动换取客户忠诚度,但是并没有取得令人满意的效果。因此,成功的营销商开始意识到,营销的关键在于通过长期引导客户行为,强化企业与客户的联系,建立并有效地管理客户与企业的关系。这是一种营销方式,但已经超出了营销的范围;这是在企业和客户之间建立一种双向的关系,并从客户利益和企业利润两个方面实现这种双向关系,以获得客户和企业的价值最大化。

在以"产品为中心"的阶段,由于产品的匮乏,企业的生产是以生产商为主导进行的。企业更关注产品质量管理,"酒香不怕巷子深""皇帝的女儿不愁嫁"是这个阶段的最好写照。

在以"市场为导向"的阶段,企业生产的产品开始出现过剩,企业把注意力转移到市场需求上来,通过市场调研并对市场行为进行研究与分析以了解市场需求,这个时期企业注重对销售渠道和终端的管理,同时,市场调研或抽样调查分析都是"以小代大"进行的,没有考虑客户的个性化需求。

在以"客户为中心"的阶段,各种现代生产管理思想的发展和生产技术的提高,使产品的差别越来越难以区分,产品同质化的现象也越来越明显。因此,通过产品差别来细分市场从而创造企业的竞争优势,也就变得越来越困难。企业开始意识到客户个性化需求的重要性,认识到一种产品只能满足有限的客户。因此,企业的生产运作开始转向围绕以"客户为中心"进行,从而满足客户的个性化需求。

3）客户关系管理系统的发展历程

从早期的帮助办公桌（Help Desk）、接触管理（Contact Management）等应用系统到今天的客户关系管理（CRM）系统，其间经历了 10 多年的演变。形成以客户为中心的软件服务系统，就像是在做一幅拼图，通过 10 多年的时间，才得出今天这种相对完整的客户关系管理（CRM）图像。下面从 CRM 系统的历史演变过程来分别介绍其发展过程中的几个代表性软件系统。

（1）简单客户服务

这是 CRM 系统的雏形，以帮助办公桌（Help Desk）和错误跟踪系统（Bug Tracking System）为典型应用。

在 CRM 之前，很多美国的大型服务公司都开发了自己的客户资料及问题管理系统，一般被称为帮助办公桌系统，这种系统功能简单，不具有普遍的应用价值。而一般的软件公司则用错误跟踪系统来管理软件产品开发中的错误，它在后来成为产品开发公司面向客户的产品服务管理的一个重要组成部分。

（2）复杂客户服务系统与呼叫中心

以客户服务管理（Customer Service Management）、现场管理（Field Services）和呼叫中心（Call Center）为典型应用，将在以后章节中作详细论述。

（3）销售自动化系统

在市场竞争日趋激烈的今天，如何提高销售业绩和销售员的生产效率已成为企业核心竞争力的一部分。对于销售来说，销售流程的管理，控制、跟踪现有客户，发现潜在客户等都变得非常重要，销售自动化（SFA）作为 CRM 的前身，发挥了巨大的作用。

销售自动化系统可以帮助公司获取和保留客户，而新的管理方式可提高管理效率，缩短销售周期，提供更好的销售情况能见度，为公司提供更好的财务保证。同时它可以有效地管理销售人员的销售活动，实现利润的极大化。

（4）前台办公室（Front Office）

这是由办公软件销售商 Clarify 公司倡导的解决方案。Front Office 是相对于 Back Office 而言的。所谓 Front Office 软件即指应用在销售部门、客户服务、呼叫中心和技术支援方面的软件。Front Office 软件的目的在于提升企业的销售、营销与客户服务的效率。而今随着企业逐渐把下单与订货等商业流程搬移到互动式的网络来进行之后，Front Office 不仅要与 Back Office 整合，还要与互动式网络应用软件相整合，于是 CRM 渐渐地取代了原有的 Front Office。

（5）客户关系分析

在分析型客户关系管理逐步成型后，有关客户资料的分析及利用渐渐显示出强大的生命力。数据分析最初应用的只是简单的统计方法，但在管理决策中起到了重要的作用，商业的需要促进数据分析技术和工具快速发展起来，产生了数据仓库技术、数据挖掘方法、联机分析应用等手段，客户关系分析是 CRM 演变过程中重要的一步。

（6）客户关系管理系统

客户关系管理系统 CRM（Customer Relationship Management）由客户服务、销售自动化、

客户关系分析等组成,它的模块是 CRM 演变过程中各功能模块的集合,是一幅相对完整的拼图。CRM 形成了一种新的企业解决方案,使企业可以有力地应对激烈竞争的环境。

1.1.2 客户关系管理的理论背景

客户关系管理是现代营销理论在信息技术基础上的应用与发展,其理论的发展经历了从"4P"到"4C","4C"到"4R"的过程。

1)客户关系管理与现代营销理论

我们知道,客户关系管理这个名词是在互联网应用达到一定程度的普及之后,也就是最近十来年才产生的。它的提出和广泛宣传同信息技术,特别是互联网技术的发展和成熟应用密切相关。那么,作为一个企业的长期的客户维系战略,与同样以满足客户需求和实现企业经营目标为宗旨的现代营销理论有什么关系呢?CRM 的营销理念符合什么营销思想?

美国市场营销协会(American Marketing Association)对营销的定义是这样描述的:营销是企业计划和执行 4P(产品/服务、价格、促销、渠道)策略的一个商业过程,旨在赢得既能满足客户又能实现企业经营目标的成功交易。

仔细分析这个营销概念,就会发现它同 CRM 所包含的商业理念没有任何冲突,甚至可以说,CRM 的理念是营销理论框架下的子论点。实际上,营销理论的"关系营销"的概念几乎就是 CRM 的概念。营销理论对"关系营销"的解释是:关系营销是为了同客户和其他重要的"公司利益分享者"建立良好关系的一类营销,关系营销找出高价值的客户和潜在客户并通过人性化的关怀使他们同企业产生"家庭式"的密切关系。

由此可见,现代营销理论对"关系"的定义比 CRM 更为全面,不管从何种角度看,CRM 的经营理念绝不是一个单独出现的或者说是新的"某种理论"。可以说,CRM 概念的产生和广泛"炒作"同技术和时代背景是分不开的。除了关系营销概念以外,在分析 CRM 时,其他类似的营销论点也经常被提及,现归纳如下:

①80/20 法则,即企业 80% 的利益或收入是从 20% 的客户中获得的。

②整合营销信息渠道的论点,强调企业通过各种传播媒介向客户、分销商、提供商以及任何其他关系对象,如政府、公众等发出的信息,必须是统一的和一致的。

③"一对一营销"思想,即企业要尽最大的努力满足每个客户独特的个性化需求。

④企业获得一个新客户的投入是留住一个老客户的数倍。

⑤一个满意的客户可以向多人宣传企业的好处;一个不满意的客户会迫不及待地向更多的人讲述他的"苦难"经历。

⑥客户周期理论可归纳为三段论:获得新客户、关系加强、与利润客户保持永久关系,如图 1.1 所示。

CRM 是现代营销理论在信息技术基础上的应用与发展,信息技术使营销理论中的关系营销、"一对一营销"等思想在现实意义上得以实现。CRM 首先是一种理念,然后才是技术,但理念的实现离不开技术,而且技术反过来也会对营销理论补充,主要体现在两个方面:

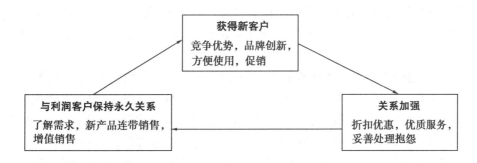

图 1.1　客户周期理论

①CRM 的互联网应用已经超越了原来营销理论的单一"互联网营销"的使用范畴,成为新时代的另一种销售、服务、营销、信息采集与传送等业务领域的全天候的客户互动渠道。

②企业的市场营销策略将与技术更密切相关,实施的成败将很大程度上取决于 CRM 应用系统在企业中的实施状况,即技术将反过来直接影响企业的营销战略。一个对技术不甚了解的营销经理将不再能适应新的形势。

2)从"4P"到"4C"理论的提出

营销优势就是企业要比竞争对手更了解消费者的需求,不仅能满足消费者的需求,而且还能使消费者信任自己。在电子商务环境下,企业如何构建自己的营销优势?传统的"4P"理论(产品 Product,价格 Price,渠道 Place,促销 Promotion)是管理咨询公司麦卡锡于 1960 年提出的,在传统经济时代起到了卓越的功效。然而,随着新经济的产生与发展,消费者在企业营销中的主体地位日益确立,原有的"4P"理论已不足以满足顾客的价值需要。

1990 年,以美国劳特朋(Lauterborn)为代表的营销专家认为:企业从事营销必须以客户为中心而不应以企业为中心,为此他们提出"4C"理论,即消费者(Consumer)、成本(Cost)、沟通(Communication)和便利性(Convenience)。"4C"理论的提出对传统的"4P"理论冲击很大,由于传统"4P"理论是一种企业导向而非真正的顾客导向,也就是说,以"4P"为核心的传统营销是一种由内向外的经营思维,本身带有销售观念的痕迹。而"4C"理论的经营哲学则刚好相反,它是一种由外向内的经营思维,是市场观念的具体体现。在网络经济条件下,由于网络的即时交互、超越时空的特点,使企业和消费者之间的距离消失,它们之间的联系更加密切和方便。因此,贴近市场的"4C"理论比"4P"理论更能概括网络经济条件下企业营销的特点,从而对企业的经营活动更富有指导意义。有学者认为,在网络经济条件下,"4C"理论将替代"4P"理论,即:

(1)顾客(Consumer)将替代产品(Product)

在网络经济条件下,企业应把产品原有的优点放在一边,忘掉它,并把精力转移到研究消费者的需求和欲望上来。由于传统的产品早在消费者提出需要之前,企业已设计制造出来,而消费者无法按照自己的需求对产品提出设计要求。在 20 世纪初,福特汽车公司提出"不管顾客需要什么,我的轿车一律是黑色的",市场上所有消费者的个性被扼杀。后来,汽车厂家把市场进行细分,即把顾客按照其需求特征进行有效的归类,然后为每一类顾客提供一种产品。这只是在福特无差异营销基础上向前迈进一步,它仍然把在需求的特征上相近的顾客看作完全同质的,每个顾客的个性化需求仍然被扼杀,只不过是在程度上小一点罢了。

然而,在网络经济条件下情况则不然,由于网络下的厂家和消费者能够做到即时互动,厂商可以把市场的每一个消费者都看作一个完全不同的目标市场,并根据其个性化的需求为其定制产品,顾客的需求和期望永远是网络经济条件下企业设计产品的唯一标准,那种把产品在工厂设计好再卖给消费者的经营模式已经过时。在这方面,美国的戴尔电脑公司为企业作出了一个样板。在戴尔的经营模式下,客户可以从设计开始,通过网络与戴尔公司进行密切合作。顾客根据自己的需求特点增加或减少某种功能,成为产品的设计主体。这种经营模式真正实现了"顾客至上"的原则,使顾客真正享有"上帝"的权利。传统的观点认为,戴尔电脑公司是美国第四大电脑制造公司,应该列入制造业,但公司总裁戴尔认为,戴尔公司更富有服务企业的特征,戴尔公司的核心能力是了解和集中客户的需求信息,依据客户要求装配电脑,并提供售后服务和解决方案。因此,与其说戴尔提供电脑产品,还不如说戴尔在满足顾客更恰当。从上面的分析可以预见,在网络经济条件下,"产品"将是一个过时的名词,而取代它的将是"顾客"。

(2)成本(Cost)将取代价格(Price)

在网络经济条件下,产品的价格信息将是彻底透明的,由于你的竞争对手就在隔着鼠标的一击之间。传统经济那种利用消费者在价格信息获取能力上的劣势来给产品定上一个高价的手段将无法实施。各种诱使消费者购买的定价技巧将会被消费者通过比较而识破。因此,在网络经济条件下,企业应把自己的主要精力从研究定价的策略上调整到如何降低企业的生产经营成本上来。在市场售价已定的情况下,企业获得超额利润的唯一途径就是成本。这就是说,在网络经济条件下企业的定价必须遵循市场导向,即由原来的"价格 = 成本 + 利润"的思维方式改为"利润 = 价格 - 成本"。日本的丰田汽车公司是这种思维的典型代表,它们认为过去那种在企业产品成本基础上加上一定比例的利润的做法越来越行不通了,因为这样的汽车价格未必能得到市场消费者的认可。而现在丰田汽车公司把产品定价的权力让给了市场,当顾客把其所需要的产品价格确定下来后,丰田接下来的工作便是在保证顾客满意和产品质量的前提下,研究如何进行有效组织生产和营销,以便把成本降下来,然后从价格与成本的差额中扩展利润空间。从上面的分析可以看出,在网络经济条件下,企业定价的权力将越来越小,而其获取利润的主要方式便是降低成本,"成本"这个概念对企业来说其内涵远比价格更大。

(3)沟通(Communication)将替代促销(Promotion)

大家知道,传统促销的主要手段有广告、人员推销和营业推广等,这几种促销措施是工业化大规模生产时代的"强势营销"。广告的逻辑是我的宣传会改变消费者的个人选择,企业企图以一种信息大量灌输的方式在消费者心目中留下深刻的印象,它根本不考虑你需不需要这类信息。虽然大量的灌输性广告可以扩大品牌的知名度,但它却在损害品牌的美誉度。人员推销的逻辑是我可以采用推销技巧说服任何一位顾客购买我的产品,而不管他是否真的需要。的确,推销人员的口才往往非同一般,在他们的巧言相劝下,也许消费者会把产品购买下来,但是,如果产品不能真正满足其需求,他事后会对企业的产品和推销人员产生反感,而这种反感对企业的长远利益是极为不利的。营业推广的逻辑则是任何顾客都不会抵挡住我对他的利益诱惑,于是,今天来个打折,明天来个有奖销售,后天再来个买一送一,大后天再来个免费品尝,这些雕虫小技、小恩小惠迟早会使消费者失去兴趣的。而通过网络进行双向沟通则不然,它是在充分了解顾客的基础上进行的,是顾客自愿的一种选择,而且在沟通过程中通过对话的方式,双方既是信息的发出者又是信息的接受者,地位是平等的。从上面的分析可以看出,在网络经济条件下,"促销"将使人难以接受,而"沟通"则让人备感亲切。

(4)便利(Convenience)将替代渠道(Place)

渠道是商品从生产者到消费者手中所经过的通道。它的作用在于使消费者在适当的时间、适当的地点购买到他所需要的产品。它实质上是为消费者的购物提供便利性,即时间便利、地点便利和品种便利。顾客一般都喜欢快速交货、随时买到或能就近买到商品,甚至是足不出户由别人送上门来;同时顾客还希望渠道提供较多的花色品种以便充分利用自己的选择权。在网络经济条件下,网络实时互动、跨越时空的特性使渠道"便利性"这一实质体现得更加充分。从消费者购物追求的时间效用方面来说,网络可使这一效用的实现达到最大化。网络经济下的企业提供的是24小时在线服务,任何人可在任何时间向网上企业寻求帮助,而且在商品买卖结束后,网上企业还会从距消费者最近的发送地以最快的速度把商品送到消费者手中。从消费者购物追求的地点效用来说,网络使其实现达到了极限,任何消费者可在足不出户的情况下实现购物,空间在网络经济下已经消失。从消费者购物追求的品种效用来说,网络商店相对于传统商店更富优势,不仅单个的网络商店品种会更多,而且消费者从一个网络商店到另一个网络商店去进行品种比较选择时,几乎不需要花任何时间成本和精力成本,只是鼠标轻轻地一敲即可实现。从上面的分析可以看出,用"便利性"这个词来描述网络经济下企业的渠道更准确,更能反映渠道的实质。

当然,也有学者认为"4C"不是对"4P"的替代,只是在电子商务环境下,"4P"必须要以"4C"为导向,"4P"与"4C"应该进行互补和整合,即根据顾客的需求与期望来生产和销售产品(Product-Customer 的整合);根据顾客能支付的费用来定价(Price-Cost 的整合);从方便顾客选择购买来设置分销渠道(Place-Convenience 的整合);主要通过企业同顾客的情感交流、思想融通,寻求企业与顾客的契合点来达到促销的目的(Promotion-Communication 的整合)。

3)从"4C"到"4R"理论的提出

"4C"理论是在新的营销环境下产生的,它以消费者需求为导向。与产品导向的"4P"相比,"4C"有了很大的进步和发展,但从企业的实际应用和市场发展趋势看,"4C"理论依然存在不足,因此有了"4R"理论。

(1)"4C"理论的局限性

①"4C"理论以消费者为导向,着重寻找和满足消费者需求。而市场经济还存在竞争导向,企业不仅要看到需求,而且还需要更多地注意到竞争对手,冷静分析自身在竞争中的优劣势并采取相应的策略,才能在激烈的市场竞争中立于不败之地。这显然与市场环境的发展所提出的要求有一定的差距。

②"4C"理论以消费者需求为导向,但消费者需求存在一个合理性问题。消费者总是希望质量好、价格低,特别是对价格的要求是无界限的,如果企业只看到满足消费者需求的一面,企业必然付出更大的成本,久而久之,必然会影响企业的持续发展。因此从长远看,企业经营要遵循双赢的原则,怎样将满足消费者的需求与企业利润较好地结合起来,这是"4C"理论需要进一步解决的问题。

③虽然"4C"理论的思路和出发点都是满足消费者需求,但它没有提出解决满足消费者需求的操作性问题,如提供集成解决方案、快速反应等,使企业难以操作、掌握和普及。

④产品、价格、营销手段日趋同质化,互相模仿是目前国内企业营销活动的特征。尽管"4C"理论已被企业关注,企业已把塑造、提升企业的品牌融入企业营销策略和行为中,在一定程度上推动了企业营销活动的发展和进步,但如果不能形成品牌的差异,即个性、特色、差异优势,国内企业的营销也只会在新的层次上同一化,不同企业间至多是个程度的差距问题,仍然解决不了当前企业所面临的营销问题。

⑤"4C"理论在总体上是"4P"理论的转化和发展,其被动适应消费者需求的特色较重。根据市场的发展,参与竞争的企业不仅要积极适应周围的环境,而且在某种状况下,应创造环境,大市场营销理论的提出,也说明了这点。因此,在某种程度上来说,"4C"理论抑制了企业的主动性和创造性。

(2)"4R"理论的提出

针对"4C"理论的局限性,美国学者舒尔茨进一步提出了"4R"理论,从而阐述了一个全新的营销四要素:

①关联(Relevancy)。企业与顾客是一个命运共同体,在经济利益上是相关的、联系在一起的,建立、保持并发展与顾客之间的长期关系是企业经营中的核心理念和最重要的内容。因此,企业应当同顾客在平等的基础上建立互惠互利的伙伴关系,保持与顾客的密切联系,认真听取他们提出的各种建议,关心他们的命运,了解他们存在的问题和面临的机会,通过提高顾客在购买和消费中的产品价值、服务价值、人员价值及形象价值,降低顾客的货币成本、时间成本、精神成本及体力成本,从而更大程度地满足顾客的价值需求,让顾客在购买和消费中得到更多的享受和满意。特别是企业对企业的营销(B2B)与消费市场营销完全不同,更需要靠关联、关系来维持。

②反应(Response)。在今天相互影响的市场中,对经营者来说,最现实的问题不在于如何控制、制订和实施计划,而在于如何站在顾客的角度及时地倾听顾客的希望、渴望和需求并及时答复和迅速作出反应,满足顾客的需求。当代先进企业已从过去推测性商业模式,转移为高度回应需求的商业模式。面对迅速变化的市场,要满足顾客的需求,建立关联关系,企业必须建立快速反应机制,提高反应速度和回应力。

③关系(Relation)。在企业与客户的关系发生了本质性变化的市场环境中,抢占市场的关键已转变为与客户建立长期而稳固的关系,与此相适应产生5个转向:从一次交易转变为强调建立友好合作关系,长期地拥有客户;从着眼于短期利益转向重视长期利益;从顾客被动适应企业单一销售转向顾客主动参与到生产过程中来;从相互的利益冲突变成共同的和谐发展;从管理营销组合变成企业与顾客的互动关系。同时,因为任何一个企业都不可能独

自提供运营过程中所需的资源,因此企业必须和经营相关的成员建立起适当的合作伙伴关系,形成一张网络(这是企业经营过程中除了物质资本和人力资本以外的另一种不可或缺的资本——社会资本),充分利用网络资源,挖掘组织间的生产潜力,基于各自不同的核心竞争优势进行分工与合作,共同开发产品、开拓市场、分担风险、提高竞争优势,更好地为消费者和社会服务。

④回报(Return)。任何交易与合作关系的巩固与发展,对于双方主体而言,都是一个经济利益问题,因此,一定的合理回报既是正确处理营销活动中各种矛盾的出发点,也是营销的落脚点。对企业而言,市场营销的真正价值在于其为企业带来短期或长期的收入和利润的能力:一方面,追求回报是营销发展的动力;另一方面,回报是企业从事营销活动,满足顾客价值需求和其他相关主体利益要求的必然结果。企业要满足客户需求,为客户提供价值,顾客必然予以货币、信任、支持、赞誉、忠诚与合作等物质和精神的回报,而最终又必然会归结到企业利润上。

综上所述,关系营销的"4R"理论以竞争为导向,在新的哲学层次上概括了营销的新框架。它将企业的营销活动提高到宏观的社会层面来考虑,更进一步提出企业是整个社会大系统中不可分割的一部分,企业与顾客及其他的利益相关者之间是一种互相依存、互相支持、互惠互利的互动关系,企业的营销活动应该是以人类生活水平的提高、整个社会的发展和进步为目的,企业利润的获得只是结果而不是目的,更不是唯一目的,因此,该理论提出企业与顾客及其他利益相关者应建立起一种事业和命运共同体,建立、巩固和发展长期的合作协调关系,强调关系管理而不是市场交易。菲利普·科特勒在其《营销管理》一书中也写道:"精明的营销者都会试图同顾客、分销商和供应商建立长期的、信任的和互利的关系,而这些关系是靠不断承诺和给予对方高质量的产品、优良的服务和公平的价格来实现的,也是靠双方组织成员之间加强经济的、技术的和社会的联系来实现的。双方也会在互相帮助中更加信任、了解和关心。"

1.2 客户关系管理的发展动力

CRM 的高速发展得益于技术发展和管理创新的完美结合,下面从 4 个方面解析推动 CRM 发展的重要动力因素。

1.2.1 客户购买行为的"e"化特征

客户购买行为的"e"化特征是促进 CRM 发展的重要环境因素之一。这种"e"化特征表现在:一方面,经济生活水平的提高推动消费者的价值观发生了变迁;另一方面是互联网技术使客户选择权空前加大。

1)消费者价值观的变迁

在整个工业化发展的过程中,客户对产品消费的价值观基本上经历了 3 个阶段,每一个阶段对产品和服务的要求都上了一个新的台阶。

（1）理性消费阶段

这一阶段人们的生活水平较低，社会生产力欠发达，物质尚不充裕和丰富，是供不应求的阶段。在这一时期，人们的消费行为是非常理智的，不但重视价格，而且更看重质量，追求的是物美价廉和经久耐用，客户对产品的评判标准是"好"与"差"。

（2）感觉消费阶段

在感觉消费阶段，社会生产力有了很大提高，社会物质和财富开始丰富，逐步达到供需平衡。同时，人们的生活水平不断提高，消费者的价值选择不再仅仅是经久耐用和物美价廉，而是开始注重产品的形象设计与使用的方便性等，其评判的标准是"喜欢"与"不喜欢"。

（3）感情消费阶段

随着科学技术的快速发展，人们的生活水平大大提高，于是人们的消费进入了第三阶段，即感情消费阶段。这个时期，消费者越来越注重心灵上的充实和满足，对商品的需求已超出了价格和质量、形象和品牌的考虑，对于无形的价值如售后服务、销售人员的态度等提出了要求。因此，客户在这个阶段的选择标准是总体的"满意"与"不满意"。

显然，我们所处的时代是第三阶段，物资匮乏的时代已经一去不复返了，经过机械化的大量生产以及生产技术的普及使得产品在功能上的差别越来越小，只凭产品本身已无法完全达到客户满意的要求。因此，企业的经营策略必须从"以产品为中心"真正转向"以客户为中心"。

2）互联网技术使客户的选择权空前加大

互联网为人们提供了一个全新的、快速的信息交流平台，信息的传递从传统的如电话、传真等单一功能的通信设备变为可实时交互的（包括声音、文字、图像、电脑文件等信息载体）、跨地域的信息交流平台。人们可以足不出户就获得分布在全世界各地的多媒体信息，并且更重要的是还可以利用个人计算机对这些信息进行有效存储、处理和分析。毫无疑问，信息是日常生活中可依靠的决策数据，"知识就是力量"在互联网时代被充分地体现出来。

从图 1.2 中可以看出，客户和厂商的权力平衡随时间的推移逐渐向客户方向转移，而互联网的产生则使曲线产生了加速突变。

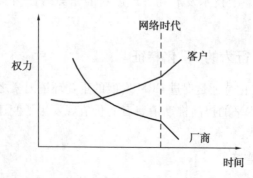

图 1.2　客户和厂商的权力转移

造成这个现象的主要原因是:购买者可以获得更多的相关信息;客户很容易比较不同厂商所提供的有关价格和服务条款;切换厂商所带来的损失大大降低;客户的期望值大幅度提升。

因此,如今的企业面对的是更聪明、更主动、更没有"牵挂"的客户群体。应该指出的是,在这场"乌龟与兔子"的赛跑中,作为一个组织的企业在对互联网这种新技术的消化和吸收方面明显滞后于个人。企业如果不及时作出适当的战略性调整,最终将离客户越来越远,从而成为互联网时代的牺牲品。

1.2.2　激烈的市场竞争

20 世纪 80 年代以来激烈的市场竞争环境是促进 CRM 发展的又一个重要环境因素。在这个新的竞争环境下,企业想保持和扩大自己的市场份额就必须选择新的竞争手段。

1)竞争的全球化

如今的时代,竞争对手是跨国界的。几年前还没有听说过的企业,某一天忽然会成为自己主要的竞争对手,过去的辉煌不再是永久的保证,当全世界的竞争者都被放在同一个起跑线的时候,结果自然是强者更强,弱者出局。企业已经不能再指望过多地得到地方和国家的保护,各国资源将在全世界范围内以效益最大化的原则被重新分配。面对这种激烈的竞争,每个企业、个人都将对自己的竞争能力进行重新审视,利用一切可以利用的手段来增强自身的实力是企业生存的唯一途径。

2)产品本身的优劣差距缩小,竞争力从产品转向服务

社会已经从大量生产到定制生产,信息技术以及生产技术的快速普及使得产品的生命周期大大缩短。一个新产品、新设计会很快被竞争对手模仿,产品在功能方面的细微差别已经不足以使一个企业获得很多的优势,竞争力从产品转向服务就成为必然的选择,如何从情感上"拉拢"客户成为企业在新经济条件下必须应用的生存技巧。

3)内部潜力的挖掘已经不足以产生明显的竞争优势

20 世纪 80 年代到 90 年代中期,企业利用各种技术优化内部各种流程,企业资源计划系统(ERP)以及供应链管理系统(SCM)都是为了实现生产、供应环节的自动化,从而提高内部运转效率,减少不必要的错误,尤其是库存管理,使库存的周转期得以大大缩短。ERP 系统的实施使企业可以实现订货、库存管理、采购、生产计划以及财务部门的流程整合,从而提高了企业内部的整体运转效率。不过,当大部分企业都具备这种"内部管家"系统后,这种靠内部集成提高效率的手段也就受到了限制。企业不得不寻求新的手段来获取新的竞争优势。

4)在互联网时代创立的"e"化企业对传统市场的蚕食

在互联网时代,传统的价值受到了前所未有的冲击,互联网的技术手段使得新兴的创业者能够找到机会对价值链增值的各个环节重新组合。任何不合理的价格政策,低效的流通体制都会成为这些新兴的技术型创业者的进攻目标,从而使反应缓慢的企业在还没有觉察到的时候就已经失去了以前拥有的市场。有一句话:"你目前只是替你的竞争对手暂时看管

他们的客户,一有疏忽,他们就会马上带走他们。"可以形象地描述企业目前所处的生存环境。

1.2.3 企业内部管理的需求

ERP 的应用实施使企业得到了很大的实惠。但是,ERP 的设计主要针对生产、流通、财务领域,而对与客户有关的企业经营活动,比如,在销售、服务和营销活动方面,传统的 ERP 系统还无法提供一个有效的整合手段。尤其目前企业内部的众多低效率、内耗式的业务活动,充分说明了企业内部管理需求是 CRM 快速发展的原始动力。这主要表现在以下几个方面:

1)客户信息零散分割导致客户服务效率低下

在典型 ERP 系统中,围绕客户的信息分散在各个模块中,比如客户主文件管理、客户地址管理、客户交易文件管理、客户设备合同管理、客户服务请求管理、应收账款管理等都由不同的模块来管理。如果一个客户致电到公司客户服务中心要询问一个服务请求的进展情况,往往要同时运行多个程序才能获得一个基本的客户信息。并且一般 ERP 系统中主要以交易记录为主,对与客户进行交互的各种活动没有实时管理的模块。这就使得各个部门对过去发生的事无法通气,除非一直找同一人,并且这个人还记得他自己做过的事,否则客户只能重新把自己说的再说一遍。另一个部门分割现象是公司的应收账款部门向客户催账时,往往无法知道原来产品的销售人员是谁,会遇上客户地址不对,联系人电话错误等麻烦。如果要查询这个客户的购买记录,通常要从头到尾把各个程序运行一遍,才可以给客户一个明确的解释。这种信息不通基本上每天都在发生,电话从销售部门转到服务部门又回到销售部门,碰到某个人不在,客户只好苦等,最大的问题是公司谁也没有办法对客户的整个情况有一个完整的了解。每个人只负责客户管理的很小一块,公司越大,功能划分就越细,而整个信息链无法有效存储和表示,这样就导致了企业内部很多重复的、内耗式的无效劳动。

2)客户信息零散分割影响营销工作

由于企业内部没有一个对客户信息采集、存储、处理、更新和输出的有效管理系统,在信息的可用性、准确性以及完整性方面可供营销人员使用的基础信息有限。营销经理由于得到的信息不完整、信息错误很多等原因,其营销活动的针对性和成功率大打折扣。另外,销售人员在从事销售活动的过程中,通常自己掌握各种客户资料,他们一般把它看成自己的重要资产,如果营销人员想要他们的资料,他们是不太情愿交出的。这对公司的发展是不利的,关键销售人员一旦离开,就"带走了一大笔业务",一个新的销售人员加入公司后,对客户的了解又得从头做起,形成某种信息断层。很明显,从企业内部的实际需求来看,为了解决这些客户信息分散、客户信息不一致等问题,迫切需要一个类似于后台 ERP 系统功能的能够整合多个客户服务部门的前台系统,以减少内部资源的浪费,提高企业前台的工作效率。

1.2.4 电子商务和信息技术的发展

以顾客为中心的电子商务时代,关键就是通过先进的沟通模式向顾客提供满意的产品和服务,来实现顾客的价值追求。顾客千差万别,因此个性化服务成为顾客服务的主要特征。而信息技术的飞速发展,使得客户关系管理从实践上成为可能。

1)电子商务技术的发展使个性化服务成为可能

网络将使社会经济模式的核心流程从批量生产(Mass Production)转变为批量定制(Mass Customization)。批量生产的一个重要的缺陷就是使用户的选择范围减少了,"牺牲"了丰富的个性色彩。现今的社会,每个用户都太特殊了,要让产品做到"为客户定制",用户和企业之间必须有不间断的迅速的"一对一"信息交换,在网络没有出现之前,这很困难。但是现在,网络提供了一种低成本、快速的信息交换渠道,批量定制正在变为可能。批量定制并没有牺牲批量生产的低成本和高效率,反而节省了社会成本。这种批量定制还不仅仅是在制造方面,从设计到组装到运输到付款再到维修,每一个环节都存在为用户"量身定做"。

现代企业都已经意识到客户的重要性,但是在传统的企业结构中,要真正和客户建立起持续、友好的个性化联系并不容易,原因是技术上不容易达到,观念上难以转变。因特网为CRM 的实施提供了更有效的手段。电子商务的特点是系统始终面对客户的历史数据,而不是客户的面孔,这就使得它应用 CRM 的条件得天独厚。现代科技水平的提高极大地扩展了数据库的容量,网络的发展增大了公司和客户联系的速度和范围,从而为客户个性化服务提供了可能。

在电子商务中实施个性化服务包含的内容十分广泛,总的来说包括 3 个方面:一种是根据顾客的偏好和需求定制产品;另一种是追踪顾客的消费习惯,自动为顾客提供最需要的商品和服务,比如顾客在一个网上商店选购了一张 CD,网站就会为其推荐音乐风格类似的CD,还会为其推荐购买该 CD 的其他顾客通常选购的 CD,这就给顾客带来很多的方便,使其免受在众多商品页面中的淘金之苦;还有一种是根据顾客的行为特征提供相应的信息服务,如提供定制的或反映顾客偏好的个性化网页,利用网络实现在线帮助,对购买的产品进行网上跟踪服务等。

2)信息技术的快速发展是 CRM 发展的强大推动力

20 世纪 90 年代以来,大型关系数据库技术、局域网技术、客户/服务器技术、分布式处理技术、数据挖掘技术以及计算机等在企业的应用日益普遍,一个公司在不同地方可以建立多个输入点,多用户共享的客户管理系统成为现实可能。而互联网的产生和发展则对 CRM 注入了一个强大的催化剂,互联网把企业和用户拉得很近,从而增添了一个全天候的、不受地域限制的接触渠道,使得企业和客户能更快、更广泛地进行双向交流。因此,正是因为信息技术的飞速发展,使得客户关系管理从实践上成为现实可能之后,CRM 的概念才被广泛流传,在短短的几年之内就已成为企业管理应用系统关注的一个焦点。应该说,CRM虽然是一个新时代、新环境的产物,但信息技术无疑在 CRM 的发展中发挥了最强大的推动作用。

信息技术对 CRM 的推动作用主要体现在:

(1)提高对客户资料的收集和利用能力

随着 CRM 技术的发展,各种应用软件的改善和提高,使得公司利用顾客资料的能力和效率大大提高。过去顾客打 400 免费电话到公司的时候,公司方面对顾客的情况了解得很少。现在有了各种 CRM 软件,公司的电脑系统中存储了客户的大量资料,公司业务代表在接到顾客的电话或者电子邮件时就能够迅速调出顾客的资料,使顾客感到公司对自己的情况很熟悉,从而产生一种亲切感。利用数据挖掘等技术还可以对客户的交易数据进行加工处理,从而发现客户的需求特点,为客户的个性化需求提供服务。

(2)提高对客户的服务能力

传统的顾客服务是面对面的直接服务,公司代表通过耐心周到的服务比较容易引起顾客的好感。但是随着网络的出现和电子商务的发展,买卖交易是通过因特网来完成的,公司和顾客之间的空间距离拉大了。为了解决这一新问题,CRM 便应运而生,基于 Internet 的 CRM 具有跨时空提供服务的特点,其目的就是要把亲切和耐心的服务通过 Internet 随时随地传递给遥远的顾客。

(3)增加顾客与企业的沟通渠道

传统顾客服务的渠道一般都比较单一,顾客不是打电话就是直接到商店。现在双方的交流渠道大大增加,除了电话、商店,还有电子邮件和网站等。这么多的交流渠道必须经过整合,汇集到公司统一的数据处理系统,这样无论顾客通过什么方式与公司联络,有关信息都能够有完整而连贯的记录,从而为公司各个部门在服务顾客的时候提供方便。这就是 CRM 有别于传统客户服务的地方。

1.3 客户关系管理的未来发展趋势

1.3.1 CRM 理念的发展趋势

CRM 这个概念以及名词本身也在发展中,要解释这个趋势,必须将客户关系管理提升到全面的企业关系管理的层次,将客户的语义范围扩展到其他关系对象。概括起来说,CRM 在理念上将呈现出两个发展趋势:

1)CRM 向 xRM 转变

对 CRM 中"C"的理解,将扩展客户的理解范围,包括员工和伙伴等其他关系对象;也就是说任何一个人或组织,只要他们对企业的发展有贡献(现实的或潜在的),都称为客户。这样建立起的"企业关系管理"概念,不再局限于传统概念上的客户。

需要指出的是,目前定义的很多社会角色,其定义都已过时,他们之间的界限正在不断模糊。企业内部员工可以转化为企业产品的购买者或义务推销员;今天的竞争者可能成为明天的伙伴;今天的员工可能成为明天的竞争者。正因为如此,有些研究人员干脆去掉 CRM 中客户这个词而简化为关系管理(RM),或者称为(xRM),即将 x 改为客观对象,将客户的内涵覆盖到更大范围的管理对象。比如,现在已经产生了学生关系管理和市民关系管理等一系列关系管理的新名词。这样,根据个人或组织特性,就可以自然延伸为个人关系管理、企业关系管理、事业关系管理和政府关系管理(公民关系管理)等。很显然,这种"关系管理"论点还真是可以在某一天上升至"关系管理学"的理论高度。持这种观点的人的主要论点是:客户关系管理虽然重要,但有点以偏概全,不能反映企业的真实关系状况,并且认为这也是多数 CRM 项目失败的根本原因之一。

2)CRM 向 CMR(Customer Managed Relationship,**客户管理的关系**)转变

企业采用 CRM 几乎是以企业利益为中心的,在企业和客户的"权力斗争"过程中,企业基本上主导着关系的发展和维持。而关系是双方建立的,只有合作互利才可以将关系长久化,关系的双方没有谁大谁小的问题,因此,CMR 的主要论点就是要确实地将客户当作一个"尊敬的关系主体"邀请到关系管理的全过程中,而不是目前大多数实施 CRM 项目的企业所采取的试图利用新技术应用"驱赶式"地对待那些显得不那么重要的客户的方式。当然,我们认为 CMR 作为一个论点是有新意的,但在应用上是不太行得通的,毕竟企业的资源有限,而且它存在的唯一理由就是利益的最大化,只不过是实现利益的手段以及利益实现的阶段性不同而已。

1.3.2 CRM 技术的发展趋势

随着企业信息化和电子商务的发展,企业对 CRM 应用系统的要求也在不断提高,通过前面 CRM 理念的介绍,可以预见以下几个方面是未来 CRM 技术的发展方向:

1)CRM **系统各模块的整合**

CRM 系统各应用模块必须有机整合,实现销售、营销、服务的自动化(将在第 2 章重点论述)。

2)**支持网络应用的客户联络中心**

①在技术上继续以 Web 为主,在性能以及交互性应用上将推出更成熟、更实用的产品。企业在建立以 Web 服务器为基础的三层网络计算模式后,把各种客户沟通渠道整合起来,未来主要以无线移动、Web 服务和 CTI 呼叫中心 3 个渠道为主。

②无线移动应用仍有很大的发展空间,各种技术、设备和通信协议将不断标准化,供应商将进一步通过联合兼并等方式发展壮大。

③呼叫中心从传统的呼叫中心,真正变成多渠道的客户联络中心,并利用自动识别语言、智能路由技术和即时消息技术等进行多渠道集成。CRM 系统融入现代 Call Center 技术,提供 Telephone、E-mail、Fax、WAP、Web、PDA、Face to Face 等各种各样与客户互动的灵活接入方式,并能根据呼叫接入的不同提供多种的路由算法和基于经验的智能路由等功能,从而大幅度提高客户交互的处理能力。

3)**商业智能能力**

目前流行的 CRM 整体解决方案不但完成客户的数据采集、业务处理的流程化等运营型 CRM 的管理功能,而且将数据仓库(Data Warehouse)的相关技术引入,能够进行客户相关数据分析和营销、销售和服务的部门级辅助决策支持,并能为高层领导提供企业全局的辅助决策支持,实现了运营与分析的闭环互动。

CRM 运营系统通过多种渠道与客户互动,通过市场营销(Marketing)、销售(Sales)和服务(Service)等业务流程的管理,将客户的各种背景信息、偏好、行为习惯、交易数据、信用状

况等信息收集并整合在一起,再将这些运营数据和外来的市场数据经过整合和变换,装载进数据仓库。

CRM 分析系统运用 OLAP 和数据挖掘(Data Mining)等技术来从数据仓库中分析和提取相关规律、模型和趋势,让客户信息和知识在整个企业内得到有效的流转和共享,并进一步转化为企业的战略规划、科学决策和各业务流程的辅助支持,用于提高在所有渠道上同客户交互的有效性和针对性,把适合的产品和服务,通过适合的渠道,在适当的时候,提供给合适的客户,从而实现企业利润的最大化。

未来的 CRM 在对非结构化数据的采集和处理上还将加大开发力度,使 CRM 系统能处理目前占整个客户数据 80% 的诸如文件、电子邮件和交谈内容等传统 CRM 应用无法处理的非结构化数据。

4)前后台整合能力

CRM 系统不是一个孤立的系统,还需要扩大与企业各种电子商务应用的交互,通过 XML、Business API 和组件等技术或采用集成的 EAI 解决方案,实现 CRM 系统与 ERP、SCM、EC 等系统的整合和数据共享与交互。

企业前台管理工具 CRM 必须与后台管理工具 ERP 进行整合,才能将财务、制造、库存、分销、物流和人力资源等连接起来,从而提供一个闭环的客户互动循环。也就是说,只有 CRM 才能释放 ERP 内部资源管理的潜力,实现真正的企业内外部资源的结合和有效利用,获得企业在供应链上的真正优势互补,从而提高企业整体运行效率,保障客户需求的最大化满足和企业目标的最大化。

5)对工作流程进行再造的能力

①未来 CRM 系统集成了业务流程自动化(Business Process Automation),可以将工作流、业务流和决策工具加入企业商业模型(EBM)中,对商业运作中的关键问题和信息进行实时动态分析,完成商业流程的重新定义和优化,实现商业流程的自动化和互动管理,从而使企业获得在业务流程上对客户服务能力的优势。

②将充分利用业务流程管理(Business Process Management,BPM)的技术,丰富 CRM 产品功能,增强流程定制的灵活性。

③CRM 系统的一个潮流是系统提供方便的工作流管理与监控。企业的业务流程因业务的差异和业务参与部门的不同往往非常复杂,而业务部门组织机构的调整、人员权限的调整和业务管理流程等的调整,都会对 CRM 系统的流程产生影响。传统的系统应对这些变化的手段往往是对系统的源代码进行修改,如此不仅降低了响应的及时性,而且增加了用户对开发商的依赖性。将工作流(Workflow)管理的先进技术引入系统后,能实现工作流程的灵活定制和管理。

6)RFID 技术在 CRM 中的运用

RFID(Radio Frequency Identification,无线频率识别)技术是一种给产品做标识的手段,有点类似条形码,但其智能化程度更高。条形码在读卡机上刷过后才能显示出产品及制造商的名称,而且它无法反映产品属于哪一批来货以及在货架上的留存时间,也无法逐个识别产品。而 RFID 无须使用读卡机,仅在办公室里敲一下电脑就能获得大量的相关信息。

RFID 标签非常有效和实用,能长时间存储大量数据。如果顾客购买了一双鞋,鞋子的标签中就可能记录他买鞋的时间、地点及价格,而这些只是目前商业经销活动中存储的内容。今后,同样的一个标签可能会存入消费者购买鞋子后的许多其他信息,比如消费者穿这双鞋去了什么地方,甚至多长时间换一次鞋带,是否有脚臭等信息。RFID 技术还能为消费者提供更多额外服务功能,如对顾客的导购功能等。

1.3.3 CRM 市场的发展趋势

在强大的信息技术支撑下,在强烈的企业内部需求的驱动下,作为"舶来品"的客户关系管理(CRM)已经在中国沸沸扬扬传播了十多年了。用户、咨询公司、软件厂商、政府机构、高等院校对 CRM 这个词已经不再陌生,社会各界对 CRM 理念也多少有所了解。如今,更多的人开始思考"CRM 对我的企业到底能够起到多大作用?"关注更多的是 CRM"做什么""谁来做""怎么做"的问题。这表明人们对 CRM 的认识已经从感性向理性转变;这同时也"映射"出我国的 CRM 正逐步走向成熟、走向应用。

CRM 软件市场非常庞大,原因很简单,客户是企业的生存之本,谁也无法忽视这个问题。在技术的应用上 CRM 也不像 ERP 那样非得"休克式"或"连根拔起式"地实施,它的技术应用的阶段性,模块的选择性等都灵活得多,这就使得任何一个企业都可以是 CRM 技术应用的对象。尽管功能的深浅、实施的范围差别很大,CRM 技术应用市场的广泛性是 ERP 和其他管理软件无法比拟的。

1)全球范围内 CRM 市场的发展趋势

(1)中端 CRM 市场将成为"主战场"

CRM 业界一致看好中端 CRM 市场。正当大型企业投资于客户管理应用软件的时候,中低端公司也在迅速采用该技术。美国市场研究公司 AMR Research 认为,CRM 的中低端(SMB)市场和企业部门级市场在以后的 10 年中将有 441 亿美元的机会。根据市场权威研究机构 Gartner Dataquest 的提法,CRM 部署增长最快的领域将集中在年收入在 5 亿~10 亿美元的公司中。实力强大的高端 CRM 供应商,包括 Siebel 系统公司和 PeopleSoft 公司,都正在向"下游"进军,积极争夺中端市场这块"大蛋糕"。同时,一些传统的中端市场 CRM 供应商,例如 Onyx 软件公司、Pivotal 公司、FrontRange 解决方案公司、Best 软件公司的 CRM 部、Salesforce 等,都强占着一片领地。另外,世界软件巨擘微软也将首先进军中端 CRM 市场,微软所进入的市场很少没有发生剧烈震荡。行业观察者、分析师、现有 CRM 供应商和潜在的客户都在积极应对微软可能会对市场造成的"骚动"。所有这些信息,都在"传达"着这样一种"信号":中端市场将成为"兵家必争之地"。

(2)CRM 行业解决方案将主导 CRM 市场

尽管从理论上来看,任何市场定位的 CRM 解决方案的软件供应商都有一定的生存空间,"各有各的活法";但不同的企业规模、不同的行业、不同的国情,会存在非常大的差异性,它们对 CRM 有着不同的需求,在未来,肯定不会出现"包罗万象"的 CRM 解决方案。CRM

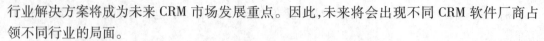

行业解决方案将成为未来 CRM 市场发展重点。因此,未来将会出现不同 CRM 软件厂商占领不同行业的局面。

(3)"分析型 CRM"前景广阔

"分析型 CRM"是企业 CRM 发挥功效的基础,主要用来对"运营型"前台 CRM 中的客户信息进行分析,以科学地对客户进行分类管理。可以这样说,如果将来没有分析型 CRM 的发展,就很难出现 CRM 市场蓬勃发展的局面。企业只有通过分析型 CRM 所实现的功能,才能分析出重要的客户信息,并将其应用到运营型 CRM 和分析型 CRM 中,让这些与客户直接接触的系统真正发挥管理客户的作用。例如,分析型 CRM 有助于企业回答这样的问题:"谁是最有价值的客户?""哪些促销活动可以为我们赢得最好的客户?""我们如何获得更多的交叉销售和追加销售的机会?""谁是处于流失边缘的客户,我们如何提高他们的满意度和忠诚度?"……

可以预见,分析型 CRM 将具有非常广阔的市场。"分析型 CRM"在未来的建设有 3 种模式:自建(内部开发)——难度高,费时又费钱;购买(授权软件)——需要购买软件和硬件,费用比较高;外包——未来的一大趋势。外包具有很多独特的优势,例如,降低前期成本和总体风险、加速实施、总成本低以及容易获得持续改进等。

(4)"集成"将成为软件厂商发展的"瓶颈"

从客户角度来说,最大的瓶颈莫过于与"集成"相关的时间和成本。不同解决方案之间的集成性的拙劣,迫使客户不得不花费很多时间和金钱来实现系统间的"沟通"。问题经常出现在系统间的"狭缝中",而这往往使得流程变得非常"笨重"。因此,以前从事"后台"应用软件开发的 ERP 厂商就有一个合理的理由让客户选择它们的 CRM 解决方案,因为它们可以降低系统间"集成"的难度。"集成"问题影响着世界五大 CRM 厂商去"争夺"尽可能多的市场份额。

2)中国 CRM 市场的发展趋势

由于国内 CRM 市场是从 2000 年才开始启动的,无论是从产品结构、区域结构、行业结构,还是从销售渠道来看,整个市场体态都还不健全。市场区域主要集中在北京、上海等经济发达地区。拥有 CRM 产品的国内厂商主要聚集在上海,在其他地区还在了解 CRM 概念的同时,上海的很多厂商已经开始开发其产品。CRM 的应用行业以电信、金融等经济实力较强、信息化程度较高的行业为主,这些用户一般都是国家的重点行业,拥有强大的资金后盾,而且信息化建设已初具规模。我国加入 WTO 后引发的经济格局的变化,给这些行业带来了巨大冲击,它们在感受新机遇的同时也感到了竞争的压力。在这种机遇与竞争的双重压力下,很多颇具发展眼光的用户选中了能提高营业额、拓展新商机的 CRM 产品。从销售渠道来看,CRM 销售方式单一,渠道建设不成熟。国内市场主要是 CRM 厂商为其用户进行系统集成,单纯以软件形式销售的很少。

决定未来 CRM 市场发展的关键因素很多:

①从软件厂商来看,CRM 软件厂商进一步提升产品的功能水平和应用能力,尤其是产品的分析能力,以及与其他主流应用系统的集成能力;CRM 厂商深入开发服务行业的 CRM 应用,并且进一步关注中低端企业的 CRM 应用。

②从用户角度来看,用户应该进一步提升对 CRM 的理解;加大分析型的 CRM 投资;详细确定需求,制订投资目标;加强对数据的管理。

③从项目实施来看,CRM 项目实施的方法论和流程需要进一步规范;CRM 项目推进需要更多专业化的 CRM 实施咨询公司的出现。

目前世界 CRM 市场的活跃和国内经济的快速发展,必将带动中国 CRM 市场的发展。从最近两年看,中国 CRM 市场发展势头迅猛,除了电信、金融及证券行业普遍实施 CRM 项目之外,零售业中的百货公司、书店、房地产业和消费品制造业(主要是外资企业)等的 CRM 应用发展也非常快。

未来几年,中国 CRM 市场将呈现出以下几个方面的发展趋势:

①CRM 市场已进入快速发展阶段。CRM 已成为企业发自内心驱动的需求。企业开始想尽一切办法利用手机、大数据、社交网络等新技术新模式实现客户的管理与运营。使用新技术,企业自己搞不定,就开始从各种途径寻找相关的技术服务厂商。CRM 是新兴的和高成长性的市场,有优质的品牌、清晰的业务模式、明确的市场定位、成熟的产品、规范的实施服务,因此成为中国管理软件市场的主流并获得良好的市场回报。经过十几年的快速发展CRM 系统技术逐渐成熟,但如今它依然在迅速变化,很大程度上得益于云计算和移动技术的持续发展。这是因为云计算提升了集成的重要性,并让信息孤岛正在消亡,它们正在被云中的软件网络所取代,推动并拉动了整个系统的数据共享。CRM 系统的价值随着与其他系统联系越来越大而呈指数增长,集成平台的兴起给 CRM 系统的价值带来了巨大的推动,并且极大地促进了这些系统可以为业务做的事情。

未来,企业在 CRM 概念导入、产品应用、成功经验等几个方面会得到长足的发展;"咨询—应用—实施—服务"的业务模式,成为 CRM 专业厂商的核心业务流程;CRM 的应用将覆盖更多的行业,典型行业客户应用的显著效果为 CRM 的行业应用提供了模版;专业咨询机构、服务专业厂商已经与 CRM 系统供应商共同构成产业链,而产业链的形成是 CRM 产业规模发展的重要标志。

②CRM 厂商多样化发展趋向成熟。

第一,通用 CRM 厂商将加强 CRM 的行业适用度和成熟度:面向跨行业应用的通用型系统成为其 CRM 产品的主流,产品的可定制化设置、易用性、安全性、稳定性、行业应用模版对通用 CRM 产品的发展是至关重要的。

第二,行业 CRM 厂商将加强 CRM 行业市场的针对性和标准化:针对行业的业务特点和应用模式,所提供的产品能够满足行业的要求,如何建立产品标准化和实施服务标准化是行业 CRM 厂商需要解决的问题。

第三,专项定制 CRM 厂商将加强专项定制产品的个性化和专业性:根据企业的应用模式定制 CRM 系统,能够在针对性和适用度上有明显的优势,所定制的产品如何持续发展是专项定制 CRM 厂商需要解决的重点。

③CRM 品牌格局初步形成。目前国内 CRM 市场上的几家主力厂商的市场份额占到50% 以上,他们在第三方评估、产品满足度、客户满意度和行业应用覆盖面等几个方面都具备了明显的优势,将成为未来几年中国 CRM 产业发展的主力军;CRM 市场进入门槛提高,

主力厂商的产品构架和应用模式将逐渐成为产业标准,有意进入 CRM 产业的专业厂商将面临更高的门槛。从厂商侧来看,SaaS 厂商基本成为 CRM 各个领域的领头羊厂商。如销售管理领域的 Salesforce、销售易、神州云动 CloudCC 等,社交型连接型领域的六度人和 EC、智简等,数字营销领域的易企秀、活动行等,智能客户领域的小能科技、环信等。

④中高端市场成熟发展。市场竞争的结果将直接导致市场中最具竞争力的企业开始重新规划面向客户的市场战略和管理方法,由于企业通常具备坚实的基础、雄厚的实力、规范的管理流程和良好的客户口碑,因此对客户管理的要求有非常明确的需求。处于行业领先地位和优势的企业成功实施 CRM 系统会对同行业或其他企业实施 CRM 建立信心,因其实施效果全面、有说服力,对低端市场和处于产业链末端的中小企业客户的影响力很大,能积极推动 CRM 市场的发展。面向中高端企业应用的专业厂商将从市场中获得回报,并不断加大对 CRM 研究、产品和市场开发的投入。

⑤低端市场稳步增长。中国的中小企业数量巨大、成长性好,因此,中小企业的 CRM 也有非常巨大的市场潜力。伴随着市场环境的变化和高成长性,它将为面向中小企业 CRM 市场的专业厂商提供广阔的市场空间。面向中小企业的 CRM 需求主要以销售管理为核心,管理流程相对简洁、目标明确,实施周期短、局部效果明显,能够在短时间内看到应用效果。

⑥行业应用发展纵向延伸。由于行业的业务特点,银行、证券、保险、电信、电力等行业对 CRM 的需求最为迫切,因此,CRM 在这些行业最早得到应用,并且应用也最为成熟。但今后几年,中国的高科技制造、咨询服务、医药卫生、通信电子、汽车销售、网络科技、商业贸易等行业也将成为 CRM 市场的高成长行业。

⑦重点区域市场应用成熟。由于地区市场的成熟度、企业密集程度和信息化应用水平的差异,CRM 市场发展呈现出从核心市场向周边逐步扩散的趋势。其中,重点地区是华北(以北京为中心)、华东(以上海为中心)、华南(以广州和深圳为中心);次重点地区是西南(以成都、重庆为中心)及广大沿海城市。

1.4 案例:微软 Dynamics CRM 在方太的应用

[应用背景]

2017 年 12 月 27 日,方太集团正式宣布方太厨电销售收入(不含税)突破 100 亿元,创下了厨电行业的新纪录,成为首家突破百亿的厨电企业。

"方太的愿景是成为一家伟大的企业!百亿只是这个伟大追求的自然结果。方太将继续坚持'以仁爱之心、造中国精品',为消费者提供开创性的厨电产品与服务。"

——方太集团董事长兼总裁茅忠群

方太集团创建于 1996 年,20 多年来忠于初心,始终专注于高端嵌入式厨房电器的研发和制造,致力于为追求高品质生活的人们提供优质的产品和服务。目前,方太集团正以"为了亿万家庭的幸福"为全新的企业使命,以 20 多年来对高品质厨电的专注与坚持,向着"成为一家伟大的企业"的宏伟愿景大步迈进。

[解决方案]

1）优于产品，稳于服务

- 专业的高品质家庭厨房解决方案提供者

方太集团始终秉承"专业、高端、负责"的战略性定位，坚持每年将不少于 5% 的销售收入投入研发，拥有包含厨房电器领域专家在内的 640 余人的研发团队。截至 2018 年 7 月，方太集团已拥有 2 014 项专利，其中实用专利数 1 373 项，发明专利数量 294 项。雄厚的科研力量，确保了方太的创新实力。

从 1998 年起，方太开始系统地建立与国际接轨的基于 IT 的管理体系。经过多年管理改进与变革，2005 年，方太集团采用了微软 Dynamics AX 系统来整合生产各方面的数据资源，制订准确的生产计划，使得库存周转率大幅度提高，成本大幅度节约，销量也随之增加。

- 全新的售后服务管理理念

随着方太销量的迅速增长，用户数量每年以 70 万 ~ 80 万的速度增加，为了加强对用户的服务，提高用户的满意度和忠诚度，售后服务部门和信息部门一致认为建立一个实用的信息平台十分必要。

经过多年的实践，方太集团的售后服务管理已经从过去被动服务改为主动服务的方式——除了客户主动报修的售后服务管理方法以外，还做到提前预见客户需求、主动提供客户可以享受的各种服务活动，利用短信和邮件的方式，提醒、告知客户各种服务内容，并提供方便手段使客户能够表达参加活动的意愿。

基于这种全新的售后服务理念，方太集团决定部署微软 Dynamics CRM 系统，使之与办公自动化系统集成起来，建立统一的售后服务中心。这一信息平台不仅可以支持快速响应的售后服务、服务跟踪、信息反馈，还可以提供短信平台来及时通知用户服务内容；同时这也是一个为员工提供培训、学习的平台，通过建立绩效考核标准，激励员工提高业务能力。

2）至诚服务及时、专业、用心

- 通过统一信息平台，确保信息迅速传递，内部电话沟通量减少了 98%

利用微软 Dynamics CRM 的服务计划和电子邮件管理功能，售后服务电话中心的人员可以在接到用户报修电话的同时将详细信息记录在系统中，系统会自动建立工单并快速分派下去。派工之后，系统还会自动建立服务跟踪记录，每个工单执行的进度和结果都将及时显示在系统中，管理人员只需通过系统的管理界面，就可以全面及时地掌握所有的细节情况，可以及时发现异常的事件并发邮件督促解决，基本上不再使用电话跟踪的方式，电话的使用量减少了 98%，不但提高了工作效率，而且大幅度节约了成本。更重要的是用户得到了及时、准确、高质量的服务，客户的满意度快速上升。

- 服务反馈时间由两个月缩短为 1 天，核算速度提高近 30 倍

在方太，结算费用需要在完成售后服务回访之后再进行，以前时效性比较差，而在实施了微软 Dynamics CRM 之后，一线信息当天录入系统，核算人员当天就能看到，以前结算需要 45 ~ 60 天，现在只需要 1 天时间就可以完成，效率大大提高。

- 变被动服务为主动服务,提高了客户满意度和忠诚度,忠诚度达到了55%

方太在微软 Dynamics CRM 平台基础上开发出了一个短信平台,向中国联通和中国移动申请了短信服务,具有特定的客户服务号码并在全国范围内开通。这些改进都有力地提高了客户的满意度和忠诚度,客户的忠诚度已经高达55%。

- 提供知识管理系统,员工培训以及考核标准统一,全面提高了员工工作能力

为了能进一步提高员工的工作能力,方太利用微软 Dynamics CRM 搜索知识库的功能,建立了业务知识库,并在全国范围内共享给所有一线的员工,使他们随时可以查阅业务知识。

- 进行消费者行为研究、质量信息管理,为产品开发和市场销售指引战略方向

随着大量的客户信息以及消费行为记录在微软 Dynamics CRM 系统中,方太的售后服务部门在公司的作用不再局限于提供售后服务,还可以通过系统中详细的数据信息,进行大量的消费者行为的研究,分析的结果可以为产品组设计产品时提供数据证明、指引开发方向,还可以预测产品主要的消费群体、准确进行市场定位,并为制订精准的市场销售计划提供了决策依据。

在产品创新、组织创新、管理创新之外,科技创新作为创新驱动的重要一环正在发挥越来越重要的作用。方太集团始终坚持用科技捕捉用户需求,时刻关注用户体验,拥抱新技术,秉持仁爱精神,打造健康、环保、有品位、有文化的生活方式,让千万家庭享受更加幸福安心的生活。

(资料来源:CTi 论坛[EB/OL],2018-8-30.)

案例分析题

1.推动方太 CRM 发展的主要因素是什么?
2.微软 Dynamics CRM 在方太发展中的作用是什么?

本章小结

随着信息技术的发展,网络应用成了生活中不可缺少的一部分,人们的生活方式和习惯也发生了巨大的转变,影响了商业环境的传统模式,电子商务开始成为企业应对迅速变化的环境、建立和保持竞争优势的有力措施。CRM 是电子商务实施当中重要的一环,它可以提高企业对市场的快速响应能力,满足客户个性化需求的能力,进而全面提升企业的核心竞争力。

CRM 的兴起是企业应对环境变化的需求、技术进步的拉动以及管理理念发展的结果,只有充分掌握客户的需求,保持客户资源,企业才能生存和发展。本章从客户关系管理的起源、发展历程、产生背景和发展动力等角度对 CRM 的产生作了详细介绍,并对客户关系管理的未来发展趋势作了简单预测,把对 CRM 的理解融入其发展过程之中。

复习思考题

1.试述客户关系管理的起源和发展历程。

2. 试列举与客户关系管理相关的理论。

3. 电子商务的兴起与发展对 CRM 有什么样的影响?

4. 客户关系管理系统在其历史演变中产生了哪些软件功能?

5. 简述 xRM、CMR 的概念及联系。

6. 客户行为的"e"化特征是指什么?

7. 描述"4P""4C""4R"三种理论的概念。

8. 消费者价值观经历了哪几个阶段的变迁?

9. 试述全球范围内 CRM 市场的发展趋势。

讨论题

1. 试分析"4P""4C"和"4R"理论的联系与区别。

2. 讨论 CRM 与信息技术发展的关系。

3. CRM 给传统企业带来的挑战有哪些?

4. 针对中国情境,分析 CRM 在中国的应用与发展。

5. 选择自己熟悉的企业,结合所学知识,畅想该企业 CRM 的未来发展趋势。

6. 全球化对中国企业 CRM 发展的影响有哪些?

网络实践题

1. 请在当当网上体验商品的浏览和购物,注意观察在其过程中当当提供了哪些与客户关系管理有关的手段。

2. 基于客户关系管理相关理论,分析自己在当当网上观察体验到的客户服务。

3. 从客户关系管理的角度,比较当当网与京东商城。

4. 寻找一个自己比较熟悉的网站,了解其客户关系管理发展的历程。

第 2 章
客户关系管理的概念及内涵

[课前导读]

CRM 最早产生于美国,由 Gartner Group 首先提出了 CRM 的概念,20 世纪 90 年代以后伴随着因特网和电子商务的大潮得到了迅速发展。CRM 借助先进的信息技术和管理思想,通过对企业业务流程的重组来整合客户信息资源,并在企业的内部实现客户信息和资源的共享,为客户提供一对一个性化服务、改进客户价值、提高客户满意度、增加企业赢利能力以及保持客户的忠诚度,吸引更多的客户,最终实现企业利润最大化。另一方面,CRM 应用系统通过对所收集的客户特征信息进行智能化分析,为企业的商业决策提供科学依据。本章从 CRM 的概念、内涵、系统构成、特点、功能和价值链等多方面分析 CRM 的实质,并对 CRM 应用系统的分类、作用及企业实施效益等方面做了简单介绍,揭示了 CRM 的价值理论和现实意义,以帮助读者从各个角度理解 CRM 的真正内涵。

[学习目标]

- 掌握客户关系管理的定义和内涵;
- 了解客户关系管理系统的构成和特点;
- 了解客户关系管理的分类和功能;
- 了解客户关系管理的价值链;
- 了解企业实施 CRM 的现实意义。

2.1 客户、关系与管理

在定义什么是客户关系管理之前,有必要先对组成 CRM 的 3 个名词——客户、关系、管理分别进行界定,这将有助于对客户关系管理这个概念的理解。[①]

---

① 何荣勤. CRM 原理、设计和实践[M]. 北京:电子工业出版社,2006.

2.1.1　客户

英文"Customer"在中文中有两个意思,即"顾客"和"客户"。在本书中,"顾客"和"客户"取相同的意义。

客户的概念有广义和狭义之分。狭义的客户是指市场中广泛存在的对企业的产品和服务有需求的个体或群体消费者。广义的客户要结合过程模型来理解,任何一个过程输出的接受者都是客户。用系统的观点,企业可以看作由许多过程构成的过程网络,其中某个过程既是它前面过程的客户,又是它后面过程的供方。如果划定了系统的边界,在企业内部存在内部供方和内部客户,在企业外部存在外部供方和外部客户。因此,我们经常说下一道工序是上一道工序的客户,这里的客户就是广义上的概念。因此,在广义的客户范围内,除了狭义客户之外,还包括:企业的上游供应商、下游分销商以及企业内部下属的不同职能部门、分公司等分支机构。由于从企业整体来说,并不是每一个部门都直接面对企业的外部客户,企业中的员工不仅要满足外部下游客户的需求,也要满足企业内其他部门的需求以及上游供应商等的需求。因此企业的价值链中分属不同部门的员工要实现高质量的业绩,就不应只关注链中的外部客户,或只关注链中的某个部门或成员,而应该从广义的客户角度关注其流程中的全部客户。

在狭义的客户中,过去买过或正在购买的客户称为"现有客户",还没有买但今后有可能向你购买的人或组织称为"潜在客户"。从宏观意义上说,世界上所有的人或组织都是你的潜在客户,相比之下,现有客户的数量就是"沧海一粟"了。以是否有需求来界定客户,而不以是否购买来界定,这对挖掘潜在客户和销售机会是有利的。

然而,这并不代表企业对所有客户一视同仁。客户关系管理一个基本观点就是不同的客户具有不同的价值。有些客户当下可能会给企业带来更多的利润,有的客户则具有更长远的价值。企业通常应以顾客终生价值来对客户进行衡量和区分。为客户群分类时,可以运用 80/20 法则(即企业 80% 的利润由 20% 的客户带来)来区分不同的客户,从而形成客户金字塔,如图 2.1 所示。

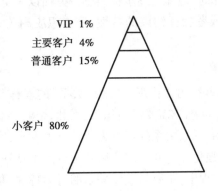

图 2.1　客户金字塔

VIP 客户是指对企业最具有价值的客户,这种类型的客户数量不多,但消费额在企业的销售额中占有的比例很大,对企业贡献的价值最大,他们位于金字塔的最顶层,一般情况下占企业客户总量的1%左右,这是企业需要特别关注的客户群体。

主要客户指的是除去 VIP 客户后,消费金额所占比例较多,能够为企业提供较高利润的客户,他们约占企业客户总量的4%。这是企业需要重点关注的客户群体,企业要努力促使主要客户向 VIP 客户升级。

普通客户是指对企业具有一定价值的客户,这些客户的消费额所占比例一般能够为企业提供一定的利润,他们约占企业客户总量的15%。这是企业值得关注的客户群体,通过企业的努力,普通客户中的一部分会向主要客户升级。

小客户位于金字塔的最底层,这类客户人数众多,但是能为企业提供的赢利却不多,甚至不赢利或亏损,他们约占企业客户总量的80%。由于资源的有限性,企业对这类客户只是一般管理,对有潜力的客户要积极培养,而对缺乏潜力的客户可能需要放弃。

2.1.2 关系

英文对"Relationship"这个词的定义为:"A relationship is the way in which two people or groups of people behave towards each other and feel towards each other."

"关系"即"两个人或两组人之间其中的一方对另一方在行为和感觉上的倾向",如图 2.2 所示。

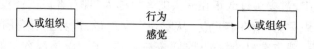

图 2.2 关系理解图

1)对"关系"定义的理解

①关系发生在人与人之间,或人与组织之间,因为组织也是由人构成的。

②一个关系同时具有行为和感觉两种特性,对于仅有某种行为而没有感觉或仅有感觉而没有适当行为的关系则是一种"有欠缺的关系"。

③关系本身往往是中性的,但却会逐步被当事一方加以一定的判断和赋予一定的态度。

④关系有一种"束缚"或者相互约束的特性,使得想脱离关系的一方有某种程度的"逃离代价"。

2)对"客户关系"的理解

根据对"关系"定义的理解,可以推理出"客户关系"的理解方式:

①关系的时间跨度。好的感觉需要慢慢积累,因此,企业要有足够的耐心进行培养。企业同客户的行为和感觉是相互的,关系的双方无所谓谁大谁小,客户对企业有好感便有可能触发相应的购买行为,相互强化和相互促进之后才可以产生良好的客户关系。

②企业在加强关系的过程中,不要只关注关系的行为特性(物质因素),也要考虑关系的感觉特性(非物质的情感因素)。从效果上说,后者不易控制和记录,但你的竞争对手也很难复制。

③关系有一个生命周期,即关系建立、关系发展、关系维持以及关系破裂周期。如果客

户对企业有购买行为,但具有很坏的感觉,那么就有可能停止未来的购买行为,从而导致"关系破裂"或"关系消失"的结果。

2.1.3 管理

简单地说,管理就是对资源的控制和有效分配,以实现特定组织所确定的目标的过程。

1)管理的特性

①管理是有目的的,是为了实现一定目标的行为;

②管理和不管理的区别在于是主动去控制目标实现的过程,还是"顺其自然",或是"守株待兔"。

2)CRM 中的管理

显然,CRM 中的管理指的是对客户关系的生命周期要积极地介入和控制,使这种关系能最大限度地帮助企业实现它所确定的经营目标。要注意的是,客户关系管理的目的仍然是企业的经营管理目标。一个无法帮助企业实现其经营目标的客户关系管理是"无用"的管理,即使客户百分之百地满意,企业也没有任何理由和兴趣去管理这种关系。

前面提到,关系是双方的,为什么总是客户关系的"追求方"——企业去管理这个关系,而客户对这种关系不想管理甚至想"逃避"被管理呢?答案很简单,因为企业有"目的",而客户面对众多的追求者,可以"暂时"不必理会这种关系。换句话说,虽然一个良好的关系是互利的,但客户刚开始并没有意识到,只有到关系建立起来,客户感觉到关系的好处之后,客户才会觉得"关系"的必要。这一点同企业的回报时间滞后的特点是一致的。

总的说来,CRM 中"管理"这个词,一方面指企业要积极地而不是消极地管理这种关系,没有关系时要想办法"找关系",有关系时,应培养和发展这种关系,使客户和企业双方良好的互利关系发生转变,并使关系永久化;另一方面的含义是企业要利用最大资源去发展和维持最重要的客户关系,即要区别对待具有不同"潜在回报率"的客户关系,而不是"面面俱到"。

2.2 CRM 的定义和内涵

2.2.1 CRM 的定义

CRM,是英文 Customer Relationship Management 的简写,一般译作"客户关系管理",也有译作"顾客关系管理"。在实际中,Customer 译作客户所表示的意义更为广泛,它包括了过去购买或正在购买的消费者以及还没有购买但今后可能产生购买行为的"潜在消费者",所指更为准确。

关于 CRM 的定义,不同的学者或商业机构都从不同角度提出自己的看法。下面对各种不同的定义进行分析,以便对 CRM 有一个比较全面的了解。

①Gartner Group 认为,CRM 是一种商业策略,它按照客户的分类情况有效地组织企业资

源,培养以客户为中心的经营行为以及实施以客户为中心的业务流程,并以此为手段来提高企业赢利能力、利润以及客户满意度。它明确指出了 CRM 并非某种单纯的 IT 技术,而是企业的一种商业策略,注重企业赢利能力和客户满意度。

②CRMguru.com 认为,CRM 是在营销、销售和服务业务范围内,对现实的和潜在的客户关系以及业务伙伴关系进行多渠道管理的一系列过程和技术。该定义强调 CRM 的管理手段,即 CRM 的过程和技术,比较适用于 CRM 系统开发。它虽然界定了 CRM 的业务领域,但过分弱化了 CRM 的策略性,把 CRM 简单归纳为一种技术处理。

③IBM 认为,CRM 是通过提高产品性能,增强顾客服务,提高顾客交付价值和顾客满意度,与客户建立起长期、稳定、相互信任的密切关系,从而为企业吸引新客户、维系老客户,提高效益和竞争优势。这个定义兼顾了各种因素的影响:对顾客来说,CRM 关系一个顾客的"完整的生命周期";对企业来说,CRM 涉及企业"前台"和"后台",需要整个企业信息集成和功能配合;对具体操作来说,CRM 体现在企业与客户的每次交互上,这些交互都可能加强或削弱客户参与交易的愿望。

④SAP 公司认为,CRM 系统的核心是对客户数据的管理,客户数据库是企业最重要的数据中心,它记录了企业在整个市场营销与销售的过程中和客户发生的各种交互行为,以及各类有关活动的状态,并提供各类数据的统计模型,为后期的分析和决策提供支持。CRM 系统主要具备了市场管理、销售管理、销售支持与服务以及竞争对象的记录与分析等功能。

⑤NCR(National Cash Register Company)认为,CRM 是企业的一种机制,即企业通过与客户不断地互动,提供信息以及同客户作交流,以便了解客户并影响客户的行为,进而留住客户,不断增加企业的利润。企业通过实施 CRM,能够分析和了解处于动态过程中的客户状况,从而搞清楚不同客户的利润贡献度,从而选择应该提供何种产品给何种客户,以便在合适的时间,通过合适的渠道来完成交易。该定义认为,在客户关系管理中,管理机制是主要的,而技术应用只是一个部分,是实现管理机制的手段而已。实施客户关系管理,主要是企业的组织、流程以及文化等方面的变革。

⑥美国机械制造技术协会(The Association for Manufacturing Technology, AMT)把 CRM 理解为一种以客户为中心的经营策略,它以信息技术为手段,对业务功能进行重新设计,对业务流程进行重组。这种定义其实只是对 CRM 的作用进行了定位。

提出上述定义的,有的是 IT 厂商,有的是管理咨询机构,有的是商业机构。所从事的领域不同,侧重点也有所不同,但总的说来是一致的,它们都认为"客户关系"是公司与客户之间建立的一种相互有益的、互动的关系,并由此把 CRM 上升到企业的战略高度,同时都认为技术在 CRM 中起到了很重要的驱动作用。

本书在总结以上相关经典定义基础上,从营销理念、业务流程和技术支持 3 个层面将 CRM 定义为:CRM 是现代信息技术、经营理念和管理思想的结合体,它以信息技术为手段,通过对以"客户为中心"的业务流程的重新组合和设计,形成一个自动化的解决方案,以提高客户的忠诚度,最终实现业务操作效益的提高和利润的增长。

2.2.2　CRM 的内涵

客户关系管理是企业为了提高核心竞争力,以客户为中心,通过改进对客户的服务水平,提高客户的满意度与忠诚度,进而提高企业赢利能力的一种管理理念;是通过开展系统化的理论研究,优化企业组织体系和业务流程,实施于企业的市场营销、销售、服务与技术支持等与客户相关的领域,旨在改善企业与客户之间关系的新型管理机制;也是企业通过技术投资,建立能收集、跟踪和分析客户信息的系统,是先进的信息技术、软硬件和优化的管理方法、解决方案的总和。因此,可以从以下 3 个方面理解 CRM 的内涵:

1)CRM 是一种管理理念

CRM 的核心思想是将企业的客户(包括现有客户和潜在客户)视为最重要的企业资产,通过完善的客户服务和深入的客户分析来满足客户的个性化需求,提高客户满意度和忠诚度,进而保证客户终生价值和企业利润增长的实现。

CRM 吸收了"数据库营销""关系营销""一对一营销"等最新管理思想的精华,通过满足客户的特殊需求,特别是满足最有价值客户的特殊需求,来建立和保持长期稳定的客户关系。客户同企业之间的每一次交易都使得这种关系更加稳固,从而使企业在同客户的长期交往中获得更多的利润。

CRM 的宗旨是通过与客户的个性化交流来掌握其个性需求,并在此基础上为其提供个性化的产品和服务,不断增加企业给客户的交付价值,提高客户的满意度和忠诚度,最终实现企业和客户的双赢。

2)CRM 是一种管理机制

CRM 也是一种旨在改善企业与客户之间关系的新型管理机制,可以应用于企业的市场营销、销售、服务与技术支持等与客户相关的领域。

CRM 通过向企业的销售、市场和客户服务的专业人员提供全面的、个性化的客户资料,强化其跟踪服务、信息分析的能力,帮助他们与客户和生意伙伴之间建立和维护一种亲密信任的关系,为客户提供更快捷和周到的优质服务,提高客户满意度和忠诚度。CRM 在提高服务质量的同时,还通过信息共享和优化商业流程来有效地降低企业经营成本。

成功的 CRM 可以帮助企业建立一套运作模式,随时发现和捕捉客户的异常行为,并及时启动适当的营销活动流程。这些营销活动流程可以千变万化,但是基本指导思想是不变的,即利用各种计算,在提高服务质量和节约成本之间取得一个客户满意的平衡。如把低利润的业务导向低成本的流程(自动柜员机 ATM 和呼叫中心 Call Center),把高利润的业务导向高服务质量的流程(柜台服务)。

3)CRM 是一种管理软件和技术

CRM 是信息技术、软硬件系统集成的管理办法和应用解决方案的总和。它既是帮助企业组织管理客户关系的方法和手段,又是一系列实现销售、营销、客户服务流程自动化的软件乃至硬件系统。CRM 将最佳的商业实践与数据挖掘、工作流、呼叫中心、企业应用集成等信息技术紧密结合在一起,为企业的销售、客户服务和决策支持等领域提供了一个智能化的解决方案,使企业有一个基于电子商务的面向客户的系统,从而顺利实现由传统企业模式到以电子商务为基础的现代企业模式的转化。

CRM 作为一个解决方案,它集成了 Internet 和电子商务、多媒体技术、数据仓库和数据挖掘、专家系统和人工智能等当今最先进的信息技术。CRM 作为一个应用软件,它体现了许多市场营销的管理思想,任何一个客户关系管理软件当中都包括客户关怀和客户满意这样的内容。

综上所述,CRM 就是一种以信息技术为手段,对客户资源进行集中管理的经营策略,可从战略和战术两个角度出发来看待它:

①从战略角度来看,CRM 将客户看成一项重要的企业资源,通过完善的客户服务和深入的客户分析来提高客户的满意度和忠诚度,从而吸引和保留更多有价值的客户,最终提升企业利润。

②从战术角度来看,将最佳的商业实践与数据挖掘、数据仓库、网络技术等信息技术紧密结合在一起,为企业的销售、客户服务和决策支持等领域提供了一个业务自动化的解决方案。

2.2.3 CRM 的构成

客户关系管理系统本着对客户进行系统化研究的指导思想,完整地认识整个客户生命周期,通过管理与客户之间的所有交互关系,提供与客户沟通的统一平台,改进对客户的服务水平,提高员工与客户接触的效率和客户忠诚度,并因此为企业带来更多的利润。一个有效的 CRM 应用系统通常由客户交互(接触活动)子系统、业务功能子系统、数据库子系统和企业应用集成子系统 4 个部分组成(如图 2.3 所示)。

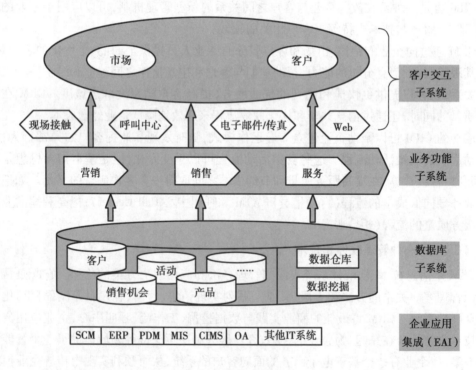

图 2.3 CRM 基本架构

1）客户交互子系统

客户交互（接触活动）子系统的主要功能是实现企业与客户之间的信息交流,通过电话、传真、Web、E-mail、现场、销售代理等多种方式与客户进行接触,扩大客户接触点。客户交互子系统的一个特点是融合了多种渠道的接触信息,保证客户无论通过何种渠道都能够顺利地达到目的并获得界面一致的服务,因此 CRM 将以往的呼叫中心提升为客户交互中心（Customer Interaction Center,CIC）。客户交互子系统由呼叫中心服务、传真/信件服务、电子邮件服务、Web 站点服务和现场接触服务几部分组成。呼叫中心可通过计算机电话集成系统 CTI（Computer Telephone Integration）为客户提供免费电话服务,通过自动菜单选择和交互式语音反馈让用户很快地与专业电话服务人员通话,记录交谈数据。Web 站点可提供网上自动服务系统,依据客户需求,自动适时地利用网络提供有关产品的服务信息。如银行提醒客户定期存款到期,汽车商在网上提供有关定期保养的通知,花店提醒客户有关家人的生日时间。同时还可在 Web 站点上建立网络社区,利用公告栏（BBS）展开对某种产品或服务的讨论,实现企业与客户、客户与客户的全面交流,同时也帮助企业更好地了解客户需求。电子邮件（E-mail）可及时、快捷、方便地与消费者进行双向沟通。传统的传真、信件服务及现场接触服务也是与客户交流的重要渠道,通过这种渠道获得的信息更为真实可靠,具有不可替代的作用。今天,Internet 已经成为企业与外界沟通的重要工具,特别是电子商务的迅速发展,促使 CRM 软件与 Internet 进一步紧密结合,发展成为基于 Internet 的应用形式。

2）业务功能子系统

企业中每个部门必须能够通过上述接触方式与客户进行沟通,而市场营销、销售和服务部门与客户的接触和交流最为频繁,是 CRM 的主要应用部门。CRM 业务功能主要由销售自动化（Sales Force Automation,SFA）、营销自动化（Marking Automation,MA）、客户服务与支持（Customer Service & Support,CSS）3 个基本功能构成,实现销售、营销和客户服务与支持业务流程的自动化。

（1）销售自动化的主要任务

销售人员通过各种销售工具,如电话销售、移动销售、远程销售、电子商务等,方便及时地获得有关生产、库存、定价和订单处理的信息。所有与销售有关的信息都存储在共享数据库中,销售人员可随时补充或及时获得,企业也不会由于某位销售人员的离去而使销售活动受阻。另外,借助信息技术,销售部门还能自动跟踪多个复杂的销售线路,提高工作效率。

（2）营销自动化的主要任务

通过对市场和客户信息的统计和分析,根据客户需求和消费行为特点等因素进行客户细分,发现市场机会,确定目标客户群和营销组合,科学地制订出市场和产品策略;为市场人员提供制订预算、计划、执行和控制的工具;同时,还可管理各类市场活动（如宣传广告、会议和促销等）,对市场活动进行跟踪、分析和总结,以便改进工作。需要指出的是营销自动化的客户细分还包括对客户的关系价值进行评价,并在此基础上对客户进行 ABC 区分和提供不同的"一对一"营销服务。CRM 还要广泛收集有关市场研究结果、竞争者分析与外部环境的数据,以获得进一步的市场营销能力。

（3）客户服务和支持的主要任务

一方面通过计算机电话集成技术（Computer Telephony Integration，CTI）支持的呼叫中心，为客户提供每周7×24小时不间断服务，并将客户的各种信息存入共享的数据库以及时满足客户需求；另一方面通过技术对客户的产品使用情况进行跟踪，为客户提供个性化服务，并且对服务合同进行管理。

3）数据库子系统

一个富有逻辑的客户信息数据库系统是CRM应用系统的重要组成部分，是企业前台各部门进行各种业务活动的基础。从某种角度来说，它甚至比各种业务更为重要，其重要作用体现在以下几个方面：帮助企业根据客户生命周期价值来区分各类现有客户；帮助企业准确地找到目标客户群；帮助企业在最合适的时机以最合适的产品满足客户需求，降低成本，提高效率；帮助企业结合最新信息和结果制订出新策略，塑造客户忠诚。运用数据库这一强大工具，企业可以与客户进行高效的、可衡量的、双向的沟通，真正体现了以客户为导向的管理思想；可以与客户维持长久的，甚至是终生的关系来保持与提升企业短期和长期的利润。可以这样说，数据库是CRM管理思想和信息技术的有机结合。

一个高质量的数据库包含的数据应当能全面、准确、详尽和及时地反映客户、市场及销售信息。这些数据包括客户数据、销售数据、服务数据和产品数据等，它们可放在同一数据库中，以实现信息共享，提高企业前台业务的运作效率和工作质量。CRM通过运用数据挖掘（Data Mining）、联机分析处理（OLAP）及其他统计分析工具对数据仓库中记录的客户及产品资料进行数据挖掘和分析，从中发现客户行为规律、购买模式等，并为企业决策层更好地制订客户战略提供支持。

4）企业应用集成子系统

企业应用集成（Enterprise Application Integration，EAI）是指对企业中完成不同业务功能的应用系统进行集成，在它们之间建立起可供数据交流和应用沟通的中枢系统。对于CRM系统来讲，EAI的应用意味着企业的CRM系统必须随时适应变化，根据业务整合的要求进行系统和应用的整合。它是为达到流程协调、系统间互操作和信息共享目的，避免对原有系统大规模改造而采用的一种整合方法，是多种软件技术的总和。

CRM系统中的EAI应用，如果从集成的对象来划分可分为面向数据的集成、面向系统的集成和面向过程的集成。

①面向数据的集成是为了实现不同系统间数据共享的目的，对需要共享的数据建立统一的数据模型，并采用数据复制、数据聚合和接口等处理技术，为系统集成和过程集成提供基础。

②面向系统的集成也可以称为接口集成，目的是实现系统间的互操作，例如CRM与PDM、ERP、MIS、CIMS和财务系统之间的集成与互操作。

③面向过程的集成是将一个抽象的和集中的管理过程，置于多个子过程之上，按一定的顺序实现过程间的协调并实现数据在过程间的传输，其目标是实现企业相关业务过程的协调和协作。在实施面向过程的集成时，由于被实施对象采用不同的元数据、平台以及业务应

用类型,因此面向过程的集成技术必须具有足够的柔性,能够和不同的相关技术实现集成。

2.2.4 CRM 的特点

一个完整的 CRM 应用系统应当具有综合性、集成性、智能化和高技术性的特点。

1)综合性

CRM 应用系统首先综合了企业的销售自动化、营销自动化和客户服务与支持的要求,其标准的营销管理和客户服务功能由支持多媒体和多渠道的客户交互中心处理来实现,同时支持通过现场服务和数据仓库提供服务。销售功能由系统为现场销售和远程销售提供客户和产品信息、管理存货和定价、接受客户报价和订单来实现。CRM 在统一的信息数据库下开展有效的企业与客户之间的交流交互活动和执行支持,使得交易处理和流程管理成为综合的业务操作方式。无论在新兴行业还是传统行业,CRM 都使企业拥有了畅通有效的客户交互渠道,综合面对客户的业务工具和竞争能力,从而能帮助企业顺利实现由传统企业模式到以电子商务为基础的现代企业模式的转化。

2)集成性

CRM 要有效发挥作用,还要与企业的后台系统相集成。在电子商务背景下,CRM 与企业资源计划(ERP)、供应链管理(SCM)、计算机集成制造(CIMS)和财务等系统的集成,将彻底改革企业的管理方式和业务流程。CRM 解决方案因其具备的强大的工作流引擎,可以确保各部门各系统的任务能够动态协调和无缝连接。以 CRM 与后台 ERP 的集成为例,CRM 的销售自动化子系统,能够及时向 ERP 系统传送产品数量和交货日期等,以方便 ERP 进行产需排程;营销自动化和在线销售组件,可使 ERP 的订单与配置组件功能发挥到最大,客户可以真正实现按需要配置产品,并现场进行订购。事实上,企业都明白,倘若它们不能把销售和服务部门的信息与后台联系在一起,那就会导致许多潜在营业额的流失,ERP 的功能也无法正常发挥。ERP 等应用软件系统的实施给众多企业带来了内部资源的优化配置,CRM 则使这种内部资源的优化配置真正变得有意义,只有将 CRM 与 ERP 集成、前后端应用软件完全整合后才能成为未来的赢家。

3)智能化

CRM 应用系统还具有商业智能的决策和分析能力。CRM 的成熟将使得它不仅能实现业务流程的自动化,而且能为管理提供分析工具或代为决策。CRM 系统中获得并深化了大量的客户信息,CRM 通过加强对数据仓库的建设和数据挖掘工作,可以对市场和客户的需求展开智能性的分析,从而为管理者提供决策的依据或参考。CRM 的商业智能还可以改变产品的定价方式、产品组合方式,提高市场占有率,提高客户忠诚度和发现新的商业机会。一个优化的 CRM 系统,在整合 ERP 等后台系统后,其商业智能将大大增强,可以对产品的设计、工艺流程的设计提供信息和数据来源。商业智能要求对业务流程和数据采用集中管理的办法,这样可以简化软件的部署、维护和升级工作,而基于 Internet 布置的 CRM 解决方案,包括通过 Web 浏览器可以实现用户和员工随时随地访问企业的应用程序和知识库,节省了大量的交流成本。

4）高技术性

CRM 应用系统涉及种类繁多的信息技术,如数据仓库、数据挖掘、网络与通信技术、多媒体技术等多种先进技术,同时为实现与客户的全方位交流,在方案部署中要求实现呼叫中心、销售平台、远程销售、移动设备以及基于 Internet 的电子商务站点的有机结合。这些不同的技术与不同规则的功能模块和方案要结合成为一个统一的 CRM 环境,就要求不同类型的资源和专门的先进技术的支持。以多媒体的企业客户交互中心为例,以 CTI 技术支持的呼叫中心中,要能让 Web 用户通过 Internet、在线聊天系统或视频会议系统来与它实时进行交互式的交流,它的实施就要求有关人员具备呼叫中心和 Web 环境等多方面的技术知识。此外,CRM 为企业提供的数据知识的全面解决方案中,要整合不同来源的数据并以相关的形式提供给管理者或用户,就要通过数据仓库、数据挖掘和决策分析工具的技术支持,才能使企业理解统计数据和客户关系模式、购买行为等。

2.3　CRM 的分类

美国的调研机构 Meta Group 把 CRM 分为操作型、分析型和协作型 3 类,这一分类方法已得到了业界的认可,是目前市场上流行的功能分类方法,其详细的功能说明如图 2.4 所示。下面分别进行阐述。

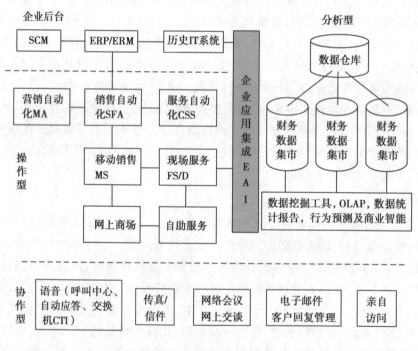

图 2.4　CRM 分类图

2.3.1 操作型 CRM(Operational CRM)

操作型系统也称为运营型系统,目的是提供自动化的业务流程,为各个部门的业务人员的日常工作提供客户资源共享,减少信息流动滞留点,为客户提供高质的服务,使客户就像在和一个虚拟个人做交易一样。操作型系统目前主要有销售自动化、市场营销、服务支持、现场服务、移动销售等模块组。

销售自动化要求及时提供客户的详细信息,业务内容涉及订单管理、发票管理及销售机会管理等。营销自动化是操作型 CRM 的主要模块,其中的促销活动管理工具可用于计划、设计并执行各种营销活动,寻找潜在客户并将他们自动集中到数据库中通过自动派活功能分配给销售人员。服务自动化包括现场服务和自助服务,具体有自动派活工具、问题追踪、服务合同及保质期管理、维修管理等。

操作型 CRM 的应用模块在功能上与 ERP(企业资源计划)相似,都是为了提高员工工作效率的一种应用工具。它与分析型 CRM 相比,虽然销售、服务和营销自动化模块中具有一定的数据统计分析能力,但它是浅层次的,与以数据仓库、数据挖掘为基础的分析型 CRM 是有区别的。另外,操作型 CRM 不包含呼叫中心应用等员工同客户进行交互活动的应用,与协作型 CRM 也有一定区别。

2.3.2 分析型 CRM(Analytical CRM)

分析型 CRM 系统不需要直接同客户打交道,它的作用是从操作型 CRM 系统应用所产生的大量交易数据中提取有价值的各种信息。它主要是面向客户数据分析,针对一定的业务主题,设计相应的数据仓库和数据集市,利用各种预测模型和数据挖掘技术,对大量的交易数据进行分析,对将来的趋势作出必要的预测或寻找某种商业规律,是一种企业决策支持工具,用来指导企业的生产经营活动,提高经营决策的有效性和成功度。如果把 CRM 比作一个完整的人的话,操作型 CRM 是 CRM 的四肢,而分析型的 CRM 则是 CRM 的大脑,是一种处理大容量客户数据的方法,使企业管理人员获得可靠的信息支持策略和作战商业决策。

分析型 CRM 与决策支持系统(Decision Support System,简称 DSS)密切相关。分析型 CRM 所需要的核心技术通常包括:数据仓库、数据挖掘、联机分析处理(OLAP)、先进的决策支持技术。决策支持系统通过结合个人的智力资源和计算机的能力来改进决策的质量。作为分析型 CRM 基础的决策支持系统具有高度的灵活性和良好的交互性,将决策者与决策支持系统密切联系在一起,并通过信息技术为其决策提供特定的支持功能。显而易见,高性能的决策支持技术是分析型 CRM 必要的组成部分。而数据仓库、数据挖掘、联机分析处理都是进行科学决策实施的手段和基础。包含决策支持技术的分析型 CRM 框架图如图 2.5 所示。

大多数分析型 CRM 中的决策支持系统应包括如下典型的组件:

①数据管理子系统。DSS 的数据库通常包含在数据仓库中,数据仓库中保存了客户和管理的信息,除公司的内部信息和客户数据库外,还包括外部信息、竞争对手信息、行业发展信息。

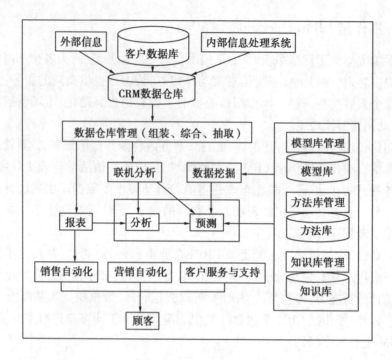

图 2.5　分析型 CRM 框架图

②模型管理子系统。一个包含有财务、统计、运筹和其他定量模型的软件包,能够提供系统的分析能力和合适的软件管理能力。

③知识管理子系统。许多非结构化和半结构化的问题是如此的复杂,以至于除通常的DSS 能力外,它们还需要特别的专业知识。

2.3.3　协作型 CRM(Collaborative CRM)

英文 Collaborative 的意思指两个以上的人同时做一项工作。协作型 CRM 的参与对象也是由两种不同类型的人共同完成的,即企业客户服务人员和客户共同参与。如支持中心人员通过电话指导客户修理设备,在修理这个活动中同时有员工和客户共同参与,他们之间是协作的;而操作型 CRM 和分析型 CRM 只是企业员工自己单方面的业务工具,在进行某项活动时,客户并未一起参与。

显然,协作型 CRM 有其本身的特点,员工和客户由于要同时完成某项工作,都希望快一点解决问题。这种速度需要就要求 CRM 的应用必须能够帮助员工快速、准确地记录客户请求内容以及快速找到问题的答案。换句话说,对特定工作业务必须具有知识丰富和智能查询等特点;同时,员工本身也必须经验丰富。如果问题无法在线解决,协作型 CRM 还必须提供智能升级处理,员工必须及时作出任务转发的决定。

协作型应用目前主要有呼叫中心、客户多渠道交互中心、帮助台以及自助服务帮助导航等模块,具有多媒体多渠道整合能力的客户交互中心是今后协作型 CRM 的主要发展趋势。

从上面的功能分析可以发现,操作型和协作型 CRM 应用主要解决内部工作效率和交易数据的采集问题,并不具备信息分析的能力,只有分析型 CRM 应用最具价值,但是 3 种类型的 CRM 都是侧重某一个方面的问题,因此它们是不完全的。一个完整的典型 CRM 应用系统,要真正实现客户关系管理理念所倡导的功能,必须具有以下几个特征:基于一个统一的数据库,提供数据在业务层操作和决策分析层的功能;具有整合各种客户联系渠道的能力,为客户提供最便捷的沟通渠道;集成的销售、服务和营销自动化工具,实现 3 个业务的无缝连接;具有商业智能,能够提供决策信息;开放性,具有与其他管理信息系统整合的能力。

2.4 CRM 的功能

CRM 的功能与企业的需求密不可分,根据众多 CRM 厂商的产品设计思路,CRM 功能也可以根据企业需求的不同层次分为以下 3 个层次:部门级 CRM 功能、协同级 CRM 功能和企业级 CRM 功能,下面将对这 3 层的功能作出分析:

2.4.1 部门级 CRM 功能

销售、营销和客户服务部门是 CRM 的主要应用部门,这 3 个部门工作职能不同,相应地对 CRM 的功能需求也不同。

1)销售自动化(SFA)

销售员希望能够在整个销售流程中随时获取相应的客户接触信息,并进行销售追踪;销售经理则希望能够随时掌握部门内所有销售人员的活动信息,包括他们的接触列表和销售机会,同时还希望能及时获得销售报告,进行销售预测。这就要求 CRM 能提供实时销售信息、自动销售任务安排(自动派活)、销售评价等功能。

为满足上述需求,CRM 销售自动化系统(Sales Force Automation,SFA)的功能目标为:在支持销售流程完成其业务循环的基础上形成相关的知识管理、接触管理及预测管理。其基本功能模块包括接触管理、账户管理、销售机会和潜在客户管理、线索管理、销售渠道管理、销售预测工具、报价和订购、报告工具、数据同步引擎等。

2)营销自动化(MA)

通常企业的营销部门主要负责识别对企业最有价值的客户、判断和吸引潜在的最有价值客户等任务。要求 CRM 能够进行市场分析、市场预测、市场活动管理等,为满足上述需求,营销自动化模块(MA)通常包含以下功能:

①战役管理。端到端的组织和营销执行过程。

②业务分析工具。通过对数据的有效分析、判断、解释、挖掘,为组织提供有效的市场趋势判断,从而为相应的细分市场及营销活动提供有力的帮助。

③活动管理。对企业的所有市场活动进行管理。

④活动跟踪。跟踪市场活动的情况。

⑤反馈管理。及时得到市场活动的反馈信息。

⑥活动评价。对市场活动的效果进行度量。

⑦客户分析。对客户的构成、客户的地理信息和客户行为进行分析。

3）客户服务和支持

客户服务与支持部门主要负责售后服务及相关问题的解决，也是 CRM 系统应用的重点部门。客户服务主要集中在售后活动上，不过有时也提供一些售前信息，如产品广告等。售后活动主要发生在面向企业总部的呼叫中心，但是面向市场的服务也是售后服务的一部分。产品技术支持一般是客户服务中最重要的功能，总部客户服务与驻外服务机构的集成以及客户交互操作数据的统一使用是现代 CRM 的一个重要特点。简单来说，面向客户服务与支持的 CRM 支撑功能包括：

①提供准确的客户信息。要提高客户服务质量，就需要准确的客户信息。

②要求提供一致的服务。企业的服务中心以整体形象对待客户，使客户感觉是同一个人在为他服务。

③可以支持远程服务。可在远程通过 Internet、语音支持等技术手段为用户提供实时监控、故障诊断和维修等服务，大大提高售后服务的效率，大幅度降低服务费用。

④实现问题跟踪。能够跟踪客户所有的问题并给出答案。

⑤客户定制。为特定的客户进行个性化服务，为其所需的产品进行配制化和客户化。

⑥信息检查。在安排服务或维修之前检查客户是否具有支付服务费用的能力。

⑦协议服务。它和所有的契约承诺（如客户服务合同、服务水平协议和担保）相关联，并在记录呼叫时自动执行授权检查，如果系统发现某一项目遗漏时，会自动执行调整功能。

2.4.2　协同级 CRM 功能

市场营销、销售和客户服务与支持是 3 个独立的部门，对 CRM 有着不同的需求。但是有一点对三者都是共同的，它们都必须坚持以客户为中心的运作机制，因此企业就需要协同级的 CRM 来解决在运作过程中所遇到的问题。

1）协同级 CRM 要解决的问题

企业要求协同级 CRM 能解决企业在运作过程中遇到的主要问题是：

（1）信息的及时传递

市场分析的结果应能及时地传递给销售和服务部门，以便它们能够更好地理解客户的行为，达到留住老客户的目的。同时销售和服务部门收集的反馈信息也可以及时传递给市场营销部门，以便市场营销部门能够对销售、服务和投诉等信息进行及时分析，从而制订出更有效的竞争策略。

（2）销售渠道的优化

市场营销部门将销售信息传递给谁，让谁进行销售，对于企业的成功运营非常重要。渠道优化必须在众多的销售渠道中选取效果最佳、成本最低的销售渠道。

为了解决企业在运作过程中遇到的信息及时传递和销售渠道优化等问题，在 20 世纪 80 年代，欧美等国的电信企业、航空企业、商业银行等为了密切与用户联系，应用计算机技术，利用电话作为与用户交互联系的媒体，设立了呼叫中心，实际上就是建立了针对用户的服务中心。呼叫中心利用计算机技术、计算机网络技术和电话通信技术，为客户提供自动语音应答服务和人工接听服务,包括信息查询、业务咨询、业务受理、质量投诉和处理、信息发布等全方位客户服务功能,还实现了内部使用的服务分类统计和分析、服务质量监控和考核等功能。因此呼叫中心常常成为客户服务中心的代名词,是协同级 CRM 的核心。

目前,呼叫中心应用最广泛的是第四代——客户交互中心(Customer Interaction Center, CIC),它应用多媒体技术,支持用户以电话、传真、手机、电子邮件、因特网(Web)、网络电话(VoIP)、微信、移动 App 等各种方式接入呼叫中心,其架构如图 2.6 所示。同时,基于 SOA和实时服务总线技术的、全业务支撑的呼叫中心和基于 SaaS 模式的云呼叫中心也在不断深入应用。

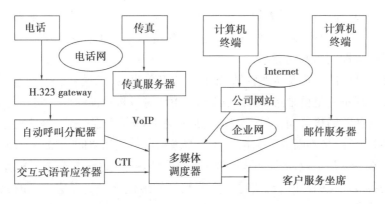

图 2.6　第四代呼叫中心

第四代呼叫中心的特点包括:

①接入和呼出方式多样化。支持电话、VoIP 电话、计算机、传真机、Wap、手机短信息、微信、电子邮件、移动 App 等多种通信方式。

②多种沟通方式格式互换。可实现文本与语音之间、E-mail 与语音之间、E-mail 与短消息之间、E-mail 与传真之间的自由转换,等等。

③语音自动识别技术。可自动识别语音,并实现文本与语音自动双向转换,以最终实现人与系统的自动交流。

④基于 Web 的呼叫中心。可支持 Web Call 独立电话、客服代表回复、文本交谈、网页同步、表单共享等功能。

⑤利用 CTI 技术将 Internet 与传统的呼叫中心融合在一起,使用户不仅可以通过语音进行交流,而且还可以通过视频方式进行沟通。

⑥支持微信客户服务平台接入和呼叫中心移动客户端 App 接入,丰富了呼叫中心的应用场景,方便企业通过移动端 App 或者微信开展运营。

2)协同级 CRM 应该具备的功能

①协同级 CRM 的第一项功能是必须通过采用先进的信息技术,将电话、传真、Web、无线接入等多种交流渠道进行高度集成,使企业的客户无论通过何种渠道、何种地点、何种时间,都能够以自己喜欢的方式通畅地与企业进行交流。同时,企业也能够利用多种联系渠道的协同对客户作出及时的反应,并提供准确、一致以及最新的信息。交流渠道的集成,使客

户免去向企业的不同部门、不同人员重复相同信息的麻烦,从而使客户的问题或抱怨能更快和更有效地得以解决,最终提高客户的满意度。

②协同级 CRM 还要采用合理的信息基础架构,消除各类信息之间的屏障,建立起统一的 CRM 信息资源库。统一后的 CRM 信息资源库包括有关客户的所有信息,无论是何时、何地,通过何种渠道,凡是有关客户与企业接触或交流的信息都会存放在其中。CRM 信息资源库同时还包含企业的营销、销售、客户服务等信息。企业内销售、市场营销、客户服务等不同部门的有关人员都可以随时、随地存取信息,从而能够对客户的需求和变化采取及时、一致的响应。

③协同级 CRM 还应具有强大的工作流引擎,从而确保跨部门的工作能够自动、动态、无缝地完成。另外,企业的跨部门工作流程可能还将随着外部环境的变化而变化,因此,工作流引擎还应具有柔性定制的功能。

④面对浩如烟海的客户及企业营销、销售和服务信息,如果没有一个具有高度商业智能的数据分析和处理系统是很难想象的。协同级 CRM 可以将最佳的商业实践与数据挖掘、数据仓库、一对一营销、销售自动化以及其他信息技术紧密结合在一起,通过充分挖掘客户商业行为的个性和规律,来不断寻找和拓展客户的赢利点和赢利空间。另一方面,智能化的数据分析和处理本身也是企业向客户学习的一种高效过程。CRM 的商业智能系统使企业在获得与客户关系最优化的同时,也获得了企业利润的最优化。实现这一点的核心技术无疑就是数据挖掘技术。

2.4.3　企业级 CRM 功能

在大、中型企业中,往往可能已经建立了企业资源规划(ERP)、办公自动化(OA)、管理信息系统(MIS)、供应链管理(SCM)、产品数据管理(PDM)等一系列的 IT 系统,如果这些 IT 系统之间相互孤立,就很难充分发挥各系统的功能。因此,实现不同 IT 系统之间的面向信息、过程的紧密集成,可以充分提高企业的运作效率,同时也能充分利用原有的系统,降低企业 IT 系统的成本。

1)企业级 CRM 与其他 IT 系统的集成

CRM 作为企业重要的 IT 系统,也需要与企业的其他 IT 系统紧密集成,这种集成从低到高主要表现为以下 3 个层次:

(1)集成各种信息来源

与客户有关的数据可能来源于各种渠道,如现场接触、电话、传真、电子邮件、呼叫中心、Web、PDA、RFID 等,或来自销售、营销、客户服务与支持等部门,企业级 CRM 要能对各种信息资源进行集成。

(2)利用企业原有的信息系统

市场分析需要有关客户的所有数据,销售和服务部门也需要在适当的时机掌握正确的数据。这些有关客户行为、客户基本资料的数据通常来源于其他 IT 系统,因此 CRM 系统经常需要从企业已有的 ERP、OA、MIS 等 IT 系统中获得这些数据。企业已有的 IT 系统中有很多模块可以直接集成到 CRM 系统中。例如,一般的 ERP 系统都会包含人力资源管理这一功能模块,其中就包含了对市场营销人员、销售人员和客户服务人员的管理,CRM 系统完全可以利用 ERP 系统的这一功能实现对这 3 个部门的人员管理。对已有系统的利用,可以增强 IT 系统中数据的一致性,同时也降低了 CRM 系统的成本。

(3)支持其他 IT 系统的实现

CRM 的分析结果同样可以被企业内其他 IT 系统所利用,例如,在电信企业中,对客户群体的分析,并实现客户细分是进行客户信用度管理的基础。

2)企业级 CRM 应具备的功能

要满足企业 3 个层次的不同需求,CRM 系统就必须具有良好的可扩展性,从而使企业能够在不同的时期根据其经营规模和 IT 系统状况,灵活地扩展 CRM 系统的功能。图2.7 给出了企业级 CRM 的基本体系架构:ERP、OA、MIS 和 PDM 等系统通过企业应用系统集成,为数据仓库和 CRO 系统提供数据;CRM 系统将分析结果用于销售管理和呼叫中心管理,与此同时,销售、E-mail 等渠道将客户的反馈信息传递给数据仓库,为 CRM 系统所用。

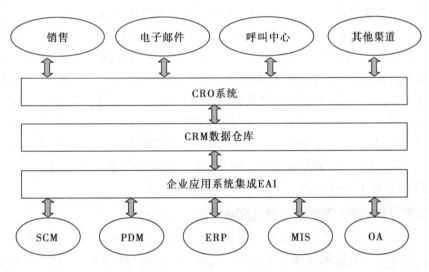

图 2.7 企业级 CRM

企业级 CRM 的基本功能如下:

①CRO(Customer Relation Optimization,客户关系优化)系统。满足部门级和协同级的功能需求,优化企业与客户之间的关系。

②CRM 数据仓库。存储 CRM 所需要的各种历史数据。

③企业应用系统集成(Enterprise Application Integration,EAI)。利用应用系统交换(包括数据库适配器、语言适配器和应用适配器等)、信息转换和可扩展置标语言(Extensible Markup Language,XML)技术以及 CORBA、Web Service 等技术,将 CRM 与企业的其他 IT 系统紧密集成起来。

这样的结构能够充分满足部门级、协同级和企业级的不同需求。企业可以根据自己的状况,选择相应的系统来构造其 CRM 系统。在如图 2.7 所示的这一结构中,CRO 是整个

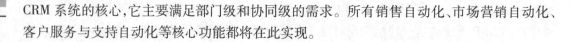

CRM 系统的核心,它主要满足部门级和协同级的需求。所有销售自动化、市场营销自动化、客户服务与支持自动化等核心功能都将在此实现。

2.5 客户关系管理的价值链分析

2.5.1 客户关系管理的价值链

"价值链"的概念最初是由哈佛商学院教授迈克尔·波特在其管理学著作《竞争优势》中提出的,他的基本观点是:企业作为一个整体来看,由于涉及的市场因素和企业资源太多,往往缺乏标准和工具来分析其竞争优势。因此他引入了价值链作为基本的分析工具,将企业的全部活动分解为与战略性相关的许多内容。由此得出的结论是:企业正是通过比竞争对手更廉价或更出色地开展这些重要的战略活动来赢得竞争优势的。也就是说,竞争者的价值链之间的差异是竞争优势的关键来源。

无论是企业还是客户都应该认识到,要实现价值链的优化,必定需要双方共同付出努力。客户在商务活动中的作用也不仅是被动地掏钱,企业要让客户主动参与价值链的各个阶段或各项业务活动,如果离开与客户(消费者及合作伙伴)的合作关系,改善现有商业流程就只能停留在设想阶段。企业必须在发展自身的产品和服务质量的同时,为供应商、分销商提供诸多帮助,改善自己作为商业合作伙伴的参与质量;在面对消费者的层面上,更要吸引客户的参与,重视他们的要求和意见。要通过不断加强与客户的交流,不断了解客户的需求,并不断对产品及服务进行改进和提高,以满足客户需求的连续过程,实现商务过程自动化,并改善销售、营销、客户服务和支持等与客户关系相关的业务流程。以客户为中心的企业价值链的优化作用主要体现在:

1)建立整合性的客户互动关系与完整的增值链条

企业可以根据客户的需求重构基本业务流程,满足客户个性化的需求;可以借助多种先进的技术途径来整合市场环节,把营销、销售和客户服务融合起来,建立起与客户的互动关系;同时还要对供应商、分销商以及企业职能部门、机构进行协调管理,以形成完整的企业价值增值体系。这其实也是一个客户介入的价值再创造过程。例如,家具公司可以向客户提供能自行组合和拼拆的家具,满足不同客户根据自己家庭状况设置家具的要求和偏好,自主地选择家具散件的配套与组合;同时,由于可以让客户运回家自己组装,有的客户也愿意接受由此带来的较低成本;等等。

2)通过互动、学习、沟通来获取客户知识与客户价值

以客户为中心的企业价值链,将以客户需求的满足为核心原则,以最佳方式进行资源配置和运用,并通过互动、学习、沟通来获取客户知识,把握客户需求,掌握市场机遇。以信息和知识为关键组成成分的产品或服务的价值越来越高,企业如不注重客户的需求变化和意见反馈,将会被市场无情地抛弃。现实中有些客户格外重视交易价格或咨询信息,有些客户则很重视企业同他们的关系或服务等,企业必须有区别地关注客户的需求,进而提供定制化

的产品和服务,以及通过客户的反馈改善服务等。通过对客户需求互动、学习、沟通的过程,全面掌握客户信息,从而能够辨认出最具有价值的客户来增加其满意度和忠诚度,在更好地掌握市场机遇的基础上实现企业资源的最佳配置。

3)借助信息系统优化客户价值链

企业在构建和优化企业价值链时,应当在客户导向策略下注重运用先进信息技术来支持。借助于信息技术和 Internet 平台,可以将诸如营销、销售、使用、功能集成、价值再造等多项过程整合在一起。客户可以在价值链的任一阶段介入,企业完全可以让客户直接参与企业的生产与分配。在这里,信息技术的作用更多地体现在过程上,由此创造的产品或服务才能以独有的属性满足客户特定的需求,并以一种客户认可的成本提供给客户,也就创造出了新的价值。

借助信息系统优化客户价值链是当今企业实施其战略目标的大趋势,企业可以借助 IT 技术构架两个平台:一是客户互动平台,包括营销、销售人员、服务部门、联络中心等;二是客户知识平台,用于分析客户的信息、资讯,积累企业对客户的知识和了解。这两个平台对于优化企业价值链具有重要意义。

2.5.2　CRM 价值链的基本环节

CRM 是一个复杂的系统,它是一系列对客户管理的过程以及辅助过程的集合。为了深入理解 CRM 系统,运用迈克尔·波特的价值链思想,可以对 CRM 价值链进行解析。CRM 价值链将 CRM 系统分解为战略性相关的基本活动,即分析客户、了解客户、发展关系网络、传递客户价值、管理客户关系,以及起辅助作用的各种支持活动的集合,如图 2.8 所示。其最终目标是在企业与目标客户之间建立一种长期的、互惠互利的关系。

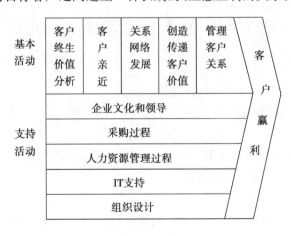

图 2.8　CRM 价值链

CRM 价值链表明了企业创造的客户关系价值,它包括价值活动和客户赢利两个方面。价值活动是企业所从事的与客户有关的物质的和技术的各种活动,它们是企业创造对客户有价值的产品或服务的基础。客户赢利则表示了客户关系价值与价值活动中围绕客户所投入的顾客成本之间的差额。CRM 的核心就是客户关系价值管理,而对价值活动的分析是整个 CRM 价值链分析的关键。

CRM 的价值活动分为直接对客户进行管理的基本活动和辅助基本活动的各种支持活动。下面对 CRM 的基本活动(或基本环节)进行分析。

1)客户终生价值分析

客户终生价值(Customer Lifetime Value,LTV),又称客户生命周期价值,是指对一个客户在未来所能给公司带来的直接成本和利润的期望净现值。客户的价值包括 3 部分:第一,历史价值,指到目前为止已经实现了的客户价值;第二,当前价值,指如果客户当前行为模式不发生改变,在将来会给公司带来的客户价值;第三,潜在价值,指如果公司通过有效的交叉销售、调动客户购买积极性或客户向别人推荐产品和服务等,从而可能增加的客户价值。

对企业来说,不是所有的客户都具有相同的潜在生命周期价值。对最具潜在赢利性的客户关系进行投资无疑是一种明智的选择。CRM 策略获得成功的前提条件是能够区分企业的客户。因此,首先必须对客户终生价值进行分析,通过对客户数据库的分析进行客户识别和目标客户定位。同时,CRM 的策略强调客户维系,因此对现有客户情况的分析是重点。

在对客户终生价值具体分析方面包括以下几个步骤:

(1)收集客户数据

客户数据的收集包括客户个人情况、生活方式、态度、地区、需要、关系、行为方式等方面,在客户数据库的构建一节中另作详细介绍,这是对客户终生价值分析方面最重要的一步。

(2)定义和计算终生价值

构成或影响终生价值的因素有:

①所有来自客户初始购买的收益流、所有与客户购买有关的直接可变成本。

②客户购买的频率。

③客户购买的时间长短。

④客户购买其他产品的喜好及其收益流。

⑤客户推荐给朋友同事及其他人的可能性。

⑥适当的贴现率。

在计算时,可以基于交易成本和资金投入进行计算,或者根据过去类似客户的行为模式,利用统计技术预测客户将来的利润。

(3)客户投资与利润分析

根据上步计算结果,对客户投资和客户利润进行分析,发现最有价值的客户。

(4)客户细分

客户细分方法参见"第 3 章第 4 节　客户细分"。

2)客户亲近

选择了客户之后就要考虑如何更好地服务他们。企业中每个人在各方面的能力不尽相同,因此必须有一套良好的收集或累积客户知识的数据仓库或数据库以便进行系统的分析,获得客户信息。再根据获得的信息实施客户关怀,拉近客户关系,提高客户满意度。

对客户实施关怀的措施多种多样,比如与客户建立良好的联系、客户提醒或建议等,具体由商家根据分析资料自由策划。通过形式多样的措施使客户感觉到公司对客户提供的良好的亲情关怀,虽然对经营成本影响不大,却能取得良好的效果。

客户亲近需要良好的沟通方式,随着信息技术的发展,公司可以通过电话、传真、呼叫中心、Internet、E-mail、直接接触等多种方式与客户进行交流。譬如在网上建立网络社区,进行网上社区服务,能大大增进客户与公司之间的感情。

3)关系网络发展

公司与另一公司竞争的同时,公司关系网络还在与另一公司关系网络进行竞争。对一个成功实施 CRM 的公司来说,其关系网络连通性是公司巨大的竞争优势资源。关系网络包括员工、客户、供应商、分销商、业主或投资者等合作伙伴。良好的关系网络能将企业的产品和信息及时快捷地传递给客户,并将客户反馈信息传回企业。企业应该积极地和客户建立关系,让客户感受到这种关系的存在,并且从中受益,从而达到企业和客户双赢的目的。员工表现直接影响顾客满意度和购买欲,要将员工满意和顾客满意结合起来,需对雇员们进行再教育或再培训。公司的供应商也需要理解公司致力于服务的客户是谁,以便对客户需求变化作出快速反应。公司也必须与分销商合作,形成强大的、各有所长的分销网络,及时进行信息交流、提供技术支持、及时快捷地运输产品。

有效的关系网络意味着将价值传递给伙伴,从而帮助他们取得成功,而不仅仅是操纵他们。为了成功执行 CRM,供应商、员工、拥有者或投资者以及合作伙伴必须紧密结合起来,设法满足所选客户群的需求。这不仅需要提供一种企业策略来使关系网络价值最优化,还需要一种以客户为中心的全新价值观。

4)创造与传递客户价值

在我们知道要服务于谁,并且将与谁建立网络关系后,网络成员将一起共事,为所选客户创造和传递价值。

价值观是及时有效处理客户问题的好方法。传统的营销理念认为产品是主要价值来源,但随着产品的商品化,服务将提供越来越多的价值。为此我们需要树立一种新的以客户为中心的价值观。客户是企业的重要资产。在传统的管理理念以及现行的财务制度中,只有厂房、设备、现金、股票、债券等是资产。随着科技的发展,开始把技术、人才视为企业的资产,对技术以及人才百般重视。然而,这些划分资产的理念,是一种闭环式的,而不是开放式的。无论是传统的固定资产和流动资产论,还是新出现的人才和技术资产论,都是企业能够得以实现价值的部分条件,而不是完全条件,其缺少的部分就是产品实现其价值的最后阶段,同时也是最重要的阶段,在这个阶段的主导者就是客户。提倡并且树立客户是企业资产的理念,在以产品为中心的商业模式向以客户为中心的商业模式转变的情况下,是尤为重要的。CRM 可以帮助各企业最大限度地利用其以客户为中心的资源,并将这些资源集中应用于客户和潜在客户身上。

创造价值的关键在于理解客户的需要,一切从客户的切身利益出发。CRM 以客户为中心的管理模式充分反映了营销的"4C"（Customer、Cost、Convenience 和 Communication）。前两个 C 可视作企业创造客户价值的过程,而后两个 C 则可看作体现企业传递客户价值的活动。借助强大的信息技术,如 OLAP 和数据挖掘技术,可以更好地帮助企业了解客户需求和期望值。随着客户需求的日益多样化和个体化,满足目标客户需求意味着客户化定制（Customized Offer/Marketing）,即在产品、服务、流程、分销、价格和沟通等诸多方面满足客户特殊的需求。

5）管理客户关系

CRM 的最后一个环节,即管理客户关系,重点则是改进企业业务流程、组织结构、绩效评价方法和激励机制等,最终达到管理客户关系的目的。为了与目标客户建立长期互惠互利的关系,赢得他们的忠诚度,企业必须适当地调整组织结构和相关流程。传统的金字塔形、层次繁多的组织结构已经不适应以客户需求为导向的要求,取而代之的必然是组织结构的扁平化以及前台部门员工的适度授权;以往前台各部门业务分离,信息不共享的局面将面临着变革,取而代之的必然是集成化的、精简的和客户导向的业务流程和共享数据库;建立客户忠诚计划,依此严格执行并加以监控;除了保留客户满意度和销售量等传统的绩效评估手段外,引入客户维系成本、客户维系率以及争取新客户的成本等新的绩效评估手段也是十分必要的,当然还包括对关系网络成员表现的有关评估手段和激励机制等。

2.5.3 CRM 价值链的支持活动

CRM 价值链的支持活动主要包括企业文化和领导、采购过程、人力资源管理过程、IT 支持和组织设计。

1）企业文化和领导

CRM 要获得成功,需要相应的企业文化与之适应,必须吸引企业员工建立共同的目标和价值观,建立员工对企业的忠诚,增强企业对员工的凝聚力,激励员工积极地为实现企业目标而努力。为此,还要制订相应的制度来保证基本活动的实现。当然,高层管理的支持也是必不可少的。领导重视和企业文化的支持对一个企业的转变起关键的作用。研究发现:当企业领导带头重视时,下面员工的支持率会非常高,而一个具有改革创新意识的企业文化氛围对项目的成功发挥着重要的作用。

2）采购过程

采购是企业生产经营的重要环节,它与许多价值活动相关联。例如,在关系网络发展中,采购环节直接与供应商发生联系,所采购的原材料的价格、质量与企业最终产品的价格和质量有直接的联系,影响企业所创造的客户价值。由于提高客户满意度是 CRM 所追求的重要目标,这时就不能光考虑原材料的价格因素而忽视其质量。

3）人力资源管理过程

人力资源管理包括招聘、雇佣、培训、开发以及薪资及奖惩等活动,这些活动涉及企业所有类型成员。人是企业的主体,企业的大多数活动都需要人的参与。因此,人力资源管理不仅对几乎所有的价值活动有辅助作用,而且还支撑着整个 CRM 价值链。例如,CRM 信息系统的引入改变了员工的工作方式,需要员工掌握新的技能,这就要有相应的人员培训。

4)IT 支持

信息技术在 CRM 系统中是一种使能器。如果没有信息技术的支持,CRM 价值链就不可能实现其目标。不同类型的价值活动或多或少地含有信息技术的成分。对前台业务的管理需要 CRM 软件系统的帮助,对采购、人力资源管理、库存和财务等业务的集成管理也需要面向后台业务应用的管理信息系统(如 ERP)的支持。当然,信息技术只是一种辅助工具,实现 CRM 系统的关键在于管理观念和思想的改变,只有实现了这一转变才能更好地运用信息技术来体现其价值。

5)组织设计

组织结构和组织行为的相应调整也是重要的支持条件,如设立专门的客户关系管理部门来适应 CRM 管理模式的需要;客户服务部门的员工必须改变对待客户的态度和行为以提高客户满意度。

2.6 CRM 系统对企业的作用和实施效果

CRM 系统在企业建立之后,具有两个重要的作用或效果:一是业务流程经过重新优化设计,实现业务自动化,提高服务水平,降低运行成本;二是对客户资源进行整合,深刻挖掘客户信息,提高客户价值,把客户关系管理从原来的成本中心塑造成新的利润中心。

2.6.1 CRM 系统对企业的作用

随着市场竞争的愈演愈烈,传统的企业管理系统越来越难以胜任动态的客户渠道和关系的管理,Internet 下的 CRM 系统给企业带来了经营管理方式上的重大变革,对企业的发展具有非常重要的意义。CRM 的作用可以从销售、营销、服务 3 个方面进行分析。

1)对企业销售工作的作用

业务流程的管理和改进是客户关系管理对争取、开发和维系客户的销售工作的直接贡献。销售的大部分流程,例如:如何了解客户、如何同客户接触、如何提高成交率等,是业务人员很难把握的。企业里最好的销售人员在销售方面有一定的天赋,不用客户关系管理软件他们也可能成功。但除了这些最优秀的销售人员之外,那些没有天赋的销售人员怎么办?这就要靠业务流程了。CRM 可以实现销售业务流程的自动化,它可以使没有销售天赋的人也能在销售中取得成功。客户关系管理软件对销售业务流程的支持包括:

①通过挖掘客户关系数据库,确定有价值的销售线索。
②查询客户关系管理数据库,以保证销售拜访的目标明确。
③不受销售人员好恶影响,客观决定销售拜访的频率。
④帮助销售人员想起关键的问题,并制订正确的销售拜访策略。
⑤客户关系管理的拜访记录可以保证拜访内容的连续性(即使更换了销售人员)。
⑥客户关系管理自动化支持销售人员快速地完成案头工作,从而把时间更多地花在客

户身上。

⑦查看客户关系数据库使销售人员更清楚销售状况,了解成交机会所在,明确努力方向,最终提高成交率。

⑧很多销售人员热衷于开发新客户,客户关系管理则强调销售之后的销售活动,尽力延长客户的销售周期,从而提高客户终生价值。

⑨客户关系管理可以让各个部门统一面对客户,从而防止客户同时面对同一家企业的多个业务代表的连续拜访而对企业产生负面印象。

总之,CRM 能帮助销售部门有效地跟踪众多复杂的销售路径,用自动化的处理过程取代原有的手工操作过程,这样既缩短了销售周期,又减少了许多错误和重复性的工作。利用这一工具,销售人员可将客户信息装入一个"配置引擎"及一个可共享的"市场推销百科全书"中,为每一个销售人员提供获取产品和市场竞争的信息,以便及时掌握市场动态,获取最大的销售利润。同时企业也不会由于某位销售人员的离去而丢失重要的销售信息。销售管理还为使用者提供各种销售途径和工具,如电话销售、移动销售、远程销售、电子商务等。通过它们,销售人员无论何时何地都可及时地获得有关产品、定价、配置和交货的信息。销售支持系统给销售人员提供了功能强大的支持工具和多种形式的信息,从而使销售人员可以对客户、业务等进行有效的管理。对于企业来说,销售管理系统将大大扩展客户范围,提高工作效率,降低销售成本,为企业的利润增长提供有力的支撑。

2)对企业营销工作的作用与意义

很早就有人倡导"一对一"的营销,但过去这种新方法并未发挥出它的效果。现在,支持它的工具——CRM 技术出现了,"一对一"营销理论有了现实的基础。CRM 为营销带来的意义包括:

①减少媒体广告。客户越来越无法忍受大众化的宣传,而企业减少广告投入就会提高对创造性营销方法的投入,减少对广告的关注就会更注意与客户的沟通。通过沟通而不是向客户说教会赢得客户更多的尊重。

②减少营销成本。比起企业为争夺新客户而在广告上的花费,通过客户关系管理留住老客户的投入就低得多。有稳定的客户群就可以大大减少争取新客户的费用,这对销售和营销都有好处。

③减少客户流失。客户关系的长期维护可以减少客户的流失,满意的客户还会向其他客户推荐,这才是最有说服力的营销工具。

④同现有客户做更多的生意。通过现有客户的交叉销售可增加销售额,这样就减轻了争夺新客户的压力和费用,使营销人员从频繁的营销活动中解放出来,冷静思考并制订战略。

⑤不受品牌的困扰。维持客户关系,品牌的作用不可忽视;但对大部分产品和服务来说,品牌的作用就不及客户关系对客户的影响大。这时,品牌仅仅是吸引客户的一种营销手段,企业更应该注重与客户沟通。

CRM 具有市场分析、市场预测和市场活动管理功能。市场分析能帮助市场人员识别和确定潜在的客户和市场群落。例如,通过人口统计、地理区域、收入水平、以往的购买行为等信息,更科学、更有效、更正确地制订出产品和市场策略,同时还可以提供企业为何出现盈亏的信息,使管理者更好地监视和管理企业当前的运营;市场预测能力既可以为新产品的研制、市场投放、市场开拓等决策提供有利依据,又可为制订销售目标和定额提供参考,还可进行基本市场及市场群落分析、客户分析、产品分析等,并能把相关的信息自动传递到各有关部门,加强监控,实现协调运转;市场活动管理则能为市场主管人员提供制订预算、计划、执行步骤和人员分派的工具,并在执行过程中实行监控、快速反馈及响应,以不断完善其市场计划;同时,还可以对企业投放的广告、举行的会议、展览、促销等活动进行事后跟踪、分析和总结。

3)对企业服务工作的作用与意义

在很多情况下,客户的保持及客户利润贡献度的提高依赖于提供优质的服务,客户只需轻点鼠标或打一个电话就可以转向企业的竞争者。因此,客户服务和支持对很多公司是极为重要的。客户服务系统可以帮助企业以更快的速度和更高的效率来满足客户的独特需求。可以向服务人员提供完备的工具和信息,并支持多种与客户的交流方式。帮助客户服务人员更有效率、更快捷、更准确地解决用户的服务咨询,同时能根据用户的背景资料和可能的需求向用户提供合适的产品和服务建议。

在多数企业里,与销售和营销部门相比,客户服务离工作流程和支持技术要远得多。目前的客户关系管理对客户服务的支持远远不如对销售和营销部门的支持。但是没有客户服务,客户关系管理就失去了存在的基础。如果同客户打交道的两个重要部门(销售和服务)之间不能沟通,就不能保证统一面对客户。从近期来看,客户关系管理为客户服务带来的意义主要体现在销售和服务部门之间的实时信息共享:

①销售人员能够立即知道服务上的问题,这样就可以参与到客户服务中,避免客户流失。

②了解服务的问题,可以建立可靠的客户关系,不要由于企业的一些小问题而让他失去对企业的信任。

③销售和服务信息共享,可以让客户觉得企业各部门相互合作,感到企业是一个整体。

④服务部门能了解销售人员对客户的承诺。

⑤服务部门能了解对客户方的负责人是谁,当客户要解除服务关系或抱怨销售人员时,可以及时主动地作出反应。

⑥销售和服务信息共享可以让服务部门了解当前这个客户的重要性。

客户关系管理的目的就在于将各种客户服务渠道(电话、互联网、电子邮件、面对面服务)综合起来,将各种数据汇总起来,让你的左手知道右手是在干什么,否则企业就很难生存。这就是客户关系管理的意义所在。当把客户服务与技术支持功能同销售、营销功能较好地结合起来时,就能为企业提供更多的机会,向企业的客户销售更多的产品。客户服务与技术支持的典型应用包括:客户关怀、纠纷处理、订单跟踪、现场服务、问题及其解决方法的数据库、维修行为安排与调度,服务协议与合同、服务请求管理等。将销售与客户服务系统整合成为一个系统,使得服务人员可以根据客户提出的需求提供售后服务支持,也可以提供销售服务,可大大方便客户与公司的交流,使顾客增加对公司服务的依赖。

2.6.2　CRM 追求的实施效益

CRM 作为一种经营理念,它在企业范围内的实践最终是为了实现企业所制订的经营目标。那么,CRM 应用在帮助企业实现经营目标的过程中能取得什么样的效益呢? 为了更形象说明 CRM 应用与企业追求的效益目标的关系,可用图 2.9 分析 CRM 的实施效益。

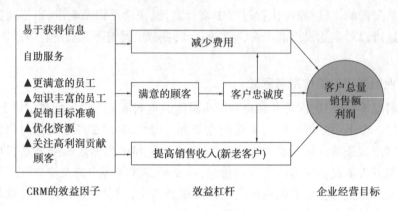

图 2.9　CRM 实施与企业经营目标关系图

一般来说,CRM 系统的实施效益主要体现在以下几个方面:

1)提高内部员工的工作效率,节省日常开支

这是一个最明显的投资回报(Return Over Investment, ROI)指标,计算比较容易,节省开支其实等同于利润的增加。CRM 应用系统的实施可以在哪些方面节省开支呢? 主要表现在:

①让销售人员、服务人员以及营销人员共享客户信息,减少信息断点,节省了很多花在客户信息搜索上的时间,从而提高工作效率。

②通过对业务流程的优化和自动化,减少了各种手工操作产生的人为错误。销售人员不必花很多时间处理各种业务管理活动,缩短了完成经营活动所需的时间,同时,"无纸办公"也可以有效减少如打印、文具等一般性支出。

③通过使用 CRM 自助服务,把一般性、重复性客户服务交由客户自己完成,从而减少呼叫中心的工作量以及人员开支。

④通过对客户市场的分割和行为预测,使各种促销活动更有目的性,减少在营销上支出的"冤枉钱"。

2)提高客户满意度

这是一个不太好测量的指标,由于满意的客户一般不太会告诉企业,而不满意的客户,即有抱怨的客户则更有可能让企业知道。企业的 CRM 系统可以通过以下方式让客户的满意度有所提升:

①各工作人员通过对客户更全面的了解,从而可以对各种客户服务请求作出快速反应,减少了客户的等待时间。

②企业的各种自助服务让客户可以不受上班时间限制,提高了客户进行各种查询、购买活动的灵活性。

③企业提供的多种联系方式,客户可根据喜好和实际情况自行选择。

然而,有一点需要指出的是:客户满意度并不直接贡献于企业的经营目标,它通过提高客户的忠诚度以扩展关系的深度,从而提高连带销售和升级销售,间接达到最终目的。

3)提高客户的忠诚度

这是 CRM 所追求的关键目标,也是最难的一个要求。一般来说,任何技术应用都比不上企业员工对客户真诚的、通情达理的态度,由于所有的关系都或多或少带有点情感的因素。特别需要指出的是:在某种程度上,技术和关系的维持是相反作用的,技术越先进,人与人的交流就越少,培养感情的机会也就越少,关系就越不可能长久。当然,在目前大部分企业的客户服务都不尽如人意的大环境下,要保持比竞争企业更稳固的客户关系,就要做到让客户有一种离开了你只能得到更差待遇的感觉。在这一点上,企业通过 CRM 系统的技术应用,可以不同程度地在以下方面提高客户对企业的依赖性。

①长期不断地保证让客户满意的经历,体现企业服务质量的一致性。

②利用 CRM 系统所掌握的客户个人资料,在适当的时候自动提示发生一些诸如向重要客户发送礼品、生日蛋糕之类的"感化"关怀,不过千万不要在促销活动前几天做这些事,否则可能因动机太明显而引起客户的反感。

③通过 CRM 里的网络用户社区功能让用户与用户之间产生"牢固关系",从而让企业从中受益。

4)增加营业收入,提高利润率

应该说,上面所有的效益都会直接或间接地提高企业的收入。如果 CRM 系统能成功地提高客户的满意度,就能够提高企业的营业收入。然而,满意度提高与忠诚度的提高还有很大的距离。忠诚的客户可能一辈子都为企业担当"免费宣传员"的角色,使企业不断增加新客户。

除了上述满意和忠诚会给企业带来的间接效益以外,CRM 应用系统还可以利用 CRM 对客户行为的分析能力,通过打好营销、促销战役来获得利润的提高。利用分析型 CRM 的客户分析工具,市场营销人员对市场按照地域、年龄、喜好和季节等行为指标进行细分,并适时地向客户提供个性化的销售建议。显然,促销成功率的提高不但使营销部提高了其预算支出的使用效率,同时将直接提高企业的销售额。销售人员可以利用 CRM 的各种分析工具了解客户的购买历史和习惯,利用连带销售和升级销售来提高企业的营业额。

成功的 CRM 系统可以使所有同企业有关系的人,包括员工、伙伴、投资者等对公司的产品、价格等信息了解得比较充分,从而使他们都成为企业的"销售队伍"。当然,这是 CRM 的完美境界,不是只靠一两种技术就可以达到的。

以上对 CRM 应用系统的成功实施可能为企业带来的效益作了一个简单的分析。然而,应该指出的是,虽然为了解释方便我们将它们分别列出,但它们实际所产生的作用不是孤立的,也不是简单的叠加。比如员工通过使用能提高他们工作效率的 CRM 工具,也会使他们对企业的满意度适当增加,在对待客户时,他们的态度也会更加友好,这对提高客户的满意度和忠诚度都有非常大的正面促进作用。这一点我们大家应该都有不同程度的体会,例如,如果你问一位从事客户服务的朋友,他们的工作烦不烦,十有八九会说烦,试想,一个很烦的员工又如何让客户满意呢? 有多少服务人员在接受客户的"盘问"时憋着气在说话呢? CRM 系统如果能够减少各种员工"烦恼的原因",那对企业效益的影响将是明显的。

2.7　案例:富士康的客户关系管理系统

富士康的客户关系管理系统 VIPaX 特征:
- 专业的 B2C 的会员管理系统,专注于营销的 CRM;
- 专注于购物中心、连锁门店等行业的会员管理解决方案;
- 提供丰富的会员服务功能,支持微信、微博等社交媒体渠道;
- 支持会员的自定义服务,通过差异化有效发掘价值群体。

[应用背景]

零售业竞争激烈,在现代社会,是否有效利用信息是能否取得业务成功的一项关键因素。然而,虽然零售业率先探索如何驾驭并控制企业的关键业务数据,但是该行业多个领域内的重要信息仍超出了企业的控制范围。

[解决方案]

富士通 VIPaX 是专为 B2C 零售企业开发的基于 SOA 架构的客户关系管理系统,是一套以客户满意为中心的营销管理综合平台,整个解决方案集合常规会员管理、等级升降、会员积分、E-Money(积点)、E-Code(电子礼券)、现金储值、会员沟通、活动营销等功能,为零售商获取和维持可获利的消费者提供支撑。

图 2.10

客户关系管理系统 VIPax 的优势:

1. 完善的会员分级体系

依靠丰富的经验,本系统提供会员等级区分功能,既能有效锁定特定客户群体,提供差异化服务,又能提供合理的会员成长升级体系。

2. 营销内容丰富，范围精准定位

VIPaX 集成了常见的多种营销方法，结合 BI 大数据模型分析消费者消费行为、偏好、消费频率、购买力等信息帮助客户精准定位目标群体，帮助商家做好有针对性的差异化的服务。

3. 解决方案齐备，全面覆盖会员管理营销

VIPaX 提供系列解决方案帮助商家全方位管理会员，实现精准营销。整个解决方案包含：CRM 管理系统、BI 数据分析、电子商务平台、Call Center 应用中心、移动解决方案等，真正做到全方位、全渠道覆盖。

4. 高安全性、高性能与高扩展性

为每个会员提供金融级的账户安全保障，支持多种会员卡介质并可集成生物识别 Palm secure；支持千万级的会员数量级，支持亿级的会员交易量级；在 Java 上开发的 SOA 架构，系统采用 3 层部署，可移植性好，支持 SaaS 模式。

5. 丰富的会员权益和促销

为每个会员提供 4 种账户——现金账户、积点账户、礼券账户、积分账户，通过销售、活动、储值、促销等让利于会员，同时隐藏销售利润；包括齐备的促销设计、组合方案和实现引擎，促销功能组件可以根据用户的实际需求灵活配置，真正满足连锁零售和餐饮企业的个性化需求。

案例分析题

1. 富士康为什么实施 CRM？它的 CRM 采用了什么系统架构？

2. 结合案例分析 CRM 给富士康带来了什么？并结合所学，分析其 CRM 还有哪些方面可以改进？

本章小结

客户关系管理的定义并不统一，它随着技术的发展而不断更新内涵。在本书中，客户关系管理从信息技术、经营理念和管理思想 3 个层次来进行定义，围绕"以客户为中心"的基本原则来设计和管理企业的策略、流程、组织和技术，将最佳商业实践与信息技术相结合，为企业销售、营销以及客户服务和支持提供一个自动化解决方案，其目的是提高顾客满意度和忠诚度，实现企业收入的增长与效率的提高。

一个有效的 CRM 应用系统通常由接触活动（客户交互）子系统、业务功能子系统、数据库子系统和企业应用集成子系统 4 个部分组成，各个子系统分别具有不同的任务和功能要求。综合性、集成性、智能性和高技术性成为 CRM 系统的发展趋势和重要特点。

客户关系管理系统可分为与企业业务运营紧密相关的操作型 CRM，以数据仓库为基础、实现统一客户视角的分析型 CRM，以及基于多媒体联系中心、建立在统一接入平台的协作型 CRM 3 大类，分类的目的是区别企业在使用上出发点的不同。

CRM 的功能是和它的应用层次紧密相关的，对部门级、协作级和企业级各有不同的功能要求，基本功能模块都包括了销售自动化、营销自动化和客户服务 3 大块，区别在于集成技术和程度的不同。对 CRM 功能的理解有助于我们设计 CRM 软件时正确定位其构架。

CRM 的核心是客户关系价值管理,客户关系价值创造的过程就是通过一系列的价值活动来实现客户赢利。价值活动包括客户终生价值分析、客户亲近、关系网络发展、创造传递客户价值和管理客户关系的基本活动,以及企业文化和领导、采购过程、人力资源管理过程、IT 支持、组织设计等支持活动两个方面,它们与客户赢利共同构成了 CRM 价值链。其中对于价值活动的分析是整个 CRM 价值链分析的关键。

CRM 系统给企业带来了经营管理方式上的重大变革,对企业的发展具有非常重要的意义。CRM 对企业的作用可以从销售、营销、服务 3 个方面进行分析,但 CRM 实施的根本目的仍然在于实现企业的经营目标,为企业创造效益,这是每一个打算实施 CRM 项目的企业应该牢牢把握的原则。

复习思考题

1. 如何理解 CRM 中的客户、关系与管理?
2. 什么是客户关系管理? 其内涵是什么?
3. CRM 应用系统由哪几部分构成?
4. CRM 应用系统具有什么特点?
5. CRM 按功能划分为哪几种类型? 各有何特点?
6. 试分析部门级 CRM、协同级 CRM 及企业级 CRM 的功能。
7. 以客户为中心的企业价值链的优化作用是什么?
8. CRM 价值链包括哪些基本环节?
9. CRM 价值链包括哪些支持活动?
10. 试分析客户关系管理系统的基本架构及各子系统的作用。

讨论题

1. 联系实际谈谈客户关系管理的作用,你认为如何才能建立良好的客户关系?
2. 试分析企业实施 CRM 的作用与现实意义。
3. 试讨论 CRM 价值链的实现需要哪些必要的条件。
4. 选择一家自己熟悉的企业,结合所学知识,探讨该企业实施 CRM 的效益。
5. 为什么说 CRM 是一个复杂的系统? 如何充分发挥 CRM 的功能?

网络实践题

1. 浏览苏宁易购网站,列举苏宁易购提供了哪些客户服务。
2. 了解苏宁易购如何提供一站式服务。
3. 通过对苏宁易购网站的体验,构想苏宁易购的客户关系管理系统的架构体系。
4. 寻找同类行业的两家网站,从客户关系管理角度对这两家企业网站进行比较。

第 3 章

客户关系管理战略与客户分析

[课前导读]

拥有客户就意味着企业拥有了在市场中继续生存的理由,而拥有并保留住客户是企业获得可持续发展的动力源泉。这就要求企业在广泛关注所有的竞争环境的同时,必须加大在关注客户上的投入。客户关系管理(CRM)的指导思想就是对客户进行系统化的研究,以便改进对客户的服务水平,提高客户的忠诚度,并因此为企业带来更多的利润。所以在 e 时代企业的管理思想必须由过去的"以产品为导向"向"以客户为导向"转变,从而使客户满意,进而达到客户忠诚,以提高企业的竞争力,同时达到 e 时代的企业经营管理要求。本章对 CRM 的战略管理内容、内外部环境及战略目标的制订和实施进行了详细的阐述,对什么是客户价值,以及如何根据客户价值及其他分类方法进行客户细分进行了分析和探讨。

[学习目标]

- 了解 CRM 的实施战略;
- 树立以客户为中心的观念;
- 理解客户价值的概念;
- 掌握客户细分的方法。

3.1 客户关系导向的企业战略

随着市场经济的深入发展,企业对市场和客户的依赖已经逐步提高到关系企业生存的高度,谁能把握市场的脉搏、满足客户对产品的需求,谁就能赢得市场,赢得客户,从而企业才能生存、发展、壮大。一个企业如果丧失了客户,那它就丧失了一切。更重要的是,企业必须拥有长期的客户,因为唯有与客户保持长期良好的关系,一个企业才能够在市场竞争中不断提高市场份额并增强竞争力。因此,企业以客户为本,实乃以客户关系为本。客户关系的竞争是市场竞争的焦点。市场营销的实质也就是市场客户关系的博弈。如果企业不能认识到这一市场营销的本质,那它就无法长期有效地赢得客户并最终赢得市场。

3.1.1　客户关系与企业战略的融合

21世纪,一场新的企业变革浪潮正在世界范围内酝酿和进行着。这场变革浪潮不只是带来了一些创新的名词,更重要的是它正在改变着企业竞争的内涵和形式。企业战略的重点已经由对静态的、外在的竞争优势的追求转向对动态的、内在的竞争优势的追求,由目前的产业与产品竞争转向为创造未来而竞争。

企业作为一个经济组织,它"唯一的宗旨就是创造顾客"(现代管理大师彼得·德鲁克),这要求企业能有效地整合资源,创造价值,以满足社会需求。从这个意义上说,企业的出发点绝不是为了打败对手,虽然打败竞争者可以确保独占利润,但是这项竞争应以创造顾客价值为前提。因此可以说,战略是价值创造的艺术,只有不断地创造与提升产品或服务本身的价值,厂商才能永远立于不败之地。这就在客观上要求企业必须将其战略管理重点转向建立以客户关系为导向、以客户满意为中心,通过全方位地提供和加强营销服务,不断提高顾客满意度和忠诚度,进而真正实现提高企业竞争能力和经济效益的目标。

为此,企业在战略调整上,必须重视和强调做好以下两个方面的工作转变:

1)全面建立以客户为导向的经营理念

随着市场经济的发展,我国企业的营销观念经历了由传统生产观念、销售观念向现代市场观念或社会市场观念的演变。面对经济全球化和新经济时代的到来,伴随着市场竞争的日益加剧,客观上要求企业的经营观念必须转向以客户为中心,变单纯的"以销定产"为"以需定产"或"以消(消费者)定产",即企业在其生产经营活动中将注意力从简单销售和一般意义上的市场营销转向以市场需求为导向、以市场客户为导向,企业的经营活动建立在对顾客需求、行为了解与掌握的基础之上,建立在为客户提供全方位、全过程、高品质的服务基础上。在此方面,一些著名的优秀企业十分重视对上至高级管理者、下至普通员工的全员性教育和熏陶,强调企业全体上下必须将工作重点由单纯重视推销商品、重视销量、重视销售额转向关心市场需求的变化、关心顾客的购买心理与感受、关注客户资源作为竞争优势的获得与维护手段。

2)重视和加强客户关系管理

现在与未来企业提高竞争力和保持市场占有率的关键在于客户满意度及其客户忠诚度的提高,而这一切则有赖于对客户关系管理的重视与加强。也就是从着眼于建立和维护企业与客户的长远关系入手,通过一系列包括关注顾客、收集顾客信息、了解掌握顾客现实和潜在需要及购买行为特征、提供能够给顾客带来满足的效用、及时与顾客保持信息沟通、回答顾客各种疑问和为顾客提供各种帮助,最终实现企业外部前向分配系统与企业内部资源的有效连接及包括与企业后向供给系统的最经济、最恰当的协同,以达到全面提升企业市场竞争能力和应变能力的目的,提高顾客满意程度,降低包括生产、服务、营销成本在内的经营总成本,提高销售额,增加企业经济效益。

经过这样的战略调整,实质上企业战略管理就成为如何利用自身有效的资源,在充满竞争的环境下去满足顾客的需求,从而实现价值的创造——建立客户关系导向的企业战略。

3.1.2 客户关系导向企业战略的特点

当今在企业战略管理领域,资源、竞争和客户三者构成了企业战略管理的战略思维出发点。纵观各种战略管理理论,无不是从这三者出发来考虑企业的战略制订,因此,形成了 3 种主流的战略思维方式,即资源导向的企业战略、竞争导向的企业战略和客户关系导向的企业战略。这三者之间由于出发点的不同存在着很大的差异,以下我们通过这 3 种战略思维的比较来说明客户关系导向的企业战略的优势所在。3 种企业战略的比较如下(参见表 3.1)。

表 3.1　3 种战略思维的比较

	资源导向的企业战略	竞争导向的企业战略	客户关系导向的企业战略
战略思考方向	由内而外	行业内的竞争	由外而内
战略重点	企业独特资源	竞争对手	客户及客户需求
战略归宿	利用企业的独特资源	比竞争对手做得更好	给客户创造更大的价值
战略行为	零和非合作博弈	零和非合作博弈	非零和合作博弈
竞争优势	成本领先优势	差别化优势	柔性和灵活性优势
经济规律	报酬递减	报酬递减	报酬递增
评价指标	企业资产	行业吸引力	客户价值

1)资源导向的企业战略

资源导向的企业战略把企业所能掌握和利用的资源视为企业持续竞争优势的源泉。本质上讲,这是一种从企业出发的战略观点,由内而外来考虑企业战略的制订。因为企业的核心能力决定企业所服务的客户,并决定了要满足的客户需求。这种战略考虑更多的是企业具备什么独特的资源,如何充分利用这些资源来获得更多的利润。但是,以资源为本的战略存在一个问题,即战略不是以客户需求为中心。一旦企业的核心能力与客户需求毫不相关,或企业的差异化不被客户所认识和接受,那么,以资源为导向的企业战略就会陷入困境。

2)竞争导向的企业战略

竞争导向的企业战略以行业吸引力作为企业战略取向的指标,把竞争对手的经营行为作为自身经营行为的标杆,考虑的是如何比竞争对手做得更好或打败竞争对手,对于整个行业而言是一种零和战略。此外,以竞争为导向的企业战略并不太重视价值的创新。企业若从这种战略思维出发来考虑战略的制订,则不可避免地对企业产生 3 种影响:一是企业注重模仿而不是创新,因而企业常常借鉴竞争对手的成功之道并进行模仿;二是企业更多的是应对式地展开经营,这是竞争的本质使然;三是企业对新出现的市场和客户需求的变化把握不够,这在以变革为主题的当今时代是非常致命的。

3)客户关系导向的企业战略

客户关系导向的企业战略则是由外而内的一种企业战略思考方式,考虑的是客户需求什么,企业应该如何满足客户的需求,把维系客户或比竞争对手更好地满足客户作为企业发展的基础,并由此来对企业进行变革,以应对这种要求。采取这种战略的企业以客户价值作为企业战略的取向,以价值创新为己任,以价值来维系客户和满足客户需求,这样,对整个行业而言是一种非零和的战略。当然,以客户为本制订战略要求企业能快速理解和把握客户的需求及需求变化,有足够的柔性来调整自身各种资源的组合,并以客户能接受的成本向顾客提供产品和服务。

通过以上的讨论可以得知,客户关系导向的企业战略作为一种新的企业战略思维,主要具有以下特点:

①客户关系导向的企业战略是建立在无形资源价值基础上的。传统的企业战略是以企业可获得的资源作为出发点,探讨用什么样的方式,能够为客户创造多于竞争对手所能提供的使用价值。战略的核心内容是资源的使用价值,竞争优势主要是通过对自然资源型生产要素的直接拥有而在企业经营的终端产品市场上显现出来的。在客户关系导向的企业战略管理思想指导下,企业战略强调高的客户满意度和客户保有率,强调企业要调配资源以尽量满足客户的需求,认为企业的核心能力来源于企业独具特色并为企业带来竞争优势的为客户创造更大使用价值的能力,强调企业组织的协调能力、资源整合能力和灵活性。决定企业产品竞争力的不仅是价格,更多的是包含在产品中的通过技术和知识等无形资源形成的使用价值。顾客所购买的并不是产品本身,而是产品中凝结的技术和知识的使用价值。

②客户关系导向的企业战略强调竞争合作,追求非零和合作博弈的竞争结果。传统的企业战略强调通过竞争对抗获取竞争优势,强调以竞争对手为参照,建立超过竞争对手的能力,获取竞争对手所不具有的优势资源,竞争对抗的目的是要使竞争对手丧失优势乃至消失。在网络经济条件下,技术日益分散化,企业想在某一领域长期进行垄断已不可能,仅依靠自己的力量企业很难掌握竞争主动权。为维持长期的竞争优势必须与他人合作,才能获得持久的竞争优势以及可持续生存和发展。客户关系导向的企业战略强调企业改变市场竞争的基本观念,将零和非合作博弈向非零和合作博弈转变。其实质是向经济主体提供基于相互依存的制度供给。实践中的外包、合资、合作、企业联盟、虚拟制造等都是这一战略观的体现。同时,信息网络技术的发展也为企业间的竞争合作提供了有力的技术支持,创造了客观条件。

③客户关系导向的企业战略具有更多的柔性。随着技术变化速度的加快及顾客需求的个性化、多样化,企业面临的环境越来越不稳定。企业面临的挑战是如何通过并善于使自己在连续的挫折中不断成长来为自己创造企业成功的空间。传统的企业战略仅考虑外部环境变化中的威胁和机会,结合企业自身的资源优劣势,来寻求战略、环境、资源的协调一致,企业被动地随着环境的变化而调整战略,使企业战略具有一定的滞后性,对企业的发展不利。客户关系导向的企业战略注重远景在环境变化中的导向作用,强调战略中的客户需求因素,通过预测环境和客户需求变化的趋势,能主动改变旧环境,创造新环境,引导客户和竞争者行为,使企业始终处于有利地位。

④客户关系导向的企业战略偏重于动态分析。客户关系导向的企业战略更加注重环境方面的动态化,即注重外部环境不连续变化时的企业的竞争优势分析。传统的企业战略理

论在研究竞争优势上,都是一种静态分析或者比较静态分析,即竞争优势都相对于竞争对手的优势地位或者优势实力与能力,是一种历史的、静态的比较优势,适宜于环境较为稳定、变化缓慢的情况。客户关系导向的企业战略偏重于动态分析,更加注重环境方面的动态化,特别是客户需求的动态化,即注重外部环境不连续变化时的企业的竞争优势分析。同时,客户关系导向的企业战略更注重企业远景、战略、组织能力和内部系统与过程等不同内容之间的相互联系和动态适应。客户关系导向的企业战略使企业能够迅速理解和把握客户的需求及需求变化,使企业有足够的柔性来调整自身各种资源的组合,并通过与竞争者之间的竞争与合作来不断扩展企业的生存和发展空间。客户关系导向的企业战略以客户关系为基础,在一个追求群赢、竞争与合作并重的知识经济时代里,从客户需求出发,以价值创新来满足客户需求,驱使企业不断地创新与变革,以适应不断变化的环境和顾客需求,这更符合知识经济条件下企业战略制订的需求。

3.2　企业战略管理视野下的客户关系管理

企业战略管理可以定义为:制订、实施和评价使得组织能够达到其目标的,跨功能决策的艺术与科学。战略管理致力于对市场营销、财务会计、生产作业、研究与开发及计算机信息系统进行综合的管理以使企业获得成功。

而随着社会经济的发展及现代信息技术的运用,产品种类也日益丰富,营销渠道越来越信息化,市场格局已经发生了根本性的变化,由卖方市场过渡到买方市场,市场竞争逐步升级,这就推动了营销观念和营销模式的变革。因此,企业必须把注意力集中于顾客的需求,顾客已被作为一种宝贵的资源纳入到企业的经营发展中。

3.2.1　客户关系管理战略的内容

客户关系管理问题已经逐步发展成为关系到企业生死存亡的战略性问题。面对现代信息技术的蓬勃发展以及越来越激烈的市场竞争,随着客户关系管理市场营销实践的发展,越来越多的人意识到建立密切的客户关系对企业在市场竞争中建立持久的竞争优势并保持持久的利润收益至关重要。因此,无论任何企业,都不应该仅仅把加强客户关系作为一个权宜之计,而要把它作为一个中心任务和战略问题长期不懈地坚持下去。

所谓客户关系管理战略(CRM Strategy)即从管理和战略上明确 CRM 的发展目标,确定对于组织、技术、流程和业务模式等的要求,从而为客户关系管理的实施制订规划和战略方向。

1)客户关系管理战略

对于大多数公司而言,一个产品战略很好理解,但是 CRM 战略却不太让人理解。我们认为一个 CRM 战略必须包括以下几个内容:定义价值前提、定义客户战略、企业变革计划、定义 CRM 战略。

（1）定义价值前提

企业价值前提是指作为一个企业应当完成什么使命,企业价值观是什么。这是企业的核心,因为它是区别其他企业的核心所在。针对 CRM 的价值前提必须被应用到两个领域:一是必须确定客户价值是什么(毕竟我们现在是"以客户为中心")? 二是必须确定能为客户提供什么(企业的品牌价值)? 如果与价值前提密切相关的这两个方面没有得到很好的界定,企业的客户价值交付必然会存在问题,企业将难以赢得客户满意。

(2)定义客户战略

客户战略定义为公司如何建立和管理一个客户组合,一个客户战略至少包括 4 个元素:

- 客户理解;
- 客户竞争;
- 客户亲和力;
- 客户管理能力。

一个客户战略必须要能够回答:客户是谁? 客户想要什么? 客户如何被管理? 这种理解将能够确保客户群被作为一种客户组合来管理,而不是简单作为营销活动的对象。

(3)全方位变革的支撑

一个客户战略并不是一种简单的规划图。客户战略的实施需要很多方面的变革作支撑。

- 业务流程。所有主要的流程都必须从客户战略的角度来重新定位,流程要能够确定"是否能"以及"如何"满足客户的需求。
- 组织。组织变革,包括文化转变,是绝大多数建立客户战略的企业所不可避免的。客户对企业评价好坏的主要因素依然是人际交互,而并不是技术能力。
- 位置和设施。企业的实物资产也要受到战略的影响。尤其是客户所访问部门(例如分店)的位置对"客户感知企业"有着深远的影响。甚至通过职员的作用,接触中心设施和网站也会对客户有一个间接的影响。
- 数据流。对于绝大多数 CRM 战略而言,必须要收集大量的数据,然后对数据进行加工、处理,再让企业员工和客户得到不同程度的共享。一个不包括数据战略的 CRM 战略就像一辆没有汽油的汽车。
- 技术设计。在一个 CRM 项目中,新的硬件、操作系统和操作员是费钱又费力的重要因素之一。因此,在具体实施 CRM 战略时,企业必须要考虑技术设计,包括硬件、软件和人。

(4)定义 CRM 战略

企业必须意识到作为一个企业战略,CRM 将要"管理变革"而不是"变革管理"。CRM 战略是指企业为了优化管理客户资源、最大化客户价值而制订的受到管理并得到信息技术支撑的长远规划和长远目标。战略目标的实现需要全体员工和高层管理者的共同参与和支持,各个部门领导的参与对于整体实施的成功非常关键。这是实施 CRM 的一个基本原则。

要想成为一个"以客户为中心"的组织,需要进行运作管理创新和流程变革,以让公司能够快速响应客户行为的变化。这可能需要更多的员工授权、灵活的产品/服务的价格模型以及扩充的产品特征/收益。然而真正实现"以客户为中心"是一个不容易达到的目标。组织为了识别 CRM 实施的目标区域,必须要重新定义他们的业务方法。这将有助于识别和定义创新可以实现的目标。

一个成功的 CRM 创新开始于：

- 真正理解谁是公司真正的客户；
- 公司已有的客户体验是什么；
- 客户未来希望接受什么样的服务；
- 需要执行什么样的运作变革。

在如今的环境下谈论一个结构化的思路是 CRM 战略满足业务需求的最好方法。其中包括以下步骤：

- 确认将被 CRM 支持的产品和服务；
- 画出现今的业务工作流、接触点和内部关联图；
- 评估现有技术、特性和能力；
- 讨论 CRM 运作和业务远景。

2）把 CRM 上升到战略高度

最新研究表明：CRM 的成功率不高在很大程度上是由于缺乏企业级 CRM 战略，没有能够将技术很好地与清晰的企业级战略相结合。因此，企业为了优化管理客户资源、最大化客户价值，必须制订受到最优管理并得到信息技术支撑的长远规划和长远目标。总的来说，我们应当把 CRM 上升到战略高度，因为 CRM 将会带来新一轮的管理变革，将会对企业长期战略目标的实现产生很大的推动作用。

CRM 并非等同于单纯的信息技术或管理技术。它是一种企业战略，目的是使企业根据客户分段进行重组，强化使客户满意的行为并连接客户与供应商之间的过程，从而优化企业的可赢利性，提高利润并改善客户的满意程度。

CRM 是一种新的企业管理思想和管理模式，而管理方法的实现需要 CRM 应用系统的支撑。CRM 已经渗透到各行各业，在买方市场逐步成熟的今天，企业在产品质量的基础上，竞争的是服务、营销和销售，这正是 CRM 的焦点。因此，CRM 将为企业带来新的契机、新的核心竞争力。

CRM 不再是某一个部门（例如营销部门或服务中心）的事，CRM 应当成为整个企业关注和重视的焦点。企业应当要从全局来部署 CRM 的实施，而且要从长远来考虑，进行整体的战略设计，并分步骤实施。

企业的高层领导要在战略的高度重视 CRM 管理层面和技术层面的实施。在管理层面上，企业领导应当始终坚持“以客户为中心”的理念，争取在企业中间形成一种企业文化（共同价值观），真正将该管理理念灌输到企业的每一位职工之中。该理念的灌输需要一个循序渐进的过程，我们可以考虑采用这种方式：首先要让企业各个流程上的负责人坚持该思想，然后再让具体工作岗位上的职工逐渐形成一种意识：“客户永远是第一位的”。这样就会在公司上下形成一种氛围，从而慢慢会形成一种文化，让所有的人都知道，公司的发展离不开客户，只有不断改进企业与客户的关系，提升客户忠诚度，扩大忠诚客户的数量，企业才会在激烈的市场竞争中取得竞争优势，企业才会永葆青春活力。一句话：客户资源是企业发展的动脉。

3.2.2 CRM 战略环境分析

现代企业的生产经营活动日益受到外部环境的作用和影响。企业要进行战略管理,首先必须全面、客观地分析和掌握外部环境的变化,以此为出发点来制订企业的战略目标以及战略目标实现的具体步骤。

企业与其外部客观的经营条件、经济组织以及其他外部经营因素之间处于一个相互作用、相互联系、不断变化的动态过程之中。这些因素影响企业的成败,但又在企业外部,而非企业所能全部控制的外部因素形成了企业的外部环境。这一点在 CRM 领域中得到了更好的验证。当今的企业营销、销售和服务环境决定了企业必须选择 CRM 或者相应的软件系统。可以说,企业选择 CRM 都是环境所迫。以下将着重对企业的营销、销售、服务环境进行分析。

1)营销新环境

在市场经济日益发展和市场竞争日益激烈的今天,市场营销学(Marketing)作为一门学科,已越来越多地引起企业高层领导的高度重视。

从 1937 年美国市场营销协会的创立到 20 世纪 90 年代计算机技术、通信技术的发展与融合,特别是 Internet 在一系列技术突破支持下的广泛应用和日益完善,信息技术革命的影响已由纯科技领域向市场竞争和企业管理各领域全面转变。这一转变对企业市场营销管理中的传统观念和行为正在产生巨大的冲击。

早在 1987 年,市场营销学泰斗科特勒就曾经预言,20 世纪 90 年代将开创一个"市场营销系统"的新纪元。市场营销活动在迈向 21 世纪的最后 10 年中,已经在营销技术、营销决策、营销手段等方面取得突飞猛进的发展,新的市场营销革命正在孕育之中。未来新的市场营销观念大都与发达的加工制造技术、电信和信息技术以及日益全球化的竞争趋势紧密相连,它们是"定制营销""网络营销""营销决策支持系统""营销工作站"等。然而,互联网自身及其在市场营销领域的迅猛发展和对市场营销理念的巨大影响远远超出了这位泰斗 10 年前的"大胆预言"。当代信息技术的高速发展,为实现市场营销目标提供了新的途径,即采用电子方式来进行高效而个性化的营销。

信息技术革命对现代企业市场营销管理的深远影响,主要有:信息技术的广泛运用有利于企业实现市场网络建设的低成本扩张;信息技术的运用使企业产品的开发与设计水平迈上了一个新台阶;信息技术的广泛运用改变了传统的配销理念;信息技术的运用为广告创造了新的发展空间;信息技术的广泛运用必然导致企业营销管理组织模式的变革;信息技术的广泛运用有效地提高了企业市场营销信息处理速度和决策能力。

营销学科的发展非常迅速,几乎每 10 年发生一次重要的营销变革。这种学科的发展显然与企业的发展需求分不开,这正是对企业营销环境变化的一种"映射"。在新的营销环境下出现了一些新的营销理念和方法。主要包括多元化市场营销、系统或整合营销、伙伴营销、网络营销以及全员营销等。

2)销售新环境

进入 21 世纪后,在销售管理领域,随着经济全球化和信息技术的飞速发展,新市场的不断开拓、销售行为前所未有的变化、信息传输的高速度以及可获得的信息量巨大等特性,改变了企业竞争的格局,也彻底改变了销售工作的性质。现在销售人员必须对客户的需求和问题作出快速反应,这除了需要销售人员个人能力的培养和提高、熟练使用各种技术外,更需要具有一种团队协作的意识。

由于市场竞争焦点的变化,企业的销售成本存在一种增长的势头。迫于销售成本增加的压力,许多企业开始寻找满足客户需求的新方法,例如电话销售、网上商店、自动售货机等。更多的企业则是选择了 CRM。"战略始于客户,客户决定产品",成功的企业战略要找到更新的、更有效的方法去满足客户的需要和欲望,而这只有交给 CRM。

进行 CRM 的重要原因之一就在于:CRM 可以全面提升销售管理能力。CRM 引起了销售管理模式的新变化(见表3.2)。

表 3.2　CRM 使用前后销售模式的变化

	20 世纪 50—70 年代 (CRM 使用前)	20 世纪 90 年代以后 (CRM 使用后)
实现销售量的途径	直销人员	直销/电话销售/网上销售/ 批发商或代销商销售/销售代理/ 团队协作销售
销售工作的类型	推销区销售代表 地区经理	推销区销售代表/大客户销售代表/ 各区客户经理/销售支持人员/ 电话营销人员/行政人员 销售培训人员/行业销售专家
营销手段	以一类客户为目标 使用同一种营销技巧	以若干个细分客户为目标/ 分别使用针对性的营销技巧/ "一对一"营销/全员营销
执行目标	销售量的全面增长 最低限度的支出	提高客户满意度/提高客户忠诚度/ 提高产品的销售量/提高边际收入/ 降低销售成本

CRM 将引起销售管理的变革,这主要体现在销售自动化将提升企业销售业绩、CRM 将全面提升团队销售能力,企业的销售将向多样化、自动化和知识化的方向发展。

3)服务新环境

在当今经济环境下,企业对服务的重视我们随处都可以体验到。例如售前的免费咨询服务、售中的操作指导和操作培训服务、售后的产品维修服务等。现在企业提倡的是一种"大服务",不再局限在售后服务,而是为客户提供售前、售中和售后的全方位服务。之所以有些企业要在服务上投入这么大的精力,与企业间的竞争焦点发生转移密切相关。现在很多成熟行业中的企业间竞争不再局限于产品本身,而是转移到产品的"外在形式"上。因为产品的质量已经趋于相近,差距就在于是否具有个性化的设计和服务。例如中国的家电行业,普通彩电的质量基本都能保证,家电厂商竞争的很大一部分是服务间的竞争。海尔电器为什么能在价格比同行高一些的情况下,销量却比竞争对手多呢?差异产生于服务的差距。而服务的本质是创造和实现用户效用和价值的手段,因此服务对于客户实现价值而言是十分关键的。在客户导向的时代,客户服务成为成熟化行业(例如家电、PC)中的企业获取新的核心竞争力的法宝。

以家电行业为例,CRM 面临的服务新环境是一种"大服务",它具有以下特点:

(1)是基于整个产品生命周期的服务

经济学上的产品生命周期是指产品从创意产生、可行性研究、制造、检测、销售、维护到报废这一完整过程。生命周期每一个阶段的成败都会对用户效用和体验造成影响,而且越是在产品生命周期的前期,对消费者的效用影响越大。CRM 服务理念应该以产品生命周期理论为指导,贯穿于整个产品生命周期的全程服务。

(2)是以技术和管理创新为基础的服务

以往,以维修为特征的售后服务是基于"质量不够、服务来补"的思路登上舞台的,是企业低技术和低管理水平的产物。而作为覆盖设计、制造和维护整个生命周期的 CRM 服务,则必须以企业积淀的技术和管理能力为基础,通过技术创新和管理创新来提高服务质量。

(3)是让用户满意的全面呵护服务

"大服务"虽否定了"售后服务至上"的做法,但并没有忽视售后服务作为大服务中不可或缺的一环的重要作用,而是以"大服务"理念为指导将售后服务逐步升级成对用户的全方位呵护。例如,海尔集团在全球设有 29 个制造基地、8 个综合研发中心、19 个海外贸易公司,产品涵盖冰箱冷柜、洗衣机、热水器、空调、电视、厨电、智慧家电和定制产品八大品类。30 余年的成长路上,海尔洞察家庭生活的需求变化,不断将海尔品牌打造成代表时代进步的同龄品牌。如今,海尔探索、深挖智慧家电领域,以"海尔智慧家庭,定制美好生活"为口号,将人工智能、物联网等智慧科技融入家电产品中,重新定义智慧家庭。2017 年,海尔进入世界品牌 50 强。

海尔布局全国的高效物流,建有 83 个物流配送中心(TC),300 多万平方米仓储资源、36个设备中心、6 000 余家服务网点、13 000 余辆全国可调配车辆资源;聚合全球研发资源,拥有 10 大综合研发中心、6 大设计分部、18 大设计中心、28 个国际研发机构,300 多位国际设计师,确保海尔独特的品牌个性;贯穿全流程的贴心服务,海尔服务由海尔服务网点完全承接,4006999999 全国服务热线,实现 24 小时响应、按约送达、送装同步的专业售前咨询与售后服务。

3.2.3　CRM 战略目标制订与战略实施

Internet 已经为全球的企业带来了生产力和竞争力。人们正快速一致地使用这种媒介作为个人交流和企业沟通的手段。同时,公司也在充分利用这种能力,以进入新的市场并拓宽部署范围和实用性,并且支持他们的产品和服务。

但是,随着互联网络的迅猛发展和市场的不断成熟,世界经济逐渐迈进电子商务时代,这种在线革命为这些组织创造了有意义的挑战。当客户竞相使用 Web 服务时,企业为获取竞争优势,开始通过服务及时性和个性化来争夺客户的注意力。当产品本身的差异越来越小时,以生产为中心、以销售产品为目的的市场战略逐渐被以客户为中心、以服务为目的的市场战略所取代,因此谁能掌握客户的需求趋势、加强与客户的关系、有效发掘和管理客户资源,谁就能获得市场竞争优势,在激烈的竞争中立于不败之地。企业、供应商、分销商及客户连成一片的价值链已成为企业之间竞争的核心。

为了成功地吸引、获取和保留客户,企业需要考虑实施一个基于提高客户关系模型的战略。

1)战略目标制订的影响因素

所谓战略目标是企业在一定时期内,执行其使命时所预期达到的成果。CRM 战略目标分为长期的战略目标和短期的战略目标。企业在制订 CRM 战略目标时,需要综合多种因素:

①必须要考虑企业未来中长期的发展战略与规划。

②应该遵循"技术服务于经营管理"的宗旨。

③企业在制订 CRM 战略目标以及有效实施 CRM 战略上,一般需要深刻考虑以下几个方面的战略影响:市场定位、渠道选择、价格制定、市场推广、品牌和广告。

2)CRM 战略目标制订

①CRM 目标具有 3 个层次:

• 最高层,在优化客户体验、客户满意的同时使企业获取最大化利润;

• 中层,在成本控制的基础上,提高客户满意度、客户忠诚度和客户保留率,不断挖掘具有价值潜力的新客户;

• 最低层,实现销售、营销和服务的自动化,并能够统一管理客户信息。

②CRM 战略目标的具体制订过程(如图 3.1 所示)。

图 3.1 企业 CRM 目标的制订过程

通过以上步骤制订的 CRM 目标是企业内部对 CRM 的期望目标。在项目具体实施过程中,需要以现在制订的目标作为指导方向,在项目小组的配合下,共同制订 CRM 项目实施的目标。

3)CRM 战略实施

企业在推进 CRM 战略时,必须全面考虑现有业务流程并且进行优化。

为了正确地开发业务和技术实施流程,来满足组织的整体目标,组织应当定义一个规划图或生命周期,来支持他们的创新。当组织的每一个部分都得到分析和理解时,项目团队将很容易确定实施的每一个阶段的特定交付目标以及完成每一个任务所需的资源和技能。一个建议性的 CRM 实施生命周期如图 3.2 所示。

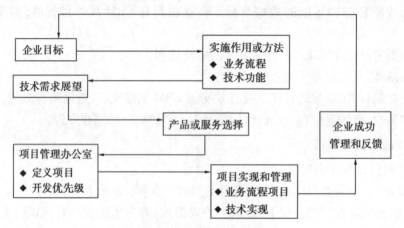

图 3.2　CRM 实施生命周期

实施 CRM 战略需要开发一种新的技术结构,企业应当寻求交付这种企业战略的不同组成部分,如表 3.3 所示。

表 3.3　企业 CRM 战略分解表

组　成	功　能	
1. 信息交互/在线分类	●产品选择 ●查询服务	●订单条目 ●账务处理
2. 客户数据库分析	●数据挖掘 ●流量模式 ●产品/服务接受率 ●产品改进	●自助式服务模式 ●产品范围 ●营销和销售开发 ●用户信息
3. 个性化和内容管理	●入口 ●自动响应服务 ●营销竞争 ●管理工作	●传统呼叫中心支持服务 ●协作 ●在线查询服务
4. 销售自动化	●接触管理 ●提议自动化 ●订单管理 ●销售预测	●销售报表 ●文件管理 ●登记管理

组　成	功　能	
5. 伙伴渠道自动化	● 线索分配 ● 线索处理 ● 财务管理 ● 规划和测评	● 编制账单 ● 服务实现 ● 合作营销 ● 广告
6. 客户服务自动化	● 产品查询 ● 申请管理 ● 账户管理	● 服务实现 ● 自助式服务系统 ● 多业务部门关系

对于这些不同的组成部分,企业可以根据需求的程度优先排序,列出每一个分组的实施顺序,有些分组也可以不用实施。具体的 CRM 实施步骤和实施过程,将在 CRM 技术层面部署的过程中完成。

3.3　客户价值

目前,在使用客户价值的概念时,主要有两个方向:一个是企业给客户创造或提供的价值("企业—客户"价值);另一个是客户为企业带来的价值("客户—企业"价值)。显然两个价值的内涵是截然相反的,因此,要理解客户价值的内涵,首先要搞清楚客户价值的方向定位。

为了便于区别,本书将"企业—客户"方向的客户价值称为顾客价值,即指"企业为顾客创造或提供的价值";而将"客户—企业"方向的客户价值称为关系价值,即"客户为企业带来的价值"。

3.3.1　顾客价值

顾客价值是传统意义上的客户价值,也是客户价值研究较早涉入的领域,它是指从顾客的角度来感知企业所提供产品或服务的价值,这方面的研究最具有代表性的就是菲利普·科特勒提出的顾客让渡价值。菲利普·科特勒认为,"顾客让渡价值=顾客总价值-顾客总成本"。其中,顾客总价值是指顾客从购买产品和服务中所期望得到的全部利益,它包括产品价值、服务价值、人员价值和形象价值;顾客总成本则是顾客在购买商品或服务过程中耗费的货币、时间、精力和精神成本。其具体构成如图 3.3 所示。

对顾客价值的内涵,不同的学者也具有不同的表述,其中,伍德罗夫(Woodruff)的观点较有代表性。伍德罗夫对顾客价值的内涵认为:

①顾客价值是与提供物的使用联系紧密的。

②顾客价值是顾客对提供物的一种感知效用,这种效用产生于顾客的判断,而不是由销售商决定的。

③顾客的感知价值通常是顾客所获得收益(如价值、效用等)与因获得和享用该产品或服务而付出的代价(如支付的价格或其他机会成本)之间的比较。

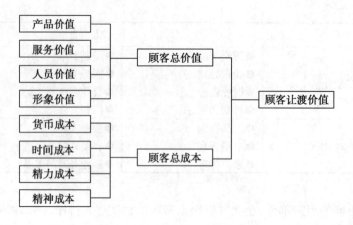

图 3.3 顾客让渡价值的构成

3.3.2 关系价值

关系价值,就是指企业发展、培养和维持与特定客户的特定关系并在关系生命周期内给企业带来的价值。客户关系为企业带来的价值来源于许多方面。关系价值主要有 4 个维度:关系赢利性、关系生命周期、顾客能力价值和推荐价值。

1)关系赢利性

关系赢利性是指在特定时期内维持特定关系所能给企业带来的利润,在数额上等于特定时期内的关系收入减去关系成本,反映了特定客户关系的利润创造能力。关系收入是建立和维持客户关系给企业创造的收入增量。关系成本主要包括关系的初始投入(建立起与客户之间的最初关系所耗费的成本)、关系的维持成本(已建立客户关系的日常维护和培养耗费)和关系结束成本(在关系结束时,企业应该积极地施加影响,以免顾客给企业散布负面影响所发生的成本)。客户关系赢利性代表了关系价值中以利润实现的价值创造能力,是关系价值的一个最重要的维度,也是企业最为关心、最容易衡量的价值。CRM 的一个基本假设就是"不同的客户具有不同的关系价值"。为了最大化企业实际或潜在的利润,企业必须识别有价值的客户关系,其所有的活动也应围绕关系价值的培养和发展而展开。

2)关系生命周期

关系生命周期是指与客户的关系所能维持的时间。企业通过识别顾客的需求,采用特定的促销手段来吸引顾客的注意,并进而促进顾客的购买。一旦顾客决定了购买该企业的产品或服务,那么潜在的顾客就成为实现的顾客。如果顾客对获得的产品或服务不满意,则会转向竞争对手。如果企业能够实现有效的挽留,则顾客会不断地选择购买该企业的产品,关系自然得以长期延续。关系赢利性和关系生命周期共同决定了客户终生价值(也称客户生涯价值)。

3)顾客能力价值

在某些产业,关系价值还体现在顾客的能力上,即通过维持与顾客的关系,企业能够学习和吸收顾客拥有的而自身缺乏的能力,从而不断实现自身能力的积累,而企业通过这种途径获得的价值就是顾客能力价值。例如,某些游戏软件厂商专门寻找一些顾客充当玩家,免费试用本公司的游戏软件产品,以获得有价值的软件调整和改进意见。只要顾客拥有本企业所需要的某种能力,即使这种关系本身不具有赢利性,对公司而言,同样是有价值的。

4)推荐价值

在市场上,顾客常常还会充当推荐者的角色,因此,关系价值还体现为顾客作为推荐者所能给企业带来的价值,即推荐价值。对企业而言,能够充当本企业忠实推荐者的顾客往往具有很大的价值,而这通常是建立在客户忠诚的基础上的。

研究人员通常运用客户终生价值来代替关系价值,而将客户能力价值和推荐价值作为一种参考。一般计算客户终生价值的方法有:基于现行关系赢利性的客户终生价值和基于现行和潜在关系赢利性的客户终生价值。

一旦计算出了客户终生价值,就掌握了关系价值的核心组成部分。在此基础上,企业可以根据客户关系价值的监控,决定所应采取的关系策略和关系行为,以培养客户的忠诚度,延长客户的关系周期,在满足客户需求的同时,最大化客户为企业带来的收益,实现客户与企业之间的双赢。

3.3.3 顾客价值与关系价值之间的关系

客户关系管理的目的是实现顾客价值的最大化和企业收益的最大化之间的平衡,即实现顾客与企业的"双赢"。坚持以顾客为中心,为顾客创造价值是任何客户关系管理战略必须具备的理论基石。为顾客创造的价值越多,就越会尽可能增强顾客满意度,提高顾客忠诚度,从而实现顾客的维系,同时,有利于增加顾客为企业创造的价值,使企业收益最大化。但是企业是一个以营利为目的的组织,企业的最终目的都是实现企业价值的最大化。因此,在建立客户关系时,企业必须考虑关系价值,即建立和维持特定顾客的关系能够为企业带来多大的价值。从逻辑上讲,企业的总价值应该等于所有过去的、现在的或将来的顾客的关系价值的总和。关系价值高所创造的利润就高,企业应该将精力放在这种顾客身上,而对那些价值较低、不具有培养前景,甚至会带来负面效应的顾客关系,企业应该果断终止。

关系价值是客户关系管理的核心,而管理关系价值的关键却在于对关系价值的识别和培养,在此基础上创造更大的顾客价值和关系价值。

如图 3.4 所示,在顾客价值和关系价值之间存在着互动,这种互动关系也反映了顾客价值最大化和关系价值最大化这对矛盾统一体之间的平衡和互动。通过对关系价值的管理,使企业将资源和能力集中在关系价值最高的顾客身上,为其提供高质量的产品或服务,满足其需要,进而实现顾客价值的最大化;同时,从顾客的角度而言,顾客价值能够提高顾客的满意度,促进其对供应商的忠诚,进而促进关系的质(如顾客消费更多更广)和量(如关系生命周期的延长)的全面提高,进一步增加该顾客的关系价值。信息技术不仅支持了顾客价值最大化和关系价值管理这两项活动,而且支持了两者之间的互动过程。

信息技术是客户关系管理的关键因素,没有信息技术的支撑,客户关系管理可能还停留在早期的关系营销和关系管理阶段。正是因为信息技术的出现,使得企业能够有效地分析顾客数据,积累和共享顾客知识,以根据不同顾客的偏好和特性提供相应的服务,从而提高顾客价值。同时,信息技术也可以辅助企业识别具有不同关系价值的客户关系,针对不同的客户关系采用不同的策略,从而实现顾客价值最大化和企业利润最大化之间的平衡。

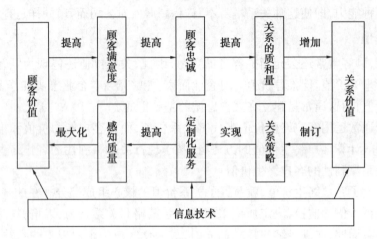

图 3.4　顾客价值与关系价值关系图

3.4　客户细分

3.4.1　客户细分的概念和目的

客户是企业最宝贵的资源,没有客户资源,企业就丧失了生存和发展的土壤。全世界的供应商、服务提供商都在千方百计地取悦自己的客户,尽他们最大的能力满足客户的需求,力图赢得客户的欣赏和忠诚。无数事实证明,只有不断发现和利用机会,了解客户喜好,满足客户需求,赢得客户的信赖,企业才能够在瞬息万变的竞争环境下求得生存和发展。

企业的赢利和发展取决于客户的价值水平、客户满意度和客户的忠诚度等因素。如何吸引、占有、锁定客户,如何赢得进而提高客户的满意度、忠诚度,这成为企业最关心的问题,也是客户关系管理能否成功的关键。为此,有必要进行客户细分。

1)客户细分的概念

客户细分,又称市场细分,是指营销者通过市场调研,依据消费者的需求和欲望、购买行为和购买习惯、客户生命周期和客户价值等方面的差异,把某一产品的市场整体划分为若干个消费者群,以提供有针对性的产品服务和营销模式的市场分类过程。每一个消费者群就是一个细分市场,每一个细分市场都是具有类似需求倾向,或者客户生命周期、客户价值相近的消费者构成的群体。

2)客户细分的目的

准确的客户分类是企业有效地实施客户关系管理的基础,企业客户细分的目的在于更精确地回答谁是我们的客户,客户到底有哪些实际需要,企业应该去吸引哪些客户,应该重点保持哪些客户,应该如何迎合重点客户的需求等重要问题,进而使 CRM 真正成为业务获得成功、扩大产品销量的助推器。客户细分的目的和作用表现在:

（1）帮助企业深刻地认识市场和寻找市场机会

如何认识市场？如果不对客户进行细分化研究，市场始终是一个"混沌的总体"，因为任何消费者都是集多种特征于一身的，而整个市场是所有消费者的总和，呈现高度复杂性。客户细分可以把市场丰富的内部结构一层层地抽象出来，发现其中的规律，使企业可以深入、全面地把握各类市场需求的特征。

另外，市场需求是已经出现在市场但尚未得到满足的购买力，在这些需求中有相当一部分是潜在需求，一般不易发现。企业运用客户细分的手段往往可以了解消费者存在的需求和满足程度，从而寻找、发现市场机会。同时，企业通过分析和比较不同细分市场中竞争者的营销策略，选择那些需求尚未满足或满足程度不够，而竞争对手无力占领或不屑占领的细分市场作为自己的目标市场，并结合自身条件制订出最佳的市场营销策略。

（2）帮助企业确定目标市场，有针对性地开展营销活动

当企业通过客户细分确定自己所要满足的目标市场，找到了自己资源条件和客观需求的最佳结合点，就可以集中企业的人力、物力、财力，有针对性地采取不同的营销策略，取得投入少、产出多的良好经济效益。

客户细分的目的是为了对客户进行差异化分析，从而采取差异化的服务或营销活动，在"一对一营销"的基础上，提高客户满意度，获得并保持客户，最终获取客户的终生价值，在维持长期的客户关系中获得更大的利润。客户细分还可以帮助企业发现客户潜在需求、发展新产品及开拓新市场。

（3）帮助企业集中有限资源于最有价值的客户群

在一般情况下，一个企业不可能满足所有消费者的需求，尤其在激烈的市场竞争中，企业更应集中力量，有效地选择市场，取得竞争优势。企业的资源和能力都是有限的，如何对不同的客户进行有限资源的优化应用是每个企业都必须考虑的。因此在发展客户时非常有必要对客户进行统计、分析、细分。只有这样，企业才能根据客户的不同特点进行有针对性的营销，赢得、扩大和保持高价值的客户群，吸引和培养潜力较大的客户群。

从客户价值的方面来看，不同的客户能够为企业提供的价值是不同的，因此企业不应简单地追求客户数量，而应当更多地寻求客户的"质量"。要知道哪些是企业最有价值的客户，哪些是企业的忠诚客户，哪些是企业潜在客户，哪些客户的成长性最好，哪些客户最容易流失，企业就必须对自己的客户进行细分。

（4）帮助企业对未来赢利进行量化分析

为某个特定客户群服务需要投入多少资源，究竟能为其提供多少服务，企业又能从中取得多少收益等，这些信息对企业来说其实是很重要的。客户细分使企业所拥有的高价值的客户资源显性化，并能够就相应的客户关系对企业未来赢利影响进行量化分析，为企业决策提供依据。

3.4.2　客户细分的方式和客户主要类型

正如上面所说，进行客户细分的标准有很多，基本上可以分为 4 大类：基于客户统计学特征的客户细分、基于客户行为的客户细分、基于客户生命周期的客户细分、基于客户价值相关指标的客户细分。基于客户统计学特征（年龄、性别、收入、职业、地区等）的客户细分方

法已为大家所熟悉,该方法虽然简单易行,但缺乏有效性,是一种以产品为导向的客户细分,难以反映客户需求、客户价值和客户关系阶段的特点,难以指导企业如何去吸引客户、保持客户,难以适应客户关系管理的需要。在 CRM 环境下,客户细分更应重视客户的行为和客户价值,因此本书重点介绍后 3 类客户细分方法,即基于客户行为的客户细分、基于客户生命周期的客户细分和基于客户价值的客户细分。

1)基于客户行为的客户细分

客户忠诚度专家弗雷德里克·雷奇汉(美)(Frederick Reichheld)认为要了解客户是否会在公司购买更多的产品和服务,真正重要的是要看客户的行为,如购买频率、购买金额等,而不是客户的满意度。依据客户行为属性进行客户细分为很多公司所采用,特别是依据购买金额进行客户细分非常普遍,如电信公司依据客户的话费把客户分为白金客户、黄金客户、青铜客户、铁质客户等。在依据客户行为特征进行客户细分的方法中,较广泛被使用的是 RFM 模型和客户价值矩阵模型。

(1)RFM 模型

RFM(Recency,Frequency & Monetary)是客户关系管理的一种分析模式,是在不需要复杂的数据挖掘技术下对客户分类的方法,是直效营销和数据库营销中一种比较常用的手段。R(Recency)是指上次购买距离现在的时间。该期间越短,顾客购买日期越近,被认为越有可能再次购买;F(Frequency)指在某一期间内购买的次数,交易次数越多的客户越有可能与企业达成新的交易;M(Monetary)指在某一期间内购买的金额,M 越大,越有可能再次选择企业的产品与服务。RFM 模型的想法就是把这 3 个变量综合起来考虑,该方法必须根据 3 个不同的输入变量分别对客户进行排序。客户排序后,一般会分为 5 等份,在 5 等份顶端的客户的分数为 5,下一级的客户为 4,依此类推,按照这种方式,每位客户都被定位在一个三维空间里,从(1,1,1)到(5,5,5),合计有 125 个客户群(见图 3.5)。凡是落在 RFM 方块上同一

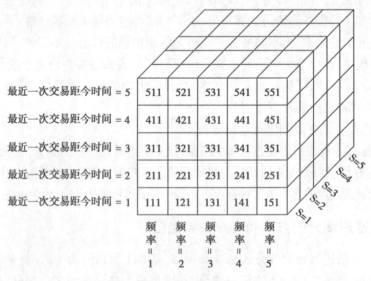

图 3.5 RFM 模型

资料来源:贝里,利诺夫.数据挖掘:客户关系管理的科学与技术[M].袁卫,等,译.北京:中国财政经济出版社,2003.

单位里的客户,就作为同样的一群,可以同等对待。在计算了所有客户的 R×F×M 后,把计算结果从大到小排序,前面的 20% 是最好的客户,企业应该尽力保持他们;后面的 20% 是企业应该避免的客户;企业还应该大力投资中间 60% 的客户,使他们向前面的 20% 转移。

RFM 模型是一种有效的客户细分方法,在企业开展促销活动后,重新计算每个客户的 RFM,对比促销前后的 RFM 值,可以看出不同客户群对促销活动的反应,识别更有利可图的客户群,为企业开展更有效的营销提供可靠依据。RFM 模型的缺点:一是分析过程烦琐,细分后的客户群过多,难以针对每个细分客户群采用不同的营销策略;二是购买次数与同期总购买额这两个变量存在多重共线,如一个客户每多一次购买,其总购买额也相应增加。

(2)客户行为矩阵模型

客户行为矩阵模型是对传统 RFM 模型的修正,它用平均购买额代替总购买额,用购买次数与平均购买额构造客户行为矩阵,简化细分的结果,如图 3.6 所示。

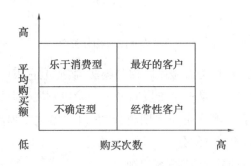

图 3.6　客户行为矩阵模型

对于最好的客户,企业要保持他们,他们是企业利润的基础;对于乐于消费型客户、经常性客户,他们是企业发展壮大的保证,企业应该想办法提高乐于消费型客户的购买频率,通过交叉销售和增量购买,提高经常性客户的平均购买额;对于不确定型客户,企业需要慎重识别客户间的差别,找出有价值的客户,使其向另外三类客户转化,而对于无价值客户不必投入资源进行维护。

依据客户行为进行客户细分能够从客户行为上反映不同类客户在购买频率、购买量、最近购买日期的不同,但是它难以反映客户在认知维度上的认知状态,如客户的满意度、忠诚度等,公司还需要结合客户的认知状态全面评估客户。

2)基于客户生命周期的客户细分

客户生命周期是客户关系生命周期的简称,指客户关系水平随时间变化的发展轨迹,它描述了客户关系从一种状态(一个阶段)向另一种状态(另一阶段)运动的总体特征。客户生命周期的长短对客户价值具有直接的影响,客户生命周期越长,客户价值越高。由于客户和企业的关系是随时间不断地发展变化的,处于不同关系阶段的客户有不同的特征和需求,因此,客户生命周期管理是客户关系管理的重要内容,依据客户生命周期进行客户细分也就成为一种重要的细分方法。依据客户生命周期细分客户的主要方法有：

（1）忠诚度阶梯分类法

《Relationship Marketing》（马丁·克里斯托弗,亚德伦·培恩,戴维·巴伦廷）提出一个反映客户忠诚的关系营销梯级表,如图3.7所示,从该图中可以看出,依据客户所处的客户生命周期的不同阶段把客户分为潜在顾客、现实买主、长期客户、支持者和鼓吹者,企业的客户策略就是要把潜在顾客逐步变成公司及其产品的热忱拥护者。客户在阶梯的不同层次,其需求必然不同,按照该梯级表,企业就能够有针对性地为不同梯级的客户提供不同的产品和服务,促使客户成为忠诚客户。

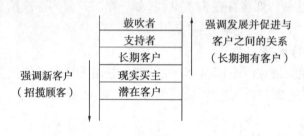

图3.7　忠诚度阶梯分类图

要说明的是,该方法虽然称为忠诚度阶梯分类法,实质上它表明了客户关系水平随时间变化的发展轨迹,表示客户关系从一个阶段向另一个阶段发展,即从潜在客户转变为现实客户,最后成为企业的鼓吹者。客户生命周期越长,客户的忠诚度越高。因此,我们把该方法归类为基于客户生命周期的客户细分。

（2）依据客户关系的不同阶段进行客户细分

关系阶段划分是客户生命周期研究的基础,对客户生命周期进行阶段划分的方法有多种,比较有代表性的是 Dwyer,Schurr 和 Oh 的研究,他们提出了买卖关系发展的一个五阶段模型,国内学者陈明亮以 Dwyer 等人的五阶段模型为基础,将客户关系的发展划分为考察期、形成期、稳定期、退化期4个阶段,称为"四阶段模型"。下面以陈明亮的四阶段模型为基础,分析不同阶段的客户特征及客户策略：

● 考察期的客户。由于互相不大了解和不确定性的存在,因此评估客户的潜在价值和降低不确定性是这一阶段的中心任务,企业要吸引有价值客户并为其提供优良的产品和服务,客户只有在满意的基础上才会进入形成期。

● 形成期的客户。他们是企业未来的现金流来源,企业需要大力投入,不遗余力地发展与有价值客户间的关系。

● 稳定期的客户。他们是企业利润的主要来源,企业必须大力投入进行客户关系保持。

● 退化期的客户。他们可能由于需求发生变化,或者经历不满意而疏远企业。退化期在客户生命周期的每一阶段均有可能发生,这时企业需要评估自身的产品和服务是否满足客户的需求和客户的未来价值,企业应该尽力保持有价值的客户,满足客户的需求,毕竟保持一位老客户的成本要远远低于吸引一名新客户的成本;而对于无价值的客户,可以任其流失,甚至鼓励其转向竞争者。

客户生命周期理论是客户关系管理的重要工具,关注客户所处的阶段是客户关系管理的重要内容之一,依据客户生命周期的客户细分方法能够使企业针对客户所处阶段进行有针对性的营销,促使客户向稳定期发展,或者延长稳定期。不过,该方法也存在不足,该方法难以识别相同生命周期阶段的客户差异。同是形成期的客户,客户价值存在差异,如果平均用力,将难以避开不良客户。因此,还需结合有关客户属性评估客户价值。

3)基于客户价值的客户细分

本章第 3 节已经对客户价值作了定义,它有顾客价值和关系价值两重含义,但这里进行客户细分主要是对关系价值而言,即是指企业与客户维持关系的全过程中,企业从客户那里获得的利润的总现值。客户价值由两部分组成,一是直接客户价值,指客户购买企业的产品和服务为企业带来的价值;二是间接客户价值,指由于客户关系的发展而使得交易成本降低、效率提高和口碑效应所带来的价值。间接客户价值在计算上存在很大困难,如何预测客户价值是一个至今没有解决的问题,客户价值的预测只能是一个大概的估计值,难以精确。不过,用预测的客户价值衡量不同客户对企业价值的相对差异,作为判别客户对企业价值大小的标准正在被学术界和企业界逐步接受。

基于客户价值的客户细分方法主要有:

(1)利润分类法

本方法的依据是"80/20"法则,"80/20"法则认为:企业 80% 的利润由顶部的 20% 的客户创造,在某些行业,企业 100% 以上的利润甚至仅由顶部 10% 的客户创造,可惜的是,一部分利润却被一些没有赢利的客户给消耗了。利润细分法一般把客户群分为 3 部分,即高价值客户、低价值客户和负价值客户。该方法较为简洁,易于操作,但因只考虑客户带给企业的利润,没能区分不同客户的资金利润率的高低和客户所处客户生命周期的阶段。表 3.4 是银行业常用的依据客户利润进行的客户细分。

表 3.4　银行业的客户细分

客户群	占总客户数的比例	占总利润额的比例
A 客户群	10%	128%
B 客户群	22%	10%
C 客户群	68%	−38%
Total	100%	100%

来源:Robert Giltner and Richard Ciolli. R-think customer segmentation for CRM results[J].

The journal of bank cost & management accounting,2000.

对企业来说,最主要的是要识别能带来绝大部分利润的 20% 的客户和负价值的客户,对其采用不同策略,见表 3.5。

表 3.5　客户细分策略

客户细分	客户特征	客户保持策略
A 客户群	高价值	不遗余力
B 客户群	低价值	保持,发展部分有较高价值客户,降低服务成本,提高客户价值
C 客户群	负价值	解除客户关系或降低服务成本,提高客户价值

（2）客户价值矩阵

客户价值矩阵选择了"客户历史价值"和"客户潜在价值"两个维度指标,每个维度分成高低两档,由此可将客户群分为四组,结果如图 3.8 所示。

图 3.8　客户价值矩阵

矩阵中的 4 个方格代表了 4 种不同的策略。

综上所述,客户细分可以让企业从比较高的层次上来察看整个客户数据库中的数据,使得企业可以用不同的方法对待处于不同细分客户群中的客户。客户细分的最后一个层次是"细分到个人",也就是"一对一营销",这样企业可以对每个客户提供非常有目的性和个性化的服务,这个时候客户细分达到最优,但这意味着你如果有 10 000 个客户,就有 10 000 个客户群,那么,你在区分赢利客户和非赢利客户上将费尽周折,实际上,能成功管理和沟通 10 个以上客户细分群的企业已经很少。所以说,客户细分方法一般是次优的,只能满足企业某些方面的需求,因此企业应该根据需要,多种细分方法结合使用。无论哪种细分方法,均需要大量的客户数据,如人口特征数据、历史购买数据、行为数据等。随着信息技术的发展,收集客户数据变得越来越容易、成本也比较低。可以预见,随着客户数据库的丰富,数据处理技术,特别是数据挖掘技术的发展,最大限度利用客户数据,结合多种客户属性从多个维度进行客户细分将是客户关系管理的重要内容,企业可以从多个维度识别客户,采用相应的客户策略,达到吸引优质客户,保持客户,建立客户忠诚的目的。

3.4.3　CRM 与客户细分

长期以来,企业已经习惯对客户进行宏观细分。传统的分类方法如人口统计法、心理描绘法、几何统计法和行为聚类法等,尽管这些分类方法都有其科学的一面,但他们共同的缺陷之一,就是对信息的搜寻缺乏有效手段。传统的客户信息搜寻方法,一般不外乎面对面访谈、问卷查询等。这样做的缺陷是很明显的,比如需要大量人力、物力,调查的范围狭窄,真实性不能保证,不具有实时性,等等。

现在有许多企业已经意识到这一点,在自身企业信息化的基础上,开始通过其内部的信息系统来统计和分析所得到的数据。当前企业内部的信息系统很多,有财务系统、订货系统、存货系统、资产管理系统、分销系统等。但是其中最大的一个缺陷是这些系统缺乏统一的数据规划和信息处理技术要求,在联系、使用、实施及运营数据结构上各不相同。这样的直接后果是难以产生聚焦于以客户为中心的数据,甚至会在不同系统里产生相同矛盾的客户信息,因此,利用当前的企业信息系统收集客户信息进行客户细分所产生的效果是不能令人满意的。

我们需要新的管理和信息处理方法,CRM 就是这样的一种方法。在 CRM 中,企业使用的是基于客户的数据仓库从而使它们与传统的运营型数据库区别开来。CRM 中的数据仓库已经不仅仅是一个存储数据的储藏室,它具有智能化特点,能将企业所需的客户信息进行统计分类,形成真正的、实用的企业客户信息。

企业不可能挨家挨户地进行信息调查,也不能只了解某些特定类型家庭的大致情况。企业所需要的是客户的详细资料,客户的名称、地址、偏好、消费额、售后意见等信息必不可少。企业的周围随时随处都充满着客户信息,关键是怎样去发掘,这不仅包括客户购买所留下的信息,企业还应主动向客户了解、索取相关信息,只有这样,才能够对客户进行有效而准确的细分。

客户细分是 CRM 的基础,也是实施 CRM 的关键一环,企业要从战略的角度出发,做好客户细分,有了良好而准确的客户细分,CRM 就有了成功的基石。

3.5　案例:华为的客户关系管理

"客户关系管理是什么? 它是企业的一种核心能力。"

华为认为要让自己活得更好,活得更长久,需要企业不断地构建新的、比对手更强的能力,而客户关系就是个很好的能力。

1)华为客户关系管理的起源

华为为什么把客户关系看得如此重要,其中一个很重要的原因,就是华为是一个草根逆袭的企业。它从一个贸易公司起家,一无技术,二无人才,三无资金,初期的看家法宝就是客户关系能力。

华为客户关系能力的构建,也是先从工具方法层面构建点的能力,支撑个体的单兵作战以及小团队的作战;到 2008 年华为启动 CRM 变革项目群,对客户关系管理进行了增强,才成为一个完整的管理体系。

在这期间,华为找到了三个好师傅。第一个是跟标杆学习,主要对标的是 IBM。华为跟 IBM 学习了 14 年,很多模型、工具与方法,都是跟 IBM 学的。第二个是跟对手学,华为主要是跟爱立信学,比如客户经理的岗位职责等,华为不断从优秀的对手那里学习先进的经验来弥补自己的短板。第三个是跟自己学,华为的客户关系管理当中凝聚了大量华为自身的实践,它把经验通过案例和项目运作方法不断总结萃取、固化到流程中。

华为的客户关系有两个非常明显的特点:第一是客户高度集中。华为现在一年有 6 037

亿元的销售额,但是它的客户其实只有几百家。第二就是这些客户都是跟华为合作很多年的,像中国移动、中国电信,从华为成立就开始合作,到现在仍然是华为的重要客户。华为认为,客户关系是一种投资,在企业的人财物有限的基础上,要把有限的人财物投放到可以持续给其带来价值的客户身上,然后把这个客户的价值最大化。

2)客户关系管理的核心——客户选择

有些公司把客户关系片面地理解为吃吃喝喝、糖衣炮弹,这是对客户关系管理极大的误解。客户关系管理的核心价值在于,能帮企业做正确的客户选择。

华为对"谁是目标客户"的理解,也是经历了一个过程的。

最开始任正非提出的口号是"花钱买我们东西的才是我们的客户",华为应该把精力聚焦,不要去参加媒体采访,不要做秀。

但是过了一段时间,华为基于吸引人才的高薪酬待遇,开始改善其管理中的人均销售贡献和人均利润贡献,认为企业的目标客户应该是能够支撑企业的人均销售贡献与人均利润贡献的客户。

1996年,华为开始思考公司的未来客户,认为选择客户的方法就是站在未来看现在,企业必须为更高质量的客户去努力。华为梳理了全球电信运营业100强的大客户名单,认为这才是华为未来的目标客户。1998年,华为更进一步,选择了这100个客户当中的一个——英国BT,开始做供应商认证,整整花费两年时间,华为按照英国BT对供应商选择的标准对照自己,为公司进行了一次全面的体检,认清自身与世界一流企业的差距。完成了英国BT的供应商认证后,华为就跳到了一片蓝海当中,成为当时全球大T(运营商)当中唯一一家跟西方厂家竞争的中国厂家。

华为的企业价值观中有一句话叫作"以客户为中心",它的源头就是要做正确的客户选择,以及围绕目标客户构建其客户关系。根据目标客户选择的标准,对客户进行分级管理。华为把客户分成了四级:S类客户、A类客户、B类客户、C类客户。

S类客户就是战略客户,A类客户就是伙伴型客户,这两类是华为的重点客户。

进行客户分级以后,华为会对战略客户和伙伴型客户进行深入洞察,从原来的看项目、看机会的角度,转到站在客户的视角去了解客户的行业,分析与规划客户的业务,来判断客户未来的发展以及它未来发展的潜力。华为强调客户选择的重要性,通过客户洞察,如果发现在客户未来的发展当中,客户的业务会高速增长、客户的质量很高,华为有很多能给客户带来价值的机会,华为就会加大对这一类客户的资源投入,比如通过判断客户的未来需求提前进行资源整合,为客户提供优质高效低成本的解决方案,以获取更多的机会,与客户共同分享增长,成为一种共生的关系。

客户的满意不是对某个人满意,只有公司的综合服务能力达到了客户的期望,客户才会忠诚于你。华为的客户关系管理,将客户满意度也纳入到了管理体系中,实现以客户为中心的理念和保障公司的可持续增长。但华为强调以客户为中心,要以生存为底线,小的事情可以让步,但是不能以战略方向上的利益做交换。华为用工程商人的视角来要求自己,如果一个企业赚不到钱,就失去了长期持续为客户提供优质服务的能力。

3）客户关系管理支持企业战略目标的实现

企业发展过程中一定要持续选择客户，华为不断地基于洞察进行客户的选择调整，总是跟成功者站在一起，并且构建价值客户对华为的黏性。

对于企业而言，战略是企业在有限资源基础上进行的取舍。战略的核心价值，包括对目标客户的定位和选择。华为采用的是大客户聚焦的客户选择方式，它会选择行业当中的顶部客户，客户高度集中。有的合同一笔就上亿美元，大单可以极大地提升其人均产出能力，进而支持公司比较高的薪酬支付能力。但对大客户如何进行战略控制？华为通过三层来构建客户黏性。

第一层是影响客户的感知。客户与华为的业务合作非常顺畅，无论是战略研讨、业务规划、销售、设备交付、售后维护，客户的评价都很好，公司响应很快，人员素质很高，服务质量高。

第二层是提升客户赚钱的能力。将业务创新、技术开发和专利等企业的硬实力转化成客户对外宣传中的产品卖点，让客户的产品获得更高的溢价。

第三层是战略层面的，以及企业文化与价值观的契合。所谓志同才能道合，与客户共同构建面向未来的共识，合作才是长期可持续的，也是不会被轻易替代的。战略伙伴关系是客户关系的顶点。形成企业与客户之间共生的，门当户对的合作关系，需要企业不断地修炼内功，提升自己的能力。

客户的选择与分级，是在对客户深入洞察的基础上才能实现的。华为通过正确解读客户的发展战略，分析战略匹配度来选择客户。

构建客户信息收集渠道：

第一是构建外部渠道，行业商务咨询报告、客户的股东大会、分析师大会、投资人；

第二是构建内部渠道，客户的网站、内部的刊物、年报、客户侧华为的教练，包括友商，80%的客户信息都是可以通过公开渠道获得的。

（1）分析客户的发展战略

首先是了解客户未来的战略，它的投资领域、业务范围、组织架构。华为通过分析了解现在和未来自己能不能给客户带来价值，华为的产品与服务在客户的业务当中是主航道还是边缘业务。如果客户侧与华为相关的产品与服务需求只占到客户整个采购的5%，华为针对该客户的分析就要下沉到与其业务相关的部门再做展开分析。华为是运营商的主流设备供应者，因此需要对客户进行全面分析。

（2）战略匹配度分析

对于客户的分析，华为除了看现在的机会以外，还要分析未来3~5年客户的战略方向，有哪些是跟企业相关的。如果发现在未来发展方向上，客户跟企业的战略匹配是渐渐背离的，那即使现在它对企业的营收贡献很大，华为也会把它定义为现金牛客户，对它整个的投资策略是逐步地资源收缩，将资源转移到高价值客户上面。华为通过持续分析客户，预测客户未来的发展来提升自己适应环境的能力，不在一棵树上吊死。战略匹配度是华为选择客户当中的关键因素。

（资料来源：论华为的客户关系管理[EB/OL].搜狐网，2018-09-06.）

案例分析题

1. 试分析华为是如何实施客户关系管理的。
2. 华为如何选择细分客户？对中国企业有哪些启示？
3. 华为的 CRM 战略是如何构建与应用的？

本章小结

一个企业要建立起以客户为中心的企业文化，是需要一个过程的，它不仅仅要求企业的经营战略围绕它来规划，还要求企业的宏观流程、微观流程要围绕它来执行，以及企业的每一位员工都围绕它来运作。在这个过程之中，需要更多的引导，甚至需要组织变革、流程变革。在这些前提条件下，如何使客户满意并保持客户的忠诚是企业客户管理的关键。

CRM 战略是指企业为了优化管理客户资源、最大化客户价值而制订的，受到管理、并得到信息技术支撑的长远规划和长远目标。战略目标的实现需要全体员工和高层管理者的参与和支持，而且各个部门领导的参与对于整体实施的成功非常关键。一个 CRM 战略包括三个主要内容：价值前提、客户战略与企业变革计划。战略环境分析主要分为外部环境分析和内部环境分析。外部环境分析主要包括营销、销售和服务环境的分析；内部环境分析包括财务状况、营销能力、研发能力、组织结构、企业曾经用过的战略目标等方面的分析。在一个具有多项经营业务的公司内，不仅公司最高管理层要确定公司的长期 CRM 战略目标，而且企业各职能部门也必须确认自己的目标。

CRM 旨在建立和维持与客户之间的关系，但并非将企业的资源平均投入到每一个客户身上，CRM 通常会执行"80/20"法则，对不同级别的客户提供不同的服务。这个不同级别的客户一般是以客户价值来划分的。企业客户细分的目的在于更精确地回答谁是我们的客户，客户到底有哪些实际需要，企业应该去吸引哪些客户，应该重点保持哪些客户，应该如何迎合重点客户的需求等。准确的客户分类是企业有效地实施客户关系管理的基础。为此，企业首先要了解客户价值的构成，即企业应该为客户提供什么价值，满足客户哪方面的需求；同时还要了解，客户能给企业带来多少价值，增加多少利润。CRM 下，客户分类主要是基于客户给企业带来的价值。

复习思考题

1. 试述客户关系管理战略的内涵。
2. 客户关系导向企业战略的特点有哪些？
3. 如何制订客户关系管理战略？
4. 试述客户价值的内涵。
5. 什么叫关系价值？关系价值的维度有哪些？
6. 顾客价值与关系价值之间的关系如何？

7. 客户细分的概念是什么？为什么要进行客户细分？

8. 客户关系管理通常从什么角度进行客户细分？

9. "客户金字塔"模型如何对客户进行细分？

10. 对于大客户,企业应该对其实施什么管理策略？

讨论题

1. 试分析 CRM 的战略环境。

2. 为什么说客户关系管理是企业生死存亡的战略性问题？二者如何融合？

3. 试分析客户细分的价值及细分客户的方法。

4. 结合一家企业,论述客户关系管理与该企业战略的关系。

5. 对于不同层次的客户,试述企业应该对其分别实施哪些客户关系管理策略？

6. 试讨论在新时代下企业应该抓住大客户还是兼顾更多数的小客户。

网络实践题

1. 寻找相关资料,试分析天猫的客户关系管理的战略目的。

2. 根据自己的体验和了解,分析天猫采取了哪些客户细分方式。

3. 访问一家银行网站,收集数据并分析该银行将客户分为哪些类型。

4. 在网络上寻找一家企业的 CRM 系统架构,从中了解该企业在 CRM 中如何对客户进行分级,其细分方式是否需要改进。

第 4 章
CRM 客户体验与客户服务

[课前导读]

客户通过对产品或服务的体验增进客户满意和客户忠诚,同时由于体验不美好可能会引起客户抱怨与不满。本章首先介绍了客户体验的含义及管理方式、客户满意和客户忠诚的含义,探讨了提高客户满意度的战略和建立客户忠诚度的方法,进而提出建立顾客满意度指数模型和进行客户满意度测评的方法,分析了客户满意陷阱的成因和解决方式。其次,对客户抱怨和客户投诉进行了分析,并提出相应的处理策略。最后,针对流失客户,分析其流失原因,对不同类别的流失客户采取不同的策略进行流失预警。

[学习目标]

- 了解客户体验的含义,理解客户体验管理及其步骤;
- 学习并了解客户满意(度)、忠诚(度)的基本内容;
- 学习并认识建立顾客满意度指数的方法;
- 掌握客户满意度的战略和保持客户忠诚度的方法;
- 理解客户抱怨处理与服务补救策略;
- 掌握客户投诉管理及其处理策略;
- 掌握客户流失的识别与挽救策略。

4.1　客户体验

产品是有形的,服务是无形的,但其所创造出的体验却是令人难以忘怀的。在以客户为中心的时代,仅仅有良好的产品和服务是远远不够的,建立长期的客户关系和维持较高的客户忠诚就需要有良好的客户体验。尤其在电子商务环境下,企业商品和服务的同质化现象严重,商品价格和商品质量等商品属性的差异越来越小,客户体验的范畴也已经从"产品"扩展到"以产品为中心的整个服务过程"的体验。电子商务企业间的竞争从有形产品和无形服务,进入到消费者身心感受、愉悦体验方面的体验竞争。良好的客户体验不仅能降低企业的经营成本,使企业利润持续增长,为企业带来竞争优势,还可以使客户个性化的需求得到满足,通过体验对品牌产生情感寄托,进而成为品牌的忠诚客户。

4.1.1 客户体验的内涵

1)客户体验的概念

体验一词最早是从哲学、心理学、美学等社会科学发展而来的,在《新编实用汉语词典》中,"体验"被解释为"通过实践来认识周围的事物,亲身经历;亲身经历或亲身的感受"。

早在 20 世纪 70 年代,托夫勒在其所著的《未来的冲击》一书中提到过继服务业之后,体验业将成为未来经济发展的支柱,但当时并未引起人们的注意。然而体验真正成为营销的主流研究是在 20 世纪 90 年代末期,以派恩和吉尔摩的体验经济理论和施密特的体验营销理论为标志。派恩等将体验定义为企业有意识地提供的、使消费者以个性化的方式参与其中的事件,是一种独特的经济提供物。施密特认为,体验是个体对某些刺激,包括企业在顾客消费过程中以及购买前后做的营销努力产生回应的个别化感受,是由于对事件的直接观察或参与造成的,是所发生的事件与个人心理状态之间互动的结果;"体验式营销"是"企业站在消费者的感官、情感、思考、行动及关联(或归感)5 个方面,重新定义、设计营销的一种思考方式"。

所谓体验,就是企业以服务为舞台、以商品为道具进行的令消费者难忘的活动。产品、服务对消费者来说是外在的,体验是内在的、存于个人心中,是个人在形体、情绪、知识上参与的所得。客户体验是客户根据自己与企业的互动产生的印象和感觉。客户对厂商的印象和感觉是从他开始接触到其广告、宣传品,或是第一次访问该公司就产生了,此后,从接触到厂商的销售、产品,到使用厂商的产品,接受其服务,这种体验得到了延续,因此,客户体验是一个整体的过程,一个理想的客户体验必是由一系列舒适、欣赏、赞叹、回味等心理过程组成,它带给客户以获得价值的强烈心理感受;它由一系列附加于产品或服务之上的事件所组成,鲜明地突出了产品或服务的全新价值;它强化了厂商的专业化形象,促使客户重复购买或提高客户对厂商的认可。一个企业如果试图向其客户传递理想的客户体验,势必要在产品、服务、人员以及过程管理等方面有上佳的表现,这就是实施客户体验管理的结果。

2)客户体验的模式

(1)客户感官体验

客户感官体验就是通过刺激人的视觉、听觉、触觉、味觉和嗅觉,让人产生愉悦、兴奋、美好以及满意等情绪的感觉。这需要借助一些基本要素、风格和主题,例如缤纷的色彩、优美的声音、诱人的芬芳,将企业的形象映射到客户心中,最终形成某种特定的印象。随着社会经济形态的演变,产品属性更加人性化,产品设计也越来越追求通过感官激发人愉悦精神的体验。良好的感官体验可以帮助企业实现产品和服务的差异化,激励客户购买使用,并向客户传递价值。

(2)客户情感体验

客户情感体验就是客户对公司和品牌附加了一定的情感,强烈的情感忠诚是经过一次又一次令人满意的体验之后,随着时间的延续而培养起来的。

制造情感体验,常用的联系纽带有友情、亲情、恋情。以亲情为例,缘于血缘关系的亲情,如父爱、母爱、孝心等可以说是任何情感都无法替代的。在香港的"维他奶"广告中,一位年迈的老人为了买到一盒维他奶,尽管步履艰难,但仍不辞劳苦,越过铁轨,爬上月台,那情景、那背影,就像当年朱自清笔下的父亲。在催人泪下、渐渐远去的背景中,"情系维他奶"五个大字出现在观众面前,成了人们享受亲情体验的抹不掉的记忆。因此,将产品与情感挂钩,企业会成为市场上的成功者,因为好的品位或好的业绩只能维持一段时间,而一种好的情感则可以长时间地延续下去。情感体验营销对于客户在使用参与程度高的复杂产品时极其有效,客户在接触、互动过程中有很多强化情感的机会,产品或场景本身也会促进情感的培养。

（3）客户思考体验

体验本身就是思维的反映,思考体验以创意的方式引起客户的惊奇、兴趣,促使客户进行创造性思维,促使客户进行发散性思维（对问题进行系统、认真分析的活动）和收敛性思维（参与者不受约束地自由联想和思考）,为客户创造认知和解决问题的体验。思考体验是一种思想方式的体验,它使客户内心深处的梦想意境和商品产生联系,引发客户对于美好生活的思考或者幻想,从而帮助客户理解产品或服务的差异。

思考体验营销的本质是鼓励消费者创造性地思考公司及其品牌,适合于广泛的产品和服务。随着科技的发展和社会分工的细化,整个消费市场呈现出了普遍的非专业购买行为。思考体验突破传统的"理性消费者"假设,认为消费者消费时是理性与感性兼具的,消费者在消费前、消费时、消费后的体验,才是研究消费者行为与企业品牌经营的关键。

（4）客户行为体验

行为体验是通过增加消费者的身体体验,指出他们做事的替代方法、替代的生活形态与互动,丰富消费者的生活,从而使消费者被激发或自发地改变生活形态。行为体验超出了感觉、情感和认知的范围,其目标是影响客户的有形体验、生活形态。

行为体验有时隐秘地发生,但更多地来自与客户的互动。行为体验也可以通过偶像、角色如影视歌星或运动明星来激发消费者,使其生活形态予以改变,从而实现产品的销售。行为体验营销为消费者创造了各种各样的体验机会,包括亲身体验、长期行为模式体验以及生活方式的体验。例如,耐克公司出色的"JUST DO IT"广告通过描述著名篮球运动员的经历,提升了消费者的运动体验。

（5）客户关联体验

关联体验是对感官、情感及适当的行动的相互结合。关联体验的营销就是指诉诸自我改进的一种个人渴望,它希冀引发他人对自己的好感,与一个较为广泛的社会系统产生关联,从而建立个人对某种品牌的偏好,同时让使用该品牌的人们形成一个群体。

关联体验营销使个体与品牌中所体现的社会、文化背景相关联,给消费者提供的深刻体验源自社会文化意义的相互影响和消费者对社会地位的需求。关联体验营销最重要之处是选择合适的参照群体,以便能为消费者创造一种与众不同的社会地位,并使其乐在其中。关联体验营销涉及的社会角色很大程度上取决于文化价值观,成功的营销活动必须考虑文化规范。价值观可视为一种普遍信仰,不随具体情形而改变。价值观为特定文化所特有,营销人员要对文化差异非常敏感,并有针对性地设计营销活动。例如,瑞士一家名表店在其一款瑞士名表的包装盒里附一小卡片,上面提示客户在 400 年后要回店里调整闰年。其寓意是在说明该瑞士名表的寿命之长、品质之精,可以拿它当"传家之宝",该表店以此"关联"的寓意来传达商品的价值。

4.1.2　客户体验管理

客户体验管理(Customer Experience Management,CEM)是近几年兴起的一种新型客户管理方法和技术。2012—2017 年,客户体验管理行业每年增长近20%,市场规模预计增长近三倍,超过 68 亿美元。根据伯德·施密特(Bernd H. Schmitt)博士在《客户体验管理》一书中的定义,客户体验管理是指"战略性地管理客户对产品或企业全面体验的过程"。客户体验管理以提高客户整体体验、强化感知价值为出发点,注重与客户的每一次接触,通过整合售前、售中和售后各个环节将品牌、产品或服务信息传递给目标客户,从而实现客户与企业的良性互动,提高客户对企业的满意度和忠诚度,从而增加企业收益。

客户体验管理认为客户不仅仅满足于产品或服务本身的价值,更高的追求是心理的满足和精神的享受。客户体验管理注重体验的创造,所创造的体验(认同、愉悦、归属、赞叹、难忘等心理感觉)将客户的生活方式与企业的品牌紧密联系起来,而这种感觉所创造的价值也将超越企业产品或服务提供的价值。客户体验管理考虑的不再是单个的产品或单次服务,而是企业终生带给客户的全部体验的管理。客户体验管理将客户的每一次互动,都视为树立企业品牌形象的最佳机会。客户体验管理的关键是体验形式及方式的整合及创新,企业通过不断的改变,为不同的客户创造差异化的客户体验,不断提升客户的体验。

客户体验是在产品、服务之上对客户更高层次需求的满足。适合实施客户体验管理的企业有电信运营商、金融保险、民航、连锁经营(卖场、中高端餐饮、娱乐)、汽车 4S 店、网上商城等服务型企业。

1)客户体验管理的作用

在与客户沟通的过程中,实施客户体验管理能够帮助企业及早地发现问题,从而将营销过程中可能遇到的问题进行充分准备,提高营销活动的效率。

(1)及早发现问题

CEM 工具可识别并跟踪系统的顾客问题,以便使企业决策者能立即采取措施加以解决,做到防微杜渐,避免因此造成问题的失控和更大的浪费。

(2)减少营销活动的疑问

通过收集和报告顾客对具体营销项目的评价,CEM 能使营销机构更好地理解顾客反应,从而开发更具个性化、更有效的服务。一个精心策划、量身定制的营销活动可以减少顾客的疑问。

(3)增加销售营销活动的反应率

营销机构从客户联络中心获取顾客真正的需求,以提高反应率。没有 CEM,联络中心就不得不耗费更多的时间和财力来收集和报告顾客的主要信息。CEM 分析应用软件对数据可自动收集和报道。

（4）保留客户

CEM 可以通过快速识别顾客不满意的地方使企业做出必要的改变，避免疏远或丢失顾客，以减少顾客流失。

2）客户体验管理的内容

一家企业（或一个品牌）可以直接或间接让客户体验的各种因素，在不同行业、对不同目标市场与客户，其重要性各不一样。但最终客户体验的好与坏都离不开这些因素，亦是客户为什么光顾（或不光顾）的原因，如图 4.1 所示。

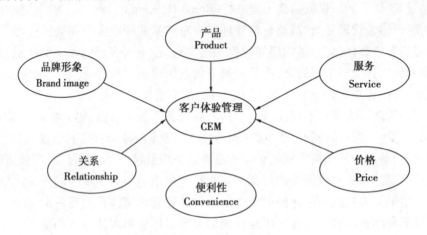

图 4.1　客户体验管理的内容

客户体验管理的内容主要包括：

（1）产品

客户体验的重要内容之一是产品，是指企业提供给客户具有一定效用的有形实物。产品包括纯硬件产品（如订书器，不需要服务）、硬件产品及其配套的相关服务（空调及其售后服务）。

（2）服务

服务是一种特殊的无形产品，它是企业向客户提供其所需的满足感，如电信运营商提供的通信服务。服务包括：在顾客提供的有形产品上所完成的基本活动（如 4S 店的汽车维修）；在顾客提供的无形产品上所完成的活动（如为准备税款申报书所需的收益表）；无形产品的交付（如建筑设计图纸）；为顾客创造氛围（如宾馆和饭店的环境）。

（3）关系

强化客户与企业关系的沟通手段主要有电话、短信、电子邮件、信件/明信片、邮寄礼品、客户联谊、VIP 俱乐部、对长期客户给予特殊优惠等。

（4）便利性

便利性是指客户与企业交互的便捷程度，主要体现为客户参与交互的显性及隐性成本的高低（时间成本、人力成本及其他机会成本等），包括在整个客户周期流程（购买/消费前、中、后）的便利性，是否容易、省时、省力（如网上购物/手机银行）。

（5）品牌形象

企业品牌定位及传递的品牌形象在各种市场及目标客户中是否得到普遍认同。

（6）价格

产品或服务价格与目标客户期望的价格的匹配程度,包括评价、规格、高性价比、客户细分定价等。

3）客户体验管理的目标

CEM 的目标是在各个客户接触点上（例如销售人员、呼叫中心、代理商、广告、活动、收账人员、客户接待、产品使用手册和网站）,产品、服务以及一系列感受（例如视觉、语气、味觉、气氛、细致入微的关怀与照顾）产生"利好因素"的综合产物,使客户关系最优化、客户价值最大化。CEM 不是不顾成本,把客户想要的所有东西都提供给他们,或者通过持续的高价格低成本的策略来增加利润,而是在不同种类的客户之间保持平衡。

客户满意程度、客户的预期以及公司对预期的管理是密切相关的。预期是由一系列因素决定的,包括品牌、最新的营销活动,甚至公司的竞争者的行为也会改变消费者对公司的看法。在每一个接触点上认识和管理客户体验对于保持和提高客户满意度非常重要,而且,对于客户满意度的增加理解得越透彻,公司行为就会越成熟、越细致。

4）客户体验管理的步骤

客户体验管理方法就是制订客户体验的具体措施,包括以下 5 个基本步骤。

（1）分析客户的体验世界

客户的体验世界包括客户的体验需求、生活方式以及影响客户体验的经营方式。

①确定目标客户。不同的目标客户有着不同的体验需求,企业需要分清是消费者还是生意客户,并充分了解两类客户的内心想法。重视购买者和使用者,关注目标角色的变化和被忽视的目标角色。使用率和客户忠诚度是区分客户的方法,它们决定了体验的深度和广度。例如,第一次来一个景点旅游的游客与来过多次该景点仍然还来的游客,他们期望的体验存在很大不同。

②分离体验世界。体验世界分为 4 个层次,包括产品或品牌体验、产品品类体验、使用和消费环境体验以及社会文化商务环境体验,如图 4.2 所示。

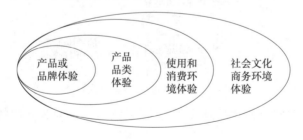

图 4.2　体验世界层次

以剃须刀品牌为例,品牌体验表现为剃须刀看起来如何、使用手感如何;产品品类体验表现为技术创新,刀片由两片改成三片;品牌使用和消费环境体验表现为早晨起床后的修饰;社会文化体验表现为融入个人职业生活环境,如"看起来专业""过职业白领生活"等。

分享客户体验世界的方法如下:首先,从体验世界的最外层开始,审视生活方式和商业趋势,如审视潮流的本质、潮流引导者、潮流怎样与使用环境相关联;其次,进入使用环境方面,调查使用环境的本质、使用者、品牌;最后,进入内层的产品品类与品牌,关注产品品类和品牌的本质、产品品类和品牌的使用者。

③根据接触点追踪顾客体验。消费者从认识产品的需求开始,经过信息收集、信息过滤、信息选择,最后购买意愿达到顶点。每个阶段都提供了与客户的接触点。在接触点上,应该充分了解客户的想法和作为。不同阶段客户在哪里? 谁做决定? 客户何时做决定? 每个阶段客户体验如何被描述?

④了解竞争对手。企业间的竞争游戏不再只是单纯的价格战,更是包括体验的竞争。各企业在体验上的竞争范围正在变得更加广泛。企业要特别关注3种常规竞争对手:直接竞争者、新进入的竞争者以及行业外的竞争者。

(2)建立客户体验平台

客户体验平台是客户与企业互动的媒介。客户体验平台的选择与建立要考虑客户体验的定位、体验价值的承诺等要素。客户体验平台可以加强企业与客户的沟通,促进企业产品或服务的创新。体验平台是提供给企业的品牌、产品与顾客进行有效沟通的渠道。例如,Jamba 果汁的体验平台是有趣健康的平台,在不同的环境下让关心健康的人充满激情;Cingular 无线通信的体验平台是让无线通信的体验人性化,为人类内在被倾听被认同的需要而服务,增加人类表达的工具,而不是代替表达的工具;携程的用户体验平台通过用户体验改善计划活动,邀请用户参与,倾听用户对携程旅行网的想法和期望,使用这些信息来改善产品和服务,解决用户在使用中的问题,更优化地实现用户期望。

顾客体验平台源于顾客的体验世界,能够抓住顾客的心理,提供企业内部与外部的沟通与协调渠道。

顾客体验平台策略内容包括体验定位、体验价值承诺及全面实施主题,如图4.3所示。

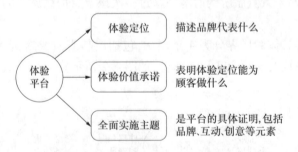

图 4.3 顾客体验平台策略内容

①体验定位。体验定位描述品牌代表的含义,它是以形象为导向的,体验定位应该切实、具体。

②体验价值承诺。体验价值承诺表明体验定位能为顾客做什么。价值的陈述是任何顾客战略的核心部分。例如,耐克的价值承诺是"提供功能上更高级的鞋和运动衣,让顾客表现更出色"。彪马的价值承诺是"品牌混合着运动、生活方式、时尚的影响,彪马产品的设计帮助个人取得成就并激起热情的反应"。

③全面实施主题。全面实施主题是平台的具体证明,包括品牌、互动、创意等元素,是体验平台的顶点。全面实施主题不仅要提供主题的内容,还要进行排序。例如红牛功能性饮

料,它的体验定位是"瓶里的能量",体验价值承诺是"巩固心脏,加速新陈代谢,战胜疲劳",全面实施主题是适应社会上各种有趣的活动,方法是通过红牛音乐会、红牛高级乐团、红牛雅马哈班和红牛初级班来开展。

（3）设计品牌体验

品牌体验是客户个体对品牌的某些经历产生回应的个别性感受。体验的内涵远远超出品牌旗帜下的产品和服务。它包含了客户和品牌或供应商之间的每一次互动——从最初的认识,通过选择、购买、使用,到坚持重复购买。品牌体验包括客户遇到的静态因素和动态的客户接触面。静态因素如产品、品牌标志、标签设计、包装、货架摆放、宣传资料和广告等;动态接触如与销售或服务人员的接触等。品牌体验必须直接跟随体验平台,零星的品牌体验会导致客户对品牌冷淡、印象差和困惑。客户体验必须是严密的系统的过程,让全部实施者（如工程师、设计师、外部设计公司、沟通公司等）都完全明白体验平台的内容及作用。品牌体验包括产品体验、外观体验及体验沟通 3 个方面,如图 4.4 所示。

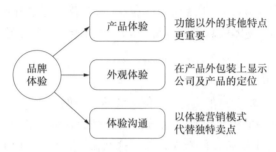

图 4.4　品牌体验的内容

（4）建立客户接触点

客户接触点是指客户与企业联系的各种机会,如店内面对面接触、销售代表到客户办公室拜访、银行 ATM 机、网上交易等。通过建立客户接触点实现企业与客户的良性互动。客户接触点的形式主要有:面对面;存在一定距离的接触,如打电话;电子化接触,如微信、留言板、电子邮箱。

客户接触点包括两条线索和 3 个阶段,如图 4.5 所示。

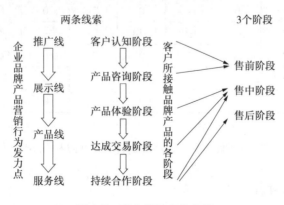

图 4.5　客户接触点的内容

（5）不断创新

创新是指以现有的思维模式提出有别于常规或常人思路的见解，利用现有的知识和物质，在特定的环境中，本着理想化需要或为满足社会需求，而改进或创造新的事物、方法、元素、路径、环境，并能获得一定有益效果的行为。客户体验创新就是不断创新客户体验形式，如创新接待客户方式和提高客户体验参与度，研发新产品，创新产品形式及创新营销方式等。

例如，北京移动营业厅，在早些年都是在厚厚的玻璃柜台里摆着塑料样机，想要体验真机还需要等营业员去后台取，办理业务在柜台，咨询业务在服务台，很多客户都会产生莫名的距离感。现在的北京移动新型营业厅拆除了柜台，卸掉了玻璃，手机真机直接展示在台面上，客户可以零距离体验每一款手机，感受、试用、比较，然后再做决定，全程有手持IPAD的服务人员现场讲解操作方法以及相关业务。营业厅在功能布局和结构设计上，更注重客户体验和应用展示，注重对客户通信需求的全方位满足，以终端产品的展示、体验、传播为起点，促进消费者提升购买兴趣。与传统营业厅相比，新型营业厅是开放式的、体验式的，为用户提供了开放式柜台与现场体验真机的环境，集展示、体验、传播与销售于一体，实现了客户体验创新。

5）客户体验管理的应用

为进一步说明客户体验管理的实际应用，这里举一个例子来进行分析研究。

美苏电器（化名）是一家销售数码产品与影音器材的香港零售连锁，但在短短一条西洋菜街上，美苏电器共开有4间店。他们为什么会这么做，这里可以套用客户体验管理方法去解释他们的决策行为，如表4.1所示为客户体验方法具体应用。

表4.1　客户体验管理的应用

1	2a	2b	2c	2d	3	4a	4b	5	6	7
品牌价值	实际体验	客户期望	满意度 2a-2b	重要性	满意度权重 2c×2d	理想体验	体验差距 2a-4a	规划需求	需求整合	反馈机制
产品	6	7	-1	6	-6	7	-1			
价格	7	7	0	7	0	7	0			
便利性	5	7	-2	9	-18	10	-5	更多数据	分销策略	商业数据
品牌形象	7	7	0	7	0	7	0			
服务	6	6	0	5	0	6	0			
关系	4	4	0	3	0	4	0			

在客户体验管理应用表中通过对各个要素的评分，可以检验出企业在某个方面的不足。具体的含义包括：

（1）对品牌价值的理解

品牌价值就是客户为什么选择企业的产品或服务。其中包括很多的影响因素，一般包括消费者最关心的价格、品牌、服务等。通过调查与分析，美苏电器发现消费者光顾的最主要原因是其明码实价和可靠的品牌形象。

（2）了解目前的客户体验和期望

这个因素中主要包括 4 个方面。

①实际体验（2a）：根据调查，客户在价格和品牌形象上的实际体验都不错，都得到了 7 分；服务与产品也不错，得到 6 分；便利性稍差得到 5 分；同时因为美苏是零售企业，因此买卖之间并没有太多的关系成分，得分为 4 分。

②客户期望（2b）：通过对客户的调查，前线员工反馈以及管理层的判断，消费者对于美苏的产品、价格、便利性和品牌形象都有较高的期望，得到 7 分。

③满意度（2c）：根据三角定律，客户满意度＝客户体验−客户期望，表中即是 2c＝2a−2b。从得分中可以看出，消费者不太满意的是便利性和产品，其中因为店铺数目不足而带来的不便得分为−2 分，产品类别还不够丰富得分为−1 分。

④重要性（2d）：在考察客户满意度时，不能忽略各个影响因素的重要性，因为不是所有体验对客户来说都是同样重要的。从表中的得分可以看出，在同一条街上消费者觉得产品和价格没有太大的区别时，便利性成为其最重要的考虑，因而便利性的得分最高为 9 分。

（3）确定关键体验

关键体验就是要找出企业和消费者共同关心的重点，这里通过满意度权重来衡量，将重要性乘以满意度就得出满意度权重。通过计算发现便利性的满意度权重是−18 分，这说明便利性是消费者最为重视的关键体验，其得分为 9 分，同时也是美苏电器做得最差的一个方面，得分仅为−2 分。

（4）就理想与实际体验进行差距分析

体验差距是实际体验与理想体验之差，除了在便利性上理想体验得分为 10 分以外，理想体验与实际体验的得分基本上相同，基本上使客户满意。由于所有企业的资源都是有限的，不能（也不该）无限制地满足客户期望。企业需要将资源投放在客户最看重的关键体验上，大大超越其期望，令其非常满意、非常忠诚，从而能够获得好的发展。

（5）制订需求以弥补差距

通过上面的分析可以发现，体验差距中便利性是最大（最差）的，因此，在同一条街开更多店铺是规划需求的重点。

（6）将需求与企业策略、能力相结合

需求的满足需要在企业能力允许的范围内进行。美苏电器根据企业的实际情况制订了渠道策略：在其他生意一般的区域关掉分店，并且在西洋菜街增加分店的数量，但是不考虑进行互联网或电话销售。由于在同一条街上的分店距离很近，可以实现存货共享，从而形成方便顾客与节省成本的优势。

（7）用于持续改善的回馈机制

美苏电器从一家店增加到两家店，业绩上是否能翻一番？不能简单地决定能与不能，而是需要分阶段地用业绩来证明决策是否正确。美苏电器通过经营，最后在同一条街开了 4 家店。但此时整个客户体验管理方法并未完成，而是应该从第 7 步返回第 1 步，从"便利性"是其最重要的品牌价值开始，每隔一段时间，再重复同样 7 个步骤，以调整策略，从而使企业能够跟上市场与客户的变化。

在具体实施客户体验管理战略时,首先要对企业内部和外部情况进行分析。要考虑企业的目标顾客,包括他们的喜好、行为、价值观,以及影响他们的社会文化或社会亚文化。要考虑企业的产品,包括产品的质量和功能、品牌的知名度和美誉度、产品的销售情况。还要考虑企业的合作伙伴、竞争对手以及整个产业的有关情况。因此在实施过程中要根据企业自身情况的不同进行相应的变通,这就需要很好地理解客户体验管理的真正含义,从而能够实现更深层次的应用。同时在具体应用过程中,还应该考虑企业的整体发展策略。在上述例子中,若在同一条街开更多分店与美苏电器的分销策略相违背(如想发展网上销售或电话销售),或开更多分店的资金令美苏电器不能负担,那么可能需要调整战略重点。

一套客户体验方法并不能完全应用于不同的客户细分。例如在保险业,理赔速度和保单投资回报率都十分重要,基于同样品牌形象下,对首次顾客和再次购买(譬如投资基金产品)顾客的关键体验都不同,首次顾客极可能光顾相熟朋友,而再次顾客更看重代理人的专业知识与推介。又如海尔在本土极为成功的五星级服务,对国外可能完全失效,除了没有成本优势(外国服务人员工资),欧美顾客看得更重的可能是产品质量,质量好的产品无须服务,无论一星或五星。因此应针对不同的客户设计不同的客户体验。

4.2 顾客满意

在前面部分,我们讨论了如何借助 CRM 系统在广泛的客户群中寻找企业真正的客户,并分析了不同顾客群的需求,以及如何通过客户体验来增进客户购买意愿。接下来要讨论的,就是要针对不同的顾客群的要求进行有效的行销服务,提升顾客满意度,进而达到营销的成功。

实施 CRM 的目的,不仅仅是要拓展企业经营的触角和改变企业的经营模式,还应当强化企业与顾客之间的互动关系,最终目的是要提升企业的利润。因此,企业如何满足顾客的要求,进而留住顾客,提升顾客的满意度,已经是目前企业经营中最重要的新课题,更是衡量企业竞争力的重要指标。那么,什么是顾客满意度? 如何提升企业的顾客满意度呢? 下面对这些问题加以阐述。

4.2.1 顾客满意度的概念

人们对顾客满意度概念的界定基本是一致的,普遍认为顾客满意度是指一个人通过对一个产品的可感知效果与他的期望值相比较后的感觉水平。顾客满意度是感知结果(包括对质量、价格和服务等方面的感知)与期望差异的函数,即

$$c = \frac{b}{a} \tag{4.1}$$

式中 c——顾客满意度;

b——顾客的感知值;

a——顾客的期望值。

顾客满意与否,取决于顾客接受产品或服务的感知同顾客在接受之前的期望相比较后的体验。通常情况下,顾客的这种比较会出现 3 种感受(如图 4.6 所示)。

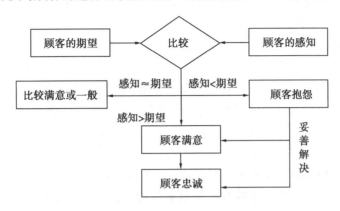

图 4.6　顾客感知与顾客期望比较后的感受

①如果感知结果与期望相称,即 c 等于 1 或接近 1 时,一般会出现两种状态:一种是顾客因实际情况与心理期望基本相符而表示"比较满意";另一种是顾客会因对整个购买决策过程没有留下特别印象而表示"一般"。因此,处于这种感受状态的顾客很有可能重复同样的购买经历,也有可能选择该企业的竞争对手的产品或服务。

②如果感知结果超过期望,即 c 大于 1 时,这意味着客户获得了超过期望的满足感,客户会十分满意或愉悦。其满意程度可通过事后感知与事前期望之间的差异函数来测量。显然,感知超过期望越多,顾客的满意程度就越高,而当感知远远超过期望时,满意就演变成忠诚。

③当感知低于期望时,即 c 小于 1 时,则顾客会感到失望和不满意,甚至会产生抱怨或投诉,但如果对顾客的抱怨采取积极措施妥善解决,就有可能使顾客的不满意转化为满意,甚至令其成为忠诚的顾客。

根据图 4.6 可知,对企业而言,若要实施"以顾客满意为中心"的经营战略,就必须尽力消除顾客满意度小于 1 的情况,即通过提高产品和服务相对于顾客的价值来满足甚至超越顾客的期望,这样才能平息和预防顾客抱怨的发生。

4.2.2　顾客满意度指数模型

顾客满意度更多的是一种逻辑上的理性概念,难以写出一个确定的数学公式来表示顾客满意度,但是依然可以找出影响顾客满意度的主要因素。

顾客满意理论既是构建顾客满意度的理论基础,又是对测量结果进行分析的基础。而顾客满意度指数(Customer Satisfaction Index,CSI)模型旨在发现和确定影响 CSI 的因素,以及 CSI 和这些因素之间的作用机制。为了寻找顾客满意度的影响因素,先来看一看是什么使顾客产生了满意度。对于这一问题,当前存在着多种理论模型,本书重点介绍 Kano 和 ACSI 两种模型。

1）卡诺（Kano）的顾客满意度模型

卡诺模型有助于我们理解顾客满意度的概念，该模型中，卡诺把产品和服务的质量分为3类：当然质量、期望质量和迷人质量。

（1）当然质量

当然质量是指产品和服务应当具备的质量。对这类质量特性，顾客通常不做表述，因为顾客假定这是产品和服务所必须提供的。如果顾客认为这类质量特性的重要程度很高，企业在这类质量特性上的业绩即使很好，也不会显著增加顾客的满意度；相反，即使重要程度不高，但如果企业在这类质量特性上的业绩不好，也会导致顾客的严重不满。

（2）期望质量

期望质量是指顾客对产品或服务有具体要求的质量特性。这类质量特性上的重要程度与顾客的满意程度同步增长。顾客对产品或服务的这种质量特性和期望，以及企业在这种质量特性上的业绩都容易度量。因此，对这种质量特性的期望和满意程度的测评是竞争性分析的基础。

（3）迷人质量

迷人质量是指产品或服务所具备了超越顾客期望的、顾客没有想到的质量特性。这类质量特性（即使重要程度不高）能激起顾客的购买欲望，并能使顾客感到十分满意。

卡诺（Kano）的顾客满意度模型如图 4.7 所示。

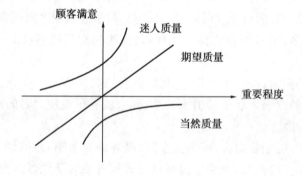

图 4.7　卡诺顾客满意度模型

从图 4.7 中可知，企业所提供的产品和服务必须保证当然质量，不断改进期望质量，积极开发迷人质量。当然，产品或服务的当然质量和迷人质量具有相对性。随着科技的进步、管理水平的提高以及顾客需求和偏好的变化，产品或服务的期望质量将转化为当然质量，迷人质量将转化为期望质量甚至当然质量。

在 3 类质量特性中，期望质量和顾客满意度之间成线性正相关关系，这种关系提供了目前各种顾客满意度测评方法和模型的理论基础；而当然质量和迷人质量与顾客满意度之间则为非线性正相关关系，对此，目前的各种顾客满意度模型都无法给出令人信服的数学解释。统计工具中虽然有各种非线性回归的方法，但对当然质量和迷人质量与顾客满意度之间的这种非线性关系的拟合效果并不理想。因此卡诺顾客满意度模型所面临的挑战在于统计方法的创新。卡诺模型的缺点在于不能在顾客满意度和企业的经营业绩之间建立直接的、可以量化的链接;也不能像顾客满意度指数测评模型那样能够建立起顾客满意度、顾客忠诚度以及各个潜在测评指标的指数体系。

但是,卡诺模型可以很容易地得到定性的顾客满意度测评结果,而且卡诺模型也是顾客满意度指数测评方法的理论基石。

2)美国顾客满意度指数(ACSI)模型

ACSI 模型是一个方程组模型,如图4.8 所示。

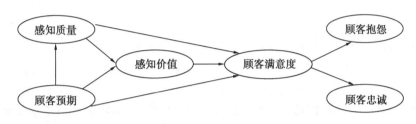

图 4.8 ACSI 结构模型

该模型是由顾客满意度与其决定因素感知质量、顾客预期、感知价值以及结果因素顾客忠诚、顾客抱怨这 6 种变量组成的一个整体逻辑结构。可以利用调查表的项目对这些变量进行操作,借助于计量经济学中的有关方法将此逻辑结构转化成数学模型(后面重点讲述),继而将有关测评数据输入此模型,便能得出准确的测量结果——顾客满意度指数,整个模型是用偏最小二乘估计(PLS)来回归的。下面对与顾客满意度相关的 5 个因素进行分析:

(1)顾客预期

顾客预期是指顾客在购买决策过程前期即购买前对其需求的产品或服务寄予的期待和希望。顾客期望来自于顾客需求,不同的顾客有其不同的需求,随之就会产生不同的期望。但由于人们总是本能地和习惯地在事前对所要求的事物寄予美好的希望和期待,因此,期望往往高于需求。由顾客需求所形成的顾客期望,就会成为顾客在其购买决策中实际感受的一个评判依据。在顾客满意度指数测评中,对顾客期望的评价内容主要包括以下 3 个方面:

- 顾客对产品或服务质量在整体印象上的期望;
- 顾客对产品或服务在可靠性(即产品或服务可能出现问题的频率)的期望;
- 顾客对产品或服务可以满足自己要求的程度的期望。

(2)感知质量

顾客对质量的感知是指顾客在购买和消费产品或服务过程中对质量的实际感受和认识。如果说期望是事前产生的,那么感知便是事后形成的。需要指出的是,顾客对质量的感知虽然是顾客对其购买决策整个过程在主观上的判断,但是其判断的基础来自实际经历的一个客观体验过程,其判断依据就是顾客在经历前的需求期望。

顾客对质量的感知是构成顾客满意度的核心变量,它对顾客满意度有直接的影响。顾客对质量的感知又可以分为对产品质量和功能的感知,以及对服务质量的感知。

(3)感知价值

顾客对价值的感知是指顾客在购买和消费产品或服务过程中,对所支付的费用和所达到的实际收益的体验。顾客感知的价值,核心是价格,但不仅仅是价格。从广义的角度考虑,顾客对价值的感知体现在 4 个方面:顾客对总成本的感知、顾客对总价值的感知、顾客对质量和价格之比的感知、顾客对价格和质量之比的感知。

（4）顾客抱怨

顾客抱怨的主要原因是:顾客对产品或服务的实际感受未能符合原先的期望。当顾客对其要求被满足程度的感受越差,顾客满意度也就越低;而顾客对其要求不被满足的感受程度越强,则顾客越不满意,越会产生抱怨,甚至投诉。

（5）顾客忠诚

顾客忠诚是指顾客在对某一产品或服务的满意度不断提高的基础上,重复购买（光顾）该产品或服务,以及向他人热情推荐该产品或服务的一种表现。

ACSI 模型认为:顾客满意的 3 个前提变量（顾客预期、感知质量和感知价值）和 3 个结果变量（顾客满意、顾客抱怨和顾客忠诚）之间存在着复杂的相关关系,如图 4.8 所示。该模型假定顾客是理性的,即顾客具有从以前的消费经历中学习的能力,而且能够据此预测未来的质量和价值水平,换句话说,顾客具有足够的知识保证他们的预期能够正确地反映当前的产品和服务质量。如果产品和服务的感知质量超过顾客的预期,那么顾客就满意;如果产品和服务的感知质量没有达到顾客的预期,那么顾客就不满意。

除了上面两种模型外,目前,世界上许多国家都建立了自己的顾客满意度指数模型,例如瑞典模型、欧洲模型,它们在借鉴 ACSI 模型的基础上,在测量模型和结构变量作了一些调整。

3）如何建立自己的顾客满意度指数模型

建立自己的顾客满意度指数模型包括逻辑模型和结构模型。

（1）建立顾客满意度的逻辑模型

我们收集并分析顾客满意度指数的数据过程,实际上是在寻找两个很简单的答案:我们应当在何处提高产品或服务的质量来增加顾客满意度和顾客忠诚度? 一旦顾客满意度和顾客忠诚度增加了,其回报是什么? 这两个问题之间的逻辑关系的简化表示如图 4.9 所示。

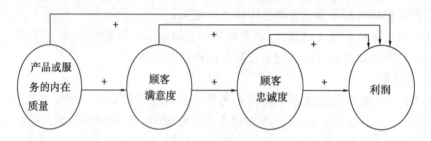

图 4.9　顾客满意度逻辑模型

在这里,基本的假定是改进质量将会增加满意度,而这又使顾客更忠实于产品或服务,同时从这些顾客身上得到的利润,将要比从一般顾客那里得到的利润更多。这种逻辑关系在图中简化为箭头及其旁边的"+"号。

因此,我们收集并分析顾客满意度指数的目的,是为经理们提供真正的诊断性信息,这些信息是他们用于提高质量和顾客满意度的杠杆,并且还能预测一旦顾客满意度提高之后会出现什么,顾客的"回头率"如何,他们会给企业带来多少营业额和利润。

卡诺模型为我们提供了解决第一个问题的思路,即通过 3 类质量特征的划分,为我们提供诊断性的信息;而 ACSI 顾客满意度指数模型又为我们解决第二个问题指明了方向,即通过 CSI 指标体系中各潜在变量之间的关系来预测顾客满意度的增加会对企业的经营绩效产生什么影响,影响的效果有多大。

(2)建立顾客满意度指数的结构模型

我们可根据顾客满意度指数测评的基本原理,结合国内外顾客满意度指数模型建立自己的顾客满意度指数测评模型,如图 4.10 所示。

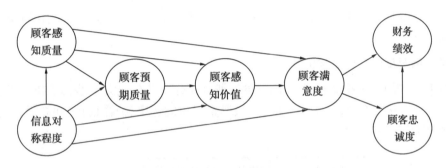

图 4.10　顾客满意度指数测评模型

模型中信息对称程度是外生变量,其余结构变量均为内生变量。模型中各结构变量的观测变量见表 4.2。

表 4.2　顾客满意度指数模型中的结构变量和观测变量

结构变量	观测变量
信息对称程度	1. 企业(或产品/服务)的知晓度 2. 企业(或产品/服务)的知名度 3. 企业(或产品/服务)的美誉度 4. 市场净化程度
顾客预期质量	5. 对产品/服务质量的总体预期 6. 对产品/服务顾客化的预期 7. 对产品/服务可靠性的预期
顾客感知质量	8. 对产品/服务质量的总体评价 9. 对产品/服务顾客化质量的评价 10. 对产品/服务可靠性的评价
顾客感知价值	11. 给定产品/服务质量下对价格的评价 12. 给定价格下对产品/服务质量的评价
顾客满意度	13. 总体满意度 14. 产品/服务质量同预期的比较 15. 产品/服务质量同其他品牌的比较 16. 产品/服务质量同理想产品的比较

续表

结构变量	观测变量
顾客忠诚度	17. 重复购买的可能性 18. 保留价格
企业财务绩效	19. 顾客购买金额

4.2.3　顾客满意度测评方法

顾客满意度测评需要了解测评的工作流程,有哪些测评方法以及如何利用 CRM 系统架构顾客满意度测评。

1)顾客满意度测评的工作流程

如图 4.11 所示,一般而言,顾客满意度的测评工作需要经过几个步骤。本书的重点主要集中于测评方法的介绍,对于用户的分类、调查对象的选定、抽样设计、问卷设计、获取数据的方法等不作过多评述。

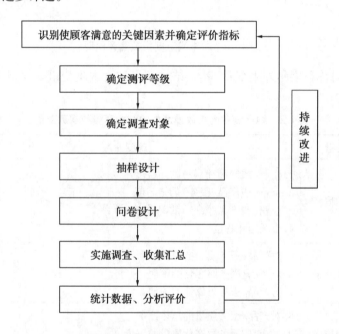

图 4.11　顾客满意度测评流程

2)顾客满意度测评方法

我们已经深刻体会到了顾客满意度对于企业的重要性,那么应当如何进行顾客满意度测评呢？长期以来,由于种种原因,国内对顾客满意度的市场分析和调研只停留在定性的层次上,缺乏一套严密、令人信服的定量分析方法,这里我们提出一些定量分析的方法和工具。

(1)P-E(认知-预期)模型

$$SQ_i = \sum_{j=1}^{k} w_j(P_{ij} - E_{ij}) \tag{4.2}$$

式中　SQ_i——对于激励 i 的可视服务的总体服务质量满意度；

　　　k——服务(产品)特性的数目,即产品评价指标的个数；

　　　w_j——特性 j 对 SQ_i 的权重,即评价指标 j 的权重；

　　　P_{ij}——与特性 j 相关的激励 i 的可视行为,即顾客对 j 的实际感受；

　　　E_{ij}——与特性 j 相关的激励 i 的预期大小,即顾客对 j 的预期。

认知-预期模型认为,在消费过程中或消费之后,顾客会根据自己的期望及认知价值,评估产品和服务的实际效果。如果实际效果低于期望,顾客就会不满;如果实际效果符合或超过期望,顾客就会满意。即顾客的满意程度主要由认知价值和期望之差决定。

(2)调查表式的顾客满意度评估

调查表式的顾客满意度评估方法是:第一,确定顾客满意评价指标;第二,设计顾客满意评价调查表;第三,根据顾客打分计算顾客满意分值。如设计某产品的顾客满意度调查表为表 4.3。

表 4.3　顾客满意度调查表

项　目 ＼ 评　语	很满意	满　意	一　般	不满意	很不满意
质量					
价格					
功能					
设计					
包装					

其中:评语分值很满意=100 分,满意=80 分,一般=60 分,不满意=40 分,很不满意=20 分。

每一项目的顾客满意分值

$$S_k = \frac{\sum n_i X}{N} \times 100\% \tag{4.3}$$

式中　N——抽样调查总人数；

　　　$X \in \{100,80,60,40,20\}$——顾客满意档次分值；

　　　n_i——打分为 X_i 的顾客人数。

总顾客满意度

$$S = \sum W_k S_k \tag{4.4}$$

式中　W_k——评价项目 S_k 的权重。

（3）模糊综合评价法

模糊综合评价法是近年来应用比较广泛的一类评估方法。它是针对指标值不能精确确定的问题，通过确定评价项目集、评价尺度集，用层次分析法或专家调查法确定评价项目权重，采用问卷调查法确定因素评价矩阵进行综合评价的一种方法。模糊综合评价法的主要步骤如下：

①确定对于某一产品的系统评价项目集 $F = (f_1, f_2, \cdots, f_n)$，如 $F = （质量，价格，功能，设计，包装）$；其次是客户对每一评价项目的评语集，如 $E = (e_1, e_2, \cdots, e_m)$，如 $E = （很满意，满意，一般，不满意，很不满意）$。

②根据专家经验或运用层次分析等方法，确定各评价项目的权重 W，$W = (w_1, w_2, w_3, \cdots, w_n)$。

③按照已经制订的评价尺度，对各评价项目进行评定，这种评定是一种模糊映射评价。结果通过隶属矩阵 R_k 表示：

$$R_k = \begin{pmatrix} r_{11}^k & r_{12}^k & \cdots & r_{1j}^k & \cdots & r_{1m}^k \\ r_{21}^k & r_{22}^k & \cdots & r_{2j}^k & \cdots & r_{2m}^k \\ \vdots & \vdots & & \vdots & & \vdots \\ r_{i1}^k & r_{i2}^k & \cdots & r_{ij}^k & \cdots & r_{im}^k \\ \vdots & \vdots & & \vdots & & \vdots \\ r_{n1}^k & r_{n2}^k & \cdots & r_{nj}^k & \cdots & r_{nm}^k \end{pmatrix}$$

矩阵中元素 r_{ij}^k 表示第 k 个产品对第 i 个评价项目(f_i)作出第 j 级评分(e_j)的顾客人数占参加评价总人数的百分比。

④计算第 k 个产品的综合评定向量：S_k，$S_k = WR_k$。

⑤计算第 k 个产品的顾客综合满意度 N_k，$N_k = S_k E^T$。

此时需要将评语级别量化，如 $E^T = (e_1, e_2, e_3, e_4, e_5) = (5, 4, 3, 2, 1)$。

根据各产品顾客满意度 N_k 的大小，即可对产品的顾客满意度进行优先顺序的排列，为决策者提供有用的信息。

比较而言，顾客满意度的模糊综合评价法由于其数据的可获取性好和设计的科学性，是目前普遍应用的一种测评方法，尤其是在不确定性情况下。

（4）主成分分析法

主成分分析法（Principal Components Analysis，PCA）是将多个指标化为少数几个综合指标，而保持原指标大量信息的一种统计方法。通过对影响总体目标的众多因素（指标）进行数据分析，求解原始指标的样本方差矩阵及该矩阵的特征根和特征向量。根据累计贡献率的大小提取几个新变量代替原来的众多因素（指标），使得这些较少的变量既尽可能地反映原来变量的统计特性，又在新变量之间保持相互的独立性，从而有效降低因素之间相关性的干扰。其中，提取的新变量必须是原变量的线性组合。选用主成分的方差贡献率作为各主成分的权重，然后结合各因子得分，进行综合评价。

（5）计量经济学测评方法

Fornell(1992,1993)结合数量经济学的方法和顾客满意理论的研究成果,提出了顾客满意度测评的计量经济学模型。该模型其实是一种多元线性回归模型,把顾客满意度测评看作是一个具有多目标、多层次和多因素影响的复杂决策系统,把影响顾客满意度的多个因素嵌入在一个因果关系模型中(见图 4.8,ACSI 结构模型),其中顾客预期、感知质量与感知价值 3 个变量称为原因变量,顾客满意、顾客抱怨与顾客忠诚是 3 个结果变量。

但上述 6 个变量都不能直接测量,故称为隐变量,其中顾客预期为外生隐变量,其余为内生隐变量。实际测评中需要对隐变量进行定义,直到形成一系列可以由顾客直接测评的指标,即观测变量,从而构造出一个多变量、多层次的顾客满意度测评指标体系,见表 4.4。

表 4.4 计量经济学模型的顾客满意度测评指标体系

结构变量	观测变量
顾客预期 ξ_1	对产品特色的预期 $X1$ 对产品功能的预期 $X2$ 对产品质量的总体预期 $X3$
感知质量 η_1	对特色的感知 $Y1$ 对产品功能的感知 $Y2$ 对产品质量的总体感知 $Y3$
感知价值 η_2	给定价格下对质量的感知 $Y4$ 给定质量下对价格的感知 $Y5$
顾客满意度 η_3	实际感知同预期质量的差距 $Y6$ 实际感知同理想产品的差距 $Y7$ 对价格变化的承受力 $Y8$ 总体满意度 $Y9$
顾客抱怨 η_4	正式或非正式抱怨的次数 $Y10$
顾客忠诚 η_5	重复购买可能性 $Y11$

结构变量之间的线性关系,可以用条件期望表示为:

$$\mathrm{E}(\eta \mid \eta,\xi)=\beta\eta+\lambda\xi+\zeta \tag{4.5}$$

写成矩阵形式即为:

$$
\begin{pmatrix} \eta_1 \\ \eta_2 \\ \eta_3 \\ \eta_4 \\ \eta_5 \end{pmatrix}
=
\begin{pmatrix}
0 & 0 & 0 & 0 & 0 \\
\beta_{21} & 0 & 0 & 0 & 0 \\
\beta_{31} & \beta_{32} & 0 & 0 & 0 \\
0 & 0 & \beta_{43} & 0 & 0 \\
0 & 0 & \beta_{53} & \beta_{54} & 0
\end{pmatrix}
\cdot
\begin{pmatrix} \eta_1 \\ \eta_2 \\ \eta_3 \\ \eta_4 \\ \eta_5 \end{pmatrix}
+
\begin{pmatrix} \lambda_1 \\ \lambda_2 \\ \lambda_3 \\ 0 \\ 0 \end{pmatrix}
\cdot \xi_1
+
\begin{pmatrix} \zeta_1 \\ \zeta_2 \\ \zeta_3 \\ \zeta_4 \\ \zeta_5 \end{pmatrix}
$$

其中:β,λ 分别为内生隐变量(η)之间和内生隐变量与外生隐变量(ξ)之间的回归系数矩阵;$\zeta_1,\zeta_2,\zeta_3,\zeta_4,\zeta_5$ 为偏差变量。矩阵中的关系表现为图 4.12:

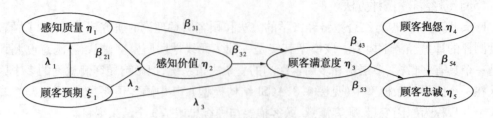

图 4.12　结构变量间及其与观测变量之间的关系图

结构变量和观测变量之间的线性关系,对于外生变量:

$$X = W\xi + \delta \tag{4.6}$$

其中:W 为载荷,表示变量间影响程度大小,δ 为偏差变量。写成矩阵形式则为:

$$\begin{pmatrix} \chi_1 \\ \chi_2 \\ \chi_3 \end{pmatrix} = \begin{pmatrix} \omega_1 \\ \omega_2 \\ \omega_3 \end{pmatrix} \cdot \xi_1 + \begin{pmatrix} \delta_1 \\ \delta_2 \\ \delta_3 \end{pmatrix}$$

对于内生变量有:

$$Y = V\eta + \varepsilon \tag{4.7}$$

其中:V 为载荷,表示变量间影响程度大小,ε 为偏差变量。写成矩阵形式则为:

$$\begin{pmatrix} y_1 \\ y_2 \\ y_3 \\ y_4 \\ y_5 \\ y_6 \\ y_7 \\ y_8 \\ y_9 \\ y_{10} \\ y_{11} \end{pmatrix} = \begin{pmatrix} v_{11} & 0 & 0 & 0 & 0 \\ v_{12} & 0 & 0 & 0 & 0 \\ v_{13} & 0 & 0 & 0 & 0 \\ 0 & v_{21} & 0 & 0 & 0 \\ 0 & v_{21} & 0 & 0 & 0 \\ 0 & 0 & v_{31} & 0 & 0 \\ 0 & 0 & v_{32} & 0 & 0 \\ 0 & 0 & v_{33} & 0 & 0 \\ 0 & 0 & v_{34} & 0 & 0 \\ 0 & 0 & 0 & v_{41} & 0 \\ 0 & 0 & 0 & 0 & v_{51} \end{pmatrix} \cdot \begin{pmatrix} \eta_1 \\ \eta_2 \\ \eta_3 \\ \eta_4 \\ \eta_5 \end{pmatrix} + \begin{pmatrix} \varepsilon_1 \\ \varepsilon_2 \\ \varepsilon_3 \\ \varepsilon_4 \\ \varepsilon_5 \\ \varepsilon_6 \\ \varepsilon_7 \\ \varepsilon_8 \\ \varepsilon_9 \\ \varepsilon_{10} \\ \varepsilon_{11} \end{pmatrix}$$

针对解决线性回归中比较棘手的多重共线性问题,该模型利用偏最小二乘法(Partial Least Squares,PLS)和 T-检验来预测回归系数。PLS 是一种多因变量对多自变量的回归建模方法,能够比较有效地解决回归变量之间的多重相关性问题。并且 PLS 对样本分布没有特殊要求,使得小样本情况下利用该方法预测的结果比其他方法更为合理。通过确定出隐变量与观测变量之间的关联关系,进而得到各个隐变量对顾客满意的重要程度(也称为权重),最终求得总体顾客满意度水平。

3)CRM 与顾客满意度测评

利用 CRM 系统架构顾客满意度测评是 CRM 系统应用的重要内容,其基本结构如图 4.13 所示。

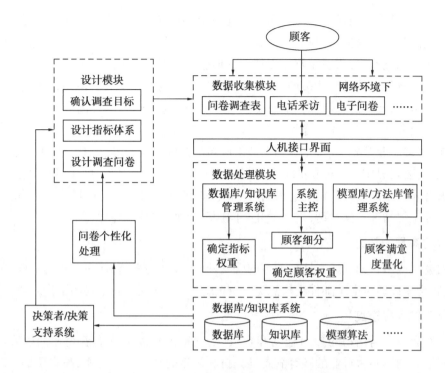

图 4.13　CRM 与顾客满意度测评框架结构

（1）设计模块

设计模块包括调查目标的确定，指标体系的设计和调查问卷的设计。

（2）数据收集模块

传统的顾客满意信息数据的收集方法主要有问卷调查、电话访问、面谈调查等。随着现代信息技术的广泛应用，产生了建立在现代信息技术基础上的新的数据收集方法，包括电子问卷、E-mail 调查、Web 日志上顾客购买或浏览商品的偏好信息等。

（3）数据处理模块

数据收集方法的多样性不可避免地导致数据在类型上的不一致，而且顾客满意程度表现形式的多样性，使得数据必须经过处理才能为评价分析所用。数据处理模块主要是通过使用数据库、知识库管理系统和模型库、方法库管理系统对收集的数据进行处理，从而得出各指标的权重、顾客细分及顾客满意度的量化汇总表。

（4）数据库、知识库系统

数据库、知识库系统包括数据库、知识库和模型算法。数据库中的信息有顾客满意信息、评价指标信息和顾客信息等。知识库中存有顾客满意度测评的历史信息。模型算法就是上述顾客满意度测评方法。

4.2.4　如何提高顾客满意度

顾客是上帝，这句经营警言曾激励着一代又一代的商界人士努力地对顾客一视同仁地提供最好的服务，希望能够得到"上帝们"的青睐。今天，公司对待顾客的态度可谓是关心备至,极力讨好。只要你与任何一家公司建立业务上的往来,或只是一个订货电话,公司则会迫不及待地想让你知道他们很在乎你、很关注你,公司的管理人员会告诉你:你对他们公司很重要。从表面上看,公司现在要比以往任何时候都要热心于向顾客推荐他们的产品和服务——在如今竞争日趋激烈的市场上,唯有如此公司方能生存下去。但是,即便公司尽最大可能为客户考虑,他们的上帝却很少感觉到在享受这种特殊的待遇,很多顾客竟然会认为,公司对他们及其真正需求并不是很了解,这让很多公司感到困惑。

现在,很多企业开始考虑,是否到了该采取新的措施以维护其客户关系的时候了。互联网的出现,给公司提供了一种新的手段来管理客户关系。众所周知,只有那些对公司感到很满意的顾客才有可能成为公司的忠诚客户,而忠诚客户往往是现代市场竞争中各公司争夺的焦点。为了提高客户满意度,下面的几个问题和原则应当特别注意。

1)公司高层的努力

公司高层应亲自到现场去体会顾客的感受,阅读顾客的来信,接听并处理顾客的抱怨电话,与顾客交谈或通过电子邮件交换意见,这些都是经营管理者最重要的工作之一。

2)员工的积极态度

员工对企业经营活动的参与程度和积极性,在很大程度上影响着企业的顾客满意度。美国西尔斯公司对零售行业的顾客满意度分析和多年的经营实践证明:高素质的、充满活力和竞争力的员工队伍,比好的硬件设施更能创造顾客满意,进而创造优异的业绩。为员工提供培训,提供服务技术,授权员工作出利于客户满意度的权责,并将此作为员工绩效评价的重要部分。

3)努力提供优质的产品和服务

优质的产品和服务是维持客户关系最基础的层面,这方面不允许有任何贬值,企业为此需要建设质量保障体系。我们知道,如果产品质量出了问题,再好的售后服务也很难保障顾客满意度。在销售服务方面,现在,销售人员的收入和销售业绩是成正向比例的。因此,销售人员为了增加业绩可能会降低服务质量,如有些顾客被销售人员纠缠,对企业来说是一件很不利的事情。在某国外品牌专卖店中,只有店长有销售任务,店员的收入和销售额则丝毫没有关系。店长根据员工与顾客的接触进行打分,打分表就成了员工奖金收入的依据。如果企业能够以此作为经营的原则,其销售额一定会更高。

4)持续改进

你的顾客会百分之百满意吗?这就好像是问天气会永远是晴天吗。即使顾客今天满意也不意味着永远满意。提高顾客满意度是一个永恒的主题。

应该指出的是,网络的出现为中小企业提升顾客满意度提供了机遇。过去,他们需要大量的难以承受的投入,现在则容易得多了。

5)靠信息来加强客户管理

哈佛商学院的研究人员指出,公司历经千辛万苦获取的客户购买行为信息,却不能用于指导公司的销售工作(因为这是两项不同的工作)。另外,公司内部任何一个机构在某一类产品的销售上,建立了属于自己的数据库,他们往往会拒绝他人(即使是公司的内部人员也不例外)进入其数据库,"这只属于我们",他们会说,"不希望别人与我们的客户有所往来,因为这样会破坏我们与客户的关系。而且,建立一个这样的数据库是要花费巨大的代价的——你不能无偿使用。"这些争端与不和将会使公司的各个经营环节相互不信任、相互掣肘,最终将有损于公司的整体利益。

因此,公司在收集和应用客户信息时要注意以下一些问题:

首先,公司在收集信息时,必须持非常谨慎的态度。由于客户对涉及个人隐私的一些信息越来越敏感,谨慎地处理这些问题就变得非常关键。现在,客户在向公司提供信息的时候,都很想知道公司获取这些信息的目的,或希望他们能有偿地提供信息。在一个相互都比较信任、忠诚的团队里面,你可以向整个团队公布你的收入和口味等属于个人隐私的信息,但你是不会向外界泄露的。因此公司应利用互联网技术在顾客中也建立一个类似的团队(如通过因特网,建立公司的会员制),在这个团队里面,公司能与客户坦诚相待。

其次,公司应该能够非常清楚自己为什么收集信息。客户信息的一个非常重要的作用就是,区分不同价值的顾客。在此基础上,公司可以制订策略,对不同的客户采取不同的对待方法(其目的就是对最有价值的那些客户实行最优厚的待遇)。对所收集到的信息进行精心的处理,就能够很容易地发现哪些客户对公司来说价值最大(值得公司去争取)。然后给予这些客户更为优厚的价格折扣,或采取措施防止竞争者争夺这一部分客户。一般来说,客户们都不喜欢价格歧视(亚马逊在对不同的顾客执行不同的价位时,遭到了读者的一致反对)。但如果公司设立一个忠诚客户俱乐部(客户可以成为其中的一员),俱乐部内部的成员有资格享受更优厚的价格或服务,外部客户则没有这种特权,这种做法往往很容易让所有的顾客都能理解和接受。

最后,我们还需强调一点:利用先进技术(电子技术、互联网技术等)只是获取客户忠诚的一个方面。传统的一些留住客户的手段在今天仍然适用,如高质量的产品,周到的售前、售后服务,高素质的服务人员等,还是企业争夺客户的撒手锏。

4.3 顾客忠诚

顾客忠诚对于企业生存和发展的经济学意义是非常重要的:获得新顾客需要付出成本,特别在供过于求的市场态势下,这种成本将会越来越昂贵,但新顾客对于企业的贡献却是非常微薄的,在有些行业,新顾客在短期内甚至是无法向企业提供利润的。相比之下,老顾客(忠诚顾客)对于企业的贡献却是令人瞠目的:国外的学者对许多服务行业进行了研究,他们发现当顾客忠诚度上升 5 个百分点时,利润上升的幅度将达到25%～85%!同时,企业为老顾客提供服务的成本是逐年下降的。更为重要的是,忠诚的顾客成为"传道者",努力向其他人推荐企业的服务,并愿意为其所接受的服务支付较高的价格(溢价)。我们可以说,忠诚顾客是企业竞争力重要的决定因素,更是企业长期利润最重要的源泉。因此,维持客户忠诚便成为 CRM 的核心任务。

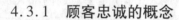

4.3.1 顾客忠诚的概念

顾客忠诚是企业赢利的源泉和成长的基石,是企业最大的无形资产,国内外研究均表明企业的大部分销售收入来自一小部分的忠诚顾客。尽管顾客忠诚的重要性已经得到了广泛的认同,但顾客忠诚的内涵是什么,怎样的顾客才是忠诚的顾客,理论界还有很多争议。

1)顾客忠诚的概念与内涵

顾客忠诚是指顾客长期锁定于你的公司,使用你的产品,并且在下一次购买同类似产品时还会选择你的公司。

根据顾客忠诚的概念,其内涵主要可以从下面两个方面来加以理解:

(1)态度取向

态度取向代表了顾客对企业产品积极取向的程度,也反映了顾客将产品推荐给其他顾客的意愿。顾客忠诚是指企业的营销行为或品牌个性与消费者的生活方式或价值观念相吻合,消费者对企业或品牌产生情感,甚至引以为荣,并将它作为自己的精神寄托,进而表现出持续购买的欲望。

(2)行为重复

行为重复是指消费者在实际购买行为上能持续购买某一企业产品的可能性,以顾客购买产品的比例、购买的顺序、购买的可能性等指标来衡量。这种持续的购买行为可能出自对企业产品的好感,也可能出自于购买冲动、企业的促销活动、顾客的购买习惯、转移成本过高、企业的市场垄断地位等与感情无关的因素。

2)顾客忠诚的类别

通过顾客忠诚的内涵我们将顾客忠诚进行分类,主要有以下类别:

(1)垄断带来的忠诚

这种顾客忠诚源于产品/服务的垄断。一些企业在行业中处于垄断的地位,在这种情况下,无论满意与否,用户别无选择,只能够长期使用这些企业的产品/服务。一个典型的例子就是城市居民们用的自来水,一旦你的家里安装上了自来水管道,你就必须使用自来水公司提供的服务,即使你对他们的服务很不满意,你也不可能放弃使用。类似的例子,如电力公司等。

(2)亲缘垄断

企业自身的雇员甚至包括雇员的亲属会义无反顾地使用该企业的产品/服务,这是一种很牢固的用户忠诚,但是很多情况下,这些用户对该产品/服务并非感到满意,甚至还会产生抱怨。他们选择该产品/服务,仅仅是因为他们属于这个企业,或是他们的亲属属于这个企业。用户的这种忠诚称为亲缘忠诚。

(3)利益忠诚

用户的这种忠诚来源于企业给予他们的额外利益,比如价格刺激、促销政策激励等。有些顾客属于价格敏感型,较低的价格对于他们有很大的诱惑力,因此在同类产品中,他们对于价格低的产品保持着一种忠诚。另外,一些企业,尤其是一些新进入市场的企业在推广产品时会突出一些优惠政策,这些政策对很多用户有着巨大的诱惑,因此在此期间这些用户往往对这种产品保持着一种忠诚。但这类顾客的忠诚是极其不稳定的:一种倾向是用户通过初期的使用慢慢对这一产品真正产生了兴趣,或是对该企业真正感到了满意,因此这种忠诚就变得更加稳定和持久;另一种倾向则是一旦产品的价格上涨或是企业的优惠政策取消后,这些用户就会离开该企业,这种忠诚也就消失了。

(4)惰性忠诚

有些顾客出于方便的考虑或是由于惰性,会长期的保持一种忠诚,这种情形在一些服务行业中尤为突出。比如,很多人会长期固定在某家超市购物,原因仅仅是因为这家超市离用户家近;一些采购人员会选择固定的供货商,原因是他们已经熟悉该供货商的订货程序,诸如此类的例子很多。我们将这种由于方便需求或是惰性而形成的忠诚称为惰性忠诚。

(5)信赖忠诚

当顾客对你的产品/服务感到满意,并逐步建立一种信赖关系后,他们往往会形成一种忠诚。这种忠诚不同于前面的几种,它是高可靠度、高持久性的。这一类型的忠诚顾客可以看成是企业的追随者和义务推销员,他们不仅仅是个人对你的产品/服务情有独钟,还会主动将他们感受到的满意告诉自己的亲朋好友,并向人们推荐使用你的产品/服务。这类顾客才是企业最为宝贵的资源,这种顾客忠诚也才正是企业最为渴求的。事实上,CRM 所要研究并帮助企业最终获得的,正是这种信赖忠诚。

(6)潜在忠诚

潜在忠诚是指顾客虽然拥有但是还没有表现出来的忠诚。通常的情况是,顾客可能很希望继续购买你的产品,或是享受你的服务,但是你们公司的一些特殊规定或是一些额外的客观因素限制了顾客的这种需求。因此,对这类顾客我们可以通过了解他们的特殊需要,对自己进行适当的调整,将这种潜在忠诚转变为其他类型的忠诚,尤其是信赖忠诚。

以上的各类忠诚,其顾客的依赖性和持久性是不同的,可以用图 4.14 表示。

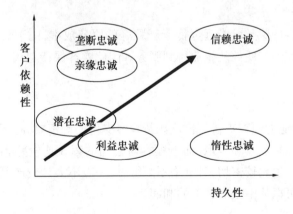

图 4.14 各种忠诚的持久性和客户依赖性

可以看到,在历经各类忠诚之后,信赖忠诚的用户依赖性和持久性是最高的,因而这是企业所最终追求的目标,也正是客户关系管理的最终目标。在这里,可以简单地认为,客户忠诚在狭义上就是信赖忠诚,它实际上是这样的一种结果:企业为客户提供便利,并由此而导致客户能在信赖的基础上保持和增加对该公司的购买行为;当客户在没有诱因也能成为公司的拥护者时,客户忠诚就产生了。正是这样,当企业察觉到客户的各种忠诚之后,应当想办法努力使顾客忠诚向着信赖忠诚的方向发展。

4.3.2 顾客忠诚给企业带来的效益

顾客忠诚给企业带来的经济效益在于它使企业获取更多的顾客生涯价值,即从顾客生命周期时间内获取更多的收入,而成本增加却很少,从而获得更多的利润。国外研究表明顾客保持率每提高 5%,顾客的净现值增加 35%~95%。顾客忠诚给企业带来的经济价值体现在以下几个方面:

1)节约争取新顾客的成本

为争取一个新顾客,企业需要给潜在的顾客进行直邮、推销或进行电话营销等努力,成本自然会增加。顾客不忠诚导致客户流失,企业就必须争取新的客户,从而增加新的成本和代价。而客户忠诚就可以在很大程度上避免这种损失。

2)产生基本利润

基本利润是指企业平均每年从每个顾客所获取的利润。顾客保持时间越长,则从该位顾客所获取的利润也就越多。反之,失去一位顾客,就意味着失去顾客的基本利润,即失去顾客的边际利润。

3)增加顾客份额,提高收入

顾客保持时间越长,顾客购买产品的数量就越多,同时顾客还会购买相关产品,增加公司其他产品的收入,为企业提供多元化发展的机会。因此顾客保持越久,企业从老顾客那里获得的收入越大,顾客对企业的价值越大。

4)节约服务成本

研究发现,老顾客的服务成本远远低于新顾客的服务成本,由于老顾客对企业的产品/服务非常了解,知道如何方便地从企业得到服务。因此顾客保持越久,企业为老顾客提供服务的成本也就越低。

5)产生溢价

研究表明许多行业老顾客支付的价值比新顾客支付的价格要高。新顾客往往需要通过促销、价格优惠等措施来吸收和争取,而老顾客对公司的程序比较熟悉、对公司的产品也比较了解,与企业的关系也比较密切,对价格不太敏感,一般不太计较产品的价格,因此老顾客容易接受溢价,企业可以从中获取更多的利润。

6)口碑推荐

忠诚的顾客经常向潜在的顾客推荐,为企业带来更多的顾客,特别是风险比较大的产品,顾客在购买之前很难评估产品的质量,这时候忠诚顾客的口碑十分重要,能起到很好的促进作用,远远胜过企业自身的广告。满意和愉悦的顾客会告诉他的朋友、邻居和亲戚,忠诚的顾客可以产生良好的口碑,带来更多的业务。因此顾客保持越久,忠诚顾客越多,通过口碑为企业推荐的新顾客就越多。

因此,顾客忠诚度越高,顾客保持得越久,企业获取的利润也就越高。

4.3.3 建立顾客忠诚度的方法

通过前面两节的介绍,已经充分认识到了客户忠诚对于企业的重要性,也对客户忠诚的概念有了一个清晰的认识,那么对于企业来说,下一步就是如何建立客户忠诚度。

1)影响客户忠诚的因素分析

(1)客户满意

客户满意是理论界较早提出来用于解释客户忠诚的一种理论,认为客户满意是客户忠诚的重要因素。客户越满意,重复购买的可能性越大。国外许多理论和实证研究都证实了客户满意与客户忠诚有正相关关系。其中最具有代表性的是前面介绍的几种客户满意度模型。该理论认为客户是否满意与对产品的期望质量和客户实际感知质量有关,客户的感知质量高于客户期望的质量,则客户满意,否则客户就会失望。顾客根据自身的要求、过去的消费经验、市场上有关产品的口碑、企业形象以及营销沟通等因素形成期望,而顾客的感知质量是顾客对产品的体验和认识,与实际的产品可能会有差异,但其基础是产品质量。然而顾客满意并不等同于顾客忠诚,国外研究也表明许多企业顾客满意度高而忠诚度却很低。这就是客户满意陷阱,企业只有解决客户满意陷阱,才能形成长期的忠诚关系。

(2)客户服务

客户服务是影响客户满意的一个重要因素,无论企业生产什么产品都需要为客户提供优质的服务,服务质量好坏直接影响到企业与客户的关系。通过客户服务发展与客户的长期关系是企业提供差异化产品的手段之一,可以有效地提高市场的竞争力。按产品整体观念,产品可分为核心产品、期望产品和扩大产品。今天,市场竞争激烈,产品同质化日益严重,企业要在核心产品和期望产品上下功夫以区别竞争对手已十分困难,而为顾客提供超越期望的服务就成为了差异化策略的重要内容。海尔为顾客提供优异的服务,塑造了海尔的差异化品牌形象,在众多国内外家电品牌中脱颖而出,取得了市场的竞争优势。服务是顾客满意和愉悦的基础,仅仅满意服务不一定忠诚,但超值的服务不仅产生满意而且产生愉悦,驱动顾客忠诚。为顾客提供优质服务的方法有:一是保修和服务保证,不仅为顾客提供了信用,而且还加强了品牌形象;二是补救服务,产品不可能100%没有问题,关键是企业在产品发生故障或服务出现问题时如何补救,服务补救对保持与顾客的长期关系十分重要。

(3)忠诚营销计划

忠诚营销计划又称常客营销计划,是20世纪90年代以来一种新的营销趋势,并得到了蓬勃的发展。忠诚营销计划通过价格优惠或其他措施以鼓励顾客进行重复购买,增加顾客从一个品牌转移到另一品牌所面临的一次性成本即转移成本,这种成本不仅包括费用成本,而且还包括心理和时间上的成本。忠诚营销计划最典型的例子就是航空公司经常采用的里程回报计划,顾客搭乘同一家航空公司的里程越多,乘客累积到规定的里程后,可得到一定的免费里程、升舱待遇、礼品等,以鼓励乘客忠诚。

（4）定制化

定制化也称为"一对一营销",指企业建立一种定制化的内部系统并根据顾客的不同需求提供不同形式的规格产品以满足他们的特定需求。定制化是一种新的营销形式,企业为顾客提供定制化的产品,以满足顾客的需要从而吸引顾客、保持顾客最终达到忠诚的目的。定制化有 4 种基本形式:

- 合作定制化。企业首先与顾客进行沟通和交流以了解他们的需求,确定什么样的产品能满足他们的需要,然后由企业与顾客联合设计,最后由企业进行定制化的生产。
- 适应定制化。企业为顾客提供标准产品,但这种标准产品由标准化的部件和零件组成,顾客可以根据自己的需要对企业产品进行组装,以符合他们的特定要求。
- 形式定制化。企业为不同的顾客提供不同形式的产品。例如,企业把产品销售给不同的销售渠道商时,根据他们的要求提供不同的包装、尺寸和其他特征。
- 透明定制化。企业为每一位顾客都提供独特的产品而并没有告诉顾客产品是特定为顾客定制的。当顾客不愿意重复他们的需要时,透明定制化效果极佳,也是非常有用的。例如,网上商城根据顾客过去的浏览和购买记录通过个性化推荐系统为顾客在页面展示和推荐不同的商品。

不同的顾客有不同的需要,对产品的具体要求不同,利益关心点也不同,这是传统营销所无法解决的。定制化让顾客感到企业关心他们,企业专门为他们开发符合他们需求的产品。定制化比传统营销方法更容易获得顾客的满意和忠诚,企业与顾客建立起的关系也更长久。

2）顾客忠诚的价值驱动模式

许多学者提出价值才是提升顾客忠诚的关键因素。国外的很多研究表明顾客忠诚是由价值驱动的,而非满意驱动,顾客满意只是该品牌的产品进入顾客下次购买的备选集合而已,但不能保证顾客的重购。顾客价值论认为每一个顾客都会有可能批评产品的价值结构,顾客在购买产品时根据顾客自认为重要的价值因素如产品的品质、价格、服务,公司的形象,对顾客的尊重等因素进行评估,然后从价值高的产品中选择购买对象,因此要使顾客忠诚必须为顾客提供满足他们需要的价值,即顾客价值是顾客忠诚的最终驱动因素,是顾客忠诚的内在原因。因为顾客在有限的产品知识、有限的搜索成本下追求顾客让渡价值最大化,企业只有提供超越顾客期望的价值,也就是说不仅满足了顾客的基本期望,也满足了顾客的潜在期望,顾客才会感到愉悦,顾客才会忠诚。顾客满意理论与顾客价值理论实际上是一致的,只是前者指顾客购买后评价的感觉,而后者指顾客购买前的评价。当然除了质量、价格外,顾客价值还应包括顾客服务、忠诚营销计划、品牌价值等驱动因素。因此,我们构造出一种客户忠诚价值驱动模型来对其进行解释,如图 4.15 所示。

从客户忠诚的价值驱动模型来看,质量认知、服务认知、价格认知、品牌认知、忠诚营销

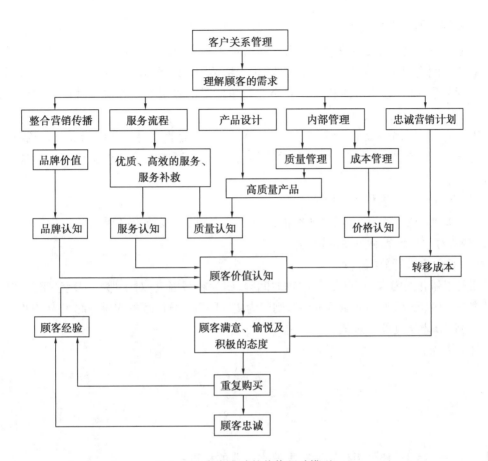

图 4.15　客户忠诚的价值驱动模型

计划等因素都是影响顾客价值的主要因素。质量认知是顾客对产品或服务质量的认可程度,许多研究表明质量与顾客忠诚有着正相关关系,尽管质量不是保留顾客的唯一因素,但肯定是提升顾客忠诚的重要因素。提高产品质量要根据顾客的需求来设计,不仅满足顾客的基本期望,而且还要满足顾客的潜在期望,并在生产过程中严加控制,以保证生产出来的产品符合设计要求。同时还要为顾客提供优质、高效的服务,以保证顾客的质量认知。价格不仅仅指购买成本,还包括使用成本,因此企业不仅要降低生产成本,而且还要提高服务效率,降低服务成本。随着市场竞争的不断加剧,产品同质化日益严重,企业与企业之间的产品差异和成本差异难度越来越大,因此服务和品牌就成了提高顾客价值的重要手段。企业要合理设计顾客服务流程,保证服务质量和服务效率,充分提升顾客价值。品牌对顾客而言是有价值的,特别是对那些包装消费品以及代表身份的时尚产品,一个知名度高、美誉度好的品牌是顾客价值的主要来源。整合营销传播是传播品牌价值,提高顾客对品牌认知的有效工具。构筑转移成本是企业为提高顾客忠诚常用的营销策略,忠诚营销计划可以提高顾客的转移成本,有效地促进顾客的重复购买。所有这些顾客忠诚的价值驱动因素都是在正确理解顾客需求的基础上才能实现的,因此客户关系管理(CRM)是顾客忠诚管理的重要策略思想和方法。

3）顾客忠诚度的评价方法

顾客忠诚只是一个定性的指标，因此就出现了顾客忠诚度的概念。顾客忠诚度是指顾客在单位时间内对于企业产品、服务和品牌的"粘贴"程度，具体表现在产品/服务使用频率、顾客推荐数量、推荐顾客价值和"抵御"企业竞争对手的吸引等。顾客忠诚度往往可以根据企业的实际情况进行量化的评估。

因此对顾客忠诚度的评价可以从两个方面入手，一是客观可量化的指标，这里我们采用顾客对该企业的消费额占其消费总额的比例；另一个是顾客的主观忠诚度指标。具体可采用如下步骤：

（1）明确影响因素和评价指标

首先要明确哪些因素真正对顾客的忠诚度有影响，可以作为必要的评价指标。这一步至关重要，对评价结果有重要的影响。

（2）对因素进行分类

将可以量化的因素，如购买量、购物时间等，归为客观因素；对于那些主观性很强的因素，如顾客对价格、服务、产品质量等的要求则归为主观因素。这两者的权重加起来为100%。

（3）计算忠诚度的客观值

计算方法：

$$S_i = \frac{S_i'}{S_{i0}} \tag{4.8}$$

$$I = \frac{\sum S_i}{N} \tag{4.9}$$

式中　S_i'——第 i 种评价指标顾客分配给本企业的权重；

S_{i0}——第 i 种评价指标顾客消费的总权重；

S_i——第 i 种评价指标所占的比重，$0<S_i<1$；

N——评价指标的数目；

I——忠诚度的客观值。

（4）计算忠诚度的主观值

这一步主要通过调查问卷来进行。运用主成分分析对主观值进行分析，具体过程如下，假设顾客忠诚度的主观影响因素从以下权益来考虑：

- 价格，顾客对产品/服务的价格要求；
- 质量，顾客对产品/服务的质量要求；
- 服务，顾客对产品/服务的服务要求。

而每种权益下又有许多具体属性。如图4.16所示评价体系。

我们可以利用统计软件进行主成分分析，得出属性层次上的各因素对顾客忠诚度的权重大小 C_i，然后由各因素的标准化值和对应权重进行加权平均，得出顾客忠诚度。

各因素的标准化值由下面公式确定：

$$DC_i = \frac{X_i}{X_{max}} \times 100 \tag{4.10}$$

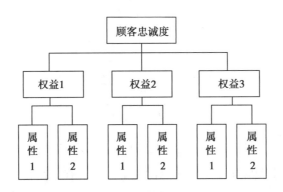

图 4.16　忠诚度测评体系

式中　X_i——属性中因素 C_i 中各种情况的实际值；

$\quad\quad\ X_{\max}$——因素 C_i 中各种情况实际值中最大值；

$\quad\quad\ DC_i$——各权益中因素 C_i 的标准化值。

这样，顾客忠诚度的主观值就由下列公式确认：

$$M = \sum_{i=1}^{n} DC_i \times C_i \qquad\qquad (4.11)$$

从而可以确定：

$$顾客忠诚度的评价值 = xM + (1-x)I \qquad\qquad (4.12)$$

式中　x——主观因素所占比重；

$\quad\quad\ I$——忠诚度的客观值；

$\quad\quad\ M$——忠诚度的主观值。

4.3.4　顾客满意陷阱与顾客忠诚

从前面的分析中，已经发现顾客满意度对于一个企业是多么重要。虽然顾客满意是促成顾客忠诚的重要因素，但是顾客对企业表示满意和对之保持忠诚没有必然的联系。因此在赢得顾客满意之后，企业最重要的就是要将这种满意转化为顾客忠诚。

1）顾客满意陷阱的含义

顾客满意是实现顾客忠诚的有效途径，从理论上讲，只有满意的顾客才忠诚于企业，但顾客满意不等于顾客忠诚。即使你的顾客对你很满意，他仍然可能离开你。宣称满意或很满意的顾客大量流失现象在各个行业均屡见不鲜，据美国 BAIN 公司的一项调查显示，宣称满意或很满意的顾客，却会有 65% ~ 85% 转向购买其他公司的产品，在汽车行业甚至高达 85% ~ 95%。在当今的市场环境中，激烈的竞争使得每一位用户都有了广泛的选择空间，仅仅实现了顾客满意根本无法维系顾客的忠诚，即：顾客满意 ≠ 重复购买行为，顾客满意 ≠ 顾客忠诚，这就是顾客满意陷阱。

2）顾客满意陷阱的成因

（1）基于顾客感知理论的顾客满意陷阱的产生

顾客满意度和顾客忠诚之间通常存在着如图 4.17 所示的关系：

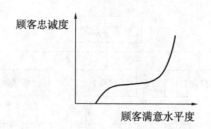

图 4.17　顾客满意度与顾客忠诚度关系曲线

从图 4.17 可以看出顾客满意与顾客忠诚关系曲线上有一段较为平缓,即顾客满意水平的提高并没有使忠诚度得到相应的提高,直到顾客满意持续了较长的时间后,顾客的满意度和顾客的忠诚度才呈现出近似线性的特征,即顾客忠诚度会随着顾客满意水平的提高而迅速形成。顾客感知理论认为前一阶段顾客的感知为基本满意,而后一阶段顾客的感知为超级满意(也称完全满意),只有超级满意才会产生顾客忠诚;如果顾客不能持续地感觉满意,他就会发生购买转移,这就形成了顾客满意陷阱。也就是说只有持续的顾客满意才能形成超级满意,才等于顾客忠诚。

(2)基于双因素理论的顾客满意陷阱的产生

根据双因素理论,顾客的期望由基本期望和潜在期望两部分组成,因此顾客满意存在两种类型:基本期望得到满足而导致的满意和潜在期望得到满足而导致的满意。基本期望是指顾客认为理应从产品和服务中得到的基本需要,属于保健因素,得不到满足就会产生不满意,而得到了满足也不会产生超级的满意;潜在期望是指超出基本期望的顾客并未意识而又确实存在的需要,属于激励因素,得不到满足也不会产生不满意,而得到了满足就会产生超级满意,经多次购买,多次感到愉悦之后,逐步形成顾客忠诚。那些感到满意却流失的顾客很可能只是对基本期望的满意,并没有在潜在期望上感到满意,这就是顾客满意陷阱的成因。这种理论其实与卡诺顾客满意度模型是一致的。

从图 4.18 可以看到,基本期望的满意水平对顾客忠诚是边际递减的,再怎么满意,其忠诚度也只是在平均忠诚度之下;而潜在期望的满意水平对顾客忠诚的边际效用是递增的,很容易形成明显的顾客忠诚。只有在满足了顾客基本期望的基础上,再关注顾客潜在期望的满足才能解决顾客满意陷阱的问题。

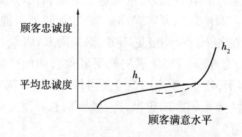

图 4.18　两种期望的满意水平与顾客忠诚关系图

(h_1:基本期望满意水平与顾客忠诚度的关系曲线;h_2:潜在期望满意水平与顾客忠诚度的关系曲线。)

（3）基于竞争的顾客满意陷阱的产生

从双因素理论的角度分析顾客忠诚问题给我们提供了一种新的思路，这种理论提出要识别顾客关系生命周期的不同阶段里顾客不断升级的潜在期望，并进行满足，这样才能解决顾客满意陷阱问题，并维系长期的顾客忠诚，这给顾客数据挖掘提供了理论依据。但是，这种理论在构建顾客满意陷阱的解决方法时，仅仅是从自己企业出发，并没有考虑到竞争因素，而我们的企业是处在一个充满竞争的环境中的，你不仅要使顾客的期望得到满足，而且要比竞争者更令顾客满意你才能留住顾客，不然就会出现另一个顾客满意陷阱。

不管是基本满意，还是完全满意，实际上它都是顾客依比较而言的。由于顾客对产品或服务价值的感知根本就不能量化，它是通过不同品牌产品之间的比较而形成认识的，因此顾客满意也是在不同品牌产品之间经比较而形成的。为什么对企业满意的顾客还会离企业而去，因为他找到了令他更满意的企业。因此所谓企业和顾客通过互动"成为一家人"只是一种理想状态，仅从自己的角度出发去考虑与顾客维持关系只不过是一厢情愿而已。市场是有竞争的，你可以拉拢顾客，竞争者同样可以，谁能给顾客提供更大的利益，忠诚就是属于他的。正如一句老话"没有永远的朋友，也没有永远的敌人。"顾客今天是你的朋友，明天就有可能成为敌人的朋友。不要埋怨顾客不讲信义，在市场上给顾客提供最大的利益才是真正的信义。当然，今天顾客需求的利益已经不再仅限于价格的单一因素（即金钱利益），他会在更多的因素上提出要求（即综合利益）。这种综合利益可以归纳为顾客让渡价值最大化。因此企业必须站在竞争的层面上，从顾客让渡价值最大化的方向去解决顾客满意陷阱，维系顾客忠诚度。而一般的顾客关系管理都只站在企业自身的角度谈顾客关系的维系，显然是不切实际的。

3）顾客满意陷阱的解决方式

（1）比竞争者提供更大的顾客让渡价值

菲利普·科特勒（1999）把顾客让渡价值定义为总顾客价值与总顾客成本之差。其中，总顾客价值就是顾客期望从某一特定产品或服务中获得的一组利益，而总顾客成本是顾客在评估、购买和使用该产品或服务时所预期的费用。用公式表示如下：

$$CDV = f(TR) - f(TC) \tag{4.13}$$

$$f(TR) = f(X_1, X_2, X_3, X_4) \tag{4.14}$$

$$f(TC) = f(Y_1, Y_2, Y_3, Y_4) \tag{4.15}$$

$f(TR)$ 是总顾客价值，决定它的因素有产品价值（X_1）、服务价值（X_2）、人员价值（X_3）和形象价值（X_4），这些因素构成 CDV 的加项；$f(TC)$ 是总顾客成本，影响它的因素有货币价格（Y_1）、时间成本（Y_2）、体力成本（Y_3）和精神成本（Y_4），这些因素构成 CDV 的减项。

一般地，顾客会选择购买那些提供最大顾客让渡价值的企业的产品或服务。沃尔玛的顾客忠诚是因为它提供了更大的顾客让渡价值；可口可乐的顾客忠诚也是因为它提供了更大的顾客让渡价值。他们不仅是令顾客满意，而且是比竞争对手更令顾客满意。顾客让渡价值最大化可从两个方面来实现：

● 提高总顾客价值。企业可向顾客提供优秀品质、适需性能的产品，甚至于满足个性化的需求，使顾客充分认可企业产品或服务的价值；通过充满人情味的情感沟通和个性化服务,使顾客倍感企业服务价值的存在;通过增强员工素质,使顾客增强对企业产品或服务质量的信心;通过建设具有良好社会形象和较高知名度的品牌将使顾客享受到名牌带来的利益,好的品牌形象可带给顾客荣誉、地位与愉悦。

- 降低总顾客成本。企业可运用现代生产技术和管理技术,提高制造效率,降低产品成本,让顾客享受到物美价廉的实惠,就像是沃尔玛的天天平价一样;可通过降低顾客的试用成本,加强信息传播和售后服务,建设品牌形象,拓宽分销网络,降低顾客在决策、购买和使用产品过程中感知的精力成本、时间成本和体力成本。

(2)提高顾客转移成本,以锁定顾客忠诚

作为顾客从一种品牌向另一种品牌转移所付出的成本,顾客转移成本是一个复杂变量,它大致包含4个方面的内容:

- 沉淀成本。指在第一阶段交易活动中所发生的不可回收的成本,它只有在交易关系继续的情况下才有价值,如果发生转移,它就会失去它的价值,如专用性学习成本和专用性固定投资。例如,购买电信单卡定制手机的顾客要转移到中国移动时,这个手机就成了沉淀成本。

- 交易成本。指寻找新的交易者进行新交易所需付出的成本。它包括搜索新对象所付出的时间、精力、体力和金钱成本,以及保证交易落实(结束旧交易、组织新交易)的种种费用。

- 转移的折扣损失与合同损失。指预期收益的损失(原有商家提供的折扣利益)或预期损失的发生(合同违约罚金)。

- 心理成本。指情感因素导致的成本感受。如改变习惯与偏好的情感成本,对选择新品牌所带来的未知风险的感知等。

在基于竞争的客户关系管理中,顾客转移成本成为顾客让渡价值的构成内容,因为如果顾客不转移,这种成本将构成原厂商的总顾客价值;如果顾客要转移,它将构成新厂商的总顾客成本。对于解决顾客满意陷阱,除了提供传统意义上的顾客让渡价值外,还可以通过提高顾客转移成本来锁定顾客。例如,可诱导顾客增加耐用资本投入,签订利益互利下的长期合同锁定顾客;可通过优惠卡、积分卡等稳住顾客;可通过一定的关系营销方式,如会员俱乐部、合作伙伴关系等,来增强顾客与企业之间的情感;可通过增加产品技术含量来增加顾客的学习成本、交易成本,提高顾客转移的障碍,最终维系顾客的长期忠诚。

当顾客转移后获得的顾客让渡价值差额大于顾客转移成本,顾客可能会考虑转移;而新厂商要抢顾客,就必须让渡更多的顾客价值,它要么提高总顾客价值,要么降低总顾客成本。而顾客转移成本越大,新厂商要介入的难度就越大,阻止竞争者进入的目的便可达到。

4.4 客户抱怨与客户投诉

培养客户忠诚度是现代企业维持客户关系的重要手段,对于客户的抱怨与投诉,应采取积极的态度来处理。对于企业服务、产品或者沟通等原因所带来的抱怨和投诉进行及时补救和处理,能够在一定程度上挽回客户,帮助企业重新建立信誉,提高客户满意度,维持客户的忠诚度。

4.4.1 客户抱怨

1) 客户抱怨的内涵

(1) 客户抱怨的概念

客户抱怨是指客户对产品或服务的不满和责难。客户的抱怨行为是由对产品或服务的不满意而引起的,所以抱怨是不满意的具体行为反应。客户对产品或服务的抱怨即意味着经营者提供的产品或服务没有达到客户的期望,没有满足客户的需求。但相反,也表示客户仍旧对经营者有所期待,希望他能改善服务水平或产品质量。

(2) 客户抱怨的类型

客户抱怨可分为私人行为和公开行为。私人行为包括回避重新购买或不再购买该品牌、不再光顾该商店、诉说该品牌或该商店的坏话等;公开的行为包括向商店或制造企业、政府有关机构投诉,要求赔偿。

(3) 处理客户抱怨对于企业的意义

过去,在经营者的观念中客户一抱怨,经营者总认为客户在找麻烦,只认识到客户抱怨给经营者带来的负面影响。其实这种观念是偏颇的。从某种角度来看,客户的抱怨实际上是企业改进工作、提高客户满意度的机会。

①提高企业美誉度。客户抱怨发生后,尤其是公开的抱怨行为,企业的知名度会大大提高,企业的社会影响的广度、深度也不同程度地扩散。但不同的处理方式,直接影响着企业的形象和美誉度的发展趋势。在积极的引导下,企业美誉度往往经过一段时间下降后反而能得到提升,有的甚至直线上升;而消极的态度,听之任之,予以隐瞒,与公众不合作,企业形象美誉度就会急速下降。

②提高客户忠诚度。研究发现,提出抱怨的客户,若问题获得圆满解决,其忠诚度会比从来没遇到问题的客户更高。美国一家著名的消费者调查企业 TRAP 公司曾进行过一次"在美国的消费者抱怨处理"的调查,对调查结果进行了统计分析,结果表明,对于所购买的产品或服务持不满态度的客户,虽提出抱怨但是对经营者处理抱怨的结果感到满意的客户,其忠诚度要比那些感到不满意却未采取任何行动的人高得多。另有研究表明,一个客户的抱怨代表着另外 25 个没说出口的客户的心声。许多客户认为与其抱怨,不如取消或减少与经营者的交易量,这更显妥善解决客户抱怨的重要意义。只有尽量化解客户的抱怨,企业才能维持乃至增加客户的忠诚度,保持和提高客户的满意度。

③客户抱怨是企业的"治病良药"。客户的不满是企业改善服务的基础,企业成功需要客户的抱怨。客户抱怨表面上是给企业经营者找麻烦,但实际上是给企业的经营敲响警钟,说明企业的工作存在隐患,解除隐患企业便能赢得更多的客户,同时保留下忠诚的客户。这些客户是企业的亲密朋友,他们会对企业进行善意的监视、批评、表扬,并表现出对企业的极大关注。

2) 客户抱怨的处理及应对策略

(1) 客户抱怨的处理策略

①制定以客户为中心的抱怨处理政策。许多企业制定政策和制度的前提是如何让企

业运作得更顺利更有效,这是把企业内部体系放在优先位置来考虑,例如,专为客户而设的服务窗口开放的时间并不能给客户带来方便。以企业为中心的政策,无疑为客户流失和客户抱怨提供了滋生的土壤。因此,企业制定客户服务政策时,首先应考虑客户是否愿意并且便于接受。企业应充分考虑客户的利益,征求客户的意见,制定出客户乐于配合的管理政策。

②企业内部协调,执行统一的客户政策。很多客户都有这样的经历,最初向客户提供服务的明明是某一个部门,最后却像踢皮球似的被推到另一部门去了。这种情况往往发生在汽车经销商的维修部、医院以及帮客户运筹资金以便进行大宗采购的企业。这些企业最初向客户提供的服务可能个人针对性很强,但是一旦到了另一个部门,就很快变得不明确了,服务质量自然大打折扣。如果企业能够协调好处理客户抱怨的各个部门的职能范围,高效地处理抱怨,那么客户和企业都会成为赢家。

③授权一线员工。授权意味着一线员工不用去重复老一套的接待词,而可以根据情景和客户的不同灵活地为客户提供得体服务;授权也意味着一线员工可以立即处理客户的投诉或抱怨,而不会因为处理程序复杂导致矛盾激化;授权还可以充分发挥员工的创造性、积极性和主动性,提高客户服务质量。因此管理者应适当地授权一线员工,充分发挥他们的潜能去为客户服务。

④表彰和奖励受理客户抱怨最佳的员工。企业应建立相应的表彰机制和员工自主机制,鼓励员工积极处理客户抱怨,并对优秀的员工进行奖励,使员工能够积极有效地处理客户抱怨,为建立高效的解决客户抱怨体系打下基础。

⑤从一线员工了解客户抱怨。通常一线员工能最先接触到客户,也能最先接触到客户的抱怨。如果管理层要了解客户的抱怨,不妨深入员工基层去了解。美国著名沃尔玛超市前总裁山姆说:"我们最好的点子往往来源于送货员和库存员。"从一线员工处了解客户抱怨,企业会及时改进服务,提高客户满意度。

(2)客户抱怨的应对策略

①以良好的态度应对客户的抱怨。处理客户抱怨要有良好的态度,保持良好的态度是处理客户抱怨的前提。要保持良好的态度,要求企业员工不但要有坚强的意志还要有牺牲自我的精神,只有这样,才能更好地平息客户的抱怨。

②了解客户抱怨的背后希望。应对客户抱怨,首先要做的是了解客户抱怨背后的希望是什么,这样有助于按照客户的希望处理,这是解决客户抱怨的根本。例如,从表面上看,客户向保险代理人抱怨他们打电话要求保险公司处理一个简单的问题等了好几天都没有回复,但其实从深层次看,客户是在警告代理人,保单到期后,他们会找另一家保险公司去续保。令人遗憾的是许多企业只听到了表面的抱怨,结果因对客户的不满处理不当,白白流失了大量的客户。

③用行动化解客户的抱怨情绪。客户抱怨的目的主要是让员工用实际行动来解决问题,而不是口头上的承诺,如果客户知道你会有所行动自然会打消后续合作的顾虑。在行动时务必及时,一来可以让客户感受到尊重,二来表示经营者解决问题的诚意,三来可以防止客户的负面宣传对企业造成重大损失。

（3）让抱怨的客户感到惊喜

客户抱怨是因为经营者提供的产品或服务未能满足客户的需求，认为他们利益受损。因此，客户抱怨之后，往往会希望得到补偿。即使企业给了他们一点补偿，他们也往往会认为这是他们应当得到的，不会感激企业。而这时如果客户得到的补偿超出了他们的期望值，客户的忠诚度往往会有大幅度提高，并且他们也会向亲朋好友传颂此事，企业的美誉度会随之上升。

3）服务补救管理

（1）服务补救与服务补救管理

服务补救概念最早是由哈特等人于 1990 年提出的。Tax 和 Brown 认为服务补救是一种管理过程，首先要发现服务失误，分析失误原因，然后在定量分析的基础上，对服务失误进行评估并采取恰当的管理措施予以解决。

所谓服务补救，是指企业对客户提供服务出现失败和错误的情况下，对客户的不满和抱怨当即做出的补救性反应。其目的是通过这种反应，重新建立客户满意和忠诚。可以看出，服务补救是一种反应，是企业在出现服务失误时，对客户的不满和抱怨所做出的反应。

在提供服务的过程中，即使最优秀的企业也不可避免出现服务的失败和错误。这是因为一方面服务具有差异性，即服务产品的构成成分及其质量水平经常变化，很难界定；另一方面服务具有不可分离性，即生产服务的过程就是消费服务的过程，客户只有加入到生产服务的过程中才能最终消费服务。此外，有的服务失败和错误，是由企业自身问题造成的，如由于员工的工作疏忽将一间空房同时租给两位客户。有的服务失误，则是由不可控因素或客户自身因素造成的，如飞机因天气恶劣而晚点或寄信人将地址写错而导致的投递错误，则是不可避免的。

对于企业来说，为客户提供完美服务是一种最理想的状态，但即使是最优秀的企业，也不可能百分之百地避免失误。失误发生后，如果客户向企业提出抱怨，那么企业对客户抱怨的处理过程将变为维系客户关系的关键，这个处理过程通常被称为服务补救管理。

如果服务补救失误，不满意的客户不仅不再光顾该企业，还会向自己的亲朋好友表达内心的不满，企业会由于负面影响而失去更多的潜在客户。相反，如果企业采取积极正确的方法应对服务失败，不仅能挽救当前的失误，还会使客户重建信心，增强客户的满意度和忠诚度，维持客户与企业的长久关系。

（2）服务补救管理与客户抱怨管理的区别

服务补救管理与客户抱怨管理的区别体现在以下几个方面。

①服务补救管理具有实时性特点。客户抱怨管理必须等到一个服务过程结束之后，而服务补救管理必须在服务失误出现的现场。如果等到一个服务过程结束，那么，服务补救管理的成本就会急剧上升，补救的效果也会大打折扣。

②服务补救管理具有主动性特点。客户抱怨管理的一个显著特点就是只有当客户进行抱怨时，企业才会采取相应的措施安抚客户，使客户满意地离去。客户抱怨管理"不抱怨不处理"的原则，将严重影响客户感知服务质量和客户满意，从而影响客户忠诚，使企业在竞争中处于不利的地位。但服务补救管理则不同，它要求服务提供者主动地去发现服务失误并

及时地采取措施解决失误,这种前瞻性的管理模式,无疑更有利于提高客户满意和忠诚的水平。

③服务补救管理是一种全过程、全员性质的管理工作。客户抱怨管理是由专门的部门进行的、阶段性的管理工作。服务补救管理则具有鲜明的现场性,服务企业授权一线员工在服务失误发生的现场及时采取补救措施,而不是等专门的人员来处理客户的抱怨。

（3）服务补救管理策略

进行服务补救管理通常可以实施以下几项策略。

①跟踪并预期补救良机。企业需要建立一个跟踪并识别服务失误的系统,使其成为挽救和保持客户与企业关系的良机。有效的服务补救策略需要企业通过听取客户意见来确定企业服务失误之所在,即不仅被动地听取客户的抱怨,还要主动地查找那些潜在的服务失误。

②重视客户问题。有效的补救措施应是企业一线服务员工能主动出现在现场,承认问题所在,向客户解释或道歉,并将问题当面解决。解决的办法很多,可以退款,也可以升级服务,如零售业在规定期限内无条件退货。

③尽快解决问题。一旦发现服务失误,服务人员必须在失误发生的同时迅速解决失误。否则,没有及时妥善解决的服务失误将会很快扩大升级。例如,某航班因天气恶劣而推迟降落时,服务人员应预见到乘客们会感到饥饿,特别是儿童,因为饥饿,哭喊的儿童会使情况变得更糟。

④对员工适当授权。一线员工需要具有服务补救的技巧、权力和随机应变的能力。有效的服务补救技巧包括认真倾听客户抱怨、确定解决方案、灵活变通。员工必须被授予使用补救技巧的权力,在一定的允许范围内,用于解决各种意外情况。

⑤从补救中汲取经验教训。通过对服务补救整个过程的跟踪,管理者可以发现服务系统中一系列亟待解决的问题,并及时修正服务系统中的某些环节,进而减少客户抱怨,使服务补救现象不再发生。

4.4.2　客户投诉

客户投诉几乎是每一个企业都会遇到的问题,这是客户对企业产品或服务表达不满的一种方式,也是企业有价值的信息来源,因为投诉可以为企业发掘并创造市场机会。企业可以利用处理客户投诉的时机赢得客户的信任,把客户的不满转化为满意,锁定客户对企业产品或服务的忠诚,从而获得竞争优势。

1）客户投诉概述

（1）客户投诉的概念

客户投诉是指客户对企业的产品或服务不满意而提出的书面或口头上的异议、抗议、索赔和要求解决问题等行为,是客户在购买中感知的不满意而引发的抱怨。

从内容上,客户投诉分为狭义和广义两种。从狭义上讲,客户投诉指受到损害方找到第三方进行倾诉、控告的行为。从广义上讲,客户投诉是指当客户购买产品时,对产品本身和企业的服务都抱有良好的愿望和期盼值,如果这些愿望和要求得不到满足,就会失去心理平衡,由此产生的抱怨或申诉行为。

美国商人马歇尔·费尔德认为:"那些购买我产品的人是我的支持者;那些夸奖我的人使我高兴;那些向我抱怨、投诉的人是我的老师,他们纠正我的错误,让我天天进步;只有那些一走了之的人是伤我最深的人,他们不愿给我一丝机会。"可见,投诉虽然不可避免,但没有投诉,企业就像失去了导师,得不到及时纠偏,也就不能天天进步。投诉的价值主要表现在:客户投诉是企业有价值且免费的信息来源;客户投诉可使企业及时发现并修正产品或服务中的失误,开创新的商机;客户投诉可以帮助企业建立和巩固自身的形象。

(2)客户投诉的原因

客户投诉的原因主要集中于产品或服务本身。

①客户对商品本身不满意。客户对产品质量、产品价格、产品计量方面的抱怨是产生投诉的重要原因。完美的商品=好商品+好服务。100件商品中只要有1件有瑕疵,对商家来说只是1%的过失,对客户来说却是100%的不满意。

②客户对服务质量不满意。服务标准低、服务人员态度不好是导致投诉的主要原因。美国管理协会(AMA)所做的一项调查显示,68%的企业失去客户的原因是服务态度不好。商品是死的,只有在商品中附加人的情感,才能使商品鲜活起来。交易表面上是物与物的交换,但实质上是人与人情感的交流和沟通。

(3)客户投诉的类型

按照被投诉的严重程度,客户投诉可分为一般投诉和严重投诉。

①一般投诉,是指投诉的内容、性质比较轻微,没有对投诉人造成大的损害或负面影响不大的投诉。

②严重投诉,是指投诉涉及的问题比较严重,对投诉人造成了较大的物质上或精神上的伤害,引起投诉人的愤怒而做出不利企业的言行。

一般投诉如果处理不当,则可能演变为严重投诉;相反,如果严重投诉处理得比较有技巧,也可以将其转化为一般投诉。

按照投诉内容,客户投诉可分为产品质量投诉、服务投诉、价格投诉和诚信投诉。

①产品质量投诉,是指投诉人对产品的质量、性能、安全等方面不满意而提出的投诉。

②服务投诉,是指投诉人对企业提供的售后服务或是销售人员的服务方式、态度等方面不满意而提出的投诉。

③价格投诉,是指投诉人认为他所购的产品或服务价格过高或者物非所值而产生的投诉。

④诚信投诉,是指投诉人因购买产品或服务后,发现其使用价值或感受到的服务并非如售前或售中所宣传、承诺的那样而产生的投诉。

按照投诉行为,客户投诉可分为消极抱怨型、负面宣传型、愤怒发泄型和极端激进型。

①消极抱怨型投诉,表现为投诉人不停地抱怨、数落各方面对经营者的不满意,投诉的重心在表达不满意。

②负面宣传型投诉,表现为投诉人在公共场合或在除企业外其他人面前负面评论企业产品或服务等,其投诉的重心在"广而告知"企业的缺陷或不足。

③愤怒发泄型投诉，表现为投诉人情绪激动或失控，投诉的重心在以愤怒、敌对的方式宣泄自己的不满意。

④极端激进型投诉，表现为投诉人以极端的方式与企业发生口角或做出一些过激的行为，不达目的决不罢休，这类投诉一般称为客户冲突。

按照投诉性质，客户投诉可分为建议性、批评性和控告性投诉。

①建议性投诉，是指投诉人一般不是在心情不佳的情况下投诉的，恰恰相反，这种投诉很可能是随着对商家的赞誉而发生的，即"尽管现在这样也不错，但如果那样做就会更好"。

②批评性投诉，是指投诉人心怀不满，但情绪相对平静，只是把这种不满告诉对方，不一定要对方做出什么承诺。

③控告性投诉，是指投诉人已被激怒，情绪激动、要求投诉对象做出某种承诺。

（4）客户投诉对企业的意义

面对投诉，企业应该积极处理，只有这样才不会流失更多的客户。一定条件下，客户投诉对企业是非常有价值的，因为企业可以通过客户投诉及时发现产品或服务的不足和失误；同时可以使企业获得再次赢得客户的机会，也会让企业树立自己良好的形象。

①阻止客户流失。现代市场竞争实质是一场争夺客户资源的竞争，但由于各种原因，企业提供的产品或服务会不可避免地低于客户期望，造成客户不满意。向企业投诉的客户一方面要寻求公平的解决方案，另一方面说明他们并没有对企业绝望，希望再给企业一次机会。美国运通公司的一位前执行总裁认为，"一位不满意的客户是一次机遇"。有研究发现，50%～70%的投诉客户，如果投诉得到解决，他们还会再次与企业发生交易，如果投诉得到快速解决，这一比重会上升到92%。因此，客户投诉为企业提供了恢复客户满意的最直接的补救机会，鼓励不满客户投诉并妥善处理，能够阻止客户流失。

②减少负面影响。不满意的客户不但会终止购买企业的产品或服务，转向企业的竞争对手，而且还会向他人诉说自己的不满，给企业带来不利的口碑传播。据研究发现，一个不满意的客户会把他们的经历告诉其他至少9名客户，其中13%的不满客户会告诉另外至少20人。许多投诉案例也表明，客户投诉如果能够得到迅速、圆满的解决，客户的满意度就会大幅度提高，客户大都会比失误发生之前具有更高的忠诚度。

③免费的市场信息。投诉是联系客户和企业的一条纽带，它能为企业提供许多有益的信息。研究表明，大量的工业品的新产品创意来源于客户需要，客户投诉一方面有利于纠正企业营销过程中的问题与失误，另一方面可能反映企业产品和服务所不能满足的客户需要。企业仔细研究这些客户需要，可以帮助其开拓新市场。从这个意义上，客户投诉实际上是常常被企业忽视的一个非常有价值且免费的市场研究信息来源，客户的投诉往往比客户的赞美对企业的帮助更大，因为投诉表明企业还能够比现在做得更好。

④预警危机。据研究表明，客户在每4次购买中会有1次不满意，而只有5%以下的不满意客户会投诉。如果将企业不满的客户比喻为一座冰山的话，投诉的客户则仅是冰山一角。企业要珍惜客户的投诉，正是这些线索为企业发现自身问题提供了可能。很多企业正是从投诉中提前发现了问题，然后进行改善，从而避免了更大的危机。

2）**客户投诉管理**

客户投诉管理的核心工作是如何处理好客户投诉,提高客户满意度,降低客户流失率。从客户投诉的预防、受理到处理,是企业挽留老客户的经营过程,再通过投诉信息分析挖掘出潜在的商机,寻找市场新的卖点,客户投诉将成为企业潜在的利润中心。

（1）客户投诉管理的内容

客户投诉管理的内容主要包括投诉预防、投诉受理、投诉处理及投诉分析。

①投诉预防。投诉预防是客户投诉管理的重要环节。投诉的问题越严重,挽救的成本越大,机会失去的概率也越大。抱怨是客户不满的信号,投诉预防应从识别并处理好客户抱怨做起。

②投诉受理。投诉受理是一个准确识别客户和准确识别需求的过程。企业要有客户联络中心,建立顺畅的客户投诉渠道,并有规范的处理流程,将客户的投诉信息完整地收集,让最合适的部门处理客户投诉,以提高客户满意度,降低客户流失率。

③投诉处理。投诉处理也是投诉管理的核心。投诉处理可以减少客户流失并挽救那些濒临破裂的客户关系。在对投诉进行处理的时候,处理调查、分析原因和寻求对策环节必须依靠不同部门的协作解决客户问题。在投诉处理中要注重时效性,保证处理过程高效和企业信誉的建立。同时要建立投诉回访制度,监督和追踪投诉处理效果。

④投诉分析。投诉分析的目的是从众多投诉中,发现有规律性的问题或有价值的信息,挖掘客户的潜在需求,从投诉中寻找市场商机,让客户投诉创造利润。

（2）处理客户投诉的基本原则

在处理各种客户投诉时,要遵循客户投诉处理的基本原则,给客户投诉的问题一个圆满的结果。企业人员在处理客户投诉时,一般遵循 3W、4R、8F 原则。

①3W 原则。3W 原则是指在客户投诉中,企业人员需要尽快知道的 3 件事,即我们知道了什么——What did we know;我们什么时候知道——When did we know about it;我们对此做了什么——What did we do about it。寻求这些问题的答案和做出反应间隔的时间,将决定这个反应是成功还是失败。

②4R 原则。4R 原则是指对待投诉客户的 4 种态度:即遗憾——regret;改错——reform;赔偿——restitution;纠正——recovery。与投诉客户打交道,企业人员要表达遗憾,保证解决措施到位,防止未来相同事情发生,并提供赔偿,直到解决投诉。

③8F 原则。8F 原则是指与投诉的客户进行沟通时应该遵循的八大原则,即事实——factual,向客户承认事实真相;第一——first,率先对问题做出反应;迅速——fast,处理投诉时要果断迅速;坦率——frank,不要躲闪要坦诚;感觉——feeling,与客户分享你的感受;论坛——forum,与客户企业内部建立信息传递渠道;灵活性——flexibility,对外沟通的内容应关注事态的变化;反馈——feedback,对外界的变化做出及时的反馈。

（3）客户投诉的处理流程

客户投诉一般按照以下流程进行处理。

第一,记录客户投诉内容。利用客户投诉的模块详细记录客户投诉的内容,如投诉人、投诉时间、投诉对象、投诉的要求等。

第二,判断客户投诉是否成立。了解客户投诉的内容后,要判断客户投诉的理由是否充分,投诉要求是否合理。如果投诉不成立,可以用委婉的方式答复客户,取得客户的谅解,消除误会。

第三,确定投诉处理部门。根据客户投诉的内容,确定相关的具体受理部门和受理负责人。

第四,投诉处理部门分析原因。要查明客户投诉的具体原因及造成客户投诉的具体责任人。

第五,提出处理意见和方案。根据实际情况,参照客户的要求,提出解决投诉的具体方案,如退货、换货、维修、赔偿等。

第六,提交主管领导批示。对于客户投诉问题,领导应予以高度重视,主管领导应对投诉的处理方案一一过目,及时作出批示。

第七,实施处理方案。及时实施处理方案,对直接责任人应处理得当,通知客户,并尽快地收集客户的反馈意见。

第八,总结评价。对客户投诉处理过程进行总结和评价,吸取经验教训,提出改善对策,不断完善企业经营管理和业务运作流程,提高客户服务质量和水平,降低投诉率。

3)客户投诉处理策略

沟通是人们分享信息、思想和情感的过程,也是解决客户投诉的金科玉律。无论是哪种行业,他们在处理客户投诉的过程中都离不开与客户的沟通。企业投诉处理者努力与客户保持有效的沟通,是与客户建立良好人际关系的重要方面。

(1)选择好时机和场合

在处理客户投诉时,企业人员一定要选择好时机和场合。从时机方面说,不应该与正在生气的客户马上进行沟通,应该等客户的情绪相对平静以后再进行沟通。从场合看,企业人员必须让投诉的客户离开投诉现场,到一个比较安静的地点进行沟通,只有这样,才能提高与投诉客户沟通的效果。

(2)注意态度,冷静处理

面对投诉的客户,企业人员一定要保持冷静,要尽量做到多听少说,特别是对于冲动型客户,投诉处理者的态度就显得更加重要,因为稍有不慎,就会造成客户更大的不满意。与客户进行沟通时,投诉处理者不要中途打断客户的谈话,要等客户投诉陈述完毕后再提出自己的看法。

(3)认真倾听,有效处理

聆听是一种有效的沟通方式。当客户对产品或服务进行投诉时,通过倾听客户投诉可以发现客户的真正需求,从而获得处理投诉的重要信息,弄清问题的本质及事实。善于聆听不仅可以使投诉的客户增强对投诉处理者的信任感,还可以使投诉处理者从中获得有用的信息,更有效地开展工作。

(4)争取客户谅解

谅解法处理客户投诉要求企业人员在接受客户投诉时,迅速核定事实,并向客户表示歉意,安抚其情绪,尽量用客户能够接受的方式取得客户的谅解。例如,考虑客户的需求或感受,或是提供充分售后服务,如免费维修、包退包换等减少或弥补客户的损失,取得客户的谅解,赢得客户的信任。

(5)积极寻找解决问题方案

为了平息客户不满,企业或销售人员可以主动了解客户的需求和期望,使双方达成认同。单方面地提出客户投诉处理方案往往会引起客户的质疑和不满,不妨变换一种思路来主动询问客户希望的解决方法,有时更能被客户接受。如果客户的要求在企业接受范围内,双方很容易达成共识;如果客户要求过高,那就需要采用其他的方法,如进一步沟通、关照补偿、采用外部评审等措施。

除此以外,在处理客户投诉中还要避免一些错误行为,这些错误行为主要包括:在事实澄清以前便承担责任、一味道歉或批评自己的同事;与客户争辩、争吵,不承认错误,只强调自己正确的方面,言辞激烈,带攻击性;教育、批评、讽刺、怀疑客户,或者直接拒绝客户;表示或暗示客户不重要,为解决问题设置障碍、吹毛求疵、责难客户,期待客户打退堂鼓;问一些没有意义的问题,无视客户的关键需求;言行不一,缺乏诚意,拖延或隐瞒。

4.5 客户流失与预警管理

4.5.1 客户流失

客户是企业的重要资源,也是企业的无形资产。客户的流失,就意味着企业资产的流失,因此对客户流失进行分析至关重要。客户流失分析的目的,就是阻止或避免客户的流失,增加客户的忠诚度,提高企业的赢利水平和竞争力。

1)客户流失及原因

客户流失是指企业客户由于各种原因而转身购买其他企业产品或服务的现象。客户流失可以是与企业发生一次交易的新客户的流失,也可以是与企业长期发生交易的老客户的流失;可以是中间商客户(代理商、经销商、批发商和零售商)流失,也可以是最终客户流失。不论是哪一类客户,由于种种原因,随时存在离开企业的可能。一般来说,老客户的流失率小于新客户的流失率;中间客户的流失率小于最终客户的流失率。

在传统经营思想中,企业似乎只关心如何获取新客户,如何扩大销售额,却忽视了如何保持已有的忠诚老客户。其实老客户才是企业最具吸引力的群体,他们为企业贡献更多的利润,企业保持老客户的成本要比获取新客户低得多。避免老客户流失是保持市场份额、提高企业赢利水平和竞争力的有效手段。

一般而言,客户流失的原因有以下几种。

(1)管理因素造成的流失

员工跳槽带走客户是客户流失的一个重要原因,尤其是企业的高级营销管理人员的离职,更容易导致客户群流失。很多企业在客户管理方面做得不到位,企业与客户之间的关系牢牢地掌握在销售人员手中,企业自身对客户影响乏力,一旦业务员跳槽,老客户也就随之而去。一个企业销售队伍不稳定的话,销售人员会成为企业的"流动"大军,如果控制不当,在销售人员流失的背后,往往伴随着客户的大量流失。此外,企业对管理细节的疏忽也会造成客户流失,如企业服务意识淡薄,企业内部管理不到位,店大欺客等。

(2)营销因素造成的流失

由营销因素造成的客户流失包括由产品、价格和促销造成的客户流失。

由产品造成的客户流失有可能是客户找到更好的同类产品而转移,也有可能出现了更好的替代品,如三星智能手机用户的流失与苹果手机的出现及华为手机的竞争不无关系。值得注意的是,产品质量不稳定也是客户流失的一个重要原因。产品质量不稳定一般多出现在新产品上市的时候,这时问题如果处理不好,很容易使客户"移情别恋"。顾客因不满意企业的服务而发生转移,例如,企业服务意识淡薄,员工傲慢,效率低下,问题得不到及时解决,投诉没人处理等,都可能是直接导致客户流失的重要原因。

价格因素也是造成客户流失的重要因素。顾客因价格(通常是更低价)而转移购买,一种情况是竞争对手以优厚条件吸引客户,客户离开了企业;另一种情况是个别客户自恃经营实力强大,为得到更优惠待遇,以"主动流失"进行要挟,企业如果满足不了他们的要求,就会发生客户流失。

在激烈的市场竞争中,竞争对手为了能够在市场上获得有利地位,往往会以优厚条件来吸引客户,特别是大客户往往会成为各大厂家争夺的对象。当竞争对手针对本企业的顾客实施促销活动时,企业如果没有相应对策,忽视了对现有客户的管理,企业客户往往会被竞争对手抢走。

(3)缺乏创新造成的流失

任何产品都有它的生命周期,随着市场的成熟及价格透明度的增高,产品带给企业的利润空间越来越小,产品带给客户的价值也越来越小。如果企业创新能力跟不上,不能给客户提供附加价值高的产品,顾客就会转身购买技术更先进的替代产品或服务。

(4)市场波动造成的流失

企业在发展过程中难免会出现一些波折,企业的波动期往往是客户流失的高发期。例如,企业高层的动荡、企业资金周转不灵或出现意外灾害,都会导致企业波动,从而导致市场波动,因为任何一个客户都不愿意和动荡不安的企业长期合作。

(5)店大欺客造成的流失

店大欺客是营销中的普遍现象,一些大企业苛刻的市场政策常常会使一些中小客户不堪重负而离去,或者抱着抵触情绪推广产品,一旦遇到合适时机,就会远离而去。例如,大型超市连锁企业进店费用高,对小企业而言就是一道难以逾越的门槛。

(6)诚信问题造成的流失

诚信出现问题也是客户流失的一个重要原因。有些企业喜欢向客户随意承诺条件,结果不能兑现承诺,如承诺的返利、奖励等不能及时兑现给客户,让客户觉得企业没有诚信而放弃与它的合作。

(7)政治因素造成的流失

顾客因不满意企业的政治立场与态度,或认为企业未承担社会责任而退出购买,如因历史原因国内部分用户抵制日货或由于中美贸易战抵制苹果手机。

(8) 其他因素造成的流失

如客户的采购主管、采购人员离职,客户搬迁,客户改行或破产等,也包括客户想自己换换"口味",尝试一下新的企业的产品或服务,或者只是想丰富自己的消费经历。

2) 正确看待客户流失

(1) 客户流失给企业带来负面影响

客户流失会影响企业的财力、物力、人力和企业形象,给企业造成巨大损失。流失一位重复购买的客户,不仅使企业失去利润,还有可能影响企业对新客户的开发。当客户流失成为事实的时候,企业如果不能尽快、及时地修复客户关系,就可能造成客户的永远流失,成为竞争对手的客户。

(2) 有些客户的流失是不可避免的

客户发展是一个新陈代谢的过程,有的客户进来,有的客户离开,客户具有一定的流动性。在各种因素的作用下,客户流动的风险和代价越来越小,客户流动的可能性也就越大。不论是新客户还是老客户在任一阶段、任一时点都有可能流失。特别是由于客户本身原因造成的流失,企业是很难避免的。企业产品或者服务不可能完全得到所有客户的认同,因此,留住所有的客户是不现实的。企业应当正确看待客户流失,确保客户流失率控制在较低水平。

(3) 流失客户有被挽回的可能

研究显示,向 4 个流失客户销售产品会有 1 个可能成功,而向 16 个潜在客户销售产品才会有 1 个可能成功。可见,争取流失客户的回归比争取新客户容易得多。在客户流失前,企业要有防范意识,努力维护客户的忠诚度。当客户流失成为事实的时候,企业也应积极对待,与他们继续建立合作关系。

4.5.2 客户流失预警

1) 客户流失识别

通常情况下,每个客户在一定时期内会购买企业产品或接受企业服务,如果一个客户超过一定时期未购买或接受企业的产品或服务,可能这个客户已经流失或者存在流失的风险,成为客户流失分析的对象。例如,对于 4S 店来说,通常每个客户每年应该进场维修保养 4 次左右,如果一个客户已经连续 6 个月未到场维修,那么就可以认为这个客户已经流失或者存在流失的风险,就应该成为客户流失分析的对象。

针对客户的流失,企业一般可以借助顾客流失率、顾客保持率指标来进行识别。

顾客流失率是顾客流失的定量表述,是判断顾客流失的主要指标,用公式表示为:

客户流失率 =(流失客户数量 / 原有客户数量)× 100%

顾客保持率是顾客保持的定量表述,也是判断顾客流失的重要指标,用公式表示为:

顾客保持率 =(顾客保持数 / 原有客户数量)× 100% = 1 - 顾客流失率

2) 客户流失的识别流程

(1) 筛选流失客户

通过客户关系管理系统对一个时间节点前一定时期未购买或接受企业的产品或服务的

客户进行筛选,把筛选出的客户作为流失客户。

(2)初步分析

收集某一段时间内有关客户流失状态(如保持、流失倾向、流失)的数据,加上客户的基本特征(如性别、年龄、职业、婚姻、文化程度、家庭结构、性格、业余爱好等)和影响客户流失的变量形成目标数据库。在此基础上,企业对筛选对象进行初步分析,分析的内容主要包括:已购产品类型或服务类别;客户职业、客户类型、客户所在区域的分布,最后一次购买产品或接受服务类别及时间等内容。

(3)流失原因调查

不同行业客户流失的原因有所不同。例如,商业银行客户流失与账户包含的业务数量、客户拥有的产品数量、客户与银行接触的主要渠道3个变量有显著的相关性。客户流失原因调查可以通过电话访问、登门拜访、微信沟通、信件、电子邮件以及利用各种活动来进行。

(4)统计结果分析

企业以收集的数据为依据,利用统计工具对客户流失信息进行分析,分析内容包括:客户流失的原因及所占比例分析、客户流失数量及所占比例分析、客户流失方向及所占比例分析。

在统计分析的基础上,企业还可以选用数据挖掘工具建立客户流失识别系统。以一部分实际数据作输入变量,经由该识别系统,得到一个流失可能性的输出。将此输出值与实际流失状态进行比较,算出此识别系统的误差大小,并对此系统的有效性进行评价。

(5)根据分析结果制定整改措施

针对客户流失的原因制定明确、具体、可行的整改措施,根据机会、威胁、优势、劣势(SWOT)分析明确各自的优势和劣势,从而提出合理的竞争策略,让客户重新体验企业的产品或服务,重新修复与客户间的信任,建立起良好的客户关系。

3)客户流失预警与防范

在激烈竞争的市场,企业一旦发生客户流失,尤其是大客户的流失,企业业绩会受到严重影响。客户流失后再进行挽救工作,企业不仅要消耗大量的资源,而且挽救结果也是未知的。所以,在客户关系维系方面,客户流失预警与防范工作要重于客户挽救工作。防范客户流失的工作既是一门科学,也是一门艺术。它需要企业不断探索有效的流失防范措施。防范客户流失的主要措施有:

(1)建立以客户为中心的客户管理机构

客户关系管理机构的职责是制订长期和年度的客户关系管理计划,制定沟通策略,定期提交报告,落实企业向客户提供的各项利益,处理客户投诉,维持同客户的良好关系。客户关系管理机构只有详细地收集客户资料,通过建立客户档案对客户进行科学管理,并及时与客户进行有效沟通,增进了解和信任,适时把握客户需求,才能真正实现掌控客户的目的。

例如,IBM公司非常重视老客户的保留。当一个客户流失时,IBM公司CRM机构会尽一切努力去了解自己在什么地方做错了——是价格太高、服务不周到,还是产品质量存在问题等。CRM机构不仅要和那些流失客户谈话,而且对每一位流失客户都要求相关的营销人员写一份详细的报告,说明原因并提出改进意见,并且采取一切办法来修复客户关系,从而控制客户的流失率。

(2)实施全面质量管理

通用电气前总裁韦尔奇曾说,"质量是通用维护客户忠诚最好的保证,是通用对付竞争者最有力的武器,是通用保持增长和赢利的唯一途径。"顾客追求的是较高质量的产品和服务,如果企业不能给客户提供优质的产品和服务,顾客就不会对企业提供的产品和服务满意,更不会建立较高的顾客忠诚度。因此,企业要实施全面质量管理,在产品质量、服务质量、客户满意和企业赢利方面形成密切关系。

(3)建立内部客户体制,提升员工满意度

一个企业存在的价值在于,它既能为员工提供就业机会,又能为客户提供有价值的产品和服务。从这个意义上来说,衡量一个企业是否优秀的标准,应该看它是否令员工和客户都满意。

我们常说,顾客是上帝。从表面上看,客户的满意度是最重要的,其实在当今高度重视人力资源的今天,员工满意的重要性远远超出了客户的满意。因为只有让员工满意的企业,才能够更好地激发员工工作的热情和创造力,为客户提供更好的服务,最终给企业带来更大的价值。因此,企业要防止客户流失,就要提升客户满意度,而要提升客户满意度,首先要从建立内部客户关系来提升员工满意度。

(4)重视客户抱怨管理

企业与客户是一种平等的交易关系,在双方获得的同时,企业还应尊重客户,认真对待客户的抱怨。客户有抱怨意味着企业提供的产品或服务没有达到客户的期望,没有满足客户的需求。同时,抱怨也表示客户仍然对企业有所期待,希望企业能改善产品或服务水平。从这种意义上来看,对于客户的不满与抱怨,企业如果能采取积极的态度来处理,并对服务、产品或沟通等原因带来的失误进行及时补救,企业还可重新建立起信誉,提高客户满意度,维护客户忠诚度。

(5)建立客户流失预警系统

对客户流失管理一个有效的方法就是建立客户流失预警系统。流失预警的目标是通过特定算法提取 CRM 中的数据分析得出哪些客户具有较大的流失概率,从而对这些客户进行有目的、有区别的挽留工作,尽量减少客户流失带来的损失。

客户流失预警从本质上来说是一种数据分析过程,常用的数据分析方法主要有逻辑回归、决策树、神经网络等,这些方法在银行、保险、社保等领域得到了广泛应用。通过客户流失模型,企业可以提高对高价值客户挽留的成功率,降低客户流失率,降低挽留服务的成本,做到有的放矢,减少由于客户流失带来的收入损失。

(6)制订客户流失解决方案

在客户流失预警系统分析的基础上,制订客户流失解决方案。客户流失解决方案包括4个部分。

①发现挽留机会。建立客户流失预测模型,对现有客户进行流失倾向评估,按倾向高低进行判别。判别时,要结合客户价值进行分类,优先考虑中高价值客户的挽留。

②对圈定的客户进一步分类,分别制订有针对性的挽留策略。例如,对电信运营商来讲,有客户群组属于夜间通话多的客户,那么针对他们的挽留策略可以推出夜间通话优惠的资费方案。

③实施挽留措施。对筛选出的预警高危客户进行分析,针对不同高危客户开展回访,实施有效的挽留策略,对回访过程进行详细记录。

④评估挽留效果。分析挽留工作的成效,不断总结经验。

4)客户挽救策略

客户流失会给企业业绩带来一定的影响,企业应对流失客户进行管理,尽可能挽回客户。但是,每一位流失客户不可能都是企业的重要客户,企业在资源有限的情况下,应该根据客户的重要性来区别对待流失客户,把资源重点放在能给企业带来赢利的流失客户身上,这样才能实现挽回效益的最大化。针对不同级别的流失客户,企业应该采取不同的挽救策略。

(1)对关键客户,要极力挽回

一般来说,流失前能够给企业带来较大价值的客户,被挽回后也将给企业带来较大的价值。因此,给企业带来价值大的关键客户应是挽回工作的重点,他们是企业的基石,企业要不遗余力地在第一时间做"关键客户"的挽回工作,避免其流向竞争对手。

(2)对普通客户,要尽力挽回

普通客户的重要性仅次于关键客户,而且普通客户可能会升级为关键客户。因此,对"普通客户"的流失要尽力挽回,使其继续为企业创造价值。

(3)对小客户,可见机行事

由于"小客户"的价值低,对企业的要求又很苛刻,数量多且很零散,因此,企业对这类客户可采取冷处理,顺其自然,如果不用很吃力,或者是举手之劳,则可以试着将其挽回。

(4)对劣质客户,应彻底放弃

有些客户企业根本不值得挽回,他们消耗着企业的大量资源,却不能为企业带来任何利润。例如,不能再给企业带来利润的客户;无法履行合同的客户;无理取闹、向企业提过分要求的客户;妨碍企业对其他客户服务的客户;声誉太差,与之建立业务关系会损害企业形象和声誉的客户。

总之,对有价值的流失客户,企业应当竭力、再三挽回,最大限度地争取与他们"破镜重圆""重归于好"。对不再回头的客户也要安抚好,使其无可挑剔、无闲话可说,从而有效地阻止他们散布负面评价而造成不良影响,而对没有价值甚至是负价值的流失客户则应该彻底放弃。

4.6　案例:星巴克的客户体验管理

1)企业背景

星巴克(Starbucks)是全球著名的咖啡连锁店,1971年成立,为全球最大的咖啡连锁店,其总部坐落在美国华盛顿州西雅图市。星巴克旗下零售产品包括 30 多款全球顶级的咖啡豆、手工制作的浓缩咖啡和多款咖啡冷热饮料、新鲜美味的各式糕点食品以及丰富多样的咖啡机、咖啡杯等商品。除咖啡外,星巴克亦有茶、馅皮饼及蛋糕等商品。星巴克在全球范围内已经有近 12 000 间分店,遍布北美洲、南美洲、欧洲、中东及太平洋区。2007 年美国拍摄了与星巴克同名的电影。

星巴克的产品不单是咖啡,咖啡只是一种载体。而正是通过咖啡这种载体,星巴克把一种独特的格调传送给顾客。咖啡的消费很大程度上是一种感性的文化层次上的消费,文化的沟通需要的就是咖啡店所营造的环境文化能够感染顾客,并形成良好的互动体验。星巴克在美国和加拿大的学生与城市白领中非常流行。部分星巴克店甚至与超级市场、书店等异业结盟,于合作店铺内觅地开业。

2)非凡品牌建立于客户在店内的总体验

中国的茶文化源远流长,很少人敢大胆预测中国会有这样强大的市场,花费 20 多元钱去喝一杯咖啡。然而事实却出人意料,以其中的佼佼者星巴克为例,自从 1999 年进入中国后,已经在中国 150 多个城市开设了超过 3 600 家门店,拥有近 50 000 名星巴克伙伴。最重要的是,门庭若市。除了大城市中一批中产阶层的大量涌现、大量来中国做生意或休闲度假的外国游客,星巴克的品牌形象和崭新的店内客户体验可能是最好的解释。

到底真实的店内体验是什么? 让我们一起体验并分解整个店内客户体验及流程。

(1)你的体验——从进店前到离开的总体流程

假设你从没有去过星巴克,在距主干道很远时,你就看到一个漂亮的店面牌,美观的店面。受到吸引,正需要休息的你,于是走进咖啡馆,首先是浓郁的咖啡香味扑面而来,即使你还不是非常喜欢咖啡的人,咖啡香味同样也会吸引你。轻歌曼舞的背景音乐让你进一步得到放松,同时也坚信自己做出了正确选择。除了满足你的鼻子和耳朵,店内装饰简约,但有浓郁"咖啡"氛围。你现在只想在如此优雅休闲的环境中品一杯咖啡。一套制作咖啡用具的展示,有关咖啡的知识介绍,都在传递一个清晰的信息——这是一家专业的咖啡店。当然,还有店员的热情欢迎,尽管他们与你有一柜台之隔。

但是,你的愉悦在数秒之后破灭,因为你看见一长队人排队买咖啡。而你并不情愿花 5~10 分钟时间去排队买一杯咖啡。但既然已经来到,你还是坚持等待购买你在此店的第一杯咖啡。等待期间,你打量柜台上的菜单,闻所未闻的繁多咖啡品种令你特别吃惊。可是价格是另一个负面因素,你原本没打算为一杯咖啡花 20 多元,也许这次会买,但心理盘算以同样的价格频繁光顾的概率不大。

现在轮到你了,你得到面带真挚微笑店员的服务,因为你是新客户,她给你一个满意的答复和专业推荐,你心想她可能只是个别非常优秀的员工。但当你注意到其他的店员也同样提供服务时,用你不甚明白的咖啡用语向制作员工大声愉悦地传递顾客所点品种。此景只传递一个信息——他们懂并钟爱咖啡! 接着问你是否使用信用卡或现金、微信或支付宝付款,同时赠送限期 15 日内使用的 5 元现金券,希望你再次光顾。

哦,不,又一个长时间等待,咖啡制作的时间保守估计是另一个 5 分钟。最后,你从制作咖啡的员工手上收到新鲜的咖啡,在坐定的柜台,你自己进行自助服务,有牛奶、糖、纸巾等。

到达座位时,看起来舒适的沙发已坐满人,你只好在近门口户外位置找到一个不太理想的硬座。坐稳之后,感觉还不错,伸展一下腰腿,环顾四周,这确实是一个整洁雅净的好地方。

品一口印有商标的瓷杯里的新鲜咖啡,你对咖啡味道的感觉是那么好,几乎打消由于昂贵价格和漫长等待而不再光顾的想法。看看邻座的人,你根本不认识他们,却直觉地认为他们是受过良好教育的中产阶层或是有"品位"的专业人士。你注视到他们,也会被他们注视,这种感觉很好,但难以言喻。通常,在其他咖啡馆你会看一些杂志或浏览互联网。而这里的杂志种类不多,也没有你喜欢的热门杂志,尽管有人使用他们自己的笔记本电脑,但这里没有公共的网络设施、电脑。

之后,你去了盥洗室,觉得不好也不差,还行,但能接受。当你回到座位上,一个店员递给你他们的新品咖啡并做以介绍,带给你一小杯品尝。真诚地询问你是否喜欢,你告诉他你真实的感受,如果少一些糖,多一些奶油,味道会更好。停留30分钟后,你决定继续购物,于是离开这里。尽管你没有回头看,但你仍能感受到他们热情真诚的微笑,注视着你,与你道别。几乎很少店能提供这种非机械的真挚道别。你的确很喜欢这种体验,一种远超一杯咖啡的体验。

(2)把整体客户流程分解为20个子流程

现在把整体客户体验流程分解为20个子流程,以"度量""管理"和"改善"关键的客户体验,建立并累积品牌资产,20个子流程如下:

①店面的地理位置和外观;

②店员的热情欢迎;

③店内装饰;

④气味和背景音乐;

⑤排长队买咖啡;

⑥价格颇为昂贵;

⑦咖啡品种;

⑧友善并对咖啡十分熟悉与专业的店员;

⑨接受信用卡付款;

⑩赠送限15日内消费的5元代金券;

⑪长时间等待咖啡制作;

⑫自助牛奶、糖;

⑬不容易找到理想座位;

⑭座位舒适及环境干净;

⑮咖啡味道及整体包装;

⑯注视及被注视的心理优越;

⑰少量的杂志,无网络设施;

⑱盥洗室设施一般;

⑲态度友善免费试用新的咖啡品种或小食;

⑳注视并带真诚微笑的道别。

（3）度量、管理及改善每个子流程

当然你可以有自己不同的划分和定义流程与子流程的方法，但这样详细地标示客户流程的用意是什么？

对照竞争对手/最佳实施——想象这个客户体验示意图是竞争对手或本行业领头羊的最佳实施，你可以对照自己的客户体验图并找出差距。这并不意味着你要弥补所有差距（要符合自己的定位，跟公司的整体策略相匹配，具备相关能力，如人员、流程、技术及项目实施能力），但它清楚地告诉你在哪里你应做什么，如何做才可以缩小差距或者超越对手。

对照你的理想与实际绩效——假设这个客户体验示意图是你的理想绩效，对照你目前的绩效，你会看到为实现理想目标所需要改善的地方。

对照你的过去与当前绩效——而对照你过去的客户体验图，你就可以根据现状划分为可度量的 20 种子流程，从而清晰地看到你的进步。

度量、管理及改善流程——了解必须改善和加强的地方，如何实施？ 既然可以把整个店内流程分割为详细的子流程，通过定义关键步骤、参与方、输出度量标准。通过对每个步骤度量的明确定义，可以更客观地对客户体验进行管理。记住：要能"度量"，才可以"管理"和"改善"。

例如，通过缩短咖啡制作流程，"长时间等待咖啡"可以得到改善。为做到这一点，可以增加咖啡酿造机或使用更有效率的设备，从而提高单位时间内的咖啡产出。点咖啡和等待制作咖啡是引起长时间等待的负面流程，因此，输入订单，主要流程为交易和制作，输出为确认订单，从而实现酿造的新鲜咖啡，完成订单。

但是如何改善"店面地点和外观"及"店内气味和背景音乐"？ 能否像管理流程一样量化客户体验和管理？ 当然可以。尽管无法直接度量，但可以应用其他数据资源，如对照竞争者的标准或同类行业的最佳实施，开展调研和焦点小组，获取客户是否喜欢目前的客户体验，他们对每个子程序的期望是什么，开展神秘顾客活动，对照实际绩效与计划绩效等。只要能度量（量化），那么就可以管理并改善。同样也可应用于客户体验管理，与流程管理也是紧密相关的。注意：成功管理客户体验不止于此。

要实现持久卓越的体验不能仅仅依赖于好的意愿和员工的个别行为。关键客户体验和相应的流程管理是成功的关键。但不要走向另一个极端，不要使流程自动化。而是如何在有许多员工的广大零售业中使"真诚微笑"自动化，如何确保客户体验管理与公司整体策略保持一致，如何提升品牌价值资产而不是提供与品牌形象相抵触的体验，如何确保我们正以我们想获取、保持和提升的客户作为目标，如何确保我们拥有技术能力以向客户传递他们期望的体验。

3）星巴克成功的原因

星巴克的成功，在于把咖啡文化细分，顾客消费到的不仅仅是一杯咖啡，更是一种格调，一种文化，星巴克成功地与消费者产生了情感与精神的共鸣。

星巴克作为现代人的心灵绿洲，为被囚禁在这纷繁复杂的快文化生活节奏中的职业人提供了一个静思的环境和不具威胁的聚集场所，是现代人真正需要的第三空间。而这一点，恰恰才是星巴克文化营销的真谛与价值所在。

①环境文化:从听觉、视觉、触觉3方面来满足每一位星巴克顾客的消费体验,此时喝咖啡只是一个幌子,品味生活、远离喧嚣才是星巴克真正为顾客提供的价值所在。

②产品文化:为了让所有星巴克的顾客品尝到一流、纯正口味的咖啡,星巴克人从原料、加工、烘焙、配制、运输、成品都经过严格的流程控制,消费者最终喝到的是具有星巴克全球标准的精致咖啡。

③员工文化:作为连锁服务行业,除了优雅的就餐环境外,一线服务人员的服务态度及水准的优劣也影响着消费者对品牌的认知。所以在员工招募上,星巴克一定雇用对咖啡怀有热情、激情的人,顾客在星巴克消费的绝不仅仅是美味的咖啡,更是一种贴心的服务享受。

④管理文化:标准化、流程化的管理制度,加之严格的店铺管理执行体系是星巴克咖啡文化落地的关键。星巴克独特的"环节管理"模式渗透于经营的各个细节处,商品陈列、标签贴法、人员礼仪等都有严格的标准。

⑤体验文化:星巴克出售的不是咖啡,而是人们对咖啡的独特体验。正如舒尔茨所说的那样:"我们不是提供服务的咖啡公司,而是提供咖啡的服务公司。"星巴克始终将顾客的需求当成自己的任务,在意他们的每一个细节,无形中拉近了顾客与星巴克的精神距离。

作为一家咖啡店,星巴克在不断完善并提升自身产品质量的同时不断挖掘并打造独有的星巴克文化,讲求与消费者的精神共鸣。可以说,星巴克卖的不是咖啡,而是一种文化。

4)由星巴克引出的思考

"我们讲星巴克的顾客体验,就是要让顾客亲身体验星巴克所提供的产品、服务、空间。最重要的是这3点。""产品就是星巴克的咖啡。星巴克的咖啡豆来自全球的产地,星巴克专门的采购专家团队走遍全球去寻找最好的咖啡豆。产品质量必须是非常好的。第二个是服务。消费者到我们店去,我们要让他感受到一种非常亲切的感觉,不会没有人招呼,店里的伙伴会给他介绍咖啡,跟他交流,讲咖啡的知识。第三个是空间。星巴克对每一个店的设计都非常重视,包括店面的摆设,天花板、地板、墙体、挂画、沙发等都会由西雅图设计师做出来,让每个顾客去到里面都能感受到一个舒适的环境,同时店里播放的音乐更能衬托出轻松浪漫的氛围。总体来讲,消费者到星巴克感受到一个好的氛围,一杯普通咖啡也不过十几元,花费不多,却能得到优质的享受,这是我们想创造出来的星巴克体验。"

品牌不是由广告打造出来的,而是由客户体验出来的。究竟是什么驱使人们再三光顾星巴克呢?可能是产品——咖啡本身,或是人——热情、专业、喜爱咖啡的员工,或是店内环境、品牌认同等,但很明显不是广告效应。我几乎没有在媒体看到他们的广告。这恰好为没有广告宣传而创建优秀品牌建立了极好的典范(虽然我不排除他们可能有一些广告)。那么他们是如何建立品牌的呢?如果我们认同如何创建品牌的最新定义——品牌并不是广告打造出来的,而是由客户体验出来的,是在所有客户接触点全部体验的集合体。那么咖啡连锁店传递品牌价值和品牌承诺时,以致形成累积品牌资产的最重要客户接触点是什么?我的答案是咖啡店内的客户体验,一家咖啡连锁店,若不是广告,要建立品牌,其最有效的客户接触点当然是店内的客户体验。

企业只应适度(配合策略及能力)以目标客户(不是所有客户)为中心。

每家企业,无论规模多大,其资源总是有限的。请记住两个聚焦的金科玉律:第一,不是所有顾客对您都是同样重要的——找出您的最佳或目标客户;第二,不是所有体验对顾客都是同样重要的——找出客户的关键体验。知道了目标客户的关键体验,就知道如何投放资源。

(资料来源:王倩. 星巴克案例分析报告——客户体验管理[EB/OL].百度文库.)

案例分析题

1.试分析星巴克是如何进行客户体验管理的。

2.结合案例论述客户体验管理对于企业经营与品牌打造的作用。

本章小结

本章首先介绍了客户体验的含义及管理方式、客户满意和客户忠诚的含义,探讨了提高客户满意度的战略和建立客户忠诚度的方法。其次,对客户抱怨和客户投诉进行了分析,并提出相应的处理策略。最后,针对流失客户,分析其流失原因,对不同类别的流失客户采取不同的策略进行流失预警。

客户体验是企业以服务为舞台、以产品为道具进行的令客户难忘的活动。客户体验是客户使用产品或接受服务后的直接感受,这种感受包括操作习惯、使用后的感受等。客户体验的模式包括客户的感官体验、情感体验、思考体验、行为体验和关联体验5种。

顾客满意是一种期望(或者预期)与可感知效果比较的结果,它是一种顾客心理反应,而不是一种行为。顾客感知服务质量水平会导致顾客的3种心理状态,即不满意、满意和愉悦。顾客期望的服务质量可用顾客让渡价值来表示。所谓顾客让渡价值,是指顾客购买产品或服务实现的总价值与顾客购买该项产品或服务付出的总成本之间的差额。对于顾客满意度测评,可以通过顾客满意度调查问卷收集当前顾客对企业产品/服务的看法,然后通过统计学方法计算顾客满意度指数,从而实施动态的监控和改进方案,进而利用质量管理工具和战略分析工具来对统计结果进行分析和提出改进措施。

顾客忠诚是指顾客长期锁定于你的公司,使用你的产品,并且在下一次购买类似产品时还会选择你的公司。顾客忠诚一方面包括顾客态度的取向,另一方面包括顾客的行为取向,因此可以将顾客忠诚分为垄断忠诚、亲缘忠诚、利益忠诚、惰性忠诚、信赖忠诚和潜在忠诚等不同的类别。顾客忠诚给企业带来的经济效益在于它使企业获取更多的顾客终生价值,即从顾客生命周期时间内获取更多的收入,而成本增加却很少,从而获得更多的利润。通过对顾客忠诚的影响因素分析,得出顾客价值才是顾客忠诚的真正驱动因素,构建顾客忠诚的价值驱动模型用于解释客户关系与顾客忠诚间的关系。文中给出了简单的顾客忠诚度的算法,指出顾客满意是促成顾客忠诚的重要因素,但满意与忠诚之间没有必然的联系,顾客满意≠顾客忠诚,形成了顾客满意陷阱,并指出顾客满意陷阱的成因和解决措施。

对于客户抱怨,要及时进行服务补救管理;对于客户投诉,要预防、受理、处理与分析,争取挽留老客户,挖掘潜在的商机。正确看待客户流失,通过客户流失识别,进行客户流失预警与防范,对于不同类别的流失客户采用不同的策略。对于关键客户,要极力挽回;对于普通客户,要尽力挽回;对于小客户,可见机行事;对于劣质客户,应彻底放弃。

复习思考题

1. 什么是客户体验？客户体验有哪些模式？
2. 简述客户体验管理的内容与步骤。
3. 什么叫顾客满意度？
4. 比较 Kano 和 ACSI 两种顾客满意度指数模型。
5. 如何进行顾客满意度测评？
6. 试述顾客忠诚的内涵与类别。
7. 客户忠诚的影响因素有哪些？
8. 何为客户抱怨？客户抱怨有哪些应对策略？
9. 客户投诉对企业有何意义？
10. 简述客户流失及其原因。

讨论题

1. 简述客户体验管理的内容。
2. 结合自身体会，说明在 CRM 环境下，如何提高顾客满意度。
3. 客户忠诚可以为企业带来哪些效益？如何培育客户忠诚？
4. 顾客满意与顾客忠诚具有什么样的关系？顾客满意陷阱是如何形成的？
5. 试述服务补救管理与客户抱怨管理有何区别。
6. 试论如何进行客户流失预警与防范。

网络实践题

1. 搜寻一家企业，了解其客户体验的模式。
2. 天猫采取了哪些提高顾客忠诚度的方法？
3. 试比较天猫和京东商城的商品推荐功能对客户满意度的影响。
4. 搜寻网上数据与信息，了解淘宝店铺对于防范客户流失采取了哪些技术与方法。

第 5 章
客户关系管理的营销策略

[课前导读]

  随着科技的快速发展和经济全球化的加速,企业所面临的市场竞争压力越来越大。提高企业竞争力,赢得新客户、保留老客户和提高客户利润贡献度成为众多企业追求的目标。很多企业,特别是对于那些已经有相当管理基础和信息基础的企业来说,这个时刻已经来临。企业在改善与客户、供应商、代理商、服务商之间的关系的同时也带来了更为激烈的竞争。在这种竞争中,谁能把握住客户的需求,并以最快的速度作出响应,谁就能吸引新客户、维系老客户,在竞争中取胜。这就要求企业要摒弃传统的"以产品为中心"的经营模式,转向"以客户为中心"的现代经营模式。在这种大趋势下,企业营销管理的重心将从以往注重业务量的增长转向注重质的管理;营销目标也从降低成本、提高效率转向开拓业务、提高客户忠诚度上。同时,消费者行为的个性化、多元化,以及消费者身份的国际化趋势,也促使企业必须重视客户关系管理的营销策略,将营销的重点转移到客户的开发和维系上来。

[学习目标]

- 掌握客户关系管理营销的目标、功能、特点和原则;
- 掌握客户关系管理中数据库营销、关系营销、一对一营销等基本知识;
- 掌握客户关系管理主要的营销创新策略;
- 增进对网络环境下客户关系管理的新的营销模式和理念的认识,加深对客户关系管理的理解。

5.1 客户关系管理营销概述

  随着市场经济的深入发展,市场竞争逐步升级,推动了营销观念和营销方式的变革。企业对市场和客户的依赖已经逐步提高到关乎企业生存的高度,谁能把握住市场的脉搏,满足客户对产品的需求,谁就能够赢得市场,赢得客户,从而才能生存、发展、壮大。一个企业如果丧失了客户,那它也就丧失了一切。更重要的是,企业必须拥有长期的客户。因为只有与客户保持长期良好的关系,一个企业才能够在市场竞争中不断提高市场份额并增强竞争力。

5.1.1 客户关系管理的营销目标

开展客户关系管理是为了更好地了解顾客的需求,从而能够更好地为顾客提供所需的服务,因此,客户关系管理的营销目标也围绕了解客户需求来展开,进而提高客户的忠诚度,挖掘潜在客户等。

1)了解和提炼客户真正的需求

客户的需求不是一成不变的。当企业在某些方面狠下工夫,极力满足了客户的某些需求时,客户的需求也许又发生了变化,对企业提出了更高的需求,而企业没有真正了解此时顾客的要求。如何适时把握顾客的需求,真正提高顾客的满意度,加强企业的竞争力,这就是客户关系管理的一个重要目标。

2)提高客户忠诚度

如何留住企业的顾客,保证他们不被竞争对手所吸引,首先必须弄清楚自己的客户都有哪些特征,他们的行为习惯和偏好是什么,为什么会导致老客户的离开,如何才能挽留自己的客户。如果企业能够建立一套完整的 CRM 体系,就能够为每个客户提供个性化的服务,当客户已经习惯了这些服务,在改变服务商时就会考虑相应的变化所带来的精神和心理成本。

3)寻找有价值的关键客户

所谓有价值的关键客户是指那些占客户总数比例较低,但却能为企业带来大部分利润的顾客群。曾经有调查结论:占顾客群20%的关键客户实现的利润往往占利润总额的80%以上。但是,很多企业不能判断哪些是有价值的客户,哪些不是;也不知道哪些客户可能会离开,哪些客户会受到企业新产品和计划的影响。这实际上是一个市场细分问题,CRM 所做的就是根据对不同客户的成本/利润分析,来寻找这些关键客户,并为企业对待这些不同的客户提出不同的策略。

4)挖掘客户潜在价值

随着经济的发展,客户的情况可能会发生变化,如果能够对客户的发展状况和潜力进行跟踪,企业就能够找出许多潜在的客户并且挖掘出现有客户的潜在需求。

面对迅速变化的市场,企业必须对其作出反应,而市场的变化又源于客户行为的变化,因此,企业需要把注意力集中于客户,并将其作为一种宝贵的资源纳入到企业的经营发展中。

5.1.2 客户关系管理的营销特点

纵观客户关系管理的产生、发展历程,可以发现客户关系管理在营销方面具有以下特点:

1)CRM 是营销观念指导下的营销创新

营销观念认为,实现企业目标的关键在于正确识别目标市场的需求和欲望,并且比竞争对手更有效、更有利地传送目标市场所期望满足的东西。其出发点是企业的目标顾客和他们的需求、欲望,经营目标是通过顾客的满意来获得利润。从本质上讲,营销观念是一种反映顾客的需求和欲望的导向。这种导向客观上要求企业必须重视与客户之间的关系。另一方面,由于市场竞争的加剧,消费者需求的变化加快,企业的产品,今天是适应消费者需求的,明天也许就难以适应变化了的消费需求。因此就要求企业不断地进行创新,不但在产品上进行创新,而且必须在市场开发、营销组织、营销手段(如分销渠道、促销方式、定价策略等方面)上进行创新。停止创新,就意味着落伍,意味着被淘汰。CRM 的产生就是企业在营销组织和营销手段上的创新。

由此可见,企业奉行营销观念,以顾客的需求和欲望为导向,同时又由于激烈的市场竞争,企业不得不进行营销创新以保持其市场地位。在这种情况下,产生了 CRM。因此从本质上讲,CRM 是营销观念指导下的营销创新。

2)"以客户为中心"是 CRM 营销的核心

进入 21 世纪以后,科技发展、全球经济一体化使得企业竞争的焦点转向对客户资源的争夺。由于互联网的广泛应用和信息的爆炸改变了消费者传统的购买行为,顾客由以往购买信息的被动接受者变为主动积极的信息搜寻者。现代高科技赋予消费者前所未有的权利,他们决定着信息价值的取舍;同时,消费者行为的个性化和多元化,以及顾客身份的国际化,也促使企业必须随时随地将市场营销的重点转移至客户的开发和维系上来。可以说,没有同顾客的信息交流与互动,就没有企业的存在,客户满意度已成为企业所关注的主要问题。从 CRM 的实施过程中可以发现,CRM 是以客户为中心,注重对客户满意度的研究。CRM 认为如果企业实施 CRM 系统,客户会对企业更加满意,因而会更忠诚于企业。从这一点上看,CRM 是一种增加客户满意度的方法。

3)数据库应用是 CRM 营销的关键

CRM 是判断、选择、争取、发展和保持客户所需要实施的全部商业过程。CRM 不仅仅是呼叫中心或网站,CRM 的实施需要数据库的支持。企业要构建 CRM 系统,首先必须做好销售和服务的一些基础管理信息系统,包括以下几个方面:

①基础资料的管理,包括客户信息、销售人员信息、商品信息等。

②基本的销售和服务流程的管理和优化。

③销售和服务人员的行为规范。

在信息系统的创建过程中,数据库如客户信息数据库、销售人员数据库、商品信息数据库等,扮演着至关重要的角色。

4)集成是 CRM 营销的特征

企业有许多与客户沟通的渠道,如面对面的接触、电话、呼叫中心、电子邮件、互联网、通过合作伙伴进行的间接的联系等。CRM 应用有必要为上述多渠道的客户沟通提供一致的数据和客户信息,集成多种客户沟通渠道。我们知道,客户经常根据自己的偏好和沟通渠道的方便与否,掌握沟通渠道的最终选择权。例如,有的客户或潜在的客户不喜欢那些不请自来的电子邮件,但对企业偶尔打来电话却不介意,因此,对这样的客户,企业应避免向其主动发送电子邮件,而应多利用电话这种方式进行沟通。CRM 的客户沟通渠道集成就有助于针对性地和客户进行联系,避免采取一些客户不喜欢的方式进行沟通。

同时,CRM 的集成还体现在 CRM 与 ERP 的事例上。企业实施 CRM 的目标之一就是实现"前端办公自动化",需要重组业务流程和融合内部应用软件,实现互联网功能与企业内部网功能的交互。其中最需要变化的通常是订单管理模块、供应链系列模块、财务管理模块和客户服务模块。重整有两种实现方式,一种是从"前端办公软件"开始,向"后端"推进,即首先建立销售人员可以迅速学习和掌握的机会管理、订单输入和服务要求输入的界面,然后把收集到的数据向后台 ERP 传送,或者实现这两个数据库的同步更新;另一种方式是从"后端"的企业资源数据库(ERP)中向"前端"推进,保持 ERP 的服务器/客户端的基本架构,而且"客户端"可以采用以浏览器为主的"瘦客户端"。也就是说,后台数据库可以直接接受网络上传入的数据,用户从浏览器上输入用户名和密码后,立刻就可以查询、更新后端数据库里的信息。

5.1.3　客户关系管理的营销功能

CRM 是一个前台系统,它包括市场、销售和服务 3 大领域,是一种以客户为中心的经营策略,它以信息技术为手段,对相关业务功能进行重新设计,并对相关工作流程进行重组,以达到留住老客户、吸引新客户、提高客户利润贡献度的目的。从管理科学的角度来考察,CRM 源于市场营销理论;从解决方案的角度考察,CRM 是将市场营销的科学管理理念通过信息技术的手段集成在软件上面,得以在全球大规模地普及和应用。市场营销作为一门独立的经济学科已有将近百年的历史。近几十年来,市场营销的理论和方法极大地推动了西方国家工商业的发展,深刻地影响着企业的经营观念以及人们的生活方式。近年来,信息技术的长足发展为市场营销管理理念的普及和应用开辟了广阔的空间。在有些方面,信息技术的智能正在取代人类的智能。

CRM 在市场营销中的功能按其本质可以分为两大类:决策支持和服务支持。

1)决策支持

这类应用主要在于累计客户信息,分析客户行为,根据对以前绩效的分析,评估未来的销售、营销和客户服务活动,将分析结果,如利润、生命周期、潜力、忠诚度等量化指标以图表的形式提供给企业决策者,以便预测行业、企业的未来发展,并作出相应决策。

(1)商业行为分析

商业行为分析通过对客户的资金分布情况、流量情况、历史记录等方面数据来分析客户的综合状况。主要包括:

● 产品分布状况分析:分析客户在不同的地区、不同的时段所购买的不同类型的产品的数量,可以获取当前营销系统的状态、各个地区的市场状况,以及客户的运转情况。

● 消费者保持力分析:通过分析详细的交易数据细分那些企业希望保持的客户,并将这些客户名单发布到各个分支机构以确保这些客户能够享受到最好的服务和优惠的措施。细分标准可以是单位时间交易次数、交易金额、结账周期等指标。

● 消费者损失率分析:通过分析详细的交易数据来判断客户是否准备结束商业关系,或正在转向另外一个竞争者。其目的在于对那些已经被识别为结束了交易历史的客户进行评价,寻找他们结束交易过程的原因。

- 升级销售/交叉销售分析:对那些即将结束交易周期或有良好货款信用的客户,或者有其他需求的客户进行分类,便于企业识别不同的目标对象,实施升级销售/交叉销售。

(2)客户特征分析

- 客户行为习惯分析:根据客户购买记录来识别客户的行为习惯和价值,主要用于根据价值来对客户进行分类和根据行为习惯提供个性化服务。
- 客户产品意见分析:根据不同的客户对各种产品所提出的各种意见,以及当各种新产品或服务推出时的不同态度来确定客户对新事物的接受程度。

(3)客户忠诚度分析

客户忠诚度分析是基于客户对企业的信任度、往来频率、满意程度以及继续接受同一企业服务的可能性的综合评估。

保持老客户要比寻求新客户更加经济,保持与客户之间的不断沟通、长期联系、维持和增强消费者的感情纽带,是企业间新的竞争手段。而且这种客户忠诚度巩固的竞争具有隐蔽性,竞争者看不到任何策略变化。

(4)客户注意力分析

- 客户意见分析:根据客户所提出的意见类型、有意见产品、日期、发生和解决问题时间、销售代表和区域等指标来识别与分析一定时期内的客户意见,并指出哪些问题能够成功解决,而哪些问题不能解决,并分析原因。
- 客户咨询分析:根据客户咨询的产品、服务和受理咨询的部门,以及发生和解决咨询的时间来分析一定时期内的客户咨询活动,并且区分成功解决和未解决的咨询。
- 客户建议分析:根据产品、组织单位和区域来分析一定时期内客户提出的建议,并识别客户的建议是否被执行的原因,同时跟踪这些建议的执行情况。
- 客户接触评价:根据企业部门、产品、时间区段来评价一定时期内各个部门主动接触客户的数量,并获取客户是否在每星期都受到多个组织单位的多种信息。
- 客户满意度的分析与评价:根据产品、区域来识别一定时期内感到最满意的 20% 的客户和感到最不满意的 20% 的客户,并描述这些客户的特征。

(5)客户行销分析

为了对潜在的趋势和销售数据模型有比较清楚的理解,需要对整个行销过程有一个全面的观察。

(6)客户收益率分析

对每一个客户的成本和收益进行分析,可以判断哪些客户是为企业带来利润的。

2)服务支持

CRM 服务支持,就是根据 CRM 分析结果,以创造客户、服务客户、增大客户价值为目标,选择适当的客户群,进行客户关系管理,实现有针对性的服务。具体就是要识别利润贡献度最高的客户并相应对待;引导潜在消费至适当的销售渠道;利用客户喜欢的沟通渠道来增加对客户需求的了解;参照前面与其他客户的联络记录与目前的客户沟通等。

综上所述,传统的企业只在客户第一次交易时将客户的原始资料进行存档,但随着时间的推移,每个客户在行业以及社会的地位和角色都不断发生变化,而 CRM 系统却能及时地跟踪客户的动态并及时反馈给企业决策和生产部门,大大加强了市场营销部门的工作效率,降低了工作强度,提高了营销自动化的程度。

5.1.4 客户关系管理的营销原则

在新营销时代,要保持企业持续健康快速的发展,需要处理好客户关系管理的营销,因此可以遵循以下 4 项原则来进行。

1)把处理客户关系放在企业发展战略的高度

一个企业无论发展到哪个阶段,或者搞加工,或者做产品,或者塑品牌,或者树标准,都是离不开客户的。什么叫企业发展战略? 客户长远利益的实现高度和实现步骤就是企业发展战略。把客户关系放在企业发展战略高度来处理就可以既能保证满足客户的眼前利益,又能保证满足客户的长远利益。因此,处理客户关系必须站在企业发展战略的高度。

2)把建立客户双向忠诚度作为客户关系的核心来抓

几乎所有的企业都了解企业的利润来源于客户。为了使利润持续不断地进入企业,就需要建立客户的忠诚度,并能达到长久的青睐。这种忠诚是以感情为基础的,而不是其他(或是以权利为基础,或是以金钱为基础,或是以武力为基础)。海尔提出"真诚到永远"就是以感情为基础的,因此产生了一个推销员背着洗衣机走几十里路,也要按时给客户送到货的感人故事。在这里目的是要客户对企业有忠诚度,手段是企业(通过销售人员)要对客户有忠诚度,因此建立客户双向忠诚度应是客户关系的核心问题。

3)企业内部要形成人人学会与客户沟通的机制

客户要偏爱企业的品牌,对品牌产生忠诚度就需要沟通。目前,许多企业比较重视销售人员与客户的沟通,没有达到企业内人人重视沟通,人人学会沟通的水平。企业要形成人人学会与客户沟通的机制,从产品设计、原材料采购,到加工、包装、物流、财务、销售、售后服务、信息反馈等各个环节,都要有沟通的意识、沟通的技巧。全员沟通的形成是企业销售人员沟通的基础和氛围,只有形成这样的机制,才能有利于客户忠诚度的建立。

4)寻求客户要有全面的长远的眼光

对一个企业来说,有各种各样的客户,并不是每个客户都能给企业带来巨大的利润。客户天生就存在差异,大众营销策略在忠诚的世界里根本不适用,因为并不是每个客户都适于成为忠诚客户。"忠诚"也是一种权利,以忠诚为核心的企业管理应当记住以下 3 点:

①有些客户天生办事可靠,为人诚实,而不计较是跟哪家公司做生意。这种人喜欢稳定而长期的业务关系。

②与有些客户做生意比一般人更有钱可赚,他们买东西较多,支付账单更痛快,需要的服务反倒不多。

③有些客户会觉得你的产品和服务比你的竞争对手更好,更加物有所值。

你的特定优势更能满足某些客户的需求,因此要获得客户的忠诚,重要的一步就是对客户进行细分,找寻到正确客户。

5.2　数据库营销

　　数据库营销并不是一种新的营销方式,它在西方已有十几年的发展历史。20 世纪 80 年代中期,西方发达国家市场经济体制已经发育得比较成熟,市场基本是供给大于需求,形成了买方市场,企业之间的竞争日趋激烈,企业短期利益减少。竞争的结果是,追求利润最大化的经营目标逐渐被以追求适当利润和较高市场占有率的经营目标所替代;同时以顾客需求为导向的营销观念也逐渐被大部分企业所接受。这就要求企业与顾客之间需要进行良好的双向沟通。

　　随着信息科技的迅猛发展,尤其是计算机技术的发展,数据库强大的数据处理能力为企业与客户这种双向沟通的方式提供了强有力的支持,畅通的信息沟通与共享使企业的各个部门、顾客以及各种环境因素融为一体,这就使得建立营销基础之上的数据库营销应时而生。

5.2.1　数据库营销的定义

　　关于数据库营销的定义,可谓众说纷纭。目前广为接受的数据库营销的定义主要有:

1)菲利普·科特勒的定义

　　在营销学权威菲利普·科特勒(Philip Kotler)的《市场营销管理》第九版中,数据库营销的定义是指营销者建立、维持和利用顾客数据库和其他数据库(产品、供应商、批发商和零售商),以进行接触和成交的过程。但这个定义将数据库营销的作用或功能仅局限于狭义的促销范畴内,不利于营销者充分认识数据库营销在企业营销实践中的重大作用。

2)美国全国数据库营销中心的定义

　　美国全国数据库营销中心提出的数据库营销的定义为:数据库营销是一套内容涵盖现有顾客和潜在顾客,可以随时扩充更新的动态数据库管理系统,其功能有:

　　①确认最易打动的顾客及潜在顾客。

　　②与顾客建立起长期、高品质的良好关系。

　　③根据数据库建立先期模型,使之能够做到:

- 于适当时机以合适方式将必要的信息传达给适当的顾客;
- 有效地赢得顾客的欢心;
- 让营销支出更有效益;
- 建立品牌忠诚度;
- 增加利润。

　　综合而言,数据库营销(Database Marketing),就是企业通过收集和积累现有和潜在消费者的大量信息,从而建立一个数据库。该数据库是动态的,可以随时增加和更新消费者的相关信息,基于该数据库,能帮助企业确认目标消费者,更迅速、更准确地抓住他们的需求,利用这些信息给产品以精确定位,有针对性地制作营销信息,然后用更有效的方式把产品和服务信息传达给消费者。在为消费者服务的同时,和他们建立互信共赢的良好关系,从而实现服务过程本身营销的目的。

数据库营销是营销领域的一次重要变革,是一个全新的营销概念。一套有效的数据库营销方法,可以让营销人员乃至管理阶层有机会重新检视其营销策略与效率,认识企业与顾客关系的价值,建立长期的顾客忠诚度,并增加长期利润。一个企业要想在市场竞争中取得成功,其营销人员善于利用数据库营销技巧,倾听顾客的声音,满足顾客需求,搞好同顾客的关系是其重要一环。

5.2.2　数据库营销的竞争优势

相对于其他的营销手段,数据库营销能够帮助企业更加准确地了解消费群体,为企业提供最新的市场信息,并能够帮助企业更加快捷地与消费者取得联系,这些都有助于企业提高竞争优势。

1）帮助企业准确找到目标消费者群

数据库营销是营销领域一次重要变革,是一个全新的营销概念。在生产观念指导下的营销,各种类型的消费者接受的是相同的、大批量生产的产品和信息。在市场细分化理论下的营销,是根据人口统计及消费者共同的心理特点,把顾客划分为若干类。而现在,新一代高速计算机和数据库技术可以使企业能够集中精力于更少的人身上,最终目标集中在最小消费单位——个人身上,实现精准定位。

2）帮助企业降低成本,提高效率

数据库营销可以帮助企业在最合适的时机以最合适的产品满足顾客需求,《华尔街周刊》这样写道:读书俱乐部永远不会把同一套备选书集放在所有会员面前了,现在的俱乐部都在进行定制寄送,他们根据会员最后一次选择和购买记录以及最近一次与会员交流活动中获得的有关个人生活信息,向会员推荐不同的书籍。效果是很明显的:一方面减少了损耗,而会员购买的图书量却提高了。数据库营销者减少了不恰当地寄送带来的无谓浪费,还提高了公司企业的形象。因为顾客有种感觉:这个公司理解我,知道我喜欢什么并且知道我在什么时候对什么感兴趣。据有关资料统计,没有动用数据库技术进行筛选后而发送邮寄宣传品,其反馈率只有 2% ~ 4%,而用数据库进行筛选,其反馈率可以高达 25% ~ 30%。

3）帮助营销者结合最新信息和结果制订出新策略

随着企业新策略的制订和实施,可以使消费者成为本企业产品长期忠实用户。越来越多的企业投资建立数据库,以便能够记录顾客最新反馈,利用公司最新成果分析出针对性强的保证稳定消费群的计划来。例如,某航空公司,内存 80 万人的资料,这些人平均每人每年要搭乘该公司的航班达 13 次之多,占该公司总营业额的 65%。因此该公司每次举行促销宣传活动,必须以他们为主要对象,极力改进服务,满足他们的需要,使他们成为稳定的客户。

4）为开发营销新项目并增加收益提供信息

美国运通公司根据持卡人数据库开展了一个新促销活动,运通卡的持有人购车时,在运通公司所列的 25 家国内汽车制造商处可以不用现付,然后,运通公司发出一份有关购车习惯的消费者个人信息问卷,回馈率很高,收回了 100 000 份有效问卷,这一活动的市场效果非常好,顾客在家中就可以了解更多的购车信息,而且享受到优惠,并一改现款交易可以使用信用卡。汽车制造商得到一份数据库,销售量增大,运通公司扩大了信用卡业务,同时也收集了大量信息。

5)发展新的服务项目并促成购买过程简便化,带来重复购买的可能

比如,一些目录公司设一个 ID 电话号码,根据顾客资料卡判断哪些顾客有重复购买相同商品的需要,把这个电话号码寄给他们,顾客只需轻轻一按,订购服务代表就将订货信息输入记录,不必为顾客重复回答相同问题。一些礼品公司把顾客去年的订货单寄回给顾客,这样有效地提醒他们订购礼品的时候到了,他们可以保持原样,也可以选一些新的产品。

6)有助于企业选择合适的营销媒体

企业根据顾客数据库确定目标,从顾客所在地区,从消费者的购买习惯,购买能力,商店数目作出大致销售的估计。这些是决定营销媒体分配,充分传达广告内容,是消费者产生购买行为必须要考虑的内容。在制订媒体计划阶段,有关消费者所有的情报更是营销人员必须了如指掌的内容。数据库营销的着眼点是在一个人而不是广大群众,因此必须根据数据库提供的信息,谨慎考虑要以何种频率来与个人沟通才能达到良好的效果。

7)运用数据库与消费者建立紧密关系

通过与消费者建立紧密关系,企业可使消费者不再转向其竞争者,同时使企业间竞争更加隐秘,避免公开对抗。那些致力于同消费者保持紧密联系的企业都认为,没有什么东西比拥有一个忠诚的消费者更重要了,而且与寻求新顾客相比,保留老顾客更便宜、更经济。因此运用数据库经常地与消费者保持双向沟通联系,可以维持和增强与消费者的感情纽带,从而增强抵抗外部竞争的干扰能力。另外,传统营销中,运用大众传媒大规模开展促销活动,容易引起竞争者的对抗行为,削弱促销的效果。运用数据库营销,无须借助大众传媒,比较隐秘,一般不会引起竞争对手的注意,容易达到预期的促销效果。

5.2.3　数据库营销的基本功能

通过数据库的建立和分析,企业的各部门都对顾客的资料有详细全面的了解,可以给予顾客更加个性化的服务支持和营销设计,使"一对一"的顾客关系管理成为可能。数据库营销是一个"信息双向交流"的体系,它为目标顾客提供了及时作出反馈的机会,并且这种反馈是可测定和度量的。

数据库营销在西方发达国家的企业里已相当普及,美国 Donnelley Marketing 公司的调查显示,56% 的零售商和制造商有营销数据库,10% 的零售商和制造商正在计划建设营销数据库,85% 的零售商和制造商认为在 21 世纪初,他们将需要一个强大的营销数据库来支持他们的竞争实力。从全球来看,数据库营销作为市场营销的一种形式,正越来越受到企业管理者的青睐,在维系顾客、提高销售额中扮演着越来越重要的角色。

1)宏观功能——市场预测和实时反应

客户数据库的各种原始数据,可以利用"数据挖掘技术"和"智能分析"在潜在的数据中

发现赢利机会。基于顾客年龄、性别、人口统计数据和其他类似因素,对顾客购买某一具体货物可能性作出预测;能够根据数据库中顾客信息特征,有针对性地制订营销策略与促销手段,提高营销效率,帮助公司决定制造适销的产品以及为产品制订合适的价格;可以以所有可能的方式研究数据——按地区、国家、顾客大小、产品、销售人员,甚至按邮编,从而比较出不同市场销售业绩,找出数字背后的原因,挖掘出市场潜力。

企业产品质量上或者功能上的反馈信息首先通过市场、销售、服务等一线人员从面对面的顾客交谈中得知,把有关的信息整理好以后,输入数据库,定期对市场上的顾客信息进行分析,提出报告,帮助产品在工艺或功能上的改善和完美,产品开发部门作出前瞻性的研究和开发;管理人员可以根据市场上的实时信息随时调整生产和原料的采购,或者调整生产产品的品种,最大限度地减少库存,做到"适时性生产"和"及时性交付"。

2)微观功能——分析每位顾客的赢利率

事实上,对于一个企业来说,真正给企业带来丰厚利润的顾客只占所有顾客中的20%。他们是企业的最佳顾客,赢利率是最高的,对这些顾客,企业应该提供特别的服务、折扣或奖励,并要保持足够的警惕,因为竞争对手也是瞄准这些顾客发动竞争攻击的。然而绝大多数的企业的顾客战略只是获取顾客,很少花精力去辨别和保护他们的最佳顾客,同时去除不良顾客;他们也很少花精力到竞争者手中去策反顾客,优化产品和服务,提高赢利率。利用企业数据库中的详细资料我们能够深入到信息的微观程度,加强顾客区分的统计技术,计算顾客的赢利率,然后去抢夺竞争者的最佳顾客,保护好自己的最佳顾客,培养自己极具潜力的顾客,驱逐自己最差的顾客。

通用电气公司的消费者数据库能显示顾客的各种详细资料,保存每次交易的明细记录。他们可以根据消费者购买公司家用电器的历史,来判断谁对公司和新产品感兴趣,能确认谁是公司的大买主,并给他们送上价值精美的小礼物,以促使他们对公司产品的下一次购买。

5.2.4 数据库营销与传统营销的区别

传统的大众化营销通常都是所谓以产品为中心的营销,在这个阶段,对量化分析的要求有限,不会像数据库营销这样对所有的相关数据都进行归纳分析,也没有将数据化营销提高到整个营销过程中的管理核心地位。数据库营销使得企业从规模营销转向"一对一营销",或者叫个性化营销,使得企业有能力面对广泛的顾客,并给每一个顾客提供独特的产品。这也就意味着,数据库营销可以根据顾客的需要提供产品,而成本上与标准化生产和规模化营销却没有什么差别。数据库营销与传统营销的区别见表5.1。

表 5.1 数据库营销和传统营销的比较

类 别	传统营销	数据库营销
控制方	商家	顾客
顾客介入设计	有	有
提前获得的顾客数据	低	高

续表

类　别	传统营销	数据库营销
与生产系统的联系	低	高
与顾客系统的联系	低	高
照单定制系统	没有	有

5.2.5　数据库营销的运作模式

数据库营销在实际运作过程中,虽然具体内容有所差异,但其运作模式、信息处理过程基本相同,其运作程序如图 5.1 所示。

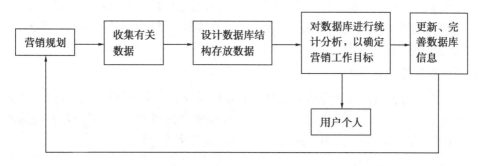

图 5.1　数据库营销运作模式

1）数据库营销的规划

企业在实施数据库营销之前,必须首先进行总体的规划,而营销分析和技术分析是数据库营销规划的第一步。

（1）营销分析

营销分析的目的在于了解企业内外部的营销环境、企业的业务状况及竞争的强势与弱势,进而确定公司现有业务中哪些适合实施数据库营销。通常应考虑以下要点:现有业务是否存在与顾客有关联的频繁或高额的购买行为;市场是否多样化,能否从足够的细分市场中获益;顾客是否存在进行更大量购买的潜力;产品的类型、生命周期及竞争地位等。

（2）技术分析

实施数据库营销的技术基础是设计和建立数据库营销信息系统,包括一个计算机化的数据装置;数据库系统软件;大型数据库(数据仓库);营销信息数据统计、分析等处理软件包;专业信息处理员等。数据库技术作为专业性技术依赖于公司的技术力量和技术投资,因此,必须对公司能够在多大程度上支持技术投资,以及技术发展和应用状况进行分析和评价。

在营销分析和技术分析的基础上,企业应针对选定的目标业务设定 3～5 年中长期的数据目标,并相应地拟订具体营销计划,包括目标实施的先后顺序、营销策略组合、营销预算等,同时设立专人来负责数据库营销的组织与技术支持。

在完成数据库营销规划的基础上,就需要对数据库进行建立和维护。

2)收集有关数据

数据库运转起始于顾客的信息,因此,开展数据库营销企业的首要任务是运用多种方式收集顾客个人的有关资料。对于经营保险、银行、邮购等类的企业来说,获取客户的个人资料非常容易,因为这些业务要求客户提供自己的一些个人资料;而对于其他经销商来讲,问题就不那么简单了。目前,在美国的经销商获取消费者个人信息的方式有很多种,如:各种形式的优惠券,拨免费电话和抽彩活动登记等。如美国菲利普莫里斯公司通过向接受免费产品的顾客发放详细的问卷建立了一个拥有 2.6 亿烟民姓名和地址的数据库;卡夫通用食品公司通过顾客邮寄回的附单及对其他促销的反馈,获取了一份有 3 000 万顾客的名单。

3)设计数据库结构

数据库中的数据能否被充分有效地利用,很大程度上取决于数据库结构设计是否合理,因而,应根据信息的内容、特点以及用途设计合理的数据库结构,使数据得到科学的存取,充分体现"数据共享"这一特点。

4)对数据进行统计分析

对数据库进行大量的统计分析的主要目的是根据企业业务、经营发展的需要,从数量庞杂的消费者个人信息中寻找发现与企业营销目标相吻合的消费者,确定企业营销的消费者模型,即营销工作目标,以开展有针对性的、直达消费者个人的营销活动。

5)更新、完善数据信息

数据库营销中的数据收集与运用不是一劳永逸的,随着企业营销范围的调整,业务的拓展以及经营目标的变动,需要不断地吸收新的营销信息,同时消费者个人的资料也处在不断变化之中,因此,更新完善数据库信息是数据库营销中又一个不可忽视的问题。

5.3　关系营销

关系营销是 20 世纪 80 年代末 90 年代初在西方企业界兴起的一种新型营销观念。它是由西方的营销学者对大量企业的营销思想、营销策略、营销行动进行分析总结之后提出的一种新的营销理论。它契合了现代企业的营销实践活动,一经产生就获得了企业界广泛的响应,并得到了迅猛发展。

5.3.1　关系营销的定义

1983 年美国学者贝利(Berry)在服务营销研究中正式引入了关系营销的概念,并将之定义为"吸引、保持和增进顾客关系"。早期的关系营销主要集中于工业市场和服务市场,以后逐步扩展并被"期望"发展成一个具有普遍意义且系统的"营销理论"——一个营销的新范式。

1)关系营销的概念

关系营销,又称为顾问式营销,指企业在赢利的基础上,建立、维持和促进与顾客和其他伙伴之间的关系,以实现参与各方的目标,从而形成一种兼顾各方利益的长期关系。关系营销把营销活动看成是一个企业与消费者、供应商、分销商、竞争者、政府机构及其他公众发生互动作用的过程,正确处理企业与这些组织及个人的关系是企业营销的核心,是企业经营成败的关键。它从根本上改变了传统营销将交易视作营销活动关键和终结的狭隘认识。企业应在主动沟通、互惠互利、承诺信任的关系营销原则的指导下,利用亲缘关系、地缘关系、业缘关系、文化习惯关系、偶发性关系等与顾客、分销商及其他组织和个人建立、保持并加强关系,通过互利交换及共同履行诺言,使有关各方实现各自的目的。

因此,关系营销是为了建立、发展保持长期的成功的交易关系进行的所有市场营销活动,是以建立、维护、改善、调整"关系"为核心,对传统的营销观念进行革新的一种理论。关系营销以系统理论为指导思想,将企业置身于社会经济大环境中来考察企业的市场营销活动,认为正确处理与这些相关利益者的关系是企业市场营销的核心,也是企业生存和发展的基础。

2)关系营销与交易营销的比较

关系营销与传统的交易营销相比,在对待顾客上的不同之处主要在于:

①交易营销关注的是一次性交易,关系营销关注的是如何保持顾客。

②交易营销较少强调顾客服务,而关系营销则高度重视顾客服务,并通过顾客服务来提高顾客满意度,培育顾客忠诚度。

③交易营销往往只有少量的承诺,关系营销则有充分的顾客承诺。

④交易营销认为产品质量应是生产部门所关心的,关系营销则认为所有部门都应关心质量问题。

⑤交易营销不注重与顾客的长期联系,关系营销的核心就在于发展与顾客的长期、稳定关系。

关系营销不仅将注意力集中于发展和维持与顾客的关系,而且扩大了营销的视野,它涉及的关系包含了企业与其所有利益相关者间所发生的所有关系。

5.3.2　关系营销的本质与特征

关系营销把企业的市场营销活动置于整个社会经济的大循环之中,而不是仅仅局限于产品交易市场,使公共关系成为企业市场营销成败的关键。企业市场营销的实质是交换。企业只有让客户切实体会到交换的互利性,即产生良好的情感、印象,并产生相互依赖感,才能真正顺利地实现交换目的。关系营销的本质与特征表现在:

1)协同是关系营销立足于市场的基础

关系双方为了达到对各方都有益的共同目的,彼此相互配合,联合行动,协同完成某项工作。协同、合作的关系状态,实质上是一种协调状态,双方彼此相互适应、相互顺从、互助互利、和谐一致。合作是协调的最高形态,不仅仅是企业与客户之间需要保持良好的合作关系,企业与企业之间的长期合作关系也有助于保持企业的稳定和发展。企业市场营销的宗旨从追求每一笔交易的利润最大化转向追求各方利益的最优化,通过与公司营销网络中的成员建立长期、良好、稳定的伙伴关系,才能保证销售额和利润的稳定增长。

2)良好的沟通是建立关系营销的前提

良好的沟通是关系营销中的一个重要的因素。沟通使企业得以了解客户的需求,发现问题并帮助客户设计解决问题的方案,并指导客户如何解决这个问题。

3)双向的信息交流是关系营销实施的渠道

良好的关系是指渠道的畅通,恶化的关系则意味着渠道的阻滞,中断的关系则指渠道的堵塞。关系营销即是一种双向的信息交流。以双向为原则的信息沟通,既可以由企业开始,也可以由客户向营销方开始。由企业主动和客户联系进行双向交流,对于加深客户对企业的认识、察觉需求变化、满足客户的特殊需求以及维系客户等方面有重要意义。广泛的信息交流与信息共享,可以使企业赢得支持与合作。这是关系营销的一个本质特征。

4)互利双赢是关系营销的基本目标

关系是建立在互利的基础上,使双方的利益取得一致,并使双方的利益得以满足,这是关系赖以建立和发展的基础。真正的关系营销是达到关系双方互利互惠的境界。因此关系协调的关键在于了解双方的利益需求,寻找双方的利益共同点,并努力使共同的利益得以实现。关系营销的基本目标是为企业赢得公众的信赖、好感与配合,因此当关系双方的利益相冲突时,企业只能舍弃实质利益,换来的是宝贵的关系利益。

5.3.3 关系营销的基本模式

关系营销的核心是通过与顾客建立并保持良好的关系,从而营造顾客的忠诚。同时,在建立顾客忠诚的过程中也需要循序渐进,并且保持好与企业相关方之间的关系,这样才能够与顾客保持长期的友好合作关系,从而为企业带来长期的效益。

1)关系营销的中心——顾客忠诚

顾客忠诚是关系营销的中心。分析顾客需求—满足需求并保证顾客满意—营造顾客忠诚,构成了关系营销中的三部曲:

(1)分析顾客需求

顾客需求满足与否的衡量标准是顾客满意程度:满意的顾客会对企业带来有形的好处(如重复购买该企业产品)和无形产品(如宣传企业形象)。有营销学者提出了导致顾客全面满意的7个因素及其相互间的关系:欲望、感知绩效、期望、欲望一致、期望一致、属性满意、信息满意;欲望和感知绩效生成欲望一致,期望和感知绩效生成期望一致,然后生成属性满意和信息满意,最后导致全面满意。

(2)保证顾客满意

从上述模式中可以看出,欲望和期望与感知绩效的差异程度是产生满意感的来源,因此,企业可采取下面的方法来取得顾客满意:提供顾客满意的产品和服务;提供附加利益;提供信息通道。

(3)营造顾客忠诚

市场竞争的实质是争夺顾客资源。维系原有顾客,减少顾客的叛离,要比争取新顾客更为有效。维系顾客不仅仅需要维持顾客的满意程度,还必须分析顾客产生满意情感的最终原因,从而有针对性地采取措施来维系顾客,以营造顾客忠诚。

2)关系营销的构成——梯度推进

贝瑞(Berry)和帕拉休曼(Parasuraman)归纳了 3 种建立顾客忠诚的方法:

(1)一级关系营销

一级关系营销在顾客市场中经常被称作频繁市场营销或频率市场营销。这是最低层次的关系营销,它是指企业通过财务上的价值让渡吸引客户,以此建立长期交易关系,维持关系的重要手段是利用价格刺激对目标公众增加财务利益。

(2)二级关系营销

二级关系营销是指企业不仅用在财务上的价值让渡吸引客户,而且尽量了解各个客户的需要和愿望,并使服务个性化和人格化,以此来增加企业和客户的社会联系。二级关系营销在建立关系方面优于价格刺激,增加社会利益,同时也附加财务利益,主要形式是建立顾客组织,包括顾客档案和正式的、非正式的俱乐部以及顾客协会等。

(3)三级关系营销

三级关系营销是指企业和客户互相依赖对方的结构发生变化,双方成为合作伙伴关系。三级营销关系的建立,在存在专用性资产和重复交易的条件下,如果一方放弃关系将会付出转移成本,关系的维持具有价值,从而形成"双边锁定"。这种良好的结构性关系将会带来长期价值,还可以获得持久的竞争优势。

3)关系营销的模式——作用方程

企业不仅面临着同行业竞争对手的威胁,而且在外部环境中还有潜在进入者和替代品的威胁,以及供应商和顾客的讨价还价的较量。因此,企业面临着 5 种力量的威胁,如图 5.2 所示。

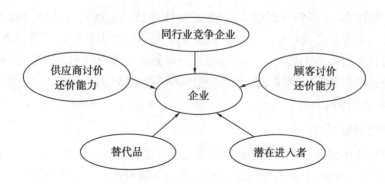

图 5.2　企业面对的竞争威胁

在关系营销中将这 5 种力量都视为营销的对象,即企业作为营销方,其他 5 种力量就是被营销方,因此这里关系营销的范围更广。

企业与这 5 种力量之间存在着作用力,这种作用力是指决策的权利和行为的力量。企业营销的目标是使本企业在产业内部处于最佳状态,能够抗击或改变这 5 种作用力。双方作用力的关系可用下列 3 个方程表示:

"营销方的作用力"<"被营销方的作用力"

"营销方的作用力"="被营销方的作用力"

"营销方的作用力">"被营销方的作用力"

当营销方的作用力与被营销方的作用力不相等时,就会产生一方被另一方威胁,或是一方受制于另一方的现象,结果引起营销失衡。例如,当作为营销方的企业作用力大于作为被营销方的消费者的作用力时,企业相当于一个垄断者的地位,此时消费者处于劣势,容易引起消费者的不满;同理当消费者处于强势时,企业很容易受到其他竞争者的威胁,从而使经营处于不利境地。而当两者作用力相当时,则可以进行协商,从而实现双赢。

引起作用力不等的原因是市场结构状态的不同和占有信息量的不对称。在竞争中,营销作用力强的一方起着主导作用,当双方力量势均力敌时,往往采取谈判方式来影响、改变关系双方作用力的大小,从而使交易得以顺利进行。

5.3.4　实施关系营销的策略

开展关系营销需要企业各个部门之间进行协调组织和配合,同时还需要企业合理有效地进行资源配置,其本质上就是企业对内部协调以及外部关系整合能力的提高,因此,实施关系营销需要企业从以下3个方面来着手:

1)关系营销的组织设计

为了对内协调部门之间、员工之间的关系,对外向公众发布消息、处理意见等,通过有效的关系营销活动,使企业目标能顺利实现,企业必须根据正规性原则、适应性原则、针对性原则、整体性原则、协调性原则和效益性原则建立企业关系管理机构。该机构除协调内外部关系外,还将担负着收集信息资料、参与企业的决策预谋的责任。

2)关系营销的资源配置

面对当代的顾客、变革和外部竞争,企业的全体人员必须通过有效的资源配置和利用,同心协力地实现企业的经营目标。企业资源配置主要包括人力资源和信息资源。人力资源配置主要是通过部门间的人员转化、内部提升、跨业务单元的论坛和会议等进行。信息资源共享方式主要是利用计算机网络、制定政策或提供帮助削减信息超载、建立"知识库"或"回复网络"以及组建"虚拟小组"。

3)关系营销的协调

关系营销的效率提升,需要与外部企业建立合作关系,这必然会与之分享某些利益,增强对手的实力;另一方面,企业各部门之间也存在着不同利益。这两方面形成了关系协调的障碍。具体的原因包括:利益不对称、担心失去自主权和控制权、片面的激励体系、担心损害分权。关系各方环境的差异会影响关系的建立以及双方的交流。跨文化间的人们在交流时,必须克服文化所带来的障碍。对于具有不同企业文化的企业来说,文化的整合,对于双方能否真正协调运作有重要的影响。关系营销是在传统营销的基础上,融合多个社会学科的思想而发展起来的,它吸收了系统论、协同学、传播学等方面的思想。

关系营销学认为,对于一个现代企业来说,除了要处理好企业内部关系,还要尽可能与其他企业结成联盟,企业营销过程的核心是建立并发展与消费者、供应商、分销商、竞争者、政府机构及其他公众的良好关系。无论在哪一个市场上,关系具有很重要的作用,甚至成为企业市场营销活动成败的关键。因此,关系营销日益受到企业的关注和重视。

5.4 一对一营销

一对一营销(One to One Marketing)是 20 世纪 90 年代兴起的一个新的营销战略。随着消费者教育背景的提升,以及消费结构的巨大变化,针对"客户不希望被同等对待,而希望能被个别对待",和从"由市场为我定标准"转变为"注重个性化的自我消费"的社会现实,研究和广泛运用能够满足人们对产品个性化需求的一对一营销,是我们不容忽视的一个重要问题。

5.4.1 一对一营销的核心理念

一对一营销关注客户终生价值,推崇长期互动沟通,更加明确目标客户和客户的目标需求,通过实施一对一的互动沟通,更富于人性化地提高了顾客忠诚度,更隐蔽地实施了企业营销战略。一对一营销的核心理念包含以下几个方面:

1)顾客份额(Customer Share)

顾客份额亦称"钱袋份额",指的是一个企业在一个顾客的水平产品消费中所占的比重。企业要想提高自己的顾客份额,就必须与一个一个的顾客建造关系,通过与顾客长期持续的互动沟通,了解顾客的需求,最大限度地满足顾客,提升顾客的忠诚度,从而出现越来越多的"回头客",顾客的重复购买就会大大提升该企业在顾客的同类消费中的比重。

2)终生价值(LTV,Life Time Value)

一对一营销聚焦于顾客的终生价值,预估顾客终生惠顾所带来的利润。

所谓客户的终生价值是随着时间的延续,企业从客户(个人、家庭或中间商)那里获得的所有收益超过公司为吸引这个客户、向这个客户出售商品、提供服务等所有支出成本的一个可接受的现金量,并且要将这个现金量折为现值。

随时间推移,客户获利性增加的来源可以分为:客户初期购买给企业带来的收益;重复购买带来的收益;交叉销售带来的收益;有效配合带来的收益;客户推荐收益;忠诚客户带来的收益等 6 个方面。根据这些不同的收益来源得出客户终生价值组成:

$$LTV = LTV_1 + LTV_2 + LTV_3 + LTV_4 + LTV_5 + LTV_6$$

式中　LTV——客户在其一生中有可能为企业带来的价值之和;

　　LTV_1——客户初期购买给企业带来的收益;

　　LTV_2——以后若干时间内客户重复购买及由于客户提高支出分配(或称为钱包份额)为企业所带来的收益;

　　LTV_3——交叉销售带来的收益,客户在长时期内倾向于使用一个厂家的更多种产品和服务;

LTV_4——由于厂商和客户都知道如何在长期内更有效地相互配合,使得服务成本降低、并能原谅某些失误及提高营销效率所带来的收益;

LTV_5——客户是公司的一个免费的广告资源,客户向朋友或家人推荐企业的产品或服务所给企业带来的收益,即推荐收益;

LTV_6——随着时间推移,重复购买者或忠诚客户对价格的敏感性降低,不是等到降价或不停地讨价还价才购买所获得的收益。

为了能够更清晰地看到客户为企业带来的终生价值,需要将这些未来的收益折为现值。美国普杜大学(Purdue)乔恩·安东(Jon Anton)博士在《呼叫中心数字化管理》一书中给出了一个客户终生价值的简单计算公式:

$$LTV = \frac{R\{1-[1/(1+r)^n]\}}{r}$$

式中　LTV——一个忠诚客户给企业带来收入的当前值;

R——企业每年从忠诚客户那里获得的收入;

r——贴现率,又称"折现率",指今后收到或支付的款项折算为现值的利率;

n——客户对企业忠诚的年数。

对 LTV 求一阶导数得:

$$\frac{\mathrm{d}LTV}{\mathrm{d}r} = R \cdot \left[-\frac{1}{r^2} + \frac{1+nr(1+r)^{-t}}{r^2(1+r)^n} \right] \leq 0$$

因此,客户的终生价值与贴现率成反比。贴现率越高,客户的终生价值越小。当贴现率高时,客户在未来期间对企业的贡献在客户终生价值中的比例下降,此时企业会更注重当前的销售状况。

3)顾客等级(Customer Levels)

根据经济学中的"80/20 原理",指企业 80% 的利润由 20% 的客户创造。在大多数产业,那些高获利群可以带来高于低获利群 6~10 倍的利润。正如世界最大零售商之一美国代顿-哈德森(Dayton-Hudson)公司通过对 400 万消费者统计,发现一个令人惊奇的事实:有 2.5% 顾客的消费额占到了公司总销售额的 33%。为此一对一营销商对顾客进行区分,将所服务的顾客划分为 3 类:最有价值顾客(MVC,Most Value Customer)、最具增长性顾客(MGC,Most Growable Customer)、负值顾客(BZC,Below Zero Customer)。一对一营销商非常注重顾客的质量,并千方百计地争取和保持住 MVC 和 MGC,对 MGC 实施交叉营销策略,努力将其转化为 MVC。由于 BZC 获取的利润无法弥补为他们服务的相关开支,因此,如果能将其转化为 MVC 或 MGC,则刺激其需求;否则,坚决拒绝为他们提供服务。2002 年被国内各大媒体纷纷炒作的花旗银行向小储户收取服务费事件,正是花旗银行实施"一对一营销"经营战略的结果。

4)学习型关系(Learning Relationship)

一对一营销不是到潜在的客户市场进行抽样调查来确定市场需求,而是专注于客户个体。一对一营销商和客户建立这样一种关系:"我认识您,您在我们的数据库中,请告诉我们您想要什么,我们按照您的要求去做"。随着时间的推移和多次的互动交流,建立了更富内涵的关系。"上次我们是这样做的,您现在还希望我们继续这样做吗? 这有一种新方式,您看是不是更好些?"随着每次的相互交流与重新定制,每次公司与客户的关系都得到重新调整,公司都会使他的产品和服务更进一步接近顾客的要求,更进一步跟上客户不断增长的口味和潮流。事实上,这种关系变得越来越富智慧,因此称之为"学习型关系"。

5.4.2 一对一营销的理论模式

一对一营销的理论模式是:营销过程的起点是客户的需求,营销决策是在满足客户决策前提下的企业利润最大化,最终实现客户满意度和企业价值的最大化。在发展的过程中,先后形成了 4Ps、4Cs 和 4Rs 3 种理论模式,以顾客为中心的理念逐步成为企业的核心理念,如图 5.3 所示。

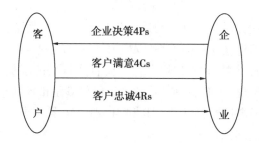

图 5.3　一对一营销的理论模式

1)企业主导的 4Ps

4Ps 是美国营销学学者杰罗姆·麦卡锡(Jerome McCarthy)教授在 20 世纪 60 年代提出的营销组合策略,是以适当的产品、适当的价格、适当的渠道和适当的促销手段,将适当的产品和服务投放到特定市场的行为。4Ps 理论主要是从供方出发来研究市场的需求与变化,以及如何在竞争中取胜。4Ps 理论重视产品导向而非消费者导向,以满足市场需求为目标。

4Ps 理论在营销实践中得到了广泛的应用,至今仍然是人们思考营销问题的基本模式。然而随着环境的变化,这一理论逐渐显示出其弊端:一是 4P 理论所依据的无差别的顾客需求,标准化的产品和巨大的市场空间发生了很大的变化,使得以产品为主导的 4P 理论很难适应。二是营销活动着重企业内部,对营销过程中的外部不可控变量考虑较少,难以适应市场的变化。三是随着产品、价格和促销等手段在企业间相互模仿,在实际运用中很难起到出奇制胜的作用。由于 4P 理论在变化的市场环境中出现了一定的弊端,于是,更加强调追求顾客满意的 4C 理论应运而生。

2)以客户满意为目标的 4Cs

4Cs 理论是由美国营销专家罗伯特·劳特朋(Robert Lauterborn)教授在 1990 年提出的,它以消费者需求为导向,重新设定了市场营销组合的 4 个基本要素:即消费者(Consumer)、成本(Cost)、便利(Convenience)和沟通(Communication)。它强调企业首先应该把追求顾客满意放在第一位,其次是努力降低顾客的购买成本,然后要充分注意到顾客购买过程中的便利性,而不是从企业的角度来决定销售渠道策略,最后还应以消费者为中心实施有效的营销沟通。与产品导向的 4P 理论相比,4C 理论有了很大的进步和发展,它重视顾客导向,以追求顾客满意为目标,这实际上是当今消费者在营销中越来越居主动地位的市场对企业的必然要求。这一营销理念也深刻地反映在企业营销活动中。在 4C 理念的指导下,越来越多的企业更加关注市场和消费者,与顾客建立一种更为密切的和动态的关系。

但从目前企业的营销实战和未来市场营销发展趋势看,4C 理论依然存在不足:

①4Cs 是消费者导向,而现实企业营销已经转向了"市场竞争导向"阶段。消费者导向与市场竞争导向的本质区别是:前者看到的是新的消费者需求;后者不仅看到了需求,还更多地关注竞争对手,在竞争中求发展。

②4Cs 以消费者需求为导向,但消费者需求有个合理性问题。只看到满足消费者需求的一面,企业必然付出更大的成本,会影响企业的发展。这是 4C 需要进一步解决的问题。

③4Cs 没有体现既赢得客户,又长期地拥有客户的关系营销思想。

④4Cs 虽是 4P 的转化和发展,但被动适应消费者需求的色彩较浓。根据市场的发展,需要在企业与消费者之间建立起互动关系、双赢关系、关联关系等。

因此市场的发展及其对 4P 和 4C 的回应,需要企业从更高层次建立与消费者之间的更有效的长期关系。于是出现了 4R 营销理论,4R 不仅仅满足市场需求和追求消费者满意,而是以建立消费者忠诚为最高目标,从而对 4P 和 4C 理论实现了进一步的发展与补充。

3)以客户忠诚为目标的 4Rs

21 世纪伊始,《4R 营销》的作者艾略特·艾登伯格(Elliott Ettenberg)提出 4R 营销理论。4Rs 理论以关系营销为核心,重在建立顾客忠诚。它阐述了 4 个全新的营销组合要素:即关联(Relativity)、反应(Reaction)、关系(Relation)和回报(Retribution)。4R 理论强调企业与顾客在市场变化的动态中应建立长久互动的关系,以防止顾客流失,赢得长期而稳定的市场;面对迅速变化的顾客需求,企业应学会倾听顾客的意见,及时寻找、发现和挖掘顾客的渴望与不满及其可能发生的演变,同时建立快速反应机制以对市场变化快速作出反应;企业与顾客之间应建立长期而稳定的朋友关系,从实现销售转变为实现对顾客的责任与承诺,以维持顾客再次购买和顾客忠诚;企业应追求市场回报,并将市场回报当做企业进一步发展和保持与市场建立关系的动力与源泉。

4Rs 营销理论的最大特点是以竞争为导向,在新的层次上概括了营销的新框架。该理论根据市场不断成熟和竞争日趋激烈的形势,着眼于企业与顾客互动与双赢,不仅积极地适应顾客的需求,而且主动地创造需求,通过关联、关系、反应等形式与客户形成独特的关系,把企业与客户联系在一起,形成竞争优势。

在一对一营销下,由于客户个性化需求的良好满足和对企业的产品、服务形成良好的印象,在它第二次需求该种产品时,会对公司的产品、服务产生偏好,它会首先选择公司的产品和服务,如此重复,一方面,客户的个性化需求得到越来越多的满足,建立起对公司的忠诚意识;另一方面,由于这种满足是针对差异性很强的个性化需求,就使得其他企业的进入壁垒变得很高。这样,企业和顾客之间的关系就变得非常紧密,甚至攻不破,这就形成了"一对一"的营销关系。

5.4.3　一对一营销的 I.D.I.C. 模型

一对一营销的执行和控制是一个很复杂的机制。通过与顾客的接触而不断增加对顾客的了解。利用学习关系,企业可以根据顾客提出的要求以及对顾客的了解,生产和提供完全符合单个顾客特定需要的顾客化产品或服务,形成良好的进入壁垒。唐·佩拍斯(Don Peppers)与马莎·罗杰斯(Martha Rodgers)认为 I.D.I.C. 四步模型是实施一对一营销非常重要的 4 个环节,如图 5.4 所示。

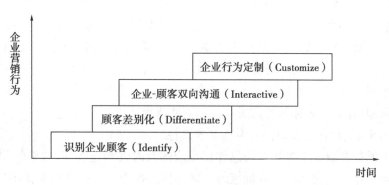

图 5.4　I.D.I.C. 模型

1)识别企业顾客(Identify)

营销者对顾客资料要有深入、细致的调查和了解,对于准备一对一营销的企业来讲,关键的第一步就是能自己挖掘出一定数量的企业顾客,且有少部分是具有较高价值的企业顾客,建立自己的"顾客库",并与"顾客库"中的每一位顾客建立良好关系,以最大限度地提高每位顾客的价值。

(1)深入了解客户

仅仅知道顾客的名字、住址、电话号码是远远不够的,企业必须掌握包括顾客习惯、偏好在内的所有其他尽可能多的信息资料。企业可以将自己与顾客发生的每一次联系都记录下来,例如顾客购买的数量、价格、采购的条件、特定的需要等。

(2)长期研究客户

仅仅对顾客进行某一次的调查访问不是一对一营销的特征,一对一营销要求企业必须从每一个接触层面、每一条能利用的沟通渠道、每一个活动场所及公司每一个部门和非竞争性企业收集来的资料中去认识和了解每一位特定的顾客。

2)顾客差别化(Differentiate)

一对一营销较之传统目标市场营销而言,已由注重产品差别化转向注重顾客差别化。从广义上理解,顾客差别化主要体现在两个方面:一是不同的顾客代表不同的价值水平;二是不同的顾客有不同的需求。一对一营销认为,在充分掌握了企业顾客的信息资料并考虑了顾客价值的前提下,合理区分企业顾客之间的差别是重要的工作内容。顾客差别化对开展一对一营销起着重要的作用:首先可以使企业的"一对一"做到有的放矢,集中有限的企业资源从最有价值的顾客那里获得最大的收益;其次企业也可以根据现有的顾客信息,重新设计企业行为,从而对顾客的价值需求作出及时的反应;最后企业对现有"顾客库"进行一定程度和一定类型的差别化将有助于企业在特定的经营环境下制订合适的经营战略。

3)企业—顾客式双向沟通(Interactive)

一对一营销的一个重要组成部分就是降低与客户接触的成本、增加与客户接触的收效,这是一对一营销发挥现实意义的关键一步。

(1)注重信息反馈的自动化和低成本面对一对一营销

我们熟悉的一些大众媒介已经不再能满足营销需要,这就要求企业寻找、开发、利用新的沟通手段。计算机产业以及信息技术的高速发展,为企业与顾客提供了越来越多的一对一沟通选择,使一对一营销成为可能。例如现在有些企业通过网络站点向他们的目标客户传输及获取最新最有用的信息,较之利用客户拜访中心大大节约了成本。当然,传统的沟通途径如人员沟通、顾客俱乐部等的沟通功效仍不能忽视。

(2)注重相关信息作出反应的及时性和连续性

沟通效率的提高取决于对相关信息作出反应的及时性和连续性,这里的相关信息指的是对顾客需求变化的洞察和对顾客价值的准确评估。作为一对一营销必需的"双向沟通",要求企业与顾客之间的沟通保持互动的连续性而不受时空的限制,即企业与顾客的联系上次在哪里结束,这次就应该从哪里开始,不管上次联系是发生在昨天晚上还是前一个月,不管是在某一特定的场所还是在网络站点,也就是把与客户的每一次接触放在"上下文"的环境中,形成一条绵延不断的客户信息链。

4)企业行为定制(Customize)

企业行为定制即企业调整产品或服务以满足每个客户的需要,使自己的产品或服务个性化。企业要加强自己的客户化工作,调整客户直接需要的产品和产品"周边"的某些服务,诸如提交发票的方式、产品的包装样式等。

首先,分析、重构将生产过程重新解剖,划分出相对独立的子过程,再进行重新组合,设计各种微型组件或微型程序,以较低的成本组装各种各样的产品以满足顾客的需求。

其次,定制产品或服务采用各种设计工具,根据顾客的具体要求,确定如何利用自己的生产能力,满足顾客的需要,即一对一营销最终实现的目标是为单个顾客定制一件实体产品,或围绕这件产品提供某些方面的定制服务。

综合而言,虽然这4个阶段之间没有泾渭分明的划分,但我们还是可以认为,随着4个阶段的依次进行,复杂程度逐渐提高,企业可以获得的收益也越来越大。前两个阶段对客户进行识别与差异分析,主要是"内部分析";后两者与客户接触并调整经营行为,则重在"外部行动"。在这个意义上,企业可以把这4个阶段看作是逐步开展一对一营销的"进阶表",逐步落实与完善。

但是该模型同样也存在不足,即企业在关注与顾客的一对一关系时,忽视了企业的外部环境的变化,包括竞争对手的变化、相关产品市场的变动等,因此企业在进行营销活动过程中,不能仅仅依靠某一个模型或模式来进行,而应当全面考察,从而作出正确的决策。

5.4.4　一对一营销的战略发展

如表 5.2 所示,唐·佩拍斯(Don Peppers)与马莎·罗杰斯(Martha Rodgers)根据一对一营销战略的实施水平,把企业一对一营销战略发展划分为 4 个阶段:产品驱动型阶段、客户敏感型阶段、客户驱动型阶段、整合一对一阶段。

表 5.2　企业战略发展 4 个阶段

企业阶段		产品驱动型	客户敏感型	客户驱动型	整合一对一
战略实施水平	识别	追踪产品而非客户	根据产品识别客户	企业层面识别客户	企业"拥有"个体的爱好
	区分	产品而非客户	仅按照价值识别客户	按照价值与需求区分客户	企业追求满足每个客户的需求
	互动	极少与客户接触	断断续续接触,许多为单向	双向互动,协调并不断完善	与每个客户的反馈循环
	定制	所有客户一种产品	不同的层次有不同的产品	不同的层次有裁剪的选择	为单个客户的批量定制

企业发展的早期阶段大多都是采用产品驱动型的战略,因为此时的企业面临的市场巨大,企业不需要为吸引顾客而开展各种营销活动,而只需不停地生产产品来满足市场的需求,因此企业的关键职能就是进行产品的改进、销售与服务。在这一过程中企业只需要追踪产品,区分不同的产品,而无须考虑顾客的感受,很少与客户接触,所有的客户都只有一种产品可以购买,因此,在产品驱动型阶段,企业的主要任务在于生产产品。

随着社会产品的极大丰富和消费者需求的变化,企业开始意识到识别不同客户的重要性,但这时还只是处于初期阶段,属于对客户敏感的阶段。在这一阶段,企业开始关注客户的相关信息,但是还没有形成系统性的信息的收集和整理,只是断断续续地接触,并且针对客户的需求也只有很少的产品能满足。

随着客户在企业经营发展中的重要性逐渐显现,企业的战略进入到第三个阶段即客户驱动型阶段。在这一阶段中企业开始全面关注客户的价值与需求,从企业发展的高度来进行客户识别和区分,并且利用多种环节进行互动,针对不同的客户群体提供定制性的服务。

客户识别和区分服务发展的最高阶段就是针对每一个客户进行量身定做,即企业追求满足每个客户的个性化需求,这时企业进入到了整合一对一的战略高度。

综合而言,以产品为中心的企业,经过客户敏感型、客户驱动型直到一个全面整合的一对一企业,除了最早期的阶段,其余阶段都包含有对客户进行区分的个性化服务的内容。在这个过程中,企业一对一营销的水平不断提高,逐步满足每一个客户的需求。

5.5 客户关系管理的营销策略创新

开展客户关系管理营销也需要制订相关的营销策略,这样才能够更好地发挥客户关系管理的功能和作用,并为企业经营活动服务。一般的营销策略包括进行广告宣传、实施关系营销等,客户关系管理营销除了可以采取这些营销策略外,还需要进行营销策略的创新。

5.5.1 以客户为中心的互动营销策略

CRM 系统的导入旨在建立与客户的新关系,在打破简单的销售或服务的关系的同时,所建立起来的是以客户为中心的企业行为系统,客户价值便被放在企业关心的首位。以企业来看,最好的客户是创造最大利润的客户,而客户价值的观念更关注于如何在企业与客户的这一价值链中为客户提升产品或服务价值。对客户价值的关心,不是仅仅体现在一两次销售或服务之中,而是体现在长期关注于客户价值增值的分析之中。通过与客户的互动,探讨产品或服务为客户带来的价值,并不断提升完善,与客户的合作关系便会不断深入和持久,与客户建立的价值链也会更为牢固。

CRM 包括各种营销理念、战略和策略,如根据客户行为方式的变化安排分销渠道,借助客户数据来规划和实施分销、促销和服务战略等。但是总体上讲,CRM 以客户为中心的互动营销策略主要集中在以下 3 个方面:

1)积极获取目标客户

首先,借助 CRM,企业可识别并吸引最有利可图的顾客。系统收集顾客的数据资料,然后加以详细分类和分析,从中筛选出目标客户群。给那些重复购买的客户以奖励,使之从中感受到良好的双向沟通,并认为自己得到了关注和奖励,以此来增强企业与顾客的交往沟通,强化彼此之间互利互惠的长期合作关系。其次,运用顾客数据资料来设计开发上述顾客喜欢的产品和服务。最后,提供个性化的服务,或针对某一客户群提供专门服务。

2)主动开发新客户

借助 CRM,企业可以站在顾客的立场上,研究顾客需要什么产品,在什么时候、以何种付款方式来满足具体的服务需求,并据此运用分销、促销、服务等营销战略和策略来改进服务,降低成本,赢得忠诚。做好顾客开发,需要做好以下工作:

①在顾客需要的时间与地点提供顾客切实需要的产品和服务,以便最大限度地获得利润。

②了解顾客价值及行为特征,以此为基础,优先安排营销方案,有效配置服务资源。

③借助多种营销手段、促销方式和服务渠道,改进服务并降低成本。

④通过销售产品,向顾客个人或家庭实施更大规模的市场渗透,以不断提高企业的市场占有率。

3)紧密结合现有客户

在保持已有顾客方面,一要致力于建立和维持顾客忠诚度,二要借助顾客数据资料进行有针对性的促销和交叉销售活动,三要努力扩大每位顾客参与的产品和服务范围,从而在顾客和企业之间建立更牢固的联系。

CRM 是一个不断加强与顾客交流,不断了解顾客需求,并不断对产品及服务进行改进和提高以满足顾客需求的连续的过程。CRM 注重的是与客户的交流,企业的经营是以客户为中心,而不是传统的以产品或以市场为中心。为方便与客户的沟通,CRM 可以为客户提供多种交流的渠道,如电话、网络、面对面交流等,通过多种方式,实现企业与顾客的互动。

5.5.2 维系现有客户——CRM 营销策略的关键

客户是企业生存和发展的基础,市场竞争的实质就是夺取更多的客户资源,而吸引客户再次光临的主要因素是服务质量,其次是产品,最后才是价格。维系现有客户(Customer Retention),保持客户忠诚度是 CRM 营销策略成功实施的关键。

1)"漏斗"原理

在以往的企业营销活动中,有相当一部分企业只重视吸引新客户,而忽视保持现有客户,这可以用"漏斗"原理来解释。由于企业将管理中心置于售前和售中,造成售后服务中存在的诸多问题得不到及时解决,现有客户大量流失,企业为保持销售额,必须不断补充"新客户",如此不断循环。企业可以在一周内失去 100 个客户,而同时又得到另外 100 个客户,表面上看销售业绩没有受到任何影响,而实际上,争取这些新客户的成本显然要比保持老客户昂贵得多,从赢利的角度考虑,是非常不经济的。按照"漏斗"原理的模式来经营的企业,如果说在卖方市场上还不至于出现大的问题,在竞争激烈的买方市场上却会举步维艰。

2)客户维系的作用

(1)从现有客户中获取更多客户份额

由于企业着眼于和客户发展长期的互惠互利的合作关系,从而提高了相当一部分现有客户对企业的忠诚度。忠诚的客户愿意更多地购买企业的产品和服务,忠诚客户的消费,其支出是随意消费支出的 2~4 倍。而且,随着忠诚客户年龄的增长、经济收入的提高或客户企业本身业务的增长,其需求量也将进一步增长。

(2)减少销售成本

企业吸引新客户需要大量的费用,如各种广告投入、促销费用以及了解客户的时间成本等。但维持与现有客户的长期关系的成本却逐年递减。虽然在建立关系的早期,客户可能会对企业提供的产品或服务有较多的问题,需要企业作出一定投入,但随着双方关系的进展,客户对企业的产品或服务越来越熟悉,企业也十分清楚客户的特殊要求,所需的关系维护费用就变得十分有限了。

(3)赢得口碑宣传

对于企业提供的某些较为复杂的产品和服务,新客户在做购买决策时会感觉有较大的风险,这时他们往往会咨询企业的现有客户。而具有较高满意度和忠诚度的老客户的建议往往具有决定作用,他们的有力推荐往往比各种形式的广告更为奏效。这样,企业既节省了吸引新客户的销售成本,又增加了销售收入,从而企业利润又有了提高。

（4）员工忠诚度的提高

这是客户维系策略的间接效果。如果一个企业拥有相当数量的稳定客户群，也会使企业与员工形成长期和谐的关系。在为那些满意和忠诚的客户提供服务的过程中，员工体会到自身价值的实现，而员工满意度的提高导致客户服务质量的提高，使客户满意度进一步提升，形成一个良性循环，如图 5.5 所示。

图 5.5　客户维系策略对员工忠诚度的影响

3）客户维系策略的层次

伦纳德·贝瑞（Leonard Berry）和帕拉休曼（A. Parasuraman）提出了客户维系策略的 3 个层次，无论在哪一层次上实施客户维系策略，都可以建立不同程度上的企业与客户间的关系，同时也意味着为客户提供不同的个性化服务。

（1）第一层次

维系客户的手段主要利用价格刺激来增加客户关系的财务利益。在这一层次，客户乐于和企业建立关系的原因是希望得到优惠或特殊的照顾。如酒店对常客提供高级住宿；航空公司可以倡导给予经常性旅客以奖励；超级市场可对老客户实行折扣退款等。尽管这些奖励计划能改变客户偏好，但却容易被竞争对手模仿，因此不能长久保持与客户的关系优势。建立客户关系不应该是企业单方面的事情，企业应该采取有效措施使客户主动与企业建立关系。

（2）第二层次

既增加财务利益，又增加社会利益，而社会利益优先于财务利益。企业员工可以通过了解单个客户的需求，使服务个性化和人性化，来增加企业和客户的社会性联系。如在保险业中，与客户保持频繁联系以了解其需求的变化，逢年过节送一些卡片之类的小礼物以及共享一些私人信息，都会增加此客户留在该保险公司的可能性。

信息技术能够帮助企业建立与客户的联系。企业及其分支机构通过共享个性化客户信息数据库系统，能够预测客户的需求并提供个性化的服务，而且信息能够及时更新。无论客户走到哪里，都能够享受特殊的服务，这样，客户与整个企业（包括分支机构）都建立了社会性联系，而其意义远比财务上的联系重要。

另外，社会性关系还受到文化差异的影响，人际关系是亚洲商业文化中不可或缺的部分，这与美国人过于强调时间和速度形成鲜明对照。在北美，培育客户关系主要在于产品、价格和运输方面的优势；而在亚洲，虽然上述因素不可忽视，但业务往来中非经济因素占据了主导，培育营销人员和客户间彼此信赖和尊重的关系显得尤为重要。需要强调的是，在产品或服务基本同质的情况下，社会关系能减少客户"跳槽"现象的发生，但它并不能帮助企业克服高价产品或劣质服务。

（3）第三层次

它在增加财务利益和社会利益的基础上，附加了更深层次的结构性联系。所谓结构性联系即提供以技术为基础的客户化服务，从而为客户提高效率和产出。这类服务通常被设计成一个传递系统。如企业可以为客户提供特定的设备或网络系统，以帮助客户管理订货、付款、存款等事务；而竞争者要开发类似的系统需要花上几年时间，因此不易模仿。良好的结构性联系为双方提供了一个非价格动力，并且提高了客户转换供应商的成本，同时还会吸引竞争者的客户，从而增加企业收益。

5.5.3 客户关系管理整合

随着客户关系管理市场营销实践的发展，越来越多的人意识到建立密切的客户关系对企业在市场竞争中建立持久的竞争优势并保证持久的利润收益至关重要。但是，目前流行欧美的客户关系管理（CRM）的市场营销方法常常产生令人失望的结果。几乎所有的关于CRM系统用户的调查都显示，CRM实践有着惊人的高失败率。在某些调查中，CRM系统的失败率高达80％以上。欧美主要的CRM系统开发商的用户满意度也远远低于其他行业的一般水平。事实上，CRM这一市场营销实践的知名度越高，越多的人意识到目前的CRM实践无法从根本上改变企业与客户的关系。

1）客户关系管理整合的产生

目前已有的市场营销理论和方法无法帮助解决企业为建立密切的客户关系所面临的种种困难，为了应付日常市场营销战略咨询业务中遭遇的严峻挑战，HERO咨询公司在多年积累的市场营销战略咨询经验的基础上，提出了"客户关系管理整合"（Customer Relationship Management Integrated）市场营销战略。

客户关系管理整合为企业提供以客户关系为基础的市场营销战略服务。运用客户关系管理整合导向下的市场营销理论，帮助客户确认在其营销过程中决定其客户关系的关键因素，并运用市场战略分析手段来制订有效的市场营销战略，以改进客户的竞争客户关系，并最终提高企业的经营绩效。

2）客户关系管理整合的作用

决定企业竞争客户关系的因素比较多，包括市场细分结构，目标客户战略，品牌形象定位，定价，新产品设计，沟通渠道或通路，客户服务，业务操作过程，电话服务中心的工作质量，甚至还包括数据库的开发与应用，企业需要将这些因素进行整合，以使企业保持长期的竞争优势。

（1）整合客户的数据

客户关系整合有别于传统的客户关系管理解决方案，它允许一个公司自动地将所有客户的数据都整合到一个数据库中，同时确保了数据发送到中央存储区进行维护之前的质量和准确性。一个孤立的客户关系管理系统不能做到这些，因为它不能和出账单的过程、市场营销、企业资源规划（ERP）以及存有客户数据的供应系统整合起来，它也没有办法来处理各个平台上不一致的数据。

（2）整合企业的营销功能

在客户关系管理整合的营销战略中,所有的市场营销功能都被统一到企业的市场营销活动中,不能忽视任何一项市场营销功能。例如,不能单纯地帮助企业进行市场细分。应在市场细分的基础上进行目标客户的确定以及品牌定位。通过"放大"及"缩小"的整合分析过程来制订市场营销战略,以达到增强客户关系的目的。"放大"过程(从市场到数据库)首先分析市场上的竞争的客户关系,然后将这种竞争的客户关系结构投射到企业的数据库中。"缩小"过程(从数据库到市场)根据市场竞争客户关系结构来分析企业数据库中的数据,然后根据分析的结果来制订市场竞争中客户关系管理战略。

3）客户关系管理整合的过程

整合客户关系管理为有效的客户关系管理提供了标准的实践过程。这一过程被称为IMIM 过程,就是:确定客户关系（Identify Customer Relationship）,测量客户关系（Measure Customer Relationship）,改进客户关系（Improve Customer Relationship）和监测客户关系（Monitor Customer Relationship）,如图 5.6 所示。

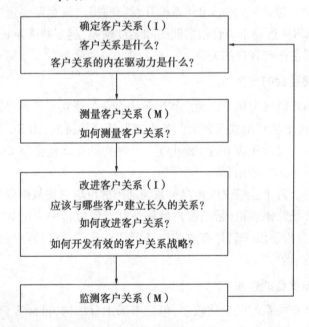

图5.6 客户关系管理整合过程

（1）确定客户关系

在这结构化的整合客户关系管理的实践中,最关键的过程就是在市场竞争中确定客户关系。客户关系管理整合根据一个客户怎样衡量企业所提供的价值来确定客户关系,并根据客户的基本需求来构造客户关系。人们通常把价值定义为质量与价格的比例。但我们很难根据这一定义来管理客户关系。因为不同的客户将根据其不同的需求来构造其感受的价值。客户关系管理整合根据客户的基本需求并以其感受价值的方法来构造价值。通过这样的价值构造,我们能容易地测量客户关系并找到改进客户关系的方向。

（2）测量客户关系

客户关系管理整合通过创新的客户关系战略沙盘来描述所测量的竞争客户关系。它通过对竞争客户关系的精确计算，把各个顾客细分市场与竞争企业的客户关系描绘在一个二维的平面上，让即使是对竞争客户关系一无所知的企业高级主管也一目了然。这战略沙盘的简单规则：

①在企业和客户细分市场之间的相对距离（或位置）代表了客户关系的相对强弱；

②如要了解一个企业（或各竞争企业）与某个客户细分市场之间的客户关系，我们必须集中观察该企业（或各竞争企业）在这战略沙盘中与这个客户细分市场之间的相对距离（或位置），距离越短，客户关系就越强。

为了进一步了解客户细分市场上的竞争客户关系，我们把该细分市场上的客户进一步根据他们对各企业的熟悉程度分成不同的客户群，以观察该细分市场上不同的客户群与企业间的竞争客户关系，一旦企业确定了重点突破的细分市场，下一步要做的就是改进该细分市场上的客户关系，制订有效的市场战略。

（3）改进客户关系

在客户关系管理整合实践中，有两个改进竞争客户关系的重要步骤。其一是确认市场上最有价值的客户细分市场。客户关系管理整合帮助企业发现其市场上最有价值的客户，进而改善与该客户的关系。其二是确定决定客户关系的关键因素。同时这两方面必须贯穿于整合客户关系管理的全过程，它可以保证客户关系管理实践始终在投资效益最大化的正确轨道上。

（4）监测客户关系

整合客户管理不是一次性的活动，它需要持久的市场营销实践来帮助企业在长时间内取得成功。这是因为：企业不可能在短时间内建立其最佳的客户关系，它需要不断地监测其客户关系管理过程以检查其进展过程及发现新的问题；同时市场竞争及客户需求在改变，客户关系的改进需要长期不断的努力。于是，监测竞争的客户关系应该是企业客户关系管理过程中的一个重要组成。

5.5.4 CRM 营销的其他理念

随着社会环境和经济环境的变化，客户关系管理营销也不仅仅局限于企业与供应商、企业与消费者之间合作关系的建立、维护和发展，近年来，一些新的营销理念得到了进一步的发展。

1）绿色营销理念

随着工业的发展，人类生存环境受到了越来越严重的破坏，生态环境的失衡使越来越多的人环保意识增强，引发了追求人与自然和谐共处的环保运动，促进了可持续发展道路的确立和可持续发展战略的实施，迫使企业彻底改变对自然界的传统态度和理念，而把保护环境纳入其发展过程之中，从而产生了绿色营销的理念。

（1）绿色营销的概念

绿色营销是指企业在整个营销过程中充分体现环保意识和社会意识，向消费者提供科学的、无污染的、有利于节约资源使用和符合良好社会道德准则的商品和服务,并采用无污染或少污染的生产和销售方式,引导并满足消费者有利于环境保护及身心健康的需求。其主要目标是通过营销实现生态环境和社会环境的保护及改善,保护和节约自然资源,实行养护式经营,确保消费者使用产品的安全、卫生、方便,以提高人们的生活质量,优化人类的生存空间。

绿色营销和传统的社会营销都是兼顾社会利益的营销理念,但绿色营销比社会营销从更长远的生态环保角度来考虑社会可持续发展,强调企业在营销中要重视保护地球生态环境,努力消除和减少生产经营对生态环境的破坏和影响。

(2)绿色营销的意义

当今,人们对大量废弃型社会中存在的问题以及向循环型社会转变的必要性已经有了共同的认识。摒弃传统的发展模式,减少和消除使发展不能持续的生产和消费行为,是21世纪企业营销面临的最大、最深刻的环境变化因素,也是新世纪的一个不可扭转的全球性潮流,还是我国未来相当长的一段时期内社会经济发展政策的基本取向。知识经济的发展使可持续发展成为可能,它将使人类的经济发展从主要依赖智力资源,从依赖消耗物资转向依靠消费知识,从以牺牲环境为代价转向实现人与自然环境的相互协调。现在的消费者都很关心可持续发展及环境保护问题,同时,政府也更注重将贸易与环境问题结合起来制定相关政策。现代企业只有树立起一种全新的可持续发展的经营理念,努力开展绿色营销,开发绿色产品,进行绿色生产,才能和可持续发展潮流相适应。同时,企业还可进一步"导向消费者",促成可持续消费模式的全面建立和实现,承担起促进社会发展和生态环境的责任和义务,使企业的经济效益、社会效益和环境效益相统一。

将绿色营销的理念引入CRM,不仅可以增强消费者的环境保护意识,同时可以树立起企业保护环境的良好形象。在大力提倡企业承担社会责任的环境下,企业可以利用绿色营销理念来体现其社会责任感,加强与消费者的联系,赢得更高的顾客忠诚度。

2)合作竞争营销理念

(1)合作竞争营销的形成

传统的营销理念过于强调竞争,企业和相关企业之间只是交易和竞争的关系。企业采取的竞争性战略往往是在同一块蛋糕里争夺,这种你死我活的输赢之争,不仅使企业外部竞争环境恶化,而且使企业错失许多良机。

在网络经济时代,全球一体化使得竞争格局发生了根本的变化,企业之间的竞争从追求厂房、设备等有形资产的竞争转向高科技、无形资产的竞争,从价格、质量的竞争转向信息、人才的竞争。面对技术变更加速和全球化竞争日益加剧的严峻挑战,仅靠企业自身的力量来长久地维持其竞争优势已非易事。因此,在知识与技术共享上领先一步的大企业集团与跨国公司将取代单个企业成为市场竞争的主体。顺应时代的发展,企业越来越需要为竞争而合作,靠合作来竞争。

合作竞争营销理念,使拥有不同优势的企业在竞争的同时也注重彼此之间的合作,通过优势互补,共同创造一块更大的蛋糕,来实现"双赢"或"群赢"。但从竞争到合作,同样是优胜劣汰的过程,谁能在竞争中通过最佳方式获得最佳合作伙伴,从而最大限度地增强自己的竞争力,谁才是市场最后的胜利者。

（2）合作竞争营销的作用

20 世纪 90 年代以后,许多曾是冤家对头的企业都开始摒弃前嫌,携手合作,通过两个或更多个相互独立的企业在资源或项目上的合作,达到增强市场竞争能力的目的。随着信息技术的迅猛发展,企业间的这种合作关系越来越引人注目,形式有建立合资企业、市场联合、技术交换等,以重新确立企业在本行业中的竞争地位。"弱化绝对竞争,强调协同竞争,避免两败俱伤,实现共生共赢"的 IT 新游戏规则,充分体现了合作竞争营销理念。如 IBM 在 1999 年,先与 Dell 公司达成 160 亿美元的巨额交易,后又与网络存储设备商 EMC 公司签订了 30 亿美元的合作协议,并与亚洲最大的计算机公司 ACER 集团签订了一项为期 7 年、总金额达 80 亿美元的战略协议。这些协议的主要内容是合作伙伴之间在技术、产品方面相互"取长补短",以提高各自的竞争力。

现代企业不仅采取合作的态度改善与竞争对手的关系,同时也重视产、供、销的整个价值让渡系统的良好协作以共同创造更多的价值。因而通过追求整个价值系统的群赢,充分发掘出蕴藏在企业组织之间的巨大生产力,以提高整个价值让渡系统的整体竞争力。近年来,风靡欧美发达国家的 ECR 高效率消费者快速反应营销模式,就是在充分利用条形码等扫描技术及电子数据库的建立及交换等计算机技术的基础上,改变零售商与供应商的传统关系,使零售商与供应商建立合作联盟,从利益共同体的立场来共同关注消费需求,通过共享资源,降低供应链的成本,提高供应链的效率,使消费者用更少的金钱、时间、精力和风险获得更多、更好的商品和服务,最终实现供应商、零售商和消费者共同获利。

将企业的竞争对手和合作伙伴纳入到企业的客户管理中,与他们建立良好的合作关系,不仅能够使企业减少不良竞争的风险,同时双方的合作可以带来双赢。

3）互动营销理念

互动营销强调企业和消费者之间交互式交流的双向推动,改变了传统营销中企业对消费者的单向推动。CRM 要求企业收集消费者的相关信息,以便于及时了解和掌握消费者行为的变化。但是在传统的观念中,消费者处于信息传递的被动方,只是被动地接收企业传递的信息,例如传统的媒体广告、产品目录等只是企业单向地把产品信息输送给消费者,消费者被动地接受商品信息,而企业也不能及时获得消费者的反馈信息,使得距离成为企业和消费者之间交流的障碍,企业难以及时准确地了解顾客个性化需求。

随着居民收入的提高,消费意识的成熟以及消费理念的转化,差异消费、个性消费已成为时尚,网络经济将是未来个性化客户关系的竞争模式。网络强大的通信能力和电子商务便利的商品交易环境,不仅缩短了企业与消费者之间的实际距离,而且促使消费者不再满足于传统的购买、使用、投诉等后期市场行为,而希望可以亲自参与到产品的设计、生产、评测等各个先期环节中去,成为企业经营全过程中积极的参与者。在网络环境下,通过电子商务手段,企业将信息以多媒体的方式在网上传播,并以智能搜索、组合查询等方式,方便消费者主动在网络上搜索信息,这样企业可以直接面对消费者,和消费者交流、沟通,共同创造新的市场需求。便利的交流方式增强了 CRM 的实际操作效果,企业也从中获得及时而丰富的消费者信息。

互动式营销通过消费者直接参与生产的全过程,使企业既可以获得大批量生产的规模经济,又能使其产品适合单个消费者的独特需求;既满足了大众化的需求,又满足了个性化的需求,从而最大限度地提高消费者对产品的满意度。

4)消费联盟

消费联盟是以消费者加盟和企业结盟为基础,以回报消费者利益为驱动机制的一种新型营销方式。具体做法是指某个营销主体以自愿入会的方式吸纳消费者加盟,消费者取得该主体及其行销网络的消费资格,营销主体将消费者在其行销网络中的累计消费金额折算成消费积分,然后根据消费者积分的多少,按一定比例给予消费者回报的一种营销方式。

消费联盟的实质是,通过上述这种营销机制组建一种各方面联系密切、利益共享的合作型行销网络,培养固定的消费群体,建立一种稳定的、人性化的产权关系,将传统营销方式中由中间商瓜分的利润通过消费者的重复消费、规模消费而直接回馈给消费者,从而达到提升消费者权益、满足消费者需求的宗旨及精神。这种营销方式的好处在于,协同运作,利益共享,有利于企业间建立一种长期稳定的合作关系;利益回馈,有利于建立一支忠实的消费者群体;资源共享,有利于节省营销费用;产销合一,有利于提高营销效率。

消费联盟可以为企业开展 CRM 提供一个团体性的对象,企业不必对每一个消费者进行单独的联系,而只需要同其联盟进行联系即可,从而减少了企业的人力、物力和财力的消耗,降低了企业运行成本。同时通过对消费联盟的跟踪调查,可以获得详细的消费资料,展开针对性的市场活动,更大程度上提高企业的客户管理水平。

5.6 CRM 的营销自动化

信息技术的发展促进了营销方式的创新,加速了营销自动化的进程。在 CRM 系统实施中要全面重塑企业的市场营销功能。这种重塑要求来自于企业所处的竞争环境发生的结构性变化:企业正从一个大量市场产品和服务标准化、寿命期长、信息含量小、在一次性交易的竞争环境转向新的全球竞争的环境,竞争中的产品和服务个性化要求高、寿命期短、信息技术含量大,并要适应客户需求的不断变化。

企业经营以客户为中心,决定了营销已成为企业业务活动的主要内容,满足顾客需求和捕捉市场机会的准确性和速度将决定企业的命运,因此企业需要一个信息顺畅、行动协调、反应灵活的 CRM 营销子系统。

5.6.1 CRM 系统应用中的营销自动化(MA)

CRM 系统中的营销自动化(Marketing Automation,MA),也称作技术辅助式营销(Technology Enabled Marketing,TEM),是 CRM 领域中比较新的功能,其着眼点在于通过设计、执行和评估市场营销行动和相关活动的全面框架,赋予市场营销人员更强的工作能力,使其能够对直接市场营销活动的有效性加以计划、执行、监视和分析,并可以应用工作流技术,优化营销流程,使一些共同的任务和过程自动化。MA 的最终目标是:企业可以在活动、渠道和媒体间合理分配营销资源,以达到收入最大化和客户关系最优化效果。

1)CRM 中营销自动化(MA)实现的功能

CRM 管理环境下,要求 MA 组件能够实现以下功能:

①增强市场营销部门执行和管理通过多种渠道进行的多个市场营销活动的能力;具体来讲,包括基于 Web 的和传统市场的营销宣传、策划和执行;

②可对活动的有效性进行实时跟踪,并对活动效果作出分析和评价;

③帮助市场营销机构管理,调度其市场营销材料库存的宣传品及其他物资;

④实现对有效需求客户的跟踪、分配和管理;

⑤集成到销售和服务项目中,从而实现同具有特殊要求客户进行交互操作(个性化营销)。在 B2B 模式环境中,确保不同产品间关系的清晰;在 B2C 环境中,尽可能发现 B2C 和 B2B 之间的关系。

2)营销自动化(MA)的主要应用领域

从总体上讲,MA 功能组件的应用主要集中在以下两个领域:

(1)高端营销及自动化

CRM 的高端营销及管理主要集中在涉及 B2C 营销的企业(如银行和电信服务)中。B2C 公司一般都具有极为庞大的用户规模,其用户数量可能达到上万甚至百万。应用 MA 主要可以帮助这些企业制订营销计划,管理和跟踪计划的执行;同时 CRM 应用中还会帮助用户建立一个数据仓库,由相应的成熟的数据挖掘、管理来支持 MA 的功能实现。在涉及高端营销的 CRM 营销应用系统产品提供方面,主要是一些传统的数据库技术企业和基础硬件厂商,如 Digital/Compap、IBM、NCR 已着手开发和推广各自的企业级 MA 产品来满足 B2C 市场的需求。

(2)Web 营销及自动化

Web 营销绝大多数用在 B2B 市场上,应用的企业用户数量可能较少,但目标用户都具有现成的网络联系方式,这些企业除利用邮寄、传真和电话外,还主要使用 Internet 作为营销工具。由此 CRM 的 MA 子系统应当包括下列功能模块:

①活动管理系统(Campaign Management System,CMS)。可以设计并执行单渠道或多渠道的营销推广活动,追踪细分客户对这些活动的效果反映;CMS 的功能还可以扩展到销售部门使用,用以规划和执行部分销售活动。

②营销内容管理系统(Marketing Content Management System,MCMS)。可以检查营销活动的执行情况,评估营销活动收益,协调多种营销渠道,防止渠道间的营销策划发生交叉或冲突。

③营销分析系统(Marketing Analysis System,MAS)。分析营销活动的方式方法,支持营销数据的整理、控制和筛选,就结果及特别问题及时作出报告和分析;确保产生的客户数据和相关的支持资料能够以各种有效的形式散发到各种销售渠道和决策部门,以便进一步改进营销策略。

5.6.2 CRM 与 Web 营销的关系

当今世界网络、通信和信息技术快速发展,Internet 在全球迅速普及,人们进入网络时代,不断增长的供货能力和客户需求使得传统商业发生了巨大变化,电子商务被炒得如火如荼,各商家纷纷建立了自己的门户网站。顾客能够在因特网上对比、挑选商品,然后通过传统渠道购买它们,因此企业可以更快捷、准确地向消费者传递产品信息,同时将消费者对于产品的意见、建议及时收集和分析,作出相应对策,这就使得 Web 营销逐渐形成。

信息时代,人们的需求日益个性化。在这种背景下,任何企业都将无法获得较大的同质偏好的市场,能否准确掌握消费者的需求信息,并快速反应在产品上,成为企业营销的竞争重点。因此,企业纷纷利用网络来开展 CRM 活动,借助于两者之间的互动关系来实现 CRM 和 Web 营销的双赢。

1)Web 营销有助于企业建立完善的客户数据库

信息技术的发展提供了多种追踪顾客消费行为的方法。企业可以在每位顾客初次购买企业产品或服务时,通过数据库建立起详细的顾客档案,包括顾客的购买时间、购买频率、产品偏好等一系列的特征,这项细致而烦琐的工作在计算机的帮助下变得简单可行。通过顾客档案,企业可以更深入地了解客户的偏好与需求。不仅能有效地管理客户,深层发掘客户资料,还可以通过现在的网络营销技术,实现接待每一位客户,从而影响其周围亲戚、朋友的营销效果。

另一方面,网络资源的共享可使企业及时向每个顾客发布信息,同时也可及时追踪客户的消费行为,最终为企业快速响应顾客个性化的需求提供了准确信息。美国最早的牛仔裤生产商李维·斯特劳斯以新技术的采用领先于同行业的竞争者们。在 LEVI'S 的商店里,计算机中留有消费者的名字和身长体型的数据,计算机可以在多种牛仔裤样式中挑选一种最适合的型号,顾客可以试穿并作出选择,这些信息将被送到李维·斯特劳斯的工厂。通过计算机指令,由机器设备生产出合适的裤子,而且全部信息还通过扫描仪储存在顾客档案中。LEVI'S 向顾客保证做的牛仔裤将在一周内送到顾客手中,这种牛仔裤的价格虽然比普通的要高一些,但却受到越来越多的消费者的青睐。

2)Web 营销有助于企业更好地满足客户个性化需求

网络时代的营销的起点是消费者的需求,营销决策是在满足客户需求的前提下的企业利润最大化,最终实现的是消费者满足和企业利润最大化。由于消费者个性化需求得到良好满足,他对企业网络产品和服务形成的良好印象会使他对这个网络社区产生偏爱,从而首先选择这个社区的产品或服务。随着一次又一次的交互产品和服务会更好地满足他的需求。如此往复,一方面,顾客的个性化需求不断得到越来越好的满足,从而建立起对社区的忠诚意识;另一方面,由于这种满足是针对差异性极强的个性化需求,就使得其他竞争对手的进入壁垒变得很高。也就是说,即使其他竞争者也提供类似的产品或服务,也不能同样程度地满足该消费者的个性化需求,这样,社区和客户之间的关系就变得非常紧密,甚至牢不可破。这就形成了"一对一"的营销关系。

3)Web 营销有助于企业建立更为完善的售后服务网络

现代科技的发展使得传统的物理服务网络与现代的信息服务网络结合起来,形成更趋完善的服务网络。企业的每一个售后服务分点均可通过 Internet 加强同顾客的联系,不仅做到出了问题及时解决,同时加强了主动的售后服务。如经常调查顾客使用企业产品的感受,给顾客提供使用产品的建议等。通过此举,为顾客创造了高附加利益,从而最终赢得顾客忠诚。另一方面,企业的各个售后服务部门也可通过网络加强沟通,实现公司内人力、信息等多种资源的最优配置。当然,企业还可采用会员制、顾客俱乐部等多种营销形式来让顾客满意,从而最终实现顾客忠诚。这一过程不但更好地实现了顾客利益,也为企业利润最大化作出了贡献,从而达到双赢的结果。

Web 营销为企业增加了方便快捷地与客户沟通的渠道,企业能够通过信息沟通,更好地实现顾客满意,建立顾客忠诚,从而增强企业的竞争力。反之,以客户关系管理的思想来指导网络时代的营销活动,同样能够充分发挥网络的优势,提供令客户满意的产品和更加全面周到的服务,从而使企业在网络营销环境下取得竞争优势。

5.6.3　Web 集成管理及企业营销网站的建设

Web 集成管理(Web Integration Management,WIM)是 CRM 系统的客户合作管理子系统的重要组成部分。所谓 Web 集成管理是 CRM 系统中,对与客户接触的 Web 渠道、信息处理和相关技术支持进行的管理活动。企业在 CRM 应用中开展 Web 集成管理的主要工作是建立统一的企业信息门户,以及在此基础上管理和建设 Web 营销网站,实现不同渠道信息的传递和交流。

CRM 通过 Web 集成管理,将使得 Internet 的应用不再仅被局限于围绕业务应用本身,而且被延伸用于客户直接访问和在"互联经济"中努力提供最快捷的信息传递服务上。这时,建立信息门户(Enterprise Information Portal,EIP)将成为 Web 集成管理的重要任务。EIP 作为一种新的应用工具,正在为许多实施 CRM 战略的企业所采用。EIP 本质上是一个超主页,可以附加许多服务内容,但它较常用的搜索引擎要小得多。通过 EIP 站点,可以为客户、合作伙伴和员工建立一个个性化的与整个企业交互的门户,担负起 Web 营销的主要内容。

EIP 从 Web 营销角度讲,还只是一个功能比较单一的初级营销网站,因为网络营销的三大支柱即信息流、物资与资金流在 EIP 中只是很好地实现了信息流的通畅。许多企业的 EIP 或者所谓的营销网站中,物资与资金流暂时还无法达到比较完善的程度,因此说企业信息门户还处于营销的初级阶段。但是,对于进行 CRM 系统应用和 Web 集成管理企业来讲,由于已着手树立自己完备的网络营销理念,因而有可能把这一理念运用到为客户搭建营销网站上,根据客户的需求和企业的目标来规划网站,使其具有个性和特定的功能。要考虑将"3C"——内容(Content)、商业(Commerce)和社区(Community)相结合,以个性的内容服务于特定的客户或合作伙伴。建立 EIP 或营销网站的关键是:

1)以客户需求为导向

网站营销的关键在于如何理解"客户需求导向"这一核心问题,其最大的优势在于可以使企业掌握客户的需求信息,能为客户提供个性化的服务。要围绕如何使自己的网站能够吸引客户并满足客户的需求来建设营销网站,从而使以客户需求为导向的营销网站成为企业外部信息(客户需求)与内部信息(客户信息的分析、决策)的接口。

2）准确的客户和市场定位

营销网站虽然也担负着吸引更多客户的注意力的任务,但它首先必须满足特定的客户和市场的需求。因此,企业要建立成功的营销网站,就必须重点考虑自己的客户和市场定位。所有想在 Internet 上获得成功的公司,都必须找到适合自己的细分市场。许多小型的企业最终能成为 Internet 上的大赢家,关键原因之一就是它们作出了正确的市场定位。

3）从客户的角度设计网站的结构

浏览一些企业的网站,有时会发现很难找到自己需要的信息,这就是说,企业是按照它自己的角度设计网站结构的。而客户才是营销网站最重要的使用者,因而一定要把方便留给访问者,为他们建立一条便捷的通道,增加客户在线购买产品或使用有偿服务的可能性。比如,可以在网站首页的明显位置上,加入进入网站各级页面的导航条,或者增加网站内部的搜索引擎,方便访问者在网上找到自己想要的东西。要真正做到网络营销,还要想方设法增加客户在线购物的信心,使他们认为在线购物在某种程度上是一次方便愉快的经历。

4）注重质量和效率

营销网站的建设是需要大量投入建设成本的,而成功的网站所产生的效率将使企业减少成本,增加收益。企业一定要像关注自己的产品和服务质量那样去关注营销网站的专业性、丰富性,以提高自己网站的质量,提高经济效益。因为客户如果对一个巧妙、方便而又专业的网站感兴趣,则网站所提供的产品和服务无疑会先给他留下一个良好的印象,客户进一步购买产品或服务的可能性将会大大增加。

5）利用 CRM 系统不断改进网站

一方面,利用 CRM 系统中的数据分析管理系统,可以清楚地了解企业营销网站的点击率、访问量,以及从接触转化为实质交互的可能,从而发现网站结构或设计中的问题,进一步进行改造;另一方面,可以借助于综合的业务操作流程和客户合作流程去推广自己的网站,使其具有更高的知名度和信誉度,或者创造出综合的品牌效应。只有不断改进,企业的营销网站才有可能真正实现 Web 营销功能。

5.7 案例:苏宁的 CRM 之道

中国互联网发展 20 年,电子商务绝对是浓墨重彩的一笔。在苏宁、淘宝、唯品会等众多电商平台中,苏宁作为国内零售业巨头,在"电商黄金十年"里顺势转型,着实是独一无二的存在。随着用户消费品质升级,线下流量的价值进一步凸显,从线下发家的苏宁也遇到了新机遇。

"2018 年是'苏宁易购'时代开启的第一年,也是苏宁智慧零售生态全面落地的第一年,更是苏宁第三个十年目标最后三年冲刺的第一年。"苏宁控股集团董事长张近东强调。在智慧零售的战略引领下,苏宁背靠物流、科技、金融和售后服务等领域的深耕,打造了以零售为核心多产业融合的发展格局,建立了"两大一小多专"的业态产品族群,智慧零售布局已然成形。

1)苏宁的发展

创办于 1990 年的苏宁,在互联网兴起之初,也紧跟行业趋势拥抱电商潮流。从 1999 年起,苏宁就开始了长达 10 年的电子商务研究。

2005 年伊始,苏宁开始经营网上商城。2009 年苏宁旨在成为中国 B2C 市场最大的专业销售 3C、空调、彩电、冰洗、生活电器、家居用品的网购平台,将网上商城改版升级并更名为苏宁易购。此时电商黄金十年已拉开大幕,苏宁就此开始了"二次创业"。

线上家电市场前景广阔,但电器属于日常耐用消费品,消费频次总体偏低。2013 年 3 月,苏宁确立了"一体两翼"的互联网零售战略,组建 28 个事业部。此外,明确了强化大家电、3C 产品优势,重点发力日用、百货的产品策略,并宣布将在本地生活、移动生活及云产品研发方面做重点突破。

"2015 年成立苏宁物流集团和苏宁金融集团,加速两大业务板块产业化发展、独立化运营的能力,全面提升行业竞争力,至此苏宁'一体两翼三云四端'模式成型。"苏宁易购相关负责人表示。2018 年确立以零售为核心的多产业协同发展的格局。围绕智慧零售战略下的产业协同,持续优化相对应的组织架构体系。

苏宁互联网转型 10 年,也离不开员工的成长。"工作内容、工作思维和习惯都有变化。比如在传统电商时期,吸引顾客的方法,只能靠促销,但是在转型之后,我们就得转变销售思维,利用娱乐、视频、游戏等来吸引顾客消费。"苏宁易购老店长商红玉深有体会。

"经过 28 年的发展,苏宁不仅探索出了成熟的互联网零售模式,还依托零售业务的资源积极进行多元产业的拓展,形成了以零售为核心多产业融合发展的新格局,并建立起了从快速消费、耐用消费到文化消费的广泛覆盖。"苏宁易购相关负责人总结到。

世界品牌实验室发布的 2018 年《中国 500 最具价值品牌》榜单显示,苏宁易购集团以 2 306.28 亿元的品牌价值位列品牌榜第 13 名,居零售业首位。同时,苏宁易购在 2018 年再次入选《财富》世界 500 强,且排名大幅上升。

2)苏宁的特色

苏宁提出了"一体(零售)两翼(线上线下)三云(数据云、物流云、金融云)四端(OTT 端、PC 端、移动端、无人售货端)"的模式,目前已实现多渠道融合与多业态协同。其以用户为核心进行数据建设,以高效配送为目的打造物流云,以支付为核心形成金融的服务体系。而物流、供应链、服务也是苏宁 20 多年积累的核心能力。可以说,正是整个智慧生态的营造,使得苏宁的智慧零售顺利发展。

(1)丰富的线下门店

苏宁全面布局多产业、多业态、多渠道、全场景,从线上到线下,从一二线城市到三四线城市,将消费场景布局于消费者需求诞生的每一个角落,为智慧零售的实现提供基础。2018 年,苏宁智慧零售大开发战略落地,开始在全国范围内布局"两大两小多专"的多种零售业态,试图推动零售场景重塑和业态细分,实现面向用户的全景环绕,进一步实现从 10 米以内,到 3 千米开外,面向全层级市场的场景化覆盖。在这一布局中,苏宁沿着 3 个方向同时加速,分别是"购物中心做大""专业店做精""小店做近"。

好的门店网络给用户带来好的体验,截至 2018 年 12 月,在智慧零售大开发战略的强力推进下,2018 年苏宁累计新开店面近 7 000 家,其中仅苏宁小店就新开近 2 900 家,苏宁零售云新开近 1 900 家,除此之外还有苏宁红孩子、苏宁极物、苏宁易购直营店,大润发、欧尚合作店等。2018 年 11 月 9 日,苏宁第 10 000 家线下门店——江苏常州邹区苏宁易购直营店开业,塑造了智慧零售的另一座里程碑。

（2）快捷的资金流转

相较于其他电商企业,苏宁云商由苏宁电器转型而来,有着更为雄厚的资金基础。苏宁深层次变革供应链的合作模式,在家电业与创维、海尔、海信集团构建专供苏宁渠道;在金融行业,建立了自己的银行"苏宁银行";在零售方面,与南京万物软件公司共建了"万物直供模式",减少流通环节,对接生产商和零售商;向以用户需求为驱动的商品合作模式转型,制定了"巩固大家电,凸显 3C,培育母婴"的品类聚焦策略。

苏宁近年来不断降低其应付账款的周转天数,而不是像很多零售渠道一样选择将应付账款周期压得更长,以此获得更好的现金流弹性。年报显示,截至 2018 年 12 月底,苏宁的应付账款周转天数仅为 28.56 天,较 2017 年同期继续缩减。而应付票据周转天数更是缩短了 12 天。苏宁这一缩短账期的举措,改善了供应商的现金流,使供应商拥有更大的空间进行创新,同时也满足了消费者多样化、个性化的需求,最终受益的是零售业所有参与者,这便是一种典型的溢出效应。当然,这样的数据变化也从侧面说明了苏宁自身的资金流状况良好。

（3）高效的智慧物流

苏宁智慧物流的生态打造不仅包括升级基础设施群,建设三大商业零售基设航母编队,新增仓储面积,而且还升级产品线,打造"仓配、运输、城配、冷链、跨境、售后"六大专业化产品群。数据显示,苏宁物流在仓储面积上目前已经达到了 628 万平方米,2018 年 11 月,苏宁又联合深创投联合成立了 300 亿元的物流地产基金,2019 年实现管理仓储面积规模达到1 200 万~1 500 万平方米。在此基础上,苏宁方才着力驱动升级智慧物流,构建"数据+无人"的两大智能生态,从一站式服务和一体化创新上为合作伙伴线上线下融合赋能,共创一个开放、共享、信用的新物流体系。2018 年物流网络所覆盖的区域在不断拓宽,以苏宁物流为例,可覆盖范围已达全国 2 872 个区县,40 700 个乡镇,乡镇覆盖率达 85%;冷链物流覆盖173 个城市,配合三段式的物流模式,大大提升了生鲜产品的配送效率。

苏宁"物流云"实现全面社会化开放,公司通过自建物流+第三方物流模式,全国配送网络可达 1 100 个城市。全面提升物流体验,推出半日达、急速达、一日三送等特色产品。苏宁在全国 3 000 多个地、县级城市建立了物流网络,2017 年 6 月收购了天天快递,目前拥有接近两万个快递网点,同时,苏宁利用大数据平台,分析智能分仓、预测性调拨,精准分析定位订单区域和路径,保证线上下线高速流通。

（4）打造极致服务体验

为了给用户提供极致服务,苏宁以智慧零售数字化和智能化两大特征为驱动,运用了互联网、物联网、大数据和人工智能等技术分别从交易环节着手进行转型。

交易前环节。苏宁进行场景式、体验式的门店布局、装修改造,如苏宁易购云店 3.0。云店 3.0 是目前国内规模最大的智慧零售门店,融合了线上苏宁易购平台、苏宁体育、苏宁文创、苏宁金融等多产业的产品,将全场景沉浸式体验做到极致,领先同行完成了"线上+线下"融合的智慧零售布局。随着云店 3.0 的互联网化加深,打破了传统门店出样商品更替慢、购物场景陈旧的问题。在门店运营上,店内将融合零售店、会员店、体验店 3 种形态,消费者到店可享受多种体验服务。其次,苏宁运用金矿、聚宝盆等系统对用户分层、媒体分层,实行精准营销。

交易中环节。在交易过程中,苏宁推出金牌导购服务,在线上可提前预约门店导购,提供专业化、职业化的导购服务;通过更多的商品参数、评价导购信息数据化、推客等 O2O 工具考核打通,进行电子化商品信息陈列;减少活动层级设置来简化促销方式、手段;支持合并订单支付达到一步式扣减资源,简化终端逐单开单耗时和流程。

交易后环节。在供应链方面,进一步下沉铺仓、前置仓,提升本地出仓率,同时售后网点下沉县镇网点,以此使服务时效全面对标;"延迟赔"服务全面推广,提高配送及时率,减少售后上门不及时问题;合理规划价格策略,实施贵就赔、价保兜底;坚持推 30365、代客检政策,提高品类覆盖率,减少退换货环节耗时;全面治理物流未达、售后未决、客诉未决,做到日跟进日清。

案例分析题

1. 苏宁如何为客户提供精准服务?结合所学,分析苏宁在哪些方面还可以改进?

2. 对比分析苏宁的"智慧零售"、阿里的"新零售"与京东的"无界零售"3 种模式在客户服务方面各自的优势与不足。

本章小结

随着电子信息技术的不断发展和应用,市场竞争日趋激烈,企业也逐渐认识到客户对其长期发展的重要性,因此纷纷实施以客户为中心的策略,通过与客户建立长期的合作伙伴关系,以提高企业的核心竞争力。在众多客户关系管理的理念中,以客户为中心是其核心内涵。在该思想形成的过程中,逐步形成了数据库营销、关系营销和一对一营销等相关的客户关系管理理念。这些理念的核心实质就是把客户作为企业发展和营销工作的重心,广泛收集客户的需求信息,逐步建立起友好、和谐的客户关系,从而形成企业长期的、稳定的客户群体,以保证企业长期稳定的发展。在以产品为中心的商业模式向以客户为中心的商业模式转变的情况下,众多的企业开始将客户视为其重要的资产,不断地采取多种方式对企业的客户实施关怀,以提高客户对本企业的满意程度。

在营销环境不断变化的情况下,客户关系管理的营销理念也在不断发展,新的营销功能、营销目标和营销策略也不断出现,这些都为企业更好地适应竞争环境,不断提高自身竞争能力提供了很好的机会。同时,随着世界经济的发展和人们需求的不断提高,绿色营销、互动营销等新理念也不断出现,使得客户关系管理营销的内容不断得到丰富和发展。

复习思考题

1. CRM 的营销目标和营销特点有哪些？

2. 试述 CRM 的营销原则。

3. 什么是数据库营销？数据库营销与传统营销有什么区别？

4. 什么是关系营销？关系营销与交易营销有什么区别？

5. 试述关系营销的基本模式。

6. 一对一营销的核心理念有哪些？说明企业实施一对一营销的过程。

7. 试述 CRM 中营销自动化实现的功能及主要应用领域。

8. 什么叫绿色营销？实施绿色营销有何意义？

9. CRM 与 Web 营销有何关系？客户关系管理下建立营销网站的关键是什么？

10. 列举 CRM 营销的新理念。

讨论题

1. 选择一家熟悉的企业，讨论该企业应如何实施数据库营销。

2. 如果你是一家企业的营销经理，谈谈你如何开展 CRM 关系营销。

3. 论述企业开展一对一营销的理论基础与战略发展阶段。

4. 联系实际谈谈客户关系管理下如何进行营销策略的创新，关键因素是什么。

5. 论述 CRM 如何帮助企业实现营销自动化。

6. CRM 中常用的营销策略有哪些？试分析它们与一般营销策略的区别。

网络实践题

1. 在网上搜寻一家开展 CRM 营销的企业，了解其开展客户关系管理营销的情况，并对其开展的营销活动进行评价。

2. 选择一家开展 CRM 营销的企业网站，了解其客户关系管理实现了哪些营销功能。

3. 浏览亚马逊网站，找到其是如何开展客户体验管理的？

4. 浏览京东和亚马逊网站，找到两家企业开展客户关系管理的相关资料，并且比较两者在客户关系管理营销策略上有何不同。

第6章
客户关系管理系统设计与实施

[课前导读]

客户关系管理系统集成了 CRM 管理思想和最新信息技术成果,是帮助企业最终实现以客户为中心的管理模式的重要手段。为了增加销售,赢得客户,提高客户满意度,并最终形成稳定客户群,企业必须准确把握客户需求,提供合适的营销手段和良好的售后服务。客户关系管理的系统设计,就是要通过对企业与客户间发生的各种关系进行全面管理,以赢得新客户,巩固保留既有客户,增进客户利润贡献度来进行的统一设计及功能化方案。

本章详细介绍了 CRM 的系统结构模型、软件模型结构以及实施的过程、方法和关键成功因素,让读者对 CRM 体系结构有深入的了解。通过对软件系统的剖析,进一步促进对 CRM 模块的认识,更有效地结合企业的管理特点组织实施,并针对实施过程中易出现问题的环节深入分析,掌握成功实施 CRM 系统的关键因素,最终实现 CRM 系统与企业的无缝链接。

[学习目标]

- 认识 CRM 的系统结构模型;
- 理解 CRM 的软件系统模型,掌握 CRM 系统的组成和重要功能;
- 了解 CRM 的实施过程,把握影响 CRM 成功实施的关键因素。

[案例导入]

细数行业专用 CRM 功能模块

在传统概念里,CRM 是指利用计算机网络实现以"客户"为主体的系统,通过服务、发掘客户,维护客户与销售之间的关系,提高客户的满意度,提高服务质量,并有针对性地给客户提供相对应的产品及服务,从而实现企业效益最大化。但现在随着云技术的普及,CRM 系统不仅能实现精准推荐,通过利用"云",可以实现市场营销、销售、服务等活动自动化,从而建立一个客户信息收集、管理、分析、利用系统,实现行业的数字化转型。

根据 Gartner 发布的报告,2017 年,全球 CRM 软件收入达 395 亿美元,而同期 DBMS 收入为 368 亿美元,Gartner 研究总监认为,"2018 年,CRM 软件收入将继续在所有软件市场中处于领先地位,并将成为发展速度最快的软件市场,增速或达 16%"。未来,将有更多的新技术融入 CRM 领域,让更多的企业在信息化转型方面受益良多。

而在百度搜索"CRM 行业应用",会发现涉及人员和客户信息管理的行业,大部分都在使用,例如教育培训行业、酒店、汽车行业、金融、医疗等,甚至比较传统的制造业,也在尝试搭建 CRM 管理系统。

客户关系管理系统集成了 CRM 管理思想和最新信息技术成果,是帮助企业最终实现以客户为中心的管理模式的重要手段。客户关系管理的系统设计,就是要通过对企业与客户间发生的各种关系进行全面管理,以赢得新客户,巩固保留既有客户,增进客户利润贡献度来进行的统一设计及功能化方案。但是由于所处行业的不同,那些使用普通 CRM 套装的企业及其营销人员却在处理行业特殊信息时感觉力不从心。所幸的是,日益成熟的软件自定义能力和可自由添加的功能模块,使这些工作得到了简化。

制造业 CRM

制造业 CRM 数据库中的客户数据量会比直接面向消费者的企业少很多,但其重要性却并不因此而降低。制造业 CRM 常用的基础模块包括:

- 实时库存
- 客户自助下单
- 直接出货管理

与物流系统的集成有助于提高制造类企业的客户销售,也有利于与材料供应商之间的合作。成熟的制造业 CRM 系统可以做到协助企业处理更多订单,而无须增加额外的人手。

汽车行业 CRM

汽车行业 CRM 应用集成了在汽车制造、销售和服务体验上的每一个关键要素。随着汽车购买周期的缩短,汽车行业 CRM 系统帮助制造商通过简化客户订单和信息服务体验来留住客户。汽车行业 CRM 系统应包含以下功能:

- 与 JIT(按需生产)供应商集成
- 运费追踪
- 服务和销售提醒

通过在产品生命周期的每一个环节中集成汽车行业 CRM 应用,制造商可以精简从销售到售后服务的流程。巩固与经销商之间的伙伴关系,培养更多的忠诚客户,促进重复购买率。

金融服务 CRM

经纪人、投资理财师和销售代表对于金融服务 CRM 应用的要求是能够合并实时交易管理与潜在客户侦测工具。基本的金融服务 CRM 系统所应包含的模块包括:

- 股票报价实时更新
- 交易历史记录与查询
- 投资组合分析

金融服务 CRM 系统应能按照客户账户来最大化客户的投资收入,分析长期趋势。例如监控资产分配的,向理财师建议投资组合的平衡。

保险行业 CRM

保险行业是一个高度竞争化的行业,因而一套强大的保险 CRM 系统能节省资源、提高利润,同时增加客户满意度。通过混合动态市场数据和所收集的客户信息,保险行业 CRM 系统允许经纪人、客户服务代表等进行更快、更准确的保单决策。保险行业 CRM 应包括以下基本功能:

- 保单数值精算
- 事故统计
- 历史理赔记录

客户对保费的敏感促使保险业 CRM 工具提供基于准确信息更快报价的能力。此外,在集成潜在客户侦测工具后,保险代理能识别出适合新险种或高附加值产品或服务的客户。降低客户流失率也是保险业 CRM 系统的一大主要目标。

(来源:Dainel. 细数主要行业专用 CRM 功能模块[EB/OL]. 计世网,2009-08-17.)

思考题:

不同行业的 CRM 系统有没有共同点?厂商有没有必要针对不同行业开发相应的 CRM 系统?

6.1　CRM 的体系结构与功能

CRM 系统应能实现对销售、市场营销、客户服务和支持的全面管理,能完成对客户基本数据的记录、跟踪,客户订单的流程追踪,客户市场的划分和趋势研究,以及客户服务情况的分析,并能在一定程度上实现业务流程的自动化。此外,进行数据挖掘和在线联机分析以提供决策支持也是 CRM 的功能之一。

6.1.1　CRM 的体系结构

从总体上来说,整个 CRM 系统可分为 3 个层次:界面层、功能层和支持层,如图 6.1 所示。

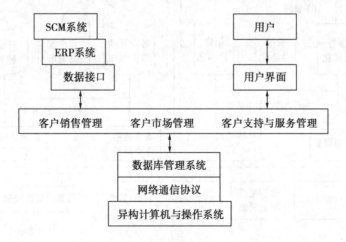

图 6.1　CRM 的简单体系结构

1）**界面层**

界面层是 CRM 系统同用户或客户进行交互、获取或输出信息的接口。通过提供直观的、简便易用的界面,用户或客户可以方便地提出要求、得到所需要的信息。

2）**功能层**

功能层由执行 CRM 基本功能的各个系统构成,各分系统包含若干业务,这些业务可构成业务层,业务层之间又有顺序的,并列的。这些分系统包括客户销售管理分系统、客户市场管理分系统、客户支持与服务管理分系统。分系统包含的若干业务构成业务层,它们之间是有序的、并列的。

3）**支持层**

支持层是指 CRM 系统所用到的数据库管理系统、操作系统、网络通信协议等,是保证整个 CRM 系统正常运作的基础。

6.1.2 CRM 系统的功能

CRM 的功能可以归纳为 3 个方面:对销售、营销和客户服务 3 部分业务流程的信息化;与客户进行沟通所需要的手段(如电话、传真、网络、E-mail 等)的集成和自动化处理;对前面两个部分功能所积累下的信息进行的加工处理,产生客户智能,为企业的战略战术的决策作支持。因此,客户关系管理系统可以分为:与企业业务运营紧密相关的运营型 CRM;以数据仓库和数据挖掘为基础,实现客户数据分析的分析型 CRM;基于多媒体客户联系中心、建立在统一接入平台上的协作型 CRM。图 6.2 就描述了包括这 3 大功能的 CRM 总体系统结构。

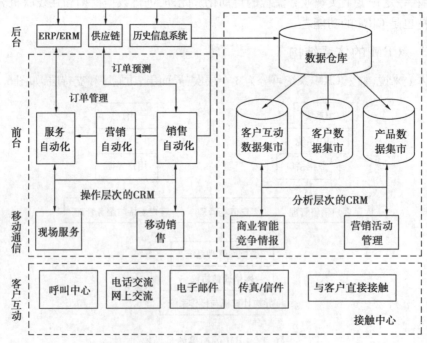

图 6.2　CRM 体系总体结构图

CRM 系统一般由客户销售管理子系统、客户市场管理子系统、客户支持和服务管理子系统、数据库及支撑平台子系统等构成。

1）客户销售管理子系统

销售管理子系统可以快速获取和管理日常销售信息。如图 6.3 所示,它能够为销售人员提供流畅、直观的工作流功能,从而提高工作效率,同时保证客户和销售人员之间进行充分的沟通。另外,销售管理人员也能有效地协调和监督整个销售过程,从而保证销售取得最大的成功。

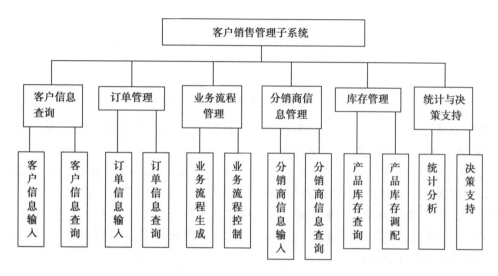

图 6.3　客户销售管理子系统功能结构

客户销售管理子系统一般包含客户（销售）信息管理、订单管理、业务流程管理、动态库存调配管理、分销商信息管理、销售统计分析与决策支持等功能模块。

①客户信息管理模块。该模块负责收集客户销售的相关资料,帮助用户准确把握客户情况,提高销售效率与质量。

②订单管理模块。订单管理模块可处理客户订单,执行报价、订货单创建、联系与账户管理等业务,并提供对订单的全方位查询。

③业务流程管理模块。业务流程管理模块通过在各业务部门间按照业务规则传递相关数据和信息,帮助用户管理其销售运作,保证销售订单的顺利完成。

④销售统计分析与决策支持模块。销售统计分析与决策支持模块通过对销售数据的多方面统计、查询,提供用户所需的信息,为决策提供帮助。

⑤动态库存调配管理模块和分销商信息管理模块能为用户提供各种功能,支持销售活动。

2）客户市场管理子系统

客户市场管理子系统能够提供完整的客户活动、事件、潜在客户和数据库管理,从而使寻找潜在客户工作的效率提高,更加合理。用户可以从任何一个地点快速获取所有关于市场销售活动、事件和潜在客户的信息,并对客户进行高度专业化的细分。其功能结构如图 6.4 所示。

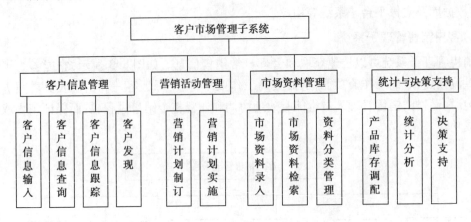

图 6.4　客户市场管理子系统功能结构

　　客户市场管理分系统一般包括客户(市场营销)信息管理、营销活动管理、市场资料管理、市场统计分析与决策支持等功能模块。

　　客户(市场营销)信息管理模块负责收集客户的一般资料,跟踪客户资料变更,挖掘潜在客户。营销活动管理模块使市场营销部门有能力执行和管理通过多种渠道进行的多个市场营销活动,同时还能对活动的有效性进行实时跟踪。市场资料管理模块记录通过多种渠道获得的市场信息,收集竞争对手的资料,如调研报告、经济分析报告、产品信息等,为各部门提供市场统计分析和决策参考。

3)客户支持和服务管理子系统

　　客户支持和服务管理子系统能够将客户支持人员与现场销售与市场紧密地集成在一起,可以为用户提供定制的"桌面",可以综合所有关键客户信息,并管理客户日常的客户服务活动与任务,从而在解决客户问题时可以快速高效地存取关键的客户信息。其功能结构如图 6.5 所示。

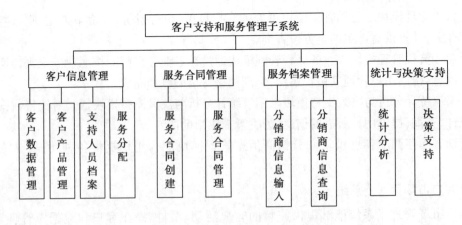

图 6.5　客户支持和服务管理子系统的功能结构图

客户支持和服务管理子系统一般包含客户（服务）信息管理、服务合同管理、服务档案管理、统计分析与决策支持等功能模块。

①客户（服务）信息管理模块。主要收集与客户服务相关的资料,可完成包括含现场服务派遣、客户数据管理、客户产品生命周期管理、支持人员档案和地域管理等业务功能。此外,通过与 ERP 系统的集成,可为后勤、部件管理、采购、服务质量、成本跟踪、财务管理等提供必需的数据。

②服务合同管理模块。该模块通过帮助用户创建与管理客户服务合同,从而确保客户能获得应有的服务水平和质量;跟踪保修单和合同的续订日期,通过事件功能表安排预防性的维护行动。

③服务档案管理模块。服务档案管理模块使用户能够对客户的问题和解决方案进行日志式的记录,包括联系人管理、动态客户档案、任务管理以及解决关键问题的方案等,从而提高检索问题答案或解决方案的响应速度和质量。

④统计分析与决策支持功能模块。统计分析与决策支持功能模块能够对客户服务资料进行分析和处理,使企业既能根据客户的特点提供服务,又能对客户的现值进行评估,从而使客户的满意度和企业赢利都能得到提高。

此外,客户服务与支持子系统还可以与 CTI(计算机电话集成)软件相结合,为客户提供更快速、便捷的支持与服务。

4）数据库及支持平台子系统

数据库及支持平台子系统主要为其余各子系统提供一个性能良好、使用可靠、开放的和易于扩充的支持环境,其功能结构如图 6.6 所示。

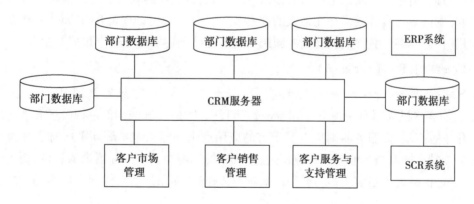

图 6.6　数据库及支持平台子系统功能结构图

随着计算机硬件技术、软件技术、Internet 技术的迅猛发展以及新一代企业级计算机网络系统的建立,用户对数据库软件的新要求使得数据库分布式应用技术进入了一个全新的发展阶段。

6.2　CRM 的网络结构选择

CRM 系统是建立在 Internet 和 Intranet 等网络技术基础之上的,根据客户关系数据的特性(分散性、动态性、复杂性),从企业的实际环境(生产集中、市场分散)出发,其网络体系通常采用浏览器/服务器(Browser/Server,B/S)模式和客户机/服务器(Client/Server,C/S)模式的结合。

6.2.1　常见的网络结构

本节所指的网络结构即软件系统结构,在 Internet 普及之前,C/S 结构是最常用的网络体系结构。C/S 结构通过将任务合理分配到 Client 端和 Server 端,虽然降低了系统的通信开销,但不利于数据的及时更新,网络升级的成本也较高。因此,在 Internet 普及之后,B/S 结构随之成为大多数情况下的首选标准,经过简化客户端,B/S 结构升级和维护的成本大大降低。

1)C/S 结构(Client/Server)

C/S 结构即 Client/Server(客户机/服务器)结构,它在远程的服务器上安装数据库系统,客户机上安装客户端软件,采用两层结构。在早期的软件大多采用主机/终端体系结构,直到 20 世纪 90 年代后才逐渐变为两层的 C/S 体系结构,它将复杂的网络应用的用户交互界面 GUI 和业务应用处理与数据库访问以及处理相分离,服务器与客户端之间通过消息传递机制进行对话,由客户端发出请求给服务器,服务器进行相应的处理后经传递机制送回客户端,应用开发简单且具有较多功能强大的前台开发工具。应用处理留在 Client 端,使在处理复杂应用时客户端应用程序仍显臃肿,限制了对业务处理逻辑变化适应和扩展能力。

2)B/S 结构(Browser/Server)

B/S 结构, 即 (Browser/Server)(浏览器/服务器)结构,它只安装维护一个服务器(Server),而客户机采用通用浏览器(Browser)运行软件,是 C/S 结构的一种改进和变化。它大大简化了客户端,而服务器则集中了所有的应用逻辑,开发、维护等几乎所有工作也都集中在服务器端。同时当企业对网络应用进行升级时,只需要更新服务器端的软件,而不必更换客户端软件,减轻了系统维护与升级的成本与工作量,使用户的总体拥有成本(TCO)大大降低。

B/S 架构分为如下的 4 层结构:客户端(Client)、表示层(Presentation)、应用层(Application)和数据层(Database), 这 4 层分别由浏览器(Browser)、www 服务器(Web Server)、应用服务器(Application Server)、数据库服务器(Database Server)构成,各层负责自己的任务,层间有成熟的协议,形成一个完整的有机整体,其结构如图 6.7 所示。

客户端(Client)是系统与使用者直接交互的层次,使用了 Web Browser(如 IE 等)作为客户端程序;表示层(Presentation)实现了业务逻辑与 JSP 页面表现的分离;应用层(Application)实现全部的业务逻辑;数据层(Database)的功能是存储海量数据。

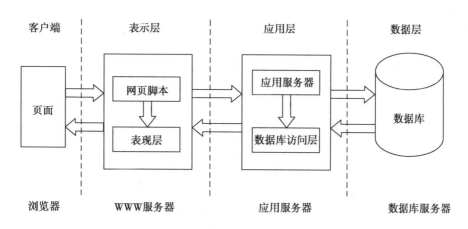

图 6.7　CRM 的 B/S 结构

6.2.2　CRM 系统的网络结构选择

对于处于企业内部的部门和用户,可以采用 C/S 模式(如图 6.8 所示),从而降低开发难度,提高信息安全性。对于处于企业外部的部门和用户,如办事处、销售人员、外地服务处等,可视情况采用 C/S 或者 B/S 模式,充分利用 Internet/Intranet 的便捷,实现对客户实时、快速的服务。

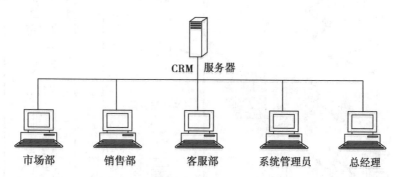

图 6.8　局域网中 CRM 的 C/S 结构

从 CRM 的应用来说,可能会有两种形式:内部网、外部网。因此在网络的结构中可以有两种形式,也可以两种形式进行结合。也就是说,CRM 应当是基于网络的分布式系统,可以在公司局域网或互联网环境下运行。

1)企业内部的 C/S 模式

如图 6.9 所示,对于公司原有的局域网,尽量不改变公司已有的网络结构,要使得系统响应速度快,并在整个 CRM 系统中易于部署和使用。

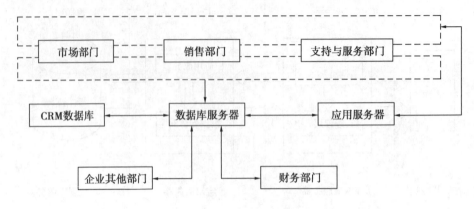

图 6.9 CRM 的网络结构图

2）企业外部的 B/S 模式

如图 6.10 所示,对于 B/S 模式,适用于移动办公(如经理、销售代表),公司的分支机构或代理商也能访问系统。但是由于是在 Internet 上,系统的响应速度可能会受网络带宽的影响,并且要考虑采取一定的网络安全措施,以保证网络的安全及数据的真实性。

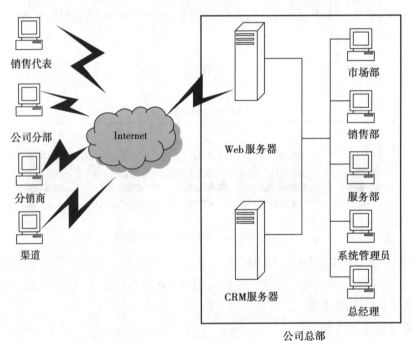

图 6.10 Internet 环境下的 CRM 结构图

3）传统 C/S 模式和 B/S 模式的综合应用

如图 6.11 所示,A/S 网络模式既承袭了 C/S 结构的软件资源和用户经验,又进一步发挥了 B/S 结构的集中控管优势。它通过设置应用服务器(组),将关键性的业务软件集中安装并进行发布,客户端可完全在服务器上执行所需的应用。

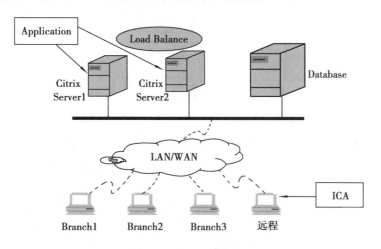

图 6.11　A/S 的结构

因为 A/S 结构本质上仍然是集中模式,因此它与 C/S 结构不同,可以很容易就分辨出来。而它与 B/S 结构的最大不同,则体现在 Citrix 的 ICA(Independent Computing Architecture)协议。通过该协议,将应用程序的逻辑从用户界面中分离开来,使得 A/S 结构中网络传输数据量很小,对网络带宽的要求低,平均每个用户仅占用 10 K 左右,即使是通过电话线连接到 Internet,也能保证多个用户同时工作,提供数据的实时访问和更新。另外,应用服务器与后台数据库通常是局域网连接,计算和查询所需的大量数据都是基于 LAN 传输速度,因此远程用户的网络效果非常理想。

6.3　CRM 软件系统的组成与功能

客户关系管理的实现,可以从两个层面进行思考。首先是管理理念问题,其次是向这种新的管理模式提供信息技术的支持。其中,管理理念的问题是客户关系管理成功的必要条件。没有信息技术的支持,客户关系管理的效率将难以保证,管理理念的贯彻也失去了落脚点。

6.3.1　CRM 软件系统的一般模型

如图 6.12 所示,目前主流的 CRM 软件系统的一般模型比较客观地反映了 CRM 最重要的一些特性。该模型阐明了目标客户、主要过程以及功能之间的相互关系。CRM 的主要过程是对营销、销售和客户这 3 部分业务流程的信息化。首先,在市场营销过程中,通过对客户和市场的细分,确定目标客户群,制订营销战略和营销计划。而销售的任务是执行营销计划,包括发现潜在客户、信息沟通、推销产品和服务、收集信息等,目标是建立销售订单,实现销售额。在客户购买了企业提供的产品和服务后,还需对客户提供进一步的服务与支持,这主要是客户服务部门的工作。产品开发和质量管理过程分别处于 CRM 过程的两端,由 CRM 提供必要的支持。

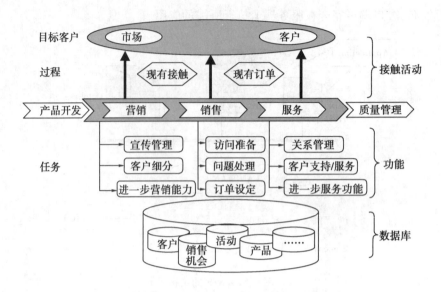

图 6.12　CRM 软件系统的一般模型

在 CRM 软件系统中,各种渠道的集成是非常重要的。CRM 的管理思想要求企业真正以客户为导向,满足客户多样化和个性化的需求。而要充分了解客户不断变化的需求,必然要求企业与客户之间要有双向的沟通,因此拥有丰富多样的营销渠道是实现良好沟通的必要条件。

CRM 改变了企业前台业务运作方式,实现了各部门之间的信息共享,密切合作。位于模型中央的共享数据库作为所有 CRM 过程的转换接口,可以全方位地提供客户和市场信息。过去,前台各部门从自身角度去掌握企业数据,业务割裂。而对于 CRM 模型来说,建立一个相互之间联系紧密的数据库是最基本的条件。这个共享的数据库也被称为所有重要信息的"闭环"(Closed-loop)。由于 CRM 系统不仅要使相关流程实现优化和自动化,而且必须在各流程中建立统一的规则,以保证所有活动在完全相同的理解下进行。这一全方位的视角和"闭环"形成了一个关于客户以及企业组织本身的一体化蓝图,其透明性更有利于与客户之间的有效沟通。这一模型直接指出了面向客户的目标,可作为构建 CRM 系统核心功能的指导。

6.3.2　CRM 软件系统的组成

根据 CRM 系统的一般模型,可以将 CRM 软件系统划分为接触活动、业务功能及数据库 3 个组成部分。

1) 接触活动

CRM 软件应当能使客户以各种方式与企业接触,如图 6.13 所示,典型的方式有呼叫中心(Call Center)、面对面的沟通、传真、移动销售(Mobile Sales)、电子邮件、Internet 以及其他营销渠道,如金融中介或经纪人等,CRM 软件应当能够或多或少地支持各种各样的接触活动。企业必须协调这些沟通渠道,保证客户能够采取其方便或偏好的形式随时与企业交流,并且保证来自不同渠道的信息完整、准确和一致。今天,Internet 已经成为企业与外界沟通的重要工具,特别是电子商务的迅速发展,促使 CRM 软件与 Internet 进一步紧密结合,发展成为基于 Internet 的应用模式。

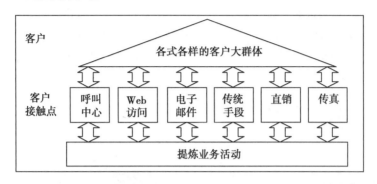

图 6.13　不同层次的接触活动

在客户交互周期中的客户接触参与阶段,系统主要包含以下的内容:

①营销分析。包含市场调查、营销计划、领导分析以及活动计划和最优化,并提供市场洞察力和客户特征,使营销过程更具计划性,达到最佳化。

②活动管理。保证完整营销活动的传送,包括计划、内容发展、客户界定、市场分工和联络。

③电话营销。通过各种渠道推动潜在客户产生,包含名单目录管理,支持一个企业多个联系人。

④电子营销。保证互联网上个性化的实时、大量的营销活动的实施和执行。开始于确切、有吸引力的目标组,通过为顾客定制的内容和产品进行进一步交互。

⑤潜在客户管理。通过潜在客户资格以及从销售机会到机会管理的跟踪和传递准许对潜在客户的发展。

2)业务功能

企业中每个部门必须能够通过上述接触方式与客户进行沟通,而市场营销、销售和服务部门与客户的接触和交流最为频繁,因此,CRM 软件主要应对这些部门予以支持。CRM 软件系统的业务功能通常包括市场管理、销售管理、客户服务和支持 3 个组成部分。

(1)市场管理

市场管理的主要任务是通过对市场和客户信息的统计和分析,发现市场机会,确定目标客户群和营销组合,科学地制订出市场和产品策略;为市场人员提供制订预算、计划、执行和控制的工具,不断完善市场计划;同时,还可管理各类市场活动(如广告、会议、展览、促销等),对市场活动进行跟踪、分析和总结以便改进工作。

(2)销售管理

销售管理使销售人员通过各种销售工具,如电话销售、移动销售、远程销售、电子商务等,方便及时地获得有关生产、库存、定价和订单处理的信息。所有与销售有关的信息都存储在共享数据库中,销售人员可随时补充或及时获取,企业也不会由于某位销售人员的离去而使销售活动受阻。另外,借助信息技术,销售部门还能自动跟踪多个复杂的销售线路,提高工作效率。

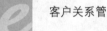

（3）客户服务和支持

客户服务和支持部分具有两大功能,即服务和支持。一方面,通过计算机电话集成技术（CTI）支持的呼叫中心,为客户提供每周 7×24 小时不间断服务,并将客户的各种信息存入共享的数据库以及时满足客户需求。另一方面,技术人员对客户的使用情况进行跟踪,为客户提供个性化服务,并且对服务合同进行管理。其实,上述 3 组业务功能之间是相互合作的关系,如图 6.14 所示。

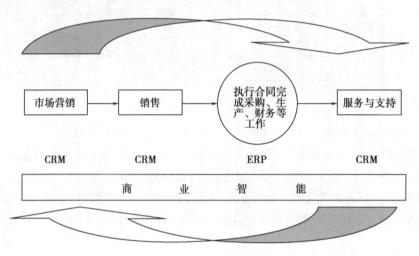

图 6.14　客户关系管理与客户生命周期

在商业 CRM 软件产品中,并不是每种产品都能提供所有的功能范围。一般地,一个软件能够支持 2~3 种功能,如市场营销和销售等。因此,在软件评价中,功能范围可以作为决定性的评判依据。表 6.1 以 Oracle 的 CRM 产品为例,给出了 CRM 软件各业务功能子系统较为详细的描述。

表 6.1　Oracle CRM 系统的业务功能

主要模块	目　标	该模块所能实现的主要功能
销售模块	提高销售过程的自动化和销售效果	销售:销售模块的基础,用来帮助决策者管理销售业务,它包括的主要功能是额度管理、销售力量管理和地域管理
		现场销售管理:为现场销售人员设计,主要功能包括联系人和客户管理、机会管理、日程安排、佣金预测、报价、报告和分析
		现场销售/掌上工具:这是销售模块的新成员。该组件包含许多与现场销售组件相同的特性,不同的是,该组件使用的是掌上型计算设备
		电话销售:可以进行报价生成、订单创建、联系人和客户管理等工作。还有一些针对电话商务的功能,如电话路由、呼入电话的屏幕提示、潜在客户管理以及回应管理
		销售佣金:允许销售经理创建和管理销售队伍的奖励和佣金计划,并帮助销售代表形象地了解各自的销售业绩

主要模块	目 标	该模块所能实现的主要功能
营销模块	对直接市场营销活动加以计划、执行、监视和分析	营销:使得营销部门实时地跟踪活动的效果,执行和管理多样的、多渠道的营销活动
		针对电信行业的营销部件:在上面的基本营销功能基础上,针对电信行业的 B2C 的具体实际增加了一些附加特色
		其他功能:可帮助营销部门管理其营销资料;列表生成与管理;授权和许可;预算;回应管理
客户服务模块	提高那些与客户支持、现场服务和仓库修理相关的业务流程的自动化并加以优化	服务:可完成现场服务分配、现有客户管理、客户产品全生命周期管理、服务技术人员档案、地域管理等。通过与企业资源计划(ERP)的集成,可进行集中式的雇员定义、订单管理、后勤、部件管理、采购、质量管理、成本跟踪、发票、会计等
		合同:此部件主要用来创建和管理客户服务合同,从而保证客户获得的服务的水平和质量与其所花的钱相当。它可以使得企业跟踪保修单和合同的续订日期,利用事件功能表安排预防性的维护活动
		客户关怀:这个模块是客户与供应商联系的通路。此模块允许客户记录并自己解决问题,如联系人管理、客户动态档案、任务管理、基于规则解决重要问题等
		移动现场服务:这个无线部件使得服务工程师能实时地获得关于服务、产品和客户的信息。同时,他们还可使用该组件与派遣总部进行联系
呼叫中心模块	利用电话来促进销售、营销和服务	电话管理员:主要包括呼入呼出电话处理、互联网回呼、呼叫中心运营管理、图形用户界面软件电话、应用系统弹出屏幕、友好电话转移、路由选择等
		开放连接服务:支持绝大多数的自动排队机,如 Lucent、Nortel、Aspect、Rockwell、Alcatel、Erisson 等
		语音集成服务:支持大部分交互式语音应答系统
		报表统计分析:提供了很多图形化分析报表,可进行呼叫时长分析、等候时长分析、呼入呼叫的汇总分析、坐席负载率分析、呼叫接失率分析、呼叫传送率分析、坐席绩效对比分析等
		管理分析工具:进行实时的性能指数和趋势分析,将呼叫中心和坐席的实际表现与设定的目标相比较,确定需要改进的区域
		代理执行服务:支持传真、打印机、电话和电子邮件等,自动将客户所需的信息和资料发给客户。可选用不同配置使发给客户的资料有针对性
		自动拨号服务:管理所有的预拨电话,仅接通的电话才转到坐席人员那里,节省了拨号时间
		市场活动支持服务:管理电话营销、电话销售、电话服务等
		呼入呼出调度管理:根据来电的数量和坐席的服务水平为坐席分配不同的呼入呼出电话,提高了客户服务水平和坐席人员的生产率
		多渠道接入服务:提供与 Internet 和其他渠道的连接服务,充分利用话务员的工作间隙,收看 E-mail、回信等

续表

主要模块	目　标	该模块所能实现的主要功能
电子商务模块	利用电子商务手段在网上促进销售、营销和服务	电子商店:此部件使得企业能建立和维护基于互联网的店面,从而在网络上销售产品和服务
		电子营销:与电子商店相联合,电子营销允许企业能够创建个性化的促销和产品建议,并通过 Web 向客户发出
		电子支付:这是 Oracle 电子商务的业务处理模块,它使得企业能配置自己的支付处理方法
		电子货币与支付:利用这个模块后,客户可在网上浏览和支付账单
		电子支持:允许顾客提出和浏览服务请求、查询常见问题、检查订单状态。电子支持部件与呼叫中心联系在一起,并具有电话回拨功能

3)数据库

一个富有逻辑的客户信息数据库管理系统是 CRM 系统的重要组成部分,是企业前台各部门进行各种业务活动的基础。从某种角度来说,它甚至比各种业务功能更为重要。其重要作用体现在以下几点:帮助企业根据客户生命周期价值来区分各类现有客户;帮助企业准确地找到目标客户群;帮助企业在最合适的时机以最合适的产品满足客户需求,降低成本,提高效率;帮助企业结合最新信息和结果制订出新策略,塑造客户忠诚。运用数据库这一强大的工具,可以与客户进行高效的、可衡量的、双向的沟通,真正体现了以客户为导向的管理思想;可以与客户维持长久的、甚至是终生的关系来保持和提升企业短期和长期的利润。可以这样说,数据库是 CRM 管理思想和信息技术的有机结合。

一个高质量的数据库包含的数据应当能全面、准确、详尽和及时地反映客户、市场及销售信息。数据可以按照市场、销售和服务部门的不同用途分成 3 类:客户数据、销售数据、服务数据。客户数据包括客户的基本信息、联系人信息、相关业务信息、客户分类信息等,它不但包括现有客户信息,还包括潜在客户、合作伙伴、代理商的信息等。销售数据主要包括销售过程中相关业务的跟踪情况,如与客户的所有联系活动、客户询价和相应报价、每笔业务的竞争对手以及销售订单的有关信息等。服务数据则包括客户投诉信息、服务合同信息、售后服务情况以及解决方案的知识库等。这些数据可放在同一个数据库中,实现信息共享,以提高企业前台业务的运作效率和工作质量。目前,飞速发展的数据仓库技术(如 OLAP、数据挖掘等)能按照企业管理的需要对数据源进行再加工,为企业提供了强大的分析数据的工具和手段。

4)技术功能

CRM 系统除了上述 3 个组成部分外,在技术上需要实现其特有的一些功能。对 CRM 的主要技术要求主要是 6 个方面,一般包括分析信息的能力、对客户互动渠道进行集成的能力、支持网络应用的能力、建设集中的客户信息仓库的能力、对工作流进行集成的能力、与

ERP 进行无缝连接的能力。

Hurwitz Group 给出了 CRM 的 6 个主要的功能和技术要求,如图 6.15 所示。

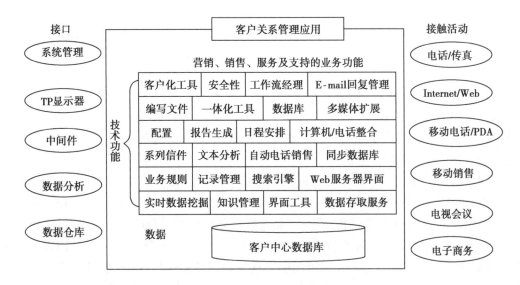

图 6.15　CRM 软件系统的技术功能

(1)信息分析能力

尽管 CRM 的主要目标是提高同客户打交道的自动化程度,并改进与客户打交道的业务流程,但强有力的商业情报和分析能力对 CRM 也是很重要的。CRM 系统有大量关于客户和潜在客户的信息,企业应该充分地利用这些信息,对其进行分析,使决策者所掌握的信息更完全,从而能更及时地作出决策。良好的商业情报解决方案应能使 CRM 和 ERP 协同工作,这样企业就能把利润创造过程和费用联系起来。

(2)对客户互动渠道进行集成的能力

对多渠道进行集成与 CRM 解决方案的功能部件的集成是同等重要的。不管客户是通过 Web 与企业联系,还是与携带有 SFA 功能的便携电脑的销售人员联系,还是与呼叫中心代理联系,与客户的互动都应该是无缝的、统一的、高效的。如前所述,统一的渠道还能带来内外部效率的提高。

(3)支持网络应用的能力

在支持企业内外的互动和业务处理方面,Web 的作用越来越大,这使 CRM 的网络功能越来越重要。以网络为基础的功能对一些应用(如网络自主服务、自主销售)是很重要的。一方面,网络作为电子商务渠道来讲很重要;另一方面,从基础结构的角度来讲,网络也很重要。为了使客户和企业雇员都能方便地应用 CRM,需要提供标准化的网络浏览器,使得用户只需很少的训练或不需训练就能使用系统。另外,业务逻辑和数据维护是集中化的,这减少了系统的配置、维持和更新的工作量,基于互联网的系统的配置费用也可以节省很多。

(4)建设集中的客户信息仓库的能力

CRM 解决方案采用集中化的信息库,这样所有与客户接触的雇员可获得实时的客户信息,而且使得各业务部门和功能模块间的信息能统一起来。

(5)对工作流进行集成的能力

工作流是指把相关文档和工作规则自动化地(不需人的干预)安排给负责特定业务流程中的特定步骤的人。CRM 解决方案具有很强的功能,能为跨部门的工作提供支持,使这些工作能动态、无缝地完成。

(6)与 ERP 功能的集成

CRM 要与 ERP 在财务、制造、库存、分销、物流和人力资源等连接起来,从而提供一个闭环的客户互动循环。这种集成不仅包括低水平的数据同步,而且还应包括业务流程的集成,这样才能在各系统间维持业务规则的完整性,工作流才能在系统间流动。这二者的集成还使得企业能在系统间收集商业情报。

CRM 的主要目的就在于在适当的时间通过适当的渠道将合适的产品提供给合适的客户。通过 CRM 软件系统的应用,企业提高了前台业务的运作效率。客户信息可以从中央数据库完整地获取,而不依赖于销售渠道;产品及客户分析结果以及产品销售、地区销售等的预测能够非常容易且实时地得到利用;同时企业可以通过 CRM 软件系统来对销售进行管理,使其能在有很多决策部门的大型组织中实现复杂的销售过程;CRM 软件还能简化识别目标客户的工作,加强与目标客户的联系;能够更为合理地分配营销资源,提高反馈率,并加强宣传的作用,从而减少市场营销成本。

总之,CRM 软件系统支持营销、销售和服务过程,使得企业对客户和所谓的"闭环"过程有一个全方位的视角。其作用是由业务功能和技术功能两方面共同决定和完成的。

6.3.3 CRM 软件系统的模块功能

CRM 是一套先进的管理思想及技术手段,它通过将人力资源、业务流程与专业技术进行有效的整合,最终为企业涉及客户或消费者的各个领域提供了完美的集成,使得企业可以更低成本、更高效率地满足客户的需求,并与客户在学习型关系基础上建立一对一营销模式,从而让企业可以最大限度地提高客户满意度及忠诚度,挽回失去的客户,保留现有的客户,不断发展新的客户,发掘并牢牢地把握住能给企业带来最大价值的客户群。CRM 将先进的思想与最佳的实践具体化,通过使用当前多种先进的技术手段最终帮助企业来实现以上目标。下面简单地介绍 CRM 软件系统的几个主要模块。

1)销售自动化

销售自动化(Sales Force Automation,SFA)是 CRM 中最基本的模块,在国外已经有了十几年的发展,近几年在国内也获得了长足发展。SFA 早期以针对客户的应用软件为出发点,但从 20 世纪 90 年代初开始,其范围已经大大地扩展,以整体的视野,提供集成性的方法来管理客户关系。

就像 SFA 的字面意思所表明的,SFA 主要是提高专业销售人员的大部分活动的自动化程度。它包含一系列的功能,提高销售过程的自动化程度,并向销售人员提供工具,提高其工作效率。它的功能一般包括日历和日程安排、联系和客户管理、佣金管理、商业机会和传递渠道管理、销售预测、建议的产生和管理、定价、区域划分、费用报告等。

2）营销自动化

营销自动化（Marketing Automation，MA）模块是 CRM 的最新成果，作为对 SFA 的补充，它为营销提供了独特的能力，如营销活动（包括以网络为基础的营销活动或传统的营销活动）计划的编制和执行、计划结果的分析；清单的产生和管理；预算和预测；营销资料管理；"营销百科全书"（关于产品、定价、竞争信息等的知识库）；对有需求客户的跟踪、分销和管理。营销自动化模块与 SFA 模块的不同在于，它们提供的功能不同，这些功能的目标也不同。营销自动化模块不局限于提高销售人员活动的自动化程度，其目标是为营销及其相关活动的设计、执行和评估提供详细的框架。在很多情况下，营销自动化和 SFA 模块是补充性的。例如，成功的营销活动可能获知较多有潜在需求的客户，为了使得营销活动真正有效，应该及时地将销售机会提供给执行的人，如销售专业人员。在客户生命周期中，这两个应用具有不同的功能，但它们常常是互为补充的。

3）客户服务与支持

在很多情况下，客户的保持和提高客户利润贡献度依赖于企业提供优质的服务，客户只需轻点鼠标或打一个电话就可以转向企业的竞争者。因此，客户服务和支持对企业来说是极为重要的。它可以帮助企业以更快的速度和更高的效率来满足客户的售后服务要求，以进一步保持和发展客户关系。在 CRM 中，客户服务与支持主要是通过呼叫中心和互联网实现。在满足客户的个性化要求方面，它们是以高速度、高准确性和高效率来完成客户服务人员的各种要求。CRM 系统中强有力的客户数据使得通过多种渠道（如互联网、呼叫中心）的纵横向销售变为可能，当把客户服务与支持功能同销售、营销功能比较好地结合起来时，就能为企业提供很多好机会，向已有的客户销售更多的产品。客户服务与支持的典型应用包括：客户关怀；纠纷、次货、订单跟踪；现场服务；问题及其解决方法的数据库；维修行为安排和调度；服务协议和合同；服务请求管理等。

4）商务智能

在企业的信息技术基础设施中，以数据仓库为核心的商务智能可以将大量信息转换成可利用的数据，并允许决策者从企业过去的经验记录中查找适用于当前情况的模式，通过这一方法可使决策者更好地预测未来。

商务智能是指利用数据挖掘、知识发现等技术分析和挖掘结构化的、面向特定领域的、存储于数据仓库内的信息，它可以帮助用户认清发展趋势、识别数据模式、获取智能决策支持、得出结论。商务智能的范围包括客户、产品、服务和竞争者等。在 CRM 系统中，商务智能主要是指客户智能。利用客户智能，可以收集和分析市场、销售、服务和整个企业的各类信息，对客户进行全方位的了解，从而理顺企业资源与客户需求之间的关系，增强客户的满意度和忠诚度，实现获取新客户、支持交叉销售、保持和挽留老客户、发现重点客户、支持面向特定客户的个性化服务等目标，提高赢利能力。

6.4 CRM系统的实施

CRM系统作为管理软件的一个子集,和别的管理软件有着密切的关系。作为管理软件系统,都体现一定的管理理念,对于CRM而言,它侧重于企业前台的销售市场的资源整合,中心在客户。但是,作为一套功能强大的管理软件系统,它同样具有一般系统的共性,因此CRM系统同样是由相互联系和相互制约的若干组成部分结合而成的、是具有特定功能的有机性整体。

6.4.1 CRM系统的选择

对于大多数企业来说,CRM项目一般都是在众多的CRM供应商中进行选择,而不会自行开发。因此如何选择CRM系统就成为企业非常重要的一个工作任务,在这里所要讨论的内容就是选取CRM系统的正确方法。

1)确定实施CRM的目标和动机

企业是由于什么样的目标和动机开始考虑选择CRM?这对于理解"公司通过CRM创新设法实现什么样的目标"非常关键。因此,企业首先要确定自身最初的目标和动机。CRM最初的目标和动机的确定需要企业能够针对目前的营销、销售和服务状况来分析存在的问题,以及哪些方面需要进一步的改善。实施CRM的最初的目标和动机主要包括以下几个方面:

- 提高营销、销售和服务的效能;
- 增加收入;
- 改善客户忠诚度;
- 提高市场份额;
- 改善边际利润;
- 缩短销售周期;
- 支持团队销售;
- 降低管理费用;
- 改善渠道效力;
- 降低成本。

以上是最初目标的主要方面,企业应该针对自身的现状以及行业内外环境分析和确定,并需要制订改善的主要目标,找到企业发展的薄弱环节,从而给出各个目标改进的重要优先级。

2)详细分析实现最初目标的经营改进方法

上述都可以作为企业选择CRM的理由,但是要想最大化目标实现的机会,企业必须要借助于结构化选型方法的第二步,即进一步确定企业通过哪些运营改进措施才能实现第一步中确定的目标。企业具体的、与CRM相关的运营改进措施主要包括:

- 提高客户忠诚度；
- 增加客户服务和支持渠道；
- 增加新的营销、销售和服务人员；
- 共享最好的实践；
- 引入新产品；
- 准确的预测；
- 获得更多的营销和销售线索；
- 交叉/追加销售；
- 提供信息访问的简便性。

以上是与 CRM 相关的、实现目标的主要方法和途径，企业针对自身情况来确定可以采取的具体运营改进措施和各个具体运营改进措施的重要优先级。

3）寻求软件厂商解决方案的建议和信息

确定了具体的运营改进措施之后，企业需要真正理解需要解决的基本问题，只有这样企业才能够确定哪些特定的解决方法可以应用于这些基本问题中。一旦确定了具体的业绩目标，便需要开始考虑寻求解决问题的技术。这时候，企业需要考虑从何处获得解决方案和供应商的建议与信息。企业获得相关信息的途径主要有以下几种渠道：

- 咨询顾问（包括 MIS、ERP、CRM、SCM 等项目的顾问）；
- 咨询公司（主要是一些信息化领域的第三方咨询公司）；
- 文章（主要包括一些 CRM 理论、CRM 案例研究、CRM 产品剖析等）；
- 网站（包括企业管理信息化方面的门户网站、信息化咨询公司以及软件厂商的网站）；
- 厂商客户（对软件厂商已有客户进行调查与分析，了解客户部署该厂商 CRM 的投资回报情况）；
- 研讨会（政府机构、咨询公司、软件厂商主办的研讨会，企业可以从演讲者那里获得很多客观的、系统性较强的有关 CRM 厂商产品、CRM 功能实现、CRM 实施策略等方面的知识）；
- 座谈会（厂商与用户、用户与用户的交流）；
- 直邮（厂商发布的各种有关产品的直邮信息）。

不同渠道的信息有不同的成本和不同的可靠性，企业可以根据自身情况酌情选择，并相互验证其信息的可靠性。

4）要注意 CRM 与其他应用软件系统的集成问题

选型时尽可能选一些产品线比较全面的供应商，同一家公司的 CRM 系统和其他产品线的糅合性基本上可以很好解决，但如果不同软件系统是由不同供应商提供，通常会有一些问题。购买软件前的评估步骤的主要目的有两个：确定是否有必要购买 CRM 技术；如果有必要，应该购买哪些软件厂商的产品。

另外，选择厂商时使用最多的是需求建议书——RFP（Request for Proposal）方法。"CRM 产品做什么"不是一个问题，真正的问题在于"CRM 产品如何做"。

5) 详细了解"真实"的软件厂商

对于软件厂商的情况了解,可以使企业能真正认识并了解软件厂商的一些实际情况,对今后应用 CRM 软件是非常必要的。供应商的服务体系与自身成长性问题不可忽视。软件就是服务,供应商的服务水平、服务能力、服务网络、服务响应时间、服务的条件包括价格等都要考虑。另外,供应商的成长性风险也要关注,无法想象一个缺乏资金连生存都有问题的公司能持续不断开发出稳定的新产品。CRM 软件中的管理模式是否先进、科学、具有前瞻性除了取决于供应商的行业经验,还很大程度上取决于供应商的研发实力。不仅仅是技术研发实力,更多的是管理学的研究。一般可以进行如下的信息:

- 获取 CRM 软件厂商信息的策略;
- 研究定制的范例;
- 让厂商描绘现有的流程;
- 厂商的详细技术评价;
- 看标准的产品示范;
- 看厂商的产品展示;
- 研究"第三方"对厂商的间接评价;
- 综合评价"真实"CRM 软件厂商的方法;
- 进行厂商产品的 ROI 分析;
- 访问厂商的客户;
- 评价厂商的实施计划;
- 评价厂商的建议;
- 注意厂商总部的高层简报;
- 完成 RFP。

6) 建立适合自身的产品评价体系

当上述数据收集好之后,企业应该根据自身情况建立复杂程度适当的选型指标评价体系。由于涉及一些知识产权的问题,这里简单地描述一下这种评价体系的思路和方法,希望能够给企业一些启发。而且,不同企业的评价指标体系是不一样的,其复杂程度(指标的个数)应视 CRM 项目本身所期望达到的目标、CRM 项目的投资、CRM 系统的复杂程度而定。该指标体系由产品技术评价指标和产品功能评价指标两部分组成。

7) 在 CRM 软件上应注意考虑的问题

(1) CRM 系统的管理模式是否与企业的模式一致

CRM 的实质是一种管理思想和管理模式,因此企业选型 CRM 系统,应该看该系统本身所融入的管理思想与模式是否与自己企业相一致,或是相似,或者是企业后期变革的方向。管理上的 CRM 是由软件上的 CRM 来表现,这不仅需要从供应商的口中或方案中了解,还要看软件本身的架构、业务流程是否满足。

(2) 选型 CRM 时要看供应商的版本

用户如何选择 CRM 系统是一个复杂的问题,特别对于行业特性比较明显的如汽车、房地产、金融、医药等行业更要注意。只有在这个行业做过才能对这个行业熟悉,才能理解该行业的业务特点,也才有可能使开发出的 CRM 符合行业需求。

（3）CRM 软件本身的功能

比如功能模块能否覆盖企业业务的基本应用、界面是否友好。如果是商品化的通用软件,可能功能模块上还有部分要调整。一般所选供应商的 CRM 系统如果有 60% 以上的功能能用上就值得买,站在企业角度,如果企业 85% 以上 CRM 需求能被供应商的 CRM 满足,也完全可以购买。

（4）考察软件系统的技术特点

企业选型 CRM 时,一定要选适合的,不一定要以先进性为唯一标准。要选主流技术,并且在一定期限内处于相对稳定、成熟和先进状态。但要注意企业上 CRM 是购买一套 CRM 应用解决方案,评判系统导入成功失败的标准是看是否解决问题,是否提升了企业的核心竞争力,而技术只是实现目标的一部分因素。

6.4.2　CRM 系统的实施过程

在目前市场竞争激烈,客户资源尤显重要的环境下,企业要想在较短时间内,靠自己的力量从头分析研究、自主开发并实施高效的 CRM 系统,将会造成投入大、见效慢的结果,因此,并不是最佳选择。选择一个适合自身情况而且功能强大的软件产品,并挑选一个合适的软件供应商或咨询公司帮助实施 CRM,应当是一个比较合理的方案。在这里所要讨论的是,如果企业不进行自主开发 CRM 软件系统,而是根据自身业务需求的特点来选择 CRM 商品软件,并且接受软件厂商或咨询公司的帮助时所应当考虑的一些方法。

CRM 软件产品本质上是面向企业前台应用的管理信息系统。其本身就蕴含了 CRM 的管理思想和先进的信息技术。同其他管理软件一样,CRM 软件系统的实施过程同样要遵循项目管理的科学方法。在这里,结合项目管理和管理信息系统实施的特点提出了 CRM 软件系统九阶段的实施方法,如图 6.16 所示。

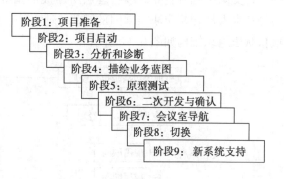

图 6.16　CRM 系统实施方法

1）项目准备

这一阶段主要是为 CRM 项目立项进行准备,目标是取得高层领导的支持和勾画出整个项目的实施范围。主要任务包括确定项目目标、界定项目范围、建立项目组织、制订阶段性的项目计划和培训计划（其中包括每个阶段的交付成果（Milestones））。从某种意义上说,全面实施 CRM 系统其实是一种战略决策,它意味着一场深刻的组织变革。虽然 CRM 软件系统的应用面向的只是企业的前台,范围没有 ERP 这类主要侧重于企业后台业务集成的管理信息系统广,但就 CRM 系统中蕴含的管理思想而言,却意味着企业从以产品为中心的管理模式向以客户为中心管理模式的转变,意味着管理观念的转变,由活动构成的企业相关流程的转变、制度的转变、人的转变。CRM 系统的实施需要企业各方的支持,这已从 CRM 价值链的模型中得到证明。

因此,拥有企业高层对 CRM 的理解、指导和承诺,各级管理人员的有力支持,项目才有可能取得成功。可以这样说,企业高级管理层的承诺(Top Management Commitment)是成功实施 CRM 的首要条件。

项目准备阶段主要由以下两个活动构成:

(1)确定项目范围

通过初步了解现行系统的业务以及目前已经在使用的软件系统来确定。不同于 ERP 项目,CRM 项目的应用范围主要在企业的前台业务部门,即市场营销管理、销售管理以及客户服务与支持。

(2)中高层经理的相关培训

只有让企业的中高层管理人员真正理解 CRM 的概念和原理,才可能对 CRM 的实施给予充分的支持。

2)项目启动

在取得了企业高层的支持和确定了项目实施范围之后,项目进入正式启动阶段。这个阶段的主要任务包括确定项目目标、建立项目组织、制订阶段性的项目计划和培训计划,每个阶段的交付成果都要有相应的文档加以整理和记录。

(1)建立项目实施队伍并明确人员权责

这支队伍既有企业高级管理层所组成的指导委员会和咨询公司人员,也有来自信息部门的技术人员和相应职能部门的熟悉企业流程的业务人员所组成的实施小组和职能小组。项目队伍组织结构如图 6.17 所示。

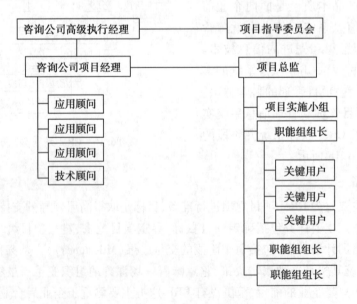

图 6.17　项目队伍组织结构图

（2）制订项目计划

制订贯穿于各阶段的项目计划，其中包括交付成果。由于 CRM 系统实施的复杂性，通过工作任务分解，把整个项目分为不同的阶段，每个阶段都有自己的目标、任务和交付成果。

（3）制订培训计划

培训在 CRM 实施中是非常重要的因素，它贯穿于项目的各个阶段。培训可以针对不同的对象，安排在不同的时间和地点，培训的成本也会有所差别。培训是成功的关键，培训应该从高级管理层开始。有些培训可能还要根据培训对象的不同，根据 CRM 信息系统的特点，加一些实例练习，更快地实现知识转移。

（4）确定项目目标和评价方法

制订项目目标有几个原则。首先，必须产生效益。通过 CRM 的实施，能够提高企业的销售收入并且降低销售成本，从而增加利润，这是显性效益；另一方面，提高了客户的满意度和忠诚度，同时也增加了内部员工的满意度和工作热情，加强了部门之间的团结合作等，这是隐性效益。而隐性效益从某种角度来说，也给企业带来了竞争优势。其次，目标必须可以衡量，应当以数字来表示，如提高 10% 的销售收入，降低 15% 的销售成本等。再次，目标必须可以完成。制订的目标必须切合实际，不切实际的目标只不过是空想而已。可以同时制订多个目标。在评价 CRM 实施时，可以拿实际效果与制订的目标作相应对比，寻找差距和不足，以便进一步改进。当然，CRM 的实施是一个长期的不断提高的过程，不能太注重短期利益，在竞争日益残酷的今天，获取战略利益更有利于企业的长期发展。

3）分析和诊断

这一阶段是任何管理信息系统实施中必不可少的关键环节。这一阶段的主要任务包括：CRM 信息系统的安装和技术培训；CRM 信息系统应用的初步培训；基础数据的准备；现有政策和业务流程分析和诊断。

（1）CRM 信息系统的安装和技术培训

CRM 信息系统的安装和技术培训是必需的。不同规模的企业所需要的 CRM 的软件系统会有很大差别。对于较复杂的产品，需要对安装进行计划并确认系统规模。随后安装硬件和 CRM 软件，确定安全及访问控制，并进行系统管理的培训。

（2）CRM 信息系统应用的初步培训

它针对全部项目实施小组成员。通过培训，使企业人员了解项目相关的业务领域、CRM 信息系统的技术特点和所蕴含的管理思想以及业务流程，这对于进一步作流程的分析和诊断以及业务蓝图的初步设计时会有所帮助。

（3）现有政策和业务流程分析和诊断

由于 CRM 倡导的是以客户为中心的管理模式，原有的以产品为中心的政策和流程必然面临着改变。不仅与企业前台业务相关的流程需要改变，企业后台的流程也要作出相应的调整。通过确定流程的需求和实现客户价值的程度，分析现有流程和政策中存在的问题，确定要改进的关键环节。可以采用流程图形建模技术和鱼骨图分析技术等来帮助分析。

4）描绘业务蓝图

在吸取了众多实施管理信息系统（如 ERP）失败案例的经验之后，在传统的 MIS 实施模式的基础上,结合了 BPR 的思想和方法,产生了这一阶段。它对 CRM 系统的成功实施最为重要。

所谓业务蓝图,即改进后的企业流程模型。虽然经过了初步培训,已经对 CRM 信息系统有了初步了解,但对其详细功能的认识还比较有限,考虑到将来新流程与 CRM 信息系统的有机结合,因此先描绘初步的业务蓝图,但并不是系统的详细设计。在经过原型测试后,再对业务蓝图进行修改,使其不断完善。新流程应该符合 CRM 的管理思想和目标,着眼于提高客户满意度和忠诚度。

在挑选业务流程进行重新设计时,首先要挑选一些关键的流程。挑选的原则可以根据位势的重要性、绩效的低下性和落实的可能性来衡量。如客户投诉服务流程,如果运行的绩效低下(响应速度慢、信息不共享、无规范的文档记录、没有解决方案的数据库等),会直接影响客户对售后服务的满意程度,导致客户流失,同时由于 CRM 信息技术的支持,重新设计后的流程也有落实的可能性,因此对此流程的改进就是非常必要的。

另外,在设计新的业务流程时,必须根据企业本身的实际情况和行业的特点,同时结合 CRM 信息系统的优势,既不应该盲目照搬其他企业的模式,也不应该完全按照 CRM 信息系统本身包含的标准业务流程。流程再设计时可以运用 BPR 的一些优化流程的方法和技术,如创造性技术(头脑风暴法、黑箱思考法等)和数据建模技术(IDEF 工具等)。在改进企业流程结构的同时,也要对新流程运作相适应的人力资源和企业制度有所考虑。业务蓝图的设计是 CRM 系统实施成功的关键所在,如果不对企业原有的业务流程作任何改进,直接把它放进 CRM 信息系统中作原型测试,即使由于信息技术的引入对流程有所改进,但其程度是有限的,这样做其实是用信息技术来迎合不符合 CRM 管理思想的业务流程,从根本上违背了实施 CRM 系统的目的。这可以从 ERP 项目众多的失败案例中得到验证。

CRM 系统由活动、制度、人、信息技术和目标组成。信息技术只是 CRM 系统的有机组成部分,它能够在一定程度上影响活动的一种实现方式,影响联系活动的规则(制度的一种表现形式),影响执行活动的人,从而影响 CRM 系统的目标。但这种影响是局部的。要实现 CRM 系统的目标,需要各个要素的协调一致,共同朝着同一个方向而努力。如果只是引入 CRM 的信息技术,而企业的活动、制度、人不作改变,那么实现 CRM 的目标只是空谈而已。

5)原型测试(Prototyping)

这一阶段有 3 个主要任务:CRM 基础数据的准备、原型测试的准备和进行原型测试。

(1)CRM 基础数据的准备

数据准备是 CRM 实施成功的关键环节。由于 CRM 系统是面向企业前台应用的管理信息系统,因此其基础数据主要是一些市场、销售以及客户服务与支持的有关数据。

数据,一般是指客观事务的各种属性值。在市场营销活动中,它指体现在客户身上的各种属性。如果是消费者客户(B2C),则指消费者的性别、年龄、职业和消费偏好。如果客户是企业(B2B),则指一个企业的员工人数、总产值和主营业务等。实施 CRM 需要从不同来源获取大量的数据,如企业内部保存的客户数据和从企业外部取得的人口统计数据、态度数据、生活方式数据、财务数据和调查数据等。

在 CRM 实施中,掌握大量的数据是十分必要的。数据可以帮助企业了解每一个客户的有关属性,了解客户群的大体轮廓,了解并提高企业营销活动的效果,从而更好地进行客户组合分析和确定目标客户、及时满足客户需求、降低成本和提高效率、与客户建立紧密联系和提高客户的忠诚度。

根据数据获取方式的不同,可将数据分为两大类:初级数据(Primary Data)和次级数据(Secondary Data)。

①初级数据又称为原始数据,是通过发问卷、电话采访、面谈等方式直接从客户那里收集到的有待进一步加工的数据。初级数据一般比较可靠和真实,但收集成本较大。飞速发展的互联网技术为企业人员获取客户和市场信息提供了新的渠道,通过在互联网上与客户的互动沟通,既节省了成本,又能使有关数据及时更新。

②次级数据又称间接数据,它是经过别人收集,并已被加工整理过的数据。根据来源不同,次级数据又分为内部数据(Internal Data)和外部数据(External Data)。内部数据存放在企业的信息系统中,主要指企业各时期的销售历史记录、促销活动记录、客户购买记录和售后服务记录等。外部数据主要来自市场调查机构、信息服务机构、有关行业协会组织以及竞争对手等。CRM 系统的主要目标是维系现有的客户,其最主要的内部数据是客户行动数据和客户服务数据,客户行动数据包括所有由于客户和企业之间的关系而发生的销售和促销活动的资料,如客户个人数据、重复购买数据、产品项目数据以及各种形式的促销数据等。而客户服务数据主要指售后服务的有关数据。这两类数据都是针对企业现有的客户而言的。当然,不同行业所需要的数据都会有不同的侧重点。

尽管企业的营销和客户服务人员从各种途径收集了大量的原始数据,但管理人员并不能以它们为依据立即作出决策,数据还需要进一步地处理和加工变成信息。CRM 的软件系统中已经根据 CRM 的管理思想设计了科学的数据库结构,基本上能满足企业的需求,因此,数据的准备应当在理解了 CRM 管理思想和软件应用培训的基础上进行,只有经过培训,理解了 CRM 的管理思想,了解了 CRM 软件系统中对各项数据的定义、概念、作用和要求,才能有针对性地进行数据的收集、分析整理和录入工作,使数据转变为有用的信息。

(2)原型测试的准备

由于 CRM 原型测试的复杂性,需要做一些准备工作,主要包括确定参与人员;定义将要测试的场景(Scenario),即把新的业务蓝图置于 CRM 的信息系统中进行测试,尤其是一些经过改进后的关键的业务流程。另外,CRM 的软件覆盖了市场、销售以及客户服务与支持这些职能领域,由于需要对 CRM 软件的所有功能模块进行测试,因此还需要确定对各业务领域进行测试的不同人员,这可以在项目组内进行分工。

(3)原型测试(Prototyping)

原型测试的目的主要在于:深入理解 CRM 软件系统,分析与业务蓝图的差异;熟悉软件及其报表的用途;理清数据之间的关系;作为全面实施 CRM 系统的依据。

原型测试可与各功能模块同时进行,由项目实施组长或咨询公司的项目经理亲自主持,同业务相关的关键用户都应参加。按在原型测试准备活动中定义的场景(Scenario)进行交互式的测试。在测试过程中,找出业务蓝图的需求和软件功能的差异,研究解决方案。第一种情况,如果对业务蓝图中的某些新流程,其流程设计本身是合理的,虽然标准化的软件功能不能支持,但可以通过二次开发,来增加软件的功能来加以满足;第二种情况,由于信息技术条件的限制,无法通过加强软件功能的方式来支持合理的新业务流程,那只能重新定义流程,使之在现有条件下可以实现;第三种情况,由于对 CRM 信息技术更加深入的认识和挖掘,进一步改进了业务蓝图或者开拓了完全崭新的业务流程。

原型测试的最终目的在于比较和分析企业的业务蓝图与 CRM 软件系统功能的差异,根据企业的实际情况和信息技术的特点来寻找适宜的解决方案。

6)二次开发与确认

根据上一阶段原型测试的结果,分别视不同情况进行软件更改和其他更改(业务流程、制度和组织结构等的更改)。

(1)软件更改

软件更改的目的在于通过修改软件程序和客户化报表的开发来满足企业业务蓝图的需求。其中软件程序的修改由软件供应商按照其特定软件质量标准进行,增强后的软件功能还要根据一定的标准进行测试,经审核后确认。对软件的更改要慎重,可以先尝试运用软件的现有功能,寻找非标准的方法来满足需求。

(2)其他更改

其他更改包括对业务流程、制度和组织结构等的更改。业务流程的更改主要有两大原因:其一,运用信息技术的潜能进一步修订了业务蓝图;其二,由于信息技术的限制(或者可以理解为重新设计的新流程太过理想化),新流程不可实现。对于第二种情况,如果设计的流程从业务的角度确实能达到比较好的绩效,即使有些活动信息技术不能提供有力支持,这些活动的实现方式可由业务人员的知识和经验来取代。

由于 CRM 信息系统的介入,对业务蓝图中的流程有了进一步的修订,由于流程是活动的有序集合,随之活动也会发生变化,活动之间的联系规则也要发生变化,执行活动的人的角色或技能也发生变化,随之员工的报酬和激励制度也会发生变化,更进一步,流程的变化会导致组织结构的变化。

需要强调的是随着业务流程的变化,制度一定要作相应调整,因为制度是新的流程得以真正实现的保证。

7)会议室导航(Conference Room Pilot)

这一阶段的主要任务是进行会议室导航和最终用户培训。

(1)会议室导航

会议室导航必须建立在原型测试与二次开发和确认的基础上,其主要目的是验证或测试二次开发的可执行性;测试所有修订后的业务流程和确认相关制度;调整和准备相关凭证和报表;使 CRM 系统真正运行起来。

会议室导航仍然应是 CRM 整个系统的测试,涉及各相关部门,所以除了项目小组的人参加外,各职能组和前台部门的实际应用人员(最终用户)都要参加,因为这是企业前台业务顺利向 CRM 系统转变的必要条件,只有实际应用人员真正理解、接受并且主动去使用 CRM 系统时,实施才有可能会有效果。

测试结果要经项目指导委员会审批,判断是否具备转入实际应用的条件。如果条件还不成熟,则还须对过去阶段的工作进一步完善,而不要匆忙转入切换。

（2）最终用户培训

根据确认了的系统及修正的业务流程、制度,编写用户手册。可以从关键用户中选择培训教师,对最终用户进行培训。最终用户不但包括具体操作人员,还包括中高层管理人员,他们需要相关信息来作决策。

8）切换

在完成了会议室导航阶段充分细致的测试以后,在这一阶段,要从原先的前台系统转换到 CRM 系统。主要的活动包括切换前的准备和正式切换。

（1）切换准备

切换前的准备工作必须非常细致。首先核对流程、人员、数据和规则是否就绪。另外,要对系统切换的方法进行计划并达成一致。系统的切换包括交钥匙的方法、新旧系统并行的方法和试点的方法。借鉴 ERP 系统的切换方法,一般可以采用试点的方法。

（2）正式切换至新系统

装入各类数据之后,就可以切换到新系统。由于 CRM 系统相对 ERP 系统来说比较简单,可以采取一次性切换的方法。当然行业不同,CRM 实施的复杂程度有很大差别,也可以采取分阶段切换的方法。如寿险行业的 CRM 实施就会复杂一些,这是保险业务整个过程的复杂性所决定的,这一过程包括市场研究和定位、新险种开发、展业、核保、签单、核赔和理赔等多个环节,几乎每一个环节都要与客户接触,而所谓的前台业务——市场研究和定位、展业、核赔和理赔其实与后台业务紧密联系,更困难的是,寿险公司的展业人员非常有限,其代理人掌握了大部分客户的详细信息,这样寿险公司就无法对客户信息有一个全面且准确的把握,因此,如果要实施 CRM,首先要从代理人那里获取详细的客户信息,而且在展业过程中,要针对客户不同的风险偏好的特点,设计不同的险种组合以满足客户需求。正是由于寿险业务流程和承保技术的复杂性,使 CRM 实施的难度很大。相比之下,银行的业务和技术特点要简单一些,因此大大降低了 CRM 实施过程的难度。

9）新系统支持

在新系统转入正式运行之后,需要不断调整并且监测和评估新系统的运行绩效,以确定它是否满足预定的目标。

（1）对系统进行调整并提供继续支持

不断根据实际需要调整新系统运行;确定更改控制流程并确认已取得的效益;审核与批准项目结束备忘录。

（2）监控新系统运行结果

一方面监测和评估系统运行状态;另一方面根据预先设定的项目目标来审核相应成果,并且审核和批准业绩评估备忘录。

6.4.3 CRM 系统实施的关键成功因素

在为一个企业或一个项目制订目标时,总是会有一系列特定的成功因素和标准,这就是人们常说的关键成功因素（Critical Success Factors, CSF）。

1）"客户成熟度"与"企业成熟度"

从 CRM 系统的核心和出发点来说，CRM 成功实施最关键的因素在于客户。企业不能只是强调利用 CRM 来改善他们的运营效率，而忽视了有效改善他们与客户关系的重要性。因此"客户成熟度"与"企业成熟度"等因素对 CRM 系统的成功实施极为重要。

（1）实施 CRM 系统要深入研究客户"成熟度"

自从人类进入商品经济社会以来，企业的"客户"就随着社会、科技、文化、教育的发展逐步成熟起来。"客户"根据自己积累的经验与知识，向产品与服务的提供者——"企业"索取越来越多的价值与"消费者剩余"，同时不断要求企业从提供单一结果的"黑箱"产品与服务，逐步向开放的"白箱"体系发展，因此企业在实施客户关系管理系统时，必须考虑企业客户的"成熟度"。所谓客户成熟度是指客户的购买决策相当成熟，客户在追求产品与服务本身之外，还要求得到更多与购买决策相关的信息、知识和技术。也就是说，一个成熟度较高的客户往往更注重与企业建立良好的客户关系。

在传统的管理理念中，企业偏向于保护自己拥有的信息、知识与技术，以期待获得相对竞争优势，因而往往倾向于采用提供"黑箱"产品与服务的决策方式。人类经济发展历史也同样证明：在一个客户成熟度较低的市场环境中，顾客更关注的是产品与服务的功能与价格，而不太在意产品与服务提供的过程。这是从工业革命以来，以大批量生产、价格敏感、功能至上为竞争优势企业的典型特征。后来，随着产品的丰富与客户的成长，导致市场上产品销售的激励竞争，于是产量中心论被销售中心论取而代之，客户也逐渐增加对品牌、质量、品位、口碑等扩展价值的需求。而进入 20 世纪 90 年代中期以来，随着客户的进一步成熟，客户需求出现了越来越强烈的差异化倾向，客户对产品的知识、技术等提出了更多的要求，甚至期望获得产品在制造过程、环境保护等各个环节的相关详细信息，这就使得全球市场竞争步入了个性化订制的时代。事实上，正是现代社会经济的发展，教育水平的提高，交通、信息技术成熟，使得客户购买决策行为发生了巨大变化——"客户成熟度"大大提升，孕育了 CRM 管理理念的产生与发展。

如图 6.18 所示，随着客户购买经验的增加，教育水平的提高及信息技术不断成熟，客户的购买行为由低介入决策向中介入决策、高介入决策发展，企业的营销模式也由产品导向型向销售导向型、客户关系导向型转变。在一个经济高度发达的国家或地区，客户的购买行为越来越多地受到信息与知识的影响，客户成熟度直接影响企业生产运作全过程。因此，企业在实施 CRM 系统时，要深入研究企业客户成熟度，掌握客户购买行为模型，准确分析知识、信息与技术对客户购买行为的真正影响。如果企业客户成熟度高，购买决策介入度高，企业实施 CRM 系统就会更迫切，成功的可能性就更大；反之如果客户成熟度低，客户购买决策介入度低，企业盲目上马 CRM 系统则可能导致失败。CRM 核心强调如果以客户为中心，企业就必须从基础上、战略上和全局上重视"客户成熟度"，只有这样才能确保 CRM 系统的成功实现。

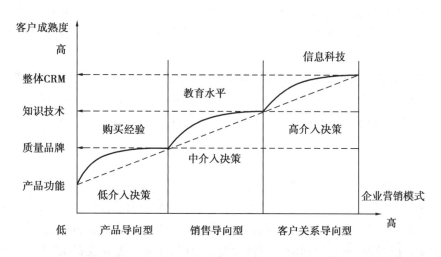

图 6.18　客户成熟度与企业营销模式的转变

（2）实施 CRM 系统更要强调企业自身的成熟度

企业成熟度是企业面对环境的威胁或机会作出反应的灵敏程度,是衡量企业从"以产品为中心"向"以客户为中心"转变的程度。"以产品为中心"的企业把以最低成本生产产品、以最快速度销售产品作为目标,而"以客户为中心"的企业考虑更多的问题是谁在购买我们的产品? 为什么他们喜欢我们的产品? 我们怎么衡量客户满意度? 为什么客户不再购买了? 我们如何提高销量,等等。高度成熟的企业关注的重点是:识别、保持和提升最佳客户的利润率,而不是采用简单的"PUSH"方式将产品推向客户(消费者)。当然,一个企业是否具有较高的成熟度,涉及企业的很多方面,包括企业的经营管理理念转变、企业组织结构调整、企业员工管理水平提升、企业生产运作流程优化等众多方面。根据我国相关专家的研究,可以借鉴 Watts Humphrey 的软件成熟度划分标准,把企业的成熟度分为 5 个级别,即初始级、可重复级、可定义级、可管理级和优化级。

在 CRM 实施过程中,如果企业没有达到"可重复级"这一最低要求,就会发现实施 CRM 项目相当困难,这是因为企业成熟度不够,没有可以使之自动化的业务流程。而对于已达到"可定义级"的企业,则需要进行业务流程重组或管理水平提升,才能达到 CRM 系统实施的条件。如果企业已经达到可管理级或可优化级,则实施 CRM 系统将会取得成功。

企业"自身成熟度"与"客户成熟度"是 CRM 系统实施的真正动力源泉,也是 CRM 系统实施能否成功必须考虑的两个关键因素。从世界各国及我国 CRM 实践来看,CRM 系统在客户成熟度与企业成熟度相对较高的企业实施成功的可能性更大,人们所熟知的银行、保险、电信等服务行业的企业已经普遍采用了相应的 CRM 系统。

2）人、流程与技术的整合

从 CRM 系统实施所涉及的因素来说,人、流程和技术是决定 CRM 系统实施能否成功的 3 个关键因素。

（1）人

实施以客户为中心的 CRM 系统,经常意味着人的工作方式要发生变革。如果没有正确理解变革的原因和意义,没有参与到 CRM 管理变革中,没有接收到足够的有关变革的信息,或者不能在变革中获得足够的培训,那么所有这些将都不利于变革。人的消极影响能够给 CRM 系统的成功造成实质性的破坏。

公司应当在 CRM 系统实施的整个阶段进行全程交流与沟通,以确保关键的职员和用户对"CRM 系统如何进展"和"CRM 系统如何影响每天的工作方式"保持最新的认识。另外,不要害怕用户参与系统的分析与实施,应当一开始就让用户参与到项目中,并帮助他们管理自己的变革。

(2)流程

不恰当地处理 CRM 业务流程自动化将加剧流程的不准确性。为了实现有效的流程再造,公司首先需要检查现有"以客户为中心"的业务流程是如何运作的。然后,公司需要重新设计或取代旧的非优化的流程,使用新创建的、在企业内达成共识的新流程。公司实施 CRM 过程中,在设法纠正它们面向客户流程的不足时,企业内部并没有就"用户希望的流程怎样"达成一致意见,而是直接购买 CRM 软件,这些软件包含一个或多个由供应商预先建立好的业务流程,购买后强制在企业业务中推行。

(3)技术

两个与技术相关的要素:CRM 软件供应商和尖端的 CRM 技术。现有的 CRM 技术多数用来满足 CRM 的用户需求,并且存在许多具有竞争力的经济型 CRM 供应商可以选择。尽管如此,CRM 供应商并不能够实现他们所承诺的功能和效果。当供应商面临难以承受的巨大竞争压力时,往往会不时地夸大事实。因此,在选择 CRM 供应商时应清楚他们的实际能力。

与技术有关的第二个问题是:与 CRM 尖端技术的发展保持同步,这是非常困难的。公司没有必要设法与每一个新技术保持同步,但是要"追踪"那些最可能影响 CRM 未来发展的技术。这些技术可能包括:建立在有效的尖端技术基础上的"客户自助式服务"应用系统;基于准许的直销;无线和声音识别能力在 CRM 系统中的应用等。

(4)整合人、流程和技术

实施成功的 CRM 项目应当重视上述的人、流程和技术问题。并且,人、流程和技术的整合将会引起企业的变革。表 6.2 提供了一些人、流程和技术如何整合以适应 CRM 实施的关键活动。这种通用的模型需要针对公司的特点进行调整,因为不同的公司将以不同的速度实现 CRM 实施的关键活动。

表 6.2　人、流程和技术的正确整合

CRM 实施的关键活动	最相关的成分
确定业务需求	人、部分流程
建立项目团队	人、部分流程
与其他管理信息系统的集成	技术
选择和订制 CRM 软件	人、流程、技术
CRM 系统控制	人、技术

CRM 实施的关键活动	最相关的成分
CRM 系统部署	人、技术
CRM 系统支持	人、部分流程
CRM 系统的持续改进	人、流程、技术

6.5 案例：CRM 助力保险经纪企业向健康服务领域转型

1）背景概况

中国医疗资源的缺失和慢病患病率的提升，促使了健康服务业的出现，也给相关领域的企业带来了巨大的商机。商业健康保险公司、医疗服务机构、互联网巨头纷纷从各自角度来定义并参与中国健康服务领域的实践。

Salesforce 平台帮助传统保险经纪客户在健康服务领域，建立每位客户的全面视图，了解客户健康的方方面面，并通过多种渠道，提供及时、优质的服务。同时，业财一体化体系帮助提升业务运作效率，让服务团队能更专注于最重要的方面：客户。

2）企业背景

客户公司是一家国内知名的保险经纪公司，主要从事在全国区域内（港、澳、台除外）为投保人拟订投保方案、选择保险人、办理投保手续；协助被保险人或受益人进行索赔；同时也为委托人提供风险评估和风险管理咨询服务。

近年来，由于市场、政策、社会、技术环境的成熟，同时基于自己积累的大量公司客户，公司决定开始拓展健康服务领域业务，希望能依托 B 端延展到 C 端，通过几个业务突破点带动健康服务体系的建立和完善。

3）痛点分析

（1）业务体系隔离

客户近几年已经开始关注健康服务领域，也积极投入开展体检业务。但体检业务体系与原有的保险经纪业务是隔离的，无法高效整合客户资源，对依托原有业务从 B 端到 C 端的拓展造成了障碍。

（2）业务和财务分离

由于体检服务是一项新业务，体检业务和财务结算在不同的系统中进行，业务运作耗时耗力，无法支持未来业务的飞速发展和灵活变化。

（3）业务体系不能整合

不同业务体系不能有效整合、形成服务闭环和交叉销售，同时所有的业务应当能够共享前端基于新技术环境的营销和渠道。

（4）需要不断尝试来找到合适的发展方向

整体业务体系架构并不成熟，需要通过不断试错更正的过程来适应外部市场的变化，这也需要有灵活的 IT 体系架构支持。

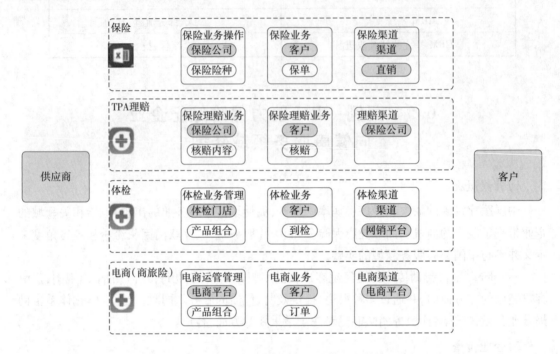

图 6.19　转型前的公司业务体系架构

4）解决方案

（1）CRM 平台体系架构搭建

针对客户现有业务情况的痛点和问题，睿远咨询制定合理有效的平台体系发展路线图，为客户定义和实施 Salesforce 平台体系架构。

（2）客户全业务整合

通过 Salesforce 丰富的 CRM 客户功能，整合全业务全渠道客户信息，客户信息的整合从 B 端拓展到 C 端，提供完整的客户 360 视图，并支持后续的针对性营销。

（3）公司业务流程数字化

通过 Salesforce 自动化流程管理，使客户业务运作效率大大提高，员工协作更方便，管理层对全局的把握更实时更精准。

（4）连通整合多系统

将 Salesforce 作为整合连通客户现有的各 IT 系统的中枢，使已有的遗留数据资源充分利用，并提供更完整的全局业务分析视野。

（5）业务财务一体化

通过在 Salesforce 引入财务结算模块，实现公司业财一体化，使财务风险控制和审批一目了然。

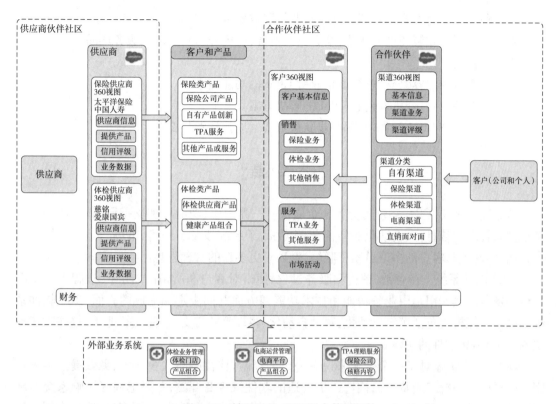

图 6.20　转型后的 CRM 平台体系架构

5）客户价值

（1）勇于尝试和创新

合理有效的 IT 体系发展路线图和体系标准，让客户对于业务发展之路更有信心，更勇于尝试业务创新。

（2）客户满意度提升

完整统一的客户 360 视图，帮助销售和客服提升服务质量。不仅提升了客户体验度和客户自推荐率，也大大提升了交叉销售的业绩额。

（3）公司运作效率提升

业务流程数字化作为公司运作的后台系统，真正帮助企业精确衡量业务处理的效率，也使得管理层能实时看到问题，及时解决问题。

（4）财务风险控制

业务财务一体化，使财务监控风险的能力得到增强，也使得财务对个人结算业务有了充分的支持。

6）未来展望

①整合供应端资源，灵活的自由健康服务产品组合，提供给客户更好的服务。

②整合渠道端资源，使得渠道能够直接触及所有健康服务，并建立渠道激励机制。

③多种客户沟通方式,建立服务标准,监控服务质量,提升客户满意度。

④根据市场和政策环境的变化,结合已有业务,勇于开展新的健康服务产品。

案例分析题

1.根据案例的内容,分析总结该企业对 CRM 的功能需求。

2.根据案例内容,分析该企业 CRM 的解决方案。

3.该企业实施 CRM 过程中,哪些步骤最重要?应该注意什么?

本章小结

从总体上来说,CRM 系统可分为 3 个层次——界面层、功能层和支持层,其功能涵盖了客户关系管理的信息化、自动化和智能化等方面,子系统涉及了销售、市场、客服、数据支持等方面,实现了与客户的多渠道紧密联络,融入了更多新的管理思想。

CRM 软件系统支持营销、销售和服务过程,使得对客户和所谓的"闭环"过程有一个全方位的视角。其作用是由业务功能和技术功能两方面共同决定和完成的。而 CRM 软件系统的基本功能模块包括销售自动化、营销自动化、客户服务与支持、商业智能等,这些功能模块构成了 CRM 软件的主体。

CRM 系统实施对于一个企业来说有一定的风险,往往会陷入投入大、见效慢甚至失败困境的局面。系统实施从如何挑选一个合适的软件供应商开始,并要把握好影响系统实施成功的一些关键因素,经过项目准备、项目启动、分析诊断、业务描述、原型测试、二次开发到最终的切换,以确保系统成功实施。

复习思考题

1.CRM 的体系结构分为哪几个层次?每个层次分别有什么样的功能?

2.常见 CRM 网络结构有几种?比较它们各自的优缺点。

3.常见 CRM 软件系统常由哪几部分组成?分别包括哪些模块?

4.简述销售自动化(SFA)与营销自动化(MA)的区别与联系。

5.如何成功地为企业选择一套 CRM 系统?

6.CRM 系统实施成功的关键因素包括哪些?

7.CRM 系统的实施过程主要分为哪几个阶段?

8.简述在 CRM 的实施过程中如何进行人、流程与技术的整合。

9.企业可以通过哪些途径获得客户数据?

10.试述客户成熟度与企业成熟度对企业 CRM 实施有什么影响。

讨论题

1.不同行业的 CRM 系统是不是都一样?B2B 企业与 B2C 企业的 CRM 系统会有哪些

不同？

2.选择 CRM 系统的网络结构主要考虑哪些因素？

3.一份完整的 CRM 解决方案应包括哪些内容？

4.选择一家熟悉的企业,讨论其 CRM 系统应该具备哪些功能。

5.选择一家熟悉的企业,讨论其 CRM 系统的具体实施过程。

6.CRM 系统的用户与一般的企业内部信息系统(如 ERP)的用户有什么不同？ 这对 CRM 系统提出了哪些特殊要求？

网络实践题

1.选择一家银行网站,归纳其网页上的哪些功能与 CRM 系统相关。

2.上网检索国内外 CRM 软件的供应商主要有哪些？ 各自的系统架构有什么异同？

3.上网检索一个有代表性的 CRM 成功案例,分析其成功的关键因素。

4.上网检索几个有代表性的 CRM 系统结构图,比较它们的异同和各自应用的环境。

第 7 章
CRM 中的数据管理与客服中心

[课前导读]

数据是客户关系管理软件中最核心的内容,不仅业务的操作建立在数据的基础上,对业务的预测和关联分析,甚至商业智能的知识均来源于对数据的管理。数据挖掘和数据仓库是数据管理的高级技术工具,数据仓库构建标准格式的数据源,数据挖掘从大量数据中寻找隐藏的信息,如趋势、特征及相关性的过程,也就是从数据中挖掘信息或知识。具体到客户关系管理中,企业通过数据挖掘和数据仓库技术,可以对企业经营策略、目标定位、操作效能与测量评估等几个方面进行分析,从市场与顾客所收集积累的大量数据中高效率地挖掘出消费者最关心、最重要的答案,并且以此建立真正由客户需求出发的客户关系管理。同时,在 CRM 中有效利用数据挖掘,可以为企业高层决策者提供准确的客户分类、忠诚度、赢利能力、潜在用户等有用信息,指导他们制订最优的企业营销策略,降低企业运营成本,增加利润,加速企业的发展。

数据挖掘技术是人们长期对数据库技术进行研究和开发的结果,不仅能对过去的数据进行查询,并且能够找出过去数据之间的潜在联系,从而促进信息的传递和利用。数据挖掘应用的领域很广,像网站数据挖掘、文本数据挖掘、生物信息或基因的数据挖掘等,而其中应用在 CRM 中的数据挖掘是数据挖掘在商业应用上的典型体现。

[学习目标]

- 掌握客户数据的类型及收集方法;
- 了解客户数据收集过程中对客户隐私管理问题;
- 掌握数据仓库和数据挖掘的有关含义;
- 掌握数据挖掘技术对 CRM 的商业贡献;
- 掌握数据挖掘技术在 CRM 中的应用流程;
- 了解商业智能及部分数据挖掘软件的知识;
- 正确理解客户服务中心的定义、类型及作用;
- 理解客户服务中心的建设和管理内容;
- 熟悉客户互动中心的功能、特点与应用。

[案例导入]

客户数据的作用

美国 Wal-mart 公司对大量新生的三口之家周末家庭采购记录进行的数据分析发现,啤酒和尿布的购买时间和购买主体有着惊人相仿性。众所周知,啤酒是成年男子的杯中物,尿布则是婴儿的必需品,喝啤酒的人是不带尿布的,带尿布的人也不可能喝啤酒,二者看似难以发生商业联系。客户资料的细化分析揭穿了其中的秘密:原来,美国大量的年轻母亲在周末都喜欢放松一下身心,而孩子的尿布却需要在周末进行大量补充,购买尿布的差事自然就落到孩子父亲的肩上,而这些年轻的爸爸在超级市场选好尿布之余,总是要顺带给自己拎上几罐啤酒。

每一个独到的商业发现都有其对应的市场价值。这家美国公司随即采取了行动,将原本分散在两层的啤酒和尿布集中到了一起摆放,使那些周末才出现在超市里的年轻父亲节约了采购时间。与此同时,该公司主动向这些年轻的三口之家提供包括啤酒和尿布在内的周末送货上门服务。如此一来,该百货零售公司的销售额同比上涨了30%多。

这个例子给客户关系管理带来了启示:数据是 CRM 成功运用的基础,科学的分析数据往往会带来不可预测的商机。企业通过对数据进行初级处理完成基本业务过程,对数据进行高级处理(如数据挖掘)提供企业决策,促进销售,保持稳定的消费群体,其中客户数据是整个企业数据库的灵魂。

思考题:

为什么说客户数据是 CRM 的灵魂?

7.1 CRM 的客户数据

客户是企业竞争的基础,而客户数据是 CRM 系统的灵魂,对数据的处理和分析是 CRM 的主要任务和功能。在客户数据库中,收集和管理包括商品、客户和潜在客户等表示客户"基本状态"的信息,帮助企业完成消费者分析,确定目标市场,进行销售管理,并跟踪市场产品销售状况。本节将从客户数据的类型和隐私管理方面理解客户数据的内涵。

7.1.1 客户数据的类型

CRM 的客户信息一般从销售过程、客服过程、业务推广过程或其他多种形式获得。从商业活动行为的需要来看,有一个对客户了解、针对性促销、产生交易的过程(图7.1所示),行为过程产生了不同的数据类型,据此把客户数据分为3类。

1)客户描述性数据

此类数据是描述客户或消费者的数据类型,它通常是表格型的摘要数据,用关系数据库的术语来说,就是一个客户数据中的不同列。由于是客户的基本信息,变动不是很快,可在较长一段时间使用。当然,数据库中的地址或者电话号码信息可能每季度或者半年变化一次。通常在 CRM 中把客户分为个人客户和团体客户两类,两者收录的信息也有不同表现,见表7.1、表7.2。

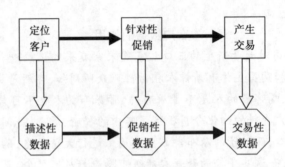

图 7.1 客户数据分类

表 7.1 个人客户信息模型

大类信息	详细信息
基本情况	姓名、地址、性别、出生年月、电话、工作类型、收入水平、婚姻状况、家庭成员情况
信用情况	信用卡号和信贷限额、忠诚度指数(与公司交易占总花费的比例)、潜在消耗指数、客户类型(现有客户、潜在客户、流失客户)
行为爱好	生活方式、特殊爱好、对企业产品和服务的偏好、对问卷和促销活动的反应、其他产品偏好、试用新产品的倾向

表 7.2 团体客户信息模型

大类信息	详细信息
公司基本情况	公司名称、总部及相应机构营业地址、电话、传真;主要联系人姓名、头衔及联系渠道;关键决策人姓名、头衔及联系渠道;公司其他部门和办公室;行业标准分类代码及所处行业;公司基本情况(注册资本、员工数、年销售额、收入及利润等)
公司行为情况	客户类型(分销商、咨询者、产品协作者等);银行账号、信贷限额及付款情况;购买过程;与其他竞争对手的联系情况;忠诚度指数、潜在消费指数;对新产品的倾向

2)市场促销性数据

市场促销性数据表示对每个客户进行了哪些促销活动,详细设计取决于 CRM 数据库系统的复杂程度。最简单的形式就是列表,列出对该客户进行过的促销活动(例如,商品目录、邮件的寄送、免费样品或者赠券)。另外,还包括一些不太精确的促销活动,比如广播、电视、网络、报纸和杂志所做的广告。当然,也可以是非常精确的个性化信息,比如非匿名用户的 E-mail 发送情况和在网站的点击情况。可能收集到的典型数据见表 7.3。

表 7.3 市场促销性数据模型

大类信息	详细信息
促销活动的类型	降价销售、电话促销、业务推广活动、纸媒广告、广播型广告和 Web 广告

续表

大类信息	详细信息
对促销活动的描述	这方面的题材很多,依据厂家促销活动组织形式,如寄明信片的颜色、业务推广人员的性别、礼品发放形式等
促销媒体	电视、报纸、广播、网络等
促销时间	进行促销活动的日期,包括年、月、日,有时甚至要细致到时刻
市场促销活动的意图	对该活动的目标客户的简单说明,以及为什么采取这样的促销活动,例如,为什么要选择这样的颜色或者背景音乐
成本信息	包括促销活动的固定成本和变动成本

3)客户交易数据

描述企业和客户相互作用的所有数据都属于客户交易数据。从与客户的通话到服务中心所得的数据以及客户所购商品的描述都包括在内。这类数据和促销活动的数据一样,都会随时间迅速变化。因此,通常是将它们存放在特殊的数据库结构中,要求这种存储结构能方便地支持带有时间标记的交易数据的更新和改变。对客户的描述性数据与此不同,在那里,就连数据字段的类型都不大可能随时间发生显著的变化(例如,企业存放的客户信息与国家统计局存放的每个公民的信息不会有根本的不同)。但是,在短时间内,交易数据的组成就可能发生显著的变化(例如,企业提供了客户可以购买的新商品,但对一些旧商品却不再供货)。

表 7.4 客户交易型数据模型

大类信息	详细信息
购买商品类数据	过去购买记录、购买频率和购买数量、购买金额及金额累计价格、交货要求、产品规格、商品购买过程及付款方式
商品售后类数据	售后服务内容、使用后对产品的评价、对服务的评价、曾有的问题和不满、要求退货记录

7.1.2 客户数据的采集

在企业的信息化过程中,越来越多的企业数据管理作为重要的工作内容,而客户数据的采集则是最重要的第一步。这一个阶段主要的目标就是要保证客户数据的准确、及时,如果数据质量无法保证,后续的数据处理和分析则往往达不到预期的效果。因此,首先需要找到可靠的客户数据来源,并对数据进行初步的分析处理,以便为后续的数据挖掘工作打下基础。

对一个成熟的数据库系统来说,其信息数据来源要求稳定而又可靠,必须建立多渠道集成的客户信息收集平台(如图 7.2 所示),它的功能不仅是了解顾客需求、接收产品反馈信息,还担负着企业与顾客的接口作用。企业通过这个接口向客户发布产品信息,提供相关服务支持,接受顾客投诉等。在采集客户数据时,首先必须确定所需采集的客户数据种类、重点及先后次序,以确定资料的定位及收集的重点,减少无谓的人员、时间和金钱的浪费。

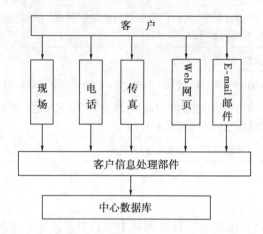

图 7.2　多渠道客户数据收集平台

设计客户信息收集平台需要遵循 3 个原则:第一个,也是最核心的一个就是"以客户为中心",这个沟通平台能否发挥其功效取决于它能否为企业的目标客户群所接受,并通过它与企业进行一种双向的互动交流。沟通的渠道越便利,越人性化所获得的数据就越可信和翔实。第二个原则是"以企业为本"原则。企业选择哪几个渠道进行集成,要根据企业的具体情况,如企业的产品或服务的特征、所面向的客户群特征以及企业自身的技术与资金实力。许多企业在上 CRM 项目时容易陷入一个误区,觉得做得越大越好,采用的技术越先进越有说服力,而没有仔细地去考虑做这个 CRM 项目是为了创造和留住有利润贡献的企业客户。第三个原则是"与企业战略相结合"原则。上 CRM 项目必须与企业的长期战略相结合,不能是一时的"拍脑袋工程"或者是装点门面的"形象工程"。客户信息收集平台是 CRM 的一个重要构件,它的设计要具有一定的前瞻性与可拓展性。前瞻性指的是在设计多渠道集成平台时,不仅要立足现在也要面向未来。可拓展性指的是设计多渠道集成的平台不是一劳永逸的事,无论硬件配置还是软件设计要为将来需要集成的渠道留有接口,随着时间的推移,系统需要升级时可进行平滑过渡,不至于影响企业的运营。

7.1.3　客户的隐私问题及保护措施

Elensys 是马萨诸塞州的一家直销公司,CVS 是当地一家药店,并对病人诊断治疗,公司和药店有合作关系,由 Elensys 公司向消费者推销新药,CVS 公司提供一定病人数据。1982年,病人对此的不满情绪爆发,纷纷指责 CVS 药店的行为破坏了消费者医疗记录的隐私,最后以公司与药店合作终止为句号。

这个例子引发了商家的思考,不管如何为客户数据建立内部数据结构,在从外部获取客户数据时,客户的隐私问题永远是企业应考虑的重要步骤,它是客户最为关心的问题。而且随着 CRM 系统功能的更加强大,这个问题变得更加重要。在一些发达国家,由于一些贸易商、保险公司和政府机构等建立了个人数据的强大数据仓库,因此民众对隐私问题更为关注。人们对规模数据收集的担心,必然会扩展到对这些数据的任何分析。客户数据使用的法律问题也许会成为 CRM 的一个绊脚石,尤其大数据时代加剧了个人对隐私的关注。在欧美国家,客户数据隐私的法律问题已在研究和试行,以"良好信息使用"为原则的观点逐渐被接受,在客户数据收集时更强调客户的授权主动性。

在建立针对 CRM 的数据库时,尽管不知道将来对保护消费者隐私的法律取向如何,还是要有一些针对性指导方针,以避免诸多将来可能碰到的问题。具体运作时,要注意这些指导方针是依据当前的法律和技术水平所得到的。从前面 Elensys 公司的案例可以知道,尽管法律上还没有明确的规定,但企业也采取了预防措施,如果消费者认为对他们的隐私信息保护得不够,企业仍将遭受难以估计的损失。在当前的法律的技术水平上,可采取以下措施:

1)使用匿名身份信息

客户身份最明显的是完整的姓名或身份证号。为避免直接与具体个人姓名相对应时引起消费者的反感,可采取创建匿名标识符的方式组建数据库。给每个客户分配一个唯一的、经过加密的标识符(比如一个 10 位数),而且只有管理人员才能够将它们转换成客户的姓名和地址信息。

创建匿名标识符比较简单,它只要求是唯一的。为了促销的目的,还应该存放一张表,它可以将这个标识符映射到这个客户的姓名和地址。很明显,标识符不应该是身份证号中数字的简单重排,或者地址和其他身份信息的某种组合。它应该是随机分配的,与该客户的描述信息、促销活动数据以及交易数据完全无关。

在法律对如何使用客户隐私数据作出更好的规定之前,不存在一个可以解决所有相关问题的方案。但是,存在一个通用的体系结构可以为数据分析提供帮助。这个结构显示在图 7.3 中,它在客户身份信息和所有其他信息之间提供了一道防火墙。当然,这个结构也不能绝对保证客户的隐私安全。但是,它保留了在个体层次上进行评估和市场目标定位的能力,同时数据分析仅仅对匿名数据进行处理。采用这种体系结构,同时注意隐私保护法中那些已经成熟、完备的条款,就能够保证公司不会因为侵犯个人隐私而出现在当地报纸的头版上。同时,也给客户这样一种感觉,公司处理数据的方式是安全的,不会破坏他们的隐私。

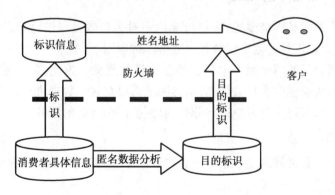

图 7.3 保护客户隐私的匿名体系结构

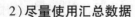

2）尽量使用汇总数据

尽管使用的客户数据是匿名的,但是它们仍然描述了一个客户的具体信息,因此某些人仍然可能被辨认出来——即使没有姓名、地址或者身份证号中这类明确的标识符。例如,如果知道一个人邮政编码以及他的年龄、地址,那么很快就可以确定他到底是谁。

要想更好地保护客户的隐私,一个办法是只对汇总数据进行挖掘。例如,根据客户的年龄和性别来划分目标客户群,并考察对这些客户群进行市场促销活动的效果。这时,需要分析的数据是在年龄和性别的不同组合下,客户群对促销活动的响应率和他们的购买量。年龄和性别大约有 120 种组合(以划分 60 种不同的年龄来算)。对一个含有 100 万条记录的客户数据库来说,这意味着平均 8 000 多个客户的购买行为将被合并成一条记录。这样分割的结果是客户的汇总数据仍然可以用来进行数据分析,结果用于市场定位或其他战略方针,同时,个人信息得到了最大限度的保护。

3）信息只用于市场定位或评估

当客户接收到针对私人生活中的事件(例如孩子的出生时间)或者信息(比如治疗客户所患疾病的新药物)的促销行为时,他们会感到担心,不知道自己的隐私外泄程度。因此,当客户数据被用来进行市场定位或评估时,客户对于企业了解他们在做些什么,并且评估他们对促销活动的反应并不太在意。然而,如果他们认为在这些信息的基础上,企业采取了进一步行动(如修正营销策略)或进行市场目标定位,他们就会不放心了。这可能引起客户的反对和抵制。

4）尽可能不合并数据源

在计算机广泛使用之前,从很多数据源收集客户数据比在小范围内的单一渠道收集数据要困难得多,而要合并多个数据源获得的数据则几乎不可能。但由于计算机和数据库技术的发展,可以很容易地从多个数据源收集客户数据并按照客户进行合并,从而得到每个客户的完整信息。这通常意味着可以掌握客户在产品市场之外的行为,并有可能侵犯客户的隐私权。

7.1.4 客户数据库的建立

为了保障客户的隐私不被侵犯,应尽可能地不对客户数据源进行合并。然而站在为客户服务的角度,企业则需要适当地整合客户数据。试想一下,如果一个客户同时接到同一家公司不同产品的营销员的两个服务电话会是怎么样的感觉。为此,企业需要建立以客户为单位而不是以产品为单位的客户数据库,这实际上需要对客户数据进行适当的整合,并且企业需要根据客户的购买行为对客户进行分类,以便提供个性化的服务。

1）客户数据库的特点

在 CRM 应用中,数据处理主要集中于客户数据库,与其他类型的数据库相比,客户数据库具有以下一些特点:

（1）动态的、整合的顾客数据管理和查询系统

所谓动态性,是数据库能够实时地提供顾客的基本资料和历史交易行为等信息,并在顾

客每次交易完成后,能够自动补充新的信息。所谓整合性,是指顾客数据库与企业其他资源的整合,如一线服务人员的终端根据职能、权限的不同,可实施信息查询和更新功能,如顾客数据库与公司其他媒体(邮件、电话、互联网)的交互使用等。这些要求是进行顾客关系管理的前提条件,在技术实现上已经十分成熟。

(2)基于数据库支持的顾客关系格式或结构系统

实施忠诚顾客管理的企业需要制订一套合理的建立和保持顾客关系的格式或结构。简单地说,企业要像建立雇员的提升计划一样,建立一套把新顾客提升为老顾客的计划和方法。例如,航空公司的里程积累计划——顾客飞行一定的公里数,便可以获得相应的免费里程,或根据顾客要求提升舱位等级等。零售企业通常采用点数(Points)或购买量决定顾客的提升程度。Time-it Lube(特惠润滑油公司)吸引顾客的一个格式是提供顾客优惠卡——只要顾客 1 年内光顾 3 次以上,第 3 次就可以享受比正常价(24.95 美元)低 3 美元的优惠,第 4 次可以享受低 5 美元的优惠。结果,90% 的顾客成为回头客。这个计划看上去会提高成本,降低收益,但由于生意主要来自老顾客和慕名而来的新顾客,企业不需要花大本钱做广告。而给老顾客寄发提醒通知、提供优惠卡等,比通过广告来吸引新顾客花费少得多,因此这种格式或结构实际上是划算的,这种格式或结构建立了一套吸引顾客多次消费和提高购买量的计划。它不仅是给予顾客享受特殊待遇和服务的依据,也有效地吸引顾客为获得较高级别的待遇和服务而反复购买。

(3)基于数据库支持的忠诚顾客识别系统

及时识别忠诚顾客是十分重要的,在每次顾客交易时,给予老顾客区别于一般顾客的服务,会使老顾客保持满意,加强他们的忠诚度。顾客数据库的一个重要作用是在顾客发生交易行为时,能及时地识别顾客的特殊身份,从而给予相应的产品和服务。例如,现在多数航空公司都实行的里程积累计划。对于航空公司的常客,基于数据库的识别系统在旅客购票时及时检查顾客已经积累的里程,从而根据顾客的级别主动地给予顾客等级提升,或给予免费机票等忠诚顾客应该享受的服务。

(4)基于数据库支持的顾客购买行为参考系统

企业运用顾客数据库,可以使每一个服务人员在为顾客提供产品和服务的时候,清楚顾客的偏好和习惯购买行为,从而提供更具针对性的基于数据库支持的顾客流失警示系统。企业通过对顾客历史交易行为的观察和分析,赋予顾客数据库警示顾客异常购买行为的功能。如一位常客的购买周期或购买量出现显著变化时,都是潜在的顾客流失迹象。顾客数据库通过自动监视顾客的交易资料,对顾客的潜在流失迹象作出警示。例如,特惠润滑油公司的顾客数据库在顾客超过 113 天(这个数字已经过该公司多次验证,是顾客平均的换油时间)没有再次使用他们的产品或服务,便会自动打出一份提醒通知。

(5)个性化服务

例如,现在的读者俱乐部都在进行定制寄送,他们会根据会员最后一次的选择和购买记录,以及他们最近一次与会员交流获得的有关个人生活信息,向会员推荐不同的书籍,读书俱乐部永远都不会把同一套备选书籍放在所有会员面前。这样做使顾客感到公司理解他们,知道他们喜欢什么,并且知道他们在什么时候对什么感兴趣。这种个性化的服务对培养顾客忠诚无疑是非常有益的。

2）客户数据的分类

如图 7.4 所示,客户数据按照来源分为企业内部数据和企业外部数据。

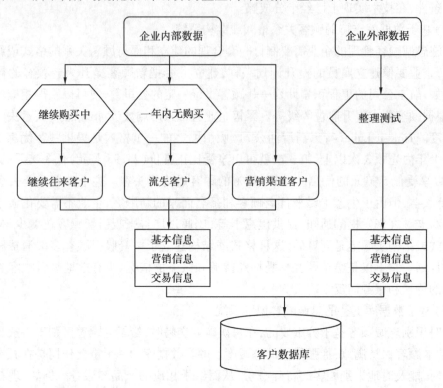

图 7.4　企业数据信息来源

尽管企业可能期望客户数据库中有尽可能多的客户群体和客户类型,但一般情况下,客户数据库只包括以下 4 种客户类型:

①现有客户。这类客户的识别主要通过最近购买情况、购买的频率、每次购买的金额和交叉销售、终生价值等指标来识别。

②潜在客户。这类客户的识别主要靠与现有客户的相似性分析或同类产品的购买客户特征归纳。如果有的潜在客户已经购买竞争对手的产品和服务,对他们购买行为信息的收集和分析,将为企业的 SWOT 分析和竞争战略提供宝贵的资料。

③流失的客户。根据有关客户满意度——忠诚度的分析,流失的客户不一定是不满意的客户,有时候只是客户的需求发生变化,如果将他们从客户数据库里剔出去则意味着完全放弃。为此,企业应该收集整理关于这些客户的信息并继续保留,以便在适当时机采取相应措施重新挽回这些客户。

④分销商。批发商、零售商、分支机构、销售代理等市场营销渠道也可以看作广义的客户,他们的偏好和业绩信息也应该纳入客户数据库的范围。

3）客户数据信息处理

由于从目标客户群收集的数据一般是离散的、非结构化的、待验证的,其中充斥着许多无效甚至容易起误导作用的信息。这就需要采用科学的方法来清洗、提炼这些海量的数据,达到去粗取精的目的,从而为企业各个层级的部门提供经营、决策上的支持。

形成有用的信息就是一个不断剔除无用信息、不断聚合的过程,并在这个过程中逐渐凸现隐藏在数据后面的那些规律性的东西。一般而言,客户信息处理有 3 个步骤:

①校验。把从多渠道集成平台获得的数据进行一些基本的校验,去除有明显错误的信息。如根据身份证号的放号规则、信用卡的取号规则把不符合规则的数据剔除。

②结构化。由于获得的原始数据是非结构化、多维的,因此需要把它转化为易于处理的二维表,把性质类似的数据归为相同的客户属性。这个步骤相当关键,也是对数据进一步处理和挖掘的基础。

③借助数据仓库进行数据的使用和分析。数据使用指的是企业的内部人员以一种可预测的、重复性的方式使用数据。他们履行的是企业日常性的办事员级的事务。比如前台工作人员借助数据仓库中的资料回答外部客户的咨询。而数据分析则是一种不可预测的、非重复性的数据使用模式。分析者一般都是公司的管理者或战略制订的参与者。他们需要查询海量的客户数据,并借助于一些分析模型对数据进行进一步的挖掘。数据分析结果如果是不确定的,大量的数据分析活动都是无功而返,但一旦发现有价值的信息就能对公司的运营产生深远的影响。

4）构建客户数据库

客户数据库是使用和挖掘客户信息的核心,它的建立是一切数据分析的基础,在建立时应遵循以下几条原则:

①按照可预见未来所需的信息量,尽可能多地考虑预期客户购买产品的情况和购买后的反应。

②深入策划客户数据库的组成部分,应保留一定的弹性,以满足未来变化的需要。

③建立数据库,不需要因谋求建立一个详细完备的数据库而推迟建成时间,可先建成一个小而实用的数据库,在管理客户数据库中获得经验,并对其评价,不断改进。

④构建客户数据库时,让尽可能多的部门和人员参与。一方面使信息采集科学完备;另一方面让数据库的使用者充分了解设计者的思想。

在前面已经讲过客户数据的类型及采集渠道、信息处理等内容,其实运行客户数据库所要求的数据很容易获得,但很多企业没有对其进行结构优化整理供各部门使用,相应的数据价值也没有得到体现。这就需要根据企业的实际情况,设计和开发合适的客户模型。由于收集到的客户数据对企业管理者和各级经销商都有作用,因此,客户模型的设计必须考虑将来的需要。另外,由于客户信息是动态的,客户数据会不断进行变化,客户数据库还必须是可扩展的。

具体的客户信息模型可参照第一节客户数据类型部分实例进行设计。在设计中,要紧紧结合企业的需要,不可单独追求模型结构大而全导致数据库的冗余。

7.2 数据仓库技术

随着计算机技术的广泛应用和发展,人们已不再满足于仅仅执行简单的数据事务操作,而要求对现有的数据进行系统的组织、理解、分析和推理,从而迅速而准确地获取关联信息,为战略决策提供依据。数据仓库就是针对上述问题而产生的一种技术方案,它是基于大规模数据库的决策支持系统环境的核心。

7.2.1 数据仓库概述

人们在日常生活中常常会遇到这样的情况:超市的经营者希望将经常被同时购买的商品放在一起,以增加销售;银行想了解存款的用户希望投资什么样的基金;保险公司想知道购买保险的客户一般具有哪些特征;医学研究人员希望从已有的成千上万份病历中找出患某种疾病的病人的共同特征,从而为治愈这种疾病提供一些帮助。对于此类问题,如果利用现有信息管理系统中的数据分析工具是无法给出答案的。因为无论是查询、统计还是报表,其处理方式都是对指定的数据进行简单的数字处理,而不能对这些数据所包含的内在信息进行提取。随着信息管理系统的广泛应用和数据量激增,人们希望能够提供更高层次的数据分析功能。为此,数据仓库应运而生。

1)从数据库到数据仓库

传统的数据库技术是以单一的数据资源,即数据库为中心,进行事务处理、批处理、决策分析等各种数据处理工作,主要划分为两大类:操作型处理和分析型处理(或信息型处理)。操作型处理也叫事务处理,是指对数据库联机的日常操作,通常是对一个或一组记录的查询和修改,主要为企业的特定应用服务的,注重响应时间,数据的安全性和完整性;分析型处理则用于管理人员的决策分析,经常要访问大量的历史数据。而传统数据库系统优于企业的日常事务处理工作,难于实现对数据的分析处理,已经无法满足数据处理多样化的要求。操作型处理和分析型处理的分离成为必然。

近年来,随着数据库技术的应用和发展,人们尝试对 DB 中的数据进行再加工,形成一个综合的、面向分析的环境,以更好支持决策分析,从而形成了数据仓库技术(Data Warehousing,DW)。作为决策支持系统(Decision-making Support System,DSS),数据仓库系统包括:数据仓库技术、联机分析处理技术(On-Line Analytical Processing,OLAP)和数据挖掘技术(Data Mining,DM)。

数据仓库弥补了原有的数据库的缺点,将原来的以单一数据库为中心的数据环境发展为一种新环境:体系化环境,如图 7.5 所示。

2)数据仓库定义

数据仓库(Data Warehouse)这个词听起来很形象,但容易产生误解,很容易理解为大量数据库的存放地。那么,数据仓库究竟是什么概念呢?

数据仓库概念始于 20 世纪 80 年代中期,首次出现是在号称"数据仓库之父"William H.

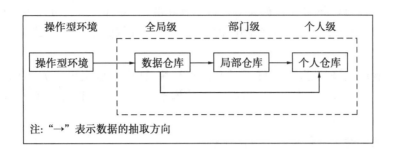

图 7.5　数据仓库体系化环境

Inmon 的《建立数据仓库》一书中。随着人们对大型数据系统研究、管理、维护等方面的深刻认识和不断完善,在总结、丰富、集中多行企业信息的经验之后,为数据仓库给出了更为精确的定义,即"数据仓库是在企业管理和决策中面向主题的、集成的、与时间相关的、不可修改的数据集合"。根据该定义,数据仓库具备以下 4 个关键特征:

①面向主题(Subject-oriented)。数据仓库通常围绕一些主题,如"产品""销售商""消费者"等来进行组织。数据仓库关注的是决策者的数据建模与分析,而不针对日常操作和事务的处理。因此,数据仓库排除了对决策无用的数据,而提供了特定主题的简明视图。

②集成(Integrated)。数据仓库通常是结合多个异种数据源构成的,异种数据源可能包括关系数据库、面向对象数据库、文本数据库、Web 数据库、一般文件等。

③时变(Time-variant)。数据存储从历史的角度提供信息,数据仓库中包含时间元素,它所提供的信息总是与时间相关联的。数据仓库中存储的是一个时间段的数据,而不仅仅是某一个时刻的数据。

④不可修改(Nonvolatile)。数据仓库总是与操作环境下的实时应用数据物理地分离存放,因此不需要事务处理、恢复和并发控制机制。数据仓库里的数据通常只需要两种操作:初始化载入和数据访问。因此其数据相对稳定,极少更新或根本不更新。

综上所述,数据仓库是一种语义上一致的数据存储,它充当决策支持数据模型的物理实现,并存放企业战略决策所需信息。数据仓库也常常被看作一种体系结构,通过将异种数据源中的数据集成在一起而构造,支持结构化的和专门的查询、分析报告和决策制订。

3)数据仓库的类型

根据数据仓库所管理的数据类型和它们所解决的企业问题范围,一般可将数据仓库分为下列 3 种类型:企业数据仓库(EDW)、操作型数据库(ODS)和数据市集(Data Mart)。

①企业数据仓库(EDW)。企业数据仓库即通用数据仓库,它既含有大量详细的数据,也含有大量累赘的或聚集的数据,这些数据具有不易改变性和面向历史性。此种数据仓库被用来进行涵盖多种企业领域上的战略或战术上的决策。

②操作型数据库(ODS)。操作型数据库既可以被用来针对工作数据作决策支持,又可用作将数据加载到数据仓库时的过渡区域。与 EDW 相比较,ODS 有下列特点:ODS 是面向主题和面向综合的;ODS 是易变的;ODS 仅仅含有目前的、详细的数据,不含有累计的、历史性的数据。

③数据集市(Data Mart)。数据集市是数据仓库的一种具体化,它可以包含轻度累计、历史的部门数据,适合特定企业中某个部门的需要。几组数据集市可以组成一个 EDW(在以下部分将会重点提到)。

随着数据仓库发展的需求,软件工具升级相当快,新产品也层出不穷,为了便于追踪其技术发展和更好地选择相关的工具,数据仓库的构造者应该广泛地收集这方面的文件和数据,以便作出最佳的选择。

4)数据仓库的技术与传统数据库的比较

与关系数据库不同的是,数据仓库并没有严格的数学理论基础,也没有成熟的基本模式,且更偏向于工程,具有强烈的工程性。因此,在技术上人们习惯于从工作过程等方面来分析,并按其关键技术分为数据的抽取、存储与管理以及数据的表现等 3 个基本方面。

①数据的抽取。数据的抽取是数据进入仓库的入口。由于数据仓库是一个独立数据环境,它需要通过抽取过程将数据从联机事务处理系统、外部数据源、脱机的数据存储介质中导入数据仓库。数据抽取在技术上主要涉及互联、复制、增量、转换、调度和监控等几个方面的处理。在数据抽取方面,未来的技术发展将集中在系统功能集成化方面,以适应数据仓库本身或数据源的变化,使系统更便于管理和维护。

②数据的存储和管理。数据仓库的组织管理方式决定了它有别于传统数据库的特性,也决定了其对外部数据的表现形式。数据仓库管理所涉及的数据量比传统事务处理大得多,且随时间的推移而快速累积。在数据仓库的数据存储和管理中需要解决的是如何管理大量的数据、如何并行处理大量的数据、如何优化查询等。目前,许多数据库厂家提供的技术解决方案是扩展关系型数据库的功能,将普通关系数据库改造成适合担当数据仓库的服务器。

③数据展现。数据表现实际上相当于数据仓库的门面,其性能主要集中在多维分析、数理统计和数据挖掘方面。而多维分析又是数据仓库的重要表现形式,近几年来互联网的发展,使得多维分析领域的工具和产品更加注重提供基于 Web 前端联机分析界面,而不仅仅是在网上发布数据。在数据展现方面主要方式有:查询、报表、可视化、统计和挖掘。

传统的关系型数据库遵循一致的关系型模型,其中的数据(记录)以表格方式存储,并且能用统一的结构化查询语言(Structural Query Language,SQL)进行数据查询,因此它的应用常被称为联机交易处理(OLTP)。其重点在于完成业务处理,及时给予客户响应。关系型数据库能够处理大型数据库,但不能将其简单地堆砌就直接作为数据仓库来使用。

数据仓库主要工作的对象为多维数据,因此又称为多维数据库。多维数据库的数据以数组方式存储,既没有统一的规律可循,也没有统一的多维模型可循,多维数据库只能按其所属类别进行归类。以应用而言,多维数据库应该具备极强的查询能力,多维数据库中存储的信息既多又广,但由于其完成的是一种 OLAP,因此并不追求瞬时的响应时间,在有限的时间中给予响应即被认可。实际上,OLAP 包含交互式的数据查询,伴随着多种分析方法,例如下钻或成功地钻入到最底层的细节信息上。因此数据仓库中的信息,尽管是多维的,仍然可以用具体的表格表示。

尽管数据仓库与传统数据库之间存在着如此大的差异,但设计数据仓库并不是完全另起炉灶,而是利用现有的传统处理数据从中进行信息的综合,从而构造出满足不同需求的数据仓库。即数据从动态的、目前事件驱动的传统工作数据流向静态的、历史性质的数据仓库。从理论上说,从工作数据中战略性地引入到期的数据可以完成这种转变,但是由于受到实际存储容量和技术的限制,实际上是不可能的,而必须从工作数据中分离和筛选数据进入到数据仓库中。

总之,数据仓库并非是一个仅仅存储数据的简单信息库,因为这实际上与传统数据库没有两样。数据仓库实际上是一个"以大型数据管理信息系统为基础的、附加在这个数据库系统之上的、存储了从企业所有业务数据库中获取的综合数据的、并能利用这些综合数据为用户提供经过处理后的有用信息的应用系统"。如果说传统数据库系统的重点与要求是快速、准确、安全、可靠地将数据存进数据库中的话,那么数据仓库的重点与要求就是能够准确、安全、可靠地从数据库中取出数据,经过加工转换成有规律的信息之后,再供管理人员进行分析使用。

5)联机事务处理(OLTP)

联机事务处理(On-Line Transaction Processing,OLTP)是传统的关系型数据库的核心应用,主要执行基本的插入、删除等联机事务和查询处理,其基本任务就是及时、安全地将当前事务所产生的记录保存下来。在大多数情况下,OLTP 涵盖了一个组织的大部分日常操作。例如在一个银行交易管理系统中,每天大量的操作都限于增加新账号、删除旧账号、更改账号中的金额数据、查询各户账号余额等,这些都是 OLTP 负责实现的功能。

为实现 OLTP,在外部接口部分,DBMS 使用标准的 SQL 数据库语言。目前所有的主流关系型数据库系统毫无例外地均支持 SQL 语言。用户可通过调用 SQL 语言启动、执行各种 OLTP 操作。

在 DBMS 的内部则实现了事务管理,支持事务的并发和恢复,并使每一事务都满足所谓的 ACID 特性。

①原子性(Atomicity)。事务是数据库的逻辑工作单位,事务中的诸操作要么都做,要么都不做。

②一致性(Consistency)。事务的执行结果必须是使数据库从一个一致性状态转换到另一个一致性状态。

③隔离性(Isolation)。各个事务间的操作不相互干扰,无时序的约束要求,允许事务的并发执行。

④持续性(Durability)。事务一经提交,对数据库的影响将是永久性的,即已经完成的事务结果不能丢失,即使破坏后也可恢复。

6)数据仓库的体系结构

IBM、Oracle 等厂商都提出了自己的数据仓库结构,但严格说来,任何一个数据仓库结构都是从一个基本框架发展而来,实现时再根据分析处理的需要具体增加一些部件。其中斯坦福大学"WHPS"课题组提出的一个基本的数据仓库模型,如图 7.6 所示。

为了能够将已有的数据源提取出来,并组织成可用于决策分析所需的综合数据的形式,

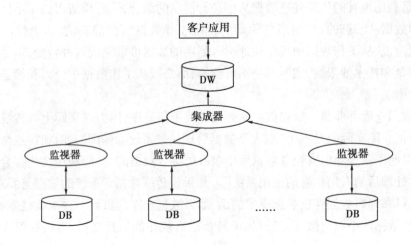

图 7.6　数据仓库基本体系结构

一个数据仓库的基本体系结构中应有以下几个基本组成部分。

①数据源。指为数据仓库提供最底层数据的运作数据库系统及外部数据。

②监视器。负责感知数据源发生的变化,并按数据仓库的需求提取数据。

③集成器。将从运作数据库中提取的数据经过转换、计算、综合等操作,集成到数据仓库中。

④数据仓库。存储已经按企业级视图转换的数据,供分析处理用。根据不同的分析要求,数据按不同的综合程度存储。数据仓库中还应存储元数据,其中记录了数据的结构和数据仓库的任何变化,以支持数据仓库的开发和使用。

⑤客户应用。是供用户对数据仓库中的数据进行访问查询,并以直观的方式表示分析结果的工具。

7.2.2　数据仓库的实施

数据仓库是一个解决方案,而不是一个可以买到的产品。不同企业会有不同的数据仓库,企业人员往往不懂如何利用数据仓库,不能发挥其决策支持的作用,而数据仓库公司人员又不懂业务,不知道建立哪些决策主题,从数据源中抽取哪些数据,因此需要双方互相沟通,共同协商开发数据仓库。

1)数据仓库的开发流程

①启动工程。建立开发数据仓库工程的目标及制订工程计划。计划包括数据范围、提供者、技术设备、资源、技能、组员培训、责任、方式方法、工程跟踪及详细工程调度。

②建立技术环境。选择实现数据仓库的软硬件资源,包括开发平台、DBMS、网络通信、开发工具、终端访问工具及建立服务水平目标(可用性、装载、维护及查询性能)等。

③确定主题进行仓库结构设计。由于数据仓库是面向决策支持的,它具有数据量大但更新不频繁等特点,因此必须对数据仓库进行精心设计,才能满足数据量快速增加而查询性能并不下降的要求。

④数据仓库的物理库设计。基于用户的需求,着眼于某个主题,开发数据仓库中数据的物理存储结构。

⑤数据抽取、精练、分布。根据数据仓库的设计,实现从源数据抽取数据、清理数据、综合数据和装载数据。

⑥对数据仓库的 OLAP 访问。建立数据仓库的目的是要为决策支持服务,因此需要各种能对数据仓库进行访问分析的工具集,包括优化查询工具、统计分析工具、C/S 工具及数据挖掘工具,通过分析工具实现决策支持需要。

⑦数据仓库的管理。数据仓库必须像其他系统一样进行管理,使数据仓库正常运行。

2)实施数据仓库应注意的问题

①与传统业务系统不同,数据仓库是面向管理决策层应用的,必须有系统自身的最终用户——企业决策层的参与。数据仓库应用本身并不是业务流程的再现,而是基于数据分析的管理模式的体现。在这个层次上,数据仓库对于企业决策层的意义首先不是信息技术和产品上的,而是企业经营管理模式上的。数据仓库的实施者需要在商业智能化如何能够帮助企业获得市场竞争力上下工夫,提供切实有效的系统实施目标和规划,使得企业决策层充分认识到数据仓库是他们自己所需要的系统,在投入和配合上给予充分的支持。

②由于数据仓库的访问和查询往往能够通过工具来提供,因此数据仓库的功能取决于系统的规划和设计。在了解数据仓库应用需求的时候,主要对象应该是企业的决策部门和管理部门,而不是信息系统部门。了解应用的需求必须从企业如何利用信息进行管理的角度出发,需要有丰富的行业经验。在这个阶段,对于国内数据仓库应用来说,可以将复杂的数据分析需求分解成若干专题,这些专题在行业内往往具有一定的普遍性,有现成的设计模式可以借鉴。数据仓库的设计实施也宜逐个击破,每个阶段都能满足一部分用户的需求,最后获得全面的成功。

③在对待原始数据的问题上,需要坚持一个原则,就是不拘泥于业务系统的现状。由于数据仓库是独立于业务系统的,数据仓库的实施将以管理层需要的分析决策为主线,在设计中可以为不确定数据预留空间。对于数据的完整性和质量问题可通过如下方式处理:利用多种方式加载数据,可以设计专门的输入接口收集数据,如获取客户的个人资料;放宽数据的时效性,在分析中标明个别数据的有效时间;在系统中标识出低质量的数据,规范业务系统。

④数据的抽取、转换和装载是一项技术含量不高但却非常烦琐的工作,在系统实施过程中建议由专门小组或人员负责数据抽取的工作,将其纳入统一的管理和设计,不仅考虑原始数据源的类型,还必须考虑抽取的时间和方式。一个数据仓库系统往往同时存在多种数据抽取方式以适应原始数据的多样性,因此讨论单一抽取工具的选型是没有意义的,原则只能有一个:简便、快捷、易维护。

⑤用户对数据仓库的认识常常从报表起步,但数据仓库并不是为业务报表而设计的。需要指出的是,数据仓库的分析工具在固定格式的报表再现上有时不如专门定制的程序。因此,以解决报表问题作为建立数据仓库的目的一般都会以用户的失望告终。数据仓库的强项在于提供联机的业务分析手段,正是数据仓库的使用,才使管理人员逐步摆脱对固定报

表的依赖,取而代之地以丰富、动态的联机查询和分析来了解企业和市场的动态。

⑥系统的实施需要明确的计划和时间表,新的技术和产品可以分阶段加入,但要避免无休止的测试和选型。因为数据仓库的价值在于使用,如果让一些没有必要的信息去指导决策,那么数据仓库将永远停留在投资阶段。在定义实施计划时,需要明确系统的使用范围、用户的应用模式等与选择具体产品相关的重要问题。

7.2.3 多维数据仓库中度量的建模

多维数据仓库的创建所使用和维护的技术与传统数据仓库有显著的不同。传统数据仓库在处理多维数据方面存在着较大的局限性,需对其进行结构和功能上的扩展,才能较好地用在多维决策分析方面。

设计和建立数据库是成功地创建数据仓库的一个关键步骤,这一步涉及的数据来自多种数据源,并且要把它们合并成一个单独的逻辑模型。不像 OLTP 系统那样以高度的正规化形式存储数据,数据仓库中存储的数据以一种非正规化的形式存储数据以便提高查询的性能。数据仓库常常使用星型模式和雪花型模式来存储数据,作为 OLAP 工具管理的基础,以便尽可能快地响应复杂查询。相比之下,星状结构更为简洁,便于 OLAP 工作,并易于浏览,较雪花结构更适合于多维数据仓库的建模。下面就两种存储模式分别说明数据仓库中度量的建模。

1)星型模式

星型模式是最流行的实现数据仓库的设计结构。星型模式通过使用一个包含主题的事实表和多个包含事实的非正规化描述的维度表来执行典型的决策支持查询。一旦创建了事实表,那么可以使用 OLAP 工具预先计算常用的访问信息。

星型模式是一种关系型数据库结构,在该模式的中间是事实表,周围是次要的表,数据在事实表中维护,维度数据在维度表中维护。每一个维度表通过一个关键字直接与事实表关联。维度是组织数据仓库数据的分类信息,例如时间、地理位置、组织等。维度用于父层和子层这类分层结构。例如,地理位置维度可以包含国家、城市等数据。因此,在该维度表中,维度由所有的国家、所有的城市组成。为了支持这种分层结构,在维度表中需要包括每一个成员与更高层次上维度的关系。

维度关键字是用于查询中心事实表数据的唯一标识符。维度关键字就像主键一样,把一个维度表与事实表中的一行链接起来。这种结构使得很容易构造复杂的查询语句,并且支持决策支持系统中向下挖掘式的分析。事实表包含了描述商业特定事件的数据。例如银行业务或者产品销售。事实表还包含了任何数据合计,例如每一个地区每月的销售情况。一般地,事实表中的数据是不允许修改的,新数据只是简单地增加进去。维度表包含了用于参考存储在事实表中数据的数据,例如产品描述、客户姓名和地址、供应商信息等。把特征信息和特定的事件分开,可以通过减少在事实表中扫描的数据量提高查询性能。维度表不包含与事实表同样多的数据,维度数据可以改变,例如客户的地址或者电话号码改变了。

通过降低需要从磁盘读取数据的数据量,星型模式设计有助于提高查询性能。查询语句分析比较小的维度表中的数据来获取维度关键字以便在中心的事实表中索引,可以减少扫描的数据行。星型模式的结构如图 7.7 所示。

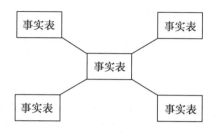

图 7.7　星型模式结构示意图

以下从工业企业销售管理数据仓库和保险业务多维数据仓库的需要,分析一下星状模型的构建模式。

①以销售机会作为一个主题,可以同其他几个维表组成一个星状的关系结构,如图 7.8 所示,粗略表示出各维之间的联系。

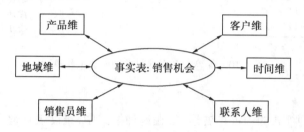

图 7.8　销售机会数据仓库的星型关系结构

星型数据关系模型中的事实表包含了所有纬度表的外键(Foreign Key),这些外键指向各纬度表的首键(Primary Key),如图 7.9 所示。利用星链接(Star Join)星型数据关系模型可以大大提高查询速度,主要原因是在事实表中每个纬度都有深度索引,而且查询先在体积小得多的维度上过滤很大的事实表,从而首先获得较小的相关数据集。

这相对于单纯从一个很大的数据表中利用单个 SQL 语句查询来说显然要有效得多。

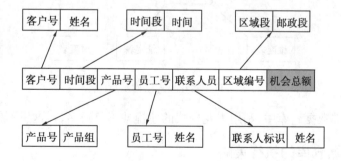

图 7.9　销售机会数据仓库的星型链接

②以保险公司业务为主题来考虑维的构建。数据仓库中定义 4 个维:时间维、部门维、保险种类维、地理维。其中时间维、部门维和保险种类维属于非空间维,地理维属于空间维。事实表中包括 4 个度量:保费、保额、赔款和地理指针。其中,保费、保额和赔款是数值型度

量;地理指针是一个空间度量,代表指向地图上相应区域的空间指针集合。图 7.10 详细表示出维的具体度量。

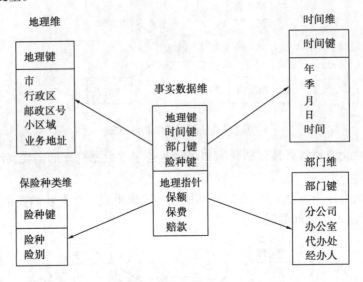

图 7.10　保险业务多维数据仓库的星状模型

2) 雪花模式

雪花模式是星型模式的一种扩展形式,在这种模式中,维度表存储了正规化的数据,这种结构通过减少磁盘读的数量而提高查询性能。维度表分解成与事实表直接关联的主维度表和与主维度表关联的次维度表,次维度表与事实表间接关联。雪花模式的结构示意图如图 7.11 所示。

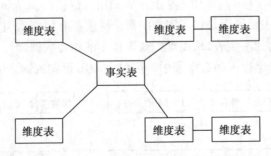

图 7.11　雪花模式结构示意图

在一般的多维数据仓库中,利用雪花模式的建模并不是很多,在这里不作举例。

7.2.4　数据仓库的执行策略

数据仓库的构建需要将不同来源的数据进行集中、整合,然后为不同用户提供数据支持,执行策略指的就是这些数据的整合结构和应用结构。下面将先介绍数据仓库中的两个概念:数据集市和元数据。数据集市是按照不同功能对数据的归类,一般与工作职能相对应;而元数据则是对数据仓库中的资源——数据的描述,是仓库中的数据"蓝图"。

1）**数据集市**（Data Mart）

数据集市是一个针对某个主题的经过预统计处理的部门级分析数据库，如销售数据集市、营销数据集市、库存集市和财务集市等。目前，一般理解为企业级数据仓库里的主题数据库，是数据仓库管理系统下的一部分。不过，早期的数据集市从个别应用中发展而来，也可以独立于数据仓库而存在。当一个企业里存在着多个相互独立、数据定义不统一的数据集市时，就会导致信息的整合问题。因此，将原有的数据集市进行整合并归入数据仓库统一管理是一个必然趋势。既然是仓库，就必定会有一个统一的数据管理、数据 ETL（精简、转换和输入）工具以及查询工具等，而单个数据集市是无法满足这些需要的。一个数据集市可以由特定业务领域内多个很大的"星"组成。比如，营销集市可以由"订单星""活动星""销售机会星""售后服务星""报价星"和"客户反馈星"等共同组成一个营销分析数据集市，为营销人员提供查询分析的数据源。

在本质上，数据集市同数据仓库并没有概念上的区别，将数据集市理解为一个部门级的数据仓库也未尝不可。仓库大则管理困难，而且企业在进行数据分析时往往对某个业务主题特别感兴趣，反复使用，对仓库中其他部分的数据则用得不多，这就是为什么很多企业倾向于简单一点的数据集市。当然，如果企业内的集市变多就要考虑它们之间的整合问题了，这个现象就像我们平常管理货物仓库的概念是一样的，将分散在多个货柜的货物统一放到一个大仓库里，总得对货位、产品编码等统一起来，说不定还得考虑统一的货车出入口，以便统一管理。

2）**元数据**（Metadata）

数据仓库中储存着几百个千兆字节的数据。这些来自不同工作数据库系统的数据，在经过筛选、过滤、聚集、转换等工作后，被存入数据仓库中。为了使企业客户能更好地使用数据仓库，元数据的概念被应用于数据仓库技术中。元数据为数据中的数据，即描述数据的数据。数据仓库中的元数据至少应涵盖下列内容：

- 原始数据拥有者的信息；
- 原始数据的数据源信息包括数据源的系统平台、数据源的网络地址等信息；
- 数据的商业意义和典型用法；
- 数据筛选的名称及版本；
- 被筛选程序的名称及版本；
- 被筛选数据之间的依赖（或从属）关系；
- 数据从各个 OLTP 数据库中，向数据仓库中加载的频率；
- 数据加载数据仓库的日期及时间；
- 加载数据仓库的数据记录数目；
- 数据仓库中数据的利用率；
- 数据转换的算法；
- 数据的加密级别；
- 用于计算出汇总数据的商业规则。

数据从 OLTP 数据源到数据仓库的映射信息包括原始数据域的标示、属性到属性之间的映射、属性的转换、名称的转换、关键词的转换、从多个数据源选择数据的算法逻辑等；数据汇总的算法及对算法的解释；数据仓库的数据模型及其描述。

有了元数据，就等于拥有了数据仓库的一张蓝图。元数据最显著的功能就是它类似于现实生活中的地图，能指引用户在多达几百 GB 的数据海洋中找到自己所需要的数据，协助客户更好地了解数据仓库中的数据。元数据可以协助数据仓库管理员更好地管理仓库中的数据。例如数据仓库管理员可以利用元数据，追踪非法的数据处理到它的数据来源，并可进行深入调查。客户可以利用元数据来找到所需的事实，而这些事实可协助客户来支持他们的决策，验证通过分析工具所得出的结论是否正确，以及找出他们的结论与其他部门的结论有所不同的原因。如果不同厂商的数据仓库和 OLAP 工具都遵循统一的元数据交换标准，则不同厂商的数据仓库和 OLAP 工具之间可以通过元数据方便地共享和交换数据。迄今为止，已有两个机构推出了元数据的交换标准，一个是微软公司的 OIM-Open Information Mod（开放信息模型），另一个是 Meta Data Coalition 的 MDIS-Meta Interchange Standard（元数据交换标准）。

由于元数据在数据仓库中的重要功能，当今各大数据仓库的生产厂商纷纷把元数据的生成和管理功能综合到产品中。

3）数据仓库的执行策略

随着数据仓库技术的发展，如今数据仓库的执行策略已经从最初的"自上而下"模式发展成为多种形式。

（1）自上而下模式

自上而下的开发策略（如图 7.12 所示）是指将原来分散存储在企业各处的联机交易处理数据库中的有用数据，通过筛选、过滤、转换、聚集等处理步骤建立一个整体性数据仓库。

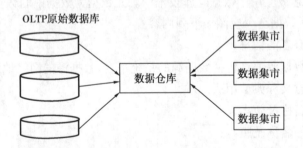

图 7.12　自上而下模式

这个整体性的数据仓库将提供给客户一个一致性的数据格式和一致性的软件环境。从理论上来说，决策支持所需的数据都应该涵盖在这个整体性数据库中。数据集市中存储的数据，是为了某个部门的决策支持系统应用而专门从整体性数据仓库中筛选的，它是整体性数据仓库中数据的一个子集。在自上而下模式中，数据集市和数据仓库的关系是单方面的，即数据从数据仓库流向数据集市。

自上而下模式没有考虑如何将客户的反馈信息不断反映到数据集市和数据仓库的构造

中,该模式都只在建立数据集市或数据仓库的过程中考虑到用户的需求。但是用户的需求并不是一成不变的,而是随着新技术与新应用的出现而不断变化的。用户的需求变化不仅要求更快速的硬件、更好的 DM 技术、性能更好的数据库软件、更加友好的用户图形接口,还包括所需信息内容的变化,这将导致在数据仓库或数据集市中,必须加入某些新的属性、新的表格或重组已存在的表格与属性。为此,在这里引入另一种有反馈的模式。

有反馈的自上而下模式如图 7.13 所示。在这个模式中,用户的新需求的反馈分为两个阶段。第一阶段:用户的新需求不断地被反馈给部门的数据集市,部门数据集市根据用户的新需求,产生自身的需求变化;第二阶段:部门数据集市把自身的需求变化反馈给整体性数据仓库,整体性数据仓库再作出相应的变化。

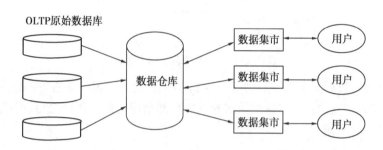

图 7.13　有反馈的自上而下模式

(2) 自下而上模式

自下而上模式(如图 7.14 所示)是从构造各个部门或特定的企业问题的数据集市开始,而整体性数据仓库是建立在这些数据集市的基础上。

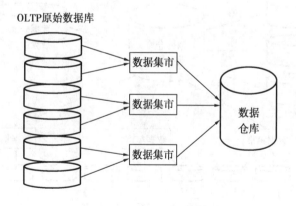

图 7.14　自下而上模式

自下而上模式的特点是初期投资少,见效快。因为它在构造部门数据集市时,只需要较少的人作出决策,而所解决的是较小的商业问题。自下而上的开发模式可以使一个部门在数据仓库发展初期尽可能少花费资金,在作出有效的投入之前评估技术的成本收益状况。

与上一种模式一样,自下而上模式也有反馈式的,如图 7.15 所示,它由于采取的是先构造部门数据集市,再以各部门的数据集市为基础,构造整体性数据仓库的方式,因此,数据集市能较好地满足用户的需求,在整体性数据库建立好之后,需求的变化将主要体现在数据集市与数据仓库之间。

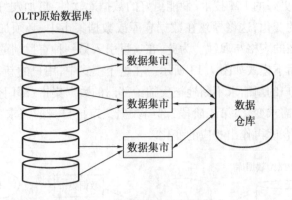

图 7.15 有反馈的自下而上模式

如果各个部门数据集市在发展时注意保持相互之间的数据一致性,并能根据用户的反馈信息不断地调整自己,那么以这种模式建立的数据仓库在投入使用之后,能减少因用户的需求变化所带来的不便。

(3)平行开发模式

平行开发模式(如图 7.16 所示)是指在一个整体性数据仓库的数据模型的指导下,数据集市的建立和整体性数据仓库的建立同步进行。

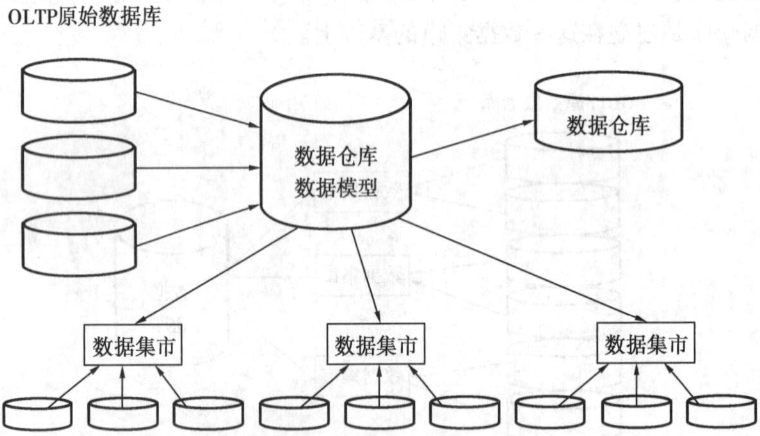

图 7.16 平行开发模式

在平行开发模式中,由于数据集市的建立是在一个统一的整体性数据模型的指导下进行的,可避免各部门在开发各自的数据集市时的盲目性,减少各个数据集市之间的数据冗余和不一致性。事实上,一些部门在建立数据集市的过程中,所遇到的问题及其解决方案、所获得的经验,将决定整体性数据仓库的数据模型作出相应的改变,这些变化将使其他部门在建立数据集市时受益,也有助于整体性数据仓库的构造。在平行开发模式中,数据集市的这种相对独立性有利于整体性数据库的构造。一旦整体性数据仓库建立好之后,各个部门的数据集市将成为整体性数据仓库的一个子集,整体性数据仓库将负责为各个部门已建好的和即将要建立的数据集市提供数据。

平行开发与自上而下模式的区别在于,它满足了企业中的各个部门希望在较短的时间内建立本部门的决策支持系统的需求,使他们不用等待整体性数据仓库建立好之后才建立属于自己的数据集市。同时它改变了在自上而下模式中部门数据集市在与整体性数据仓库关系中的附属地位,在建立数据集市过程中所获得的经验将有助于整体性数据仓库的数据模型的最优化和整体性数据仓库的构造。

平行开发模式用一个统一的整体性数据仓库的数据模型来指导各个部门数据集市的构造,可以解决数据集市之间数据的不一致性,也可减少数据集市之间的数据冗余问题。

对于有反馈的平行开发模式(如图 7.17 所示),在开发的起始阶段,开发人员主要是在整体性数据仓库数据模型的指导下建立部门数据集市,并把在建立过程中所遇到的问题及其解决方案以及客户的意见等信息反馈给整体性数据仓库数据模型。整体性数据模型在指导部门数据集市构造的同时,也收集开发人员和部门客户反馈的信息,并根据这些信息调整自己。经过调整,可以使下一阶段整体性数据仓库的构造相对顺利地进行。通常,人们会认为在这种平行开发模式中,整体性数据仓库的数据模型应在开始建立部门数据集市之前完成,因此开发人员需要在项目的起始阶段,就迅速地开发建立整体性数据仓库的数据模型,而数据集市的开发工作也不得不等待整体性数据仓库的数据模型完成之后才开始。

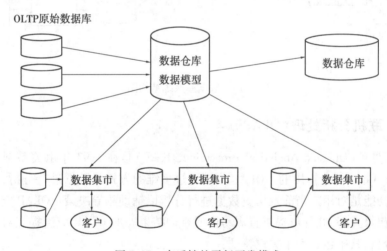

图 7.17　有反馈的平行开发模式

事实上,在平行模式的开发过程中,并不一定要求在开发部门数据集市之前完成整个数据仓库的数据模型开发。对平行开发模式而言,整体性数据仓库的数据模型开发,可以在建立第一个部门数据集市的同时进行。这是因为一方面,对减少数据集市之间的数据冗余度和数据的不一致性而言,并不需要一个完全建立好的整体性数据模型,整体性数据模型在指导数据集市构造的同时,还要不断听取研发人员和用户的反馈信息来调整自己;另一方面,部门数据集市在研发和使用过程中所得到的经验,有助于研发人员在设计整体性数据模型时能更好地了解客户的需求。

4）数据仓库系统的结构

企业建立数据仓库的最后目的，是使企业的经营管理者，能够很方便地运用数据仓库这一综合性决策支持环境以获取有价值的信息，协助管理阶层对不断变化的环境作出迅速、准确的判断和找出相应的对策。因此，界面友好、功能强大而为客户服务的前端工具应被有效地综合到这个新的数据分析环境中。

数据仓库系统是以数据仓库为基础，通过数据筛选工具、数据转换工具、查询工具、报表工具、分析工具和 DM 工具等，满足客户对信息的各种需求。图 7.18 所示为较为典型的数据库系统结构图。

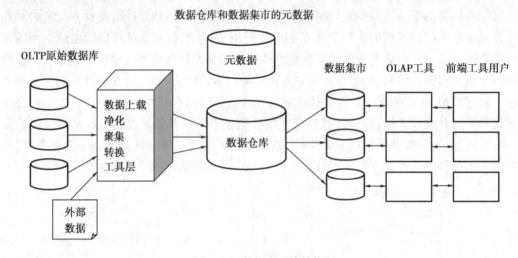

图 7.18　数据库系统结构图

7.2.5　联机分析处理（OLAP）

联机分析处理（On-Line Analytical Processing，OLAP）是在 1993 年由关系型数据库模型的发明者 E. F. Codd 博士提出的。OLAP 支持通过多维的方式对数据进行分析、查询和生成报表，其基本功能是对用户当前及历史数据进行分析以辅助领导决策。OLAP 支持复杂的分析操作，侧重决策支持，并且可提供直观易懂的查询结果。即 OLAP 应当提交对共享的多维信息的快速分析，其中包含 5 个关键特征：

• 多维。这是 OLAP 的基本特征，即可以提供对数据的多角度综合查询、统计、分析。

• 快速。即必须以相当固定的速度向用户提交信息，大多数查询应当在 5 秒或更短时间内提交给用户。

• 分析。即可以执行由应用程序开发人员预定义或由用户特别定义的对数据的查询和统计分析操作。

• 共享。即必须满足在大量用户间实现共享秘密数据所必需的安全性需求。

• 信息。即可以透明地访问应用程序所必需的、相关的所有数据和信息，而不受它所在的物理位置的限制。

OLAP 是数据仓库应用的核心,而前一节提到的 OLTP 是关系数据库的核心,两者有何区别呢?

传统的 OLTP(On-Line Transaction Processing,联机事务处理系统)是事件驱动,面向应用的。其特点是:响应时间要求高;用户数量庞大,面向的对象主要是操作人员;数据库的操作基本依靠索引进行。从关系模型角度看,每件事务的处理通常只涉及一两张关系表,复杂表的连接一般不影响系统的查询功能。

OLAP(On-Line Analytical Processing,联机分析)是基于数据仓库的信息分析处理过程,是数据仓库的用户接口部分。OLAP 是跨部门、面向主题的,其基本特点有基本数据来源于多个数据源的数据;响应时间合理;用户数量相对较少,其用户主要是业务决策与管理人员;数据库的各种操作不能完全基于索引进行。从关系模型考虑,OLAP 一次操作可能涉及数百张表,上千条记录,如果仍然使用类似于 OLTP 的连接运算,必定增加系统的开销,这是不现实的也是不必要的。因此 OLAP 必须通过特别的数据组织和存取方式来提高性能。OLAP 工具是数据仓库方案中不可缺少的一部分,它们要提供使用简便的界面接口,使用户不需要掌握很深的 SQL 知识就可使用它们。对用户提出的问题,它们应能自动加以分析,根据系统的数据模型产生 SQL 语句,向数据仓库提出请求,查询的结果能以用户易于理解的方式提交。

7.3 数据挖掘技术

数据挖掘是近年来随着人工智能和数据库技术的发展而出现的一门新兴技术。它是从大量的数据中筛选出隐含的、可信的、新颖的、有效的信息的高级处理过程。

数据挖掘是面向事实的,在数据挖掘中,数据分为训练数据、测试数据和应用数据 3 大部分,而这 3 部分的比例依据经验来确定(例如 1∶1∶8)。数据挖掘力图在训练数据中发现事实,并以测试数据作为检验和修正理论的依据,而最后把知识应用于数据中。

7.3.1 数据挖掘的含义

数据挖掘的关键性思路可以简单地概括为"实事求是"。"实事"即"数据","求"就是去发现、去挖掘、去探索,"是"即数据中隐藏的规律。因此,数据挖掘实质上就是探索数据中所蕴含的规律的过程。

各种研究机构由于观点和背景不同,对数据挖掘从不同角度给出了定义,比如技术角度和商业角度。

(1)技术角度的定义

数据挖掘(Data Mining)就是从大量的、不完全的、有噪声的、模糊的、随机的实际应用数据中,提取隐含在其中的、人们事先不知道的但又是潜在有用的信息和知识的过程。

与数据挖掘相近的同义词有数据融合、数据分析和决策支持等。这个定义包括好几层含义:数据源必须是真实的、大量的、含噪声的;发现的是用户感兴趣的知识;发现的知识要可接受、可理解、可运用;并不要求发现放之四海皆准的知识,仅支持特定的发现问题。

何为知识？从广义上理解，数据、信息也是知识的表现形式，但是人们更把概念、规则、模式、规律和约束等看作知识。人们把数据看作形成知识的源泉，好像从矿石中采矿或淘金一样。原始数据可以是结构化的，如关系数据库中的数据；也可以是半结构化的，如文本、图形和图像数据；甚至是分布在网络上的异构型数据。发现知识的方法可以是数学的，也可以是非数学的；可以是演绎的，也可以是归纳的。发现的知识可以被用于信息管理，查询优化，决策支持和过程控制等，还可以用于数据自身的维护。因此，数据挖掘是一门交叉学科，它把人们对数据的应用从低层次的简单查询，提升到从数据中挖掘知识，提供决策支持。在这种需求牵引下，汇聚了不同领域的研究者，尤其是数据库技术、人工智能技术、数理统计、可视化技术、并行计算等方面的学者和工程技术人员，投身到数据挖掘这一新兴的研究领域，形成新的技术热点。

（2）商业角度的定义

数据挖掘是一种新的商业信息处理技术，其主要特点是对商业数据库中的大量业务数据进行抽取、转换、分析和其他模型化处理，从中提取辅助商业决策的关键性数据。

简而言之，数据挖掘其实是一类深层次的数据分析方法。数据分析本身已经有很多年的历史，只不过在过去数据收集和分析的目的是用于科学研究，另外，由于当时计算能力的限制，对大数据量进行分析的复杂数据分析方法受到很大限制。现在，由于各行业业务自动化的实现，商业领域产生了大量的业务数据，这些数据不再是为了分析的目的而收集的，而是由于纯机会的（Opportunistic）商业运作而产生的。分析这些数据也不再是单纯为了研究的需要，更主要是为商业决策提供真正有价值的信息，进而获得利润。但所有企业面临的一个共同问题是企业数据量非常大，而其中真正有价值的信息却很少，因此从大量的数据中经过深层分析，获得有利于商业运作、提高竞争力的信息，就像从矿石中淘金一样，数据挖掘也因此而得名。

因此，数据挖掘可以描述为：按企业既定业务目标，对大量的企业数据进行探索和分析，揭示隐藏的、未知的或验证已知的规律性，并进一步将其模型化的先进有效的方法。

7.3.2 数据挖掘的作用和意义

许多企业有数以百万计的历史数据，要通过传统的统计等分析方法精密分析相当困难，容易错失企业应有的商机；而数据挖掘工具能从庞杂的信息中筛选出有用的数据，以公正客观的统计分析快速准确地得知企业经营的信息，从而找出销售模式，正确掌握未来的经营动态。

数据挖掘通过高等统计工具的使用，从数据库或其他电子文档中识别出对商业有用的样本或关系的程序，并收集与客户相关的数据，利用统计分析与人工智能技术，针对大量数据进行筛选、推导与模型构造等操作，以揭露隐含在数据与模式中的闪光点，从而把原始数据转换成商机，成为决策依据的崭新知识。从 CRM 的整体结构来说，数据挖掘是整个 CRM 最重要的一个阶段，也是构成商业智能整体解决方案的基础。

完整的数据挖掘不但可以做到准确的目标市场行销，当分析工具及技术成熟时，加上数据存储提供大量存储客户数据的能力，可使数据挖掘进行大规模的针对个人客户的订制，准确地对客户作一对一的行销。只有企业对客户有充分的了解,才能有效地和客户建立亲密的关系,进而有效地进行行销,创造商机。数据挖掘是 CRM 中的关键性阶段,透过数据挖掘,能有效地提供行销、销售和服务的决策支持,让工作人员得到充分的信息而展开行动,并于适当的时间和地点给客户提供适当的产品及服务。

企业一旦提高了对客户的了解程度,针对目标市场行销的准确度就会大幅提高,这将直接影响成交的比例。在目前彼此竞争激烈的企业之间,如能了解客户的需求,就可以有效地过滤无效的原始数据,而在未接触客户以前就能知道客户可能是未来成交的对象,减少以往无目标的行销策略,从而较其他竞争者优先获得商机。

"数据挖掘"也让消费者更有能力找到真正需要的东西。他们可以用全球语义信息网(Globalsemantic)的红色链接轻而易举地找到相关的产品和它们的特性。个性化的信息存取和自动化能力,要能符合这些目的。在遇到有合适的新信息出现时,它们会根据产品的特性和指定的偏好是否符合,提醒企业注意。娱乐业是量身定做的另一大受益者。将来或许能把历年来 5 万部电影的数据库缩小,并且激活自动提醒功能,要系统去"看"有没有新片发行,以便找到引起企业兴趣的"完美"选择,然后用户就可以舒服地坐在摇椅上,通过网络租片子回来观赏。

在医疗保健、金融、政府、法律以及其他许多服务领域中,量身定做的天地将更为宽广。在经济系统、零售交易、娱乐等方面,这些活动居于主宰地位。企业对企业(B2B)的客户关系管理也会走向量身定做,未来的市场将十分庞大。

7.3.3　数据挖掘的发展历程

随着数据库技术的迅速发展以及数据库管理系统的广泛应用,人们积累的数据越来越多。激增的数据背后隐藏着许多重要的信息,人们希望能够对其进行更高层次的分析,以便更好地利用这些数据。目前的数据库系统可以高效地实现数据的录入、查询、统计等功能,但无法发现数据中存在的关系和规则,无法根据现有的数据预测未来的发展趋势。缺乏挖掘数据背后隐藏的知识的手段,导致了"数据爆炸但知识贫乏"的现象。

数据挖掘其实是一个逐渐演变的过程。在电子数据处理的初期,人们就试图通过某些方法来实现自动决策支持,当时机器学习成为人们关心的焦点。机器学习的过程就是将一些已知的并已被成功解决的问题作为范例输入计算机,机器通过学习这些范例总结并生成相应的规则,这些规则具有通用性,使用它们可以解决某一类的问题。随后,随着神经网络技术的形成和发展,人们的注意力转向知识工程。知识工程不同于机器学习那样给计算机输入范例,让它生成规则,而是直接给计算机输入已被代码化的规则,计算机则通过使用这些规则来解决某些问题。专家系统就是这种方法获得的成果,但它存在投资大、效果不甚理想等不足。20 世纪 80 年代,人们又在新的神经网络理论的指导下,重新回到机器学习的方法上,并将其成果应用于处理大型商业数据库。20 世纪 80 年代末出现一个新的术语,即数据库中的知识发现,简称 KDD(Knowledge Discovery in Database),它泛指所有从源数据中发掘模式或联系的方法。人们接受了这个术语,并用 KDD 来描述整个数据发掘的过程,包括最开始的制订业务目标到最终的结果分析。但最近人们却逐渐发现数据挖掘中有许多工作可以由统计方法来完成,并认为最好的策略是将统计方法与数据挖掘有机地结合起来。

从商业数据到商业信息的进化过程中,每一步前进都是建立在上一步的基础上的。从表7.5中我们可以看到,第四步进化是革命性的,因为从用户的角度来看,这一阶段的数据库技术已经可以快速地回答商业上的很多问题了。

表7.5　数据挖掘的进化历程

进化阶段	商业问题	支持技术	产品厂家	产品特点
数据收集 (60年代)	"过去5年中我的总收入是多少?"	计算机、磁带和磁盘	IBM、CDC	提供历史性的、静态的数据信息
数据访问 (80年代)	"在新英格兰的分部去年3月的销售额是多少?"	关系数据库(RDBMS),结构化查询语言(SQL),ODBC	Oracle、Sybase、Informix、IBM、Microsoft	在记录级提供历史性的、动态数据信息
数据仓库; 决策支持 (90年代)	"在新英格兰的分部去年3月的销售额是多少?波士顿据此可得出什么结论?"	联机分析处理(OLAP)、多维数据库、数据仓库	Pilot、Comshare、Arbor、Cognos、Microstrategy	在各种层次上提供回溯的、动态的数据信息
数据挖掘 (正在流行)	"下个月波士顿的销售会怎么样?为什么?"	高级算法、多处理器计算机、海量数据库	Pilot、Lockheed、IBM、SGI、其他初创公司	提供预测性的信息

数据挖掘的核心模块技术历经了数十年的发展,其中包括数理统计、人工智能、机器学习。今天,这些成熟的技术,加上高性能的关系数据库引擎以及广泛的数据集成,让数据挖掘技术在当前的数据仓库环境中进入了实用的阶段。

7.3.4　数据挖掘的任务

挖掘知识的类型在多数文献和"数据挖掘"软件中称为数据挖掘任务。

①总结规则挖掘。它所要做的是从客户指定的数据中挖掘出(从不同的角度或在不同的层次上)平均值/极小值/极大值、总和、百分比等。挖掘结果运用交叉表、特征规则和统计的曲线图表等表示。

②关联规则挖掘。它所要做的是从客户指令的数据库中挖掘出满足一定条件的依赖性关系。关联规则形如 A1~A2,支持度=S%,信赖度=C%,其中 S 和 C 为客户指令的支持度和信赖度的门限值。此种关联规则挖掘可以在不同的抽象概念层次上进行。例如 R1"尿布~啤酒,支持度=5%,信赖度=50%"与 R2"婴儿用品~饮料类,支持度=25%,信赖度=80%"相比,R2 在更高的抽象层次上更为客观,因而有较大的支持度与信赖度,更适合高层决策的需求。

③分类规则挖掘。它所做的是在已知训练信息的特征和分类结果的基础上,为每一种类别找到一个合理的描述或模型,然后再用这些分类的描述或模型来对未知的新数据进行分类。

④群集规则挖掘。它又称为无监督式的分类,其目的在于实事求是地,即客观地按被处理对象的特征分类,有相同特征的对象被归为一类。它与分类规则挖掘的区别在于分类是面向训练数据的,而群集则直接对数据进行处理。在群集化作业中,并不需要事先定义好该如何分类,同时也不需要训练组的数据,数据是依靠本身的相似性而群集在一起,而群集的意义也是要靠事后的解释才能得知。

⑤预测分析。当分类的工作偏向于插入漏掉的数据、预测数据分类或发展的趋势时,此时的工作即为预测分析。所有用来进行分类及估计的技术都可以经过修正之后,通过已知变量数值的训练组数据来得到。其中历史性数据是一个很好的来源。历史性数据可以用来建立模型,以检查近年来观察值的变化。若运用最新数据作为输入值,可以获得未来变化的预测值。像"购物篮分析"就可以预测在超市中哪些商品总是会被同时购买。而经过修正后,也可以通过最新的更新数据来预测未来的购买行为。

⑥趋势分析。趋势分析又称为时间序列分析,它是从相当长时间的发展中发现规律与趋势。

⑦偏差分析。偏差分析又称为比较分析,它找出一系列判别式的规则,以区别客户设置的两个不同类别。

7.3.5　数据挖掘的基本方法

为了能从 CRM 客户数据中挖掘出对实际有用的关联,人们从统计学、人工智能和数据库等领域,借助基础研究的成果和工具,提出了许多办法。

1)统计分析方法

统计分析方法主要用于完成知识总结和关系型知识挖掘。对关系表中各属性进行统计分析,找到它们之间存在的关系。在关系表的属性之间一般存在两种关系:第一种是函数关系(能用函数公式表示的确定性关系),例如电路中著名的欧姆定律,就是确定性关系,用 V 表示电压,R 表示电阻,I 表示电流,欧姆定律指出 $V=IR$,3 个变量中有两个已知,另一个就可以精确地求出。第二种是相关关系,即不能用函数公式表示的关系,例如人的年龄与血压之间,这些变量之间存在着密切的关系,但不能由一个(或几个)变量的数值精确地求出另一个变量的值。

但确定性关系和相关关系之间并没有一道不可逾越的鸿沟。出于有测量误差等原因,确定性关系实际上往往通过相关关系呈现出来;当事物的内部规律被深刻了解时,相关关系又可能转化为确定性关系。对它们可采用回归分析、相关分析、主成分分析等设计分析方法。

2)决策树

决策树可用于分类。利用信息论中的信息增益寻找数据库中具有最大信息量的字节,建立决策树的一个结点,再根据字段的不同取值建立树的分支。在每个分支子集中重复建立下层结点和分支,这样便生成一棵决策树。接下来还要对决策树进行剪枝处理,最后将决策树转化为规则,运用这些规则,可以对新事例进行分类。典型的决策树方法有"分类回归树"(Classification And Regression Trees，CART)、ID3、C4. 5、卡方自动归纳法(Chi-Squared Automatic Induction)、卡方自动互动侦测器(Chi-Square Automatic Interaction Detector)等技术产生的有效模型。

决策树可应用在监督式数据挖掘上，尤其是数据分类。它们能够将训练模块的记录区分为独立的子群，而子群都有自己的规律。

3)人工神经网络

人工神经网络用于分类、群集、特征挖掘、预测和模式识别。人工神经网络仿真生物神经网络，本质上是一个分散型或矩阵结构，它通过对训练数据的挖掘，逐步计算网络连接的加权值。人工神经网络可分为下列 3 种。

①前馈式网络。它以感应机、逆向传播模型、函数型网络为代表，可用于预测及模式识别等方面。

②反馈式网络。它以 Hopfield 的离散模型和连续模型为代表，分别用于联想记忆和最优化计算。

③自组织型网络。它以 ART 模型、Koholon 模型为代表，用于群集。

人工神经网络具有分散型或储存信息、平行处理信息和进行推理、自我组织和自我学习等特点，解决了众多以往方法很难解决的问题。

它在多数应用中可以从训练数据组中学习，并产生归类和预测的模型。它也可以通过自我组织图(Self-Organizing Maps，SOMS)和相关结构，应用于非监督或数据挖掘和时间原则分析，其新的应用及结构正在快速增加中。

4)基因算法

基因算法用于分类、关系型规则挖掘等。基因算法模仿人工选择培育良种的思路，从一个初始规则集合(知识基因)开始，逐步通过交换对象成员(杂交、基因突变)产生群体(繁殖)，评估并择优复制(物竞天择、适者生存、不适应者淘汰)，优胜劣汰，逐代积累计算，最终得到最优化的知识集。

5)粗糙集

粗糙集用于数据简化(比如，删除与任务无关的记录或字段)、数据意义评估、对象相似性或共性分析、因果关系及范式挖掘等。粗糙集理论由 Z. Pawlak 在 20 世纪 80 年代提出，用于处理不确定性。其主要思路如下：把对象的属性分为条件属性和决策属性，按各个属性值相同划分成等价类。条件属性上的等价类 E 与决策属性上的等价类 Y 之间有 3 种情况：①下近似——Y 包含 E；②上近似——Y 和 E 的交集并非空集；③无关——Y 和 E 的交集为空集。对下近似建立确定性规则，对上近似建立不确定性规则(含可信度)，而无关情况下不存在规则。

6)联机分析处理技术(OLAP)

用具体图形将信息模式、数据的关联或趋势呈现给决策者，使客户能交互式地分析数据的关系，而 OLAP 技术将人的观察力和智力融入挖掘系统中，极大地改善了系统挖掘的速度和深度。

"联机分析处理系统"是以多维数据库(Multi-Dimensional Data Bases,MDDS)为基础。多维数据库是数据的典型代表,使得用户能深入数据内涵,了解重要的结论,它对数据转化成信息或知识非常有帮助。

7.3.6 数据挖掘方法的应用举例

数据挖掘的实际应用与计算机技术和应用数学息息相关,研究的难度比较大,下面仅以实际中最常见的两种挖掘方法为例,让读者有一个初步的了解。

1)关联规则挖掘

一个超级市场的销售系统记录了客户购买货物的详细情况。下面以一个简单的客户购物清单加以分析,见表7.6。

表7.6　客户购物清单

记录号	购物清单
1	啤酒、尿布、婴儿爽身粉、面包、雨伞
2	尿布、婴儿爽身粉
3	啤酒、尿布、牛奶
4	尿布、啤酒、洗衣粉
5	啤酒、牛奶、可乐

超市经理想知道商品之间的关联,要求列出那些同时购买的、且支持度≥0.4(即在5行中至少出现两次)的商品名称。知识发现数据库系统通过特定算法(例如著名的 Apriori(验证)算法或改进型算法)多次扫描数据库,依次得出如表7.7和表7.8所示的结果。其中支持度<0.4的项目,如单项中的{面包}、{雨伞}和双项中的{尿布,牛奶}等已经略去,3项统计为空,其中只有(啤酒、尿布、牛奶)出现了一次(表7.6中的3号记录),支持度小于0.4则略去。

表7.7　单项统计结果

单项统计	支持度
{啤酒}	0.8
{尿布}	0.8
{婴儿爽身粉}	0.4
{牛奶}	0.4

表7.8　双项统计结果

双项统计	支持度
{啤酒,尿布}	0.6
{啤酒,牛奶}	0.4
{尿布,婴儿爽身粉}	0.4

Apriori 算法和 DHP 算法得出的知识可解释如下(在 DB Miner 软件中,由系统自动解释):从单项统计中,看出 80% 的客户买了啤酒,80% 的客户买了尿布。从双项统计中看出,60% 的客户同时买了啤酒和尿布,40% 的客户同时买了啤酒和牛奶,40% 的客户同时买了尿布和爽身粉。还可观察到买了啤酒的客户中,又买了尿布的占 0.6,0.6{啤酒,尿布}/0.8{啤酒}=0.75(称为信赖度)。

于是可得出下列 6 条规则,其中 S 为支持度,C 为信赖度。

R1:啤酒~尿布,$S=0.6$,$C=0.6/0.8=0.75$

R2:尿布~啤酒,$S=0.6$,$C=0.6/0.8=0.75$

R3:牛奶~啤酒,$S=0.4$,$C=0.4/0.4=1$

R4:啤酒~牛奶,$S=0.4$,$C=0.4/0.8=0.5$

R5:尿布~爽身粉,$S=0.4$,$C=0.4/0.8=0.5$

R6:婴儿爽身粉~尿布,$S=0.4$,$C=0.4/0.4=1$

KDD 规则反映了商品之间的表面关系,但不一定是现实间的因果关系。规则是死的,人是活的,运用的妙处在于自己去实践和体会。例如,R6 有很高的信赖度,是相当合理并且可以解释的;R3 有很高的信赖度,将提示进一步的调查分析,而在本例中,是由数据太少而引起的失真所致。

2)分类规则挖掘举例

(1)面向评估函数的分类方法

各种评估工作实质上是分类,可以用 KDD 辅助评估,分类在 KDD 中又称为"监督式分类"。下面以奖学金评奖为例子说明 KDD 挖掘分类知识的大致步骤:

● 先画出一个训练数据库。例如,上次评估的结果或经评审委员公认的典型代表,应包括正反两面的例子,以作为训练数据集,见表 7.9。

表 7.9　评奖项目训练数据

姓　名	A	B	C	D	E
性　别	男	女	男	女	男
年　龄	21	23	21	23	23
品　德	A	A	A	A	B
平均成绩	98	95	90	90	90
体　育	特佳	佳	特佳	特佳	特佳
得奖量化值	90	95	80	60	60
发表论文	2	2	1	0	0
加权总分	91	92	85	70	70
评奖等级	1	1	2	3	无

- 在分析训练数据之后,发现评估结果与性别和年龄无关,删去这些无关字段。此步称为"特征选择"。

- KDD 邀请评审委员参与,选择一个总分评估函数(又称为特征函数),Total $=f(F_1,F_2,F_3,\cdots,F_n)$;例如常用且最简单的是线性加权函数 Total $= \sum P_i F_i$,其中 F_i 为各条件量化值,P_i 为加权值,而由加权值决定获奖等级。

- 根据训练数据,例如 A 及类似 A 的学生应评为一等奖等。解方程式或迭代调整有效字段的加权值,使得在训练集中,各记录的 $\sum P_i F_i$ 刚好在应评等级的分数段中。

- 用另一组或多组独立的测试数据来测试和修改公式 Total $=W$。

- 公式 Total $= \sum P_i F_i$ 就是从数据中"挖掘"出来的,其所分类的知识可以推广使用。

由此可见,KDD 取得的规则是先从应用中得出的总结。

(2)面向决策树的分类方法

仍然用奖学金评奖为例。其要点如下:

- 根据训练数据计算出各个字符的信息增益,它涉及较多的数学理论及复杂的熵理论公式。以计算"性别"的信息增益说明其来龙去脉:对于训练数据,保留"性别"和删除"性别"之后各计算一次信息增益;比较结果可知,"性别"字符值对提高分类精度的贡献(信息增益)甚小。

- 删除信息增益很小的字符,其余字符按照信息增益从大到小排序,以信息增益最大者为根结点,建立一棵决策树。在本例中为:品德→得奖量化值→成绩→论文数→体育等。

- 从训练数据中挖掘出每一个结点的分类门限,例如在"品德"结点,为 B 则淘汰,为 A 则进入得奖量化值结点,以此类推。

- 在测试数据中测试调整(结点次序和门限值)之后,即可应用于大量的学生评奖辅助决策。

为了便于了解,可以把决策树的结构和评估门限表示成易于了解的规则。

(3)群集分析

群集分析的基本思路为:一个具有 K 个字符的记录在 KDD 系统中被视为 K 维空间的一个点。在客户的参与下,对各个维度施以加权,而构造出一个 K 维空间的距离公式,例如,最简单欧氏空间距离。被分类的对象如同 K 维空间中的天体,然后根据距离原则被划分为星系或星团。同一个对象集会,不同的距离表达了不同的观察角度,而有了不同的群集结果。

天文学家为了了解恒星的亮度和温度之间的关系,画了如图 7.19 所示的散布图。纵轴为衡量该恒星相对于太阳亮度的倍数,横轴则衡量恒星表面的绝对温度,即-273 ℃。

可以看到,众多的恒星落在 3 个群集中,这 3 个群集代表恒星在其生命周期中的 3 个不同阶段。在每一个群集中,由于各个群集所产生的热度和光的基本程序不同,因此群集之间的亮度和温度的关系不同。80% 的恒星落在主要序列中,它们产生能量的方式是以核融合将氢转化为氦。但经过 100 亿年左右,恒星的氦元素就会耗尽。随后,根据恒星的质量不同,它会开始融合氦元素或停止融合。在停止融合后,这颗恒星的核心会开始崩溃。与此同时,外层的气体会向外扩张而远离中心,形成红巨星。最后,外层气体散去,剩下的中心开始

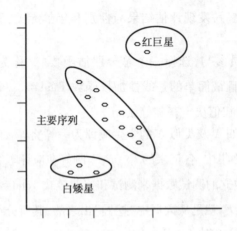

图 7.19　散布图:将恒星依照温度和亮度来分群

冷却,这颗恒星就形成白矮星。

7.3.7　常见数据挖掘工具软件介绍

随着数据量的爆炸式增长,需要借助一些有效的工具进行数据挖掘工作,从而帮助我们更轻松地从巨大的数据集中找出关系、集群、模式、分类信息等。借助这类工具可以帮助我们更加直观地理解数据挖掘在 CRM 中的应用,使我们基于数据分析做出最准确的决策。

当前推出的数据挖掘软件有很多,其实现的功能、方法都不同。鉴于对软件的评价标准,选择介绍如下:

1) RapidMiner

RapidMiner 也叫 YALE (Yet Another Learning Environment),提供了图形化界面,采用了类似 Windows 资源管理器中的树状结构来组织分析组件,树上每个节点表示不同的运算符(operator)。YALE 中提供了大量的运算符,包括数据处理、变换、探索、建模、评估等各个环节。YALE 是用 Java 开发的,基于 Weka 来构建,也就是说它可以调用 Weka 中的各种分析组件。为了将 RapidMiner 和 Hadoop 集成起来,创建扩展接口 Radoop,它为 RapidMiner 提供其他的操作接口,可以在 Hadoop 集群上运行任务;并且可以重用 hive 和 mahout 中的某些数据分析功能。

RapidMiner 是最受欢迎的免费数据挖掘工具之一,它是一个开源的数据挖掘软件,提供一些可扩展的数据分析挖掘算法的实现,旨在帮助开发人员更加方便快捷地创建智能应用程序。该款工具最大的好处就是,用户无须写任何代码。

除了数据挖掘,RapidMiner 还提供如数据预处理和可视化、预测分析和统计建模、评估和部署等功能。RapidMiner 还有一些很有用的扩展包,可以用来搭建推荐系统和评论挖掘系统,一个扩展包是推荐系统扩展包 rmx_irbrecommender-ANY-5.0.4.jar,可以直接实现基于内容的和基于协同过滤的推荐系统。另一个扩展包是信息抽取扩展包 rapidminer-Information-Extraction-1.0.2.jar,可以用于实现特征和观点词的提取,若再配合 RapidMiner 提供的文本分类功能,应该可以实现一个评论挖掘原型系统。

功能和特点：

- 免费提供数据挖掘技术和库；
- 100% 用 Java 代码（可运行在操作系统）；
- 数据挖掘过程简单，强大和直观；
- 内部 XML 保证了标准化的格式来表示交换数据挖掘过程；
- 可以用简单脚本语言自动进行大规模进程；
- 多层次的数据视图，确保有效和透明的数据；
- 图形用户界面的互动原型；
- 命令行（批处理模式）自动大规模应用；
- Java API（应用编程接口）；
- 简单的插件和推广机制；
- 强大的可视化引擎，许多尖端的高维数据的可视化建模；
- 已成功地应用在许多不同的应用领域，包括文本挖掘、多媒体挖掘、功能设计、数据流挖掘、集成开发的方法和分布式数据挖掘。

2）SAS Data Mining（SAS **数据挖掘软件**）

SAS 最开始发源于北卡罗来纳州立大学，1976 年 SAS 的成套软件从学校分离出来进入公司。用户可以使用 SAS 数据挖掘商业软件发掘数据集的模式，其描述性和预测性模型为用户更深入地理解数据提供了基础。

SAS Enterprise Miner（EM）是 SAS 推出的一个集成的数据挖掘系统，允许使用和比较不同的技术，同时还集成了复杂的数据库管理软件。它的运行方式是通过在一个工作空间（Workspace）中按照一定的顺序添加各种可以实现不同功能的节点，然后对不同节点进行相应的设置，最后运行整个工作流程（Workflow），便可以得到相应的结果。它的自动化程度很高，提供了"抽样—探索—转换—建模—评估"（SEMMA）的方法论、组织方便的处理流程、完美的报表和图形分析结果，以引导用户挖掘的全过程。例如：通过收集分析各种统计资料和客户购买模式，SAS Enterprise Miner 可以帮助企业发现业务的趋势，解释已知的事实，预测未来的结果，并帮助你识别出完成任务所需的关键因素，以实现增加收入、降低成本，使企业处于更有利的竞争优势。

SAS Enterprise Miner 是在数据挖掘市场上令人敬畏的竞争者。它的 GUI 界面是数据流驱动的，且它易于理解和使用。它允许一个分析者通过构造一个使用链接连接数据结点和处理结点的可视数据流图建造一个模型。另外，此界面允许把处理结点直接插入到数据流中。由于支持多种模型，所以 SAS Enterprise Miner 允许用户比较（评估）不同模型并利用评估结点选择最适合的。另外，SAS Enterprise Miner 提供了一个能产生被任何 SAS 应用程序所访问的评分模型的评分结点。由于它属于商业数据挖掘软件，所以其中包含很多高端的工具，包括自动化、密集像算法、建模、数据可视化等。

SAS Enterprise Miner 提供全面的数据挖掘算法，包括聚类分析，SOM/KOHONEN 神经网络分类算法、关联模式/序列模式分析、多元回归模型、决策树模型（C45、CHAID、CART）、神经网络模型（MLP、RBF）等。另外，SAS/STAT、SAS/ETS 等模块提供的统计分析模型和时间序列分析模型也可嵌入其中。

SAS Enterprise Miner 的统计分析非常强大,在以下功能上实现了对 CRM 的有效支持:

- 识别最有利润的客户群,并揭示其中的特征;
- 分析用户访问网络路径的规律,改善电子商务的策略;
- 通过准确的信用评分提高客户的利润率;
- 提高保险业的险率精算程度;
- 欺诈检测;
- 客户流失管理;
- 组合销售;
- 非法侵入检测;
- 其他需要预测和规则发现的应用等。

SAS Enterprise Miner 的图形化用户接口和自动化的流程,使你不一定要深入了解这些算法。统计背景较少的业务人员,经过短期培训,就可以按照 SEMMA 的流程进行分析挖掘,分析专家也可以使用图形化界面,深入细致地调整分析过程,获得更好的效果。

SAS Enterprise Miner 可用于银行、保险、零售等行业,如香港汇丰银行通过应用 SAS 技术,进一步提高自己的客户服务能力,取得较好的效益。

3)WEKA

WEKA(Waikato Environment for Knowledge Analysis)是一款知名度较高的开源机器学习和数据挖掘软件。该工具基于 Java 版本,支持多种标准数据挖掘任务,包括数据预处理、收集、分类、回归分析、可视化和特征选取;其原生的非 Java 版本主要是为了分析农业领域数据而开发的。

与 RapidMiner 相比优势在于,它在 GNU 通用公共许可证下是免费的,因为用户可以按照自己的喜好选择自定义。

高级用户可以通过 Java 编程和命令行来调用其分析组件。同时,Weka 也为普通用户提供了图形化界面,称为 Weka Knowledge Flow Environment 和 Weka Explorer,可以实现预处理、分类、聚类、关联规则、文本挖掘、可视化等。和 RapidMiner 相比,Weka 在统计分析方面较弱,但在机器学习方面要强得多。在 Weka 论坛可以找到很多扩展包,比如文本挖掘、可视化、网格计算等。很多其他开源数据挖掘软件也支持调用 Weka 的分析功能。

4)Software-R

R 软件是另一种较流行的 GNU 开源数据挖掘工具,用于统计分析和图形化的计算机语言及分析工具,为了保证性能,其核心计算模块是用 C、C++和 Fortran 编写的,是一款针对编程语言和软件环境进行统计计算和制图的免费软件。同时为了便于使用,它提供了一种脚本语言,即 R 语言。R 语言和贝尔实验室开发的 S 语言类似。R 支持一系列分析技术,包括统计检验、预测建模、数据可视化等。在 CRAN 上可以找到众多开源的扩展包。

R 软件的首选界面是命令行界面,通过编写脚本来调用分析功能。如果缺乏编程技能,也可使用图形界面,比如使用 R Commander 或 Rattle。

除了可以为科学家、研究人员以及学生提供数据挖掘和分析功能外,它还可以提供统计和制图技术,包括线性和非线性建模,经典的统计测试,时间序列分析、分类、收集等。

5) Orange **数据挖掘软件**

Orange 是一个开源数据挖掘和机器学习工具,它的图形环境称为 Orange 画布(Orange Canvas),用户可以在画布上放置分析控件(Widget),然后把控件连接起来即可组成挖掘流程。这里的控件和 KNIME 中的节点是类似的概念。每个控件执行特定的功能,但与 KNIME 中的节点不同,KNIME 节点的输入输出分为两种类型(模型和数据),而 Orange 的控件间可以传递多种不同的信号,比如 learners, classifiers, evaluation results, distance matrices, dendrograms 等。Orange 的控件不像 KNIME 的节点分得那么细,也就是说要完成同样的分析挖掘任务,在 Orange 里使用的控件数量可以比 KNIME 中的节点数少一些。Orange 的好处是使用更简单一些,但缺点是控制能力要比 KNIME 弱。

除了界面友好易于使用的优点,Orange 的强项在于提供了大量可视化方法,可以对数据和模型进行多种图形化展示,并能智能搜索合适的可视化形式,支持对数据的交互式探索。

此外,它包含了完整的一系列的组件以进行数据预处理,并提供了数据账目、过渡、建模、模式评估和勘探的功能。

Orange 的弱项在于传统统计分析能力不强,不支持统计检验,报表能力也有限。Orange 的底层核心也是采用 C++编写,同时允许用户使用 Python 脚本语言来进行扩展开发。

6) KNIME

KNIME(Konstanz Information Miner)是基于 Eclipse,用 Java 编写的一款开源的数据分析、报告和综合平台,可以进行数据提取、集成、处理、分析、转换以及加载所需的所有数据挖掘工具。此外,它具有图形用户界面,可以帮助用户轻松连接节点进行数据处理。

它结合了数据挖掘和机器学习的各种组件,对商业情报和财务数据分析非常有帮助。此外,用户还可以通过随时添加附加功能轻松地扩展 KNIME。

KNIME 采用的是类似数据流(Data Flow)的方式来建立分析挖掘流程,挖掘流程由一系列功能节点组成,每个节点有输入/输出端口,用于接收数据或模型、导出结果。

KNIME 是基于 Eclipse 开发环境来精心开发的数据挖掘工具。无须安装,方便使用。和 YALE 一样,KNIME 也是用 Java 开发的,可以扩展使用 WEKA 中的挖掘算法。和 YALE 不同点的是,KNIME 采用的是类似数据流(Data Flow)的方式来建立分析挖掘流程(和 SAS EM 或 SPSS Clementine 等商用数据挖掘软件的操作方式类似)。挖掘流程由一系列功能节点(Node)组成,每个节点有输入/输出端口(Port),用于接收数据或模型、导出结果。KNIME 中每个节点都带有交通信号灯,用于指示该节点的状态(未连接、未配置、缺乏输入数据时为红灯;准备执行为黄灯;执行完毕后为绿灯)。KNIME 有个特色功能——HiLite,允许用户在节点结果中标记感兴趣的记录,并进一步展开后续探索。

7) MATLAB **数据分析工具箱**

MATLAB(矩阵实验室)是 MATrix LABoratory 的缩写,是一款由美国 MathWorks 公司出

品的工程与科学计算软件。MATLAB 是一个庞大的应用软件,主要包括核心的 MATLAB 基础工具箱和各专业领域的其他工具箱。在数据分析、数据挖掘领域 MATLAB 更具有极大优势。

它是一种用于算法开发、数据可视化、数据分析以及数值计算的高级技术计算语言和交互式环境。它具有下列优势:①MATLAB 程序语言易学,其代码编辑、调试交互式环境比较人性化,易于初学者上手;②MATLAB 软件较其他软件具有较高的灵活性,用户可以自己编写自定义函数来满足自己的需求,同时 MATLAB 自身提供较多的函数,用户可以进行直接调用;③MATLAB 具有较多的网络资源,用户可以根据自己的需要定义一些较新的算法或函数工具箱放在网络上共享。

8)Microsoft SQL Server 数据挖掘建模工具

Microsoft SQL Server 数据挖掘让用户能够通过直观的数据挖掘的预测性分析来作出明智合理的决策,无缝整合 Microsoft 商业智能平台并可扩展至商业应用程序。

用户会因为许多丰富且创新的数据挖掘算法而获益良多,这些算法大多是由 Microsoft 研究人员所开发,其目的是更快速并且准确地支持常见的商业问题。

产品功能:

• 购物篮分析:探究使用者经常会一起购买哪些项目,以便产生实时的采购建议及判断产品的位置如何直接影响用户的购买决策;

• 客户流失分析:预先处理可能会考虑取消其服务的客户,并指出可让这些客户留下来的好处;

• 市场分析:自动将类似的客户分组在一起来定义市场分割,使用这些细分市场可寻找有获利机会的客户;

• 预测:预测销售和存货数量并了解两者之间的相互关联性,以便预测瓶颈及提高性能;

• 数据浏览:分析不同客户之间的获利机会,或是将偏爱同一产品但品牌不同的客户进行比较,以便找出新的机会;

• 无人监督的学习方式:指出企业内不同元素之间的先前未知关系,让您根据多方情报作出更好的决策;

• 网站分析:了解人们如何使用您的网站并将类似的使用模式分组在一起,以便提供更好的使用经验给用户;

• 营销活动分析:针对最有可能响应促销活动的客户进行促销,以更有效的方式使用营销经费;

• 信息质量:指出数据输入或数据加载期间的异常情况并加以处理,以提高信息的质量;

• 文字分析:分析多方意见,以找出有关客户或员工所关心的常见话题和趋势,使用未经过组织的输入数据来做出决策。

开发环境:

• 具备可执行的深入洞察力,利用 Business Intelligence Development Studio(BIDS)来快

速且精确地做出决策；

- 使用数据挖掘向导和数据挖掘设计工具来建立复杂的模型和交互式视觉效果；
- 使用增益图和收益图及交叉验证，以视觉和统计方式比较及对照模型的质量，看看是否正确，然后再加以部署；
- 用户因为弹性的增加而获益，让他们能够针对筛选过的数据建立多个不同的数据挖掘模型。

9）IBM SPSS Modeler 数据挖掘建模工具

IBM SPSS Modeler 原名 Clementine，2009 年被 IBM 收购后对产品的性能和功能进行了大幅度改进和提升。它封装了最先进的统计学和数据挖掘技术，来获得预测知识并将相应的决策方案部署到现有的业务系统和业务过程中，从而提高企业的效益。同那些仅仅着重于模型的外在表现而忽略了数据挖掘在整个业务流程中的应用价值的其他数据挖掘工具相比，SPSS Modeler 具有功能强大的数据挖掘算法，使数据挖掘贯穿业务流程的始终。

拥有直观的操作界面、自动化的数据准备和成熟的预测分析模型，结合商业技术可以快速建立预测性模型。使用 SPSS Modeler，可以有效挖掘和维系客户；提高客户的生命周期价值；识别并最小化风险和欺诈；给不同的客户提供个性化服务。

综上所述，这些数据挖掘软件，各有所长，同时也各有缺点。读者可以结合自己的需求来进行选择，或者组合使用多个软件。普通用户可以选用界面友好易于使用的软件，希望从事算法开发的用户则可以根据软件开发工具不同（Java、R、C++、Python 等）来选择相应的软件。

7.4 数据挖掘技术的应用

数据挖掘就是探索客户行为规律的过程。数据挖掘技术目前已越来越多地被应用于 CRM 系统中，成为客户细分、客户赢利能力分析、交叉营销和客户维护的基础。并且，在客户生命周期的不同阶段都有不同的应用。

7.4.1 数据挖掘客户关系管理中的应用

在整个客户关系管理系统中，主题分析逐渐成为应用的主导。对客户管理产生了许多量化指标，应用量化指标对客户进行管理决策提高了科学性和正确性。对客户数据的分析更多体现在数据挖掘工具的使用上，数据挖掘在客户关系管理系统中体现出重要的商业价值。现在国内外推出的诸多客户关系管理产品中，数据挖掘都作为一个重要的模块嵌在其中。单纯的操作型客户关系管理已被逐渐淘汰。

1）客户的细分

客户的细分是市场营销理论中很重要的一个环节。企业对客户进行细分后，可对不同的客户提供不同的产品或服务，以增加客户价值，尤其对于挖掘黄金客户，寻求客户的"质量"是必不可少的。

细分是指将一个大的消费群体划分成一个个细分群的动作,同属一个细分群体的消费者彼此相似,而属于不同细分群体的消费者,是被视为不同的。比如说,在数据库中将消费者信息根据住所状况不同来组织存放这样一个简单的动作就是细分。

同一个细分群体中的消费者可因多种理由而被称为相似:他们可能在居住地域上相似,或者是他们思考或行为的方式相似,或者是他们的购买模式或购买习惯相同,或者医生开处方的习惯相同等。有时在分类时也可以因实际业务需要、商家认为重要的因素而相似。比如,喜欢使用进口药的人属于一个细分群,而喜欢国产药的是另一个细分群;喜欢便宜药品的是一个细分群,而喜欢价格贵的药是另一个细分群等。

从上述可以得知,细分可以让一个用户从比较高的层次上来察看整个数据库中的数据,也就是"鸟瞰",这正是细分的意义所在。当然,细分也可使得我们可以用不同的方法对待处于不同的细分群小的客户。如可以区别对待进口药和国产药、便宜药和昂贵药、西药和中药,分别在什么样的人群中给他们宣传什么样的广告片,或者在他们人群相对集中的社区药店多增加一些对应的品种,或提供一些专门的服务。

一个真正的细分必须满足以下条件:完整性,数据库中的每一个消费者都必须属于一个细分群;互斥性,数据库中的任何一个消费者不能同属多个细分群。

从客户关系管理的角度来看,基于数据挖掘技术进行客户细分的方式就更为复杂。其细分是数据驱动的细分,而不是靠简单的单项指标进行分类。客户购买了某类产品,是客户实际做过的事,他在购买过程中留下的数据信息的多种组合就可提供数据挖掘使用。

在客户的细分上如何使用数据挖掘呢? 首先,数据挖掘可以用来根据客户的预测行为来定义客户细分群。比如说,决策树上的叶节点可视为一个独立的客户细分群,每个叶节点由某些特定的客户特征定义,对所有符合这些特征的用户存在一些共同的预测行为(例如对免费赠送围裙的市场推广活动可能会有一些好的反响)。图 7.20 是一个利用决策树来进行细分群的例子,挖掘的数据之间保持了互斥性和完整性。

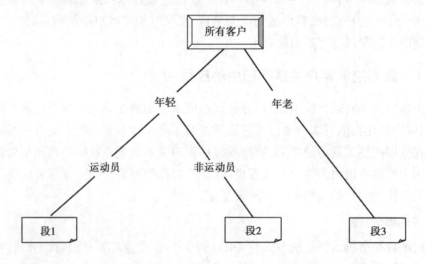

图 7.20　决策输入和构成的分群

　　另外,其他的数据挖掘技术也可以用作客户的细分,如聚类方法。客户归为某个细分群并没有什么特殊的理由,只是从总体来看,客户和同一个细分群中的其他客户更相像。

　　通过数据挖掘技术应用后的客户细分方式更适合于市场实际的需要。正确使用科学的客户细分群能使企业采取更为合理和科学的营销方式,提高营销的有效性。

　　2)客户的赢利能力分析

　　企业的利润与客户赢利能力这个指标息息相关,其实客户关系管理的核心也就在于提高客户赢利能力。它和客户忠诚度正向相关,是数据挖掘的基础。数据挖掘技术往往是通过帮助企业理解和提高客户赢利能力来发挥作用。如果一个企业不知道顾客的价值,就很难判断什么样的市场策略是最佳的,可能产生对某些客户过度投资,而对某些客户投资不够等盲目的市场行为。

　　在进行挖掘应用之前,先必须对客户价值进行分析。按照市场营销的理论,商家要从客户的角度来衡量商品的价值。这种价值也就是消费者由于购买商品而获得的价值,国外学者 Monroe 将其定义为"消费者可见价值"(CPV):

$$CPV = \frac{PB}{PS} \tag{7.1}$$

式中　PS——可见费用。为购买价格、咨询费、培训费、运输费、安装费、修理费及维护费等;

　　　　PB——可见利益。为商品效用、售后服务、提供保险、质量保证及技术支持等。

　　当然,由于消费者的资金状况、需求及偏好等各异,其可见价值不尽相同。

　　在消费者的购买活动中,始终贯穿着客户和商家的关系。这种关系不但影响其再购买,而且还影响消费者对商家及商品的信誉和品质优劣的传扬,成为市场舆论的重要组成部分。消费者在作出购买决策时,要考虑商家的资信品质、交货期、售后服务及技术支持等。它包含给消费者带来诸如安全、信用、可靠等方面的"关系利益"(RB)。但有的商家忽略消费者所付出的"关系费用"(RS),如:延迟交货导致成本增加的损失;办理发票、提货耽搁,造成时间的损失(时间费用);担忧商家信用是否可靠、能否履行承诺、质量是否有保证,引起心理上的损失(心理费用)。因此,在分析消费者可见价值时,须考虑这种关系所包含的不可见的价值,即:关系利益/关系费用。故式(7.1)应扩展为客户关系价值(V)。

$$V = \frac{PB+RB}{PS+RS} \tag{7.2}$$

　　在价值分析中,客户关系价值分析的目标是:如何增加价值使其对商家和消费者都有利。增强商家同客户间的关系当然在于增加利益(PB+RB),减少费用(PS+RS),才能吸引消费者购买;商家与消费者构建买卖关系又在于商家有可靠的资信、及时交货、良好的售后服务及技术支持,能给消费者带来安全、信用、可靠等方面的关系利益。与此同时,商家也就获得消费者的信赖和对其忠诚,从而建立、保持一种互利的长期关系。上述这种关系如图7.21 所示。

　　客户关系价值从商家角度来看,代表了客户的赢利能力。在明确客户赢利能力的衡量指标后,对客户赢利能力大小的分类和管理成为分析客户关系管理系统的重心,数据挖掘技术在其中起了关键作用。

在前面提过的意大利经济学家帕累托（Vilfredo Pareto）提出的 80/20 定律：能带来 80% 销售利润的那些 20% 的优良客户。金融企业有一份研究，10% 的销售额也许仅仅需要 1% 左右的客户就够了，而实现 10% 的销售利润也许连 1% 的客户都用不着。也就是说，对于一家拥有 500 万个客户、年利润 15 亿元的银行，不到 5 万个客户，就能实现近 2 亿元的利润。因此加强客户关系管理的应用，利用数据挖掘技术有效地找出哪些顾客对企业利润的贡献或潜在贡献最大，并决策应该对这部分顾客采取多大价值量的市场行为。

数据挖掘技术可以用来预测不同的市场活动下客户赢利能力的变化。通过相应的预测模型，来预测客户的未来行为，不断调整客户关系维护的策略，从而赢得高价值客户的忠诚，把高价值客户留住（黄金客户），从而最大

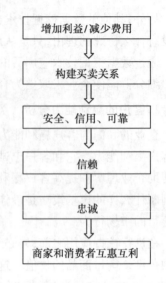

图 7.21　商家和消费者的互利关系

化高价值客户的终生价值。对于一家典型的商业银行来说，最为重要的 20% 的客户能带来总收入的 140% ~150% 的收益，而其中 50% 的收益被银行另外 20% 的最差客户从银行利润中吞噬掉了。这一结果也说明了庞大的市场份额并不一定总能带来高额利润。在这家银行里的管理层必须明白银行的真正利润是从哪里来的，通过数据挖掘，将营销目标定位于那些能给银行带来最多利润的优质客户。另外，客户的赢利能力也会经常发生变化，对客户预期的赢利能力趋势企业如果预测得好，将会给企业的客户关系管理能力带来良好的效用。如图 7.22 所示，对企业客户关系管理的应用中常把客户根据赢利能力的大小分为两类：黄金级客户价值评定比较高，青铜级客户价值评定比较低。在现实的管理过程中，经常会发现一些黄金级客户逐渐演变为青铜级客户，却不知原因出在什么地方，也不知道下阶段会有多少黄金客户会变为青铜客户。数据挖掘技术能够从客户的历史信息中预测出将来演变的趋势和概率，企业可针对性地采取措施，防止客户价值变低，鼓励有可能增加客户价值的演变。图 7.22 所示的模式转变，就是数据挖掘所要提供的。

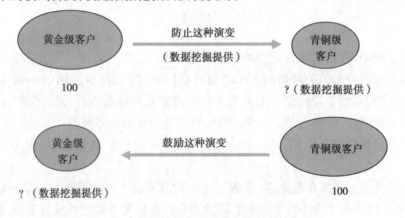

图 7.22　数据挖掘在客户层次转变中的作用

3）交叉营销

商家与客户建立的商业关系是一种持续的不断发展的关系，良好的客户关系对商家利润的贡献是很大的。因此一旦建立这种双向关系，商家会尽量优化这种关系：延长关系的时间，关系期内增加接触，每次接触中获取更多的利润。近些年，各领域频频发生大企业集团的并购，如 Citicorp 集团与 Travelers 集团的并购，它们的目的也是充分利用对方现有的客户群，以提高向对方现有客户群提供自己的产品和服务的机会；Citicorp 集团希望增加保险产品的销售额，Travelers 集团希望增加金融服务上的销售量。

商家在与客户建立了商业关系之后，就可以向他们提供更多商品或服务。在优化这种关系之后，可以在巩固现有关系的基础上，增加向客户提供更多商品和服务的机会。其目标是达到双赢结果，即客户和公司都可以从中获益。客户获益是由于他们得到了更好、更贴切的服务质量，商家则因为增加了销售量而获利。这就是交叉营销，它是基于老客户开展新业务的过程，或者理解为向现有的客户提供新的产品和服务的营销过程。购买了咖啡的顾客会对速溶方糖这种产品感兴趣，购买了尿布的顾客会对其他婴儿产品感兴趣，商家可利用这种关联对客户进行交叉营销，以增加客户的价值贡献。

以一位拥有银行卡的客户为例，他希望得到的全部金融服务都能通过这张银行卡实现，如住房按揭还贷、小额抵押贷款、股票和其他有价证券的买卖、购物消费、外汇买卖、电子汇兑和代收代付家政服务等。因此，借助于 CRM，银行可以对那些优质的银行卡客户进行交叉营销，起到事半功倍的效果，从而使银行的利润得以提高。

数据挖掘在客户关系管理中的应用是从现有一定量的历史数据中开始的，最好建有丰富信息量的数据仓库，从客户的历史交易行为中寻找交叉营销的机会。从清洁数据中进行数据挖掘可以得出一些模型，筛选出有价值的模型，并且这个模型能够预测出客户将来的一些消费趋势或某种消费行为的概率。在决定选择哪些客户最有价值进行某种商品或服务的交叉营销时，模型预测出的概率就可以作为指标来排序了。

做交叉营销的分析时，数据挖掘可分为 3 个步骤：首先对个体行为进行建模，并对客户将来的行为进行预测分析，实际使用时要求每一种交叉营销情况都要建一个模型；其次用预测模型来对数据进行评分，也就是对新的客户数据进行分析以决定向客户提供哪一种交叉营销更为合适；再次是优化阶段，根据追求目标的不同，可以采取简单的质朴的方法（如以得分高低选择），也可以融合其他一些经济信息，用平均效益的方法使总体经济效益最大化，还可以是个人效益方法或是有约束条件的优化方法等，最终决定出交叉营销的最佳方案。

4）客户的保持

客户的保持是客户关系管理的核心内容，也往往是考核客户关系管理系统成功与否的首要指标。行业的竞争越来越激烈，获得新客户的成本节节攀升，保持老客户也越来越有价值。根据北美和欧洲的统计数据表明，在全球 500 强企业中，他们每 5 年大约流失 50% 的客户，企业争取一个新客户的成本大约是保留一个老客户的 7 ~ 10 倍，流失一个老客户的损失要争取 10 个新客户才能弥补。

在研究客户的保持这个问题时，首先要对影响企业客户保持能力的因素加以分析，以下是一些常见的影响因素：

①客户购买行为要受到来自文化、社会环境、个人特性、心理等方面的影响。这部分因素是企业无法控制的,但是对于了解客户的个体特征有着重要的意义。由于来自同一类社会阶层或具有同一种心理、个性的客户往往具有相似的消费行为,企业可将同类的客户实施同样的营销策略,还可以对不同客户的销售结果与客户特性作对比,通过数据挖掘等技术发现它们之间的关联。

②客户满意与客户保持有着非线性的正相关关系。企业可以从建立顺畅的沟通渠道、及时准确地为客户提供服务、提高产品的核心价值和附加价值等方面来提高客户的满意度。

③客户在考虑是否转向其他供应商时必然要考虑转移的成本。转移成本与客户保持有正相关关系。转移成本的大小要受到市场竞争环境和建立新客户关系的成本的影响。

④客户关系具有明显的生命周期的特征。在不同的生命周期阶段中,客户保持具有不同的任务,一般来说,潜在期客户的转移成本较低,客户容易流失。而随着交易时间的延长,客户从稳定的交易关系中能够获得越来越多的便利,节省了转移成本,客户越来越趋于稳定,客户容易保持原有的交易关系。这时企业需要一如既往地提供令客户满意的服务和产品。

在客户关系管理中可以运用数据挖掘方法来预测客户的流失趋势,并找出影响企业保持能力因素的薄弱环节。其应用最广泛的是在移动电话业中,由于客户转移成本较低,客户保持能力较差,流失现象最容易发生。例如在中国移动和中国联通的竞争中,客户相互流出流入的量比较大,中国联通一个存话费送手机的市场活动可能会导致中国移动一定量的客户流失。具体哪些客户可能流失,数据挖掘技术可根据客户的历史消费习惯作出一定预测。

数据挖掘技术在客户保持的管理中也较简单。首先得有大量清洁的数据信息,尤其是客户一段时间内的行为信息,并初步统计一些相应的评价指标,如客户的重复购买率、客户的需求满足率、客户对竞争产品的关注程度、客户购买的挑选时间、客户对产品质量的承受能力等。在对数据初步分析的基础上再做预测模型的构建,建模时可使用决策树中的分类回归树(CART)、CHAID、C4.5、神经元网络等。产生一定模型后,对模型的检验也需要一定的数据量,具有良好质量的模型将给客户的流失预测带来较高的准确率。有一定的预测结果后,商家可以采取相应预防措施,最大量减少客户流失,提高企业客户保持能力。

7.4.2 数据挖掘技术在客户生命周期各阶段的应用

在客户生命周期的各个过程中,不同阶段包含了多种重要的事件。数据挖掘技术可在客户生命周期的各个阶段加以应用,包括争取新客户、让已有客户创造更多的利润、保留原有老客户等,从而提高企业的客户关系管理能力。如图7.23所示展示了数据挖掘技术在客户生命周期事件中的典型应用。

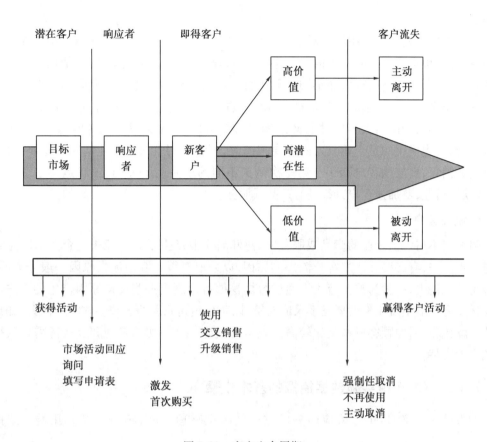

图 7.23　客户生命周期

1) 潜在客户

如图 7.23 所示,潜在客户获得活动是针对目标市场的营销活动,寻找对企业的产品或服务感兴趣的人。但数据挖掘应用没有直接的客户数据,分析对象无法定位。应用数据挖掘要有数据支持,从营销的类似性考虑,可以把以前的客户对广告、公关等企业推销行为的响应作为原始数据进行挖掘,市场活动的重点也锁定在以前的响应上,挖掘的目标是发现最重要的客户,也可以帮助决策进行市场活动的类型、广告空间等一些宣传问题。

2) 响应者

对潜在客户作出一些市场推广活动后,部分客户对企业的产品或服务产生了一定的兴趣,企业可以通过一些统计到的情况把他们列为响应者:频繁登录企业网站、拨打免费电话、填写申请表单或其他途径。数据挖掘可以用来判断潜在客户中哪些客户会变为响应者,哪些响应者会变成即得客户。确定为响应者之后,虽然还没有购买产品或服务,但他们有很大可能性成为购买者,并进一步成为企业客户。

3) 即得客户

响应者购买产品后就成了企业的即得客户,意味着他们进行了第一次购买活动。企业对即得客户建立客户数据库,它在数据挖掘中处于很重要的区域,客户的行为模式提供了最本质的东西。

客户早期的购买和使用模式对企业进行客户关系管理是很重要的信息情报。在一些行业,首次行为预示了未来的使用信息。这些客户是高消费者还是低消费者,他们可能对一个或多个产品感兴趣,这类行为在早期的购买行为中明显地表现出来。但即得客户的行为特征往往被淹没在大量详细的交易信息中,使用数据挖掘从中抽提出其特点,才能有针对性地采取一些市场活动以增大客户对企业的价值贡献。目标有 3 类:其一是刺激使用,使用展现了客户行为,当使用的是企业收入的主要来源时,刺激使用就成了企业增收的主要目标;其二是交叉销售,要鼓励客户购买与第一次购买不同的产品或服务;其三就是要注意升级销售,像软件行业,要加强客户升级现有产品或服务。

4)流失客户

当客户不再购买企业的产品或服务时,意味着企业产生了客户流失。企业为防止客户的进一步流失,有必要弄清楚客户流失的原因,以采取对策。客户流失原因一般分为两种:一种是主观流失,一种为被动流失。通过数据挖掘可预测出一些类似原因产生的流失。如果是优质客户的主观流失就要马上采取对策,以防止相同原因的客户会在将来离开;如果是价值贡献比较小,但顾客成本又比较高的就考虑放弃。这一切的发现和决策都需要数据挖掘的大力支持。

7.4.3　CRM 中实施数据挖掘的基本步骤

如果进一步将 CRM 分析应用需求进行技术型整理,可以归纳出以下几类数据挖掘需求:

①数据描述和总结。对历史数据描述和总结,可以看清过去发生了什么。

②数据分类。数据分类可以提高市场细分的可操作性和可管理性。

③预测。给出一个或一批预测输入,其结果会如何?

④数据相关性发现。一种行为的发生有很大可能性触发另一种行为。

⑤数据依赖性分析。一种行为的发生以另一种行为为前提。

下面来看看企业进行数据挖掘时的基本步骤和方法。

图 7.24 是数据挖掘的过程图,基本上由 7 个步骤组成,下面对每一步骤分别说明。

1)确定分析和预测目标

在进行数据挖掘之前,首先要明确企业的业务目标,即通过数据挖掘解决什么样的问题,达到什么目的。比如,进行一次对现有客户的连带销售电话直销活动,可是不知道该选择什么样的客户作为企业的目标客户,这种情况下,问题便可能是"现在客户中谁最有可能正面反馈这次针对产品 A 的电话直销活动?"在日常工作中,总是要作出这样或那样的决定,数据挖掘虽然不完全肯定里面有无要找的准确答案,但至少可以帮助理清思维,校正可能的误解,这就是数据挖掘的功效。

明确了要解决的问题之后,目标确定并没有结束,必须将要解决的问题转化为可以测量的目标,即数据挖掘的成功准则。显然,必须给出一个质或量的变化才可以测量。比如,要

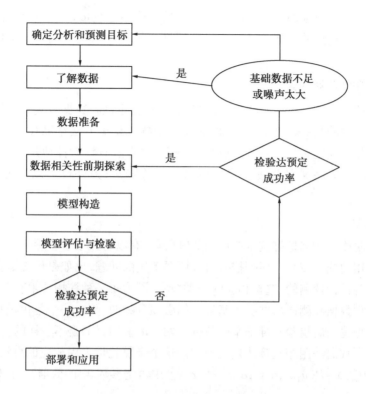

图 7.24　数据挖掘的基本步骤

得出客户正面反馈率比过去提高多少个百分比这样的可测量指标,否则,无法确定此次数据挖掘工作是成功还是失败。

另外,作为数据挖掘的第一个步骤,必须按照项目管理的一般方法考虑其他的因素,如可用的技术、资金、人才和时间等资源投入,确定项目期等。即必须有一个明确的计划,以确定挖掘项目的总体项目框架。

2)了解数据

确定了要解决的问题以及可以测量的目标之后,必须对数据挖掘的基础数据进行初步了解。比如,数据从哪里获得,数据仓库里有无直接可用的数据集市,所选用数据表哪些字段是必要的,如何描述这些数据等,对数据的初步了解可以帮助分析这些数据的可用性与适用性。另外,也可以用一些简单的工具随机地抽取一些记录检验它们的质量,只有对数据建立基本的可信度之后,才可以进入下面的步骤,否则太多的返工会产生很多不必要的资源浪费。

3)数据准备

这一阶段是对已确定的基本数据进行必要的转换、清理、填补以及合并工作。比如,有些数据挖掘工具只能处理数字类型。在这种情况下,就必须对字段值进行必要的转化。一般数据仓库产品里都有特别的工具做这项工作,可以帮助用户从事数据准备。

数据准备工作比较烦琐,但非常重要。因为,如果数据里噪声大,就会影响建立模型的准确度,数据越完整,越准确,在此基础上发掘的数据规律(Pattern)就具有更高的可信度,从而更好地实现数据挖掘的目标,否则,从"垃圾"数据里再怎么挖掘也只能是垃圾,这是毫无疑问的。

4)数据相关性前期探索

在前面介绍数据挖掘技术时谈到,有些数据挖掘在定性和数据分类方面使用方便,可以用作更高一级预测的"探索"工具。比如,先用决策树或聚类方法帮助找出数据的总体趋势以及预测变量相关性之后,再用神经网络或规则导引方法有针对性地建模。一来可以细化数据,提高性能;二来在某种程度上也可以帮助消除噪声;另外也可以作为不同方法比较之用。

5)模型构造

模型构造阶段是数据挖掘技术应用的关键阶段,有以下几个子步骤:

①选择适用的挖掘技术。根据挖掘目标所要解决的问题,比如是历史数据描述性质的,还是对未来行为进行预测的,选择相应的挖掘技术,因为每一种挖掘技术有其适用性。

②建立培训数据和测试数据。对基础数据必须分为两部分:一个是供模型建立的数据,另一个是供模型建立后检验其准确率的数据。两者的使用目的是不一样的。

③利用培训数据采用相应算法建立模型。这个步骤就是采用相应的算法确定输出和输入的关系,即函数 $Y=P(a_1x_1,a_2x_2,a_3x_3,\cdots,a_nx_n)$ 中恒定参数 a_n 的数值,一旦确定,便称为模型已建立。

④模型解释。模型建立以后必须对模型进行分析和解释,业务专家和数据库专家同时参与,以找出模型中的实际意义。

6)模型评估和检验

这个阶段对所建立的模型用测试数据进行测试,计算误差率,以确定模型的可信度,如果令人不满意,未达到预期的误差率目标,那么,就必须重回到数据了解阶段,重复相关过程,一直找到令人满意的模型为止。当然,也有可能最终放弃导致项目失败,在这种情况下,就有必要重新审视最初的挖掘目标是否合理。

7)部署和应用

如果经过测试和检验,所建立的模型可信,并在预定误差率范围内。那么,便可以按照这种模型计算出输出值,并按照输出值确定决策的基本依据。这样就可以在企业范围内全面部署这个预测模型。在应用过程中,必须不断用新数据进行检验,不断测试其成功概率。经过反复试验成功的模型就成为企业的一个重要的"知识",为企业成功决策打下良好的基础。

7.4.4 应用数据挖掘技术是优化客户关系管理的关键

随着企业 CRM 系统的不断完善,前、后台系统从接触中心所得到的数据日益增加,企业积累了大量的客户和产品销售数据。这些海量的数据使用传统的查询或分析工具往往不能识别其中有价值的信息,进而就不能为企业制订营销策略、开展营销活动提供决策支持,难以针对具体的客户开展一对一的服务。而数据挖掘恰好能够解决上述问题,因此利用数据挖掘技术优化客户关系管理已经成为 CRM 领域一个非常热门的话题。数据挖掘应用起来比较复杂,因此在 CRM 中实施数据挖掘需要经过审慎的考虑,以保证实施成功,使企业从中受益。

1)确定如何使用数据挖掘

数据挖掘是用来优化 CRM,提高企业运营效率的,其应用必须能够与企业现有 CRM 流程或 CRM 的人工处理过程集成。因此首先需要理解现有的 CRM 流程(包括已经实现的 CRM 系统的流程和人工处理过程),以确定在哪里可以使用数据挖掘来进行优化。通常在一个 CRM 系统中实施数据挖掘应用时,不是同时针对 CRM 流程的各个环节开发使用,而是首先要针对关键环节或者需求较为强烈的环节优先进行部署。

2)具备一定的商业智能和分析能力

尽管自动化和改善面向客户的商业流程是实施 CRM 的主要目标之一,CRM 解决方案拥有强健的商业智能和分析能力也是同样重要的。CRM 应用系统中包括大量有关企业客户和潜在客户的广泛信息。决策者需要利用和分析这些信息,只有这样才能作出更为明智和及时的商业决策。一个优化的商业智能解决方案应跨越 CRM 和 ERP 两种系统,这样,企业才能将成本与赢利的活动直接联系在一起。

3)定义数据挖掘应用的用户

数据挖掘应用的用户组成通常比较复杂,包括经常使用系统但仅使用一些简单功能的日常工作人员,很少使用系统但是每次使用系统都需要完成大量分析、挖掘任务的企业高层决策者,也包括精通数据挖掘技术的专业人员和毫无技术背景的普通用户。因此系统中用户的定义需要经过细致的用户需求分析,充分了解每一种用户的详细信息(技术背景、使用系统的频率、是否具有数据挖掘技术相关知识等)、需求和愿望。

4)定义所使用的数据并进行数据预处理

数据挖掘是否能够获得有价值的信息,很大程度上取决于输入数据的数量和质量。实施一个数据挖掘应用,首先应该针对数据库或数据仓库中的大量数据建立完善的数据字典,或称为元数据。使用数据字典可以准确地从数据或数据仓库中找到数据挖掘应用所需的数据。但是存储在数据库中的数据通常存在数据的不完整、不一致等情况,而且通常包含了许多挖掘时用不到的多余属性。因此,在真正使用这些数据之前需要对他们进行清理、转换、集成和属性归约。

5)反复验证及用户培训

数据挖掘是一个复杂的应用,对一个大型数据挖掘应用的验证需要花费大量的时间,因此验证应该从较小的系统开始。对系统的验证可以纠正其中发生的错误,有利于用户对数据挖掘应用的理解,帮助他们提出更合理、更有创见性的建议。用户培训也是非常重要的一环,因为用户才是最终真正使用 CRM 系统和其中的数据挖掘应用的人。对用户的培训必须让他们知道所使用的 CRM 系统的整体流程、功能以及数据挖掘应用在其中所起的作用,了解系统中所使用的数据的具体含义,最后指导他们对挖掘结果进行有效的访问和可视化。

在 CRM 中实施数据挖掘应用是一个持续的过程,不可能一蹴而就。随着 CRM 系统的不断扩展和数据资源的不断积累,很可能需要重新建立其中的数据挖掘模型或者创建新的数据挖掘应用。数据挖掘和 CRM 的结合必然会推动企业的发展,同时也为客户提供了更优质的服务。

7.4.5 案例:数据挖掘技术在 7-Eleven 的应用

7-Eleven 是全球最大的便利店运营商、特许经营商和授权商,在全球 16 个国家和地区拥有近 55 000 家分店。2009 年,7-Eleven 进入印度尼西亚市场,它认为这是一个赚取丰厚利润的潜在机会,但这也会带来一些挑战。为了在印度尼西亚取得成功,7-Eleven 需要为这个国家无处不在的休闲咖啡馆/商店"warung"提供具有吸引力的替代品,并满足印度尼西亚人可支配收入增加后对"实惠奢侈品"的需求。

自从部署 Splunk Enterprise 以来,在获得强大的大数据分析能力后,印度尼西亚 7-Eleven 具有的优势包括:

- 实时了解业务流程;
- 显著节约成本和时间;
- 改善促销活动的上市时间。

1)挑战

- 旧的业务分析解决方案不灵活,无法产生实时见解;
- 对大数据进行烦琐的手动分析减慢了营销工作;
- 缺乏运营可见性;
- 如何保持在当地市场的竞争优势。

2)业务影响

- 借助大数据分析实时洞察业务流程以获得更明智的商业决策;
- 数据分析周期从几天缩短到几分钟,从而节省大量成本和时间;
- 利用数据分析见解将促销活动的交付时间缩短了 80%;
- 通过数据分析结果持续提供高水平客户服务并不断优化客户体验;
- 释放运营资源来提高整体生产力和效率。

3)数据源

自行开发的 10 种销售点数据类型:

- 产品定价;
- 产品分类;
- 产品库存;
- 有关畅销品的统计信息;
- 季节性趋势;
- 促销活动数据;
- CRM 数据;

- 销售税数据；
- 商店财务数据；
- 员工工作时间表；
- Yahoo！天气。

4）为什么选择 Splunk 作为数据分析工具

印度尼西亚的 7-Eleven 分店在其招牌快餐和饮料的旁边提供当地菜肴和小吃。通过提供免费的无线热点、户外座位和电子音乐，这些商店已经成为都市年轻人的时尚聚会场所。为了保持竞争优势，7-Eleven 开发了一种技术精湛的营销和产能规划方法。具体来说，该便利店巨头建立了一个信息分析环境，作为该集团传统 IT 基础架构的派生系统，用来收集来自不同销售点的数据信息（包括销售报告）以获取有价值的业务见解。

7-Eleven 的原始业务分析系统是围绕预先定义的模板构建的，这些模板限制了对销售点的数据分析能力，并且无法及时根据获得的情报为决策生成有用见解。典型的数据处理周期通常需要 3 ~ 6 个工作日才能完成，因为在离散系统生成销售报告后，仍需要经过几轮的人工处理才能得到最终的商业见解。结果，计划促销活动花费了大约 3 个月的时间，严重阻碍了营销工作。

在全面评估了市场上的许多商业分析解决方案之后，7-Eleven 认识到，Splunk 平台是在灵活性、成本效益和集成外部数据这些方面的最佳选择。因此，自 2014 年 10 月以来，印度尼西亚的所有 190 多家 7-Eleven 商店一直在 Splunk 平台上运营。

"Splunk 平台为我们的资金提供了巨大的价值，并通过灵活的数据分析和实时业务洞察为我们带来了大量实实在在的好处。它消除了手动数据分析的麻烦，加速数据处理并缩短促销交付时间，同时最大限度地降低业务风险。它还使我们能够实施大量有创意的商业理念，以赶上生活方式趋势，并保持我们作为印度尼西亚最受欢迎的便利连锁店的竞争优势。"印度尼西亚 7-Eleven 市场营销总监 Budiasto Kusuma 说道。

5）应用效果

（1）实时提供宝贵的商业见解

借助 Splunk 平台的大数据分析功能，7-Eleven 能够动态组织其数据资产，全面了解所有内部数据，并从多个角度分析每个销售点的业绩。该系统还可以从外部来源获取数据，以便与销售点数据进行关联，从而提供额外的业务见解。例如，通过与 Yahoo！天气集成，7-Eleven 可以根据预测的天气，准确预测不同产品的市场需求。展望未来，7-Eleven 还计划集成来自主要电信运营商的信息，以确保其为每个地区提供最具吸引力的移动通信服务。

（2）显著提高业务效率

通过 Splunk 平台的高度自动化和直观的界面，7-Eleven 的系统管理员只需通过触发下拉菜单上的单个功能，即可在几分钟内生成所有数据分析结果的全面视图。它还为移动用户提供了相同的信息，使他们在移动过程中便能了解运营情况。使用 Splunk 平台后，7-Eleven 的数据分析和报告无缝衔接，处理周期从几天缩短到几分钟，效率提高了一千倍以上。它还可以缩短新推广活动和服务的上市时间，提高工作效率，加快运营速度，当然也就可以在更短的时间内更快地获得利润。

（3）促销活动的策划时间减少了80%

为了加强营销势头，7-Eleven 现在每季度都会推出 5 个新的促销活动，包括咖啡和面包的优惠券、手机服务套餐等。利用 Splunk 平台的运营洞察力，公司仅需两周时间即可准备推出新的活动，与以前的系统相比，时间减少了80%。Splunk 平台的灵活性使得 7-Eleven 在营销方面更加雄心勃勃，再加上实时数据分析功能使其能够快速评估每个活动的成功率，更是为其大展宏图吃了一颗定心丸。

（4）创新带来了繁荣的未来

凭借其先进的大数据分析能力，Splunk 平台使 7-Eleven 能够不断推出创新举措来吸引当地客户。例如，该连锁店巨头计划开始在店外的大屏幕上播放足球比赛，以提高顾客的兴奋度和吸引更多业务。无论是现在还是未来，Splunk 都是各位用户可靠的合作伙伴。

案例分析题

1. 数据挖掘对 7-Eleven 起到了什么作用？

2. 对于其他零售商超，7-Eleven 应用数据挖掘技术有哪些成功的经验和值得思考的教训？

7.5 客户服务中心

7.5.1 客户服务中心的概况

早在 20 世纪 80 年代，欧美等国的电信企业、航空公司、商业银行为了密切与用户的联系及广泛应用计算机技术，利用电话作为与用户交互联系的媒体，设立了呼叫中心，实际上就是建立了针对用户的服务中心。此呼叫中心利用计算机技术、计算机网络技术和电话通信技术，为客户提供自动语音应答服务和人工接听服务，包括信息查询、业务咨询、业务受理、质量投诉和处理、信息发布等全方位客户服务功能，还实现了内部使用的服务分类统计和分析、服务质量监控和考核等功能。因此呼叫中心常常成为客户服务中心的代名词，在本书中我们把这两者同等看待。

1）客户服务中心的定义

客户服务中心的定义可从多种角度给出，这里从两方面给出。

①从管理的方面，客户服务中心是一个促进企业营销、市场开拓并为客户提供友好的交互式服务的管理与服务系统。它作为企业面向客户的前台，面对的是客户，强调的是服务，注重的是管理，是企业理顺与客户之间的关系并加强客户资源管理和企业经营管理的渠道。它可以提高客户满意度、完善客户服务，为企业创造更多的利润。

②从技术的方面，客户服务中心是围绕客户采用 CTI 计算机电话集成技术建立起来的客户关照中心：对外提供语音、数据、传真、视频、因特网、移动等多种接入手段，对内通过计算机和电话网络联系客户数据库和各部门的资源。

2）客户服务中心的发展

客户服务中心的发展是随着通信技术和计算机技术的发展而不断演进的。新技术的应用不断地改变着客户服务中心的服务内容和服务质量。从技术上来看,现阶段的呼叫中心已经由单一的电话沟通发展为集新一代电话通信、计算机与互联网通信、语音与视频技术等多技术手段、多媒体互动的呼叫中心。今天的呼叫中心涉及计算机技术、计算机电话集成技术(CTI)、网络技术、多媒体技术等相关技术,与客户关系管理(CRM)、商业智能(BI)、企业资源管理(ERP)、项目管理与团队管理等相关企业信息化应用系统越来越多地形成交叉应用与集成,而呼叫中心也已经成为以 ICT 技术为核心,通过多种技术手段提供客户服务、电话营销、咨询、电子商务等多项业务服务的产业组织体。根据客户服务中心核心技术的变化,可以将客户服务中心的发展过程分为以下 4 个阶段,同时,基于 SOA 和实时服务总线技术的、全业务支撑的呼叫中心和基于 SaaS 模式的云呼叫中心也在不断深入应用。

(1)第一代客户服务中心——客户代表

这一阶段是客户服务中心的雏形阶段,也就是热线电话阶段,其网络服务框架如图 7.25 所示。企业专门安排一组业务人员负责接听电话,为打来电话的客户提供信息咨询、问题解答、投诉处理等服务,全部的服务都是通过人工接听电话,手工在计算机上输入信息。因此,服务质量的好坏在很大程度上取决于业务人员的素质。第一代客户服务中心的特点是基本靠人工操作,对话务员专业技能要求相当高,而且劳动强度大、功能差、效率低。一般仅用于受理用户投诉、咨询。

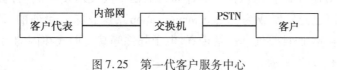

图 7.25　第一代客户服务中心

(2)第二代客户服务中心——客户代表+IVR

随着越来越多的客户使用客户服务中心服务,第一阶段的客户服务中心系统就面临着很多问题,如客户抱怨电话难以打进、打进电话后等待服务时间过长、服务人员服务质量下降、来话在各服务人员身上的分配不均衡等。因此,第一代客户服务中心在人工接听电话的基础上增加了基于 IVR(Interactive Voice Response,交互式语音应答)技术的全自动语音应答服务,即将一些简单的、容易理解的业务通过自动语音应答的服务方式提供标准化的应答口径为客户解释;而客户代表则处理一些客户个性化的需求,不能通过 IVR 完成的服务,由人工客户代表完成服务。这样大大减轻了人工服务的压力,极大地提高了接通率。其特点是大部分工作由 IVR 自动完成,对于 IVR 不能完成的任务则转交给客户代表处理。其网络服务框架如图 7.26 所示。

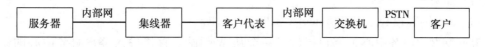

图 7.26　第二代客户服务中心

（3）第三代客户服务中心——客户代表+IVR+CTI

为了适应客户个性化的需求,客户服务中心又进一步应用CTI技术提供了电话与计算机的集成(语音与数据的协同传送),从而就形成了第三代客户服务中心。它不仅能通过智能路由选择使得客户能够得到客户服务中心最合适的客户代表的服务,同时还能够对客户服务中心进行完善的管理。由于采用了CTI技术,客户代表在接听客户电话的同时,可以在计算机的屏幕上看到客户的有关信息,从而可以更好地为客户服务,进一步提高客户服务质量和客户的满意度。此阶段的客户服务中心已经成为企业在竞争中留住老客户、争取新客户,从而在竞争中保持优势的重要战略手段。其网络服务框架类似于图7.2。

第三代客户服务中心的优点:采用通用软硬件平台,造价较低;随着软件价格的不断下调,可以不断增加新功能,特别是中间件的采用,使系统更加灵活,系统扩容升级方便;无论是企业内部的业务系统还是企业外部的客户管理系统,不同系统间的互通性都得到了加强;同时还支持利用远程代理技术实现虚拟客户服务中心功能。

（4）第四代客户服务中心——客户代表+IVR+R+Internet

第四代客户服务中心是目前应用的主流。其主要特点是在第三代客户服务中心的基础上集成了Internet。客户服务中心与Internet的结合在客户服务中心发展历程中具有革命性的意义。Internet的加入使得客户服务中心真正从一个电话客户服务中心转变为一个综合客户服务中心,它为客户提供了统一的客户服务平台,允许客户选择电话、E-mail、Web、VOIP、微信、移动App等方式接入到客户服务中心从而满足其个性化的需求。而且,由于Internet的发展与应用,CTI技术从传统的计算机电话集成技术发展成"计算机电信集成"技术,即CTI中的"T"已经发展成为"Telecommunication",这意味着目前的CTI技术不仅能够处理传统的电话语音,而且要处理包括传真、电子邮件等其他形式在内的信息。这一阶段的网络服务框架如图7.27所示。

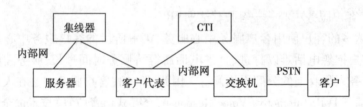

图7.27　第四代客户服务中心

3）客户服务中心的类型

随着信息和通信技术的快速发展,客户服务中心也在不断升级。目前,现代化的客户服务中心主要包括互联网客户服务中心、多媒体客户服务中心、可视化多媒体客户服务中心、虚拟客户服务中心4类。

（1）互联网客户服务中心(Internet Call Center,ICC)

互联网客户服务中心为客户提供了一个从Web站点直接进入客户服务中心的途径。使得客户服务中心从传统形式上的"拨号交谈(Dial to Talk)"扩展到现代形式上的"点击交谈(Click to Talk)"。ICC集合了IP电话、文本式对话(在窗口内用户可以输入文字与呼叫中心进行实时交流）、网页浏览自助服务、呼叫回复、E-mail 和传真等技术和服务。ICC 使得客户服务水平的标准化、全球化成为可能。

（2）多媒体客户服务中心（Multimedia Call Center，MCC）

多媒体客户服务中心实际上是基于 CTI 技术的传统客户服务中心与 ICC 的相互组合。现在许多客户服务中心把各种媒体通信技术集成到了一起。允许坐席员同时可以处理语音呼叫、Web 请求、E-mail 和传真。通过语音、图像和数据的集成，信息可以通过多种媒体来传输。

（3）可视化多媒体客户服务中心（Video Multimedia Call Center，VMCC）

可视化多媒体客户服务中心是客户和客户代表可以通过视频信号的传递面对面地进行交流的技术。这种投资相对较高的客户服务中心的服务对象是那些需要在得到服务的同时感受舒适和安全的重要客户。随着技术的进步和设备投资的降低，VMCC 将在今后占据客户服务中心市场的主导地位。

（4）虚拟客户服务中心

虚拟客户服务中心，即坐席员可以有效地工作在任意地点。例如，一个在特殊复杂产品方面的专家可以工作在远离客户服务中心的其他工作地点而仍然能服务于呼入客户服务中心的客户。虚拟客户服务中心的应用可以最大限度地节省投资以及促进人力资源的充分利用。

从客户服务中心的发展过程来看，客户服务中心主要是基于传统的硬件平台和软件应用。过去旧的解决方案已经不能满足市场发展和客户的需要。而今，网络工业中开放性标准的广泛应用、通信中的多通路技术、低成本的 PC 系统和互联网的成功运用都是客户服务中心得以发展的关键因素。在客户服务中心市场上，传统的、独立的模式正在朝着标准的硬件平台、封装式的应用方向发展，并且整体解决方案的成本在降低。可见客户服务中心的市场前景将十分广阔。在不久的将来，客户服务中心将是一个集现代化通信手段为一体、具有高度智能的、全球性的，并且可以给运营者带来巨大收益的客户服务中心。

4）客户服务中心的作用

客户服务中心可以很好地推进客户与企业的联系。因为尽管从效率或成本的角度讲，完全网络化的人机界面操作实现的交易是最迅速的也是最便宜的。但是，当客户把信任度、消费习惯、运输、付款、售后服务等因素进行通盘权衡的时候，纯网络交易在现在还略显单薄。根据 IDC 的调查，在线购物中的消费者在购物车选定好商品以后，最后放弃交易的比例高达 70%。据分析，这是因为一般人在购物前需要一些互动的接触。如果通过方便的客户服务中心，一方面，可以使客户确认网络信息的及时有效；另一方面，也可为习惯于使用电话工具的顾客提供方便的联系渠道。因此，从总体上来说，CRM 系统中，客户服务中心在企业中的作用主要表现在以下几个方面：

（1）提高客户服务水平

客户服务中心向客户提供了一个交互式的、专业化的、集成式的客户服务窗口，不但能缩短客户请求的响应时间，而且由于信息技术的应用，特别是后台数据库系统的支持，可提供有效数据帮助客户解决问题，从而大大提高了客户的满意度。

客户服务中心是独立运作的,对企业各部门的干扰相对较小,从而保证了各部门的服务效率。

客户服务中心的呼出业务可以主动与客户联系,关心客户对产品或服务的使用情况以及他们所面临的各种问题,了解他们的各种潜在和现实需求,还可以向客户介绍、推荐企业的其他产品或服务,以满足客户的其他要求。

客户服务中心利用 IVR(交互式语音应答)技术以及相关的智能路由选择与智能回复功能可以向客户提供全方位全天候的服务。

(2)获取客户信息、了解客户需求

客户服务中心是一个十分高效的客户互动窗口,是 CRM 获取信息的主要渠道。通过它可以全面地接近市场和客户的需求。客户服务中心收集到客户的基本资料、偏好与关心的议题、抱怨与建议等,帮助企业建立客户资料库,作为发送产品及服务品质的重要依据。企业还可通过客户服务中心的各渠道了解市场的去向,提早协调好后台营销活动等。

(3)改善内部管理

客户服务中心提供的服务不再局限于客户服务部门,而是立足于全局,不但可以接收到客户对产品或对服务的意见和建议,也可以不断听到他们对企业各部门的意见或建议反馈,这样可有效帮助企业发现自身存在的问题,从而进一步改善内部管理。

(4)创造利润

传统的电话热线服务中心是一个成本中心,但是如果能真正深入挖掘客户服务中心的潜力,使其由被动接入电话发展为主动出击,客户服务中心完全可以主动地为企业创造丰厚的利润。

7.5.2　CTI 技术简介

1)CTI 技术的定义

客户服务中心是基于 CTI 技术的应用系统。CTI(Computer Telephony Integration)即计算机与电话集成技术,是在现有的通信交换设备上,综合计算机和电话的功能,使其能提供更加完善、先进的通信方法。CTI 技术的出现已有多年,它之所以在最近几年引起广泛关注,是由于 Internet 的飞速发展极大地拓展了 CTI 的应用范围和功能。CTI 是集计算机、交换通信两者的优势于一身,将计算机系统良好的用户界面、庞大的数据库、优良的应用软件与通信交换系统的呼叫控制相结合,提供基于呼叫的数据选择、计算机拨号、呼叫监视、智能路由、屏幕管理和语音,数据处理等功能的综合系统。正因为如此,CTI 被广泛应用于多种通信平台上,也包括呼叫中心在内。

CTI 技术内容十分广泛,如今已得到广泛应用的技术和内容有客户服务中心,语音邮件,IP 电话和 IP 传真,电子商务,客户关系管理(CRM)与服务系统,自动语音应答系统,自动语音信箱,自动录音服务,基于 IP 的语音、数据、视频的 CTI 系统,综合语音、数据服务系统;自然语音识别 CTI 系统,有线、无线计费系统,专家咨询信息服务系统,寻呼服务,故障服务,秘书服务;多媒体综合信息服务等。

CTI 技术应用范围十分广泛,在固定电话网、移动通信网、邮政系统、银行、保险、证券、铁路、公路、海运、航空、旅游、医院、学校、政府、商场、大中型企业、宾馆、酒店、订票系统、拍卖公司、娱乐公司、文化服务系统、长途和市内汽车公司、急救中心、火警、防汛系统、气象中心等都有使用。

2)CTI 的主要功能

CTI 功能主要集中在话务控制与媒介处理两大方面。话务控制的功能有电话的建立及中断、话路的选择及网络界面控制等。媒介处理的功能则主要是话音/传真处理,另外还有 DTMF 数字处理等。在技术实现上 CTI 主要集中在呼叫处理和语音处理两个方面。呼叫处理主要是实现呼叫或连接,目前有多种呼叫处理方法,一般都能提供一些基本的分析结果,譬如:摘挂机(应答开始和结束呼叫);呼叫结束的通知(挂机检测);发送叉簧信号;拨字符串;全局音检测(例如,在传真应用中需要检测传真机的标准音,检测是否有传真呼入)等。语音处理是对通过呼叫监理的连接、发送和接收信息进行处理,主要有语音的存储转发、数据的压缩与解压缩,其他的语音处理功能可能包括:脉冲数字检测、语音识别(ASR)、语音合成、文语转换(TTS)等。

一个 CTI 应用系统主要包括应用程序、发展工具、软件平台及资源附加插卡等 4 种主要部件。目前 CTI 的构成可分为两种方式,一种是微型计算机与电话系统综合,使用者在微机上操作电话机,获得 CTI 所要求的各种功能,这种方式只是以微机为基础,交换网络与电脑网络并未综合在一起;另一种则是微型计算机与电话间采用 Client/Server 结构,把性能卓越的 CTI 服务器连接到 PBX 上和大型计算机的数据库中,或分布式结构的服务器上。许多成熟的硬件与连接标准将有助于这种连接的实现。这种方式所使用的软件较为复杂,但对于大型 CTI 系统可降低每个使用者的成本。

7.5.3 客户服务中心的设计与建设

1)CRM 系统客户服务中心的结构

随着 Internet 技术的应用,传统的、被动的、单独的、功能简单的客户呼叫中心已经逐渐过渡到了 Internet 客户服务中心。客户服务中心的体系结构从基于交换机的模式发展为计算机的模式。客户服务中心成为一项结合语音通信,数据通信和数据处理技术,使企业能够处理灵活性和实时性很强的业务,并减少业务开支的业务方式,如图 7.28 所示。

随着 CTI 技术、高速 Internet、IP 电话和传真、综合性呼叫中心服务器的发展,客户服务中心将在电信网络和计算机网络中融合,实现统一的 IP 网络服务。用户可以通过多种网络渠道进行呼叫,并得到统一服务。整个 CRM 系统中的客户服务中心首先必须是基于计算机电话集成技术(CTI)的应用系统,适合较大规模的客户呼叫以及复杂的呼叫流程。一个完整的客户服务中心,一般由 PBX(程控交换机)、ACD(自动呼叫分配)、IVR(交互式语音应答)系统、CTI(计算机电话集成)系统、数据库系统、呼叫管理系统、业务处理系统以及坐席(业务代表)等组成。用户的呼叫在 ACD 交换机排队之后,引导到不同的人工受理席,然后以语音或传真等不同方式给予用户相关的业务答复。系统大致可以分为前端和后端两大部分。在系统前端,CTI 是其核心,在计算机与电话集成的基础上对客户的呼叫进行应答、识别、接

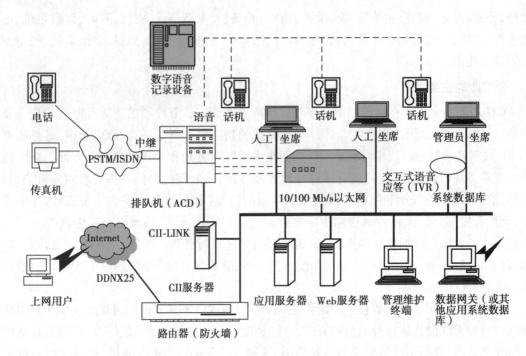

图7.28　客户服务中心的网络结构示意图

续、转移等受理活动;系统后端主要由各种数据库如财务系统、业务管理系统以及网络软硬件提供业务支持,保障数据的正确性和实时性,各种数据库系统、特殊服务系统、决策库及其网络系统的软件整合是呼叫中心得以实现的关键。

(1)自动呼叫分配子系统/排队机 ACD(Automatic Call Distribution)

排队机/ACD 系统是现代客户服务中心有别于一般的热线电话系统的自动应答系统的重要标志,ACD 可以根据预先定义的规则对客户服务中心的来话进行自动分配,可以选择最合适的业务代表,对客户呼叫进行受理。其性能的优劣直接影响客户服务中心的效率和客户的满意度。

交换机或排队机是进入呼叫中心的门户。程控交换机(PBX)为呼叫中心提供内外的通道。对外作为与市话局中继线的接口,对内则作为与坐席代表话机和自动应答设备的接口。但呼叫中心的 PBX 与传统 PBX 不同,其中继线数大于内线数。多出来的中继线如何使用就涉及自动呼叫分配器 ACD。自动呼叫分配器 ACD 就是智能化的排队机,对业务进行优先化的排队处理,在呼叫中心中起着相当关键的作用。将受理席按所负担的不同受理功能分组,根据语言技能、专业技能等选择最合适的业务代表,来向用户提供服务,使得客户的电话能到达最能解决他所提出的问题的接线员(客户代表)。智能排队机作为呼叫前端接入设备,可以根据预先制订的规则将呼叫分配到相应的话务台或自动语音应答系统。交换机增加 ACD 功能后,能够提供全面的呼入管理、呼出管理和呼叫分配功能。

还有一种 ACD 叫"软件 ACD",随着呼叫中心对呼叫概念的扩充,现在已经包括传统电话呼叫、FAX 呼叫、E-mail 呼叫、Web 文本交谈、IP 电话等。通过软件 ACD 可以将各种呼叫统一排队和分配。高级的 ACD 能够定义优先级队列,根据技能分配选择路由。

目前,可以提供 4 种来电分配方式:

①循环振铃(Hunting):循环检测各坐席,直到发现空闲的坐席。

②集体振铃(Ring Down):在呼叫到达时,同一组的坐席的电话一起振铃。

③自动排队(ACD):在 ACD 等待队列中,呼叫者可以听到等待的人数,自己等待的时间或一段音乐等。

④业务量均衡:根据坐席的接听情况,选择一个空闲时间最长的坐席来服务。

ACD 系统是现代呼叫中心的核心和灵魂,是提高生产力的发动机。如果只依靠简单的、部分片面的技术,将会使得呼入销售、订单执行和客户服务的大厦崩溃。ACD 系统能让呼叫量智能化地逐步增强,或具有更为特定和复杂的功能。它比路由呼叫更加成熟。不管是呼入型或呼出型,还是从语音呼叫到数据流量,ACD 系统都是呼叫中心的大脑和控制点。从某种意义上说,ACD 是呼叫中心的仲裁者:先建立优先权,然后警惕地监视着各种方式,最终决定某一个呼叫应该去哪。

(2)CTI 服务器(Computer Telecommunication Integration)

计算机电信集成(CTI)服务器是连接交换机和计算机/计算机网络系统的最重要的设备。CTI 服务器运行软件完成计算机与交换机的通信。CTI 软件一方面通过相应的通信协议与交换机进行通信,使应用软件可以在接收电话时获得呼叫的有关信息并可以根据需要控制呼叫的转移。CTI 还可以自动处理需要拨出的电话;CTI 软件把通信和数据有机地结合在一起,使数据与呼叫保持同步,呼叫转移到什么地方,数据就传送到什么地方,是呼叫中心系统的核心。其主要作用是使交换机和计算机系统实现信息共享,传送、转发、管理各类与呼叫相关的数据。根据呼叫者、呼叫类别、客户服务等级、呼叫所处的时间段和呼叫中心的通话状况等来选择呼叫路由和更新数据库。CTI 技术在呼叫中心的典型应用包括客户信息屏幕弹出功能、个性化呼叫路由功能、拨号控制功能、预览功能、预拨功能等。普通市话用户通过 PSTN,移动电话用户通过 PLMN 接入客户服务中心。CTI 通过所提供的 API,可以屏蔽接入设备和计算机底层通信协议,便于开发人员进行系统集成和二次开发。CTI 子系统支持对业务进行优先级排队处理,通过标准的 CTI 协议,处理计算机系统与排队机之间的接通;解释排队机送出的指令和有关数据,发送给计算机坐席系统或自动系统,将计算机系统送出的请求解释为相应的指令传给排队机,以便排队机系统执行。

计算机电信集成是由传统的计算机电话集成技术(Computer Telephone Integration)发展而来,由于客户服务中心采用的技术不同,因此 CTI 可能是计算机电话集成或计算机电信集成。CTI 主要提供呼叫控制和媒介处理两方面的功能。呼叫控制包括通话的建立和中断、通话的智能路由选择和自动拨出等功能;媒介处理包括传真/话音的处理,以实现电话/传真等信号到数字信息的变换。从系统结构来讲,CTI 系统有如下两种构成方式:一是通过 Modem 将个人电脑与电话相连;二是通过 CTI 服务器连接 PBX 与 LAN,从而实现电话网络与计算机网络的集成。PBX 提供电话自动转移、电话转接、电话挂起、多路接听等功能。

(3)交互式语音应答 IVR(Interactive Voice Response)

交互式语音应答系统(IVR)是利用计算机语音合成技术,通过计算机播放语音完成与用户的信息交互,它主要用于播放固定的提示信息和简单的查询结果;协调用户操作过程,使大部分呼叫实现自动化,降低业务代表的工作量;使用 IVR 可以使用户一天 24 小时都能得到信息服务。根据应用软件的需要呼叫可以在自动语音应答设备和人工坐席之间任意转接。IVR 还具有语音信箱、传真收发等功能。它通过与呼叫方双向应答决定呼叫的路由或执行其他后台业务功能,也可以称为呼叫自助,是企业为客户提供自助服务的主要设备。电话接通后,IVR 设备控制通话的过程,首先播放预先录制的按键选择信息供呼叫方选择,然后等待客户的按键或语音信息(语音识别功能)决定下一个动作。目前,利用 IVR 实现呼叫流程自动化的典型例子有以下几种:

①电话查账、付款。

很多企业为了方便客户,利用 IVR 设备进行自动化查账以及付款业务。客户可以利用个人电话接通 IVR 查账、付款设备,按指令输入账单的客户代码、付款总额以及信用卡信息等,就可以在几分钟之内完成整个查账、付款过程,省去了传统方式中的种种麻烦。在整个过程中,企业没有员工的任何参与,IVR 设备负责记录客户的各种按键信息,并向企业财务软件应用模块传递各个输入参数,自动完成整个业务流程。

②长途电话卡。

市场上流行的长途电话卡也是利用了一定的 IVR 功能。IVR 设备指示客户输入语音选项、卡号等,然后自动接通长途路线。企业具有相应的电话卡管理系统同 IVR 设备集成以实现电话卡识别、账目平衡等业务内容。

③分类信息服务。

通过预先设置的标准选项为客户提供信息检索业务,将查询率很高的常规信息自动阅读播放,从而节省了人工处理的费用和服务时间的限制。目前,IVR 设备的一个主要技术是文字到声音的转换,机器必须智能识别文字并用模拟语音向客户播放。如果只集中于数字的阅读不是太难,如果要阅读像电子邮件内容等文字信息,难度就大了,这也是用声音作为信息载体的局限性之一。不过,作为一个客户呼叫的交互设备,从呼叫方获得的各种按键信息为呼叫"后"处理提供了关键的输入数据,这也是呼叫中心同 VIR 集成的主要目的。

总之,IVR 设备为呼叫自动化提供了一个基本的前置入口。随着语音智能识别功能的加强,结合后台的强大处理与输出能力,客户可以呼叫完成各种比较复杂的业务请求,实现电话自助。相对于网络自助,电话设备的普及程度高,使用技能低,比电脑操作简单方便,预计在业务自动化领域将发挥重要作用。

(4)人工坐席子系统

人工坐席受理子系统受理用户的需求,即通过一个公共平台获得数据语音和图像的集中,将基于传统技术的呼叫中心与 Internet 客户服务中心(ICC)相互结合。坐席台可以同时处理语音呼叫、Web 请求、E-mail 和传真等系统。可以以人工对话、语音播放、传真、E-mail 等形式回复用户,并实现与其他坐席代表或其他系统的切换。对于业务代表不能处理的问题自动转给相关部门或人员处理。对于稀有问题,按应急处理流程或处理规则调动所有相关部门和人员,共同解决客户的问题。

人工坐席代表是呼叫中心的唯一非设备成分,它能灵活进行呼叫处理。呼叫中心的某些服务,如业务咨询、电话号码查询、故障报告和服务投诉等,必须由坐席代表完成。另外一些可以由自动语音应答设备完成的服务,如账单明细查询、营业网点查询等,通过坐席代表完成将达到更好的服务效果,可增强客户满意度。人工坐席代表的工作设备包括话机(数字或专用模拟电话)、耳机、话筒及运行 CTI 应用程序的 PC 机或计算机终端,对于电话接听、挂断、转移和外拨等工作,坐席代表只需通过鼠标和键盘就可以轻松地完成。

(5)系统管理子系统

系统管理子系统包括实时监控,如线路运行状况、维护、内部信息管理、工作人员管理、工作流程管理、呼叫记录、呼叫管理(来话呼叫管理系统 ICM、去话呼叫管理系统 OCM)、录音、放音,以及监听等服务监测系统监督坐席的工作状况等,并生成各类统计报表)。

(6)数据库子系统

从客户处所获得的各种信息、数据将储存在数据库或数据仓库中,建立完整准确的用户资料及其管理系统,供企业进行分析和决策。客户信息数据库的具体模式将由企业的业务逻辑所决定。通过数据库访问,将客户的相关信息传送至坐席终端,坐席代表可以根据客户需要,以不同的方式发送给客户。并可通过数据库查询和储存客户信息,在适当的时候,提供全方位的服务,生成各类统计报表。

2)客户服务中心的建设

客户服务中心在企业中的应用,不仅仅是简单的直接引入,其在建设和管理方面也有着自己的发展模式和方向。

(1)建立自己的客户服务中心系统的模式

①"外包"模式。在这种模式中,首先要有一个独立的客户服务中心业务运营商,它有自己的、较大的客户服务中心运营规模,并可以将自己的一部分坐席或业务承包给有关的其他企业。这样,企业就可以将有关业务需求直接建立在这种业务运营商的基础之上,不用给自己添置单独的硬件设备,仅需提供有关的专用服务信息,而由客户服务中心业务运营商为自己的用户提供服务。这种方式的优点是节约成本,而且能够提供一个较专业的服务,但需要对有关的坐席人员进行培训。

②"独建"模式。即由企业自己购买硬件设备,并编写有关的业务流程软件,直接为自己的顾客服务。这种方式能够提供较大的灵活性,而且能够及时地了解用户的各种反馈信息。

在建立具体的客户服务中心系统时,主要有两种实现技术可供参考:基于交换机方式或基于计算机方式。

这两种方式的区别主要是在语音接续的前端处:交换机方式由交换机设备完成前端的语音连续,即用户的电话接入;计算方式中由计算机通过语音处理板卡,完成对用户拨入呼叫的控制。前者处理能力较强,性能稳定,适于构建超过 100 个坐席以上、较大的客户服务中心系统,但同时成本也比较高,一般的企业无法承担;后者的处理规模较小,性能不大稳定,适于构建规模较小的系统,其优点是成本低廉、设计灵活。

(2)构建一个客户服务中心系统的具体步骤

①明确有关的目标:了解用户准备利用客户服务中心完成哪些功能,此外还有哪些性能方面的要求等,将这些要求以书面的形式留档,以备以后查阅。

②制订有关的技术方案:提出满足用户各种要求的技术方案,然后选用交换机方式或计

算机方式,并确立各个部分的功能。

③完成有关的详细设计:在与用户进行多次的交流之后,确立具体的实现细节,完成详细设计工作。

④系统设计与实现:完成具体的客户服务中心系统的设计与实现,完成有关的编码工作。

⑤系统测试:由于客户服务中心系统是在电话网上运营,因此对可靠性的要求较高,应该进行充分的测试。

⑥系统运行:将系统投放到实际的运营中,及时解决出现的有关问题。

⑦系统维护:对系统进行日常运营维护,或根据用户的要求进行升级。

总之,建立一个具体的系统是要和业务需求进行紧密结合的,要经过较充分的业务分析之后才能满足用户的要求,在此基础上开始选择具体的集成技术。

3)客户服务中心的管理

客户服务中心的管理是把客户服务中心由传统的成本中心转化为利润中心的关键。企业很少研究如何有效地运营和管理客户服务中心,因此客户服务中心的实际潜能往往未能得到充分的挖掘。

(1)战略管理

从企业整体的角度出发来管理客户服务中心,把客户服务中心融入企业资源,并作为其中重要的一部分。根据企业的战略目标来规定相应的客户服务中心策略,同时营造一种环境和气氛使员工充分参与客户服务中心的实际运作和管理。

(2)运营管理

客户服务中心的运营思想应当同 CRM 系统的运营思想相同,即将客户的需求作为企业的出发点和归宿,通过不断增加客户让渡价值来提高客户满意度,也就是将客户满意度作为客户服务中心运营管理的最终目标。

(3)人员管理

通过培训,使各级管理人员以及业务代表掌握岗位基本技能,提高与客户沟通和解决问题的能力,并形成一支训练有素的工作团队。

(4)绩效管理

绩效管理是客户服务中心在实际运作过程中所体现的效益的标准。一般有如下几点:接通率、接通量、平均通话时长、在线利用率、现场解决率、投诉解决及时率。

总之,客户服务中心的绩效管理者应根据企业业务运营的实际情况,以客户为中心,以帮助客户解决问题为出发点,设计客户代表的绩效管理考核指标来进行考核和管理。

4)客户服务中心的应用

客户服务中心应用的典型代表是电信客户服务中心。长期以来电信部门建立了庞大的服务体系,以特种服务电话号码的方式提供给客户,如 114 查号台、121 天气预报台、120 医疗急救等。采用电信客户服务中心之后,可以使客户服务集中化,提高服务质量,降低业务系统运作费用,优化全局管理,产生众多的综合效益。除电信客户服务中心之外,客户服务中心还广泛应用于银行业,建立电话银行、网络银行服务中心,银行可以 24 小时为用户提供利率查询、转账和交费等交互式服务。客户服务中心还应用于证券公司,使用户可以进行电话委托交易。航空和铁路运输公司的呼叫中心主要提供航班查询、车次查询、票价查询、电话订票等服务;携程等旅游平台的呼叫中心除了提供航班与车次查询、票价查询、电话订票外,还提供与旅游目的地相关的票务、酒店与用车等服务预订。同时,客户服务中心还广泛应用于商业机构(电话购物)、跨国公司(服务中心)以及邮政业等。

5)建设客户服务中心的挑战与困难

当 CRM 引入整个企业时,客户服务中心的建设也会遇到各种各样的挑战。客户服务中心成功的关键取决于以下几方面:

(1)能否完整设计出客户联系流程

设计出完整的客户联系过程,是客户服务中心成功建设的关键。因此企业必须要了解各部门的客户群数量,判断是否应该将客户转移到销售部门或是否允许该部门处理这个客户,了解客户联系过程的时间和成本。对过程的描述越详细,问题就越能更好地预先处理。理解处理过程后,可以计算出采用客户服务中心处理客户交互的花费和收益比。此外,更重要的是客户联系过程是一个整体,包括销售收入,市场和客户满意度等是一个持续的业务过程。因此所有的客户交互最好由一个管理者主要负责,要明确责任和权利,并将客户联系与销售、市场和服务部门结合在一起。对于客户来说,他的"体验"是整体的,并不存在销售、市场和服务的区别。只有完整地设计出客户联系的流程,才能真正帮助客户解决问题,提高客户服务能力。

(2)能否与企业内部其他系统实现集成

在客户服务中心的建设中还应当注意,实现与业务流程的综合和与其他信息系统的集成是关键所在。客户服务中心一定要与销售、市场等业务流程结合在一起,而不应当仅仅应用于服务部门。无论是通过网络、电话还是与销售人员面对面交谈,一个客户可以选择不同的交流方式与企业发生联系。但是这些联系反映到企业的信息系统中,应该在同一个客户账户之下,成为连贯性的记录。这样,当客户打电话来询问他通过网络输入的订单的时候,电话业务代表可以立刻从弹出的电脑屏幕上看到他的订单号码、内容、价格……从而立刻对这个客户的信息有所了解,这样,尽管电话业务代表可能是第一次与该客户通话,也可以马上提供有针对性的服务。企业在考虑整合 CRM 解决方案的时候,一定要明确客户服务中心的信息系统是否与原来的客户信息系统相兼容,甚至是否可以直接利用原有的客户信息系统。如果本来没有任何信息系统的话,则可以直接选择市场上的呼叫中心软件包,从一开始就保证现场销售、电话销售和网络销售的后台数据库是资源共享的。

(3)能否分步骤有计划地推进系统建设

企业在建设呼叫中心时会发现建立一个能真正为己所用的系统是困难的,往往需要不断地改进,而建立客户服务中心更有特别的复杂性。因此,许多成功的案例告诉我们,采取分步实施的方法会减少建设中遇到的困难,可保证企业需求功能的实现。一般而言,分步建设呼叫中心分以下几步进行:①了解呼叫中心方案的提供厂商 CTI 的应用;②分析自身的业务需求;③结合业务流程分析,进行技术改造和方案修改;④咨询专家意见,确立企业要创建的客户服务中心模型;⑤考虑需要的通信等技术方案和系统的可扩展结构;⑥制订进度方案,按阶段实施建设方案。

7.5.4　客户交互中心

前面所介绍的客户服务中心技术主要是通过语音媒介为企业向客户提供必要的服务,提高企业在客户中的形象和地位。因此,客户服务中心的地位相对于销售而言,一直处于辅助的性质。但是,随着时代的发展,企业在社会中的作用从提供产品到提供服务,企业之间的竞争也从产品竞争发展到服务竞争的新格局。企业的社会作用和竞争模式的改变导致企业提高了服务中心的作用和地位。企业监理客户服务中心的目的就成为利用先进的科技手段和管理方法,让客户服务质量得到一个质的飞跃,并逐步形成以市场和客户服务为中心,带动企业各相关产业的飞速发展。因此,出现了新一代服务中心——客户交互中心 CIC(Customer Interactive Center,CIC)。

客户交互中心是一个全面而又易于实施的客户接触中心解决方案,它可以帮助各式企业解决好所有客户的交互接触工作,而其借助的手段再也不是以前传统的呼叫中心采取的单一语音模式,而是现在包括 E-mail、传真、聊天工具、视频以及语音在内的由多种通信媒介组成的以客户为中心导向的多媒体模式。

CIC 系统是一个面向客户,以人为本,能够为客户提供个性化、综合性服务的服务中心系统。

一个成功的客户交互中心应该是一个多渠道的客户信息交互枢纽,企业可以借助相应的客户关系管理技术将有购买倾向的买方转换为企业产品的消费者,再在第一时间内将他们进一步转换为企业忠实的客户。要做到这点,客户交互中心就必须用适当的技术构建起与客户沟通的交互渠道,以能够识别每一个不同的客户,并将他们按照消费特性和其他市场细分要求进行分类管理,最后再与他们建立有效的沟通关系并适时了解其对于产品的需求信息。

1)CIC 的功能

CIC 通过计算机网络,特别是 Internet 的连接,可以实现:

①数字化电话程控交换功能。可以支持完全数字化的电话系统,支持 ANI、DNIS、E1、T1 等。

②数字化自动呼叫分配功能。可以处理任意数量的通话队列,形成复杂的话务分配。

③交互式语音应答功能。

④集成消息和语音功能的邮件系统。与 Microsoft Exchange,Lotus Notes,Novell Groupwise 集成的完全多媒体信息功能,实现了真正的统一消息。

⑤传真服务。可以与 Microsoft Exchange 集成,提供桌面传真、在线传真和传真广播。

⑥Internet 功能。具备网上交谈、网上回呼、网页生成和网页同步的功能。

⑦报表生成管理功能。可以自动提供系统报表,并且用户可以轻松定制特殊报表。

⑧实时监控和管理功能。

2）CIC 的特点

基于智能网技术的客户互动中心与基于平台的客户服务中心系统比较，有着不可比拟的独特优点。基于智能网技术的呼叫中心拥有先进的、灵活的系统结构、完善的呼叫控制、灵活的系统生成。

（1）先进灵活的系统结构

系统基于开放式通用协议的网络构成，可以动态添加新设备和资源，支持在线扩容和在线升级，包括业务代表的升级、资源的升级、知识库的再利用和升级。容错和报警功能使客户服务中心解决方案具有电信级的质量保证。控制系统采用双机热备用，保证 24 小时提高不间断服务；所有通信信息都采用加密处理，通信网络、服务器均支持热备份的工作方式，可监控系统中各种通信设备、数据库、计算机网络等的故障，并可分级报警。

（2）卓越的客户服务接入能力

采用 Excel 可编程前端交换机，使用户接入数目可达数千线，可以直接在呼叫中心连接数千个坐席和语音资源。另外还可以利用呼叫前转，融合已存在的旧呼叫中心系统，整个虚拟呼叫中心系统的接入能力又可以大大提高。

（3）快速简单生成新业务的支撑能力

客户服务中心的体系结构极为灵活，业务的设计和运行不依赖于特定系统结构，因此可以随时根据使用者的需要，量身定做新的客户服务业务。

传统的客户服务中心不易添加新业务，业务升级时系统必须停机调试，重新配置等。基于智能网的客户服务中心拥有的优异的结构免除了业务升级时的种种不便。这样，使用者不会因为频繁添加新业务带来售后服务而头疼，因为他们自己已经掌握了添加新业务的能力，而且，频繁添加新业务无须系统做大的更改。

（4）强大、独立的自动语音资源功能

客户服务中心拥有功能强大的自动语音功能。语音资源功能节点拥有优越的系统体系和强大的信令支持和通信支持。客户服务中心系统可以根据使用者的需要量身定做，提供几百路自动语音，也可以支持高端应用；同时提供高达 2 万路的语音资源。优越的体系结构提供了海量的语音资源、超长的自动语音播放、动态生成的自动语音播放以及随着客户服务中心业务的发展，海量语音如何存储等这些长期困扰着客户服务中心供应商的难题，都可以轻松地解决，并同时提供了功能强大的语音资源管理系统。使用此系统，用户可以录制、添加、修改、更新甚至删除客户服务提示音。

（5）完善而全面的虚拟客户服务中心解决方案

虚拟客户服务中心是针对传统的呼叫中心而言的，传统的呼叫中心由 PBX、IVR、HOST 等部分组成，是一个独立的封闭系统。而虚拟服务中心是一个开放式的系统，可以与企业现有的呼叫中心无缝连接。对于已开通的呼叫中心，虚拟中心可以通过自动/人工的语音引导，把该部分业务重新定向到原有的呼叫中心系统。这样就可以保护现有的投资，保护用户的最大利益。

3）CIC 的应用

在企业与客户的互动过程中，可以利用多种渠道。CIC 互动形式已经改变了传统的单一的语音方式,而是通过网络电话、文字交谈、用户留言、Web 同步、高级 E-mail 服务、微信平台服务、呼叫中心移动端 App、外包式客户服务中心 8 种方式实现互动。

（1）网络电话

CIC 支持网络电话应用,因此可以为企业提供类似 800 业务的服务,用户在访问企业 Web 站点的同时,可以通过网络电话直接连通到服务中心,经过智能路由选择后连到最适合的坐席,与坐席直接进行语音交谈。由于采用 IP 通话,节省了大量的长途话费,而用户在使用时也不需要繁复的软件下载和配置,在很大程度上促进了企业和客户的沟通和交流。此外,通过在坐席的配置中集成网络电话模块,使坐席可以直接在 PC 上与客户交谈,甚至为企业节省了板卡的费用。坐席人员还可以用网络电话功能与其他坐席人员进行内部通话。在 CIC 系统中,这种完全 IP 网络中传输的语音交谈模式真正实现了零话费通话。

（2）文字交谈

用户在访问企业 Web 站点的时候,如果对某一内容感兴趣或需要与企业进行沟通,除了利用网络电话进行在线通话外,还可以通过点击嵌入在页面中的在线求助的图标,与坐席人员进行文字交谈。在客户服务中心内部,每个坐席人员可以打开多个文字交谈的窗口,同时跟多名客户交谈。坐席人员通过系统及时获得每个客户的浏览信息,如他当前所在浏览的网页、在站点各网页的停留时间、历史服务记录以及该客户的认证等。

CIC 可以运用文字交谈的丰富功能,帮助众多电子商务企业搭建 Web 客户服务中心,使其客户能够方便地与企业进行一对一的交流,降低了成本,增加了销售额,提高了客户忠诚度。

（3）用户留言

用户在访问企业站点的同时通过点击留言图标,进入留言服务的页面,用户写好留言内容并留下 E-mail 或者电话号码等个人联系方式后就可以提交该页面。系统收到客户留言后分配给适合的坐席处理,而用户会收到服务中心 E-mail 回复或电话回复。用户留言功能帮助企业灵活安排服务时间,保证客户服务中心不会漏掉任何一个客户的请求。

（4）Web 同步

CIC 支持 Web 同步,又称护航浏览。即在远程用户端计算机通过运行客户服务中心代理计算机一样界面的软件,使客户中心的坐席可以逐步指导远程用户使用的各种功能,并及时解答疑难问题,就像教师指导身边的学生上机一样,使用户感受到"贴身"的服务,提高了客户的满意度和忠诚度,护航浏览对初学者非常适用。

（5）高级 E-mail 服务

CIC 为客户 E-mail 处理提供了强大的功能支持,包括主题词匹配、文字内容关键字识别、自动回复、标准回复资料库、智能回复建议、弹出屏幕、优先级选择设置、电子邮件转移处理、自动拼写错误检查、质量控制等功能。

（6）微信平台服务

微信客户服务平台,支持腾讯微信平台接口,实时获取微信信息。在微信接口中增加电脑小秘书自动回复等功能,快速实现与客户的信息交互。微信自动回复功能与后台知识库信息关联,提供海量数据。支持企业微信平台,可以对客户微信咨询的信息内容进行分类统计。支持自动发送企业信息到微信平台,增加新的接入渠道,文字、图片等大容量发送,提高企业知名度。企业可以利用微信进行企业宣传,也可以企业内部协调办公使用。

微信呼叫中心系统不仅是多了一个渠道而已,而是一种未来的发展趋势。呼叫中心基于微信建立,会更加方便用户的使用。越来越多的人也会逐渐将全方位营销内容加入到自己的企业运营中。对企业来说吸引他们的是微信上几亿用户的用户流量。这也是一种战略上的突破,微信图文并茂、短小精干、可圈可选择的诸多优势,也是各大企业趋之若鹜的关键所在。

(7)呼叫中心移动端 App

移动客户端 CRM 应用,集成了呼叫中心丰富的应用,同时增加了呼叫中心的延伸服务,使呼叫中心的坐席的部署更加广泛和灵活。坐席可以在任何地点通过智能手机客户端系统进行登录,加入业务受理坐席队列中。当有呼入请求时,系统通过设定的话务分配策略将来电直接转接给远程登录手机客户端的坐席,手机客户端系统会来电弹屏显示来电客户的详细信息。移动客户端能够实现工单记录、工单转发、工单状态查询等。移动客户端坐席整个服务过程,能够像中心节点固定坐席一样,实现统一集中管理、集中监控和统一服务,极大地提高了客户服务能力和效率,增强了用户体验。

(8)外包式客户服务中心

CIC 的灵活架构,使服务中心的外包服务成为可能。对于中小型企业或经济条件不允许的企业,建立一个完整的客户服务中心无疑成本过高,代价太大。但一些有实力的企业应该建立综合性的大型客户服务中心,除满足自身需要外,还可以采取坐席外包方式,实现资源的共享与优化,其经济效益是显而易见的。比如典型企业,甚至可以和 IDC 机房的建设结合起来考虑,统一规划、统一建设,从而取得显著的经济效益和社会效益。

7.6　案例:广发银行呼叫中心语音大数据分析系统建设

1)项目背景

随着金融结构的业务发展,呼叫中心的规模与日俱增,国内超过千席的呼叫中心不乏少数,银行呼叫中心语音数据体量巨大,是典型的非结构化“大数据”。这些数据内含客户身份信息、偏好选择、服务投诉、业务咨询等重要信息,是银行优化服务质量、提高运营效率,进行营销决策和产品服务设计的重要参考。

在大数据时代,语音数据变为一种重要业务资产,然而在传统技术条件下,语音数据保存困难,应用成本高,更难谈及进一步挖掘利用。

以广发银行为例,广发银行是国内最早组建的股份制商业银行之一,拥有坐席数 5 000 余个,处理业务类型共 4 类,日产生录音文件量在 200 GB 以上,年录音文件总量超过 90 TB。预测未来录音数据量的年均增长率可达 30%,如此海量的录音数据加剧了录音管理的难度,同时也为录音调听、质检带来巨大压力。

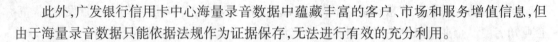

此外,广发银行信用卡中心海量录音数据中蕴藏丰富的客户、市场和服务增值信息,但由于海量录音数据只能依据法规作为证据保存,无法进行有效的充分利用。

2)项目需求

广发银行信用卡中心希望针对目前呼叫中心数据量大,一旦出现历史录音调听,需要先找到磁带,导入系统中然后员工再一一听取核对,工作量大且效率非常低,往往找一通电话需要数天甚至几周时间,而且质检覆盖范围小,无法根据客户反馈的问题,及时有效地将相关信息进行结合,更难提及获取语音数据中的潜在市场价值。

广发银行信用卡中心希望通过使用相关解决方案,解决上述所面临的问题。并且实现语音服务系统的高效录音管理,解决语音文件的存储、调听问题,加强人工服务质检功能,同时对海量数据中的信息进行分析和挖掘,从而更加深入地了解客户、发掘市场、改善服务。

3)挑战

随着国内通信服务及电商行业的发展,录音质检管理日益为行业管理人员和智能语音质检系统提供商所重视,大量埋藏在海量电话录音中的客户需求和重要市场信息,如果都通过传统的人工监听无疑是一个巨大的工程,必将消耗大量的人力物力。同时这项支出还将会随着企业的发展而持续增长。

所以银行金融业呼叫中心未来的快速稳步发展,尤其是广发银行这种日通话量在100万通的大体量语音数据,迫切需要构筑适合企业的智能语音分析质检系统。

银行业呼叫中心质量监控管理是对坐席电话营销过程实施全程监控的过程。也是通过对营销代表服务质量的检测和监控,确保公司依法合规经营,防范企业经营风险,同时提升电话营销代表的营销技能和服务水平,保障这一高水平服务的持续实现的过程。另外对客户的需求、客户感受、客户建议等进行分类搜集,实现质量监控工作的综合运维。

质量监控工作强化电话营销坐席电话销售过程的合规性、完整性、准确性、规范性。所以质检系统要保证录音信息与客户投保信息准确对应。同时为了实现公司电商业务的依法合规经营,广发银行信用卡中心要求录音质检系统还应具备违规风险点报警、服务禁语筛选的功能。

传统质检质量监控人员每天面对大量的录音,一般是通过听录音进行合规性检查,对于批量录音中其他的重要信息则无法识别、筛选。比如关于客户投诉,有多少来电是投诉服务质量,有多少是不满意产品价格。又如面对突然上升或下滑的业务量,管理者是否能在第一时间作出原因判断,及时提供应对策略?

所以广发银行信用卡中心要求录音质量管理系统还要有客户感受、客户期望内容搜集,以利于形成客户需求信息积累和产能转化的需求,这对于当时 IT 技术运维提出了一个不小的难题。

通过与广发银行信用卡中心项目团队及时沟通,全面掌握客户对语音质检的需求后中金数据为广发银行提供了如下基础服务:

①实现语音全量在线存储,可以通过指定内容实现对全量语音的实时检索、调听;

②提高质检覆盖率,通过系统实现 100% 录音质检;

③通过系统和人工结合的质检方式提升质检效率;

④对电销录音相关数据进行统计和主题分析,针对话术、客户反馈、电销周期、成功情况等综合分析后,优化电销策略。

针对客户要求的后期语音分析内容,中金数据利用自有大数据平台,创建大数据语音分析云。将客户整理好的数据统一放到大数据平台进行存储,根据广发银行的需求研发工程师搭建不同的数据模型,定制更详细的语义规则来匹配后期对数据的分析,以及挖掘客户意见和对风险的把控。

直至现在中金数据仍然每月或每两个月对系统进行巡检,检查系统的运行状况,并在广发银行现场进行支持性的工作,查看数据运行情况以及补充需要更新的数据。在处理事务的过程中广发银行也会提出一些新的需求,当下月再次去现场巡检时,中金数据会将更新后的系统功能带给客户使用。

经过一次次反复的产品功能更新迭代。目前,中金数据可以为广发银行提供每日通话量 120 万通的语音数据,合计通话时长 3 万小时,也是业内唯一一家可以提供如此大体量语音数据分析的供应商。同时,系统可以为广发银行信用卡客服中心提供如下基于大数据的语音分析,成功解决了一直困扰广发银行业务开发的难题。

①通过数据分析统计,挖掘客户意见和风险,及时调整服务策略,提高客户满意度;

②对呼叫中心海量的语音进行价值提取,为产品设计、营销发现并提供有价值信息线索。

生机存在于困难中,广发银行信用卡呼叫中心,从"成本中心"转变成"价值中心",再转变为"利润中心",承担起了更多、更重要的企业战略级任务! 未来就诞生于这种转变过程中。通过中金数据的方案可以让广发银行实现了从"听得到"到"听得懂"客户心声的有效转变。

4)实施过程

在经过将近为期一年的严格考察后,广发银行信用卡中心正式与中金数据签订了大数据基础平台项目合作协议。为帮助客户中心解决上述问题,中金数据以语音数据分析作为项目首期内容。

中金数据自主研发的"语音大数据分析平台",依托先进的大数据平台技术,采用语音识别技术对金融机构海量语音内容进行分析识别,以较高的准确率还原出每段录音的具体内容。

可通过关键词输入实现快速检索,通过语义分析和情绪分析技术,实现语音全覆盖自动质检;通过对大量通话记录和内容进行识别、统计、分析,可在最短时间内了解不同业务的话务结构,定位导致客户投诉、流失、话务异常等问题原因,并预测业务热点趋势,发现潜在客户。利用数据为业务全流程带来新的活力。

在双方团队的高效协同下,于 2015 年 4 月顺利按计划实现广发信用卡中心"语音大数据分析平台"上线。迄今为止项目一、二期已经顺利上线,运行状况良好,系统目前实现了主要三大功能模块:录音存管、智能质检、主题分析。

系统技术关键点:

①语音识别。用于建立文本索引,将非结构化的语音文件转换为结构化的索引信息的过程。语音识别引擎具有语法识别、自由说识别、关键词检出和语音质检分析4种识别能力,能够正确识别语音文件从而形成对应的文本内容,并提供静音检测、情绪检测、关键词(服务忌语和业务术语等)和话者分离的识别结果。

②智能质检。提供基于角色区分、全文识别、关键词识别、语速检测、静音检测、叠音检测结果等组合的多维度质检;根据业务需要,可对所有的在线录音进行百分之百覆盖的全量自动质检。

基于说话人区分结果,用户可定义针对坐席或客户的通话内容进行自动质检。

基于全文识别和关键词识别结果,用户可进行针对坐席通话出现服务禁语、缺少规范用语等通话内容的自动质检。

基于语速检测结果,用户可进行针对通话人语速过快的自动质检;基于静音检测结果,用户可进行针对通话中长时静音的自动质检。

基于叠音检测结果,用户进行针对通话人抢插话的自动质检;基于情绪检测结果,用户可进行针对通话中情绪异常自动质检。

③文本分析。对电销和客服录音内容及相关数据进行统计和主题分析,针对话术、客户反馈、电销周期、成功情况等综合分析后,优化电销策略和客户服务话术;通过数据分析统计,挖掘客户意见和风险,及时调整服务策略,提高客户满意度。

5)实施效果

以前,呼叫中心质检都是通过人工抽查的方式来进行的。这种质检方法效率太低且缺乏统一的质检标准,在很大程度上制约了质检工作在数量和质量上的突破。另外之前的质检大多停留在质检最终结果上,并没有找到导致出现这种结果的导火索。

譬如导致这种质检结果的坐席客服近期的心理变化,不仅在于对质检结果获取和处理方面无从下手外,对于导致质检结果的原因同样不知所措。

但是使用语音分析云解决方案后,极大提高了呼叫服务中心在语音转换、存储、调听和质检方面的效率,实现日处理数据时长3万小时,在线数据总量200 TB,以及年数据量增长率30%的应用结果。

通过这种方式,也可以将近期坐席客服反馈的信息,进行有效的转化,给销售人员提供有价值的客户信息,有效节约时间成本,自我价值都有所提高!"

此外,语音大数据分析云作为一种大数据分析产品,可以为广发银行提供一定的业务统计和分析。可实现信用卡中心语音数据的自动化采集与分布式存储,完成语音数据智能统计分析,自动提取有价值的客户信息,因而后续可挖掘的潜力较大。在二期以及后续项目中,双方将基于现有基础,深入探讨如何在数据价值挖掘领域实现更为多元化的合作。

案例分析题

1. 呼叫中心语音大数据分析系统帮助广发银行解决了哪些问题,实施效果如何?
2. 思考呼叫中心对于银行业的作用和价值。

本章小结

CRM 系统的应用让企业积累了大量的客户数据,如何从海量数据中获取有用的信息成为决策者的一个重要问题,分析型 CRM 的优势便凸现出来。数据仓库和数据挖掘技术作为从这些信息中获取有价值的知识的重要工具,可以为企业高层决策者提供准确的客户分类、忠诚度、赢利能力、潜在用户等有用信息,指导他们制订最优的企业营销策略,降低企业运营成本,增加利润,加速企业的发展。

良好的数据采集途径,清洁的数据基础,都是提高数据质量的保证,也是构建高品质数据库的前提。数据仓库技术的应用,为数据挖掘准备了一个规范的数据源,而数据挖掘能够创建预测客户行为的模型,帮助用户从大量的数据中抽取有用的商业信息,从而很好地支持人们的决策,并体现出数据挖掘技术在 CRM 中的商业价值。

本章首先重点讲述 CRM 数据的管理及利用。通过对数据采集、数据仓库和数据挖掘技术的简单介绍,让读者对 CRM 分析利用的发展有一个大体了解。针对数据管理的需要,本章对数据类型、数据库构建、数据仓库技术、联机处理、联机分析、数据挖掘方法等主要技术作了一定分析,详细阐述了数据挖掘技术在 CRM 中的商业价值,并对数据挖掘技术在客户生命周期中的应用作了相应介绍。

其次,客户服务中心作为企业与客户联络及数据分析的纽带,介绍了客户服务中心的发展、类型与作用;CTI 技术的定义和主要功能;客户服务中心的设计与建设问题;新一代的客户交互中心的功能、特点及应用。CRM 系统中一个完整的客户服务中心一般由 PBX(程控交换机)、ACD(自动呼叫分配)、IVR(交互式语音应答)系统、CTI(计算机电话集成)系统、数据库系统、呼叫管理系统、业务处理系统以及坐席(业务代表)等组成。企业建立自己的客户服务中心系统,可以有"外包"与"独建"两种模式。客户服务中心管理主要从战略管理、运营管理、人员管理、绩效管理 4 个方面来考虑。客户服务中心成功的关键因素有能否完整设计出客户联系流程,能否与企业内部其他系统实现集成,能否分步骤有计划地推进系统建设。

复习思考题

1. CRM 中客户数据类型包括哪些?

2. CRM 使用与维护过程中如何保护客户的隐私?

3. 客户数据库有哪些特点?

4. 数据仓库与数据库的区别是什么?

5. 简述数据仓库的开发过程。

6. OLAP 与 OLTP 有什么不同?

7. 简述数据仓库的执行策略。

8. 什么是数据挖掘?数据挖掘的基本方法有哪些?

9. 什么是客户服务中心？客户服务中心有哪些作用？

10. 什么是 CIC？CIC 有什么功能？

讨论题

1. 什么样的公司需要建立数据仓库？

2. 为什么要将客户数据分类？对企业有何价值？

3. 如何在客户生命周期的各阶段应用数据挖掘技术？

4. 列举 2 个成功的数据挖掘的案例。

5. 试讨论客户服务中心在各行业的典型应用。

6. 试讨论企业自建客户服务中心的优势和劣势。

网络实践题

1. 作为出版商，应如何利用豆瓣网（douban.com）中的书评信息？

2. 如何利用百度指数进行某行业的数据分析？

3. 如果要预测一家淘宝（taobao.com）网店的销售量，你会选取哪些淘宝网提供的数据？试分析淘宝网的诚信保障体系的特色与不足。

4. 上网搜索一家企业的客户服务中心，了解其运营与管理状况，对其客户服务中心进行多角度体验，并对其服务进行评价，提出改进建议。

第 8 章
工作流管理与 CRM 业务流程设计

[课前导读]

CRM 作用的发挥建立在对工作流分析和研究的基础之上,并且 CRM 系统的顺利实施也离不开企业信息化的管理平台,因此在管理信息系统的基础上实施 CRM 才能够真正体现出它的价值。在现代信息技术和管理技术发展的基础上,实现 CRM 的自动化和信息化,是优化业务流程的重要途径。本章对工作流系统及工作流管理系统进行深入探讨,研究工作流管理系统的模型,为 CRM 业务流程的应用和 CRM 的功能模块设计提供了理论基础。

[学习目标]

- 了解工作流系统和工作流管理系统的模型;
- 了解工作流管理信息系统的方案和应用领域;
- 熟悉 CRM 系统的业务流程过程和功能模块;
- 能够对 CRM 进行模块分析,加强对 CRM 模块的认识。

8.1 工作流管理概述

工作流管理是能够使处理过程自动化,并使各种应用工具之间协调工作,从而帮助人们更好更快地完成任务,因此,工作流管理得到了普遍的应用,并且得到了迅速的发展。随着计算机技术的快速发展和应用,工作流管理也得到了长足的发展和应用,并且形成了标准的应用模型规范。

8.1.1 工作流概述

工作流的概念起源于办公自动化领域,主要针对日常生活中具有固定程序的活动。企业通过将工作分解成一系列定义良好的任务、角色,按照一定的规则和过程来执行这些任务并对其实行监控从而提高工作效率,降低生产成本,更好地实现经营目标。

1)工作流发展的历史

20 世纪 80 年代初期,计算机尚未作为信息处理的工具,计算机软件不能提供需要的业务支持,工作流中涉及的工作是由人工来完成的,而信息传递中不可替代的载体是纸张。而这种古老的载体在信息的处理、存储和查询检索上效率很低,无法对客户需求作出快速响应,给企业的生产经营带来不利的影响。

随着计算机的普及和企业信息化水平的提高,计算机的无纸化办公环境越来越成为企业业务人员迫切需要的工作环境。表单传递应用系统(Forms-Rooting Application System)应运而生,通常运行在大型机或小型机上,该系统可以看作现在工作流管理系统的雏形,但是其适用的环境简单,提供的功能不完善,性能与系统结构也不先进。

20世纪80年代中期,FileNet和ViewStar等公司率先开拓了工作流产品市场,成为最早的一批工作流产品供应商。他们把图像扫描、复合文档、结构化路由、实例跟踪、关键字索引以及光盘存储等功能结合在一起,形成了一种全面支持某些业务流程的集成化的软件(包),这就是早期的工作流管理系统。工作流最初就是作为一种面向过程的系统集成技术而出现的,只是限于当时的计算机发展水平,其集成的功能有限。

进入20世纪90年代后,随着计算机技术的发展,网络的延伸,尤其是Internet的广泛应用。现代企业的信息、资源越来越表现为一种异构、分布、松散耦合的特点,企业的分散性、决策制订的分散性对日常业务活动的详尽信息需求以及Client/Server体系结构、分布式处理技术的日益成熟都说明异构分布执行环境已经代替过去的集中式处理成为一种趋势。在这种技术背景下,工作流管理系统也由最初的实现无纸化办公,转而成为同化企业复杂信息环境,实现企业业务流程自动化的工具。这样的转变把工作流技术带入了一个崭新的发展阶段,使人们从更深的层次、更广的领域对工作流展开了研究。

为了更好地促进和规范工作流技术的发展,工作流技术的标准化组织,工作流管理联盟(Workflow Management Coalition,WFMC)于1993年成立,这是一个由研究机构和企业界共同组织的开放式、非营利组织,其目标是通过开发公共技术和标准来促进工作流技术的发展和应用,使工作流产品的提供商和用户都受益。WFMC的成立标志着工作流技术成了计算机技术研究领域的一个独立分支,它研制的标准、规范、概念和术语等也得到了普遍承认。

2)工作流的定义

工作流的概念虽然已经出现很长时间了,但是还没有统一的定义,不同的研究者对工作流分别提出了不同的定义。这里列举一些有代表性的定义,它们分别从不同的角度对工作流概念进行了描述,可以使我们对工作流的一些基本特征有一定的了解。

(1)Giga Group(美国IT咨询公司)的定义

工作流是经营过程中可运转的部分,包括任务的顺序以及由谁来执行、支持任务的信息流、评价与控制任务的跟踪、报告机制。

(2)IBM Almaden Research Center的定义

工作流是经营过程中的一种计算机化的表示模型,它定义了完成整个过程所需用的各种参数,这些参数包括对过程中每一个单独步骤的定义、步骤间的执行顺序、条件以及数据流的建立、每一步骤由谁负责以及每个活动所需要的应用程序。

（3）Amit P. Sheth（大型分布式信息系统实验室主任、美国佐治亚大学计算机科学系教授）的定义

工作流是涉及多任务协调执行的活动，这些任务分别由不同的处理实体来完成。一项任务定义了需要做的某些工作，它可用各种形式来进行定义，包括在文件或电子邮件中的文本描述、一张表格、一条消息以及一个计算机程序。用来执行任务的处理实体可以是人，也可以是计算机系统（比如一个应用程序或一个数据库管理系统）。

（4）工作流管理联盟的定义

国际工作流管理联盟给出的工作流定义：工作流（Work Flow）就是自动运作的业务过程的部分或整体，表现为参与者对文件、信息或任务按照规程采取行动，并令其在参与者之间传递。在实际情况中可以更广泛地把由计算机软件系统（工作流管理系统）控制其执行的过程都称为工作流。

以上这些对工作流的定义是用非形式化语言对工作流所进行的描述，虽然各有不同，但基本上都达成了这样的一个共识：工作流是经营过程的一个计算机实现，而工作流管理系统则是这一实现的软件环境。

这些工作流的定义分别反映了经营过程如下几个方面的问题，即经营过程是什么（由哪些活动、任务组成，也就是结构上的定义）、怎么做（活动的执行条件、规则以及所交互的信息，也就是控制流与信息流的定义）、由谁来做（人或者计算机应用程序，也就是组织角色的定义）、做得怎样（通过工作流管理系统进行监控）。

综合以上工作流的定义，工作流是通过计算机软件进行定义、执行并监控的经营过程，而这种计算机软件就是工作流管理系统。它区别了工作流与一般的工作流程：前者需要借助计算机软件来完成，并完全在软件系统的控制之下；而后者则没有这种约束，其中的某些步骤可能也需要用到计算机，但这只不过是局部的计算机应用，整个过程是不在计算机控制之下的。

3）工作流的基本功能

工作流要解决的主要问题：为实现某个业务目标，在多个参与者之间，利用计算机，按某种预定规则自动传递文档、信息或者任务。要解决这些问题需要具备相应的基本功能。工作流的基本功能包括以下几点：

①业务过程的自动化通过流程定义来加以说明，它可以识别多种过程活动、程序规则和关联控制数据以用于管理工作流的设定。

②许多流程实例在制订过程中都有可操作性，与该实例有特定的数据关联。

③生产型工作流有时稍显不同，大部分的程序规则被提前定义，即设定型工作流，但也可以在操作过程中加以修改和创建。

8.1.2　工作流管理模型

工作流管理联盟（WFMC）在定义工作流的基础上，给出了工作流管理的定义，他认为，工作流管理（Workflow Management，WFM）是指人与电脑共同工作的自动化协调、控制和通信，在电脑化的业务过程上，通过在网络上运行软件，使所有命令的执行都处于受控状态。

从中可以看出,工作流管理通常是结合电脑等自动化工具而进行的业务流程的管理和控制。而不同的信息工具所构建的模块或使用的方法也不尽相同,这样就给使用不同软件的用户的业务继承和互操作带来了困难。WFMC 通过分析工作流产品间的相似性,采用了模块化方式定义了一系列的标准和规范,力求实现异构工作流产品间、工作流产品与其他操作系统间的互操作。

1)工作流管理的基本模型

工作流管理模型来源于对普通工作流程序结构的分析,从中确定结构中的接口,而这些接口可以使不同产品在不同的结构层次上协同工作。所有工作流系统都包括一系列的公共组件,组件间采用一套被定义的方法进行协作;不同的产品在这些公共的组件中会表现出不同的处理能力。为实现不同工作流产品之间的协同工作,需要在这些组件之间制订一套标准的接口和数据交换格式。通过实现这些标准接口,可以达到产品的协同工作。WFMC 自1993 年成立以来,发布了包括《WFMC—TC—1003 工作流参考模型》等几十个标准和规范。本节以 WFMC 发布的参考模型为实例,论述工作流管理模型的基本知识和形式。

规范 TC—1003 通过对工作流管理系统功能的模块化划分及定义各个模块间的接口,给出了工作流的参考模型(Workflow Reference Model),实现了 WFMS 间各个层次上的互操作性,如图 8.1 所示,工作流模型中包括了多种组件。

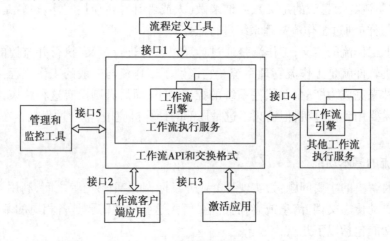

图 8.1　工作流参考模型

图中所示工作流执行服务周围的接口是 WAPI(Workflow APIS),通过这些接口可以访问工作流系统,这些接口还控制工作流控制软件和其他系统组件间的交互。图中列出了 5 个接口,在这 5 个接口中的许多功能,都是被两个或更多接口所同时拥有的,因此 WAPI 接口可以看作统一的服务接口,可以交叉使用这 5 个接口来支持工作流管理功能,而不是单独使用其中某个接口。

这 5 个接口分别具有不同的功能作用:

接口 1,实现不同工作流定义工具与不同工作流执行服务间的互操作性。

接口 2,实现不同工作流客户端应用与不同工作流执行服务间的互操作性。

接口 3,实现不同激活应用与不同工作流执行服务间的互操作性。

接口 4,实现不同工作流执行服务间的互操作性。

接口 5,实现不同管理与监控工具与不同工作流执行服务间的互操作性。

这 5 个接口中包括了工作流客户端的应用,也就是将客户的管理纳入了工作流管理的过程中,因此,使工作流管理的模型有了客户应用的基础,也增强了企业内部管理与外部客户管理的联系,从而增加了工作流管理模型的开放性,使其实践应用的价值得到进一步的提升。

2)工作流参考模型中各个组件的含义

工作流参考模型中各个组件有不同的含义和作用。

(1)流程定义工具(Process Definition Tools)

所谓流程定义(Process Definition)是指业务流程的形式化描述。主体用于支持系统建模和运行过程自动化的实现。一个流程可分解为一系列子流程和活动,其定义的内容主要包括描述流程起始、终止的活动关系网络,以及一些关于个体行为的信息,如组织成员、与 IT 相关的应用和数据等。而流程定义工具(Process Definition Tools)是指提供工作流定义服务的应用工具,包括各种分析、描述和保存商业流程,它输出可以被工作流执行服务所识别的流程定义。许多工作流产品都提供了自己的流程定义工具,因此流程定义一般是保存在工作流产品范围内的,但可能不支持读/写信息的编程接口访问。

(2)工作流引擎(Workflow Engine)

工作流引擎是指为流程/活动实例的运行提供执行环境的软件服务,提供按照流程定义来执行流程的功能。一个或多个工作流引擎构成了一个工作流域。一个工作流引擎负责工作流执行服务中的部分或全部的运行控制环境。它能够处理以下几方面内容:

- 解释流程定义。
- 控制过程实例——创建、激活、挂起、终止等。
- 为流程的活动导航,可能包含顺序和平行的操作、最后时间期限、对工作流相关数据进行解释等。
- 工作流参与者的签名和退出。
- 确定任务目标,实现用户意图;提供接口,支持用户交互。
- 维护工作流控制数据和工作流相关数据,在用户程序间和用户间传递工作流相关数据。
- 提供调用外部程序的接口,连接所有工作流相关数据。
- 提供控制、管理和审查功能。

(3)工作流执行服务(Workflow Enactment Service)

工作流执行服务由一个或多个同构或异构的工作流引擎组成,用来创建、执行和管理工作流实例,应用程序可能会通过 WAPI 来和这个服务项目交互。它使用一个或多个工作流引擎,为过程实例和活动提供运行环境,负责解释和激活流程定义,与过程所需的外部资源进行交互。

在分布式工作流执行服务中,通常由几个工作流引擎分别控制一部分的流程执行服务,并且同该流程的子用户以及与流程中的活动相关的应用工具进行交互。各个工作流引擎之间使用了特定的协议和交换格式,以此来使操作、交换流程、活动控制信息达到同步。与工作流相关的数据也可以在工作流引擎之间传递,但在一个单一同构的工作流执行服务中,这些操作是由销售商制订的。

在一个由多个工作流引擎组成的工作流执行服务中,流程执行时可根据引擎的不同进行分割,分割机制可以由流程类型决定,通过使用一个特定的引擎控制一个特殊的流程类型;或者由功能作用的分布决定,通过使用一个特定的引擎机制在其本身控制范围内需要用户或者资源分配的流程。工作流执行服务可以被认为是一个状态转变机构,在这个机构中流程或活动实例通过改变状态来适应外部事件(如活动的开始和完成)。

(4)工作流客户端功能

在工作流模型中,通过客户端应用程序与工作流引擎间的定义良好的接口进行交互。在这个接口中包含工作列表——由工作流引擎分配给用户的任务序列,最简单的情况是:工作流引擎访问工作列表,把任务分配给用户;工作列表处理器访问工作列表,向工作列表中添加任务项,有许多不同的产品来实现工作列表的交互。

(5)激活应用

一个业务流程的执行通常需要和各类外部应用系统交互,完成某项任务。这类应用系统又分为两类:一类称为服务端激活应用,这种应用往往无须用户的参与而由工作流引擎负责和应用系统交互(如从 MIS 系统中提取各类数据);另一类称为客户端激活应用,这种应用往往需要用户的参与而由用户通过工作列表处理器和应用系统交互(如文字处理和电子表单)。

在一般情况下,本地工作流引擎通过使用流程定义中用于确定活动性质、调用的应用系统类型、所要求的数据等信息来激活应用系统。激活应用相对于工作流引擎可以是本地的也可以和工作流引擎在同一平台下,或者在一个独立的通过网络可以访问到的平台。但是流程定义必须包含足够的应用系统类型和地址信息来激活应用系统。在这种情况下,应用系统的命名和定位是在流程定义和工作流引擎的本地进行的。

该模型中,要求两个工作流执行服务都支持用于通信的公用 API 组,而且两个工作流执行服务都可以解释公用流程定义,这些公用流程可以是从一个公用流程产生处产生输入到两个工作流域的,也可以是运行阶段中在两个工作流域之间互动传递的。不同的异构工作流引擎之间也要传输工作流相关数据和应用数据。

8.1.3　工作流管理案例

应用工作流管理产品,实施工作流管理的企业比较多,其中有很多成功的案例,这里选取阳立电子开展工作流管理的案例进行介绍。

1)阳立电子简介

阳立电子(苏州)有限公司是一家台商独资经营的企业,公司注册资本为 1 050 万美元,于2002 年 3 月 18 日于相城经济开发区正式成立。公司主要生产无线局域网卡、Access Point(接入点)、无线路由器、无线宽带、有线宽带、PCI 卡、Mini USB、Network Adapter、蓝牙产品等无线网络接入设备。其客户包括 AT&T、TOPCON、MOTOROLA、D-Link 等著名跨国企业。

阳立一直致力于企业信息化的建设,于 2004 年 7 月联手明基逐鹿导入 Guru eFlow,启动商业流程自动化,加速企业应用整合(EAI)。

2)导入前企业遇到的困扰

(1)海量单据难以处理

作为制造型企业,阳立电子需要管理大量的线上工人的出勤状况。在没有应用工作流软件之前,人力资源管理(HR)的工作人员每天都要花大部分的精力去处理大量的请假、加班单据。生产线的助理统一填写单据后,开始到处找主管签核,有时跑了三四趟,浪费了一两个小时也没有跑完所有的签核流程,同时也耽误了其他工作,更有时会因为请假或加班的类型不同而跑错了流程,耽误了流程中其他处理人员的时间。等所有签字落实以后,HR 的工作人员又得忙着把这些签完的单据录入到人事系统中,由于批量大,发生频率高,有时到了月底还得加班,赶在算工资前把这些单据处理掉。

(2)系统难以整合

阳立电子是一个信息化程度较高的企业,大大小小的系统分别承担着公司的日常运营和行政管理的职能,比如,在生产运营方面,阳立采用了 SAP 的 CO、FI、PP、MM、SD(管理会计、财务会计、生产计划、物料管理、销售分销)部分模块,在行政人事上使用了国内的一套HR 软件,同时也使用独立的系统在管理工程变更等事宜。面对这些离散的系统,数据的流转和整合就成了问题。大大小小的系统成了一个个"信息孤岛"。

3)解决方案——自动处理+系统整合

(1)人事流程自动化,实现与 HR 系统的整合

Guru eFlow 为阳立实现了海量单据的自动化处理,包括请假申请和加班申请。

首先助理们直接在 Guru eFlow 中提交申请表单,同时还可以得到一些统计数据,如在加班单中提供加班人数、用餐人数等,在请假单中提供本年度已请假的信息,可以给申请者和签核者或最终处理者一些参考和依据。

表单会根据事先定义的流程,自动地去选择正确的签核路径;签核者会收到系统发出的签核提醒,在邮件中点击相关的链接后,可在系统相应的页面进行处理,提交后,单据会自动地流转到下一个环节,而不必人为地干预,如图 8.2 所示。

等到所有的签核完成后,Guru eFlow 自动地将合格的单据写入到 HR 的系统中,HR 考勤专员可以直接在界面上浏览到这些加班信息。

(2)关键业务流程自动化,实现与 ERP 的整合

在电子制造行业中,料号申请是非常重要的环节,它关系着生产管理和质量控管。由于阳立的料号是由台湾总部统一控管的,各个分公司通过自己的内部流程

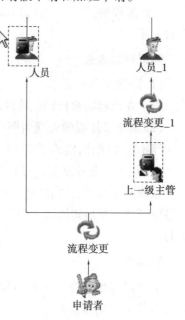

图 8.2　表单提交流程

后最终向台湾总部申请,申请一经确认就会进入集团的 SAP 或其他生产制造系统,而各地在 PR 申请中就可以看到更新后的料号列表。Guru eFlow 促进了这种数据的实时流转和交互。

4)导入过程

(1)确认内部最需要信息化的流程

选择内部使用率最高及使用幅度最广的流程开始导入。阳立选择了加班申请单作为商业流程自动化的第一站。这一流程使用人数最多,范围最广,因而取得的效益最显著。

首先选择 HR 人事考勤小组作为这一流程的管理者,他们作为规则的发布者和需求的收集者对流程的开发规格的确认负责。在设计出雏形后,工作流产品制造商的顾问、阳立的系统导入团队和流程中的关键处理人一起对表单和流程进行审核,提出有益于申请者和处理者的意见。

这一过程反复进行,直到它可以完全满足阳立的需求,为以后工作流软件的顺利运行打下良好的基础。

(2)教育训练

明基逐鹿提供的教育训练不仅是某个表单的使用,而且是流程信息化的知识。他们把教育训练分成两个层次:一个是针对终端用户的,主要是使用户改变传统的操作习惯,积累 e 化的经验;另一个是针对 IT 部门的系统维护人员,主要是使其能够自主地利用 Guru eFlow 提供的平台工具规划新的流程,不断地推动企业的流程自动化。

(3)高层的大力支持

在试运行期间,阳立的各部门主管,IT 副理,甚至厂长、副总都给予了极大的支持。他们积极主动地使用 Guru eFlow 进行审批或作业,并配合作一些习惯上的改变,更督促部门员工进行 e 化流程的推广。因此,内部能获得公司内部主管的认同,是企业实施内部 e 化相当重要的一环。

5)取得的效益

(1)降低了办公成本

自企业流程陆续自动化处理以来,阳立均以无纸化的方式进行作业。

(2)加速了流程的处理周期

经不完全统计,实施了 Guru eFlow 以后,阳立的流程处理周期平均提升了 50%。

(3)规范了业务流程,增加了企业管理的透明度

以请假单举例,公司的请假规则被定义在流程中,显示在表单窗体上,无论是申请者还是签核者都清楚地知道公司的规章制度,减少了人为失误和徇私舞弊,使得公司的事务可以透明化。

6)总结

工作流管理就像是一条贯穿各个应用系统的纽带,使各个系统部门连接并融会贯通,能够有效集成内部应用。企业 IT 资源的整合还体现在客户端应用的整合上,任何流程都可以以工作流管理为起点,它能够带领关键业务数据,送达各个需要的目的地,或者从各个目的地中取用数据资源,而不需要在众多终端上安装客户端软件,或是给众多用户分配诸多应用系统的账号。面对终端用户时,工作流可以是他们参与企业流程的整合入口。

8.2 工作流管理系统与 CRM 的集成应用

工作流管理系统是工作流技术与管理信息系统的集成应用,它的突出特点就是数据库的应用自动化。工作流管理系统与 CRM 的集成应用也就是工作流技术、管理信息系统与 CRM 的集成应用,三者的结合能够大大降低企业的经营成本,提高企业的经营效率。

8.2.1 管理信息系统与 CRM

管理信息系统是由人和计算机设备组成的自动化信息处理系统,它的应用大大降低了人们的劳动强度,并且极大地提高了人们的工作效率,管理信息系统在 CRM 中的应用又进一步提升了 CRM 管理的水平。

1) 管理信息系统概述

管理信息系统(Management Information Systems,MIS)已深入到现代社会的各行各业,由于计算机技术的迅速发展和普及,MIS 也得到了前所未有的发展。MIS 的定义随着计算机技术和通信技术的进步也在不断更新,在现阶段普遍认为 MIS 是由人和计算机设备或其他信息处理手段组成并用于管理信息的系统。

1985 年,MIS 的创始人——明尼苏达大学卡尔森管理学院的著名教授 Gordon B. Davis 给出 MIS 一个较完整的定义:"它是一个利用计算机硬件和软件,手工作业,分析、计划、控制和决策模型,以及数据库的用户—机器系统。它能提供信息支持企业或组织的运行、管理和决策功能。"

我国 MIS 一词出现于 20 世纪 70 年代末 80 年代初,"中国企业管理百科全书"中定义:MIS 是"一个由人、计算机等组成的能进行信息的收集、传递、储存、加工、维护和使用的系统。管理信息系统能实测企业的各种运行情况;利用过去的数据预测未来;从企业全局出发辅助企业进行决策;利用信息控制企业的行为;帮助企业实现其规划目标"。这个定义强调了 MIS 的功能和性质,强调了计算机只是 MIS 的一种工具,MIS 不仅是一个技术系统,而且也是一个把人包括在内的人机系统,是一个社会系统。

因此管理信息系统的定义可以这样描述:一个以人为主导,利用计算机硬件、软件、网络通信设备以及其他办公设备,进行信息的收集、传输、加工、存储、更新和维护,以增强企业的战略竞争能力、提高效益和效率为目的,支持企业高层决策、中层控制、基层运作的集成化人机系统。

2) 管理信息系统在 CRM 中的作用

在客户关系管理的过程中,大量的客户信息需要分析、整理,以增强为客户服务的能力,并且提高企业的竞争力。同时对客户信息的整理分析不仅有利于制订更好的市场销售计划,而且能够为企业管理层提供决策依据,因此,加强对客户信息的管理是实施 CRM 的关键环节。在这一过程中,管理信息系统将会起到重要的作用。

(1)具有良好的信息处理能力

管理信息系统的工作对象是信息,因此具有较好的信息处理能力,并且随着信息技术的发展,管理信息系统也逐渐成熟起来,各种功能逐渐完善。例如决策支持系统(Decision Support Systems,DSS)不仅支持信息的处理,而且向上发展,支持管理的决策。它是利用计算机分析和模型能力对管理决策进行支持的系统。在 CRM 中获得的信息可以通过决策支持系统进行分析,从而对企业的决策提供建议和依据。

信息系统支持决策就要有分析能力和模型能力,因此决策支持系统用户可以针对管理决策的问题,建立一个模型以考察一些变量的变化对决策结果的影响。例如,用户可以观察利率的变化对一个新建制造厂的投资的影响。决策支持系统有的只提供数据支持,称为面向数据的决策支持系统(Data Oriented DSS);有的只提供模型支持,称为面向模型的决策支持系统(Model Based DSS)。现在的决策支持系统均为既面向数据又面向模型的系统。

人机界面是 DSS 的人机接口,负责接收和检验用户的请求,协调数据库系统、模型库、系统方法库系统和知识库系统之间的通信,为决策者提供信息收集、问题识别以及模型的构造、使用、改进、分析和计算等功能,并将结果信息输出。

决策支持系统采用人机对话的有效形式解决问题,充分利用人的丰富经验,计算机的高速处理及存储量大的特点,各取所长,有利于问题的解决,如图 8.3 所示。

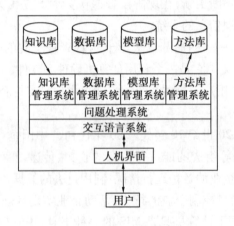

图 8.3　决策支持系统

(2)加强企业的内部协调

CRM 的实施需要企业有良好的内部协调机制,同时 CRM 软件系统的运行不能孤立进行,需要企业内部的生产部门、采购部门、库存部门等的配合。管理信息系统将整个企业的内部组织进行连接,实现了信息的共享,因此完善的管理信息系统是成功实施 CRM 的基础。

(3)提高与客户的适时交流效率

随着信息技术应用的深入,CRM 要求能够企业与客户实现适时交流,及时、快速地解决客户的问题,从而提高客户的满意度。这就对企业的管理能力提出了很高的要求。管理信息系统是企业信息化发展的重要环节,在此基础之上,更便于 CRM 工作的开展。

(4)帮助企业实现信息共享

管理信息系统是一个一体化系统或集成系统,这就是说管理信息系统进行企业的信息管理是从总体出发,全面考虑,保证各种职能部门共享数据,减少数据的冗余度,保证数据的兼容性和一致性。严格地说只有信息的集中统一,信息才能成为企业的资源。在 CRM 中不仅需要收集大量的客户信息,而且企业内的各个部门还需要共享信息,从而能为客户提供全面的服务,增强企业的竞争力。管理信息系统为 CRM 在企业内部的信息共享提供了便利的条件。

3)管理信息系统与 CRM 的集成

集成是一项关键而复杂的任务,是企业在实施 CRM 的过程中所遇到的最困难的任务之一。CRM 系统不仅反映企业的业务流程和信息结构,它也需要与内部和外部的业务系统进行集成,也就是说 CRM 应当提供一种集成的客户视图,收集不同种类来源的客户信息,并能够提供对所有应用系统的统一访问。

CRM 的实施需要将客户信息完全整合起来,使员工日常所必需用到的客户信息及以往的历史记录都可以通过 CRM 系统查询到。此外,应该力求将"以客户为中心"的思想体现在 CRM 系统的应用当中,优化销售、服务等各个环节的工作流程,以最快的速度响应客户的请求,这也是企业在国际市场中能够持续获取客户、保有客户的要诀。

CRM 注重改进企业和客户关系,但是不能单纯依靠销售部门来改善,而是需要与整个业务流程进行整合。管理信息系统与企业的业务流程紧密联系,注重改进各个业务流程之间的信息交流,因此,从业务流程角度将两者结合将更有利于提高企业的核心竞争能力。管理信息系统与 CRM 的集成可以体现在企业的销售管理、采购管理和客户管理等方面。

8.2.2 工作流管理信息系统(WMIS)

工作流管理信息系统是随着信息技术的发展而产生的,而利用计算机进行的工作流管理系统可以说是该系统的最早应用,随着数据库技术和网络技术的不断发展,工作流管理信息系统也得到了不断的发展和应用。

1)工作流管理系统的定义

工作流管理联盟(WFMC)对工作流管理系统也给出了定义,它指出工作流管理系统是利用计算机软件来定义、创建和处理工作流执行的系统。它运行在一个或多个工作流引擎上,这些引擎解释对过程的定义,与工作流的参与者(包括人或软件)相互作用,并根据需要调用其他的 IT 工具和应用软件。

可以这样认为,工作流管理系统是一个真正的各种 IT 资源与人之间协调工作的系统。参与者是系统的基本角色,是直接的任务分派对象。每个参与者可以直接看到系统针对自己列出的"任务清单",跟踪每一项任务的状态或继续一项任务的执行。这样,参与者的任务分派和任务的完成状态可以被最大限度地电脑化和受到控制。

一般说来,一套工作流管理系统要合乎规格必须满足 3 个关键因素:

①是否具有执行路径的自动选择功能。

②能否提供跟踪与监控信息。

③是否具有与应用结合的能力。

这3个部分都是工作流管理系统必须提供的重要元素。仅仅把处理事件从某个地点或参与者传递到另一个地点或参与者,并不能构成"工作流"。按路径流动必须具有"自动化",也就是说,能按照预先定义的逻辑规则进行流动,并且这一流动过程能被跟踪和监控,还能和外部应用相结合。

2)工作流管理信息系统(WMIS)

工作流管理信息系统(WMIS:Workflow+MIS,即工作流+管理信息系统)是把工作流技术与管理信息系统集成起来,其特点是数据库应用流程化。一个组织的工作都是由一系列环节构成的业务流程组成的,因此这样的组织需要其软件系统不仅能够解决独立环节的业务问题,而且能够自动把这些环节串联起来,希望一个环节所做的工作能够自动被下一个环节利用,这就是最基本工作流的需求。同时每一个环节常常又必须要通过数据库技术来解决,这样就提出了在工作流中应用数据库技术的要求。也就是,每个业务处理单位内部需要运用管理信息系统的功能进行数据的整理、检索、统计、输出等,但是各个业务处理单位之间必须用工作流的方式串联起来,将各个业务处理单位的工作结果在组织中按照一定的程序流转,并可以进行流程的监督、控制等。

3)工作流管理信息系统(WMIS)的优势

(1)降低劳动强度,提高工作效率

使用时不需要像在传统数据库应用软件中那样在许多不同的窗口、菜单及对话框中寻找、查询,只需要在一个统一的收件箱中,就可以找到所有尚待完成的各种不同类型的工作。这一点对领导特别有用,因为领导往往需要审批多种类型的工作文书。打开邮件,所要做的工作就以最合适的形式呈现出来,还可以包括相关信息,如果必要还可以直接调用有关的数据库应用软件进行进一步的查询或统计。

(2)高度自动化、协作化

大大减少重复劳动。通过邮件传递信息,用数据库存储信息,不再需要人工传递文书,此外前一阶段工作输入的信息可以自动被下一阶段所利用。

(3)无纸化

许多电子邮件软件(如Outlook,Lotus Notes)具备数字加密和数字签名功能。经过数字签名的邮件可以保证其内容的不可更改性和来源的真实性。实际上,数字签名可以实现比普通的印章更为可靠的证明功效,而且更加容易验证。数字签名可以构成一个分级体系,用更为权威的,例如组织的数字签名去验证个人的数字签名,也可以实现多重签名,类似于章上盖章和多重公章。使用数字签名的文件存储在计算机中,可以随时复制,快捷传递,永不褪色。另外,数字印章还有时限,也就是说,数字印章本身已经注明了其时限。

(4)易学易用

只要会使用电子邮件软件,就能够使用工作流管理信息系统,从而大大减少了培训工作量,这对用户和开发商都有利。

同时通过工作流的监控机制,可以发现流程的瓶颈,从而为重新整合企业的业务流程提供依据,使之更为有效。

4)WMIS 的解决方案

目前一种流行的工作流管理信息系统的解决方案:电子邮件+数据库=工作流管理信息系统(WMIS)。

以电子邮件来串联一项工作的不同阶段,把各个阶段的工作用相应的表格来体现,这些表格包含有完成它们所需要的信息(比如说当前环节的前面各阶段中所完成的工作情况),然后列出它们当前阶段所应当填写的各个输入选项。当一个表格的各个输入完成以后,就被以电子邮件的形式发送给下一阶段的工作人员。下一阶段的工作人员将会在他们的邮箱中看到他们所应做的所有工作的当前完成情况,对其中任意一项工作(邮件),可以通过人工选择或系统自动的方式展开下一步,也就是说打开下一步工作所应当填写的表格。这样,一项协作性的工作,表现为一系列的邮件,一个信息流、邮件流或者说工作流。不仅如此,在这些电子邮件中显示和输入的数据都要来自数据库,这就是说必须把 E-mail 系统和数据库系统集成起来。

最新的工作流技术能把数据库技术和基于电子邮件的流程管理技术结合起来,既能在邮件中访问企业的业务数据,又能在数据库软件中生成相关的邮件。比如计划人员可以在企业管理信息软件(管理信息系统)中也可以在电子邮件软件如 Outlook 中生成采购申请邮件,然后发给有关负责人,负责人收到邮件后,即可在邮件上答复申请,在答复时他还可以使用超级链接(Hyperlink)进入管理信息系统中察看有关细节。一旦申请邮件被答复,计划人员不仅能在管理信息系统中看到批准状况,也可以在邮件箱中看到答复意见。此外负责人在答复的同时还可以根据申请,自动产生一些相关的协同工作,分派给其他人。

8.2.3 工作流管理系统与 CRM 系统的集成应用

工作流管理系统能够为实现 CRM 提供高效的自动化平台,是 CRM 系统实施的重要工具之一,并且能够为 CRM 系统的实施提供信息框架,因此,工作流管理系统对于成功实施 CRM 具有重要作用。在实际应用过程中,工作流管理系统也常常与 CRM 系统进行集成应用,从而发挥出两者的最大功能。

1)工作流管理系统与 CRM 的关系

通过前面内容的学习,对工作流管理系统有了初步的了解,但工作流管理技术在实现 CRM 方面起着什么样的作用呢? 这主要表现在以下几个方面:

(1)作为实现企业市场营销、销售和客户服务流程自动化的高效平台

客户关系管理的一项重要内容就是围绕"以客户为中心"来管理企业的策略、流程、组织和技术,通过对客户市场管理、销售管理、销售支持与服务等流程活动的全面自动管理,实现一个顾客的"全生命周期管理",以增强顾客服务,提高顾客交付价值和顾客满意度。因而实现销售和客户服务流程的自动化是 CRM 系统的重要方面,而工作流管理技术则提供了实现这一技术的高效计算机实现平台。利用这一平台,一般的企业人员可以按照自己的要求快

速而便捷地实现各种流程的自动化。

（2）作为实现对业务流程的全面监控及面向 CRM 实现业务流程重组的重要工具

客户管理的一项重要内容就是如何深入分析企业在整个市场营销与销售过程中和客户发生的各种交互行为，改进各种不合理之处，对业务流程进行合理重组。为吸引新客户、巩固老客户，提高效益和竞争优势，从而确保企业利润的最大化。如何实现面向 CRM 系统的业务流程重组，是许多学者研究的一个热点，工作流管理系统由于提供了对企业业务流程仿真、全面分析和监控的一系列工具，无疑是业务流程重组的重要工具。利用工作流管理系统的工具，企业用户不仅可以实时监控到各个业务流程的最新状态，而且可以全面分析各个关键活动的各项指标，如平均等待时间、平均处理时间等，改进不合理之处，并可快速地模拟改进后的流程执行效果，选择最优的流程重组实施方案。

（3）作为实现客户关系管理系统中的信息集成的框架

客户管理系统是一个庞大的系统，需要和其他系统如销售管理、财务管理、设备管理等作经常的信息交流，因而如何和这类系统交互实现客户关系的全生命周期管理，也是 CRM 实现技术的一个重要方面。但由于工作流管理系统常常提供与各类系统的接口，因而可以利用工作流管理系统实现基于流程的面向 CRM 系统的应用系统集成，通过工作流管理系统为其他系统提供，按照一定的业务规则在适当的时机准备相关应用数据的功能。

2）工作流管理系统与 CRM 系统的集成应用原型

提供交互性更强的网上客户服务系统是实现提高客户服务满意度的重要方式之一。由于大多数的客户服务要求需要由企业内多个部门协同处理，如果没有对信息技术进行充分合理利用，往往不能以较快的速度响应客户的服务需求，更不能为用户即时反馈当前的处理状态。通过对工作流管理系统和客户关系管理系统的集成研究，将前台的 CRM 系统［网上营业厅、呼叫中心（Call Center）等］与后台的工作流管理系统进行集成应用，将是一个能够提高客户服务满意度的应用模式。

以客户投诉为例，集成应用原型描述如下：

①客户通过网上客户服务中心或免费服务电话进行投诉。网上投诉由客户录入投诉信息，电话投诉由呼叫中心服务人员录入投诉信息。

②对于可以由呼叫中心服务人员或服务网站立即答复的投诉，如果客户认为已经得到满意答复，则服务流程结束，投诉信息和答复信息记入客户投诉服务历史记录；如果不能立即答复或立即答复不能令客户满意，则投诉信息进入工作流系统。工作流引擎将根据系统的设定条件或人工输入的条件进行路由选择，确定由哪个具体流程处理该投诉，同时生成一个投诉手机号码下唯一的事务受理号，并由网站或呼叫中心服务人员反馈给投诉的客户。该受理号将是客户以及内部人员用来跟踪事务处理状态的索引号。虽然可以直接通过手机号码进行索引，但通过手机号码下的事务处理号将极大提高查询速度。需要说明的是，通过网上服务中心的客户投诉信息是需要经过防火墙进入企业内部工作流管理系统的，此处的安全性需要重点考虑。

③投诉信息被分配到具体工作流程后，产生一个工作流实例，按照流程定义的规则在企业内部的工作流管理系统内进行处理。工作流管理系统的流程监控和跟踪工具将提供实时

的事务处理状态。事务处理状态的表现形式将分为两类:详细状态和简要状态。简要状态是详细状态的一个子集。详细状态主要为企业内部管理部门的监管、催办、瓶颈分析提供信息。简要状态则主要为客户和呼叫中心服务人员提供投诉处理的阶段性结论和解决方法等方面的信息。简要状态是客户关心的也是在企业某些信息需要保密的前提下可以提供的。简要状态将定时透过防火墙传送到网上客户服务中心。

④客户可以通过多种方式了解到关于某个投诉的当前处理状态,在方式上采用了"推""拉"并举。客户在网上客户服务中心可以随时查询事务处理状态(简要状态),也可以通过电话提供事务受理号或手机号码进行查询。由于呼叫中心的服务人员有权限查看简要状态,因此可以及时向客户反馈事务处理状态,系统会自动以电子邮件、手机短消息、传真、电话留言等方式主动向客户反馈当前处理状态。集成应用原型示意图如图 8.4 所示。

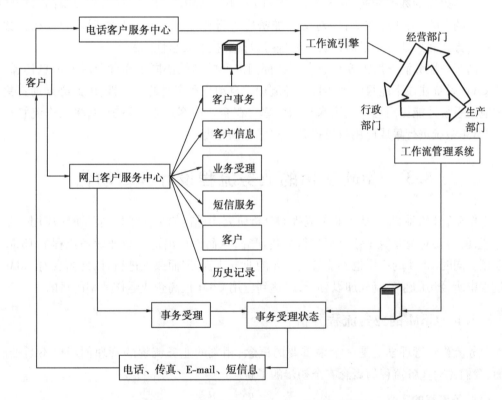

图 8.4 工作流管理系统与 CRM 集成应用原型

3)主要特点

该集成应用原型在工作流技术的基础上,整合了企业现有的呼叫中心及其他相关的业务系统,帮助企业建立更为高效的综合服务系统,使对客户的服务要求在各相关部门内的流转处理更为高效,并使客户可以及时通过多种方式了解到当前处理状态,有助于提高客户服务满意度。具体特点如下:

①完善网上客户服务功能,多方位为用户提供服务,并可适当降低人工服务成本。

②客户可以通过多种方式及时了解所提出的服务要求的当前处理状态,服务更加细

致周到。

③与现有呼叫中心结合,实现从客户提出服务要求到公司内部处理全过程的网络化、自动化、协同化,减少服务处理的平均完成时间。

④企业各部门及管理层可随时跟踪,监控服务要求的处理进程和状态。

⑤进一步完善了客户服务的相关数据,通过对客户服务数据(平均完成时间、客户投诉信息)的挖掘,可以为管理决策和市场决策提供科学依据。

4)技术要点

该集成应用原型最大的特点是在不同技术平台、不同应用功能的多个系统间进行整合。其技术保障是基于组件技术的面向对象设计、基于 B/S 结构的应用方式。另外,由于该模型涉及透过防火墙的数据交换,安全性设计方面采用了 XML 技术:即将需要交换的数据转换为自定义的 XML 格式形成文件,对文件加密后进行传输。接受方解密后再导入相关数据库。这种方式较好地解决了透过防火墙进行数据交换的安全性问题。

提高客户服务满意度需要企业内部各部门之间的高效协同工作和及时的消息传递,单一的 CRM 系统往往不能很好地实现服务流程的自动化和实时的交互性,因此必须通过集成其他应用系统才能提高总体应用水平和效率。在企业的客户服务系统中,将工作流管理系统与 CRM 系统进行集成应用将可提升客户服务满意度。

8.3 CRM 应用的业务流程设计和自动化

工作流管理实际上是基于业务流程的分析研究而进行的企业管理,将 CRM 应用于整个工作流,就需要对企业的业务流程进行分析研究,从而设计出适合企业业务流程的 CRM 应用模型。同时 CRM 的应用也不能脱离企业的业务流程,继而孤立进行,因此需要对 CRM 实施过程中所经历的业务流程加以分析,以达到应用 CRM 提高企业运作效率的目的。

8.3.1 CRM 的业务流程分析

业务流程在管理学上是一个很重要的概念,相关的业务流程的管理创新也不断推出。下面,我们先对业务流程的概念有个初步的了解。

1)业务流程的定义

业务流程源于英文的 Business Process,简称 BP,不同的商业和研究机构有不同的定义,仅列举以下几种:

● Collins Cobuild English Dictionary:业务流程是为了达成某个特定的结果而实施的一系列行动。

● Dictionary.com:业务流程是为了获得某个结果的一系列行动、变化或者功能。

● 国际 BPMI 组织:业务流程是一个由一系列被控制的活动所组成的连续进程,以系统地达成某个特定结果。

● Butler Group:业务流程是为了实现一个既定的意图或目标的一系列任务或者活动,

它们可以由企业内部或外部的人,或者系统顺序地或并行地加以完成。

综合上述不同的定义,可以明确地看出业务流程有 3 个基本特性:

(1)业务流程的目的性——实现既定目标

企业内部每个或大或小的流程都是为了完成某个目标,企业不可能去执行一个没有明确目的的流程。在执行这个流程之前,这个目标已经是确定的。虽然流程执行的结果可能未能实现目标,但至少目标是明确的。

(2)流程任务的执行者——人或系统

流程中每个任务或活动是由人或者计算机系统来执行的。在 CRM 高度自动化的流程主要由系统执行,反之则主要由人亲自执行。

(3)业务流程跨越一个组织/企业的物理界线

跨越组织的界线反映了当前形势的迫切需要,企业所确定的既定目标可大可小,小到一个订单录入流程,大到"将货物及时地送到客户指定地点"这样的目标。要实现这种大目标的流程在大多数情况下不可能只限制在企业内部,而要与其他合作伙伴的参与才能完成。

我们可以将工作流看成"正在执行中的一系列活动",所定义的是业务流程的一个运行过程。工作流和业务流程之间的区别应该像"干活"和"职业"之间的差别。相对业务流程来说,工作流没有什么目标性,但是有很强的时间性,而业务流程目标性很强,与速度无关,不需要关心完成这个流程的速度应该有多快。

应该说,工作流技术是其他流程技术的基础,离开了工作流和执行工具,其他流程技术就会成为一个空壳,变成只有概念化的东西。

2)CRM 的业务流程分析

在 CRM 乃至 ERP 等管理信息系统,一直强调的是业务重于技术。但是现实应用过程中,基于媒体和部分厂商的宣传和鼓动,却有很多以技术为先的案例,最终效果都不理想,因为偏离了业务目标的项目,技术再先进也只能是偏离得更远。

CRM 强调的是系统性地实现业务,研究 CRM 系统就不仅仅包括功能和技术,还要有业务。而在 CRM 设计的基础上,同时也包含了业务架构和技术架构两部分,二者缺一不可,即使强调的是技术架构,CRM 系统总归是要体现在内在的业务架构上。而 CRM 的业务架构,则是基于企业的 CRM 战略和规划,围绕企业的战略、流程和人等设计的。因此,CRM 的成功开展和实施都必须基于其业务流程的分析和优化。

(1)CRM 的业务架构

CRM 理念是舶来品,因此研究 CRM 的业务架构,以国外 CRM 理念和系统为主是比较严谨的,因为国外的 CRM 系统成熟发展和实践已有数十年了,并且将 CRM 理念和企业的实践模式融入了 CRM 系统中。

从国外的 Siebel、SAP、Saleslogix、SaleForce 等高、中、低端以及 ASP 模式的典型 CRM 系统(以下简称 4S)的分析看,4S 的业务架构的主线是一致的。万变不离其宗,CRM 系统的业务流程和业务功能基本围绕这条主线进行拓展延伸,不同的只是名称和功能深度和广度。

业务架构之所以关键,是由于业务架构来源于厂商对 CRM 理念和流程的理解,其业务架构的组成直接就是 CRM 的业务流程和关键控制点。这个直接影响着实际应用中企业的业务流程如何配置,都有哪些控制点等,任何一点都直接左右着 CRM 系统的灵活性与适应性。

而在 CRM 业务应用中,国外软件充分运用主线上各个业务点的状态、类型、级别、时间、角色、流程状态等关键点和可配置参数来实现复杂的业务。在架构上化繁为简,在业务应用上化简为繁,关键在于点与流程的结合,而不是简单的重复和累加。相对于国外的 CRM 系统,国内 CRM 系统或者挂着 CRM 系统的软件大多存在业务架构不清晰的问题,容易在功能界面上下足工夫,而不是在建立高度通用、灵活、易拓展的业务架构上。从而造成国内类似软件在实现某个成熟功能时做得很漂亮,但是也很僵化,当要应用于另外一种模式的业务时就必须重新开发而不是通过简单的配置或者定制就可以完成。

(2)CRM 的业务主线

前面提到成熟的 CRM 系统的业务架构大多围绕一条类似的主线展开,这条主线便是 CRM 系统业务架构的灵魂。变化皆源于主线,拓展也源于主线,定制也源于主线。

业务架构的主线基本上都是:市场→线索→联系人→客户→机会跟踪→报价→产品与价格配置→订单→服务→Web 自助→满意度→Club→反馈,从而形成一个闭环主线,如图 8.5 所示。

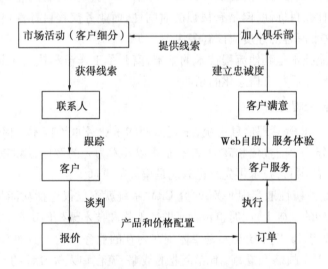

图 8.5　CRM 业务流程主线

围绕这条主线,大体可以描述 CRM 的业务概况。从客户细分和针对细分客户群进行市场活动开始;通过市场活动获得线索或者销售响应,进而转化为联系人;对联系人的跟踪,将联系人联系到相应的客户;当在客户跟踪中发现销售机会时,产生销售机会并跟踪;客户的购买意向强烈时,销售机会进入商务谈判的初步阶段——报价;报价单基于销售配置器进行产品和价格配置;当客户接受报价时报价单转化为订单,订单执行;成为购买客户后,客户的服务过程开始,可能会产生咨询、维修、退换货等服务请求或投诉;同时企业还会提供 Web 自助,让客户能够通过网络和知识库进行自助服务;当购买体验和服务体验让客户满意度提升的时候,客户的忠诚度会逐渐建立,从而进入会员俱乐部阶段;老客户在会员俱乐部或者其营销活动的推动下不断进行品牌推广和客户推荐,并反馈更多的信息,其产生的新的线索又成为一个新的 CRM 闭环业务的开始。

（3）基本环节

业务主线最基本的环节：客户、联系人、销售机会、订单。CRM 的起源来自 SFA，然后才拓展到服务、营销和智能分析。因此，业务主线最基本的环节为 SFA 的关键环节，毕竟企业还是最关注如何把握住更多的客户提升更多的销售收入。

客户是 CRM 系统的核心之一，整个 CRM 业务流程和系统建模都围绕客户。客户与联系人一般是一对多的关系，但在特殊的情况下也有多对多的关系，大部分 CRM 系统都以一对多关系设计。客户与销售机会也是一对多关系，一个客户可能有多次购买意向，可能在整个生命周期内有多次不同时间的购买行为。销售机会与订单是一对多的关系，如果是非消耗型交易，在一定时期内只发生一次，那么销售机会与订单为一对一关系，再次购买时按新销售机会处理；如果是消耗型交易，一次销售机会与订单是一对多的关系，定期连续地购买，则可以在一个销售机会下的多个订单；这种情况有时候也先做合同，然后再作连续的订单执行。

在这些基本环节中，CRM 系统充分利用各个点的状态、类型、级别、时间、关系变化等属性，体现复杂的业务应用。整个 CRM 业务流程都可以简化在这条主线上，再简化到这几个基本环节上。

8.3.2 CRM 中流程应用需求分析

CRM 的应用是比较"动态"的，许多业务流程不固定，即使同一个企业其销售、服务和营销业务的规定和政策也是随时变化的。对 CRM 进行流程应用需求分析有助于企业更好地理解 CRM 的应用，但是在实践中需要根据企业的实际情况来进行相应的调整。

1）任务分配自动化

销售主管和售后服务主管日常工作中最主要的职能之一就是给手下的业务人员或技术员"分配任务"。一个经验丰富的主管可以根据客户或所售产品的特征来最佳匹配业务人员或技术人员，这种"手工"操作在人数较少的情况下应该没有问题，而且主管用"人脑"去匹配比电脑的只能处理"结构化信息"的能力显然要准确得多。不过，当人数变多的情况下，没有电脑的帮忙就会显得力不从心，或者分配得很粗糙，大大降低分配质量，导致"人不尽其才"的现象。

利用自动化流程应用，可以根据客户、员工的特征指标，设计出一定的"计分制匹配原则"让电脑自动化地为你分配，不但减少了大量的"人工"，也提高了分配准确度。流程设计的灵活性也可以根据需要作出相应改变，这无疑是一个很重要的流程应用领域。

派活自动化的派活对象主要有以下几类，见表 8.1。

表 8.1　任务分配对象类型

名　称	内　容
客户业务代表自动化分配	客户所在的地域，客户主要购买产品，客户关系质量(有待于模型化)以及客户企业的大小等客户的特征；相匹配的业务代表特征有代表资历，代表的语言能力，代表的家庭地址，教育程度及产品知识等

续表

名　　称	内　　容
销售机会的自动化分配	销售机会的匹配特征有机会大小,客户新老情况,客户关系指数,购买历史及所购买产品;业务人员的特征除了基本的特征外,还可以加上过去交易的成功失败的历史记录等
服务请求的自动化分配	服务请求的特征有服务优先级别,所服务的产品性质以及服务性质(如年度检查、设备故障等);技术人员的特征有技术专长、家庭地址等
销售线索的自动化分配	营销部门从各种促销活动中获得的销售线索必须有效地分配到其他业务人员,以进行线索"合格化"(Lead Qualification)的工作,这可以根据线索的级别特征同直销人员的特征或负荷情况相互匹配
电子邮件处理分配	电子邮件处理是互联网时代产生的一个"新工作",不管企业以何种心态面对这个新工作,电子邮件越来越多是一个基本的事实。客户对电子邮件的回复要求只能是越来越高,因此,自动化分配这些电子邮件以提高处理速度也是流程应用的一个重要方面。电子邮件管理应用,实际上也是一种业务流程应用,可以在企业流程应用中统一规划
业务活动分配	业务活动主要是指同客户的各种联系活动,可以根据活动的性质最佳分配给指定的员工,以更好地实现活动的目的

2)消息发送

流程应用另一个领域是消息发送功能。当系统状态符合所规定的条件时,自动触发信号并向消息的接受者发出即时通知,使员工及时掌握业务状态,提高决策效率。

比如,客户取消订单时可以向业务人员自动发出电子邮件或手机 SMS 信息;客户欠款达到一定的额度时,会同时自动向催账人员和业务人员发出消息;银行客户存款数目超过一定数目时自动向业务人员提供"情报";某个产品的返修率达到一定百分比时自动向采购部发出信息等。如果同企业各种商业智能应用联系起来,消息发送流程的应用就更为广泛,所有这些消息的及时发送使得员工能够随时掌握各种最新情况,及早采取必要措施,提高企业的"灵敏度"。

3)记录创建

记录创建是指 CRM 应用中的各种实体记录的创建,如客户、联系人、机会、活动以及请求服务等记录的自动化插入。像触发消息发送一样,当某个条件成立时,可以让系统自动生成相应记录,比如在企业数据挖掘应用中发现某个重要的客户上个月"特别安静",就可以自动地创建一个电话活动,并分配给它的客户代表。客户代表从自己的应用中就自动获得这个活动并按照规定时间完成这个电话询问活动。

4)促销自动化

营销人员为了提高促销效率和效益,必须不断调整促销策略。从促销对象的获得和筛选,广告词的修改,一直到营销消息的发送渠道都要根据过去的经验反复调整。一个灵活的流程设计工具可以帮助营销人员很好地分析各个环节的运行情况,从而提高工作效率。

5）其他更高层次的流程应用需求

除了 CRM 的内部流程应用之外，CRM 同 ERP 以及其他合作伙伴之间的流程整合应用也比较广泛。当然，要做到这些整合，必须有一个满足 CRM 和 B2B 应用集成的基础，否则，要实现所谓的"实时性"企业，即时库存（Just In Time）等目的也只是一个无法实现的理想。

8.3.3 业务流程的计算机模型

在理解了业务流程的概念以及 CRM 的流程应用需求的基础上，需要进一步来研究流程的应用设计，第一步即业务流程的计算机模型的建立。一个概念只有被"结构化"和"模型化"才可能被计算机管理，这是计算机应用的首要前提。

1）事务（Activity）

在工作流管理中，活动（Activity）是指逻辑步骤中的一项工作任务，与业务流程中的事务是同一个词。但这里用事务更多的是指一个计算机语言，活动不太适用于建立需要准确概念的模型，它主要指流程的构成组件，为作区别，把它称为事务。

（1）事务的定义

事务是一个流程中执行某个特定功能的组件。比如，激发另一个流程的启动，向其他应用发送消息，呼叫一个电子邮件程序等都是活动。一个活动可以很简单，也可以很复杂。一个流程中如果嵌套了另一个子流程，那么这个子流程本身也是一个事务，换句话说，一个子流程对父流程来说是一个事务，但就这个子流程来说，它是一个流程。

（2）事务的种类

按照事务所执行功能的复杂程度，可以分为原子事务和复杂事务两种类型。

原子事务是指这个事务无法继续细分，在执行时具备"有或无"（All or Nothing）这两种状态。比如，呼叫另一个程序这个事务，要么无呼叫，要么有呼叫，中间不存在别的状态。

复杂事务通常用来协调多个原子事务和复杂事务的执行，包含一个或多个事务集。它必须决定内部需要执行的事务个数及执行顺序。复杂事务还以继续细分为更小的事务，在执行过程中存在多个中间状态，如果要实现"或无"的执行特性，必须采用类似于数据库管理系统中的交易"回滚"特性。

（3）事务与流程的关系

在计算机模型上，可以简单地理解为一个流程是由一系列事务组成的，以达成一个特定结果，如图 8.6 所示。

图 8.6 事务与流程的关系

从图 8.6 上看,每个事务之间好像没有联系,不像一个"流程的样子"。理解这个问题的根本在于流程模型中对事务这个实体的定义。事务之间之所以没有"连线",是因为一个流程之中的事务的方向性和关联性是可以在事务的属性中定义的,如果现在就把它们都连起来,好像一个流程事务之间的顺序已经安排好了,这就会失去流程执行时的灵活性。而且,在流程过程中,各个事务的发生顺序并不总是"单线的",其他如并行的、反复的,甚至中途放弃也都可能发生。

(4)有关事务的几个概念

• 事务执行容器(Context):容器是事务运行环境。一个事务总是在一个容器中得以执行,在同一个容器下执行的多个事务之间往往会共享一些属性值。另外,基于同一个事务可以激发出多个事件(Instance),这些基于同一个事务的事件只能在同一个运行环境里进行,容器的使用可以有效管理和控制事务的执行。

• 事务集(Activity Set):所有放在同一个容器里执行的事务集合称为事务集,事务集有两个属性(Attribute),即事务集名称以及事务集所含各个事务的名称。

• 事务事件(Activity Instance):事务被激活后成为处于运行状态的事件,事件的生命周期如图 8.7 所示,其正常结束经历工作中、结束中和正常结束 3 个状态,在出错时则有放弃状态。一个事务可以同时激发多个事件,都在同一个容器下运行。

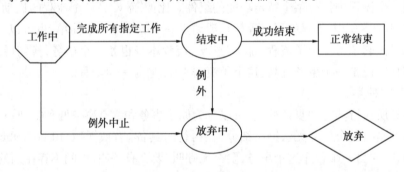

图 8.7 事务事件的生命周期

(5)事务的种类

根据流程中各个事务的功能特性,BPML(Business Process Modeling Language)标准定义了 16 种事务,下面简略说明一下这些事务(见表 8.2)。

表 8.2 事务类型

名 称	类 型	事务功能
Action	原子型	激发某个程序的执行,传递参数,提供程序运行环境
All	复杂型	执行一个事务集内的所有事务,事务的执行不分先后
Assign	原子型	向现有容器中的一个属性赋值
Call	原子型	激发产生一个流程事件,等待流程执行结束
Choice	复杂型	针对一个触发事件选择和执行某个事务集
Compensate	原子型	在某个交易成功完成后消除和补偿在交易执行过程中,因"回滚"需要而做的各种标记

名　称	类　型	事务功能
Delay	原子型	时间延迟、等待
Empty	原子型	什么都不做,指一个不执行任何操作的事务
Fault	复杂型	在目前容器环境激发一个错误,其错误编码可根据 Code 属性指明
Foreach	复杂型	对事务集内指定的事务清单顺序执行
Join	原子型	等待需要连接流程的结束
Sequence	复杂型	按顺序执行事务集内所有的事务
Spawn	原子型	激发执行一个流程,产生一个流程运行事件
Switch	复杂型	根据条件事项,选择和执行某个事务集
Until	复杂型	反复执行某个事务集,直到达到某个条件
While	复杂型	首先评估条件,条件成立执行事务,其反复执行次数为零或多次

2)业务流程种类和属性

一个流程实质上是一种特殊类别的复杂型事务,在执行过程中有属于自己的运行环境(Context),每个流程包含一系列事务,可以顺序执行,也可以并行执行,流程完成后实现特定流程结果。

（1）流程被激活的过程(Instantiation)

一个流程主要由另一个流程发来的消息(Message)激活。这种由消息激活方式发生在具有“松耦合”特征的两个流程之间,每个流程相互独立,因此,流程的交互可以在异构平台下进行。一个流程也可以由其他方式激活,比如,它可以由另一个流程直接调用“Call”,或者连接(Join)的方式激活,这种激活方式发生在两个“紧耦合”流程之间,无法跨越异构平台。两种不同的激活方式如图 8.8 所示。

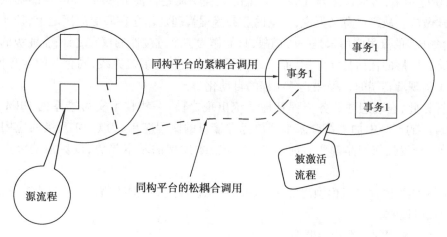

图 8.8　消息激活与调用激活方式

在流程被激活时,各种参数由源流程事务(Output)写入被激活流程的第一个事务的输入属性(Input),流程执行完毕,根据流程的输出定义决定返回值。

（2）顶级流程和嵌套流程

顶级流程独立于任何其他流程,它有完全属于自己的运行容器,可以随时被别的事件激活;嵌套流程是在另一个环境下所定义的流程,嵌套事件的发生必须依赖于所指定的容器内,只能被属于同一个容器的事件或"子容器"内的事务所调用。

（3）流程事件（Instance）

像事务事件一样,流程事件也有它的生命周期。自被外部消息调用开始,一个流程事件的状态变化如图8.9所示。此图相对于事务事件的状态,其流程事件多了一个可以恢复到工作状态的暂停状态,可以暂时将流程挂起直到恢复。

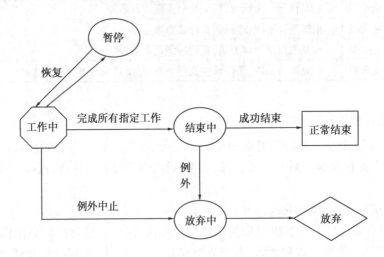

图8.9　流程事件的生命周期

3）CRM 的业务流程应用

CRM 应用中,集成以工作流技术为主的流程功能是目前大多数 CRM 产品提供商所采取的通常做法。从严格意义上说,真正的业务流程管理是建立在底层应用之上,任何同底层"紧耦合集成"的流程应用都是一个局限,只能作为一个过渡性的权宜之计;企业级的流程应用必须跨越底层的任何具体应用,而且还需要跨越企业的组织界线,同企业的业务伙伴、银行等真正实现端到端的全程性业务流程的自动化。

尽管如此,在理想的业务流程管理系统出现之前,一些技术实力雄厚的 CRM 应用提供商在自己的产品中加入符合未来开放标准接口的流程应用,为 CRM 升级的应用预留空间。当然,开发任何产品都要有前瞻性,符合技术发展的基本趋势,以免浪费宝贵的开发资源。

下面从流程的计算机模型出发,提供 CRM 流程应用的基本构架,并对构架中各个"原材料"分别加以说明。

（1）业务流程的基本功能框架

首先,以一个典型的重要客户通知流程为例,分析从设计到触发内外部事件一直到成功执行所经历的各个基本环节,从而对流程应用建立一个基本的概念。

功能框架应用举例:

①企业政策

为了加强同重要客户的关系,销售部规定从 2018 年 10 月起,如果客户的订单额达到 5 000 元,系统必须自动向负责该客户的销售人员的手机发出一个短信息(SMS),这个消息包含了该客户的名单、客户联系人和订购产品编号等有关信息。

②政策的计算机规则

条件:订单额>=5 000 元 AND 订购时间>=2018 年 10 月 1 日。

行动:发送 SMS 信息(客户名单,联系人姓名,所订产品编号,产品名称)给销售人员。

对这样一个规则,如果没有流程应用,就必须编写一个计算机程序来具体实现这个企业规定。而且,多数情况下,这种程序灵活性很低,只要企业政策有所变化,比如政策有效期、订单额大小调整、发送信息内容变化和发送信息对象变化等,肯定又要对源程序加以修改。如果企业某一天取消了这条政策,那么原来的程序可能就会浪费。

③如果有一个 CRM 流程应用,其一般步骤如下:

● 销售经理将这项政策转换化为计算机规则,即定义条件和行动。

● 在图形化流程设计工具中新建一个流程,称为重要客户 SMS 订购通知,由于在流程库中已经有订购额比较事务,日期比较事务,订单信息查询事务以及发送 SMS 事务,因此,用户只要简单地采用鼠标拖放就可以完成这个流程的设计,并且,对每个部分的属性进行必要的赋值,如果某个需要的事务在数据库中没有,则必须先行建立该事务。

● 当用户将这个流程存贮后,这个设计应用在流程数据库中添加 XML 格式的流程定义,并填写流程中每个事务的属性值,过程如图 8.10 所示。

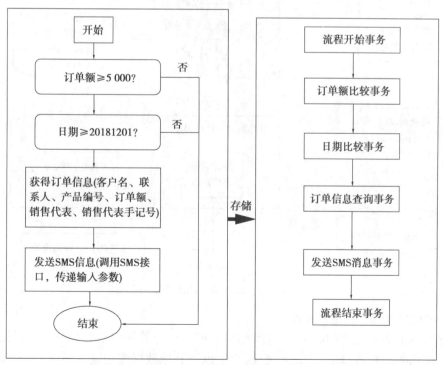

图 8.10　流程设计与流程模型

- 用户在流程设计界面中单击"激活"按钮,此流程设计应用向事件触发器发出"新事件监控"监控请求,并附带流程识别号。当事件触发器处理这个请求时,发现是内部应用事件触发(本地数据库订单额≥5 000 和日期≥20181201),于是在数据库中提交数据触发命令(SQL Create Triggers),并随时监控数据库触发事件的产生。

- 一旦事件触发器发现该事件触发记录,会立即将该事件消息以及流程标识发往流程引擎。

- 流程引擎根据流程标识号码,利用 BPQL 语言向流程数据库查询该流程的所有执行信息,并根据流程定义运行该流程。

- 流程被执行过程中,需要调用本地应用所提供的数据库操作服务(订单信息查询)以及 SMS 发送 API,每一个事务的执行都携带各个参数值,直至流程执行完毕。如果执行过程中有错误,流程引擎利用内部的出错处理事务进行处理。

以上通过一个例子来说明流程应用中各个模块的功能,下面将对各部分的功能设计进一步分析,如图 8.11 所示。

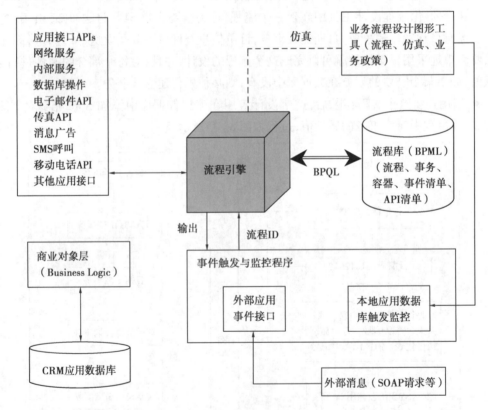

图 8.11　流程应用功能框架

(2)流程设计图形化用户界面

图形化流程设计应用的底层是一个流程数据库,这个数据库主要是一个流程描述的元流程(Meta Process),可以用 XML 来记录,也可以用其他数据库记录。不过,为了标准化目的,最好采用基于 XML 的标准流程模型化语言(如 BPML),为今后 B 2 B 流程整合提供前提条件。应用程序可以采用客户/服务器(C/S)方式,也可以采用浏览器/服务器(B/S)方式编写,由 CRM 设计人员自己选择。

　　流程应用的主要设计要求是简单易用,适用于非 IT 人士。因此,可以集成一定的企业政策及规定的定义功能,提供企业的规定与具体流程的对应关系,当然这要求在数据库中添加政策的存储记录。另一个功能是流程仿真功能,这部分可以通过流程引擎实现,即将仿真命令当成流程引擎的一个特别的事件触发输入来处理。

　　(3)流程发动机:流程引擎

　　流程引擎(服务器)是流程执行程序,这个程序首先要监听由事件触发器传来的各种事件。一旦截获特定事件,必须按照事件流程对应表执行流程。引擎解读流程库中流程事务等定义,将各种输入输出参数按定义准确传递(改变属性),并相应调用系统所提供的各种服务和程序接口,产生各种规定的输出。

　　流程引擎应用是以事件为驱动的,在设计中同时要考虑负载平衡、内存垃圾处理和安全等一般系统设计要求。

　　(4)事件统一入口:事件触发和监控程序

　　大多数企业业务流程的执行都是条件触发的,即有"如果:行动"这样一个逻辑,也是从日常运作中的各种业务规定演化而来。数据库管理系统都有触发器的功能,当数据表中某项操作的发生,如插入、更新和删除等,系统会自动触发某个规定的动作,这些触发信号都可以作为流程引擎的触发信号。本地数据库触发器所发生的触发可以称为本地应用事件触发,另外一类触发信号是由外部应用发出的,如网络服务的 SOAP(简单对象访问协议,Simple Object Access Protocol)信号,或其他应用请求信息。事件触发和监控程序的目的就是随时监听各方事件,并按照事先规定好的事件流程相关参数和流程标识等信息向流程引擎传达。这样,流程引擎便可以根据事件和流程的对照表将事件分流至相应的流程初始化程序,完成相应的流程事件。

　　(5)流程 API

　　除了流程设计界面、流程引擎以及事件触发与监控程序以外,还有很多内部、外部的应用接口供流程引擎使用。这些程序有些是本地的,如 CRM 软件所提供的各种服务程序(数据库操作和整合适配器等),有些是根据第三方 API 设计的,如通过 MAPI 设计的电子邮件发送程序、传真程序和无线应用接口等,另外一类是通过互联网的网络服务或传统的 EDI 处理程序等。程序库越丰富,流程应用所能做的实际操作也就越多,CRM 客户功能的选择余地就越大。

　　另外需要说明的是,由于流程引擎没有同 CRM 的多层应用架构直接发生关系,CRM 应用的商业逻辑和具体数据库操作的实现是通过这些 API 调用实现的,因此,将整个流程应用看成一个同一般 CRM 应用相互分离的应用也未尝不可。这种独立性为今后企业更大范围的流程整合提供了一个基本前提。反过来说,如果流程应用同 CRM 应用紧密相关,即发生"紧耦合"现象,那么,这种流程应用将有很大的局限性,只有在企业应用中分离出独立的流程逻辑层才可以实现全方位的独立于平台和应用的流程整合目的。

8.3.4　业务流程自动化设计

业务流程的设计以及有效执行是 CRM 产品的一个重要方面。企业流程自动化设计工具主要有业务流程设计（Workflow），活动表单设计（Activity Templates），任务派遣管理（Assignment Manager）以及客户交互脚本设计（Smart Script）。

1）业务流程设计

设计企业所要求的业务流程，主要由 3 个应用模块组成：

（1）业务流程的过程设计

CRM 所定义的过程一般包括次过程（Sub-processes）、决策点（Decision Points）和任务（Tasks）3 个要素。过程设计利用大家所熟悉的线程设计方法（Flowchart）使用鼠标拖放（Drag & Drop）技术就可以设计出复杂且直观的工作流程图。通过对任务的定义可以执行诸如数据更新、发送电子邮件、调用第三方服务程序等自动化工作。

（2）政策管理器

政策管理器用作所设计工作流程的动作触发器，当系统状态符合所规定的特定条件时，政策管理器便执行相应的业务流程。

（3）状态模式转换

状态模式转换规定某企业目标的状态转换的条件与状态点。定义何时可以由一种状态向另一种状态自动转换，以及授权特定用户在必要时改变监控目标的状态。

2）活动表单设计

活动表单的设计使企业能自动添加数据库的活动记录并根据相应条件分派到指定的员工。产生活动日志的对象可以是客户、联系人、销售机会或服务请求。通过对活动的管理，企业可以使销售人员或服务人员对顾客的日常联系工作标准化。

3）派遣管理

此模块是自动化任务派遣工具，可以把特定的任务分配给最合适的销售或服务人员，得以最佳匹配完成任务所需的技术、语言和文化背景等因素。该模块利用对各种指标打分的办法以最高分选出最佳人选，并按数据安全要求自动修改相应记录（如服务请求记录，待分配的客户记录等）的安全属性，确定记录的访问名单或职位（Access List or Team Member）。

4）交互脚本设计

这是一个专门为市场营销经理、呼叫中心管理人员以及 CRM 开发人员使用的交互脚本设计工具。呼叫中心人员或营销人员可以根据所设计的对话脚本与顾客交谈而不必担心问题的遗漏或无法即时回答有关问题。对话的过程由脚本控制，根据过去的记录，在特定的阶段自动给出特定的问题或答案。

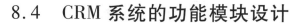

8.4　CRM 系统的功能模块设计

CRM 的基本功能主要包括客户管理、销售管理、联系人管理、时间管理、营销管理、客户服务、合同管理等模块。从 CRM 的设计角度看,可以从市场管理功能、销售管理功能、服务管理功能和客户管理功能等几个大方面来进行。

8.4.1　市场管理模块

市场是销售的源头,有效的市场管理是企业销售成长的前提。市场工作的职能简单地说就是通过各种方式和渠道与目标客户进行有效的价值沟通,从而达到塑造品牌、传播产品价值、获得客户接触机会的目的。CRM 结合市场业务的特点,能有效地支持企业进行市场分析、市场战役计划、战役执行和战役成果评估等市场管理业务。

市场管理的直接对象是客户,企业从客户中收集相关的资料进行分析、整理,同时通过反馈机制确定目标客户和潜在客户,实现对客户的深层次挖掘,并且将从中获得的有价值的信息建立企业数据库,为企业的市场管理部门和客户服务部门提供决策所需的资料。因此市场管理模块适用于企业对市场的调查研究和客户挖掘阶段,为企业的生产营销决策提供信息,如图 8.12 所示。

市场管理模块具有的功能主要分为战役管理和线索管理两大部分,具体的功能见表 8.3。

表 8.3　市场管理模块功能列表

功能模块	功　能	功能模块	功　能
战役管理		线索管理	
战役计划	战役设计	线索信息管理	线索属性定义
	资源配备		线索档案库
	任务计划		线索状况汇总一览表
	采购计划		线索视图
	战役计划审批		线索分析报表
战役执行	目标客户	线索认定	线索确认
	任务/行动管理		任务安排
	执行检查		线索处理
费用管理	采购审核	线索分配	线索分配
	费用报销		线索跟踪
	费用审批		任务安排
	预算执行	线索响应管理	任务核销
战役评估	战役执行检查		线索任务一览表
	战役评估报告		

续表

功能模块	功 能	功能模块	功 能
市场信息管理	客户信息		
	竞争信息		
	政策信息		
	市场信息		
	价格信息		
	需求信息		

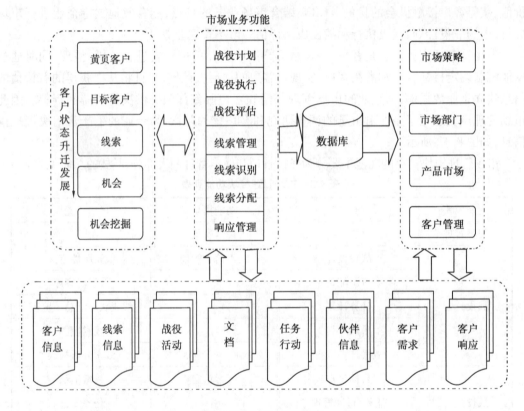

图 8.12 市场管理模块

1)战役管理

战役管理模块通常由产品市场经理和市场部业务人员使用,主要功能是针对目标客户制订战役计划、组织执行战役,获得销售线索,评估战役效果、控制费用预算等;企业总经理也可使用战役管理模块了解市场工作状况,获得市场信息、客户信息和销售线索信息等。战役是针对目标客户群的一次或一组市场活动,可以是产品发布会、研讨会、印刷品广告或其他类型的营销举措。

战役管理模块的功能包括以下内容:

（1）战役计划

用户可根据企业的市场策略和 CRM 的决策支持系统以及销售目标对市场工作的要求制订战役计划,战役计划的功能包括以下几点:

①"战役设计":确定战役名称、类型、战役目标、目标客户、促销产品、市场诉求、起止时间、覆盖区域等。

②"战役资源配备":确定参与人员与分工,合作伙伴以及费用预算。

③"战役任务计划":确定战役的具体任务、执行人员、执行时间、预算费用分解等。

④"战役采购计划":确定战役所需要采购的物品和服务,以及采购预算,如:广告、PR 服务、设计服务、印刷、客户数据、设备租赁等。

⑤"战役计划审批":战役计划制订后,可提交上级市场经理或市场总监进行审核。审核通过后,战役建立完成。

（2）战役执行

战役计划通过审核后,其负责人可以启动该战役,并进入执行状态。在战役执行过程中,可以安排行动,记录已发生的行动历史、费用明细以及由战役产生的线索。除此之外,还可以对战役的基本信息和相关目标客户、产品、参与人员、合作伙伴等内容进行调整。战役执行功能包括以下几点:

①"目标客户管理":根据战役计划确定的目标客户范围,建立目标客户档案库,并针对具体的目标客户建立行动安排、群发邮件、打印信封等接触号召行动;记录客户响应结果,管理客户响应行动。

②"任务行动管理":根据战役计划确定的任务,系统自动分配任务给各项任务负责人;各项任务负责人可以分解任务,安排行动,记录行动结果,汇报任务执行情况。可以安排战役的待办事宜、记录已发生的行动历史;系统提供任务执行状况一览表。

③"执行检查":利用系统提供的分类检索视图和日程等功能检查战役计划和战役行动的执行情况。

（3）费用管理

根据战役计划的费用预算,系统提供采购审核、费用申报、费用审批、预算执行台账等功能。

①"采购审核":根据设置的审核权限进行采购审核;系统提供会审机制和审核文档支持。

②"费用报销":系统提供费用报销申请。

③"费用审批":根据设置的审核权限,系统提供费用审批功能。

④"预算执行":系统提供动态的预算执行台账,台账信息包括:项目、预算额、已发生额、可用预算额、预算责任人等。

（4）战役评估

在战役执行过程中或战役完成后,可以针对其执行效果进行评估,提交战役评估报告。主要评估指标包括:战役成果(如实际产生的有效线索数量)、目标达成率、线索转化率(实际产生的有效线索数量除以执行的目标客户数)、平均线索成本,客户响应率(客户响应数除以执行的目标客户数)等。

（5）市场信息管理

①"信息库"：将市场信息(包括客户信息、竞争信息、政策信息、市场信息、价格信息、需求信息等)按一定的规则进行分类形成市场信息文档库。

②"信息共享"：按一定的权限和规则实现信息共享。

2）线索管理

线索即一个潜在的销售机会。线索可以是从公司网站上(或通过电话)获得的客户需求信息；或从市场活动中获得的有购买意向的客户，也可能是业务员直接从其他渠道获得的销售线索等。线索是销售机会的源头，它往往是客户与企业的第一次接触，对线索管理的好坏将直接影响销售结果。线索管理模块可以帮助企业有序地管理销售线索，使企业对线索的状况清晰明了，对客户的请求作出及时的响应。线索管理模块通常由客户管理员和销售经理使用，它包括线索信息管理、线索认定、线索分配和线索响应管理等功能。

（1）线索信息管理

客户管理员将各种途径获得的线索信息录入系统，建立线索档案库。线索信息通常包括：客户基本信息(如：名称、地址、联系方式、联系人、产品、业务、行业等)、客户需求信息(即客户的购买意向和要求)、购买潜力(即购买可能性和预计销售金额)等；系统可以直接输入线索信息，也可由管理员使用工具箱中的导入工具批量导入线索。系统能提供按公司、部门、时间的线索状况汇总的一览表。

（2）线索认定

线索认定就是对各种途径获得的线索进行真实性识别和销售机会等级与价值的判断，以便生成销售机会或创建一个目标客户。线索认定是一项需要销售经验的工作，它是客户生命周期升迁的第一个关键点，一般需要有专门的认定权限人员才能够对企业线索进行正确的认定。线索认定后要根据企业确定的规则对线索进行处理，如：近期销售机会分配给销售员管理，中长期机会转为潜在客户管理，非目标客户删除。

（3）线索分配

①"线索分配"：对认定后需要转移给销售员管理的线索进行分配，系统将自动把线索相关信息共享给相关销售人员。系统对销售人员退还线索可以进行再分配。线索分配完成后还需要对线索进行跟踪管理。

②"线索跟踪"：通过线索视图可以跟踪线索的销售推进状况和升迁结果，了解销售人员对线索的行动历史。

（4）线索响应管理

线索通常伴随着客户的一些售前服务请求，如客户需要资料、需要样品、需要报价、需要技术咨询等。线索响应管理就是对客户的售前服务请求进行记录并安排响应人员和任务，记录响应任务完成结果，按企业规定的要求检查客户响应任务完成情况。通过这些具体功能的应用，企业可以较好地把握市场特别是客户需求的资料，抓住销售机会，开拓市场，实现企业的营销目标。

8.4.2　销售管理模块

销售自动化(Sales Force Automation,SFA)是 CRM 中最基本的模块,在国外发展已经相当成熟,近些年在国内也获得了长足发展。SFA 是早期针对客户的应用软件的出发点,但从 20 世纪 90 年代初开始,其范围已经大大地扩展,以整体的视野,提供集成性的方法来管理客户关系。

销售自动化的主要目的是,打破目前普遍存在于企业的"销售单干"现象,通过对客户信息、后台业务信息的高度共享以及销售流程的规范化提高企业整体的销售业绩。它可以提供给销售人员和销售管理人员使用,两者间可以通过权限设置以区别,销售管理人员也可以通过该模块对销售人员进行督查、任务安排审批等,如图 8.13 所示。

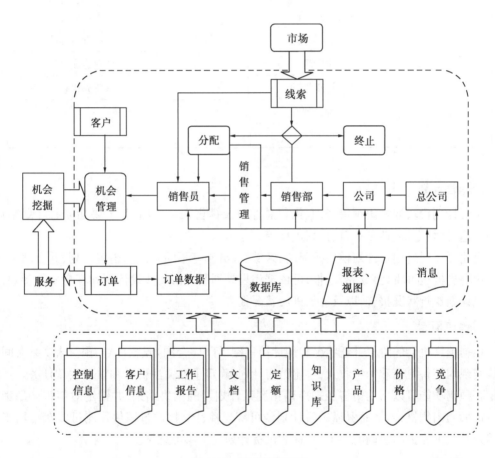

图 8.13　销售管理模块

销售是企业运营中最重要的环节之一,销售管理能力、销售策略和销售技巧被称为影响企业销售业绩的"三大关键要素",对企业销售管理能力的提升和销售策略的正确决策能提供充分的支持和帮助,销售管理模块的功能见表 8.4。

表 8.4　销售管理模块功能列表

功能模块	功 能	功能模块	功 能
销售计划	计划制订	销售分析	状况分析
	计划下达		趋势分析
	计划上报		对比分析
	计划执行		结构分析
	计划进展	销售预测	销售预测
机会管理	机会管理		重点项目管理
	销售漏斗管理	销售绩效	定额管理
	决策树管理		销售排行
	联系人管理		销售管线分析
	竞争管理		计划达成分析
	任务行动管理		任务检查
	异常管理		
	客户关怀		

1）销售计划

销售计划模块通常由销售经理、销售总监以及销售人员使用,其主要功能有计划制订、计划下达、计划上报、计划执行、计划进展等。

企业可以通过销售计划模块按部门、区域、人员制订不同时段的销售计划,并自动下达,各级销售机构也可将计划逐级上报,可依据销售计划制订市场战役计划和客户发展计划;系统提供计划执行状况报告,以及计划进展状况报告。

2）销售预测

根据销售机会的阶段升迁状况和预计销售额,订单(合同)收款计划,预测未来某时间段可能实现的销售机会和销售收入;对比销售计划,确定重点关注机会和重点收款任务。系统的销售预测功能可以帮助销售经理准确预测某计划期的销售结果,并锁定对销售计划影响权重最大的销售机会,从而保障销售计划的可实现性;同时,通过销售预测可以对市场工作和客户发展工作提出明确的要求,并针对供货计划提出参考意见。

3）销售绩效

系统提供对销售人员的销售定额、销售计划完成状况、机会升迁状况、任务完成状况等方面的统计分析。其主要功能有"销售定额""销售排行""任务检查""计划达成分析""销售管线分析"等功能。

①"销售定额":根据公司和部门的销售计划,确定销售人员的销售定额,统计定额完成情况。

②"销售排行"：系统提供定期的销售排行统计,销售排行可按部门、区域、销售员统计。

③"任务检查"：记录每个销售人员的任务,通过视图了解检查任务完成情况,查询按任务的"工作日志"(即行动历史)。

④"计划达成分析"：系统可按部门、人员、时间提供销售计划达成率、定额完成率、机会成功率、销售回款率等绩效考核统计报表。

⑤"销售管线分析"：系统可提供每个销售人员的管线分析数据,并与企业平均数据对比,以此评估销售人员的销售能力,如:升迁周期、流失客户最多的阶段、销售成功率等。

4）机会管理

机会也叫商机,即一个可能的销售机会,机会管理是一个销售人员使用的模块,其主要功能有机会管理、销售漏斗管理、联系人管理、竞争管理、任务行动管理、异常管理、客户关怀等功能;是销售人员有效的销售工具。

（1）机会管理

机会管理是指对销售人员所拥有机会的管理,机会管理的主要功能有机会分配、机会确认、接触计划、决策树管理、联系人管理、机会升迁、时间管理、任务行动、提醒/报警、客户关怀等。销售人员可以通过系统制订客户接触(拜访)计划,并形成客户拜访日程;通过任务行动和日程合理分配和安排时间;通过决策树管理把握客户决策状况,通过机会升迁和机会管线分析把握机会状况。

（2）销售漏斗管理

销售漏斗(也叫销售管线)是科学反映机会状态以及销售效率的一个重要的销售管理模型。通过对销售管线要素的定义(如阶段划分、阶段升迁标志、阶段升迁率、平均阶段耗时、阶段任务等),形成销售管线管理模型;当日常销售信息进入系统后,系统可自动生成对应的销售管线图,通过对销售管线的分析可以动态反映销售机会的升迁状态,预测销售结果;通过对销售升迁周期、机会阶段转化率、机会升迁耗时等指标的分析评估,可以准确评估销售人员和销售团队的销售能力,发现销售过程的障碍和瓶颈;同时,通过对销售管线的分析可以及时发现销售机会的异常。销售管线是一个科学有效的管理手段和方法,尤其对直销模式的销售管理。

系统提供多业务模式的销售管线管理模型,使用者可根据不同的业务特点选择不同的管线管理模板,制订阶段任务和接触计划,安排行动日程等。

同时,系统可通过"销售漏斗管理"分类跟踪机会升迁状况和机会接触状况;同时,系统提供按公司、部门、人员、时间的"机会升迁状况表"。此功能可以帮助销售经理及时了解和掌握公司、部门和销售人员的销售机会状况,以及机会推进状况,及时发现潜在问题,指导销售。

（3）联系人管理

系统对联系人分两类进行管理:一是某具体机会的联系人;二是公共关系资源联系人。其主要功能有联系人信息、联系人重要事件提醒、联系计划、日程等。

（4）竞争管理

竞争管理分为针对某具体销售机会的竞争管理和企业级销售支持的竞争管理。其主要功能有竞争对手信息、竞争信息汇总、查询竞争对手信息、记录竞争对手的竞价条件和动态、竞争监测报告、竞争比较、按竞争对手的机会视图。竞争管理可以帮助销售经理和销售人员及时了解竞争状况,分析竞争对手,及时制订竞争策略。

（5）任务行动

系统提供"任务—行动—评估"的任务管理机制,可针对销售机会推进过程中的问题和异常状况,建立任务、安排行动、评估结果。

（6）异常管理

异常管理是管理者最重要的管理内容,系统通过"销售漏斗分析""机会视图"等功能及时发现销售过程中的异常状况,为管理者在第一时间发现异常、及时处理异常提供方便。

（7）客户关怀

对机会/客户的联系人(决策人)进行客户关怀的预设置,系统到时提醒;同时,系统提供批处理功能,如客户关怀信函模板、群发邮件、短消息、信封打印等。

5）销售分析

可以对销售过程中收集到的信息进行分析从而确定出企业目前所在的状态。具体的分析内容可以见表8.5。同时企业可以根据自己的实际情况,进行相应的变化和调整。

表8.5　企业销售状况分析表

	客户	线索	机会	销售	员工	产品
状况分析	★	★	★	★	★	★
构成分析	★	★	★	★	★	★
趋势分析	★	★	★	★	★	★
对比分析	★	★	★	★	★	★
排序分析	★	★	★	★	★	★

8.4.3　服务管理功能模块

客户服务与支持是客户关系管理中的重要部分。在很多情况下,客户的保持和提高客户利润贡献度依赖于提供优质的服务,客户只需轻点鼠标或打一个电话就可以转向企业的竞争者。因此,客户服务和支持对很多公司而言是极为重要的。图8.14显示了服务管理模块。

在CRM中,客户服务主要是通过呼叫中心和互联网实现。在满足客户的个性化要求方面,它们的速度、准确性和效率都令人满意。CRM系统中强有力的客户数据使通过多种渠道(如互联网、呼叫中心)的纵横向销售变得可能,当把客户服务与支持功能同销售、营销功能比较好地结合起来时,就能为企业提供很多好机会,向已有的客户销售更多的产品。

服务管理模块主要针对产品供应商的售后服务管理,服务管理包括服务卡(合同)管理、

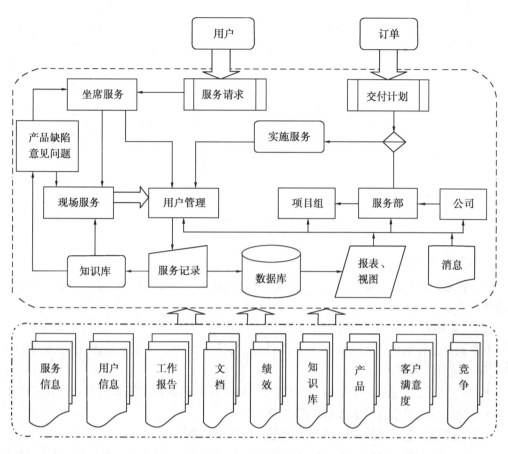

图 8.14　服务管理模块

坐席服务(Call Center 服务)、现场服务、投诉管理、客户回访、客户关怀、产品缺陷管理、常见问题管理、服务人员管理、收费管理等。服务管理模块的功能见表 8.6。

表 8.6　服务管理模块功能列表

功能模块	功 能	功能模块	功 能
坐席服务	服务请求	用户档案	
	服务记录	服务卡管理	
	服务移交	收费管理	收费记录
	服务统计		收费明细
现场服务	任务建立	投诉管理	投诉记录
	服务委派		投诉处理
	服务记录		投诉核销
	任务核销	客户满意度管理	客户满意度调查
	服务统计		客户满意度分析

续表

功能模块	功 能	功能模块	功 能
客户回访	客户回访计划	客户关怀	关怀设置
	回访任务执行		关怀提醒
	回访任务核销		批处理
产品缺陷管理	产品缺陷记录	人员管理	人员档案
	产品缺陷提交		人员服务负荷
常见问题管理	常见问题知识库		服务统计
	常见问题查询		

1)服务管理功能

服务管理模块包括坐席服务、现场服务、客户回访、产品缺陷管理、常见问题管理、人员管理等功能。

（1）坐席服务

坐席服务是针对电话热线服务方式而设计的,其主要功能有服务请求、服务记录、服务移交、服务统计等功能。

- 服务请求:通过客户编号检查客户资质,调用用户档案及相关知识库处理服务请求。
- 服务记录:记录客户服务请求以及处理结果。
- 服务移交:电话热线无法解决的问题移交值班经理。
- 服务统计:服务经理可通过服务统计功能统计分析员工服务工作状况和客户服务请求状况,以及服务请求波动规律以便合理调配服务资源。

（2）现场服务

现场服务是指对需要到客户现场提供服务的客户需求的服务管理;其主要功能有任务建立、服务委派、服务记录、任务核销、服务统计等。

- 任务建立:根据坐席服务移交的客户服务请求建立现场服务任务,确定任务完成时间和任务要求。
- 服务委派:根据现场服务任务安排执行人员;系统提供派工单、员工服务负荷统计及任务日程等功能。
- 服务记录:记录现场服务任务的执行情况以及问题解决情况和客户意见。
- 任务核销:检查现场服务任务完成情况,核销服务任务。
- 服务统计:服务经理可通过服务统计功能统计分析员工服务工作状况和客户服务请求状况,以及服务请求波动规律以便合理调配服务资源。

（3）客户回访

客户回访是指根据企业确定的客户服务规范,安排客户回访计划,并自动生成客户回访日程,检查客户回访计划执行情况,核销回访任务;其主要功能包括客户回访计划、回访任务执行、回访任务核销等。

（4）产品缺陷管理

产品缺陷管理是通过对客户服务的问题记录的统计分析,发现产品缺陷,向相关产品部门提交产品缺陷信息。同时,将产品缺陷信息及相关处理方案作为知识库提供给服务人员备查。产品缺陷知识库可按关键字或按类型查询。

（5）常见问题管理

常见问题管理是通过对客户服务的问题记录的统计分析,提供统计分析以及解决方法的分类知识库。发现常见问题和问题解决方案,并以此建立常见问题知识库,提供给服务人员备查。常见问题知识库可按关键字或按类型查询。

（6）人员管理

人员管理是指对服务人员基本状况、服务工作量、服务负荷以及解决问题的能力等方面的管理,主要功能包括人员档案、人员服务负荷、服务统计等。

2）用户管理

用户即老客户,是客户的一种形态,一般定义为企业产品和服务的使用者;维护好用户,挖掘用户的潜在价值是许多企业非常重要的一项工作。用户管理包括用户档案、服务卡管理、收费管理、投诉管理、客户满意度管理、客户关怀等功能。

（1）用户档案

用户档案管理提供用户基本信息、产品记录、交易记录、服务承诺、服务记录等用户信息的记录与查询功能。系统提供方便灵活的信息记录和查询功能。

（2）服务卡管理

服务卡管理是一种用户身份合法性的管理,系统提供用户身份记录与校验,以及服务承诺记录与查询等功能。系统支持一卡多用户和一用户多卡的功能,使用户身份管理变得极为方便。

（3）收费管理

收费管理是指对收费服务项目中的收费管理,系统提供服务收费记录与服务收费统计功能。

（4）投诉管理

客户投诉管理是维护客户满意度的一项非常重要的管理工作。系统提供客户投诉记录、投诉处理、投诉核销等功能,并通过投诉统计,分析服务人员、产品等方面的投诉率。

（5）客户满意度管理

客户满意度管理主要提供客户满意度调查和客户满意度分析两大功能。系统根据客户满意度调查和服务记录统计的客户满意度评价,记录客户满意度状况,发现不满意的客户以及原因,提出相应的处理措施。

（6）客户关怀

对用户的联系人进行客户关怀的任务建立、预设置,系统到时提醒;同时,系统提供批处理功能,如客户关怀信函模板、群发邮件、短消息、信封打印等。

8.4.4 客户管理功能模块

客户是企业最重要的战略性资源,企业的一切经营活动、营销策略都是围绕"发现、保持和留住客户"。因此,对客户资源进行集中统一的管理十分重要,分散的客户信息、客户资料形成了对客户进行有效管理的屏障,导致企业对客户的状况把握不准,而使企业的营销策略出现偏差;同时客户与企业的关系也变成了孤立的客户与个人的关系。客户管理最重要的作用就是实现客户资源的企业化管理,使客户能够得到企业整体的支持和服务。图 8.15 显示了客户管理模块。

客户管理是 CRM 的基本功能模块,主要提供客户分类、客户信息、客户价值管理、客户满意度管理、客户分析等功能。客户管理模块的功能见表 8.7。

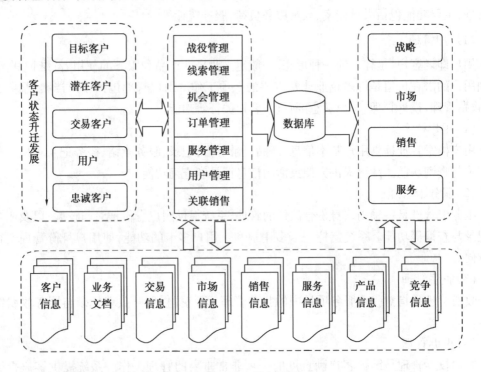

图 8.15　客户管理模块

1)客户资源管理

CRM 中的客户是一个广义的概念,它可以是最终客户,也可以是渠道分销商或用户等,系统可以分别对不同的客户进行管理。客户管理的功能主要包括客户信息(基本信息、动态信息、交易信息、需求信息、客户价值、客户信誉度、客户满意度等)、客户状态(指客户处在生命周期的什么阶段)、客户资源状况分析、客户分类、客户分配、客户转移、客户合并等功能。CRM 的客户管理可以帮助企业全面掌握客户的基本状况以及客户与企业的关系度和变化情况;为企业决策以及营销业务管理提供有效的支持。

2）联系人管理

联系人是销售过程中的一个重要角色，企业和客户之间的关系是通过联系人来建立并保持的，他是企业与客户之间沟通的纽带和桥梁。对联系人的维护和管理是销售过程中一项非常重要的工作。CRM 提供了许多对联系人维护和管理的功能，如联系人信息、联系人偏好、联系人动态、联系人生日提醒、联系人接触计划、联系人共享、联系人文档、联系人紧密度分析等功能。

表 8.7　客户管理模块功能列表

功能模块	功 能	功能模块	功 能
客户资源管理	客户信息	客户发展计划	计划制订
	客户分类		计划下达
	客户资源分析		计划执行
	客户需求	客户价值管理	价值模型定义
	客户决策树		客户价值分类
	客户分配		客户价值分析
	客户转移		客户价值历史变化分析
联系人管理	联系人信息		客户策略
	联系人动态	客户满意度管理	客户调查
	接触计划		客户满意度分析
	联系人紧密度	客户信誉度管理	信誉度记录
客户关怀	关怀设置		信誉度查询
	关怀提醒	客户分析	客户综合分析报表
	批处理		

3）客户发展计划

企业的市场部门、销售部门和销售人员可以根据公司或上级主管下达的销售任务，制订阶段性的客户发展计划，并根据客户发展计划安排阶段任务行动，或组织市场战役；并根据客户发展计划执行效果预测销售业绩。

4）客户价值管理

按价值管理客户是 CRM 的基本思想，不同的客户对企业的价值贡献是不同的，从某种意义来说，企业利润最大化来源于有效的客户价值管理。CRM 的客户价值管理提供"价值模型定义""客户价值分类""客户价值分析""客户价值历史变化分析"和"客户策略"等功能。客户价值管理可以帮助企业建立统一的客户价值评估标准和评估体系，按价值等级合理的对客户进行分类，并制订对应的客户满意策略，提供个性化服务。

5）客户满意度管理

客户满意度是衡量企业持续发展潜力的一个重要指标，不满意的客户不仅会自己远离你，而且会把不满意的体验传递给你的潜在客户。因此，了解和掌握客户的满意度状况对企业的发展是十分重要的。CRM 的客户满意度管理提供了"客户调查"和"客户满意度分析"的功能，为企业进行客户满意度管理提供必要的支持。"客户调查"功能可以批量地进行客户满意度调查，并统计和记录调查结果；同时，利用客户调查结果和服务管理中的客户服务评价统计可以进行客户满意度分析，从而使企业可以很方便地掌握客户满意度状况，及时发现客户的不满。

6）客户信誉度管理

对客户信誉度的管理也是许多企业十分关注的内容，尤其是在与客户的交易方式和交付方式的选择上需要掌握客户的信誉度状况，以避免企业风险。CRM 在客户信息管理中可记录客户信誉度，并可方便地查询客户信誉度状况。

7）客户分析

从不同的角度对客户进行分析，包括收集到的客户的个人信息、消费过程的反馈信息等，将上面的信息进行综合分类形成客户分析表。

8）客户关怀

同其他的客户关怀功能一样，CRM 可针对客户进行客户关怀，其功能包括客户关怀的任务建立、预设置，系统到时提醒；同时，系统提供批处理功能，如客户关怀信函模板、群发邮件、短消息、信封打印等。

8.4.5 决策支持功能模块——商业智能

当 CRM 的市场管理、销售管理、服务管理和客户管理的功能实现之后，将会产生大量客户和潜在客户的各方面的信息，这些信息是宝贵的资源。利用这些信息可以进行各种分析，以便产生涉及客户关系的方案，供决策者及时作出正确的决策，即商业智能（Business Intelligence，BI）。

1）商业智能的概述

商业智能，起源于 20 世纪 90 年代中期的西方发达国家，可以说是提高企业市场竞争力的一种技术手段或方法论。商务智能是指利用数据挖掘、知识发现等技术分析和挖掘结构化的、面向特定领域的、存储于数据仓库内的信息，它可以帮助用户认清发展趋势、识别数据模式、获取智能决策支持从而得出结论。

商业智能的应用一般可以分为 4 个阶段：①企业报表的产生，特别是财务报表，在上市公司或规模较大的企业需求非常普遍；②"例外分析"，所谓例外分析就是找出报表中所显示的问题，层层深入地找出其出现的原因；③进行分类，通过数据挖掘，进一步了解客户的特点、习惯等；④通过商业智能，分析所得到的数据信息，进而制订出相关规划、策略。企业可以根据自身信息化水平按部就班地实施商务智能，这样可以大大降低实施风险，也更容易有针对性地选择商业智能产品。

2)商务智能中的数据仓库(DW)技术

从技术上来说,BI 包括数据仓库或数据集市、OLAP(On-Line Analytical Processing,联机分析处理)和数据挖掘(Data Mining)。如上所述,BI 是一种提高企业生存能力的方法或过程,这种过程我们又称为 BI 循环,在这个循环中可以非常清晰地了解数据仓库、OLAP 和数据挖掘的关系,如图 8.16 所示。

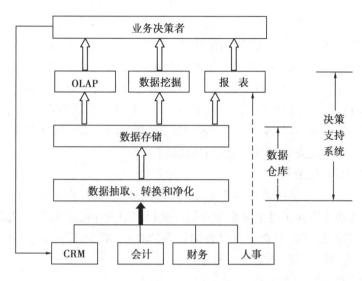

图 8.16　BI 循环原理图

在图 8.16 中所示的 BI 循环中,外部数据通过运行环境(ERP、CRM、SCM 等)流入该循环。这些外部数据包含有关客户、供应商、竞争对手、产品以及企业本身的信息。首先,应当对加入数据仓库的数据进行净化和转换,纠正错误的数据和统一格式,使其满足数据仓库应当具有的数据格式和质量标准,然后将其存储在中央存储库中(充当中央存储库的可以是关系型数据库或者多维数据库)。在这里,数据的抽取、净化、转换和存储是 BI 循环的核心组成部分。决策支持系统(Decision Support Systems,DSS)从数据仓库/数据集市中检索数据并将所得结果提交给业务决策者。DSS 满足了从简单报表经由 OLAP 扩展到数据挖掘范围内的各种需要。

3)决策支持的功能模块

CRM 的商业智能是一种报表生成、分析和决策支持的工具。在 CRM 系统中,利用商业智能,可以收集和分析市场、销售、服务和整个企业的各类信息,对客户进行全方位的了解,从而理顺企业资源与客户需求之间的关系,增强客户的满意度和忠诚度,实现获取新客户、支持交叉销售、保持和挽留老客户、发现重点客户、支持面向特定客户的个性化服务等目标,提高赢利能力。

商业智能包括如下功能模块:

(1)个性化客户服务

通过不断调整客户档案的内容和服务,达到基于客户的喜好或行为来确定客户的兴趣的目的,在基于客户的喜好和行为的基础上组建经营规则、搜寻相关信息内容,进而以一个整合的、相互联系的形式通过个人主页、E-mail 等渠道将这些内容展示给客户。

(2)客户获得和客户动态分析

其主要功能包括:新客户数量统计;新客户选择本企业服务的原因分析;客户来源统计;客户与企业达成的交易量;客户与本企业达成的交易量占总数的比例分析;客户多参数、多角度查询,可通过时间、客户类别、交易量、地理位置等参数对客户进行统计、分析等。

(3)客户流失分析

主要功能包括:流失客户数量、比例统计,按月、季度、年或任意时间段等不同时间单元,通过区域、年龄、性别、消费层次、客户职业等分析角度对流失客户的数量、比例进行分析统计;流失客户类型分析,按行业、客户类型、客户性质等分析角度对流失客户进行分析,寻找流失客户的基本特征;流失损失分析,按业务种类、业务品牌及流失客户历史消费记录等角度分析流失客户对企业收入带来的影响;客户流失原因分析;客户流失预测,建立客户流失模型,预测企业的客户流失趋势及可能带来的影响。

(4)客户利润贡献度分析

通过此功能帮助企业了解哪些客户是使公司赚钱的主要客户,哪些客户为企业所带来的利润一般化,哪些客户甚至可能使企业亏损。这样可以为企业了解客户贡献利润,将企业的有限资源更多分配给那些为企业贡献利润最多的客户,减少在不为企业贡献利润的客户身上的无谓的投入,杜绝那些风险极高的客户。

(5)客户满意度和忠诚度分析

通过订单数量、合同数量、支付方式、支付及时率、业务往来年限、业务历史记录、是否有欺诈行为等参数计算客户的满意度和忠诚度指数,从而帮助企业提高客户的满意度,并帮助企业分辨哪些是公司的忠实客户,哪些暂时还不是忠实客户,并分别对之采取不同的策略。

(6)深入分析、了解客户

通过建立各类客户分析模型库,收集客户的全面信息,全方位、深层次、多角度地掌握客户资料,预测客户的动向,为企业进行下一步的客户服务做好准备。

随着计算机技术的发展和管理方法的升级,更高级的 CRM 功能模块将会被企业采用,企业也将在 CRM 自动化中找到效益的增长点,为企业提供更先进的管理手段。

8.5　案例:宝钢 CRM 系统助力实现精准营销

如何实现精准营销?如何提升营销资源的投入产出?行业竞争的加剧使大部分的企业进入微利时代,对企业的客户关系管理也提出了更高的要求。

1)企业概况

宝钢作为世界钢铁行业的领导企业,在多年的客户关系管理积累基础上,携手 AMT 进一步开展了以客户价值为基础的测评和提升服务,基于客户价值评估设计差异化营销策略,从而提高客户忠诚度和保持率,实现营销资源投入的最优化。

宝山钢铁股份有限公司(简称"宝钢股份")是中国最大、最现代化的钢铁联合企业,连续多年跻身世界 500 强企业。宝钢股份以其诚信、人才、创新、管理、技术诸方面综合优势，奠定了其在国际钢铁市场上世界级钢铁联合企业的地位。《世界钢铁业指南》评定宝钢股份在世界钢铁行业的综合竞争力为前三名，认为也是未来最具发展潜力的钢铁企业。

近年来，国内外钢铁行业形势日趋严峻。一方面，从市场环境来看，钢铁行业在建规模过大，投资增幅过高，宏观调控，客户需求多变，钢铁产品品种结构的升级，原燃料大幅度涨价，运输紧张，用电紧张；另一方面，从市场竞争的角度来看，中国巨大的钢铁消费市场吸引了诸多国内外的投资者，企业竞争日趋激烈，国际钢铁巨头通过多种渠道进入国内钢铁市场，国内钢铁企业也发展迅速。作为国内特大型钢铁联合企业，宝钢正面临着巨大的挑战。同时，国内竞争对手通过引进设备、技术革新等手段，正逐步缩小了与宝钢产品质量的差距。宝钢一直引以为傲的产品质量也受到了前所未有的挑战。宝钢要想继续在激烈的市场竞争中立于不败之地，除了在产品质量上不断精益求精，还必须不断地提升客户关系管理能力和水平。

2）项目背景

在这种经济环境下，谁掌握了客户，谁就占领了市场。为此，宝钢"以客户为中心"的管理理念已经提出多年，并融入企业管理的全过程。从 2008 年 AMT 协助宝钢进行 CRM 的全面规划，实现客户信息的一体化管理，到之后宝钢推出了如按周交货、设置客户服务代表等一系列重要的服务举措，宝钢在客户关系维护方面已经投入了大量的人力物力，并有了一定的积累。然而这么多客户给宝钢带来的价值各不相同，这些价值如何测度？如何基于价值评估为客户提供差异化的服务？

作为工业品企业，公司的客户及客户开发工作具有 4 方面的特征：一是客户的交易行为相对理性；二是客户的开发和维系成本较高；三是目前已经拥有庞大且较为固定的客户群，但同时存在流失现象；四是不同的客户由于属性、特征不同，其需求和价值贡献点也有所差异。

从目前宝钢已开展的客户关系管理工作上看，需要更为深入地分析客户价值，从而指导具体工作的开展，具体体现在两个方面：

（1）客户管理政策的落实需要更为明确的价值定位

①没有针对不同阶段的客户制定不同的信息管理制度和服务监控标准，需要对不同价值的客户呈现出不同的指令触发要求，对客户的服务监控管理制定不同的标准。

②没有以客户价值为基础制定客户满意度/忠诚度的维护政策和资源配置方案，需要识别不同价值客户的满意度/忠诚度现状，对此制定满意度/忠诚度提升方案和资源配置方案。

（2）现有的客户分类分级方式需要进一步细化

①价值测算较为主观，需要建立全面、客观的客户价值测算方案，明确客户的价值定位。

②价值定位比较笼统，客户的价值点不够明确，需要结合客户的生命周期，以产品为基础对客户的价值进行多维度的划分，并进行客户群体的归类。

③现有分类方式不具备典型的指导意义，在实际工作中未能充分利用，新的客户细分需要符合"以客户价值为导向的营销模式"的基本要求，作为客户关系管理的起点，实现差异化营销。

3）系统功能

只有挖掘并牢牢地把握住能给企业带来最大价值的客户群,在客户价值的引导下进行客户关系管理,才能实现公司资源的优化配置和利益最大化。为此,宝钢股份再次携手 AMT 开展了以客户价值为基础的客户关系管理项目,量化客户价值,提供差异化的营销。

（1）客户价值的评价

首先是建立评价客户价值的指标体系,旨在全面、客观地反映评价客户价值的维度和指标,通过理论研究和内部调研,结合公司内对客户价值管理的现状了解和需求分析,最终形成了当前价值和潜在价值两个维度,共计 30 个评价指标的客户价值评价指标体系;然后是建立客户价值的量化模型,通过相关工具确定每个指标的权重,以此形成客户在细分层次中价值方面的得分和排名,便于后续客户价值的分析。

（2）以客户价值为基础的客户细分

无论是差异化营销还是精准营销,一个共同的前提就是要将客户进行细分,针对客户细分群体的价值贡献制定相应的营销策略。为此,AMT 结合宝钢现状,在价值量化的基础上,综合订货量和利润方面的表现,将客户细分为核心价值客户、重要价值客户、价值客户和一般价值客户,并成金字塔形分布,塔尖用户即为核心价值客户,在全公司毛利贡献和销量贡献累计同时占到前 80%。

（3）客户关系维护策略的持续推广

从客户的角度分析客户对于宝钢现状最看重的维度和指标是哪些方面,对这些指标的评价如何;从宝钢的角度分析现有的客户维护工作现状如何,有哪些地方值得提升,通过这样的对比分析,结合宝钢现状将客户维护工作集中在客户最关注的点上。

4）客户维护策略

结合客户细分结果,提出 3 方面的客户维护策略:

（1）微型分割策略

通过客户感知价值和期望价值的对比,分析不同行业客户的关注点,同时,以客户价值为基础,对应不同的客户层级形成微型分割的营销策略,从而对不同级别的客户给予不同等级的优惠和服务政策,对于不同产品的用户由于关注点的不同,在维护方面有所侧重。

（2）核心价值客户一对一的全流程解决方案

核心价值客户为公司贡献了 80% 的利润和销量,对于这类客户形成一对一的全流程解决方案,有针对性地发现客户需求,制订服务方案,进行方案评估,最后实施方案,从而变统一的服务为个性化服务,以大客户经理/总监为对接人,为核心价值客户打造一体化的服务方案。

（3）内部管理机制的健全

客户的维护需要宝钢各级相关部门进行业务协同,同时借助于相关制度政策加以固化和落地,主要涉及价格管理机制、服务管理机制等,同时对于核心价值客户的管理,健全大客户经理/总监管理制度,明确大客户总监/经理的岗位职责,健全大客户管理流程和绩效考核机制,从而保证核心价值客户一体化的服务方案的落地。

5）实施效果

通过上述方案的设计及执行的持续跟进和辅导，能够让宝钢分析客户价值，根据客户价值设计差异化营销策略，将有限的资源投放于价值贡献大的客户并有效传递，保持和持续提高客户价值，更好地维护客户关系，为企业赢得长远的利润，并协助其达到以下几个具体目标：

①实现 360 度的客户信息管理。充分利用现有的一体化销售系统，进行深入挖掘，以全方位了解客户信息，识别客户价值，保证信息的一致和共享。

②实现一致化的客户体验。考虑产品、行业，进行客户分级，针对各类客户提供一致化的客户体验。

③实现差异化的营销活动。根据不同价值的客户提供差异化的营销、服务活动，从而实现资源的优化配置和利益最大化。

④提供全方位的决策支持。通过全面、及时、有效的信息来支持决策，从而提高营销活动的效率，实现高效的营销、服务管理。

⑤自上而下的持续使用和推广。客户价值测评的方法和工具不仅适用于公司层面，对于每一个营销部门，甚至销售人员也同样适用。对于公司来说，客户价值的测评让公司知道了最为核心的客户，对于销售人员来说，也可以利用这样的方法对手中的客户资源进行评估，从而指导客户管理工作的优化。

案例分析题

1. 宝钢是如何实现 CRM 系统精准营销的？
2. 传统企业实施 CRM 需要注意哪些问题？

本章小结

管理信息系统是企业信息化发展的重要组成部分，CRM 是企业实现信息化的关键环节。以工作流管理系统为核心的业务流程在 CRM 中处于重要的地位，是客户关系管理的一项核心技术。本章首先介绍了工作流管理技术的发展历史、基本概念，并且重点介绍了基于 CRM 的工作流管理模型。同时结合案例对工作流管理系统的应用进行了分析。其次，在管理信息系统应用的基础上，提出了基于工作流的管理信息系统（WMIS）模式，并对目前的应用进行简要的分析。再次，结合 CRM 应用的业务流程分析，研究了 CRM 的流程应用需求分析，以及 CRM 实现业务流程自动化的设计方案。最后，以 CRM 的典型功能的设计为例，详细介绍了 CRM 的功能模块的组成和设计，使读者对 CRM 软件从原理、设计到应用有一个全面的了解。

复习思考题

1. 简述工作流的概念和基本功能。
2. 什么是管理信息系统？其在 CRM 中有什么作用？

3. 简述工作流管理信息系统的概念和优势。

4. 试述工作流管理系统与 CRM 系统的集成应用。

5. 简述 CRM 的业务流程的主线与基本环节。

6. 列举企业流程自动化的设计工具。

7. 试述 CRM 中流程应用需求分析主要包括哪些内容。

8. 简述 CRM 系统的主要功能模块。

9. 简述 CRM 系统的客户管理模块的主要功能。

10. 简述 CRM 系统的决策支持功能模块的主要功能。

讨论题

1. 是否所有的企业都可以实施 CRM？为什么？

2. 讨论企业在应用 CRM 系统时主要考虑哪些方面？

3. 讨论拥有较完善功能的 CRM 是否适用于所有行业？

4. 为什么企业在实施 CRM 时要考虑业务流程设计？

5. 选择一家熟悉的企业，分析其应用 CRM 系统需要实现哪些功能？

6. 如果你是一家企业的总经理，谈谈你对企业应用 CRM 系统的认识。

网络实践题

1. 尝试在网上找到一套试用的 CRM 软件，了解其各项功能模块。

2. 浏览格力的网站，找到其主要业务并熟悉相关的业务流程。

3. 上网查询当前我国有哪些企业研发 CRM 软件，并比较其中两家的 CRM 软件主要功能有何不同。

4. 上网搜索相关资料，了解国内外企业实施 CRM 的情况，比较我国与外国之间的差距。

第9章
客户关系管理与企业变革

[课前导读]

以网络为代表的现代信息技术及其所带来的新的管理技术和管理思想,正以前所未有的速度在各个企业间迅速普及,并为企业原有文化带来一次全新的革命。其中,CRM 作为一种全新的战略思维和工作方法,首先成为一种重要的推动力量。

CRM 虽然形式上是一套软件系统,但却蕴含着客户观念之上、信息管理为核心的新型管理理念和操作方式。CRM 的实施使企业的关注重心从过去的产品、生产,转向构建以客户为中心的核心竞争力。同时,企业结构、业务流程、企业文化都朝着客户中心、信息通畅、反应迅速的目标进行相应的转变。可以说,客户管理带来的企业多层面变革才是 CRM 帮助企业走向现代经营的真正契机。经过变革的企业,也为实施 CRM 系统铺平了道路,使 CRM 的实施与应用水到渠成。

[学习目标]

- 了解 CRM 在构建企业核心竞争力中的作用;
- 理解企业组织再造的概念与原则;
- 理解 CRM 对企业组织再造的关键性要求;
- 了解业务流程的概念和企业当前业务流程存在的问题;
- 掌握业务流程再造的原则和内容;
- 了解 CRM 与企业文化之间的互动关系。

随着时代的发展,高科技产物的不断出现,企业间的市场竞争也就愈演愈烈,传统的静态平面企业管理系统在现代的环境背景下也逐渐显示出它的缺陷和不足,并且越来越难以胜任对动态客户渠道和关系的管理,因此一种新的适应这种环境的、由 Internet 催生出来的 CRM 系统应运而生,在经营管理方式上给企业带来了重大变革。

CRM 系统的作用非常巨大,之所以能有这么多优点,是因为它在企业资源配置体系中的作用是承前启后的。向前,它可以构架"动态"的客户前端,朝着企业的全面渠道的方向伸展,既可以综合传统的电话中心、客户机构,还可以整合企业门户网站、网络销售、网上客户服务等电子商务的内容;向后,它既可以向生产、设计、物流配送和人力资源等部门逐渐渗透,还可以整合企业的 ERP、SCM 等系统,进而在网络经济的"e 化商业"模式中,使企业的信息和资源高效顺畅地运行。

CRM 方案在实施过程中,企业、产品提供商或咨询厂商需要详细规划和分析企业自身的具体业务流程的资源体系。通过广泛地征求雇员意见,了解他们对销售过程的理解;争取企业高层管理人员的积极参与,对整个业务过程作出全面考察,消除不必要的步骤;然后从业务和销售人员的角度出发,确定对其有益的及所希望使用的系统功能;支持销售管理人员的市场预测、销售渠道管理等工作;能够对各种销售、服务活动进行追踪,记录员工与客户的交往,帮助企业全面地了解客户,并根据客户需求进行交易;系统用户可不受地域限制,随时随地访问企业的业务处理系统,获得客户信息;还能够从不同角度提供成本、利润、生产率以及风险分析等信息,并对客户、产品、职能部门和地理区域等进行多维分析。

采用 CRM 系统,可以整合企业的全部资源,从而创建成熟的、综合的商业过程,这一点已经为众多具有远见的领先企业实践 CRM 技术方案在自身内部产生的巨大变化所证实。可以肯定,如果应用得当,CRM 为企业带来的令人激动的好处,首先将主要体现在整合了企业的全部业务环节和资源体系,带来企业运营效率的全面提高,实现企业范围内的信息共享、使业务处理流程的自动化程度和员工的工作能力大大提高,企业的运营更为顺畅、资源配置更为有效。

9.1　客户关系管理对企业核心竞争力的影响

企业核心竞争力的根本标志是竞争对手难以模仿。现代市场竞争其实质是客户资源的竞争,客户资源及客户关系管理是每个企业所特有的,是其他企业难以模仿的。依赖于客户生存的企业必须学会如何对待不同背景的客户,并借助相关系统满足客户的需求,加强对客户的吸引力。客户关系管理不仅会帮助企业在管理客户关系方面表现更佳,而且将帮助企业更快更好地打造核心竞争力。通过每个员工在业务上开拓、培养和维持客户产生的客户关系来提高客户忠诚度,为企业赢得竞争优势和利润。因此可以说客户关系管理是现代企业核心竞争力的关键。

Internet 与电子商务将触发企业内外部流程和核心竞争力的调整。以 CRM 为代表的先进计算机管理系统和管理软件在企业的内部资源整合和外部资源的整合中,将不仅改变企业的管理和运营模式,也直接影响到了管理趋势的转变。

实施 CRM 系统,目的在于提高企业的竞争力,使企业能够更有效地获得、保留、服务和发展客户,提升企业的销售业绩。CRM 的出现,也使企业真正能够全面观察其外部的客户资源,并使企业的管理全面走向信息化、电子化,从而促使企业更关注其核心竞争力的打造。

9.1.1　企业核心竞争力

企业核心竞争力理论在 20 世纪 90 年代企业理论和战略管理领域异军突起。当时美国一批企业战略研究人员提出,必须重新认识和分析企业的竞争能力,他们通过对许多大公的研究分析得出结论:企业成败关键在于是否拥有核心竞争力。

1)企业核心竞争力概念

"核心竞争力"的概念,最早是由美国密执安大学商学院的普拉哈拉教授和伦敦商学院的哈姆尔教授于 1990 年在《哈佛商业评论》发表的论文《公司的核心竞争力》中提出的。这一理论很快引起了学术界和企业界的广泛关注,最初关于这一理论的讨论都是定性的,在学术界和企业界的共同努力下,有关企业核心竞争力的模型已经逐步走向定量化研究,发展成为一套比较成熟的企业竞争问题解决方法。

所谓企业核心竞争力(Core-competence),是指支撑企业可持续性竞争优势的开发独特产品、发展特有技术和创造独特营销手段的能力,是企业在特定经营环境中的竞争能力和竞争优势的合力,是企业多方面技能和企业运行机制如技术系统、管理系统的有机融合。

进一步讲,核心竞争力是企业长期内形成的,蕴含于企业内质中的,企业独具的,支撑企业过去、现在和未来竞争优势,并使企业长时间内在竞争环境中能取得主动的核心能力。它不仅仅表现为企业拥有的关键技术、产品、设备或者企业的特有运行机制,更为重要的是体现为上述技能与机制之间的有机融合。

2)企业核心竞争力要素

企业核心竞争力是处在核心地位的、影响全局的竞争力,是一般竞争力如产品竞争力、营销竞争力、研发竞争力、财务竞争力等的统领。从企业核心竞争力不同表现形式角度可将企业核心竞争力分为 3 类:核心产品、核心技术和核心能力。它们之间关系密切,产品来自技术,技术来自能力。为了提高核心竞争力,一些公司最大限度扩展其核心产品在世界市场上的份额,为各种客户生产核心产品,使公司获得加强核心竞争力和扩展步伐需要的收益。

具体来说,企业核心竞争力的要素包括:核心技术能力、核心生产能力、战略决策能力、营销能力、组织协调能力、管理机制、管理思想或理念以及企业文化和价值观等。这些企业赖以生存和发展的关键要素有无形的,也有有形的;既包含某些"软"能力,也包含了某些可以测度的"硬"能力。其中:

①核心技术能力包含企业的研发(R&D)能力、产品和工艺的创新能力等,是构成企业核心竞争能力的核心,决定了企业能否最快最优地将技术资源向技术优势转化。

②核心生产能力是企业核心竞争能力赖以形成的基础。

③战略决策能力是企业对复杂多变的环境中的重要事件、机会或危机、威胁等作出正确的反应以及规划未来的能力,它决定着企业核心资源的配置状况,关系到企业未来的兴盛衰亡。

④企业的营销能力和组织协调能力是企业核心竞争能力实现的重要保证。

⑤企业文化和价值观是企业核心竞争能力形成和发展的重要条件。

企业核心竞争能力的大小,不仅取决于上述各项能力各自的强弱,而且取决于它们彼此的匹配程度,任何一方面能力过于弱小,都会在很大程度上影响企业核心竞争能力。

3)CRM 如何培育核心竞争力

随着经济全球化进程的加快和以 Internet 技术为主导的信息技术的飞速发展,在更加复杂、激烈的竞争环境中,企业如何培育和提高企业的核心竞争力,将成为企业发展的最关键问题。

纵观今天世界上所有成功的跨国公司,无一不是具有独特核心竞争力的企业:或拥有优良的生产制造过程,或拥有卓越的质量控制方法、提供最佳服务的能力,或拥有开发新产品的高度创造力,或拥有降低生产成本的业务流程等。比如,日本本田汽车公司,其核心竞争力在于其独特的、炉火纯青的发动机技术——这种技术推动本田公司研制开发出多种高功能、高效率、低耗油、低污染并具有不同规格、不同性能的发动机产品,这就是公司的核心产品,从而使公司可以生产出一系列在不同领域都具有高度竞争能力的终极产品,包括本田轿车、本田跑车乃至本田割草机、本田发动机驱动的游艇等。

提高企业核心竞争力的重要性在新世纪内为越来越多的企业所瞩目。世纪之交在国际经济舞台上出现的,以欧美等发达国家为代表,涉及全世界范围内的一轮又一轮的企业购并浪潮,究其根本原因,都在于谋求构建新的、更高层次的核心竞争力。美国波音公司兼并麦道公司,成为飞机制造业的"全球霸王",其核心竞争力大大超过欧洲空中客车;美国金融业中花旗集团和旅行者公司的合并,给全球金融界带来了地震般的冲击波;美国的福特公司并购日本的第五大汽车公司马自达;德国的戴姆勒·奔驰和美国第三大汽车制造厂克莱斯勒合并,更是加快了全球汽车行业的重组步伐。所有这些跨国公司之所以在专业领域内展开一轮轮并购风潮,进行"强者恒强"的重新组合,由行业领域内的"领头羊"组成的行业"巨无霸",主要是为了集合企业优势、抢占技术高地,从而让并购重组后的企业拥有别人难以望其项背、更无法轻言超越的核心竞争力。

在CRM应用方案出现以后,也正是一些国际化的大公司,先行开始投入大量资金、人力,着手开发和应用CRM系统,以确保其核心竞争力的持久领先。这也更加有力地印证了CRM对建设未来企业核心竞争力的巨大作用。

显然,必须从顾客需求的角度定义企业的核心能力。不符合顾客需求、不能为顾客最重视的价值作出关键贡献的能力不是核心能力。核心能力是最难模仿的,谁都能掌握的不是核心能力。

CRM理论与应用系统在企业中的实施,将最直接地体现在企业核心竞争力的建设方面,从而使企业的核心竞争力建设,从对短期性资源优化配置能力的关注延伸到对长期性资源优化配置能力的努力上。换句话说,企业核心竞争力,将是CRM方案和系统建设的发力点,将使企业拥有比其竞争对手更强的长期性优化配置资源能力,确保企业可持续性生存和发展。运用CRM系统建设的企业核心竞争力,不仅是公司内部智慧、知识的汇总,还是凝聚现有业务的"粘胶",将成为企业发展新业务、开拓新领域的"发动机"和"火车头"。

9.1.2　CRM 对企业核心竞争力的影响

经济全球化和电子商务的发展广泛而深入地改变着所有企业业务运作和管理方式,这使得企业核心竞争力的某些构成要素在形式和内容上将发生变化。企业竞争的基础和竞争优势的本质已经发生了变化,表现在以下几方面:

1）影响经济增长因素的改变

信息时代使地理和环境不再具有以往决定性的作用，规模和权力也不再能确保市场份额，技术发展和全球化趋势减弱或消除了许多过去曾妨碍经济增长的障碍。企业与客户都可以在全球范围内建立彼此之间以及与各类信息之间的连接，这不仅使客户可以寻找到能够满足其需求的最佳服务供应商，而且消除了现存市场上固有的进退壁垒。

2）企业运营模式的变化

企业运营模式从以产品为中心的模式向以客户为中心的模式的转移，这种模式的改变是有着深刻的时代背景的，那就是随着各种现代生产管理和现代生产技术的发展，产品的差别越来越难以区分，产品同质化的趋势越来越明显，因此，通过产品差别来细分市场从而创造企业的竞争优势也就变得越来越困难。而企业全面掌握的客户信息、对客户需求的了解以及良好的客户关系本身，在核心竞争力体系中的地位就更加突出。

3）企业管理模式的变化

在 Internet 的发展和经济全球化、国际化的趋势下，企业之间几乎变成了面对面的竞争，企业仅依靠"内视型"的管理模式已难以适应激烈的竞争，因此必须转换自己的视角，"外向型"地整合自己的资源，通过资源整合能力构建自己的竞争优势。

9.1.3　CRM 在构建企业核心竞争力中的作用

CRM 可以通过作用于企业核心竞争力的各要素来打造企业的核心竞争力，具体可从以下几方面进行讨论：

1）CRM 打造企业核心竞争力中的"以客户为中心"的管理理念

以前企业只注重运营效率的提高，但随着网络经济和电子商务的发展，人们在大量的探索和实践中逐渐认识到，建立并维持良好的客户关系，已经成为获取独特竞争优势的最重要的基础。而 CRM 正是遵循客户导向的策略，通过对客户进行系统化的研究，来改进对客户的服务水平、提高客户的忠诚度，不断争取新客户和商机，以便为企业带来长期稳定的利润。这一管理思想的出现为打造企业的核心竞争力提供了先进的管理理念指导。企业认识到满足客户个性化需求的重要性，甚至能超越客户的需要和期望。以客户为中心、倾听客户呼声和需求、对不断变化的客户期望迅速作出反应的能力成为企业成功的关键。

2）CRM 通过改变企业的管理机制／模式，直接影响企业的竞争力

CRM 作为一种改善企业与客户之间关系的新型管理机制，主要体现在市场营销、销售管理、客户服务和决策分析 4 个方面。在市场营销方面，新的营销机制包括对传统市场营销行为和流程的优化及自动化、一对一营销与实时营销；在销售管理方面，CRM 扩展了销售的概念，从销售人员的不连续活动到涉及公司各职能部门和员工的连续进程都纳入了销售实现中；在客户服务方面，与传统商务模式相比，CRM 把客户服务视作最关键的业务内容，视同企业的赢利而非成本来源；在决策分析方面，CRM 创造和具备了使客户价值最大化的决策分析能力。通过 CRM 可使企业在上述 4 个方面形成彼此协调的全新管理机制，有利于企业形成持久的竞争优势。

3）CRM 打造"核心竞争力"中的市场竞争力和企业收益能力

企业通过实施 CRM，形成统一的客户联系渠道和全面的客户服务能力，将同样成为企业核心竞争力的重要组成部分。企业细心了解客户的需求、专注于建立长期的客户关系，并通过在全机构范围内实施"以客户为中心的战略"来强化这一关系，通过统一的客户联系渠道为客户提供比竞争对手更好的客户服务。这种基于客户关系和客户服务的核心竞争力因素，都将在市场和绩效中得到充分的体现。优质的服务可以促使客户回头购买更多的产品或服务，从而使市场竞争力得到加强，企业整个业务也将从每位客户未来不断的购买中获得收益。

4）CRM 打造"核心竞争力"中的战略决策能力和总体规划能力

CRM 系统将为企业创造出先进的客户智能和决策支持能力，这为打造"核心竞争力"中的战略决策能力和总体规划能力都将起到重要的保障和促进作用。CRM 能够使企业跨越系统功能和不同的业务范围，把营销、销售、服务活动的执行、评估、调整等与相关的客户满意度、忠诚度、客户收益等密切联系起来，提高了企业整体的营销、销售、服务活动的有效性；同时对客户信息和数据进行有效的分析，为企业商业决策提供分析和支持，这将从根本上保障企业的核心竞争力。

5）实施 CRM 系统，打造"核心竞争力"中的管理技术

CRM 是可用于帮助企业管理客户关系的一系列信息技术或手段，涉及销售、市场营销、客户服务以及支持等应用软件。企业通过实施 CRM 系统可以使以客户为中心的商业运作实现自动化，并通过先进的技术平台和改进的业务流程，体现出传统资源与先进技术结合、发挥整体优势的能力。

6）CRM 保证企业核心竞争力的持续提高

由于 CRM 系统在功能方面实现了销售、营销、服务、电子商务和呼叫中心等应用的集成，其目标是持续提高企业的运营和管理的先进化、自动化水平。CRM 系统自身具有能动的、持续进步的能力，将保证企业不断根据其资源状况和市场竞争情况，调整竞争战略、突出产品或技术优势，在拥有良好而稳定的长期客户关系的基础上不断获得市场成功。这些能力对于企业核心竞争力中的相关构成要素将起到持续的推动和促进作用。

7）CRM 创建基于互联网的管理应用框架

CRM 将创建基于互联网的管理应用框架，使企业完全适应在电子商务时代的生存和发展，那么它也将推动企业在互联网环境下打造自身的核心竞争力；企业只有通过全面的改革和 CRM 实施应用，才能具备在互联网环境下适应变化、不断创新、不断超越的能力，这也是互联网和网络经济赋予企业核心竞争力的新的含义。

总的来说，企业通过 CRM 系统实施形成的统一的客户联系渠道和全面的客户服务能力，将成为企业核心竞争力的重要组成。CRM 系统将为企业创造出先进的客户智能和决策支持能力，这为打造企业核心竞争力中的战略决策能力和总体的规划都将起到重要的保障和促进作用。CRM 系统还将保证企业核心竞争力的持续性提高。CRM 将创建企业给予互联网络的管理应用框架，将使企业完全适应在电子商务时代的生存和发展。CRM 环境下核心竞争力的 3 大功能为充分的客户价值、高度的独创性、多元的延展性。

9.2　客户关系管理与企业流程、企业组织重组

"重组"(Reengineering)的管理思想和方法,由美国麻省理工学院教授米歇尔·哈默(Michael Hammer)于 1990 年首先提出,1993 年哈默和管理咨询专家詹姆斯·钱皮(James Champy)合作出版的 *Reengineering the Corporation—a Manifesto for Business Revolution* 一书中,正式提出企业"重组"的定义:为了在衡量绩效的关键指标上取得显著改善,从根本上重新思考、彻底改造业务流程,其中衡量绩效的关键指标包括产品和服务质量、顾客满意度、成本、员工工作效率等。

9.2.1　企业流程重组的概念、原则

企业流程重组越来越受到企业界的重视,企业希望通过企业流程重组能够彻底地改变企业管理理念和组织效率,进而提高产品质量和客户服务水平。CRM 的顺利实施必须有与之相匹配的业务流程。

1)企业流程重组的概念

企业流程重组(Business Process Reengineering,BPR)是对企业的业务流程进行根本性的再思考和彻底性的再设计,从而获得在成本、质量、服务和速度等方面业绩的显著改善。业务流程是企业输入各种资源、以客户需求为起点,到企业创造出客户满意的产品或服务、实现价值为终点的一系列活动。在一个企业中,业务流程决定了其运行的效率,是企业的生命线。以顾客利益为中心,以员工为中心及以效率和效益为中心是企业整个业务流程的核心,整个业务流程就是围绕这 3 个目标进行的。业务流程重组的核心是对业务流程进行根本性的再思考和彻底性的再设计,进而显著提高企业效率,提升企业价值。总之,BPR 是以客户为导向的 BPR,是一种管理思想,更是企业内部的一场管理变革。

CRM 的实施需要大量的客户化工作,而只有在管理方法、业务流程、岗位设置等方面思路清楚后,才能进行客户化工作。在 CRM 系统实施之前或实施之中进行的 BPR 工作的重要作用,就在于理顺管理方法、业务流程、岗位设置和管理制度等。

2)企业流程重组的原则

(1)将信息处理工作纳入产生这些信息的实际工作中去

伴随着 IT 的运用和员工素质的提高,信息处理工作可以由低层组织的员工自己完成。例如福特公司:在旧流程中,验收部门虽然产生了关于货物到达的信息,但却无权处理它,而需将验收报告交至应付款部门。在新流程下,由于采用了计算机系统,实现了信息的收集、储存和分享,验收部门能够独立完成产生信息和处理信息的任务,极大地提高了流程效率。

(2)将各地分散的资源视为一体

通过数据库、远程通信网络以及标准处理系统,企业在保持灵活服务的同时,可以与所有需要的人实现资源共享,还可以获得规模效益。例如,惠普公司早期在采购方面一贯是放

权给下面的,50多个制造单位在采购上完全自主,但是对于总公司来说,这样可能损失采购时的数量折扣优惠。现在运用信息技术重建其采购流程,总公司与各制造单位使用一个共同的采购软件系统,各部门依然是订自己的货,但必须使用标准采购系统。总部据此掌握全公司的需求状况,并派出采购部与供应商谈判,签订总合同。在执行合同时,各单位根据数据库,向供应商发出各自订单。这一流程重建的结果是惊人的:公司的发货及时率提高150%,交货期缩短50%,潜在顾客流失率降低75%,并且由于折扣,使所购产品的成本也大为降低。

(3)将并行工作联系起来,而不是仅仅联系他们的产出

并行存在两种形式,一是各独立单位从事相同的工作;一是各独立单位从事不同的工作,而这些工作最终必须组合到一起。并行的好处在于将研究开发工作分割成一个个任务,同时进行,可以缩短开发周期。但是传统的并行流程缺乏各部门间的协作,因此,在组装和测试阶段往往就会暴露出各种问题,从而延误了新产品的上市。现在配合各项信息技术,如网络通信、共享数据库和远程会议,企业可以协调并行的各独立团体的活动,而不是在最后才进行简单的组合,这样可以缩短产品开发周期,减少不必要的浪费。波音公司在777大型民用客机的开发研制过程中,运用CIMS(计算机集成制造系统)和CE技术,在企业南北地理分布50千米的区域内,由200个研制小组形成群组协同工作。产品全部进行数字定义,采用电子预装配检查飞机零件干涉有2 500多处,减少了工程更改50%以上,建立了电子样机,除起落架舱外成为世界上第一架无原型样机而一次成功飞上蓝天的喷气客机,也是世界航空发展史上最高水平的无图纸研制的飞机。波音777采用DPA(数字化整机预装配)等数字化方法与工具,大量应用CAD/CAM/CAE技术,利用巨型机支持的产品数据管理系统辅助并行设计,与波音767相比,777研制周期缩短了13个月,实现了从设计到试飞的一次成功。

(4)使决策点位于工作执行的地方,在业务流程中建立控制程序

在大多数企业中,执行者、监控者和决策者是严格分开的,这是基于一种传统的假设,即认为一线工人既没有时间也没有意愿去监控流程,同时他们也没有足够的知识和眼界去作出决策。这种假设就构成了整个金字塔式管理结构的基础。而今,信息技术能够捕捉和处理信息,专家系统又拓展了人们的知识,于是一线工作者可以自行决策,在流程中建立控制,这就为压缩管理层次和实现扁平组织提供了技术支持。而一旦员工成为自我管理、自我决策者的时候,金字塔式组织结构以及伴随着它的效率低下和官僚主义问题,也都会消失。

例如,美国互惠人寿保险公司MBL(Mutual Benefit Life Insurance)重建其保单申请程序的情况:在重建前,从顾客填写保单开始,须经过信用评估、承保、开具保单等一系列过程,需30个步骤,跨越5个部门,经19位员工之手。因此,最快也需24小时才能完成申请过程,而正常则需5~25天。这么漫长的时间中究竟有多少是创造附加价值的呢?经推算,假设整个过程需要22天的话,则真正用于创造价值的只有17分钟,还不到0.05%,而99.95%的时间都在从事不创造价值的无用工作。这种僵化的处理程序将大部分时间都耗费在部门间的信息传递上,使本应简单的工作变得复杂。面对上述这种情形,MBL的总裁提出了将效率提高60%的目标。唯一方案就是实施BPR。新做法是:设立一个新职位——专案经理(Case

Manager),对从接收保单到签发保单的全部过程负有全部责任,也同时具有全部权力。在共享数据库、计算机网络以及专家系统的支持下,专案经理对日常工作处理起来游刃有余,只有当遇到棘手的问题时,才请求专家帮助。这种由"专案经理"处理整个流程的做法,不仅压缩了线形序列的工作,而且消除了中间管理层,这种从两个方面同时进行的压缩,取得了惊人的成效。MBL 在削减 100 个原有职位的同时,每天工作量却增加了一倍,处理一份保单只需要 4 个小时,即使是较复杂的任务也只需要 2~5 天,为客户减短了大量的申请时间,增加了客户的满意程度。

(5)面向客户和供应商整合企业业务流程

当今时代的竞争不是单一企业与单一企业的竞争,而是一个企业的供应链(供应商、企业制造车间、分销网络、客户组成一个企业紧密的供应链)与另一个企业供应链间的竞争,这要求企业在实施 BPR 时不仅要考虑企业内部的业务处理流程,还要对客户、企业自身与供应商组成的整个供应链业务流程进行重新设计,并尽量确保企业与外部只有一个接触点。

综上,企业流程重组可以概括为 3 个核心原则:坚持以流程为导向的原则,坚持以人为本的团队式管理的原则和坚持顾客导向的原则。在追求顾客满意度和员工追求自我价值实现的过程中带来降低成本的结果,从而达到效率和效益改善的目的。因此流程再造在注重结果的同时,更注重过程的实现,并非以短期利润最大化为追求目标,而是追求企业能够持续发展的能力。

9.2.2　企业流程重组的内容

在客户关系管理的应用系统中,主要由 4 个生态子系统组成,分别是业务操作管理子系统、客户合作管理子系统、数据分析管理子系统、信息技术管理子系统。涉及企业前端业务流程的重构时,按照 CRM 生态系统的结构,基本可以划分为业务操作管理流程的重构和客户合作管理流程的重构两方面。这两个领域的共性是它们以企业外部为工作中心、以改进与客户的交易为目标,这与后台管理集中于企业内部运作的目标是有区别的。CRM 对企业前端业务的重构借助于先进的技术方案将实现业务流程的自动化、提高效率、降低成本,更重要的是,它还将因此引发企业深层次的变化。

1)CRM 管理环境下业务操作管理流程的重组

企业的业务操作流程主要由销售、营销和客户服务 3 部分组成,CRM 系统对其进行优化、重构的结果,是希望由此建立符合企业需要的全新功能模块,进而形成全面的企业前端业务流程闭合环路。

(1)市场营销

CRM 环境下,要求企业的市场营销活动能够实现以下 6 个方面的功能:①针对企业客户定位制订市场营销战略和目标;②设计针对性强、效率高的市场推广活动;③管理实施活动的各种渠道与方式,或对活动的进程进行调整;④评估活动结果,最终找出效果最好的营销活动形式;⑤获得关键客户的互动资料;⑥进行营销活动的市场分析,提出决策参考意见。

为保证市场营销功能的自动化,CRM 在营销功能模块方面需要充分体现数据库的特性,以适应其进行高端决策管理、面向营销的市场分析等需要。这需要利用集中了各种客户信息的数据库,实现客户机与服务器之间的交互。这种反应式的通信还要求可靠灵活的基础设施和较高的应用的安全性。

（2）销售

销售过程包括报价、订货、折扣、给付差价、售点管理、订单管理等一系列内容。CRM要求销售中能够提高专业销售人员的大部分活动的自动化程度,包括:①覆盖整个销售过程,从销售信息导入、到市场时机的把握、渠道的选择一直到订单管理;②支持各种不同类型的销售方式——直销、间接销售、代理销售、电视销售、网络销售等,支持不同销售方式的工作人员通过多种渠道可以共享客户信息;③实现日历和日程安排、联系和账户管理、佣金管理、商业机会和传递渠道管理、销售预测、建议的产生和管理、定价、领域划分、费用报告等功能。从企业角度来讲,可以帮助企业决策者掌握全球范围内产品的销售情况和市场前景。

在实施销售自动化和流程的优化时需要考虑:由于用户的移动和分散性,极大地影响到企业基础设施的开发和网络的规划;迅速变化的环境使网络信息流的负载和模式将发生改变,也使得连贯、可靠和安全的网络至关紧要;同时还要求提供多服务接入平台来接受移动办公的员工的通信申请,包括对其进行审核、解密和批准等。

（3）客户服务

在客户服务环节,CRM要求企业提供具有竞争力的售后支持、上门维修和消耗品维护服务,其中包括维护人员的预约与派遣、备件的管理、后勤保障、服务收费和根据合同提供野外维护服务等项目;还应当支持客户自由选择电话、网络等自己认为最方便的通信方法与企业联系,而且不论他们采取何种渠道,都能在最短的时间内得到所需的统一和专业的服务;企业通过内部与客户打交道的各个环节,最终得到与客户相关的各种资料,真实地、全方位地掌握客户需求,而这些资料反馈给营销和销售部门便可以实现更大的价值。

CRM环境下,企业提供客户服务时由于覆盖了从与客户的初次接触到最后的服务账单管理的整个服务业务流程,因此要使用呼叫中心、电子邮件、Web网站等渠道,所以在网络技术上必须支持跨系统的应用集成,比如语音和数据的统一、基于Web的呼叫代理、自动化知识引擎以及跨平台质量监督客户交互记录系统等。

2）CRM管理环境下客户合作管理流程的重组

客户合作管理划分为业务信息系统、联络中心管理和Web集成管理,对企业客户合作流程的优化和重构就是围绕着这3个方面开展的。

（1）企业业务信息系统（Operational Information System,OIS）

企业业务信息系统在企业信息系统中处于最基层,实质上是企业管理信息系统（MIS）的基础子系统。主要的作用是针对某项业务处理要求,进行数据处理（包括数据的接受、录入、统计、汇总、更新和检索等）,以代替业务人员相关的重复劳动,提高信息处理、传输的效率和准确性,为决策和业务操作应用系统提供支持。从独立层面来讲,业务信息系统可分为数据库技术及应用与信息功能两个层面。这里的业务信息系统就特指与其相关的信息功能这一层面,包括以下方面:

①客户资料管理。记录和存储所有客户信息资料,将来自每个销售人员和不同渠道的客户信息以及所有联系人的完整原始档案资料登记入内,对各类客户及联系人分类、统计、

查询和打印地址列表、电话列表、信封标签等。

②客户跟踪管理。跟踪每次业务操作中与客户联系的情况,对提交客户的电子文件跟踪记录,对业务人员的重要活动及未来商务约会做提醒设置;业务负责人可以随时将项目及所有信息移交他人继续跟踪;对已成交业务的收款情况及交货情况进行监控;提供多种统计分析功能,对每位业务人员的销售业绩及指标完成情况进行统计等。

③业务知识管理。提供业务人员日常工作中需要的信息,包括公司介绍、产品介绍、产品报价、经营知识、标准文档、市场活动、媒体宣传、业界动态、产品趋势以及竞争对手的信息及其产品的相关信息,还能提供所有业务人员针对不同案例及市场与销售策略进行讨论的功能。

(2)联络中心(Contact Center)

联络中心的内容和功能都超出了传统呼叫中心的范围,联络中心的功能是与客户进行互动,期望完成客户信息的全面收集与分析,并在一定程度上提出对客户的服务和支持。尽管如此,呼叫中心仍然是联络中心的重要组成部分。

呼叫中心,也称作电话中心,是以计算机通信集成技术为依托,可以提供完整的综合信息服务的应用系统。最初是为企业在最外层加上了一个服务层,但在 CRM 系统中,不仅要在外部为用户,而且在内部也要为整个企业的业务操作管理流程起到重要的支持、协调作用。同时还要逐步提供 7×24 小时的不间断服务,允许顾客在与企业联络时选择语音、IP 电话、电子邮件、传真、文字交谈、视频信息等多种通信方式。对外面向用户,对内与整个业务流程相联系,这种功能的增加使 CRM 系统中的呼叫中心逐渐朝联络中心的方向发展。

联络中心的目标是成为统一的企业前端,即成为综合联络中心 UCC(Unified Contact Center),把电话呼叫、电子邮件、互联网接触及间断联系等渠道统一起来,负责起企业与客户接触的前端,同时可摆脱过去的成本中心的包袱,转化为企业的利润中心之一。企业的客户服务或销售人员,在 UCC 的架构下,可以用单一的截面同时提供客户电话拨入或由网络上提出服务要求(Web Call),在服务人员与客户以一般电话对谈的同时,也要能够与客户同步浏览客户所在网页或线上立即传送视频文件。这类功能可以保证企业联络中心与客户互动的质量。

(3)Web 集成管理

Web 集成管理是指企业自身在网络上的推广、宣传、客户接触、互动等进行统一全方位的网络商业应用的解决方案。系统可通过支持、销售其产品和服务,并不断扩展销售和服务体系,并可与 ERP 等应用系统结合,改善产品的发布和生产周期。CRM 的 Web 集成管理指应用 Internet 体系结构,提供一个从选择配置到订货的个人化的电子商务解决方案的新接口,从而全面支持 Internet 交易,使企业能够充分利用 Internet 扩展自己的电子商务,这对于企业实施有针对性和个性化的市场战略具有重要意义。

9.2.3 企业组织重组的概念、基本原则

组织重组是组织不断适应环境和对为未来环境变化的前驱型准备。客户关系管理作为一种全新的管理战略及软件系统,已经成为推动企业发展的全新动力,并促使企业更加关注

其核心竞争力的打造。企业要"以客户为中心",以客户需求来拉动组织变革。企业在实施过程中必须打破传统组织的"职能碉堡",从"为顾客创造价值的流程"的视角来重新设计组织的结构,以实现企业对外界市场环境的快速反应,提高企业竞争力。

1）组织重组的概念

企业组织重组强调以经营过程为中心和改造对象,以关心和满足顾客需求为目的,对现有组织体系和经营过程进行根本性的再思考和彻底的再设计,利用先进的制造技术和信息技术及现代化的管理手段,最大限度地实现技术上的功能集成和管理上的职能集成,打破传统的职能型组织结构,建立起过程型的结构,扩展企业的经营目标和机会;改善服务功能与外界环境的关系,最终实现企业在质量、效率、效益等方面的巨大提高。

2）组织重组理论的基本原则

（1）重新定义组织的工作任务

组织重组必须通过借助信息技术的力量,去摆脱组织运作中陈旧的方式,从跨职能的角度来看待基本的管理过程,重新定义组织的工作任务,系统地寻求根本性的改变去达到经营管理的突破和跨越。

（2）建立一个扁平化的、富有弹性的新型组织

组织重组与以前的渐进式变革理论有本质的区别。重组是组织的再生策略,它将实现企业由单一决策中心向多决策中心发展,将全面检查和彻底更新原有的工作方式,把被分割得支离破碎的业务流程合理地"组装"起来,建立一个扁平化的、富有弹性的新型组织。

（3）组织重组以客户及客户关系为主

组织重组的关注焦点集中在客户及客户关系上,要运用结果导向和团队设置的方法,通过严格的绩效评估,来确定工作过程的职能。同时也要求高层管理者的实质性参与和全体员工的投入。

（4）让各个职能系统通过竞争实现协调,建立开放式的组织体系

组织重组将通过创造条件让各个职能系统通过竞争实现协调,使企业可以自动地处理外界环境极不稳定的大量信息,更注重创造的主动性、适应的灵活性,力求克服复杂多变环境下不完全、不对称信息所衍生的"内部人控制"和"道德风险"等弊端,建立以开放式的组织体系为目标。

（5）形成一种新型的经营模式

重组的组织,以知识信息资源的共享和技术优势为依托,具有开放性、实时性、主动性、虚拟性,适于实施与客户交互设计、小批量多样化生产、全程营销的经营模式;强调知识的创造、共享和应用而非知识垄断;强调高层管理者的"设计师"角色,而非"指挥家"角色;强调分权与扁平式组织,而非集权与金字塔形层级制;强调成员自我管理和自我价值实现的需要;强调组织内共同意愿和目标的建立。

总之,可以看到重组理论对于渴望更新经营模式的传统企业以及努力实现"在线飞行"的知识型企业的重要意义。企业重组的理论,也由此成为企业通过 CRM 系统应用来提高核心竞争力的过程中的指导思想之一。

9.2.4 企业组织重组的内容

企业组织重组是一种新的组织形式,必须进行 CRM 系统架构的系统分析,尤其要体现出 CRM 重组组织的合理层级关系,考虑各层级间的协调关系,使企业组织能够良好有序地运转。

1)企业组织重组的实现

(1)结构化系统分析的定义

CRM 的系统架构是企业在实施 CRM 项目时首先必须开展的工作。一个适合企业革新的组织体系和整合业务流程的系统架构,对于 CRM 项目实施的全过程具有至关重要的意义。在设计 CRM 的系统架构时,进行企业的结构化系统分析,这是企业组织重组的第一步。

结构化系统分析是 CRM 项目实施中,对企业组织各部门、各种业务及其处理过程详细调查了解的基础上,提出 CRM 系统和企业组织的新逻辑方案的工作。在这个方案的实施中,将包括下述工作的汇总:组织结构分析、功能调查与分析、业务流程调查与分析、数据与数据流程调查分析。

(2)CRM 重组组织的实现

结构化系统分析是 CRM 重组组织的工具,通过结构化系统分析工作,可以获得以下成果:

①划分系统组织和子系统。调查企业的现行组织结构、领导关系、物资与资金的流程、信息的流程、业务分工等情况,进行组织与功能的配比分析,征求多方意见,划分出组织系统图表。

②整理系统业务流程。全面细致地了解整个企业基于各个职能部门的业务及其流程,并对各种业务的输入、输出、处理过程,以及处理的速度、数量、现存障碍等进行清楚的调查,用文字和图例作出业务流程图 TFD(Transaction Flow Diagram)。

③分析数据及数据流程。了解企业的各类报告、报表、票据及计划、资料等系统数据,查清其来源、去向及处理方法和过程,得到完整的数据结构和数据流程图 DFD(Data Flow Diagram)。

④整理业务操作过程的管理模型和方法。在对企业实际上的组织体系、业务流程、管理功能和数据流程都作了详细的了解、分析并取得初步的图表等结果后,对 CRM 系统就必须进一步开展结构化、系统化的分析,一方面能检查出原有工作的缺点和不足,另一方面能设计出新系统的方案。

2)CRM 重组组织的层级

CRM 成功地实现组织重组可以提高企业的决策的效率,充分调动企业员工的积极性。但在再造过程中势必因触动部分组织的局部利益而产生抵触。因此再造不仅要合理规划重新设计的组织,而且还要考虑建立什么样的组织,如何有效地建立这些组织,如何使组织有效发挥作用等问题。在这种情况下,构建的层级组织是否具有可扩展性将成为关键。

CRM 划分组织系统要考虑到企业不同层级的需求。首先,企业与客户有密切联系的主要部门:市场营销、销售和客户服务部,CRM 系统将满足这些部门级的需求,提高市场决策能力、加强统一的销售管理、提高客户服务质量;其次,CRM 必须将企业的市场、销售和服务协同起来,建立市场、销售和服务之间的沟通渠道,也就是满足企业部门协同级的需求;最后,CRM 要与企业的相关业务系统紧密结合,以客户为中心优化生产过程,必须满足企业级的管理需求。具体描述如下:

(1)部门级需求

企业中对 CRM 有最强烈需求的是市场营销、销售和客户服务 3 个部门。要满足部门级的需求,CRM 系统至少应该包含数据仓库、数据挖掘系统、销售(自动化)管理、营销(自动化)管理、客户服务与支持等子系统,从而支持市场营销部门开展市场活动管理、跟踪和反馈、进行活动评价,同时得到对客户的构成、地理分布等信息,分析客户行为、对客户状态进行分类;支持销售部门提出销售任务、分配任务、评价和度量销售;同时使客户服务部门及时得到系统提供的为客户服务的准确信息,保证服务中心一致对待客户等。

(2)协同级需求

协同级需求,主要解决企业在运作过程中遇到的实时传递和渠道优化的问题。满足了企业的部门协同级的需求,CRM 才能将市场、销售和服务部门紧密地结合在一起。只有将营销数据分析的结果实时传递给销售和服务部门,它们才能更好地理解客户的行为,留住老客户;同时销售和服务部门收集的信息也要及时传递给市场部门,以便对销售、服务和投诉等信息进行及时分析,从而制订出更有效的竞争策略。渠道优化则是指在众多的销售渠道中选取效果最佳、成本最低的销售渠道。总之,通过市场、销售和服务部门的协同工作,可以达到企业实时掌握商机的目标。

(3)企业级需求

CRM 还要满足企业级管理的需求,因为许多企业往往存在比较复杂的管理系统,如果它们相互孤立,就很难充分发挥各系统的功能。CRM 要担负起不同系统之间的相互协调功能,充分提高企业的运作效率、降低 IT 系统的成本。企业管理系统如财务系统、后端支持生产制造的 ERP、支持供应流转的 SCM 等系统,都要通过 CRM 整合形成一个闭合的系统,全面提高企业运作的能力。CRM 与这些系统的结合主要表现在:第一,CRM 要从企业已有系统中获得客户数据和信息;第二,CRM 系统可以直接集成企业已有 IT 系统中的一些模块,利用已有系统的功能,同时也降低了自身的成本;第三,CRM 的分析结果可以被企业内其他 IT 系统所运用。

为满足企业不同层次的需求,CRM 系统就必须有良好的可扩展性,企业能在不同时期根据自身的经营规模、系统状况和需求灵活地扩展 CRM 系统的功能。只有满足以上层级、具备良好扩展性的组织,才是 CRM 再造的目标。

例如,AT&T 公司在早年的组织重组中,将企业改组为由 20 个独立的经营单元组成的网络制组织,首次让每个基层经理全面负责定价、营销及产品开发等工作。它首先依技术、产品和职能选择核心业务,重组经营单位,依分立化、扁平化原则更新组织结构;其次,设计上层组织结构,核心任务是管理各经营单位的资本金投入和资金分配,制订公司的总体发展战略并审定各经营单位的经营战略,广泛宣传公司的目标与价值观念,积极推进知识资本营运;再次是建立健全广域协调机制,促使分散各地的既具独立性又相互依赖的经营单位之间进行直接的网络化联系,以利于知识共享,进行灵活的多样化合作,节约公司内协调、监控等管理费用;最后是用共同的企业文化把员工联结起来,增强其能动性和创造性;同时加强了协调功能,实现了各经营单位之间的有效竞争,以及公司内部资源配置最优化和功能扩张最大化的目标。近年来,电信运营商希望将自身的渠道优势与宝贵的传媒业内容资源整合,以应对互联网新兴媒体的挑战。为此,AT&T 在收购传媒巨擘时代华纳公司后,将旗下的电信和媒体业务分成两个部门独立运营。一个部门涵盖 AT&T 自身的无线业务和 DirecTV 卫星电视业务,另一个部门主要涵盖时代华纳的媒体资产,充分利用媒体引流至自家网络。

9.3 企业文化与 CRM 战略的互动

9.3.1 企业文化:构成企业竞争力的重要因素

企业文化和企业共同的价值观念是企业核心竞争力的构成要素之一。从现代管理的角度上讲,企业管理的对象不仅包括对设备、资金、原料等的"硬"管理,而且还应注重对企业成员思想、意识、精神及其行为关系的"软"的管理。企业文化建设是"软"管理的重要内容。企业文化的含义:在一定的社会、经济、文化背景下的企业,在长期的发展过程中逐步形成的,全体员工共同接受、认同与信守的,较为稳定的经营理念、行为规范、企业形象、价值观念和社会责任等具有企业特色的精神财富的总和。

1)企业文化的结构

企业文化从结构上看,可分为精神层、物质层、行为层和制度层 4 个层次。

(1)企业文化的精神层

企业文化的精神层又称企业精神文化,是指企业在生产经营过程中,受一定的社会文化背景、意识形态影响而长期形成的一种精神成果和文化观念。它包括企业精神、企业经营哲学、企业道德、企业价值观念、企业风貌等内容,是企业意识形态的总和。

(2)企业文化的物质层

企业文化的物质层也称企业的物质文化,它是由企业职工创造的产品和各种物质设施等构成的器物文化。企业的生产环境、企业生产经营的成果(生产的产品和提供的服务),企业广告、产品包装与设计等都是企业物质文化的主要内容。其中,技术的发展对企业文化有很大影响。技术作为物质文明、精神文明的一种体现,对社会起着潜移默化的作用。人们接受了这种技术反映出来的思想,可以冲击传统的思想沉积,破除旧的价值观念,萌生新的价值追求。新技术、新设备、新材料、新工艺、新产品的开发和应用,生产过程的机械化、自动化、电算化都直接关系到企业物质文化发展的水平及其对企业精神文化发展的影响程度。

(3)企业文化的行为层

企业文化的行为层又称为企业行为文化,是指企业员工在生产经营、学习娱乐中产生的活动文化。它包括企业经营、教育宣传、人际关系活动、文娱体育活动中产生的文化现象。它是企业经营作风、精神面貌、人际关系的动态体现,也是企业精神、企业价值观的折射。从人员结构上划分,企业行为中又包括企业家的行为、企业模范人物的行为、企业员工的行为等。

（4）企业文化制度层

企业文化的制度层又称企业制度文化,主要包括企业领导体制、企业组织机构和企业管理制度 3 个方面。企业领导体制的产生、发展、变化,是企业生产发展的必然结果,也是文化进步的产物。企业组织结构,是企业文化的载体,包括正式组织结构和非正式组织。企业管理制度是企业在进行生产经营管理时所制订的、起规范保证作用的各项规定或条例。上述三者,共同构成企业的制度文化。

（5）4 个层次之间的关系

企业文化各结构层之间的关系如图 9.1 所示。企业精神文化在整个企业文化系统中居于核心的地位。它是企业物质文化、行为文化的升华,是企业的上层建筑,是一种更深层次的文化现象。从核心层向表层过渡依次为制度文化、行为文化和表层的物质文化。

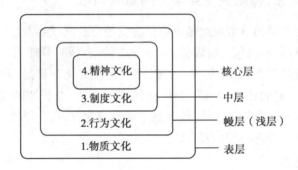

图 9.1　企业文化的 4 个层次

2）企业文化的功能

哈佛大学、斯坦福大学和一批管理咨询公司曾对企业文化的功能进行专项研究,得出的结论为:企业文化能对员工和企业经营业绩产生巨大的作用,其对企业的影响甚至超过了企业经营策略、管理体制、领导艺术等重要因素。企业文化的功能具体体现在以下几点:

（1）导向功能

企业文化可以长期引导员工们为实现企业目标而自觉努力,这种导向功能主要从两个方面来发挥作用:一是直接引导员工的性格、心理和行为;二是通过整体的价值认同来引导员工,使员工潜移默化地接受本企业共同的价值观,在文化层面上结成一体,朝着一个确定的目标而努力。

（2）凝聚功能

企业文化是以种种微妙的方式来沟通人们的思想感情,融合人们的理想、信念、作风、情操,培养和激发人们的群体意识。在特定的文化氛围之下,员工们通过自己的切身感受,产生出对本职工作的自豪感和使命感,对本企业的认同感和归属感,使员工把自己的思想、感情、行为与整个企业联系起来,从而使企业产生一种强大的向心力和凝聚力,发挥出巨大的整体效应。

（3）激励功能

良好的企业文化能带来一种"人人受重视,个个被尊重"的文化氛围,形成激励员工积极进取的力量,使员工形成强烈的使命感和持久的行为动力。

（4）约束功能

企业文化的软约束是企业管理制度硬性约束的补充。软约束产生的依据在于人的文化性和社会性。任何一个作为组织成员的人都有一种心理需要,那就是自觉服从基于组织的根本利益而确定的行为规范和准则。正是在这个意义上,企业文化构成了对企业全体成员无形的文化指令和文化规范,对人员行为具有号召力和控制力。

3）新时代的企业文化特征

经济全球化、知识经济和可持续发展成为当今人类社会发展的 3 大主题。在充分认识时代背景、深入考察以信息化为基础的新经济之后,不难发现,无论是基本的价值观念,还是具体的行为准则,新时代企业文化都将在很大程度上不同于工业经济中传统企业文化模式。新时代企业文化至少有以下几个基本特征:

（1）速度文化

"一个公司的成败取决于其适应变化的能力"。新的竞争越来越表现为时间竞争,培育起一种重视速度的企业文化成为当务之急。首先,企业速度文化的精髓在于发现最终消费者。新时代市场竞争的焦点不再集中于谁的规模更强大,谁的资本最雄厚,而是要看谁最先发现最终消费者,并能最先满足最终消费者的需求。其次,企业速度文化强调的不仅是使用数字化工具改造企业旧有的管理和运行流程,或创造崭新的管理和运行流程,更重要的是营造出充分发挥知识和智能效率的企业文化氛围,在快速变动的商业环境中提供企业员工最快速的反应机制,让员工充分发挥潜力,主动掌握不断流动的信息所透露出的商机。

（2）创新文化

在信息化背景下,创新的作用得到空前强化,并升华成一种社会主题。在未来似乎充满不确定性的、不可预测的环境下,经济活动主体只有通过本身的创新意识和创新活动才能主动使用这种环境。研究表明,成功的世界级领先企业,"更多的是由超越现实的抱负和在低投入产出中表现出的创造性来维系的,而很少是由工业的文化或制度的承袭而维系成一体的"。

（3）虚拟文化

企业经营虚拟化是经济全球化和知识经济时代的典型趋势,它突出体现在与信息紧密挂钩的高智能性知识密集型产品和产业上。企业经营的虚拟化表现在两个方面:其一,利用高信息技术手段,在全球范围内通过软性操作系统整合优势资源,既增加企业运行的效率和活力,又避免工业经济时代常规运行中的硬设施投入,从而降低了企业运行成本;其二,只需要保持对市场变化的高度敏感性和研发设计能力,而不必将自己的主要精力耗费在低价值产出和常规的普通工业生产中,后者完全可以通过国际分工体系由订货或合营方式来完成。由此可见,企业虚拟文化的要旨在于具有灵活、柔性、合作、共享、快速反应、高效输出等素质。

（4）学习文化

崇尚知识将成为新时代的基本素质和要求。只有通过培养整个企业组织的学习能力、速度和意愿，在学习中不断实现企业变革、开发新的企业资源和市场，才能应对现代经济挑战。企业应培养一种重视学习、善于学习的文化氛围，建设"终生学习的组织"，"善于创造、寻求及转换知识，同时能根据新的知识与领悟而调整行为"，正所谓终生学习，永续经营。

（5）融合文化

经济全球化、竞争中的合作，使企业必须不断融合多元文化。20 世纪 90 年代以来世界上出现了越来越多的兼并和战略联盟，企业成为跨文化的群体组织，通过全球化把各种稀缺要素集中在自己手中，实现最佳优势互补。企业融合文化应当是多元文化、合作文化和共享文化的集合。多元优于一元，合作大于竞争，共享胜过独占，企业有了包容性的融合文化，就能突破看似有限的市场空间和社会结构实现优势互补和资源重组，在更为广泛的程度上完成双赢或多赢的商业运作。

9.3.2　企业文化与 CRM 战略实施的融合

1）企业文化与 CRM 的关系

企业文化对 CRM 战略的设计、目标制订与实施有着极其重要的作用。可以说，企业文化对于 CRM 实施成败十分关键。尽管从表面上来看，企业文化对企业全体员工没有太多的"明文规定"的约束力；但从文化的内涵来看，企业文化对员工的行为有一种隐性的强大约束力。而 CRM 远不只是一种技术，企业需要转变文化、运作模式和决策支持模型，来实时响应客户的需求，建立"以客户为中心"的文化。成功发挥 CRM 的功效需要能够将 CRM 文化融入到公司运作的方方面面：从产品研发到营销、销售流程，再到对每一个客户期望的持续的、实时的支持与满足。

企业只有实现了销售、营销和服务文化的转变，才能真正实现 CRM 的价值，从而从根本上实现从以生产为中心转向以客户需求为中心，从单纯的售后服务转为全面的售前、中、后服务；更重要的是可以实现销售团队最大限度的协作，通过让销售团队共享统一的客户信息来发挥团队合作的巨大威力。

文化对于一个实施 CRM 战略的企业而言，将发挥至关重要的作用。从长期来看，一个 CRM 战略实施成功与否的标准在于，是否在公司上下全体员工中形成了一种"以客户为中心"的文化氛围。

2）企业文化与 CRM 战略实施的融合

企业文化与 CRM 战略的实施有着双向的影响和互动关系。首先，企业文化是影响企业能否有效地建立与客户之间的良好关系的关键，是 CRM 能否发挥效能的前提条件。同时，CRM 作为支持新型企业文化的有力工具，又对企业文化带来了新的变革。这也是本节中所要重点讨论的问题。

（1）CRM 战略实施需要的文化背景

很多人认为 CRM 只是一个技术问题。而实际上，CRM 的实施能否成功，不仅与 CRM

方案供应商的实施经验和技术水平有很大的关系,而且与企业自身的管理体制、企业文化、人员素质等有很大的关系。成功的 CRM 实施所关注的不仅是 CRM 系统的安装、调试、培训等工作本身,而是把更多的精力放在理念贯彻、思想融合,即企业文化体系的改造及贯彻上。企业文化虽然不同于企业制度那样对员工有强制约束力,但作为企业全体成员共同的思维和行为习惯,对企业的影响力却非常大。成功的实施及应用 CRM 系统,必须要有与之相适应的企业文化作支撑。

实施 CRM 的核心是如何使最高管理人员和一般员工都能从思维和行为习惯上真正地聚焦到客户身上。从本质上说,CRM 不过是一个"聚焦客户"的工具。因此企业要成功地应用 CRM,应该从以下几个方面对企业文化进行改造。

①形成"让客户100%满意"的文化。企业在以前的市场竞争中,往往会形成一种以企业本身利益最大化为目标的企业文化,这种文化因为能够有效地使企业各个资源围绕企业如何获取最大利润而展开,在很长一段时间内为企业的发展带来了帮助。于是"以营利为唯一目标"成为企业的金科玉律,在这一思想指导下,许多企业为获利自觉不自觉地损害客户利益,而导致客户的满意度和忠诚度很低。企业这种以自身利益为唯一目标的做法极有可能导致老客户不断流失,企业的利益也会因此受损。而在 CRM 文化中,企业应当更加重视客户满意、客户忠诚和客户保留,这在成熟的市场环境中比直接以利润为中心要有利得多。企业拥有了许多忠诚的客户后,再不断地升级相关的服务,这样在客户得到了100%满意的同时企业也获得了很大的利润,真正实现了客户和企业的"双赢"。

②关注客户个性需求。随着社会财富的不断积累,人们的消费观念已经从最初的追求物美价廉的理性消费时代过渡到感性消费时代,感性消费时代最突出的一个特点就是消费者在消费时更多的是在追求一种心灵的满足,追求的是一种个性的张扬。因此企业要想赢得更多的客户,必须要能够为客户提供个性化的产品和服务,要实现从传统"大规模"文化向"一对一"文化转变。"一对一"包括一对一销售、一对一营销和一对一服务,因此有人干脆就把企业称为"一对一"企业。信息技术和网络的飞速发展,使"一对一"在较低的成本下就得以实现。

③将客户资源作为企业最重要的资产。客户成为企业发展之本。当客户这种独特的资产与其他资产发生利益冲突时,企业应当尽量保证客户资产,追求客户资产为企业带来长期效应。企业要细分客户,针对不同的客户采用不同的客户策略。客户细分原则包括客户特征、客户偏好、客户价值等。

④在客户战略的基础上培育"以客户为中心"的企业文化。客户战略定义为公司如何建立和管理一个客户组合,一个客户战略至少包括4个元素:a. 客户理解;b. 客户竞争;c. 客户亲和力;d. 客户管理。一个客户战略必须要能够回答:客户是谁? 客户想要什么? 客户如何被管理? 只有制订了长远的企业客户战略,才能在公司形成一种客户导向文化的可能性。从另一方面来看,企业在实施客户战略时,又离不开组织变革、文化转变。

⑤围绕客户资源,进行"前台"资源和"后台"资源综合管理。传统企业在特定的经济环境和管理背景下,企业管理的着眼点在内部资源管理,即企业管理"后台"部分。而对于直接面对以客户为主的外部资源的"前台"部分,缺乏相应管理。CRM 要求企业将市场营销、生

产研发、技术支持、财务金融、内部管理这 5 个经营要素全部围绕着以客户资源为主的企业外部资源来展开,实现"前台"资源和"后台"资源综合管理,如图 9.2 所示。

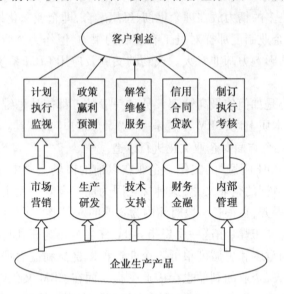

图 9.2　实施 CRM 相匹配的企业文化

(2)围绕 CRM 战略如何改造企业文化

以客户为中心,以及由此而衍生的重视客户利益,关注客户个性需求,重视客户资产等企业文化特征,是经改造后以适应新经济时代要求的新型企业文化特征。那么,如何建设适应 CRM 战略的企业文化呢? 一般来说,企业的文化改造应该从倡导"客户中心"理念、建立客户导向的经营组织、对员工加强培训等方面着手。

①由上至下倡导"以客户为中心"的理念。企业经营理念必须紧密结合市场需求,当市场需求发生改变时,企业经营理念应随之而变革,由于"以客户为中心"的商业模式迅速来临,对许多公司而言,渐进式的改革已不足以适应市场需要,而需要的是对企业的经营理念进行革命式再造,根本改变企业体质,构思一个"从客户利益出发"的企业文化体系。

理念建设应将管理层作为切入点,企业领导应当始终坚持"以客户为中心"的理念;然后努力在企业中间形成一种企业文化(共同价值观),真正将该管理理念灌输到企业的每一职工之中。该理念的灌输需要一个循序渐进的过程。目前,一些创新能力较强的企业,已经迅速地定义了自己全新的经营理念,像 TCL 电器的"为顾客创造价值"、金蝶软件的"帮助顾客成功",这些经营理念已成为企业全新文化体系的显著标志。

②建立客户导向的经营组织。传统企业仍以亚当·史密斯《国富论》中的分工原则来设计企业经营组织。这种经营组织以产品、内部管理为中心,属"生产导向"或者"市场导向"型组织,有利于合理利用企业内部资源,但在执行管理指令时,往往忽略了客户的需求;"以客户为中心",建立"客户导向"的经营组织,将焦点关注于以客户为主的企业外部资源,才能使企业的每一位成员清醒地知道企业的处境,使企业的每一个组织部门围绕着客户来协调运作。建立客户导向型企业组织是实现"客户中心"企业运营目标的制度性保证。另外,

我国大型企业在体制结构上都是采用多层级模式,以追求利益为主要目标的动力结构相对较弱,信息结构在市场约束软化的条件下也经常失真,决策结构更是由于决策链过长而缺乏效率,对系统信息的反应远大于对市场信息的反应,因而容易导致官僚化和行为短期化。在这样的体制结构下,企业难以真正做到"以客户为中心"。因此,CRM 团队不仅要具备成功实施 CRM 的能力,还应当具有改变组织结构、改变工作流程的能力,应建立灵活、柔性、合作、共享、快速反应的经营组,真正实现管理方式、管理文化的变革。

(3)开展相关培训

建立"从客户利益出发"的企业理念和"客户导向"的经营组织,需要企业每一位员工的配合。只有让每一位员工都理解了新的企业理念,才能使理念得以贯彻。只有让每一位员工都能在新的经营组织中运作自如,才能使经营组织产生最大效益。培训是让企业员工避免理念冲突,迅速在新经营组织中产生效益的有效途径。培训工作应主要集中在理念讲解、新组织的运作方法、客户沟通技巧等方面。

可见,企业文化的改造是一个长期的系统工程,而只有当企业建立了与实施客户关系管理相适应的企业文化,实施 CRM 才能真正见效。这对传统经济体制下的我国企业是尤为重要的。

(4)实施 CRM 对企业文化的促进与变革

CRM 作为一个专门管理企业前台的管理思想和管理技术,提供了一个利用各种方式收集和分析客户资源的系统,也提供了一种全新的商业战略思维。它可以帮助企业充分利用以客户为主的外部商业关系资源,扩展新的市场和业务渠道,提高客户的满意度和企业的赢利能力。CRM 作为一种全新的战略思维和工作方法,以其独特的魅力和巨大的冲击力,正在逐渐变革传统企业已经形成的文化机制。大部分企业为适应不断变化的管理潮流和商业环境,自动或被动地接受了这些变革。企业文化的这些变革主要是由重视企业内部价值和能力,变革为重视以客户资源为主的企业外部资源的利用能力,以及因此而带来的由重视企业与员工、员工与员工之间的关系性变革为重视企业与客户、员工与客户的关系;由重视企业利润变革为重视客户利益;由关注客户群体需求变革为关注客户个性需求;由面向理性消费的经营思路变革为面向情感消费的经营思路等诸多文化因素的变革。

CRM 将企业对客户资源的重视提到了前所未有的高度,企业通过计算机及网络将企业与客户的关系联系得更加紧密,使其对客户相关信息的采集、归纳、利用更具有科学性、系统性。现在,已经有93%的 CEO 认为客户关系管理是企业成功和更富竞争力的最重要因素(Aberdeen Group)。CRM 将企业的市场营销、生产研发、技术支持、财务金融、内部管理这5个经营要素全部归集到能否提高客户满意度上来。企业内部的各职能部门都开始通过 CRM 来合理利用以客户资源为主的企业外部资源:

• 市场营销。企业通过 CRM 的营销模块,对市场营销活动加以计划、执行、监视、分析。通过调用企业外部的电信、媒体、中介机构、政府等资源,与客户发生关联。同时通过 CRM 的销售模块,提高企业自身销售过程的自动化,并且通过 CRM 的销售功能模块,整合企业可供利用的各项内部资源,包括提供企业在其他经营要素方面的配合,以提高企业销售部门的整体反应能力和事务处理能力,强化销售效果。

- 生产研发。企业通过 CRM 收集整理具有市场需求而企业未提供的产品品种、产品功能，以及企业已经向客户提供的产品中需完善和改进之处，归纳总结出具有普遍意义的客户需求，合理分析客户的个性需求。通过对原料供应、社区环保、金融贸易政策等各项资源的归集分析，结合赢利模型测算，在企业生产研发环节中确定产品品种、产品功能及性能、产品产量。

- 技术支持。企业通过 CRM，借助通信、Internet 等手段，利用自身及销售、服务合作伙伴的资源，对已有客户提供自动化的技术解答、现场服务、产品修理等支持和服务，并优化其工作流程。

- 财务金融。企业通过中介机构和其他途径获得客户的信用状况，通过 CRM 系统的反馈，决定企业对不同客户提供不同财务政策，客户的信用状况通过 CRM 系统本身得以检验和修正。企业销售人员利用 CRM 系统，在与客户的前期洽谈、合同签订、货款回收等方面给予科学合理的对待。

- 内部管理。企业的内部管理是整合企业其他经营要素的一个核心要素，企业的 CRM 系统是企业整个内部管理体系的重要部分。同时企业通过 CRM 系统的反馈信息去检验企业已有内部管理体系的科学性和合理性，以便及时调整内部管理各项政策制度。

可见，CRM 系统的应用，使企业由重视企业内部价值和能力，变革为重视企业外部资源的利用能力，这是 CRM 给企业文化带来的最大变革，企业文化的其他许多变革都是由这一变革所衍生的。当然，这些企业文化的变革，并非完全是"顾此失彼"式的，有些由 CRM 所带来的新型文化观念，可以与旧有的文化传统兼容并蓄，只是在侧重点上向有利于客户关系资源利用方面倾斜，同时企业对以客户关系为主的外部社会关系的重视，并不表明企业就此忽视内部资源的管理和利用。事实证明，不少企业在企业关系资源的利用方面，已经做到了内外兼顾。但是，当 CRM 理论的导入带来企业新旧文化冲突时，企业的旧文化应该让位于新文化，只有那些勇于革新旧文化的企业，才能贯彻 CRM 理论，使企业的文化意识形态全面提升，以适应新的经济环境，获得更强的生命力。

9.3.3 实施企业文化变革的支持系统

实施和发展 CRM 战略需要企业文化的变革来作支撑。然而任何变革都会有失败的风险。那么，如何能有效地变革 CRM 的企业文化并使之在执行 CRM 的过程中发挥作用呢？

1）详细周密的计划

企业在变革文化之前，首先要评估当前企业文化的现状，详细地分析其特征。要达到这个目标并不容易，因为企业文化深深地隐藏在企业的日常生活之中。要理解企业文化，不仅要了解企业发展的历史环境、外部环境和内部环境，还要了解其他一些影响其企业文化形成的一些因素，例如招聘的过程、绩效考核系统、企业交流系统等。然后企业要制订出详细的战略及行动方案。任何一项变革都需要有一个完整周密的组织、流程和系统方面的计划。而每个方面的计划都应包括所涉及的责任人、实施时间和目标。因此，这个详细的计划应该包含一些使文化变革能够顺利进行的要素。比如，变革要完成什么样的目的，要投入多少企业的资源，执行变革的步骤是什么，等等。在制订了明确的方案之后，企业还要实行一定的机制以便保证方案的顺利执行。这个机制包含着企业机构、信息系统和管理方式的变革等。

2）适当聘请企业外部专业人员

变革企业文化，如果缺乏一系列有效的管理方法，可能导致 CRM 的失败。因此，选择有经验的咨询公司是很有必要的。有经验的咨询公司能够很好地认识企业的情况，它们不仅能一针见血地指出问题，更能不畏阻力地把变革推广下去。因为在任何企业中，无论是哪一种变革都会遇到来自不同方面的不同程度的抵制，从而导致变革措施很难推广和实施。而借助外部有经验的咨询公司就可以避免这样的问题。

3）有效利用人力资源管理措施

变革 CRM 企业文化的过程其实也就是组织的调整，甚至是重组的过程。在这个过程中，人是实现一切流程和使用系统的主体，是最优先考虑的因素。企业应采取一系列人力资源管理的措施来保证文化的变革得以有效实施。

首先，人员的选拔、企业内部招聘等方法在文化的变革中十分有效。通过选拔可以发现候选人是否具有为客户服务和以客户为中心的理念。企业可以使用一些特殊方法，例如心理测试或面试等，来进行挑选。新员工培训（Orientation）可以用来传达以客户为中心的文化思想和价值观。同样，企业内部招聘也可以通过改变员工的职位，特别是处于领导地位的员工，来相应地改变企业文化。企业甚至还可以解雇那些激烈反对文化变革的员工。当然这样的方法需要慎重处理，因为不当的解雇政策会影响留在企业中的员工的信心和他们对企业的忠诚程度。

其次，人力资源管理部门应重新确定一些重点岗位的工作描述和工作分析，从客户关系的角度对工作要项和工作描述提出新的要求，从而建立一支有效的 CRM 员工队伍。

另外，培训和教育训练也能够帮助企业文化的变革。自 1985 年以来，英国航空公司一直坚持以客户的需求为基础的培训。员工们在变革的开始阶段总是持怀疑态度。因此，企业就要组织一些讲座、座谈会和案例分析会等来向员工灌输新的思想和价值观。当然对管理层的培训也同等重要。

管理者也需要在"以客户为中心"的环境中改变管理方式。绩效考核及薪酬在文化变革的过程中也影响着员工的思想和行为。它们的形式和内容清楚地传达了企业文化的信息。企业应该根据"以客户为中心"的文化来改变绩效考核的方法。比如，是应该考核客户的短期增长还是长期增长，是考核客户的满意程度还是其他，等等。在这一方面，嘉信公司做得比较成功，它将奖励制度与客户满意程度挂钩，取得了惊人的业绩。

最后，交流在变革的进程中也应作为强有力的工具。企业应该建立有效的交流系统以保证信息流通的顺畅。通过横向的或是纵向的交流渠道，"以客户为中心"的价值观念和执行文化变革的步骤能够被有效地传递给企业的员工。交流的方法也可以是多种多样的，如信息交流会、员工杂志、管理者与普通员工的见面等都可以用来传递信息。除此之外，企业员工与客户之间的交流也是十分重要的。著名的贝尔实验公司特别注重外向地强调客户利益的企业文化。公司的研究人员被分配到经营部门，他们不仅需要花很多的时间与内部人

员进行横向的联系,更需要花时间与客户进行交流。

4)高层领导的支持

企业管理者的信心与决心对企业文化的变革有巨大影响。他们需要采取长远的观点,因为要建立 CRM 的企业文化不是一蹴而就的事,变革的过程将会十分漫长,企业也需要付出巨大的代价。

1995 年嘉信公司重整了"以客户为中心"的企业文化,这次文化重整持续了 10 个月,耗资百万美元。因此,高层管理者必须愿意投放足够的资源(比如科技资源和财务资源)到企业文化的变革过程中。中国企业的集权倾向十分严重,如果没有或缺乏高层管理者的全力支持,CRM 项目将难以实施。

5)企业文化变革的评估和巩固

在企业初步建立了"以客户为中心"的文化之后,企业应该定期地对完成情况进行评估,这样高层管理者们就可以了解变革的成果并且对原计划作出相应的调整。定期的调查是了解企业员工态度的一种方法。从员工们对调查的反馈,企业可以了解预定的目标是否达到。如果文化变革的目的得以实现,企业还应该对新的企业文化进行巩固,确保 CRM 文化深入人心。

9.4 案例:基于 CRM 的 MT 公司业务流程再造

1)企业概况

总部位于瑞士的 MT 公司是世界上最大的称重衡器及精密仪器制造商,其产品和解决方案遍布实验室、工业及零售业的各个流程与环节,从高精度的微量分析到千吨以上的称重应用,公司的产品技术都有所涉及。MT 公司统一的团队、全球的服务网络及完美的解决方案,帮助全球客户增进效率、创造价值,轻松应对工作领域中的各项挑战。1997 年 11 月,MT 公司成功登陆纽约证券交易市场,成为上市公司。其股票代码为 MTD。

MT 公司是一家集团型的跨国企业,生产基地遍布瑞士、德国、美国、英国、意大利和中国等多个国家,并在全球范围内拥有近 40 多家附属分公司和销售机构。在中国常州和上海,设有多家生产工厂、研发试验室和运营中心,全国范围内建有 40 多家办事处,并与两百多家分销商建立了紧密的合作关系。MT 公司的 Service XXL 服务,响应迅速,并可根据客户特殊的业务需求而量身定制,以确保客户的投资价值。无论客户的业务是在实验室、工厂或零售行业,MT 公司均有相应的服务方案。

2)业务流程

自成立之日起,MT 公司一直保持着良好的业务发展模式,每年的销售基本保持稳步的增长态势。MT 公司的业务分布在世界各地,其中 35% 来自欧洲、35% 来自美洲,还有近 30% 来自亚洲及其他区域,而亚洲的业务则主要来自中国。MT 公司在全球有近 6 000 名销售、市场和服务人员,其总部在欧洲,在 SAP-CRM 实施之前,各个分公司和制造工厂使用的都是独立的本地 CRM 系统,导致全球销售团队的管理只能由各个分公司独立进行,日常的业务管理流程也是由各个分公司独立操作。

此外,MT 公司又非常注意行业细分业务,集团各产品战略事业部也会制订一些行业的开发策略,帮助各区域进行行业业务拓展。总而言之,在 SAP-CRM 实施之前,MT 公司是一个区域分治、集团辅助的全球性企业。

MT 公司的产品应用行业也非常广泛,如零售行业超市的条码秤,肉类加工企业的金属检测设备,制药企业的配方管理设备,啤酒生产企业的二氧化碳溶度比例配备检测设备等。可以毫不夸张地说,凡是地球引力存在的地方,就有 MT 公司的潜在客户,其产品的应用领域极其广泛。但是由于产品的特殊性,MT 公司的产品只是客户产品生产过程中的辅助性设备。

由于产品的广泛应用性,MT 公司对行业的分析显得尤其重要,MT 的客户开发就是依托行业细分进行的。不同的行业,具有不同的行业特性,提供的解决方案也是多样性的。同时,由于产品的不同,每个产品战略事业部都成立了自己的市场部门,面对行业进行市场和业务的拓展。

在过去,MT 公司的业务流程如图 9.3 所示由客户管理系统和生产管理系统两大部分构成,这两个系统是完全独立运行的,系统间没有数据接口。CRM 的客户关系管理系统主要对客户的机遇和报价进行管理,订单和生产管理在 ERP 中进行。很多情况下,两个系统的客户和联系人数据都不相同。而且各个公司间的 CRM 和 ERP 也不相同,就拿中国公司来说,3 个分公司就存在有 6 套系统。

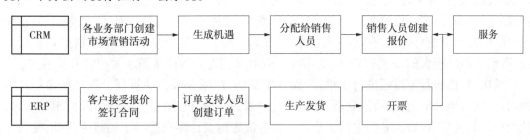

图 9.3　MT 公司的业务流程图

综合来说,MT 公司的业务管理流程主要包括以下 6 个方面:市场营销活动管理、机遇管理、报价管理、订单管理、发票管理和售后服务管理。

3) 存在的问题

MT 公司目前采用矩阵式的企业管理模式,集团总部设有供应链管理部、人力资源部、市场营销部、服务部、财务部、产品战略事业部(实验室、工业、商业、过程分析、产品检测)等管理部门,这些部门会对各个分公司的对应职能部门进行横向的管理。但是由于分公司的业务是独立进行的,并且各分公司总裁直接向集团 CEO 汇报,这种矩阵式的管理模式效果并不是十分有效,导致集团总部的管理部门很大程度上只是作为支持部门,帮助各分公司发展业务,没有也无法实现集团统一的战略规划和纵向管理。在公司发展的一定时期内,这个横向管理的模式可以给予各分公司更多的自主权,对区域业务的高速增长带来了非常大的帮助。但是随着业务的成长,各公司已经逐步壮大,形成了一套自己的制造体系和销售体系。

与此同时,集团对分公司的影响力越来越小,整个公司形同一盘散沙,无法形成综合作战的战斗力。综合来说,MT公司的业务管理模式存在以下一些问题:战略制订和执行差、销售流程不统一、资源的重复浪费、信息不透明。

4)实施方案

MT为了确保企业战略资源的有效利用,决定实施业务流程再造,建立全球数据库,为客户价值管理提供全面的信息支持。所有的客户、联系人、物料和交易数据全部在统一的平台上实现。集团和各个分公司都可以对这些数据进行分析,并建立统一的客户管理方案和营销解决方案。建立和完善一体化的业务流程,为客户提供更好的解决方案。

MT公司的SAP-CRM业务流程与标准CRM有很大的差异,它是结合MT公司自身情况进行的特色化设计。MT公司的业务流程再造的整体方案如下:

首先,在MT公司的SAP-CRM系统中,客户、联系人、员工都归类为主数据,不属于任何个人或组织,即在一定范围内,这些数据将属于公共资源可以被所有人员查询和使用。MT公司还对客户和联系人按照不同的市场属性进行分类划分。依据不同的分类方法,对客户进行市场属性的分类,多样的客户分类方法能够帮助MT公司快速地寻找合适的目标客户,从而开展有效的市场活动。客户的分类还可以帮助MT公司制订有针对性的促销方案,提高市场营销活动效率,产生出更多的线索;同时也有助于MT公司的应用方案在类似客户群体中快速、广泛地进行推广。在MT公司,客户的分类主要有以下几种方式:按照客户所在的地理位置进行分类,如国家、省份/州、市、区等;按照客户所在的行业进行分类,如化工、教育、制造、食品行业等;按照客户的角色进行分类,有经销商、客户、竞争对手、供应商等;按照客户的生命周期进行分类,有已签单客户、潜在客户等;按照客户规模和潜在购买量进行划分,有购买需求很大的A类客户、购买需求一般的B类客户和购买需求较小的C类客户。

其次,对销售行为过程进行了规定,设计了销售、市场和服务的管理流程。从市场计划的制订,到市场活动的执行,计划活动的开展,线索的生成,机遇的产生,报价及订单的管理,乃至后续的发货、售后服务都进行了规范。这些流程的设计将规范员工的行为活动,使员工清晰地了解各自的岗位职责、目标需求等。在新的流程中,市场人员只是负责市场计划的制订和执行,通过市场活动发掘线索;而销售人员负责如何把线索转换成有效的机遇,并且和客户进行有效的互动,提供报价并赢得订单;而订单人员只是在销售合同的基础上生成系统订单,并通知生产部门进行产品的制造;信用管理人员负责货款和信用管理;仓库人员负责产品的发货;开票人员负责发票开具和管理;服务人员负责售后服务等。

最后,新的流程要求MT公司所有的分公司、所有的部门都必须切换到统一的SAP-CRM平台中。平台的统一,不仅可以规范业务行为,而且可以实现信息的透明化,使内部资源的共享越发方便。而流程的统一化、数据的基础化,将帮助MT公司的战略制订和执行更加有效。例如:全球的价格管理团队可以直接提取各个分公司的交易数据,并对线索的转化率、机遇的成单率进行分析;也可以直接获得各个分公司对价格折扣的执行情况,通过对这些数据的整理和分析,可以有效地制订全球的价格战略。

5)实施效果

新的流程不仅给企业带来了更多的机遇和订单,增加了销售收入,而且使公司更贴近客户,提高了客户满意度。客户因此得到更好的产品解决方案,及时地交货,快速有效地服务响应等。与此同时,公司内部员工的工作效率也大大改善,员工可按照计划进行日常的工作。基于 CRM 的 MT 业务流程再造的成功实施,实现了企业、员工和客户的共赢。

（资料来源:周云飞. 基于 CRM 的 MT 公司业务流程再造［D］. 南京:南京理工大学,2014.）

案例分析题

1. 根据本案例提供的材料,谈谈 MT 公司为什么要实施业务流程再造?

2. MT 公司在 CRM 的实施过程中引发了哪些业务流程变化。

本章小结

全球化时代企业竞争基础和竞争优势的变化,特别是企业从"以产品为中心"的模式向"以客户为中心"的模式的转移,是客户关系管理在企业中作用凸现的时代背景。

CRM 在打造企业核心竞争力的作用重点体现在:CRM 的实施将帮助企业全面导入"以客户为中心"战略,帮助企业形成统一的客户联系渠道和全面的客户服务能力,使企业能够有效挖掘客户资源,并通过先进的客户智能为企业提供决策支持。同时,实施 CRM 还有利于企业知识的积累和创新,有利于使企业适应在电子商务时代的生存和发展。

企业组织再造强调以经营过程为中心和改造对象,以关心和满足顾客需求为目的,对现有组织体系和经营过程进行根本性的再思考和彻底的再设计,利用先进的制造技术和信息技术及现代化的管理手段,最大限度地实现技术上的功能集成和管理上的职能集成,打破传统的职能型组织结构,建立起过程型的结构,扩展企业的经营目标和机会;改善服务功能与外界环境的关系,最终实现企业在质量、效率、效益等方面的巨大提高。

进行企业的结构化系统分析,是企业组织再造的第一步。结构化系统分析是 CRM 项目实施中,在对企业组织各部门、各种业务及其处理过程详细调查了解的基础上,提出 CRM 系统和企业组织的新逻辑方案的工作。在这个方案的实施中,包括组织结构分析、功能调查与分析、业务流程调查与分析、数据与数据流程调查分析等工作的汇总。通过结构化系统分析工作,可以获得以下成果:划分系统组织和子系统、整理系统业务流程、分析数据及数据流程、整理业务操作过程的管理模型和方法。只有满足部门级、协同级、企业级 3 个层级的需求、具备良好扩展性的组织,才是 CRM 再造的目标。

业务流程重构(BPR)的核心是对业务流程进行根本性的再思考和彻底性的再设计,进而显著提高企业效率,提升企业价值。总之,BPR 是一种管理思想,更是企业内部的一场管理变革。企业目前工作流程存在一些问题需采取措施解决。业务流程重构的内容基本可以划分为业务操作管理流程的重构和客户合作管理流程的重构两方面,主要包括市场销售、营销和客户服务 3 部分组成的业务操作管理流程的重构和由业务信息系统、联络中心管理和 Web 集成管理 3 部分组成的客户合作管理流程的重构。

企业文化虽然不同于企业制度那样对员工有强制约束力,但作为企业全体成员共同的思维和行为习惯,对企业的影响力是毋庸置疑的。成功地实施及应用 CRM 系统,必须要有与之相适应的企业文化作支撑。文化改造是企业成功地实施及应用 CRM 的前提,同时 CRM 的应用突出地强化了企业对于以客户关系为主的外部社会关系的重视程度,为企业注入了新的文化。企业文化的变革需要有详细的周密计划、企业外部人员参与、合理有效地利用人力资源和高层领导的支持,并且需要进行企业变革的评估和巩固。

复习思考题

1. 企业核心竞争力由哪些要素构成?
2. CRM 对构建企业核心竞争力有什么作用?
3. 业务流程重构的含义及主要内容是什么?
4. 如何在实施 CRM 情况下进行企业业务流程重组?
5. 企业组织重组的含义及主要内容是什么?
6. 简述组织重组理论的基本原则有哪些。
7. 如何在 CRM 框架下重组企业组织结构?
8. 试分析 CRM 与企业文化之间的关系。
9. 企业文化与 CRM 战略实施如何融合?
10. 如何有效地变革企业文化使其在执行 CRM 的过程中发挥作用?

讨论题

1. 结合新经济时代的特点,谈谈企业实施 CRM 的意义。
2. 选择一家企业,分析该企业实施 CRM 过程中会遇到哪些阻力?
3. 选择一家企业,分析该企业在实施 CRM 时如何进行企业流程和组织的重组?
4. 假设你作为公司的高层领导,在实施 CRM 时与企业文化相冲突,你会怎么做?
5. 假设你作为公司的基层员工,在面对新的管理战略 CRM 时,你会怎么做?
6. 结合实际案例,分析 CRM 对企业文化的影响。

网络实践题

1. 上网搜索一个案例,分析其在实施 CRM 前后业务流程的变化。
2. 搜索一个实施 CRM 成功的案例,探讨其在企业变革方面所采取的措施。
3. 搜索一个实施 CRM 失败的案例,分析其失败的原因。
4. 上网找一家你比较熟悉的企业,了解其企业文化,并分析其企业文化与客户关系管理的融合情况。

第 10 章
客户关系管理在中国

[课前导读]

CRM 出现于 1990 年的美国,至今已经蓬勃发展了 30 个年头。在我国,CRM 从 1999 年下半年兴起,逐渐引起了 IT 业及应用行业、投资商、用户及国内外软件厂商的密切关注。经过 20 多年的发展,目前已进入快速发展阶段,在信息技术的支撑下以及在企业内部强烈的需求驱动下,CRM 得到了长足的发展。根据海比研究的数据显示,从市场规模来看,CRM 领域 2012 年市场规模为 14.25 亿元, 2018 年的市场规模为 73.64 亿元,年市场增长率约为 25.92%。其中,CRM 市场的国内品牌市场规模约为 53 亿元,CRM 的 SaaS 占比约为 35%。未来三年,CRM 市场还将保持 20% 以上的高速增长。

近些年,CRM 不仅得到了很多企业的认可,而且也被很多企业应用到日常的企业管理之中。CRM 正逐步走向成熟、走向应用。但是,在 CRM 发展的过程中依然存在着很多问题需要解决。本章对客户管理在我国的发展现状、机遇、制约、趋势进行了讨论,并介绍 CRM 在重点应用行业的实施案例。

[学习目标]

- 了解 CRM 在我国的应用现状;
- 了解 CRM 在我国的发展机遇和制约;
- 分析我国 CRM 的重点应用行业;
- 结合案例,理解如何针对行业需求设计和实施 CRM;
- 了解我国 CRM 的发展趋势。

10.1　客户关系管理在我国的发展

10.1.1　CRM 在中国的发展现状

CRM 软件在世界的快速发展,其应用系统功能不断得到延伸,几乎扩展到了整个销售链的每一个经营活动,这要归功于 CRM 提供商在这个领域投入的大量研发经费,同时也是

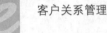

市场竞争的必然结果。

1)CRM 在中国的理论研究现状

国内学术界对客户关系管理研究相比于国外而言起步较晚,呈现理论落后于实践、基础理论落后于应用研究的特点。其重要原因在于我们真正开始推进市场经济是在 20 世纪 90 年代中期以后,无论是在理论上,还是在企业实践中上升到客户关系管理层面与国外已经进入较成熟的客户关系管理研究与应用相比水平较低。于是出现了跳过基础理论研究、直接引入国外的研究成果,实践中直接引入国外的管理软件的现象。国外先进管理理念的传入和信息时代的到来,为我国客户关系管理研究奠定了理论基础和技术支持。CRM 是在关系营销、业务流程重组(BPR)等基础上进一步发展起来的,它综合运用数据库、网络、图形图像、媒体、人工智能等技术,整合先进的管理思想、业务流程以及信息技术于一体,构筑出现实信息平台的一种管理系统。陈旭等研究了 CRM 的内涵和管理思想,分析了 CRM 的主要功能,辨析了 CRM 与 SCM 和 ERP 的关系,讨论了 CRM 的发展趋势;成栋、宋远方在研究当前各种客户关系管理的管理理论的基础上提出了客户关系管理的理论框架体系,以澄清客户关系管理与其他管理理论的关系;安实等人分析了 CRM 价值创造激励,指出目前对客户关系管理的应用研究,忽视了 CRM 项目的理念基础和人的因素。

国内研究 CRM 较具代表性的研究机构是中国客户关系管理研究中心(CRM Research Center of China,CRCC),他们对客户关系管理理念、模式及应用方法进行了整合和创新,结合中国企业实际,率先创造性地提出了"中国客户关系管理方法论(China CRM Methodology)",设计出了适宜中国的 CRM 生态体系及"全流程先进管理"框架下的"三层制"客户关系管理架构,提出了中国企业应用的 CRM 的"双 E 主导"结构,为各企业提供了中立、完整的 CRM 应用方法,以及清晰准确的 CRM 主要行业需求、产品方案和应用案例方面的科学建议。王炳雪研究我国企业在 CRM 实施过程中,在观念、技术和方法等方面存在的问题,以及这些问题对 CRM 作用的发挥与 CRM 推广的影响,进一步提出正确的实施程序是:在一位高层领导的负责下,进行需求分析,合理规范,从实际出发选取软件,分步实现,并引入有效的监理机制;路晓伟、张欣欣、蒋馥认为客户关系发展的各个中间阶段转移到破裂期的可能性较小,从而保持客户,尽可能减少客户资源的流失。国内的理论研究主要集中在一些博士论文中,如陈明亮(2001)在其博士论文中提出了客户生命周期模式的典型与非典型形式,并以此作为企业客户保持的理论依据;齐佳音(2002)在其博士论文中研究了客户全生命周期管理中客户价值的评价、量化及决策问题,提出了客户价值的评价指标,并在此后的研究中,相继提出了客户全生命周期管理的营销管理体系和具体行业的客户生命周期管理策略;万映红(2003)在其博士论文中提出了一整套分析客户价值的理论方法和数据分析方法;吴丽华(2005)在其博士论文中研究了客户建模问题,提出了基于改进型成长单元结构神经网络的客户兴趣建模方法,以及客户终生价值的度量模型,等等。

有很多学者对客户忠诚度和满意度结合行业实践进行了研究。张燕(2012)对我国物业企业的客户满意度进行了研究,研究指出要想提升客户的满意度与忠诚度,首先在企业内部要做好现有业务的创新和改革工作,服务是核心,只有做好客服服务才能真正提升客户的满意度,而且要在实际工作中创造性地提升服务水平,服务是核心,创新是动力,只有做好这两点,才能让用户更忠诚。Muchogu(2016)针对国内的多家五星级酒店进行了满意度调查,通过电子邮件的方式访问了 500 多位入住用户,在全面分析了用户对于酒店提供的餐饮客房等服务后,又针对性地进行满意度调查,调查发现客户对酒店的满意度与酒店提供的硬件服务有一定的关系,但是酒店工作人员服务态度的影响力更大,硬件条件是让客户满意的基础条件,而良好的服务态度才是让用户从满意升级到忠诚的关键因素。王金丽等(2017)研究了客户惰性与客户满意度之间的关系,研究表明:对于线上业务来说,客户的惰性会对客户的满意度起到一定的前置作用,客户对线上的产品选购一般不会频繁地进行变更,因此线上互联网业务可以更好地利用客户惰性来提升客户的满意度,比如电商网站常用的一键收藏和关注店铺按钮都是利用了客户的惰性思想来提升客户的忠诚度。

2)CRM 在中国各行业的实践应用现状

纵观新世纪以来的国内 CRM 市场,一方面,国外 CRM 软件商已经加大了开拓中国市场的力度,国内的软件商也纷纷推出或正在开发 CRM 软件。Siebel、Oracle、Turbo 等著名国外 CRM 品牌和用友、金蝶、联成互动、创智、星际网络等国内品牌百花齐放。随着 CRM 市场不断发展,CRM 不断重新定位并推出新产品,CRM 解决方案呈现出多样化的发展。另一方面,国内企业在这方面的需求越来越强烈,一些企业已开始进行 CRM 系统的应用。以下将从下面几个方面介绍国内 CRM 的发展现状:

(1)行业应用

在我国,CRM 的应用已经覆盖了几乎所有的行业,但不同行业的应用程度有所差别。目前市场上由高端 CRM 软件商推出的行业 CRM 产品几乎涵盖了所有行业,主要有航空与国防、汽车、通信、消费品、能源、制造业、零售业、金融业、保健、旅游业、高技术产业、保险、公共事业、医院等。因此处于某个特定行业的企业可以选择经过了行业定制的 CRM 产品,可以大大减少 CRM 客户化工作。

并非所有的企业,都能够执行相似的 CRM 策略。同样,当同一公司的不同部门或地区机构在考虑 CRM 实施时,事实上有着不同的需求。另外,各企业有着不同的技术基础设施。因此,客户的行业特征和企业规模引导着 CRM 的分类发展。在企业应用中,越是高端应用,行业差异越大,客户对行业化的要求也越高,因而,有一些专门的行业解决方案,比如,银行、电信、大型零售等 CRM 应用解决方案。而对中低端应用,一般采用基于不同应用模型的标准产品来满足不同客户群的需求。

(2)企业规模与 CRM 应用

一般将 CRM 分为 3 类:以全球企业或者大型企业为目标客户的企业级 CRM;以 200 人以上、跨地区经营的企业为目标客户的中端 CRM;以 200 人以下企业为目标客户的中小企业 CRM。

在我国,一些行业内具有雄厚实力的大中型领先企业显现出较强的 CRM 应用需求。他们由于企业业务发展稳定,对业务能力的改善和发展是企业的核心业务策略,因此对引入信息化手段来改善业务有非常明确的需求,同时企业已经形成自身管理模式,正好弥补 CRM 供应商对行业经验的欠缺,CRM 的实施效果容易呈现,因此 CRM 在这类企业的应用将会快速发展。大中型领先企业是目前我国 CRM 的主要市场。

同时,中小企业应用渐成气候。中国拥有数量极为可观的中小企业、成长性极强、市场潜力巨大,从而为面向中小企业 CRM 市场的专业厂商提供了广阔的市场空间。这使得我们有充分理由相信,未来的中国 CRM 应用市场,将远远超出目前的水平,甚至可能超过人们的想象。

不同规模的企业有不同的 CRM 应用需求。大型企业在业务方面有明确的分工,各业务系统有自己跨地区的垂直机构,形成了企业纵横交错的庞大而复杂的组织体系,不同业务、不同部门、不同地区间实现信息的交流与共享极其困难;同时,大型企业的业务规模远大于中小企业,致使其信息量巨大;其次,大型企业在业务运作上很强调严格的流程管理。而中小企业在组织机构方面要轻型简洁很多,业务分工不一定很明确,运作上更具有弹性。因此,大型企业所用的 CRM 软件比中小企业的 CRM 软件要复杂、庞大得多。而一直以来,国内许多介绍 CRM 的报道和资料往往是以大型企业的 CRM 解决方案为依据的。这就导致一种错觉:好像 CRM 都是很复杂、庞大的。其实,价值万元左右的面向中小企业的 CRM 软件也不少,其中不乏简洁易用的。

越来越多的 CRM 供应商依据不同企业规模情况来提供不同的 CRM 产品。主要的 CRM 提供商一直以企业级客户为目标,并逐渐向中型市场转移,因为后者的成长潜力更大。以企业级客户为目标的公司包括 Siebel、Oracle、Turbo 等。另外一些公司,如 Onyx、Pivotal、用友 iCRM 等则与中型市场相联系,并试图夺取部分企业级市场。MyCRM、Goldmine、Multiactive 和 SalesLogix 等公司瞄准的是中小企业,他们提供的综合软件包虽不具有大型软件包的深度功能,但功能丰富实用。

（3）不同层次的 CRM 并存

CRM 涵盖整个客户生命周期,涉及众多的企业业务,如销售、支持服务、市场营销、订单管理、数据挖掘、建立电子商务平台等;CRM 既要完成单一业务的处理,又要实现不同业务间的协同;同时,作为整个企业应用中的一个组成部分,CRM 还要充分考虑与企业的其他应用,如与财务、库存、ERP、SCM 等进行集成。

但是,不同的企业或同一企业处于不同的发展阶段时,对 CRM 整合应用和企业集成应用有不同的要求。为满足不同企业的不同要求,CRM 在集成度方面也有不同的分类。从应用集成度方面可以将 CRM 分为:CRM 专项应用、CRM 整合应用、CRM 企业集成应用。

①CRM 专项应用。以销售人员主导的企业与以店面交易为主的企业,在核心能力上是不同的,销售能力自动化（SFA）是以销售人员主导的企业的 CRM 应用关键,而客户分析与数据库营销则是以店面交易为主的企业的核心。在专项应用方面,还有广为应用的呼叫中心（Call Center）。随着客户对服务要求的提高和企业服务规模的扩大,呼叫中心在 20 世纪 80 年代得到迅速发展,与 SFA 和数据库营销一起成为 CRM 的早期应用。到目前为止,这些专项应用仍然具有广阔的市场,并处于不断发展完善之中。代表厂商有 AVAYA（Call Center）、Goldmine（SFA）等。对于中国企业特别是对于中小企业而言,CRM 的应用处于初期阶段,根据企业的销售与服务特点,选择不同的专项应用启动 CRM 的实施不失为一条现实的发展之路。当然,在启动专项应用的同时,应当考虑后续的发展并选择适当的解决方案,其中特别是业务组件的扩展性和基础信息的共享。

②CRM 整合应用。由于 CRM 涵盖整个客户生命周期,涉及众多的企业业务,因此,对于很多企业而言,必须实现多渠道、多部门、多业务的整合与协同,必须实现信息的同步与共享,这就是 CRM 整合应用。CRM 业务的完整性和软件产品的组件化及可扩展性是衡量 CRM 整合应用能力的关键。这方面的代表厂商有 Siebel(企业级 CRM)、Pivotal(中端 CRM)、MyCRM(中小企业 CRM)。

③CRM 企业集成应用。对于信息化程度较高的企业而言,CRM 与财务、ERP、SCM,以及群件产品如 Exchange、MS-Outlook 和 Lotus Notes 等的集成应用是很重要的。这方面的代表厂商有 Oracle、SAP、Turbo 等。

从 CRM 在我国的应用来看,集成解决方案在未来将更受欢迎。通用型软件可能很快进入成熟期,行业最终用户对标准化产品的需求逐渐稳定,而企业用户对增值类产品和方案会有更强的需求。随着 ERP 等信息化系统在企业应用日益广泛,未来对 CRM 产品和方案中的集成功能会有迫切要求,以 CRM 为主,整合企业前后端业务系统的趋势会越来越明显。

10.1.2 CRM 在中国的发展机遇

2001 年以来,我国大中企业对 CRM 的兴趣和寄予的期望是十分高的。事实也证明,目前我国在研究、开发和应用 CRM 方面的发展速度远远高于国外。CRM 在我国有着独特而广阔的发展机遇。

1)市场的竞争使中国企业对 CRM 的需求突显

过去我们的企业是以产品为导向,由于生产力不足和产品短缺,供小于求,因此企业主要精力放在扩大生产和满足社会需求上。随着我国改革开放步伐加大,生产力大发展,现在的产品已是供大于求。因此企业要生存,就要生产客户需要的产品,这就是以"客户为导向"的时代。客户成了上帝,客户对企业产品的需求决定了企业未来命运。因此保持住已有的客户、发展新的客户、密切与客户的联系并了解他们的新需求,决定今后新产品的开发方向,为未来作出科学预测等成了企业成败的关键。以客户为中心,并且逐步实现对客户的个性化服务,争取到尽量多的客户才能使企业发展。而 CRM 是一种解决"以客户为中心"的非常重要的系统和方法。

2)市场的竞争使得全球生产过剩和产品同质化

我国已经加入 WTO,企业不仅要与国内相同企业竞争,而且要与国外进入中国的企业竞争。企业如何建立起竞争优势,保证企业可以长期、稳定的发展,是今天摆在企业管理者面前的重大课题。国外企业在 CRM 应用方面比我们有经验,发展以客户为中心的以及科学的企业经营运作已成为国外企业运作的生命,而我国企业在这方面差距较大,跟上的方法是借助于 CRM,在科学管理方面迎头赶上,提高企业运行效率,科学决策,就成为加入 WTO 后我国企业的成败关键。

3)中国企业的独特背景

自动销售系统在中国并没有普及,一个核心销售人员的跳槽就可以大大改变公司的收入预测等,表现了企业内部管理的混乱和随意性。有的企业虽然离开了计划经济,走入了市场,接受了"市场营销""公共关系"等新概念,但对于如何在客户数据中分析购买习惯,如何针对不同的客户进行不同的营销策略等问题,仍然是一张白纸。另外,中国企业中真正运用了CTI呼叫中心的也还为数不多。可以说,中国的企业是准备跨越国外十几年的发展过程,而要直接迈入CRM阶段的。不过,这种飞跃也能让中国企业少走不少弯路,如果在一开始就进行CRM整体设计,下一步的多系统兼容和接口问题就会比国外企业易于解决。同时,中国企业20多年来都是在快速的发展变化中成长,有着自上而下的很强的推动力来追赶先进,吸收领先技术和管理经验,在组织内部进行改组会比国外企业少一些阻力。

10.1.3　CRM在中国的发展制约与企业应用误区

CRM产生和发展源于3方面的动力:需求的拉动、信息技术的推动和管理理念的更新。而新事物的理念从形成到为人们所接受、再到被人们有效利用,总是存在一个逐步发展的过程。从CRM在国内的实施来看,虽然CRM国内市场成长迅速,但也存在CRM低成功率,或实施效果不尽如人意的现实,这使更多的企业在尝试CRM时感到犹豫、彷徨。CRM系统价格过高,或行业定制化的不成熟,使许多中小企业与CRM绝缘。我国企业领导对CRM重视不足、传统观念强大、信息技术为企业文化等带来的冲击,使先进的CRM系统在我国的企业中受到冷遇。在这里,我们将分析CRM在中国企业实施中遇到主要障碍,及导致CRM低成功率的一些过失,以期能从中获得一些启发,找到CRM在中国的正确实施之路。

1)上CRM存在盲目性

我国部分企业存在明显的决策随意性。有些企业准备实施CRM,原因是企业里的营销公司有人对计算机比较熟悉,看了一些关于企业信息化方面的书籍,认为公司应该上一些软件促进企业的管理工作。市场部经理,觉得CRM可以帮助他完成一些工作,便在会议上提出要实施CRM促进营销公司的工作。营销公司总经理听了他的汇报,也很感兴趣,决定马上选择一家软件开始实施。

我们必须要清醒地认识到:CRM系统并不是万能的。如果企业盲目引入CRM后,不但不会产生预期的作用,可能还会使企业蒙受巨大的损失。因此,企业要想获得更多的利润,就必须对不同客户采取不同的策略,CRM则正是达到这一目的一个好帮手。目前,CRM特别适合与客户交流频繁、客户支持要求高的行业,如银行、保险、房地产、电信、家电、民航、运输、证券、医疗保健等行业。

而在正确上CRM项目之前,应该了解自身的业务哪些需要改善、哪些流程需要改进,甚至管理模式、战略目标也需要改变。这样就要对实施CRM的目的进行确认,不能是随便一说就开始选型。只有了解了自己的需求,在实施周期上才能很好地把握,如果一味地强调快,可能欲速则不达。

2）缺乏全面的业务规划

一个 CRM 项目需要对公司"以客户为中心"准则有一个清楚的了解并致力于实现它、对详细的目标计划的坚持、从经理到一线工人对项目的献身以及对客户心理的持续警觉。这往往需要对业务情况非常清楚才能做到。不幸的是,许多负责 CRM 的管理人员还没有真正了解问题,就将精力集中在解决方案上。成功的 CRM 解决方案能够使用户建立起面向整个企业的客户联系,但不少企业的 CRM 战略却仅仅注重某一方面或某一部门的单一 CRM 需求,或者只注重 CRM 的点解决方案,不能从整个企业 CRM 需求的角度来对这类解决方案的部署进行全面的业务规划,导致企业 CRM 应用过于分散,难以获取最大收益。应该制订企业级 CRM 战略,在实施过程中重视部门间 CRM 应用的规划与协调。

3）低估了成本预算数额

许多公司经常低估 CRM 项目的成本。据 Gartner Group 透露,大部分从事 CRM 项目的公司都将成本低估 40%～75%,许多公司仅仅计算 CRM 项目的短期成本和显著成本,而忘记了 CRM 实施后,企业用户使用 CRM 系统前的培训成本、企业对 CRM 系统的日常维护费用、系统中数据扩充的成本、系统的不断升级的费用等。这些项目的成本数额也是巨大的。因此需要对 CRM 项目进行全面的成本预算,要放眼于将来。这样才能确保投入巨资的 CRM 项目真正发挥效用。

4）我国企业客户关系"私有化程度"带来的障碍

与西方国家相比,我国企业销售人员发展客户关系时,私人之交占的成分较重。私人关系其实是一把"双刃剑",一方面企业希望员工同客户能够维持很好的私人关系,这样客户就可以通过员工同企业发生亲密的关系,对客户的各种需求就能很好地了解,大大提高了企业和客户之间的沟通能力;另一方面,这种亲密关系又会使企业失去客户关系的控制权,从而或多或少被员工所"要挟",比较难以管理。

那么这种较强的私人关系对中国企业的 CRM 实践的影响如何呢? 显然,一个可能的结果将是企业的销售人员根本就觉得 CRM 的理念是"夸夸其谈",毫无在中国土壤生根发芽的可能性。因为在情感关系占主导的销售策略里,个人的"人脑"活动占有绝对的支配地位,而这在很大程度上减少了员工协作、数据共享等"合作"成分。为什么我的关系要贡献给公司? 别人掌握了我的客户关系,我今后怎么做生意? 客户也变得只认某个人,不认公司,这样就很难说是企业在管理客户关系,倒不如说是员工在管理关系。这种文化现象导致的企业人员对 CRM 的抵触是中国企业在 CRM 实践中所要正视的。相比之下,西方企业的员工同客户很难产生密切的私人关系,企业因而可以更大程度上规范地实施客户关系管理。

5）人员能力和态度的影响

有效实施 CRM 关键靠人。CRM 实施、应用涉及的"人"或者角色很多。面对 CRM,每一个角色都有他自己的困难、认知和反应。就我国企业现状来看,对于准备或者正在实施 CRM 的企业,从高层、项目经理、中层直到基层,对 CRM 持的典型态度有:

①老总:配合、只看到希望、什么不懂却乱指挥。
②中层:消极、积极(某种原因)、恐惧、繁忙。

③基层:消极、恐惧、消极对付、不理睬。

④项目经理:主动、大局观强、配合、消极、挑剔。

我国企业人员对信息化的了解和熟悉程度低,对技术持有陌生和抵触心理,以及担心CRM应用威胁其原有地位等是造成以上态度的根本原因。因此,在CRM实施之前、实施过程中和实施之后,考虑"人"的影响是很重要的。但通过咨询、宣传、培训、沟通等减少阻力是一个长期的过程。

6)将CRM引入有缺陷的业务流程

我国企业面临市场环境与客户需求的不断变化,许多企业面向客户的业务流程经常要发生相应的变化,而其中部分业务处理流程也难免存在不适应变化的诸多缺陷。因此,如果企业在实施CRM战略过程中,不慎将自动化处理引入了这类存在缺陷的业务流程,那么,企业CRM系统的部署不但不能改善客户关系,而且还恶化了客户关系。因为这部分存在缺陷的业务流程处理效率的提高,实质上也就意味着缺陷出现频率的提高,无疑会进一步加重客户的不满情绪。因此在部署CRM的过程中,应将所有与客户相关的业务处理流程进行全面彻底的检查。针对计划引入自动化处理的业务流程,应考虑是否会受到相关技术部署的影响,抓住关键的无缺陷的环节,对存在缺陷或可能受到影响的环节,进行认真的调整与完善。

7)对数据重要性认识不够

CRM解决方案的核心技术就是基于不同时间、地点及需求,对企业的客户、产品、库存及交易数据,进行及时准确的处理。尽管不少企业为保证CRM解决方案能真正发挥作用,耗时数月甚至数年部署了整合多家供应商优势的解决方案,但却恰恰对作为CRM系统核心的数据的重要性认识不够。企业对如何获取所需数据、如何对数据进行处理与优化、如何保证数据质量、需要哪些方面的第三方数据等问题缺乏正确的认识与把握,从而使企业的CRM系统投资难以获取应有的回报。因此也要制订确保数据质量的战略。

8)与企业文化的不融合

CRM系统要求企业是"以客户为中心"观念的转变,企业文化也应如此。然而,一些企业在实施CRM时的企业文化还是"以生产为中心""以产品为中心"或是"以推销为中心",这就与CRM的理念"以客户为中心"不符,在实施CRM的过程中就容易使CRM的理念与企业的文化相矛盾,新旧文化的矛盾使CRM与企业文化难以整合。另外,企业文化的产生与形成会是一个漫长的过程,会有一些实力维护已经不适合的制度规则,或是激活已经消亡的制度规则。这也就会使企业在文化变革的过程中遇到较强大的阻力,造成整合的时间过程漫长,这也是CRM与企业文化难以整合的原因。

9)各部门对CRM的实施缺少协同性

首先,CRM是一个庞大的工程,它的完美实施需要一个完整的开发队伍。而许多企业在实施CRM时,并没有太严格的角色分配,这样可能会造成职位的错乱和角色分工的重合,当然也就不利于CRM的实施。其次,技术部门与业务部门对选择CRM供应上存在分歧。这种分歧的造成是由于两个部门之间对CRM的理解有偏差;技术部门主要考虑系统如何选择,而业务部门主要是从实用角度考虑。再次,技术部门与业务部门缺少协调。CRM虽然是一种战略,但是 CRM 系统的实施却离不开信息技术,当然 CRM 系统的实施首当其冲的需要技术部门,要求技术部门必须能够与业务部门密切合作,共同确定满足企业业务发展战略需要的技术、总体系统与架构。而在现实的实践中,技术部门实用的 CRM 软件,业务人员不会用,常常要求技术人员随时帮忙,这会使 CRM 的实用效用降低;或是有的技术部门的 CRM 系统在选择上没有考虑业务部门的需要,选择一些根本不适合业务部门的系统,这会造成企业资源更大的浪费。

10.2 客户关系管理的行业应用分析与案例

CRCC 报告显示,中国 CRM 应用的领域当前主要集中在金融、电信、IT 和制造等经济实力较强、信息化程度较高的行业。这些行业的 CRM 需求将不再是单独从企业前端业务出发,而会结合更多的行业关键和特殊需求,结合业务与管理实际,与决策支持等高端的重点需求相吻合,应用实施已向纵深发展。让我们先对我国 5 大 CRM 应用行业的情况作一个概览:

1)电信业

对于体制改革后竞争日益激烈的电信行业,各电信运营商首要的任务是如何保留住原有的客户。电信企业的 CRM 需求,一是集成客户信息和风险预警,如深入了解现有及潜在客户的基本属性、信用度、资费水平、投诉记录等;二是以呼叫中心为代表建设运营型 CRM,打造完整的客户服务平台;三是发现、保留和服务优质客户,加强大客户营销和服务工作。目前中国电信、网通、移动、联通都启动了自己的 CRM 项目,使得中国电信业几乎成为一个全体动员应用 CRM 的行业。

2)IT 业

IT 产业作为信息化整体水平最高的行业之一,无论在软件还是在电子产品(硬件)制造领域,CRM 应用的功能模块化、定制化特征都极为明显,IT 企业对支持 Web 应用的 CRM 也更为得心应手。此外,在一批推广电子商务的 IT 企业中,通过 CRM 打造核心竞争力的尝试也一直在进行中。这些企业的业务流程,从营销、销售到服务,都非常适合整体部署 CRM 系统,其电子商务网站和 CRM 应用系统也可进行平滑整合。IT 行业拥有目前国内为数极少的完整 CRM 应用的行业案例。

3)银行业

前瞻产业研究院数据显示,2018 年我国银行业整体 IT 投资规模达到 1 120.5 亿元左右。商业银行对以数据仓库为代表的分析型 CRM 模块和以呼叫中心(电话银行)为代表的操作型 CRM 模块都有强烈需求。大型商业银行希望以数据仓库、商业智能(BI)和决策支持系统为突破口,实现对以客户信息为主的信息流进行挖掘、分析和利用;小型银行则多以呼叫中心建设为切入点,建设企业统一对外的客户服务和营销平台。

4) 制造业

总体来看,大多数制造企业还没有进入真正了解和培育 CRM 能力的阶段,制造业需求动力不足。究其原因:一是国内制造企业缺乏以终端客户为核心的需求,过去对终端客户主要集中在售后服务上;二是 CRM 系统实施的巨大成本也让它们望而却步;三是相对落后的信息化水平和匮乏的人力资源,使 CRM 实施缺乏基础。在制造业的一些分支领域,如信息化程度相对较高的汽车、机电和制药业已经涉足 CRM 应用,部分企业已在实施模块化的CRM,如销售自动化模块和呼叫中心;而一些前期实施过 ERP 的企业,对顺利推行 CRM 具备了一定基础,它们会是制造行业中最早出现成功实施 CRM 的对象。

CRM 的开发,要适合不同企业、不同客户群、不同管理体系的系统和方法,因此 CRM 是一对一的产品,即不同的行业、企业要引入不同的系统。虽然 CRM 系统有很多相似甚至相同的功能模块,但每个行业、每个企业要从实际出发,去发现这些系统中的哪些部分能对自己的企业有用,本企业还需要补充哪些功能和模块。由于不同企业采集和存储的数据不同,因而对它的分析、建模处理和算法也不同;特别是决策支持部分更要按照本企业内部的管理运作来定制开发。CRM 应用的好坏不仅与提供软、硬件系统的设备商有关,还与企业中使用它的人的水平和研究、完善的能力密切相关。它的成功应用要靠企业管理人员和技术人员共同努力。一句话:CRM 实施是一个与企业的"个性"密切相关的过程。下面,将通过案例的形式,介绍 CRM 在电信、IT、金融、制造业的应用,以期让读者对不同行业的 CRM 实施有更具体、感性的认识。

5) 旅游业

旅游业与银行、保险、电信等行业一样,是一个需要获得客户广泛支持的行业,在旅游企业的信息化战略构建中对客户的竞争,表现出与 CRM 客户关系管理战略提倡的以客户为中心的理念相适应。实施 CRM 将为旅游业的发展注入新的活力,其意义主要表现在以下两个方面:一是 CRM 为旅游公司带来经济效益,在公司运营中起到了经济效益杠杆的作用;二是CRM 为旅游公司有效整合内外部资源,从而实现公司利益、客户利益以及社会利益的最佳平衡状态。

10.2.1 CRM 在电信行业的应用

在电信行业中,客户相对比较稳定,因而较之其他行业更有导入 CRM 系统的价值。在打破垄断之后,争夺客户将比从单个客户身上获取更多利润更为重要,因此电信行业需要解决的是个性化服务问题,可以按照客户的通话特点,进行资费组合。帮助客户选择路由,降低话费将体现 CRM 系统优化客户受益价值的作用。

1) 电信行业的 CRM 系统

由于结算体系的原因,电信业的客户资料比较齐全,导入 CRM 系统有良好的基础,可以首先通过建设 CRM 系统建立完善的客户信息资料库。由于电信客户种类众多,必须优先完成的另一件事情是按客户规模进行划分,区别出大客户和中小客户。通过建立电信行业的CRM 系统,将向大客户提供个性化服务以更好地实现大客户管理,比如简化业务申请手续,提供话费分析服务等。运用客户关系管理的观念,为客户提供通话限制或通话警示服务,也能为帮助大客户降低话费作出贡献。

(1)电信行业 CRM 系统的特点

作为 CRM 建设和应用的排头行业,目前,电信行业的 CRM 建设和应用也在经历种种阵痛后逐渐进入了平稳发展和应用的时期。总的来说,电信行业的 CRM 系统建设和应用体现了以下几个方面的特点:

①系统建设的复杂程度高。电信行业的市场竞争残酷性、业务复杂性、建设周期长、投资大,从一开始就在电信行业的 CRM 系统建设的复杂程度上体现出来。海量数据、复杂多变的业务模式、非统一的商业模式(地方)、未经实践验证的业务模型都使得电信行业的 CRM 建设复杂程度倍增。

②数据的准确性和及时性难以保证。CRM 系统自身的特点决定其不产生原始数据,只是对其他相关系统所传递过来的数据进行数据抽取到展现,因此 CRM 系统允许一定的数据误差和延迟。但是在实际的建设和应用过程中,厂家和运营商都发现数据的准确性和及时性是 CRM 系统应用的最大瓶颈。同时电信业早期参照国际标准建立的 CRM 系统不符合国内应用的要求,于是才逐渐发展出现了 A-CRM(操作型 CRM)和 O-CRM(运营型 CRM)之分,用以满足不同层次人员对 CRM 系统的应用要求。

③CRM 系统整体架构存在不足。电信行业的 CRM 系统不仅仅要有以前 IT 系统建设的模块化思路,更重要的还必须用结构化的思维方式去考虑整个系统的建设。由于中国国内的电信行业没有经历国外电信行业的业务流程重组、组织结构调整等过程,或者因其特有的国有性质而进行得不彻底,因而注定了 CRM 系统在建设过程中必须兼顾客户公司现有业务流程、组织结构和未来理想业务模式。这也是如今大量咨询公司活跃在以 CRM 系统为基础的各种应用平台上的原因。

④CRM 的应用比基础建设更为关键。CRM 系统有别于电信行业其他 IT 系统的最大特点是建设重心后移。BOSS、网络管理平台等作为运营商的主要生产系统,其建设重点在其基础建设时期。这些系统的基础建设完成上线使用后,作为生产系统,其工作重点转变为系统优化调整以及新功能模块的开发工作,整个系统的使用可以全面铺开。但是 CRM 系统的建设过程往往会从需求调研、功能架构设计、基础建设一直延伸到应用实施。只有系统应用好了,出效益了,才能推动整个 CRM 系统向前演进。

(2)电信行业 CRM 系统的应用分析

①系统规划是 CRM 系统的前提保证。建设怎样的 CRM 系统和将来用建设的 CRM 系统怎样解决实际问题是密切相关的,因此在建设 CRM 系统之前,进行需求调研和系统功能设计就显得尤其重要。在 CRM 系统建设的调研中必须大量借鉴咨询公司的手段和流程以保障系统建设的合理性和可用度性,这也是 CRM 系统作为一套业务分析系统的特点所决定的。

②推行结构化的 CRM 系统。电信行业早期的 CRM 系统主要是由单一的多维分析子系统组成,比如中国移动总公司最早的 CRM 系统就仅仅规范了以多维分析为标准的九大主题分析。随着移动电信市场的迅速增长,复杂程度越来越高,更多的子系统被添加进来,IT 系

统建设中模块化的思路通过数据集市的方式在 CRM 建设中体现明显。

图 10.1 是中国移动的 CRM 系统的总体架构,从中可以看出它在原来中国移动总公司规范的九大主题多维分析的基础上,又发展了 KPI(Key Performance Indicators)分析子系统、大客户个体分析子系统、数据业务分析子系统、渠道分析子系统、专题分析子系统、集团分析子系统等面向对象的分析子系统模块。在数据来源方面也从原来的 BOSS 系统扩展到了网管系统、Call Center 等,同时对于前端的具体应用模块也完全以业务为导向,并充分利用使用者和服务对象(终端用户)的使用习惯全面地对整个业务进行支撑。

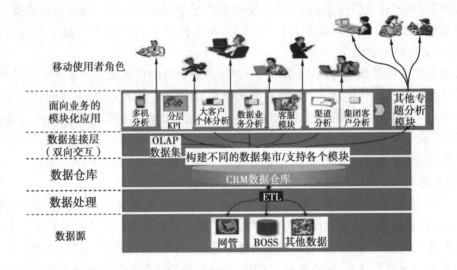

图 10.1　中国移动的 CRM 系统的总体架构

目前,中国移动 BOSS 系统采用"两级三层"的结构(两级系统、三层结构)。

BOSS 的两级

一级业务支撑系统(集团):具有管理、实体和枢纽功能,为有限公司进行全网业务管理和业务运营提供支撑和保障,实现全网信息的交换和管理。

二级业务支撑系统(省级):具有管理和实体功能,为省公司进行省内业务管理和业务运营提供支撑和保障。

一级业务支撑系统与二级业务支撑系统共同支撑业务的运营与协作。

BOSS 的三层

接入层:是 BOSS 系统与外部进行数据交换的平台,由接入逻辑构成。

业务层:是 BOSS 系统业务处理的逻辑平台,它通过对数据访问子层的调用访问业务数据,实现不同的功能模块,满足不同的业务需求。

数据层:是 BOSS 系统对业务数据进行统一组织、集中管理的平台,它通过数据访问子层为业务层提供规范、高效的数据服务,实现业务数据的充分共享,是整个 BOSS 系统的基础。

在 CRM 建设中除了模块化的建设思路外,更为重要的是用结构化的思维方式组织建设。结构化的含义既指 IT 架构本身的结构化和模块化,也指根据使用者的工作分工不同、部门责任不同、关心重点不同,从而形成不同的建设应用结构,这也是 CRM 系统作为经营分析系统必须与使用单位的业务逻辑和组织结构结合起来建设的特点所决定的。

图 10.2 可以清晰看出 KPI 分析大部分集中在公司管理层,要求数据高度精确、及时,而对业务分析和业务操作层 KPI 的需求重要程度逐渐减少。而客户细分等模型主要由业务分析的业务骨干使用,得到具体结论后再由业务操作人员进行具体的应用。对公司管理层而言,只是通过 KPI 分析中的指标变化评估工作效果,因此客户细分模型在公司管理和业务操作层的需求重要程度逐渐减少,数据准确性和及时性的要求也明显低于 KPI 分析。

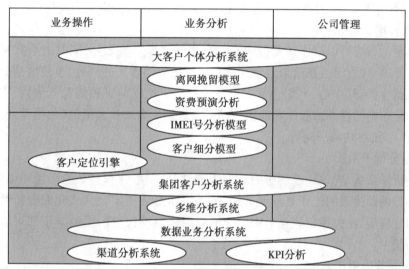

不同层次的管理人员对CRM有不同的关注重点

图 10.2 KPI 分析在不同管理层的应用

同理,面向大客户和集团客户工作的大客户个体分析系统和集团客户分析系统因为其面向一个部门的特殊性,因此横跨了业务操作、业务分析和管理 3 个层次。只有将 CRM 系统的建设按照模块化结构化的思路进行才能真正满足用户的实际需求和其日常工作与业务紧密联系起来,使 CRM 系统发挥出应有的效果。

③电信行业 CRM 系统典型构成。

• 多维分析子系统

多维分析子系统是对 CRM 系统早期建设的延伸和改造,多维分析子系统主要从预期收益、市场发展、竞争对手情况等 KPI 指标相关的众多维度对 KPI 主题进行趋势上的同比分析和环比分析。这里的多维分析子系统的建设主要参照中国移动总公司的。

中国移动公司的多维分析子系统的建设实际上在 2004 年已经基本建设完成,使用者主要是移动电信行业的业务管理和分析层的人员,有大客户分析子模块、集团客户分析子模块等。

• KPI 指标子系统

通过 KPI 指标子系统的建设使公司管理层对公司关键运营指标能有准确、及时、清晰的了解,并按时间、管理层次维度对比分析指标走势,支持在指标可能存在问题时将任务派发至具体负责人员核实并及时采取举措。

- 报表子系统

CRM系统中的报表系统是从现有的生产系统中划出至逐渐发展和完善,这也是由系统分工和市场分工所确定的。以中国移动为例,从2004年开始,中国移动总公司要求各个分公司将原在BOSS上的报表统一划归CRM系统进行移植和开发,这样调和了原来在应用中出现的使用者对CRM系统和报表系统认识混淆不清的矛盾,同时对数据质量的一致性也给予了有力的保障,完成了CRM系统和BOSS系统的科学分工,相信随着其他电信运营商CRM系统的不断建设,中国移动报表系统移植的经验必定会被借鉴和发扬。

- 渠道管理子系统

渠道管理子系统可以看作对营销中心最有力的支撑系统之一,同时由于数据新业务和终端定制业务的全面开化,在给渠道管理子系统赋予新的含义的同时,也使电信公司的市场经营部和数据业务部(中心)对渠道管理子系统产生了比以前更强的业务依赖,本身的渠道表现方式也从原始的自办营业厅和经销代销商发展到了多种社会渠道(加盟营业厅、合作营业厅等)、SP、手机终端源厂商等。

- 专题分析子系统

专题分析子系统是CRM系统中的重要组成部分,在激烈和复杂的市场环境之下,有大量的分析或者辅助决策的工作是不能够通过IT技术形成固定化模式化的分析解决的。类似于客户细分模型、流失挽留模型、IMEI分析应用模型等大量的模型应用都可以归属在专题分析子系统中。

- 客户服务分析子系统

我们将客户服务分析子系统定位为一个数据交互系统,通过客户服务部门所采集的数据和CRM系统所收集并分析的数据,在为客户服务工作提供更清晰、更明确的服务方向的同时,也为CRM系统的知识库补充由客户服务部门所提供的第一手客户信息,使CRM系统的分析主题与分析内容更加完善。

上述功能模块是根据当前的需求提出的,随着国内企业对CRM系统的认识越来越深入、相关商业模型建立以及CRM系统在架构和技术上还会逐步完善,CRM系统在中国将发挥更强大的功能。目前已经有公司在CRM的基础上提出了ERM系统的概念,随着协作工作平台的成熟,将来ERM(ERP/CRM)、HRM、SCM 3大系统结合科学的企业工作管理流程为企业进行分析决策和以更明智的方式参与市场竞争提供有力的支撑。

2)案例:移动CRM在电信行业中的应用

国内越来越多的企业认识到移动CRM的重要性,能切实有效降低成本,提升销售业绩。国内移动CRM系统、在线CRM系统领导品牌翼发云CRM系统结合国内外主流销售管理思想,采用SaaS模式开发,CRM系统价格超低,功能强大,能让企业销售业绩提升80%以上,客户数量持续增长不流失。

广东电信科学技术研究院开发的Thinker-BC 2000多媒体网综合业务管理系统,其中的决策支持系统是基于Sybase数据仓库开发的;目前广东电信的视聆通上,使用了Sybase数据仓库解决方案,并且基于 BO 开发了统计分析报表系统;正在建设广东省新一代的多媒体网综合业务管理系统,其中包括新版本的数据仓库系统,也是采用 Sybase 的数据仓库解决方案。

广东电信的数据仓库实施是一个相当复杂的过程,主要包括:数据仓库的设计建模、数据转换与集成、数据存储与管理、数据的分析和展现和数据仓库的维护和管理。Sybase 提供了覆盖整个数据仓库建立周期的一套完整的产品包:Warehouse Studio,它包括数据仓库的建模、数据集成和转换、数据存储和管理、元数据管理和数据可视化分析等产品。

广东电信在进行数据仓库的建立时,最大的挑战是如何将原始业务数据转化为一致的格式,使之更好地为决策支持服务。这包括对已有数据的准确性和一致性进行检验、净化,将数据进行转化、提取、转换、装载到数据集市或数据仓库以及对其进行定期更新和管理。PowerMart 作为数据抽取工具,从各种异构的数据源中抽取数据,在数据抽取过程,用户可以根据不同的抽取阶段,灵活定制各种数据抽取流程,并定时地将数据加载到数据仓库中。

Sybase 的 Warehouse Control Center 通过对元数据仓库的集中管理,提供了数据仓库解决方案的保证技术。从设计和开发到最终用户访问,由工具和数据库产生的对元数据的密集型集成和管理保证了真正企业级数据仓库的建立。翼发云移动 CRM 系统提供 CRM 免费版不限时间、不限功能。

广东电信的决策者可以利用 Sybase 数据仓库系统,快速准确地了解到各项业务的发展情况,为进一步的决策支持工作提供坚实的基础。广东电信省中心和地市业务管理人员能够每月按照要求生成预先定义好的标准统计报表,业务分析人员通过非常简单易用的图形界面,能够快速准确地进行语义层查询并把所需的业务数据、信息和分析结果以丰富的形式快速地展现出来,为领导的决策提供准确的依据。这个系统还提供数据挖掘功能,为客户管理系统提供服务,为客户提供快速的账单及各种服务清单查询,并提供挖掘大客户的工具。

下面介绍 CA 数据仓库助厦门电信开展大客户管理的案例。

厦门电信业务繁多、系统庞杂,近几年在激烈的市场竞争中,出台了众多优惠资费政策,同时运作的多个 IT 系统,产生了各种各样、数量惊人的数据。为快速处理这些数据,满足整合数据、提供对客户信息的分析和决策支持,厦门电信考虑建设移动 CRM 系统和数据仓库,来提升自己的客户关系管理水平。

厦门电信在选择数据仓库系统时考虑到,首先要保护现有的技术储备,数据仓库系统必须尽量充分地利用原有系统的投资;其次要求新建的系统开放性好,结构伸缩性强;最后要求界面友好,系统最好采用 Web 方式。在比较了国际、国内多家数据仓库软件提供商后,厦门电信最终选择了 CA,一方面 CA 是全球最大的数据仓库提供商之一,更为重要的是,CA在电信行业具有丰富的实施经验,而且其数据仓库产品开放性好,能够容易地搭建在 Oracle数据库之上。

厦门电信的数据仓库目前实现的主题主要是针对大客户的分析,包括电信大客户长话分析、电信大客户收入分析、电信大客户欠费分析、电信大客户 ISP 分析等。通过对大客户信息进行分析,厦门电信对其管辖范围内大客户的消费习惯、偏好等有了详细了解,比如通过大客户长话的主题分析,可知道大客户的长话都通向哪里,是国内还是国外,是省内还是省外,以及这些电话发生的时间分布等,据此可以更有针对性地制定各种政策。

在建设数据仓库前,为了解一些大客户的信息,厦门电信经常需要 IT 部门的人员临时花几天时间编写 SQL 脚本,而由于对同一问题编程人员的理解不同,可能导致结果大相径庭,同时也无法确认数据的有效性。数据仓库的建立,使得这种情况得以改观。目前,厦门电信的业务决策不再需要 IT 部门临时参与,大大减轻了 IT 部门的压力。经过一年多的完善,数据仓库已经成了厦门电信在开展大客户管理时得心应手、不可或缺的工具。

10.2.2　CRM 在 IT 行业的应用

IT 行业在 CRM 的应用有着先天性的优势,以及各种新的信息化产品都从这里产生,技术与业务的融合也在 IT 行业得到了最好的体现。

1)IT 行业的 CRM 系统

CRM 系统是在信息技术的支持下发展起来的,没有技术的支持,CRM 系统的许多目标都难以实现,比如客户行为的统计分析、对客户关怀的提示等。在 IT 业实施客户关系管理,除了应支持客户信息管理、销售管理、潜在客户管理、售后服务管理、辅助智能决策等一系列功能外,还应根据 IT 业为客户提供的服务类别分别侧重于提供不同的 CRM 服务。

IT 业为客户提供的服务包括硬件销售、软件销售、项目开发、项目实施等,这些服务的特点各有不同,除提供销售自动化、服务自动化等基本服务外,相应的 CRM 系统也应提供不同的特色服务:

①硬件销售。CRM 系统应体现对硬件设备的运行状况的跟踪,并按照客户的折旧理念及时提出更新换代建议。

②软件销售。CRM 系统应建立培训记录档案,以便为客户推荐合格的操作使用人员。

③项目开发。客户的个性化要求在开发阶段得到体现,但后期的维护与升级则必不可少,CRM 系统应不断听取和记录客户对新功能的需求,以体现对客户价值的关心。

④项目实施。大型管理系统的导入,往往需要对客户给予深度培训,帮助客户分析企业运行状况,再逐步导入系统。关心的重点可以放在对运行效果的持续观察上,CRM 系统应导入系统运行评估的概念,确保客户获得投资收益。

2)案例:百度运用 CRM 开启高效管理模式

(1)关于百度

百度是全球最大的中文搜索引擎,致力于让网民更便捷地获取信息。百度超过千亿的中文网页数据库,可以瞬间找到相关的搜索结果。百度国际业务发展部拥有一支强大的、高素质的专业化团队,在为直客投放广告服务时,一直提供优质的、高水准的客户服务,帮助广告主获取更多流量。

(2)选择 Zoho CRM

Zoho 是能够满足企业运行和管理的一站式云平台,已陆续推出 40 多款在线 SaaS 软件产品,包括 CRM、在线 Office、邮箱、项目管理、团队协作、人力资源管理、财务管理、BI 商业智能、应用开发平台等,目前在全球 100 多个国家和地区拥有 3 000 多万用户。

百度国际业务发展部在选择 CRM 时,想通过 CRM 解决业务运作过程中内部流程和费用管理等方面的问题,需要一款灵活性比较好的 CRM 来定制一些功能。Zoho CRM 灵活性非常高,同时 Zoho CRM 流程设计工具可以轻松地设计出严谨的自动化工作流程,刚好符合百度国际业务发展部的要求,最终双方达成共识。

Zoho CRM 根据百度国际业务发展部 du union 业务的现状和发展需求,进行了个性化方案定制,在提升内部流程管理和费用管理上实现了成功部署。

(3)CRM 实施效果

第一,业务流程严谨流畅,实现高效化管理。

Zoho CRM 根据其部门需求,整合了日常业务的各个环节。工作人员可以在系统中对相关信息进行部门共享,缩短了部门人员了解客户信息、业务发展情况的时间,有效加快部门整体运作,提升客户服务质量。

除此之外,部门人员还可根据工作需要,自行设置喜欢的主页视图,以掌握自己日常的工作进展及工作推进过程。这样不仅有利于后期总结经验,还可以提升业务协同度,给客户带来更优质体验。

第二,费用管理高效便捷,提高了工作效率。

Zoho CRM 系统中的费用管理,比起传统的纸质文件、手动签字审批或者邮件往来,更为简单、迅速。在 Zoho CRM 中进行费用申请,可以直接设置费用项目,并根据需求添加审批人、签收人等,实现业务快速办理,既有效提升了日常费用管理的效率,又让部门领导能够快速了解整个部门费用的情况。

(4)客户评价

"Zoho CRM 灵活性非常高,而且还集成了 Zoho 自身的营销、调查问卷、文件协同和客服管理等应用;同时 Zoho CRM 价格优势明显,实施周期也较短,所以我们选择了 Zoho CRM。"

10.2.3　CRM 在金融行业的应用

在金融业,银行、保险、证券、基金公司等都意识到了客户是企业至关重要的商业资源,客户关系的建立、维持和培育都应该是最需要重视的内容,实现客户资源的企业化是金融行业的首要目标。

1)金融业的 CRM 系统

(1)金融行业的特点

与其他行业不同,金融银行业有两个显著的本质特征:①整个金融银行服务过程可以数字化,即金融服务业属于数字密集型行业或"数字行业"。金融服务本身不涉及物流,只涉及数字和符号的储存、处理和传送。②金融银行的服务内容有极高的"时间价值"。由于利率、汇率和股价的频繁变动,有关金融产品特别是证券的信息与交易具有极强的时效性。由于有这两个本质特征,金融银行业是最适合发展电子商务的行业。

由于金融业数字密集的本质特征,数据仓库、OLAP 以及数据挖掘等知识发现技术大有用武之地。运用知识发现技术和金融学及管理学模型可以提供金融商务智能和支持一对一的客户关系管理。换言之,金融银行业最适合推行知识化管理,成为知识密集型行业。在金融行业,可以通过建立 CRM 系统来完成客户信息管理、银行营销管理、销售管理、服务管理与客户关怀等一系列基本应用。

(2)金融行业客户关系管理的应用重点

金融行业的客户关系管理要解决 3 个基本问题,即如何得到客户、如何留住客户和如何极大化客户价值。一个有意义的发现是:只有活期存款的客户在一年内有一半可能走掉,同时有活期和定期存款的客户有三分之一的可能走掉,而有 3 种或以上产品的客户离开的概率可能会下降到 10% 。也就是说,以客户为中心不仅可以在短期内增加产品销售,而且可以长期留住客户。客户关系管理的最高境界是:根据客户的整个生命周期,为客户创造一生的最大价值,并使企业得到最大的回报。例如,当一个人是青年学生时,可能最需要教育/留学贷款;毕业后需要汽车贷款和保险及投资管理;结婚后需要住房贷款和财产保险等。

金融银行客户关系管理全面贯彻"以客户为中心"的思想和一对一的大规模个性化服务的策略。它由操作型 CRM、分析型 CRM 及协同型 CRM 组成。其中,操作型 CRM 提供全方位的营销管理功能,支持客户服务、销售管理及市场推广 3 个部门。客户服务包括全面多渠道管理和基于 Web 的呼叫中心/联系中心。渠道管理可以处理和整合所有渠道的信息,包括 ATM、分支机构、电话银行、呼叫中心、网上金融、移动金融和传真邮寄(DM)等。销售管理则支持基于角色的销售过程自动化。市场推广模块涵盖市场调研、产品(或品牌或形象)推广以及推广活动管理等。

分析性 CRM 以数据仓库、数据采掘技术及金融学模型为基础,它提供客户画像分类,可进行营业收入、风险和成本等的相关因素分析、预测及优化。一个简单而重要的应用是:将所有客户按价值分类;当呼叫中心的代理小姐接到客户的电话时,该客户的"价值"和"爱好"就会显示在她的计算机屏幕上,并因此受到不同的"接待"。

以 SAP 金融解决方案为例:协同性 CRM 基于 mySAP 企业门户,建有员工门户(Employee Portal)、客户门户(Customer Portal)和伙伴门户(Partner Portal)。这 3 个门户三位一体,相互协同,并与其他后台支持模块和业务应用模块相连接集成。SAP 提供银行核心业务-客户/账户(Bank/Customer Accounts,BCA)和 AM(Account Management)、贷款管理(CoreBanking Mortgage Loan,CML)、保险费托收和支付(IS-CD,Collections and Disbursements)、佣金系统(Commission System,CS)及公司资金管理和理财(Corporate Finance Management,CFM)等。即 SAP 提供前端 CRM、中端核心业务和后端 ERP 等 3 个"操作型"系统。"分析型"系统 SEM 则将这 3 个"操作型"系统统一起来,即集中客户、业务和财务等信息于数据仓库 BW 并加以分析。"协同型"系统,mySAP Portals,将这 4 个系统统一于互联网平台上。

商业银行的 CRM,是通过信息技术的应用,对商业银行的业务功能与产品重新进行设计,对业务流程进行重组、再造,从而为商业银行提供全方位的管理视角,使其获得更加完善的客户交流能力,实现最大客户收益率。让每位员工都能从思维和行为习惯上真正聚焦在客户身上,降低商业银行的经营成本,增加收入,寻求扩展业务所需的新的市场渠道以及提高客户的价值、满意度、忠诚度和赢利水平。

2）银行的客户关系管理解决方案

（1）商业银行实施 CRM 的总体构想

①商业银行实施客户关系管理，要注重组织再造与业务流程重构。通过组织再造，整合内部资源，建立适应客户战略、职能完整、交流通畅、运行高效的组织机构；同时要以客户需求为中心，实行业务流程的重构，加强基于客户互动关系的营销和产品销售（服务）工作，统一客户联系渠道，针对客户的需求及时推出创新的金融产品和服务。

②商业银行实施客户关系管理，应当以管理信息系统（MIS）和商业智能（BI）、决策支持系统（DSS）的建设为突破口。

MIS 建设的主要内容可以划分为银行柜台业务处理与自动服务系统、跨行业务与资金清算系统及决策支持系统 3 个层面。前者将充分利用银行网点的柜员、自助设备和电话银行、家居银行、网上银行等为客户提供金融服务、信息和咨询，同时采集客户信息的第一手资料；中者主要完成跨行、跨区、跨国的客户间转账结算和资金清算业务，以各类金融数据传输和电子资金转账系统为主，如 SWIFT、CHIPS 等及中国国家金融网 CNFN 和金卡工程等；后者包括银行业务信息和决策管理系统，主要有经济环境信息系统、客户信息系统、统计报表系统、账户信息系统和决策模型、方法库、专家系统等，最终以形成客户关系管理系统支持的商业决策分析智能为目标。商业银行实施 CRM，应当以 MIS、BI 系统的建设为突破口，提高MIS 应用级别和 BI 的效用，以客户信息为管理工作和业务操作的主信息流进行收集、整理、挖掘、分析和利用。

③商业银行实施客户关系管理，应当以数据仓库、内部网络及客户信息、业务信息系统的建设为基础工作，带动客户管理子系统的建设。

④商业银行实施客户关系管理，应当以网络银行和客户服务中心的建设为龙头，完善与客户联系的统一渠道，增强自动化、电子化运营能力。

⑤网络银行是商业银行适应 Internet 和电子商务发展要求的产物，客户服务中心则是银行在传统呼叫中心基础上建设的统一渠道、集成功能的服务、支持和交互平台，商业银行实施 CRM 时应当以这两者的建设为龙头，带动企业朝电子化银行的方向转变。网络银行是"虚拟化、智能化和全球化"的银行，为网络用户提供基本储蓄账户、支票、信用卡、货币市场业务及网上支付等业务，具有方便、快捷、低廉等优势。客户服务中心建设中，商业银行可以就其原有的呼叫中心或电话银行进行功能扩充、集成和渠道统一，银行客户服务中心的集成方案可以自动或转接坐席员立即对客户的请求作出响应，及时办理如开设账户、转账、账单查询等金融业务，并可充当个人理财顾问、提供产品信息，甚至可与银行商业智能系统链接，为金融营销工作提供分析结果等。联络中心是客户关系管理的有机组件，它与银行 Web 网站一起成为客户合作管理子系统的两大支柱。

（2）商业银行实施 CRM 的重点工作

①高层领导的支持和长期规划。CRM 是面向管理决策层应用的，必须有系统自身的最终用户——企业决策层的参与。CRM 的选择和实施是一项极为复杂的系统工程，将涉及整体规划（Strategy）、创意（Creative）、技术集成（Solution Integrated）、内容管理（Contents

Management)等多个方面的工作。商业银行要建立一套高效的 CRM 系统,必然会遇到来自业务流程重构和组织再造、企业资源配置等多方面的问题。因此,实施 CRM 系统要获得银行高层领导和银行发展战略的支持。

②专注于流程的优化和分步实施。银行实施 CRM 更要专注于流程的研究、优化和重构,要从长期战略的角度推选分步骤实施的方法。商业银行 CRM 解决方案必须首先去研究现有的金融营销、服务策略和模式,审视流程,发现不足并找出改进方法,也便于未来对 CRM 的效果作出真实的评价。在项目开展之初,不应把大部分注意力放在技术上,要根据业务中存在的问题来选择合适的技术,而不是调整流程来适应技术要求。商业银行建设 CRM 系统采取分步骤实施的方案较为稳妥,一般而言,应当考虑以下步骤:

- 确立业务计划。在准确把握和描述银行应用需求的基础上,制订高级别的业务计划,力争实现合理的技术解决方案与金融资源的有机结合。
- 建立 CRM 团队。在高层管理者的支持下及时组建有力的团队,可从将要使用 CRM 系统的主要部门中抽选人员,为保证其工作能力,应当进行早期培训和 CRM 推广。
- 评估金融营销、服务过程,分析客户需求、开展信息系统初建。CRM 项目团队要深入了解不同客户的需求,了解银行与客户交互的主要环节等,并对原有业务处理流程进行分析、评估和重构。为此,需广泛地征求员工的意见,从各业务部门的角度出发,确定其所需的功能模块,要做好客户信息的收集工作和客户信息系统的初步建设。
- 计划实施步骤、渐进推进。银行以渐进方式推进 CRM 方案,将允许银行根据其业务需求随时调整 CRM 系统,且不会打断当前用户对这一系统的使用。银行可以开发局部应用系统,在特定部门、区域内进行小规模试验或推广,进行局部实施的质量测试,评估阶段成果并加以调整和改进;然后不断向系统添加功能或向更多部门部署,最后实现与其他应用系统的集成。
- 组织用户培训,实现应用系统的正常运转。银行要针对 CRM 方案确立相应的培训计划,根据业务需求不断对员工进行新的培训,确保 CRM 系统成功运行。

③实施专业化、开放式的思路。实施 CRM 应当遵循专业化、开放式的运作思路。尽管商业银行都拥有比较强大的研发能力和智囊团,但自己从头进行分析、研究、规划和开发时,显然会遇到各方面的难题和困扰。如果与已有较成熟产品和成功案例的专业解决方案提供商深入合作,或是聘请专业咨询公司,然后从整体上提出 CRM 全面解决方案并协助实施,成功的可能性及实施速度会大大增加。

④重视人的因素,加强推广和培训工作,确保 CRM 的实施和成功运行。

(3)CRM 在商业银行的 3 大价值

从总体上看,商业银行实施 CRM 将整合自身拥有的金融资源体系、优化市场价值链条、打造银行的核心竞争能力。

①CRM 系统将整合银行的资源体系。完整的 CRM 系统在银行资源配置体系中将发挥承前启后的作用。向前可以向银行与客户的全面联系的渠道伸展,综合传统的电话银行、自助设备、网点机构以及网络银行等,构架起动态的银行服务前端体系;向后能渗透到银行管理、产品设计、计划财务、人力资源等部门,整合 MIS、DSS、ERP 等系统,使银行的信息流和资

源流高效顺畅地运行,实现银行运营效率的全面提高,使全行范围内的信息共享、业务处理流程的自动化和员工工作能力的提升。

②CRM 系统将优化银行市场价值链条。CRM 系统将使商业银行更好地把握客户和市场需求,提高客户满意度和忠诚度,保留更多的老客户并不断吸引新客户。其次,CRM 系统将全方位地扩大银行经营活动的范围,提供实时创新的金融产品、把握市场机会,提高市场占有率和效益深度。再次,CRM 系统将使原本"各自为战"的银行服务、营销、管理人员等开始真正围绕市场协调合作,为满足"客户需求"组成强大团队;同时提供一个使银行各业务部门共享信息的自动化工作平台,降低了运营成本,帮助其规避经营风险,达到保留现有客户和发掘潜在客户并提高银行赢利能力的目的。

③CRM 系统将打造银行的核心竞争力。CRM 的实施将为商业银行带来先进的"以客户为中心"的发展战略和经营理念,将优化商业银行的组织体系和职能架构,将形成商业银行高效运行的管理系统和交流通畅的信息系统,将加强银行开发、创新和营销金融产品的能力,将提升银行的信息化、电子化建设水平和全员的知识、技术和工作能力,从而为培育和打造银行的核心竞争能力提供全面而有力的保障。

总之,CRM 将为商业银行带来 Internet 时代生存和发展的管理制度和技术手段,为银行成功实现电子化转型提供基础和动力。

3)应用实例:恒丰银行——基于大数据的客户关系管理系统

(1)CRM 实施背景

在互联网金融迅速发展的背景下,差异化营销和个性化服务成为银行维系长期客户越来越重要的方面。传统银行 CRM 主要关注内部数据,关注如何把银行内部各个业务环节中零散的客户信息搜集、汇聚起来。而在大数据时代,伴随社交和移动化的盛行,外部数据越来越丰富,促使银行不仅要关注内部数据,更要想办法把外部数据整合利用起来。通过多种渠道获取大量中、高价值潜在客户信息,获取更多的销售商机和线索,充分了解客户的个性需求并提供差异化的服务和解决方案;拓展传统销售渠道,利用新媒体、新渠道开展精准营销,提高营销环节的投入产出比。

基于上述背景,恒丰银行开始建设基于大数据的客户关系管理系统,为"大力发展企业金融业务,聚焦重点行业核心客户"服务,达到自上而下实现客户定位与营销指引的目标。

恒丰银行股份有限公司是 12 家全国性股份制商业银行之一,注册地烟台。近年来,恒丰银行稳健快速发展。2014 年至 2016 年累计利润总额 312.17 亿元,这三年的累计利润总额为以往 26 年的累计利润总额;服务组织架构不断完善,分支机构数 306 家,是 2013 年末的两倍。在英国《银行家》杂志发布的"2016 全球银行 1 000 强"榜单中排名第 143 位;在香港中文大学发布的《亚洲银行竞争力研究报告》中位列亚洲银行业第 5 位;在中国银行业协会发布的"商业银行稳健发展能力'陀螺(GYROSCOPE)评价体系'"中,综合能力排名位列全国性商业银行第 7 位,全国性股份制商业银行前三。

①周期/节奏。

恒丰银行基于大数据的客户关系管理系统于 2015 年 10 月启动系统规划和系统设计,项目重要里程碑如下:

2015年10月,项目完成立项,开始需求分析;

2016年1月,系统1.0版本上线,进入试运行阶段;

2016年7月,系统经过重点分行的试用和优化,正式推广使用;

2017年4月,系统进入深度优化阶段,2.0版本于2017年4月上线。

②任务目标。

- 数据方面:分析整合大量的行内外数据,综合运用知识图谱、机器学习、智能推理引擎、自动规划等智能技术,充分挖掘行内外结构化与非结构化数据信息价值,减少客户数据采集成本,实现更全面清晰的客户视图,并通过自动化工作提醒、优化组合产品解决方案、智能客户推荐等多种业务功能,提升一线业务团队的工作效率。

- 功能方面:为客户经理可随时随地通过手机获取客户实时业务动态、客户风险预警信息,了解最新行业资讯和市场动态,极大限度地提高了实时协作、商机发掘的效率;为各级管理人员提供绩效排名、客户现场签到记录、拜访记录等辅助管理功能,为自动化管理、绩效驱动管理模式打下坚实基础。

- 体验方面:系统提供清晰整洁的用户界面和简洁有效的功能,打造易用性、可用性、舒适性、安全性高度统一的优质系统。

- 效率与成本:采取原型设计驱动的方式,组织精干的需求分析团队,通过直观的原型设计快速进行设计方案迭代;采用敏捷开发技术,提高开发和沟通效率,迅速完成项目里程碑目标。

③挑战与机遇。

面对银行业整体的业务发展和业务团队对客户营销方面的高要求,此项目立项伊始就面对来自业务和技术方面的巨大挑战。

- 业务方面,CRM系统要打破以往传统业务和数据模式,实现传统CRM不能提供或不能实时处理的信息和功能:

360客户视图需要整合打通内外部数据,提供更完善的客户全景视图,实现客户的深度洞察;

需要根据大量交易数据实施加工并提供可靠的交易、产品、风险预警等多种信息提醒,使业务人员能够及时预判客户的资产变化和风险趋势;

为营销人员提供智能的客户推荐与产品推荐,提高获客率和产品持有率;

结合地理信息,为营销人员经常性的外勤任务提供方便的签到、拜访记录管理等功能,实现任务记录的移动化。

- 技术方面,CRM系统要同时具有高实时性、高并发、高可用、可扩展性强和便于维护等要求,又要考虑由处理结构化数据向处理半结构、非结构化数据转变的要求:

系统需要支持移动设备、PC、PAD等多种方式访问,能够提供可适配、客户体验度高的用户操作界面;

系统可以支持高性能、高并发的用户请求和高性能的数据处理能力,并通过实时处理海量数据获取高价值的业务信息和风险信息;

系统可以支持分布式容器化部署,支持横向扩展和纵向扩展两种维度扩展系统性能和数据吞吐能力；

系统需要具备处理海量半结构化、非结构化数据的能力，运用机器学习及智能推理引擎获取有价值的营销线索及推荐信息。

（2）CRM 解决方案

恒丰银行 CRM 系统采用 MVVM+微服务的技术架构，前端集成了 Bootstrap、AngluarJS、Echarts、Websocket 等技术，使用 scala 语言的 xitrum 框架搭建 RESTful API，解耦客户端和服务端接口，使系统易于扩展和维护。服务端使用 akka 框架处理系统复杂逻辑及异步通信，提高系统的容错性和可扩展性，使系统能够支持大量用户高并发、高流量的服务请求。部署方式采用两地三中心的 OpenStack 云环境，可以支持弹性部署与集群部署模式，提供实现弹性扩容和差异化的硬件资源配置，以降低运维人力成本。

CRM 系统依托行内大数据平台尝试进行业务创新，致力于向业务人员提供准确、及时、智能的营销信息和营销机会，主要方面如下：

一是恒丰银行 CRM 系统基于数据挖掘、文本处理、关系网络分析、实时流处理等大数据技术，通过对客户行内外数据的实时采集和智能分析，为业务人员提供客户行为类、到期类、预测类及生命周期类的营销响应信息。

二是系统创建了智能获客与产品推荐模型，为客户经理正确评估客户价值、获取潜在价值客户、开发集团客户、实现精准营销提供信息支撑。

三是 CRM 系统借助于行内大数据平台，全面整合工商、企业舆情、互联网行为等外部公开信息，构建了更为清晰全面的客户视图，使客户经理能够敏锐地掌握企业经营动态，及时发现客户在重大技改、兼并重组、IPO 等重大经济活动中蕴藏的客户需求和金融服务机会。

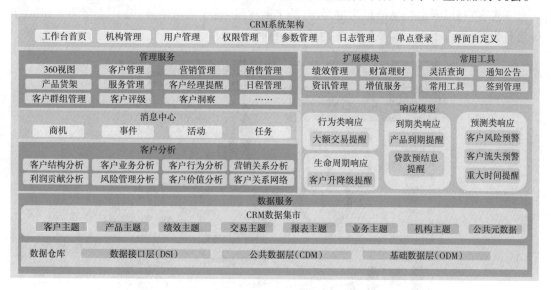

图 10.3　恒丰银行 CRM 系统架构

下面将详细介绍 CRM 系统在大数据方面的重点探索：

①多渠道、全方位的客户画像。

客户画像是对客户个体形象的全貌描述,它从大量的客户基础数据、触点轨迹数据等信息中提炼模型,细致刻画客户的社会角色、行为偏好、信用风险、客户价值等深层次特征,大大提升了企业对客户隐性需求的洞察力。

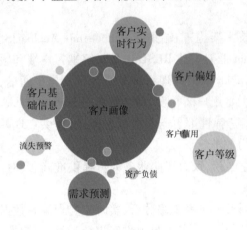

图 10.4　客户画像

为良好地分析客户,构建全面、立体的客户画像,突破固有思维,将数据采集的着眼点从行内交易和维护数据,构建出立体的多维用户画像标签体系。设计思路如下:

从多个角度出发进行分析,通过对客户的分析,定义客户的贡献度、忠诚度,刻画客户生命价值特征,为定位客户需求做好基础。

深度挖掘各类客户数据,实现用户人生阶段及大事件智能分析;利用特定用户群进行精准客户画像,提取各个维度特征的语义标签,分析出用户群适合的服务和产品。

②高价值潜在客户的获取。

CRM 系统提供潜在客户获取、潜在客户营销、潜在客户转化的潜客周期管理的功能,能够精准识别与行内客户关联的高价值潜在客户进行营销和管理,根据客户类型不同,分为以下两个类别:

企业客户:微观以客户交易链、资金流向为主,外部工商数据为辅进行客户定位和获取,结合宏观市场、产业链、金融市场等方面进行推荐;

零售客户:以渠道交易信息为主,公开的工商注册信息、信用信息、公共社交网络如微博等信息为辅,结合于本行客户的关联关系进行推荐。

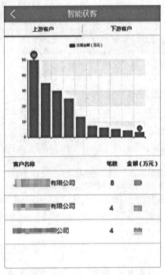

图 10.5　智能获客

③基于关系网络的企业图谱。

企业图谱主要为业务人员实时掌握客户动态并准确预测客户行为,提供决策、投研、风控等方面的服务。CRM 系统采用机器学习方式,采用关系网络分析技术和基于 MPI(Message-Passing Interface)的图模型算法的并行化分布式计算对海量数据进行数据挖掘利用,整合工商信息、司法信息、资讯信息、交易信息,提取体现在上下游供应链、股东、投资、高管、抵押担保等企业间关系,通过整合企业及企业关联信息,挖掘客户在互联网上的信息,结合多维交叉分析及智能算法,形成统一的企业图谱。

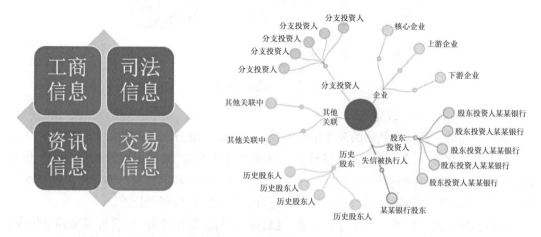

图 10.6　基于关系网络的企业图谱

④实时智能化的工作提醒。

● 基于实时流处理的交易提醒。

CRM 系统提供基于 kafka、zookeeper、redis、storm 等流处理组件的实时客户交易提醒功能,将交易数据加工汇总提醒到业务人员/管理人员的相关设备。核心交易系统实时交易数据通过 kafka 推送至 CRM 系统,CRM 将数据存储于 redis 数据库并通过消息推送平台推送到手机 App 及 PC 端;使用 storm 分析生成客户实时交易链和客户、机构、交易渠道、交易频率等分析数据,为管理人员监控日常业务运营情况提供了强有力的数据支撑。

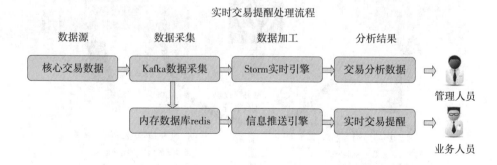

图 10.7　实时交易提醒的处理流程

● 基于影响性质的事件提醒。

构建外部数据爬虫智能网络,整合互联网信息采集技术及信息智能处理技术,通过对互联网海量信息自动抓取、自动分类聚类、主题检测、专题聚焦,实现客户的网络舆情监测和新闻专题追踪,为全面掌握客户动态,对客户做出正确评估提供分析依据。

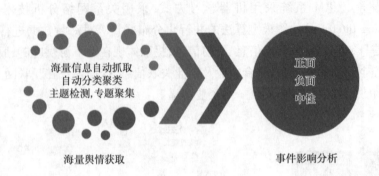

海量舆情获取　　　　　　　　　　　　事件影响分析

图 10.8　影响性质的事件提醒

● 客户风险信号的智能分析。

客户行内的交易行为暴露的风险信号仅仅是很小的一部分。在此基础上借助行内大数据平台的数据优势、计算优势,运用多种信息渠道和分析方法,根据银行的风险战略和偏好确定预警指标,并以这些指标为出发点,及时识别、分析、衡量客户和资产的信用风险状况或潜在风险,及时采取适当的措施,对信用风险进行汇报、防范、控制和化解。

风险监测范围包括客户基本信息变动、经营资格变化、负面事件、经营管理者异常情况、公司经营内外部异常情况、银企关系、履约能力、关联风险以及宏观政策、行业政策、产品风险、监管风险等。

图 10.9　客户风险监测

- 客户流失预警与客户挽留。

客户流失预警是客户关系管理的重要组成部分,也是银行进行事前营销的重要环节。提前预测到客户在未来具有流失的倾向,可以提前采取相应的营销手段挽留住这部分高价值客户,为银行保留高价值客户争取了宝贵的时间。

系统综合现有活跃客户和已流失客户的历史行为,包括在行内的产品签约和持有情况、各渠道交易的业务类型和频度、同名账户交易情况等,利用组合决策树模型学习流失客户流失期间的行为特征和活跃客户行为特征。由于组合树模型预测效果好,并可以解释不同价值客户流失的相关原因,训练出来的模型可以预测客户下一阶段流失概率,便于对不同价值、不同流失概率客户进行分组管理,设计出不同的客户挽回及管理方案。系统预警后,客户经理可以通过电话营销、客户拜访、特定产品及活动等挽留措施,实现对潜在的客户流失未雨绸缪,巩固客户的忠诚度。

⑤产品推荐智能化。

提供丰富的推荐策略,全方位满足用户的不同推荐需求,包含:基于每位客户的不同喜好,千人千面地推荐产品;根据用户历史浏览记录,利用协同过滤、SCD 等算法关联性地推荐产品;紧跟热点,推送当下最热产品,以满足大部分用户的兴趣与需求。

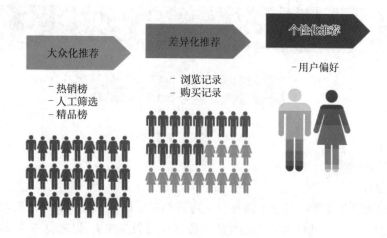

图 10.10　产品智能化推荐

⑥资讯信息定制化推荐。

针对金融新闻网站上的金融财经领域热点资讯,实现内容聚合分析及个性化推荐,系统实时进行采集及热点聚合分析,对热点内容进行内容语义分析提取语义标签,比如资讯分类、行业、机构品牌、人物、地点、主题关键词、语义短语等,结合情感分析、技术分析,从而针对客户的个性化需求,实现资讯的个性化定制与推荐。

此外,利用网络爬虫及流处理技术,针对互联网上各种突发或者正在爆发的热点信息,进行实时的监测,结合语义分析技术实现对文本内容关键信息的提取和分析,及时向客户经理进行推送,及时规避风险或挖掘潜在获客机会。

⑦多渠道定向化的精准营销。

客户关系管理系统提供了基于客户画像和客户行为的精准营销功能,可以通过多渠道、定向化地为不同客户提供针对性的服务和产品推荐,为营销活动智能划定客户群,降低了银行和客户总成本,并提高了客户总价值。主要体现在:

一是线上为主(包括行内线上资源和行外线上资源,如:门户网站、社交渠道(微信、微博、个性化论坛等),更强调多波段、跨渠道、线下线上有机协同营销。

二是通过流处理组件和 drools 规则引擎的运用,通过预定义事件筛选目标客群,结合营销场景,实现了事件式营销体系,提升了营销成功率。

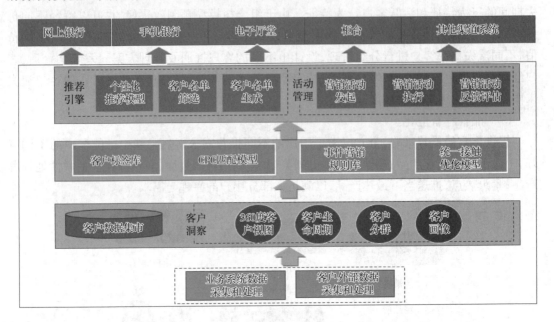

图 10.11　多渠道精准营销

（3）CRM 实施效果

①技术方面:

- 采用最新的开源技术实现了高性价比可弹性扩展的数据应用服务架构。

基于微服务技术,通过自主研发高性能大数据应用服务架构,以较低成本实现了更强的数据处理能力,满足了移动互联场景的高并发低延迟应用服务需求,实现了可弹性部署和动态扩容的软件服务技术架构。

- 智能技术的大量运用,提升了数据价值的挖掘和利用水平。

整合大量的行内外数据,通过大量运用知识图谱、机器学习、智能推理引擎等智能技术,充分挖掘行内外结构化与非结构化数据信息价值,减少客户数据采集成本,实现更全面、清晰的客户视图,并通过自动化工作提醒、优化组合产品方案、智能客户推荐等多种业务功能,提升一线业务团队的工作效率。

- 实时流处理技术实现了全信息流高效整合利用。

通过实时流处理技术实现全渠道信息的实时高效整合,充分运用智能技术实现客户营销机会预测、客户风险预警,提升客户服务体验,实现快速的客户风险应对能力。

- 大数据可视化技术运用提高了系统的易用性和数据信息提取效率。

②业务方面:

客户经理通过产品分析生成的流失客户预警进行客户挽留,降低了客户流失率,同时通过产品推荐和智能获客,提高了新客户增长率和产品持有率,新客户增长率、价值客户增加率和重点产品持有率明显提升,以下是客户指标在 2016 年 2 月至 2017 年 4 月之间使用前后的对比。

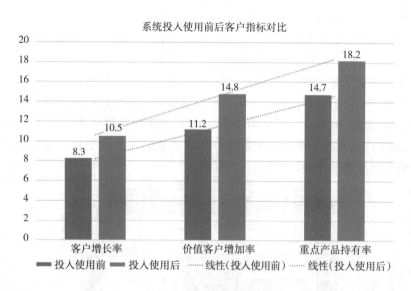

图 10.12　CRM 系统投入使用前后客户指标对比

(资料来源:搜狐网,2017-06-20.)

10.2.4　CRM 在制造业行业的应用

制造业企业的客户关系管理相对较复杂。从企业产品的售前到售后都需要到客户关系管理,而且整个过程会涉及多业务、多部门甚至是跨区域的协作。

1)制造业 CRM 评说

(1)制造业的业务瓶颈

制造业是国家重要的经济支柱类产业。根据《国民经济行业分类》,制造行业主要包括:农副食品加工业,食品制造业,酒、饮料和精制茶制造业,烟草制品业,纺织业,纺织服装、服饰业,皮革、毛皮、羽毛及其制品和制鞋业,木材加工和木、竹、藤、棕、草制品业,家具制造业,造纸和纸制品业,印刷和记录媒介复制业,文教、工美、体育和娱乐用品制造业,石油加工、炼焦和核燃料加工业,化学原料和化学制品制造业,医药制造业,化学纤维制造业,橡胶和塑料制品业,非金属矿物制品业,黑色金属冶炼和压延加工业,有色金属冶炼和压延加工业,金属制品业,通用设备制造业,专用设备制造业,汽车制造业,铁路、船舶、航空航天和其他运输设备制造业,电气机械和器材制造业,计算机、通信和其他电子设备制造业,仪器仪表制造业,其他制造业,废弃资源综合利用业。

伴随全球性产品过剩及产品同质化,制造行业企业的竞争日益加剧。仅凭"内视管理"

提高生产效率以及改善产品以体现差异化优势,来赢得今天市场的机会越来越难以实现。因此必须转换视角,建立"以客户为中心"的业务模式,来保持和推进价值客户的持续贡献,从而全面提升企业赢利能力。

制造企业业务具有如下特征:产品标准化程度高;目标客户特征明晰,客户数量较多;直销和分销并存;市场化程度较高;竞争对手相对明确。

企业发展的主要业务瓶颈有以下几个:

①客户资源私有化造成客户流失。企业通常没有设置专门的部门或岗位来管理客户资源,也没有管理规则和流程,因此客户信息散落在不同部门或人员之中,不仅无法利用,而且在业务调整和人员变化时,容易出现客户信息丢失,造成客户资源流失。

②快速发展中业务过程难以协同。区域或行业渗透及多产品线发展是企业业务扩张的基本策略,在发展过程中,企业业务机构和部门增多,业务规范执行难以统一,信息共享及利用困难,部门的工作过程控制及部门间的工作协同会影响业务的增长。通过 CRM 系统,可以实现对企业整体战略的传递,如图 10.13 所示。

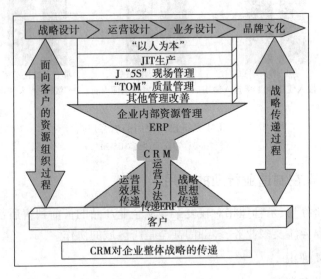

图 10.13　CRM 对企业整体战略的传递

③业务员管理和能力建设困难。由于企业的销售工作主要由业务员独立完成,业务员的管理及能力建设自然十分重要。随着企业发展,业务员增加,企业通常采用"传、帮、带"的方式来传递业务经验,对业务员的管理则多采用工作时间及销售目标等粗放方式,没有建立系统的营销管理方法,业务能力难以发展。

④粗放营销带来成本浪费。客户获取需要较大的营销投入,在企业的营销活动中会获得大量的客户信息,然而许多客户不能形成当期销售。如果不对其他机会客户有效管理,进行有计划的培育和推动,就会带来营销投入的巨大浪费。

(2)两个战略目标

为了解决这些瓶颈,很多管理软件公司大力推动 CRM 在制造企业中的应用。但是,制造企业信息化发展到目前阶段上,CRM 到底应该干什么,企业如何从战略的角度定位 CRM

的建设目标,North 22 Solution IT 顾问韩田新认为有如下两个战略目标。

①战略目标之一:IT 战略整合。到准备实施 CRM 的阶段,大部分制造企业的管理信息化都已经具备一定规模。这些系统,不论实施成功与否以及应用的程度如何,都已经为企业积累了大量的管理及管理决策数据,同时已经在局部实现了对流程的优化和固化。但是,从管理信息化的整体来看,还缺乏整体的战略型规划和整合,即毕博(原毕马威管理咨询)所提出的"新 IT 黑洞"——缺乏 IT 战略。因此,CRM 将责无旁贷地担负 IT 战略审视与整合的责任。这里的 IT 战略审视和整合,是从 CRM 战略的角度去审视企业已有的 IT 基础体系和现有的 IT 资源体系,在充分利用现有管理信息资源的基础上,建立"完全面向客户"的资源挖掘体系。与此同时,通过基于 CRM 战略的流程优化,实现敏捷的"客户响应流程"对企业内部流程的驱动和流程性协同。那么对于制造企业而言,这两点都应该纳入 CRM 实施的 IT 战略整合目标中——面向 CRM 战略的 IT 资源挖掘体系的建立,以敏捷的"客户响应流程"为动力的企业内部流程驱动和协同机制的营造。

②战略目标之二:整体战略传递。CRM 对整体战略传递则基于制造企业战略发展的另一事实——制造企业大量的内部改善始终未能将其直接效果传递给客户,或者传递缓慢。这一问题一直存在于制造企业,乃至大部分企业中。例如,某制造企业花了近亿元(这里不算数亿元的产品开发投入)进行了设备改良和整体质量改善,但是两年后的客户调查与分析显示:"客户对于企业质量的整体满意度降低了 23%;对于服务质量满意度降低 46%……"

那么 CRM 在这种背景下就应该借助于客户关系管理的本能,把企业内部战略塑造出的核心竞争力和优势以最快的速度和最有效的方式传递给客户,使客户能够感知这种核心竞争力和优势,并提高客户的满意度。

(3)中小制造企业的 CRM 实施的意义

就中国的目前国情而言,中小企业占了绝大多数,那么它们应该如何实施 CRM 呢?

为企业提供设备的制造企业具备应用 CRM 的两个基本特点:一是为企业制造的产品,无论是设备还是原料,其购买都是研究性的购买行为,这类购买过程相对来说比较长一些,因此,一定需要一个对业务过程的完整管理,这是符合 CRM 思想的;二是制造企业一定会有交付产品的过程,这是制造业的后台成本,因此为制造业提供的 CRM 一定要与后台的 ERP 很好地整合。

中小制造企业最重要的基本生存背景是:资源不如大企业充分,有很多大企业能够采用的一些竞争手段无法采用。比如,制造业规模和成本是成反比的,中小企业的生产规模不如大企业,分摊成本较高,成本竞争上就处于劣势,在销售渠道上中小企业也竞争不过大企业,那么制造业的中小企业如何去构建自身的优势呢?

从营销方式来讲,企业可以采用通常扁平化的手段,减少中间环节,降低通用成本。这样还能加强对市场的控制能力,实际上也是精细化营销的思想,很多中小企业可以用这样的思路来形成自己的竞争力。此时使用 CRM,会收到事半功倍的效果。因为制造业对市场需要快速反应,客户对产品最快最新的要求可以通过 CRM 的需求管理或产品管理功能来处理。对直销客户的需求,CRM 可以在客户信息记录里专门进行描述。有了大量的对客户需求的描述数据,以此为基础进行分析、统计,甚至作出一些初步的判断,预先判断客户可能的需求。CRM 还可以从已有产品的销售状况得到较为准确的分析数据。通过对这些销售数据的统计分析,得出自己产品对客户需求的符合度,指导产品的改进。

如果生产厂商不直接面向客户而通过渠道销售,也可以利用 CRM 对渠道分销商进行管理,这包括两个方面:一是记录、统计渠道对客户需求的描述;二是记录、统计渠道的销售数据,甚至渠道竞争对手的销售数据,这对管理渠道分销商会有很大的帮助。

越来越多的制造企业开始尝试使用新的营销方式,例如直接营销,企业要更多地了解客户,要进行可控的、主动的销售,回答"谁是我的客户? 谁在用我的产品? 谁能用我的产品? 他今后还会不会用? 我应该怎么样把我的产品卖给他?"等问题,必然在销售管理上需要信息化的手段来协助,CRM 是制造业提升营销能力最佳的选择。

2)案例:诺华制药公司的 CRM 实施

(1)CRM 实施背景

诺华公司是在全球制药和保健行业居于领先地位的跨国企业,位居世界 500 强的前列。诺华公司总部位于瑞士巴塞尔,业务遍及全球 140 多个国家和地区,现有员工 10 100 名。诺华制药公司正式成立于 1996 年,瑞士的莱茵河畔两家拥有百年发展历史的公司——汽巴-嘉基公司和山德士公司宣布合并,成立了诺华公司。随后的几十年间,在公司董事长兼首席执行官魏思乐博士的带领之下,诺华公司取得了显著的发展,逐渐在全球医药保健行业中占据了至关重要的地位。

诺华制药公司在未实施 CRM 系统进行客户关系的全面管理之前,对于客户的管理只是凭借着建立的一套企业资源计划的 ERP 系统,但是,当时由于制药市场竞争并不激烈,诺华制药公司处于优势的卖方市场地位,因此根本没有考虑到 CRM 这一模块的建设,在购买功能模块时只考虑到采购、财务和生产数据的管理,从而使客户关系管理系统非常欠缺,造成客户关系管理滞后于同类企业,由此引发出大量客户关系管理问题,使客户关系管理工作长期得不到改善,进而造成现有客户群体流失,并提升了自己获取新客户的难度,所以诺华制药公司将提升自身客户关系管理能力作为提升自己市场竞争力的一项重要工作。

诺华制药公司 CRM 系统实施目标:

①实现公司客户关系管理系统化,能够通过科学的 CRM 系统管理提升客户质量,稳固客户关系,为市场营销提供保障。

②能够使市场营销策略得以实施,确保公司各项制度得到落实,提升企业内部管理水平。

③通过实施 CRM 系统使部门间的横向联系更加紧密,使公司的决策能够得到贯彻执行,提升企业核心竞争力。

④通过客户关系 CRM 系统的实施,使客户关系管理上升到战略管理地位,为今后构建战略伙伴关系打好基础。

(2)CRM 需求分析

医药企业在信息化建设方面存在很大的不足,常常未对企业实际发展需求进行深入研究,就盲目开展系统完善工作,这就导致企业即便已经建设了完善的信息系统,也很难取得预期的效果。诺华制药公司意识到这一问题,所以在设计 CRM 系统前,就以公司发展实际情况为依据,对 CRM 系统的需求进行了详细分析,总体来说,CRM 系统要满足企业、部门和组织三个层次的需求。

①企业层次的需要。第一,诺华要求 CRM 系统具备很强的信息更新能力,能够在第一时间内观察到医药市场的变化,并对这种变化进行必要的分析,为企业采取合适的应对策略提供参考,从而提升该企业对市场变化的灵敏反应程度。第二,对于具有庞大规模的跨国企业来说,诺华要整合并分析客户数据,以提高诺华公司发展决策的科学性。第三,通过 CRM 系统找出对企业利润贡献最高的客户,采取必要的措施来进一步提高这些客户对企业的忠诚度,为企业的发展提供更多的保障。第四,要向客户提供个性化的产品及服务。第五,要更快更好地发现药品销售机会,提高销售收入,减少销售费用。虽然,诺华制药公司在我国医药市场中占据着较大的份额,但随着我国本土制药企业的崛起,诺华制药公司的地位受到了一定程度的冲击,为此,诺华制药公司就要不断地发现新的销售收入,从根本上推动企业的发展。第六,要为企业的高层管理者提供关于销售和营销等活动状况的详细报告。CRM 系统在运转过程中,要积累企业销售及影响方面的信息,并且将这些信息整合到一起,形成系统的报告,方便企业管理者做出相关的决策。

②组织层次的需要。在诺华制药公司中,CRM 系统要将各个部门紧密地联系起来,促使 CRM 系统为企业的发展发挥最大的效用。一方面,要求 CRM 系统能够及时地传递信息。由于诺华公司规模较大,在发展运营中将会涉及很多复杂的信息资料,再加上医药市场的不断变化,这些因素都为诺华制药公司的发展造成了阻碍。因此,诺华制药公司的 CRM 系统就必须将市场分析结果在较短时间内传递到相关部门,使这些部门能够在满足客户需求的基础上,提升自身的服务能力。此外,销售部门与服务部门在完善自身服务体系时,还可以将服务改善信息反馈给市场部门,使市场部门能够根据信息更改自身营销策略,从而获得更多客户的需求。另一方面,CRM 系统还要进行渠道优化。市场部将销售信息传递给谁、由谁进行销售等问题对诺华制药公司的运营起着至关重要的作用。因而渠道优化对于诺华制药公司来说,也显得尤为重要。就诺华制药公司来说,在我国当下的医药市场环境之下,其除了向医院、药房等进行销售外,还可以通过药品中介企业向其他医药公司销售自身产品。针对销售效果最好,且成本较低的销售渠道进行进一步的优化。

③部门层次的需要。从根本上来看,诺华制药公司中对 CRM 要求最为强烈的是市场部、销售部及服务部 3 个部门。由于不同的部门在企业运营与发展中承担着不同的职责,所以对 CRM 系统的需求也存在一定的差异。

对于市场部,其对 CRM 的要求主要体现在两个方面,分别是市场活动管理和客户关系。其中,在市场部门管理方面,要求企业必须确保 CRM 系统能够对自身所有销售服务活动进行管理,确保该系统能够收集所有与市场活动有关的信息,并对市场活动的效果进行全面的度量;在客户关系方面,要求 CRM 系统对客户的构成、地理信息及相关的购买行为进行详细的分析,进而更好地管理客户风险和客户利润。

对于销售部,其对 CRM 系统提出了两要求,分别是:确保销售信息的准确性、及时地反映销售人员的销售情况。前者是 CRM 必须具备的功能,也是最为基本的功能。根据 CRM 系统提供的详细信息,销售部要总结出当下的销售任务,并且根据实际情况,将这些销售任务分配给不同的销售人员。

服务部想要提升自身服务能力,就必须加强自身信息收集能力,并根据自身收集的信息为客户提供具有较高针对性的服务,从而满足不同客户的个性化需求,并提升自己的问题解决能力,能够跟踪客户的所有问题并且提出解决方法。因此,从服务部门的角度来看,CRM系统必须能够为其提供准确的客户信息,并且能够体现客户存在的问题,将这些问题反映给服务部门,服务部门再根据这些问题制定合适的应对措施。

(3)CRM系统功能设计

①诺华制药公司CRM系统。

同其他类型企业的CRM系统相比,诺华制药公司的CRM系统呈现出一些显著的特点,这些特点主要体现在市场、销售及渠道方面。诺华制药公司的CRM系统分为8个模块:服务管理、渠道管理、销售管理、基础设置、远程电子商务、市场管理、呼叫中心管理与决策主持。

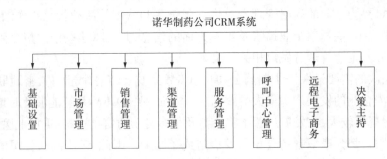

图10.14 诺华制药公司CRM系统架构

• 基础设置。这一模块在诺华制药公司CRM系统中发挥着将企业内部各个基本业务信息输入系统之中的功能。利用基础设置将相关信息输入到系统当中,并以输入信息作为企业开展日常工作的标准,因此,基础设施是CRM系统进行业务处理的关键。

②诺华制药公司CRM系统的功能。

• 市场管理功能。诺华制药公司市场业务模块主要是以市场活动为基准,基于市场活动对客户、合作伙伴进行管理。诺华制药现行市场营销体系当中始终将医院、中间商作为自身营销重点,但是也逐步提升了自身与客户的交流能力。市场管理工作需要建立在市场任务的基础上,诺华制药为了提升自己对市场任务变化的灵敏程度,建立了一套针对企业任务的管理追踪体系。此外,市场管理模块能够根据实际市场变化情况对企业所使用的市场管理活动做出合理评估。

• 销售管理功能。诺华制药公司CRM系统中的销售管理模块应该以对商业契机的跟踪为直线,在商业机会之前提供商业意向和商业机会的记录。诺华制药公司、杭州华东制药公司等很多公司在这一模块中的商业机会、合同及订单信息都是以销售任务为中心,通过任务的分配与反馈来实现对具体业务的管理和跟踪的。此外,一旦商业机会取得成功,那么将会为企业带来一定数量的订单。

• 渠道管理功能。CRM系统的渠道业务模块是以诺华制药公司的渠道业务为主线,在实际运转之中,能够对企业的渠道合作伙伴及渠道合作基金进行系统的管理。对于诺华制药公司而言,其在发展过程中已经积累了很多不同类型的渠道,这些渠道为企业带来了运营与销售的动力,进一步保证了企业的稳定发展。此外,对销售渠道的管理也是客户关系管理的重要环节,很多能够为企业带来可观利润的客户都在渠道管理的内容之中。详细而言,CRM 系统渠道管理模块中的渠道请求和其他的相关数据来源都将以渠道请求任务为核心,通过对这些任务的合理分配及反馈,最终实现对诺华制药公司运营过程中具体业务的管理及跟踪。此外,在渠道发展、渠道协议、合作基金及知识库的协助之下,诺华制药公司的CRM 系统能够对渠道业务的发展提供一定的支持作用。

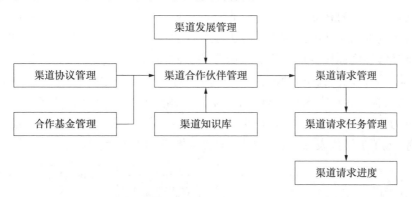

图 10.15　诺华制药公司 CRM 系统渠道管理模块流程图

③诺华制药公司 CRM 系统应用平台。

● 服务管理平台。诺华制药公司 CRM 系统服务管理模块以客户的服务请求及服务投诉为主线,将客户反馈的信息详细记录下来,并且为其提供由服务投诉派生服务请求,根据客户的服务投诉实现对服务请求的检验,在努力提高企业客户服务综合质量的同时也有助于提高客户服务的效率。另外,服务管理模块中的服务请求、服务投诉以及其他相关的数据来源都是以服务的具体任务为中心的,通过对这些服务任务的合理分配,实现对诺华制药公司服务业务的实时跟踪和管理。

在内容上,服务管理既包括对客户的服务,也包括对合作伙伴的服务。从长远发展的角度来看,良好的服务管理是维持诺华制药公司平稳发展的重要因素,根据实际情况切实提高服务的质量,在很大程度上直接决定了诺华制药公司的未来发展空间,对企业发展有着无法比拟的作用。诺华制药公司 CRM 系统中的服务管理平台模块具体流程见图 10.16。

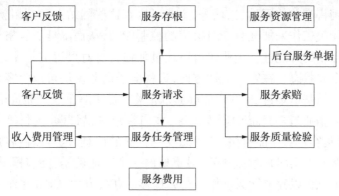

图 10.16　诺华制药公司 CRM 系统服务管理平台模块流程图

● 呼叫中心服务平台。具体而言,诺华制药公司 CRM 系统中的呼叫中心子系统将销售与服务的子系统单独分离出去,允许企业的业务代表能够根据不同客户需求提供具有个性化的服务。一般情况下,诺华制药公司的业务代表需要处理客户、产品、历史订单、当前机会、服务记录以及服务级别许可等。业务代表能够根据实际情况向客户推销合适的产品或提供服务,也能够使用智能脚本来解决自身工作中所遇到的问题,根据职能脚本提示完成服务或销售工作。由于诺华制药公司规模庞大,所以该公司拥有规模庞大的业务代表团体,这部分业务代表不仅需要在呼叫中心接听客户的电话,还需要根据客户需求将电话转接到销售部门或者市场部门。在电话转接过程中业务代表需要向客户简明传达企业的相关观点,以此来保证能够准确抓住客户对产品或服务的实际需求,进而更好地为其提供针对性的服务,促进企业与客户之间关系的增进。另外,诺华制药公司的业务代表在解决客户所面临的问题后,还需要根据客户需求提供额外服务。诺华制药公司 CRM 系统中的呼叫中心管理模块可以细分为 6 个部分,分别是:程控交换机、自动呼叫分配器、交互式语音应答、计算机语音集成服务、人工坐席代表以及系统主机,具体如图 10.17 所示。

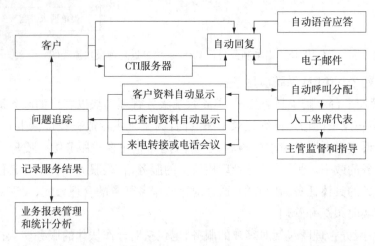

图 10.17　诺华制药公司 CRM 系统呼叫中心服务平台业务流程图

● 远程电子商务平台。在诺华制药公司的 CRM 系统中,远程电子商务的功能主要体现在 3 个方面,分别是:网上渠道支持、客户支持、远程移动办公。网上渠道支持主要是指企业官网或其他与销售有关的网站、论坛等,企业可以在这些网站上面开拓新的客源。此外,企业还能够通过相关工作来加强自身对渠道的控制能力,从而降低不合格销售人员加入自身销售网络体系当中的可能性。企业还可以通过加强自身对渠道的管控力度,来确保渠道体系处于可持续发展状态。在客户支持方面,远程电子商务模块可以为客户提供通过互联网与企业进行交互的基本渠道,使客户能够通过相关渠道了解企业产品价格变化情况,也能够在第一时间了解企业最新产品的研发情况,并向客户提供订购、支付等方面的帮助。此外,企业还需要收集客户对产品价格、使用感受等方面的信息,也可以使客户能够及时查询关于企业产品或服务的实时信息。此外,最重要的一个功能就是,能够提供网上下单服务,客户直接在网络上就可以完成购买操作。在远程移动办公方面,CRM 系统中的远程电子商务模块可以帮助出差在外的工作人员能够顺利完成自身工作,并帮助企业收集相关信息。

企业工作人员可以利用远程移动办公掌握公司信息,配合公司的各项调整,并对正在进行的业务进展进行跟踪。

- 决策支持。CRM 系统中的决策支持模块就是以各种数据为依据,对产品的发展方向进行预测,并且以预测的结果为基础,为客户指定适合的产品辅助决策信息,使得客户在选购产品及服务的过程中,能够对其有更为系统的了解,有助于客户做出更加科学合理的决策。

(4)CRM 系统实施

①构建以 CRM 系统为核心的组织构架。

诺华制药公司在实施 CRM 系统时,还要构建一种以服务客户为宗旨的组织架构,逐渐突破传统的"利益至上"的组织架构,将"服务客户"的思想贯穿企业的组织架构之中,始终使组织构架能够围绕客户关系管理的 CRM 系统构建,在此过程中,诺华制药公司不能急于求成,而要循序渐进地将"服务客户"宗旨落实到组织架构之中。因为诺华制药公司的组织架构并非短时间内形成的,是经过长期的发展与调整才逐步形成的,也正因为这样,所以诺华制药公司构建以服务客户为宗旨的组织架构时,也应该缓慢地进行,将这一过程细分为不同的步骤,结合其他制药公司的经验,对原有的组织架构进行科学合理的调整,将服务客户的宗旨融入组织架构之中。具体的组织结构如图 10.18 所示。

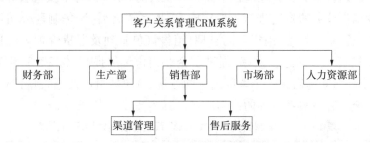

图 10.18　公司客户关系管理 CRM 系统组织架构图

诺华制药公司已经把客户关系管理上升到战略管理的地位,专门成立以公司副总经理为领导的客户关系管理 CRM 系统管理组织,对涉及客户关系管理的各个部门进行统一管理和协调,从而使组织架构能够为更好地发挥客户关系管理 CRM 系统的功能提供保障。另外,诺华制药公司还需要注重把握"度",对客户的合理需求进行针对性分析,而对部分不合理的需求进行摈弃。换言之,诺华制药公司在构建以服务客户为宗旨的组织架构过程中,既要维护客户的利益,同时也不能损坏企业自身的利益,要在不断的实践过程中,寻找两者的平衡,把握好两者之间的关系。

②优化运作流程的保障。

实施 CRM 客户关系管理系统后,需要运作流程不断优化。诺华制药公司要对运作的流程进行必要的调整,客户关系管理系统将新的运作流程灌输到企业运行之中,使其能够与企业的发展战略目标相适应。诺华对运作流程的调整主要体现在以下几个方面:

- 市场管理运作流程的调整。长期以来,诺华制药公司的市场管理运作流程都是以市场合作伙伴为中心的,通过对市场管理费用、信息资源管理等方面的详细分析,诺华制药公司形成一种针对市场合作伙伴的市场管理。虽然在此过程中,诺华制药公司也对产品或服务的市场有详细的调研和分析,但并未形成系统的市场管理体系,未能对不同的市场管理分支进行全面的管理。这就使得诺华制药公司在发展过程中,虽然总体上的发展状态较好,但由于缺乏对商品市场的管理,因此面临着很多该方面的隐患。而 CRM 系统要求诺华制药公司形成"市场信息—市场活动合作伙伴—市场管理活动—市场活动进度"的运作流程,在实施市场管理的过程中,既要重视对市场活动合作伙伴的管理,同时也要注意对商品和服务的市场管理,在深入分析市场信息的前提之下,从多个不同的角度出发,实现全面的市场管理。CRM 客户关系管理系统实施以来获得的市场信息比未实施前提升了 78%,而且通过市场管理模块和数据库的信息分析,及时指导公司进行价格和市场调整,2016 年第 2 季度增加利润近 8 000 万元。

可见,实施 CRM 客户关系管理系统后市场管理运作流程的调整为公司及时把握市场信息、增加收益做出了贡献。

● 销售业务运作流程的调整。实施 CRM 系统之前,诺华制药公司的销售业务运作流程总体是比较分散的,销售合同管理、销售订单管理、退货管理及销售收入管理分开进行,其间需要销售人员时刻关注产品的退货情况。在实践之中,由于客户数量较多,对产品或服务的态度不一,因此销售人员在管理过程中面临着较大的难度,稍有不慎就会导致销售管理错乱,不利于企业销售业务的稳定进行。但实施 CRM 系统之后,诺华制药公司可以从宏观角度,对销售业务进行系统管理,销售合同管理、销售订单管理及退货管理等流程可以同时进行,大大提高了销售业务的运作效率,促进了企业销售量的提高,将 2016 年年末实施 CRM 系统前的一个季度与实施后的一个季度的合同数量、订单数量以及退货量进行比较,从而得出实施 CRM 系统对客户关系管理的作用所在。具体情况见表 10.1。

表 10.1　诺华制药公司实施 CRM 系统前后销售情况对比表

CRM 系统	合同管理份数	订单管理份数	退货管理数
实施前	104	367	56
实施后	168	742	13
增长百分比/%	61.52	102.17	−76.78

自诺华制药公司实施 CRM 系统进行客户关系管理后,在销售管理上取得了较大的成绩,尤其是退货情况得到了较大的改善,这说明公司与客户的关系在步入良性的发展轨道。

● 渠道管理运作流程的调整。在 CRM 系统中,诺华制药公司的渠道管理也可以在客户关系管理系统中完成。具体来说,诺华制药公司可以将渠道合作伙伴的相关信息资料输入客户关系管理系统中的渠道管理模块,使得企业的渠道管理可以在客户关系管理系统之中完成。为此,诺华制药公司也需要根据渠道管理的实际情况,对运作的流程进行调整,使其能够在客户关系管理系统中稳定运作。

● 服务管理运作流程的调整。实施 CRM 系统之前,诺华制药公司的服务管理大多是各个分公司独立负责的,这些分公司在诺华制药总公司的要求之下,按照相关的规定开展服务管理工作。长期的实践表明,这种服务管理模式能够减少服务方面的纠纷,基本维持企业的正常经营和运转。但即便如此,由于诺华制药公司规模庞大,销售的医药产品种类十分丰富,所以难免会在服务管理中出现不到位的地方,导致客户对企业服务的总体满意度大大降低,不利于企业的长远发展。在这样的情况下,CRM 系统可以录入服务管理方面的程序,使得诺华制药公司的所有服务管理流程都可以在该系统中完成,包括:客户反馈、服务请求及服务任务管理等,特别是 CRM 系统服务管理平台中的客户反馈功能,只要客户有问题、有意见随时都可以向公司销售部反映,如果销售部在 24 小时内没有给予答复和解决,那客户的反馈文件将自动传递到销售总经理的邮箱里,因此,自实施 CRM 系统服务管理后,客户投诉呈现出先高后低的现象,这说明在未实施前客户有着诸多的问题需要解决,随着服务平台的出现,客户的意见和要求得到了满足,从而投诉也越来越少。

• 呼叫中心管理运作流程的调整。呼叫中心管理是诺华制药公司客户关系管理中的重要环节,也是维持良好客户关系的关键。在实施 CRM 系统之前,诺华制药公司对呼叫中心的管理基本上是通过互相监督、服务结果记录等方式进行的,在这种模式之下,时常会发生部分客户无法连接到呼叫中心的问题,不利于营造和谐的客户关系。而在 CRM 系统之中,专为呼叫中心管理而设计的呼叫中心管理模块能够对关于呼叫服务的所有资料进行信息化和电子化,在很大程度上方便了企业对呼叫中心的管理,自呼叫中心服务平台运作以来,已经实时接听客户信息近 1 425 条,其中药品采购信息占到了 30% 以上。通过呼叫中心获得药品采购的信息,从而能够为公司在激烈的卖方市场竞争中取得优势地位。

③建立科学的企业文化保障。

企业文化是企业的精神中心,是有效实施客户关系管理 CRM 系统的重要保障。对于诺华制药公司来说,其在实施 CRM 系统后,企业文化建设也得到了完善与发展,通过对诺华制药公司客户关系现状及总体发展情况的深入分析,紧抓企业的发展理念,构建真正适合公司长远发展的企业文化。客户关系管理的 CRM 系统从建立科学的企业文化入手,把握 4 个重要的环节进行企业文化建设。

首先,CRM 系统的实施能够把握企业市场发展现状,确立以市场为导向的企业文化构建方向。诺华制药公司要从产品销售、市场开拓等视角,从客观的角度分析企业的实际经营发展情况,找出发展中的不足之处,并且对这些不足展开研究,寻找解决的具体方法。通过 CRM 系统的一系列调研和分析,诺华制药公司能够掌握企业文化的构建方向。

其次,初步确定企业文化体系。经过前期对企业发展现状和企业文化构建方向的分析,诺华制药公司可以初步确定企业文化的体系,但这一体系的实践价值和可操作性还需要进一步检验。如:诺华制药公司利用 CRM 系统渠道管理体系,建立了以优质客户为核心的"诺华客户之家",逐步使客户从简单的买卖合作发展成为战略合作。

再次,检验企业文化的科学性和合理性。诺华制药公司可以通过模拟企业文化影响流程,分析企业文化体系实践之后将会对企业发展造成的影响,根据模拟的结果来检验企业文化的科学性和合理性,确保该企业文化体系是真正符合企业发展现状的,并且能够为企业带来更多的利益。2016 年 6 月,诺华制药公司通过 CRM 系统的服务平台,征集客户对企业文化中的愿景、目标、标识等建议,共收到有效的建议 700 多条,这些建议无疑为公司打造强有力的企业文化奠定了基础。

最后,落实企业文化。建立了文化体系之后,诺华制药公司需要通过员工大会、员工手册等不同的形式,将企业文化落实到企业经营发展的各个环节之中,而员工作为所有经营活动的行为发出者,应该是落实企业文化的关键,诺华制药公司将运用客户关系管理的 CRM 系统建设与客户结为一体的企业文化,推动了客户关系管理水平的不断提高。

④科学的管理制度保障。

诺华制药公司在实施 CRM 系统后必须有科学的、全面的管理制度作为有力的管理保障,才能够确保 CRM 系统稳步实施,而且还要使各项管理制度得到有效的实施和遵守。例如,在销售管理的应收账款管理系统中,如果销售经理未能按时按量收回应收账款,那么系统将自动对该销售经理进行处罚,扣罚的款项自动与财务部对接,这就在很大程度上避免了清收应收账款的不力,以及对药品赊销管理的不重视问题。可见,通过这一管理制度,对 CRM 系统中各个模块的相关人员进行严格的管理,可以确保客户关系管理系统在合理范围内运转,避免由于管理制度不清晰而造成的 CRM 系统运行问题。

诺华制药公司在构建 CRM 系统管理制度时,首先要对 CRM 系统的各个模块运作情况有系统的掌握,深入了解所有客户关系管理系统的各个组成部分,为构建管理制度奠定基础;其次,诺华制药公司还需要确定管理制度的切入口,紧抓 CRM 系统的管理重点,从这些重点切入;最后,诺华制药公司应采取合适的措施将 CRM 管理制度落实下去,确保所制定的制度能够得到应用和实践。

(案例来源:胡昶. 客户关系管理(CRM)系统在诺华制药的应用策略研究[D]. 郑州:河南工业大学,2017.)

10.2.5　CRM 在旅游业的应用

旅游企业是现代服务业的典型代表,它没有传统意义的产品,而是利用自身的专业知识、资源为社会提供专业服务。在旅游业中的 CRM 最主要的是关注客户的信息和客户的服务管理。

1)旅游业 CRM 系统

CRM 的理念具体应包括同客户建立"一对一"的关系、把客户当作企业的重要资源来管理、以客户为中心是 CRM 的最高原则。这些理念在旅游企业中是适用的,主要表现在以下 3 个方面:

(1)同客户建立一对一的关系

旅游行业是一个以人为主体的服务性行业,由于游客需求的多样性和复杂性,客观上要求对游客进行一对一的沟通和服务。

(2)客户资源是公司最重要的资产

著名的管理大师彼得·德鲁克(Peter Drucker)在谈论客户关系时强调:"企业经营的真谛是获得并留住顾客"。客户是企业的衣食父母。对于旅游业,它需要争取足够多的游客,来支付旅游产品的价值。

(3)以客户为中心是 CRM 的最高原则

商业成功的关键在于针对客户的需要,提供产品和服务来满足这种需要,然后通过对客户关系的管理确保客户满意和再次交易。旅游业提供的是直接面对人的服务。客户的满意程度对旅游企业的收益更为重要,服务的质量和效率直接影响着各旅游企业的声誉和经济效益。作为旅游业中的客户——游客,由于其经济状况、文化背景等差异较大,对旅游产品的心理预期各有侧重,同样是旅游,有的注重休闲,很在意旅途中的食宿、日程安排等硬环境;有的注重旅游景点的自然、人文景观,关心服务的软环境,由此对旅游产品的服务水平要求很高。因而,对于旅游企业而言,要想在强势竞争的环境中取得竞争优势,就必须再认识客户资源的重要性,以客户为中心,树立全新的经营理念,建立以客户为导向的经营目标,从而在竞争中取胜。

2)案例:去哪儿网的 CRM 实施

(1)CRM 实施背景

去哪儿网在发展初期是一个提供垂直搜索、在线比价的平台,没有直接的供应商资源。随着公司的发展、业务的扩展,公司正逐渐向 OTA 转型。公司首先看中的就是旅游服务产品中的酒店业务,高额的酒店佣金成为 OTA 一直来的"现金牛"。从 2014 年起,公司大量投入人力资源,开拓三星级下的酒店蓝海,通过酒店直签手把手地帮助小酒店线上经营,酒店签约的数量以平均每月 2 万家的速度快速增长。签约数量的高速增长,伴随的是大量合同与销售方案的产出,及编辑和审核这些信息所带来的人力消耗。

公司目前所采用的电子文档、纸质的信息保存和传递的方式已经无法满足需求。并且酒店等旅游服务供应商不同于传统的工业产品供应商,旅游服务供应商具有易流失、风险高、分布范围广、质量难以控制的特点。随着供应商的数量增多,公司与商户的关系将越来越难以维护,公司给旅游消费者提供的服务质量也将无法保证。在这样的背景下,去哪儿网引入客户关系管理的思想,定制开发了一套 CRM 系统,来解决以上问题,保证费用可控的情况下,业务实现快速增长。

(2)CRM 系统架构

去哪儿网大住宿事业部的 CRM 系统,起初只是供公司销售人员保管商户和商户联系人信息使用。随着业务的不断推进,系统中逐渐加入了合同管理、方案管理、合同审核、方案审核、方案编辑、任务管理、销售提成管理等功能。逐步实现了商户发掘、拜访洽谈、签约合作、制订销售方案、信息审核、上线售卖、回访调研全过程的支持。并且通过执行销售任务的方式来监管和引导销售人员的日常工作,任务的完成情况决定着销售人员的提成。系统同时还是公司其他系统的数据上下游,需要从外部系统同步数据,同时提供接口给外部系统调用。

系统主要由系统管理、商机、商户、合同、任务、销售管理、提成管理、编审、通知、数据中心、问题反馈、标签管理 12 个子系统以及邮件服务、短信服务、消息服务、权限、数据抓取等一系列基础服务构成。

①系统需求描述。

旅游产品能够在公司的门户网站中进行售卖,离不开公司与商户建立的良好合作关系。

然而,在目前的客户关系管理工作中,仍然存在着诸多问题:

首先,商户信息和联系人等信息采用手工记录的方式,易丢失。销售人员之间信息不流通,经常会出现多个销售人员拓展同一家商户的情况。

其次,业务经理的日常工作,无法得到监管。任务的完成情况,无法及时反馈,从而导致人力资源分配不合理,商户需求无法得到及时响应。

最后,产品在上线售卖前,需要对合同、售卖方案的信息进行审核。合同、方案基本采用电子文档的记录方式,易丢失,审核结果也无法及时反馈。

通过引入 CRM 系统,可以方便地维护商户和联系人信息,跟进商户状况,合理地分配销售任务;合同、方案实现电子化,便于信息的存储与流通。

②系统角色。

表 10.2　系统角色及其职责

角　色	职　责
管理员	负责管理系统用户、资源、用户组、组织结构、城市等
业务经理	负责商户关系的拓展与日常维护,处理销售任务
城市经理	负责管理其所属城市的商机,分配销售任务、商户给下属业务经理
运营	负责创建销售任务
城市品控	负责初审合同、方案
总部品控	负责终审合同、方案

③系统架构。

系统的总体架构基于架构和 SSM 框架进行设计,从上到下依次为界面层、应用层、支撑居和数据层。系统的架构如图 10.19 所示。

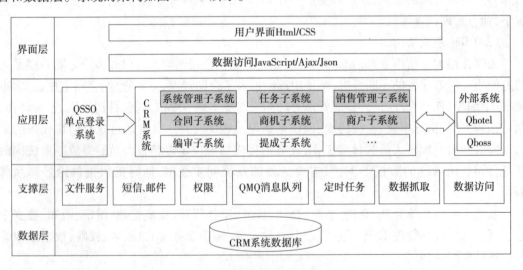

图 10.19　CRM 系统架构图

界面层是系统的门户,直接与用户打交道,负责处理系统与用户的交互。用户在浏览器中进行操作,会向应用层发送 HTTP 请求,应用层将请求处理后,将处理结果返回到界面层进行显示。界面层又可细分为用户界面层与数据访问层,界面层使用 HTML、CSS 等技术负责页面的展示和布局。数据访问层中,一方面,使用 JavaScript 校验用户输入的数据,减轻服务器处理压力;另一方面,使用 Ajax 技术实现界面层与应用层的数据交换。

应用层主要负责系统业务逻辑的实现,通过调用支撑层提供的服务,来完成界面层中发送的 HTTP 请求的处理,是整个系统的核心部分。应用层包含构成系统的 12 个子系统,包括商机子系统、商户子系统、合同子系统、任务子系统、销售管理子系统、提成管理子系统、编审子系统、通知子系统、数据中心子系统、问题反馈子系统、标签管理子系统、系统管理子系统。

其中,商机子系统的主要功能是管理商户的合作请求;商户子系统的主要功能是管理商户联系人、拜访记录等信息;合同子系统的主要功能是管理、审核合同与方案;任务子系统的主要功能是管理销售任务;销售管理子系统的主要功能是从不同的维度统计商户的拜访记录信息;系统管理子系统的主要功能是管理和维护系统中的基础信息。应用层采用公司统一的 QSSO 单点登录系统进行登录管理,提升系统安全性的同时方便了用户的操作。CRM系统也是公司其他系统的数据上下游,所以在应用层中需要实现与外部系统同步的逻辑,同时提供接口供外部系统调用。

支撑层位于数据层和应用层之间。在支撑层中,以组件的方式封装了系统的一些公共的功能,为应用层提供基础的服务,方便应用层业务逻辑的实现。支撑层提供的功能主要包括文件服务、短信服务、邮件服务、权限服务、QMQ 消息队列、定时任务、数据抓取服务以及数据库访问服务等。

数据层主要用于存储系统的数据,是系统的数据来源。应用层中的子系统可通过支撑层提供的数据访问服务实现对 CRM 系统中数据的增删查改。

④系统功能设计。

表 10.3　CRM 子系统功能模块说明

子系统	功能模块	模块说明
系统管理子系统	用户管理	新增、删除、修改、查看用户信息,锁定、解除锁定用户
	用户组管理	新增、删除用户组、修改用户组、查看用户组详情、为用户组绑定资源
	资源管理	新增、删除、查看、修改资源信息
商机子系统	商机创建	新建商机
	商机管理	查看商机、处理商机
商户子系统	商户管理	新增、修改、查看、捡入、分配、放弃商户
	联系人管理	新增、删除、查看、修改商户联系人
	拜访管理	新增、删除、查看、修改商户拜访记录

续表

子系统	功能模块	模块说明
合同子系统	合同管理	新建、查看、修改合同
	合同审核	领取待审核合同,审核合同
	方案管理	新建、查看、修改方案
	方案审核	领取待审核方案,审核合同
任务子系统	任务配置	新增、修改、下线任务类型,批量导入任务
	任务处理	查看待处理任务,查看任务详情,处理任务
	任务分配	查看待处理任务,查看任务详情,分配任务
	任务考核	考核已处理的任务
销售管理子系统	我的拜访	查看用户的拜访记录
	拜访量统计	查看拜访量统计的统计信息
	拜访推荐	推荐待拜访商户

(3)CRM 项目实施

通过对各子系统的数据库设计、流程设计、类设计和时序设计,CRM 项目实施效果如下。

①系统管理子系统。

系统管理子系统主要实现对用户的管理、用户组的管理、资源管理和系统其他基础信息(城市、组织结构、品类等)的管理等。由需求分析可知,系统需要实现基于用户角色的访问控制的功能,该功能主要是由用户管理模块、用户组管理模块和资源管理模块来实现的。对于系统管理子系统,管理员打开系统管理主界面后,点击用户管理标签页,然后在左侧菜单栏中点击添加账户,进入新建用户页面。管理员填写用户基本信息后,点击提交按钮,即可完成新建用户的操作。管理员可以按照组织机构和用户名查找用户。点击某个用户操作栏中的编辑、删除、锁定(解锁)可以进行对应的操作。

②商机子系统。

商机子系统根据功能划分为商机新建和商机管理两部分。城市经理打开商机管理页面,默认展示最近一周的待处理商机,输入查询条件可以进行搜索和筛选。城市经理可选择点击商机列表中的任意一条商机的操作栏中"分配"或"暂不合作"按钮对商机进行处理。

③商户子系统。

商户子系统可划分为商户管理、拜访管理和联系人管理 3 个功能模块。

用户打开公海列表页,默认显示用户所在城市的公海列表,用户可以根据一定条件来搜索、筛选商户。用户可以在公海列表中查看商户的基本信息,捡入商户。

业务经理打开私海商户的详情页,页面上方展示商户的基本信息,基本信息的下面有拜访、纠错、添加合同、放弃等操作按钮。按钮的下边是与商户关联的联系人、拜访记录、合同的信息的列表,可以在页面的列表操作栏中进行添加、删除、修改操作。

业务经理在私海商户的详情页中点击添加拜访按钮,弹出添加拜访记录的对话框,在对话框中选择拜访目的、类型及拜访时间等信息,点击提交后保存。

④合同子系统。

合同子系统主要包括合同管理、合同审核、方案管理以及方案审核 4 个模块。业务经理可以在私海商户列表、商户详情页点击添加合同按钮,为私海商户添加合同。必填信息填写完毕后,点击提交审核,合同进入待审核状态。总部品控可以在待审任务列表查看自己的待审任务。点击页面上方的“获取任务”按钮,系统会分配一个合同给品控进行审核。品控通过点击操作栏中的查看按钮,进入到合同的详情页进行审核操作。品控人员通过进入合同详情页,页面上方展示合同的审核进度,品控人员可以在合同的操作栏中进行审核操作。

⑤任务子系统。

任务子系统能够通过执行任务的方式来监管和引导销售人员的日常工作,根据功能可划分为任务配置、任务处理和任务考核 3 个部分。运营人员可以在上传任务列表弹窗中进行批量导入任务的操作。批量导入任务时,选择任务类型和任务起始时间,上传包含商户序列号的 Excel。系统就会创建任务给对应的业务经理。运营人员可以在任务配置页面中新增或修改现有的任务类型。在修改类型页面中,可以修改任务名称、任务接受对象、反馈面板等,还可下线任务。业务经理通过待处理列表页面查看待办任务,点击一个任务后,进入任务详情页,然后处理任务。系统会启动定时任务对任务进行考核,任务的考核结果也会展现到详情页面中。

⑥销售管理子系统。

销售管理子系统从不同维度统计拜访记录,从而获得有价值的信息。城市经理打开我的拜访模块,默认展示最近一周下属的拜访详情,可以输入查询条件进行搜索、筛选。城市经理打开拜访统计页面,默认展示最近 3 天、负责组织下的业务经理拜访的一些指标,可以输入查询条件进行搜索、筛选。城市经理打开拜访推荐,默认展示最近 3 天、负责组织下的推荐拜访信息。可以输入查询条件进行搜索、筛选。

通过本 CRM 系统的使用,能够帮助企业更快、更好地整合供应商资源,加快合同、方案审核的流程,缩短产品的上线周期,优化企业资源的配置,节约企业的成本。

(案例来源:白元.基于 SSM 的客户关系管理系统的设计与实现[D].北京:北京交通大学,2016.)

10.3 CRM 在中国的应用前景与趋势

在未来,中国市场上的 CRM 产品,将会向更强大的决策支持和商务智能迈进,并将更为充分地体现 Internet 和电子商务对 CRM 的根本要求。先进的客户关系管理应用系统必须借助 Internet 与移动平台,借助大数据、云计算、物联网等技术,实现与各种客户关系、渠道关系发生同步化、精确化，符合并支持决策和发展需要，最终成为电子商务实现的基本推动力量。

中国软件网与海比研究联合发布的《2019中国CRM市场趋势洞察报告》数据显示，从市场规模来看，CRM系统领域在2012年的市场规模为14.25亿元，到2017年增长为43.48亿元，到2020年这一数据预计将达到95.52亿元。主要是指销售管理市场，以及连接客户的营销管理市场，不包括呼叫中心、智能客户、营销技术、营销广告、数字营销等市场。2018年CRM的市场规模为73.64亿元，市场增长率约为25.92%。其中，CRM市场的国内品牌市场规模约为53亿元，CRM的SaaS占比约为35%。未来三年，CRM市场还将保持20%以上的高速增长。

过去10年，CRM行业发生了巨大变化。云服务现在已经标准化了，尽管隐私和安全问题仍然是首要问题。微软和Saelsforce.com等大型CRM供应商正在向人工智能领域投入大量资源。总体来说，出现了旨在实现营销和销售自动化的工具和服务。展望中国CRM应用前景与趋势，其体现出以下5个方面的特点：

1）真正以客户为中心，重视客户体验

据调查显示有73%的优秀CEO将了解客户作为最重要的投资领域，对客户的全方位洞察力已经成为新时期优秀CEO的重要特征。多年来CRM厂商都宣称产品能提供360度的客户观察，多数CEO都知道这个概念，但很少有人真正重视并执行。但是近年来，随着社交网络的高速发展，顾客在与企业的交易中影响力越来越大，企业产品或服务的任何缺陷会在一夜间通过用户口碑影响数百万人，而企业的产品利润则不断被更加聪明的消费者"压缩"。

企业与客户的围绕交易的信息对称、议价能力、品牌塑造等主动权都在向消费者倾斜。随着高级管理层对客户体验管理（CEM）的重视，"360度客户观察"终于有望得到落实。

对于重视利用技术来为客户交付一个愉快的用户体验的IT领导者来说，客户体验（CX）活动是很重要的，尽管它与传统的IT工作有所不同。根据Gartner公司的一份报告，CX项目的技术含量约为50%。剩下的50%呢？这一切都归结于客户的情绪、看法和相关的定性因素。

为了在客户体验方面获得成功，IT主管需要从更广泛的角度看待他们的涉众。除了销售和市场营销，还需要考虑其他部门，比如客户服务（或科技行业中的"客户成功"）。你可能会发现自己有了一个新的同伴——首席客户官（CCO）。相比之下，CRM倾向于在项目的基础上运作。

2）实施数据挖掘和管理，商业智能与前端应用对接

为使面向客户的部门能与系统同步化运转，融合实现连贯的、掌握客户关系全程的CRM应用，企业在客户关系管理产品设计和实施中，实现对客户完整实时的交互和信息的同步传递至为关键。CRM系统的有效性是建立在数据可靠性的基础上的，数据的真实性直接影响CRM系统的分析结果，因此对CRM系统数据应该进行多方面持续监控，加强数据的管理和挖掘。否则，如果以传统的观点或思路来应对，将限制客户与企业的每一次互动。而如果企业管理信息系统在客户档案、工作进程和数据的传递与共享不能同步，只根据一小部分客户数据或者是有限范围内的分析，将无法形成在未来互动中整体关系的局面。因此，成

功的 CRM 系统必须注重客户信息、数据同步化并以基于网络的技术应用来保障,每一次与客户的互动都能从对客户的全面了解开始,而当企业经营转向电子商务或客户转向网上渠道时,CRM 不会因为出现信息缺陷而再次落伍。

对用户体验的重视对于企业来说意味着一个全新的复杂交互的商业世界,洞察并适应客户的变化趋势是企业在竞争中胜出的关键。CRM 和 CEM 将发挥重要作用,但是成功的企业需要能够整合从客户到供应商的前后端信息,这也是企业 CRM 整体战略的发展方向。

与上述趋势相呼应,未来各行业 CRM 应用的一大趋势就是 BI 在前端客户应用中的整合。以客户为中心的企业必须能够在创造价值和交付价值的过程中持续创新(而不是过去断续的、阶梯式的创新),这要求企业跳出客户体验管理的局限,进行 360 度的客户洞察,不仅仅关注客户的合同,还要分析他们的情景以及复杂的市场环境因素,这都需要商业智能与前端应用对接。

3)强调客户运营、管理和服务覆盖客户全生命周期

企业需要的不仅是销售过程的管理,不仅是销售漏斗,更重要的是新客户的获取、老客户的持续服务。一些企业已经开始将其 CRM 系统的范围扩展到销售之外,从而包括对市场营销的支持,甚至包括对复杂的 B2B 销售的配置—报价的支持。然而,下一个 CRM 集成趋势将来自一个完全不同的领域:运营和客户服务。

西南航空推出一个试点项目,通过 CRM 整合,找到了改善客户服务的新方法。西南航空首席信息官 Kathleen Wayton 解释道:"在过去一年中,我们引入了一个新的项目,从而为西南航空这一个大家庭带来了巨大的惊喜。这个试点项目的灵感来自 Nashville 机场的一位伟大的代理商,他通过检查多个来源进行了一次人工集成,从而帮助服务客户。"西南航空公司新的 CRM 方式,将传统的客户数据与运营数据进行了结合,如航班延误次数、公司忠诚度计划的年限和最近的活动。有了这些信息,代理商就能知道客户在订购机票方面有哪些困难,并能判断出何时以及如何为客户带来惊喜。

物联网(IoT)传感器数据的重要性不断上升,也促成了这一趋势。如果 CRM 有关于服务问题的通知需要送达给销售团队怎么办? 这种整合将帮助公司主动地去接触客户,而不是等待愤怒的客户找上门来。2017 年,麦肯锡的研究发现,"服务运营的优化"和"提高运营的可见性"是对物联网企业应用感兴趣的高管们优先考虑的问题。

4)移动 CRM 支撑客户"实时性"

移动 CRM 的风暴已经席卷全球。企业将更多地依赖移动 CRM 系统,来保持与客户的连接。从内部任务分配,到外部的客户参与,移动应用让企业与客户随时随地保持连接与互动。市场、销售、服务人员可以实时地了解客户最新的喜好和行为动态,做最及时的响应。移动 CRM 满足了客户交互的"实时性"要求,从而为企业带来巨大价值。

BYOD(使用个人设备办公)的趋势已经不可阻挡,BYOD 应用的深入将加速推动移动 CRM 的流行,推动前后端办公应用整合,并推动销售增长。宽带无处不在,以及 HTML5 跨平台开发是推动 CRM 移动化的两大技术因素,越来越多的企业开始制定 BYOD 政策,这有助于进一步推动移动 CRM 的发展。

5）整合成为必然，CRM 需具备"平台性"

企业真实的需求，驱使 CRM 朝多层次、一体化的系统平台发展。企业需要将 CRM 与电子商务平台无缝集成，以消除销售和市场部门之间的割裂；企业需要将 CRM 接入客服系统，用市场和销售数据提升客服质量，完成二次营销和销售；企业需要将 CRM 作为桥梁连接内部 OA 系统和外部社交媒体渠道，建立员工与客户"大互动"平台。为满足企业的这些需求，CRM 系统将会以开放平台方式，允许企业定制应用插件或整合其他业务系统。"定制""连接""平台性"将成为 CRM 系统的关键词。

企业移动应用也产生了一系列的整合问题。智能手机和平板电脑上的移动 CRM 和合同管理系统确实能大大加快销售周期，提高客户平均销售额，但移动 CRM 应用尚存在与中央 CRM 系统的集成问题。企业部署移动应用时需要通盘考虑所有关键的前后端流程。很多财务、库存、销售周期、支付和客户支持功能都能实现移动端的安全数据访问。企业 IT 经理可以从周期短、见效快的移动应用入手，例如销售机会管理或者现场客户支持（CRM）以及发票（ERP）等偏重信息记录流程。一个移动化销售团队产生的效益很快就能超过移动应用的部署成本。

6）SaaS 真正落地，按需服务

软件即服务（Software as a service）已经慢慢成为软件交付的默认模式，本地 CRM 已经成了例外。云 CRM 的企业采用曾经是一项艰难的任务，但现在不是这样了。Poulter 表示："我们的研究发现，在所有新的 CRM 收购中，约有 80% 是在云端进行的。云采用的主要例外是基于行业监管或那些像你在金融服务中所看到的隐私问题。"对于仍然拥有遗留的内部 CRM 系统的首席信息官来说，是时候质疑这种策略了。随着时间的推移，供应商支持和找到足够的人才来维护这些遗留系统只会变得更加困难。如果隐私保护在过去是云采用的障碍，那么现在是时候重新审视这个市场了。

最为传统的 On-Promise 软件，如微软的 Office、Adobe 的 Photoshop 也都转向 SaaS。专家预测，大型软件系统，SaaS 更是必选之路。部署企业软件如 ERP 或 CRM 程序套件，一直是一个耗钱费力的事情。使用软件即服务，应用程序部署不需要大量基础设施开销；按需租赁的方式，不需要在未验证项目是否成功就支付大量的软件授权费；系统上线后不需要组建团队进行系统维护；自动享用系统更新。

总之，无论是从技术角度，还是从市场角度而言，CRM 都将具有更广阔的应用前景。可以预见，CRM 在不久的将来将会得到更多行业、更高层次的接受与应用。不过在 CRM 逐步发展的过程中，需要对其进行持续的改进，让其沿着正确的轨道发展。

10.4　案例：西门子程控利用 Microsoft Dynamics CRM 实现矩阵式管理

1）项目背景

西门子程控利用 Microsoft Dynamics CRM 实现矩阵式管理，全面了解销售团队业绩，为公司制订发展策略提供决策辅助。

西门子公司成立于 1847 年,是世界电子工程领域的全球领导者。1872 年西门子开始了与中国的合作,迄今为止在全国已建立 40 多家公司,28 个区域办事处,拥有 21 000 多名员工。1993 年西门子数字程控通信系统有限公司(SBCS)成立,合资方分别为西门子股份有限公司、西门子中国有限公司、上海新光电讯厂以及爱建股份有限公司。

西门子数字程控通信系统有限公司(SBCS)在经历了十年的发展后,为中国企业提供了具有革新意义的商务通信解决方案。德国技术、专业精神和创新精神,在 SBCS 通信产品和服务的研发和营销过程中,得到完美的延伸和体现。

国内业务的快速增长促使西门子程控开始考虑使用矩阵式管理模式来统一管理销售团队以及各产品线,经过长期研究考察以及多方比较后,西门子程控决定采用微软 Dynamics CRM 产品,应用其销售、客户模块来管理公司业务。微软 CRM 具有优良的销售管理、客户信息完整视图等功能,同时具备易开发的特点,使得西门子程控在完善公司矩阵式管理、全方位了解客户信息制定销售策略、挖掘潜在商机等方面均取得良好收益。

2)客户状况

西门子程控公司业务飞速增长的同时也带来了管理上的难题,主要表现在以下几点:

(1)缺乏有效管理上百人销售团队的工具

西门子程控的业务遍布国内及各行业,除设置北、东、南 3 个销售大区以外还按照各行业特点设置专门针对该行业的业务代表(Business Developer),因此整个团队人数多达上百人。西门子程控希望建立矩阵式管理模式,加强对销售的控制。

(2)缺乏能快速沟通的信息共享平台

许多销售活动不但需要跨部门展开而且一个客户往往涉及多个产品线销售,销售同时要与多个客户经理打交道,因此彼此之间及时沟通共享信息显得尤为重要。

(3)缺乏统一高效手段管理商机

3)解决方案

西门子程控为了加强对销售团队的控制以及对商机的把握,决定使用微软 CRM 进行辅助管理。经过半年多慎重选择,西门子程控最终选择微软金牌合作伙伴来负责实施这一系统。

微软合作伙伴的实施顾问在西门子程控销售、产品、市场和 IT 部门的协助下,对西门子程控现有的业务模式和目标进行了专业分析,提出了切合公司实际的解决方案。该方案着重解决西门子程控对销售团队以及客户的管理要求,整个系统运用于直销、渠道销售、服务销售、市场分析、电话销售等流程,主要分为以下几方面:

(1)矩阵式管理

实现了微软 CRM 系统的矩阵式管理,可按具体用户的需求,将各个职能部门的人员整合到一个项目中,提供多链路的汇报体系,使其各司其职,灵活而清晰。

(2)多客户经理的管理方式

重要顾客对于企业的贡献是多个产品线的。在 CRM 系统中实行"同一顾客、多客户经理管理"方式,既有利于销售的灵活性又为顾客管理提供了新的方式。并且,微软 CRM 不仅能够做到多客户经理的并行管理,并可按照权限设置,互不干预。

（3）销售阶段的清晰管理

对于销售流程的管理,西门子程控有非常清晰的认识。所以在 CRM 项目中,自始至终贯彻了销售阶段的各项职能定义:包括销售线索、竞标、签订合约整个过程,并可按照不同的项目规模,有层次地进行控制。

（4）上百个客户端的并行管理

西门子程控的 CRM 系统共有约 160 个客户端。微软 CRM 解决方案能对这上百个客户端的销售团队进行分门有序的管理,为销售工作的运作提供了稳固的支持。

（5）多产品线综合管理

西门子程控的产品线较多,各个产品线上所配备的销售人员和管理方式差别很大。微软 CRM 系统中的多产品线能并行地将多个产品销售的模式综合起来,做到重点有致,分门别类管理,方便管理层监管。

（6）销售业绩、指标管理

系统中可按年度、不同产品线制订具体的销售考核指标,并在系统中清晰地管理着随后细化的季度、月度的销售执行情况,并配合相应的绩效考评。

（7）客户管理

系统对客户所在行业进行了分类统计,方便销售和管理者了解行业特点。系统还针对每一个客户制订策略,从客户需求、强项分析销售机会。

（8）客户化报表辅助决策

微软合作伙伴根据西门子程控的业务需求定制开发了数张报表,从不同角度为公司决策层制订策略给出参考依据。例如可统计销售指标及实际销售额的报表,不仅能分析销售的业绩,也能对团队甚至区域、全公司销售做出分析评价;统计长时间未联系客户的报表,可以促使销售与那些疏于联络的客户再度联系从而发掘新的商机;分析竞争对手的报表,帮助企业了解对手动态,部署更为有效的战略。

4）优势与收益

（1）减少内部沟通时间,加快信息获取速度

实施系统之前,西门子程控的客户资料使用 Excel 表格汇总,数据更新不能确保及时有效,也无法做到实时共享。信息传递常常人为延误。实施微软 Dynamics CRM 之后,通过系统设置的标准流程约束销售必须输入客户信息之后才能进入下一个阶段直至签约或丢单,这就使得所有与客户相关的信息都能集中到同一平台,信息的完整性和及时性都能得到保证,内部沟通的时间也大大减少,加快了信息获取速度。

（2）主管加强对销售的管理以及对商机的控制

实施系统之前,客户资料大多掌握在业务人员手中,销售活动中的所有环节主管无法进行有效监控。实施微软 Dynamics CRM 之后,主管能方便地从系统中了解销售目前正进行到哪一阶段,对客户作了哪些承诺,可以随时调整客户策略,从而提高销售成功率。

（3）客户数据校验确保销售良性有序竞争

实施系统之前,销售常常会遇到同一客户向多人询价以便获得更优惠价格的情况,销售

在互不知情时往往互相压价给公司造成了损失,即使压价也不一定能留住客户。实施微软 CRM 之后,通过验证客户信息的有效性和重复性改变了这一状况,销售之间的良性竞争得到有序管理。

(4)全方位展现公司销售情况辅助决策

微软 CRM 通过报表向管理者 360°展现公司销售运营状况,并可通过集成 BI 工具深入挖掘数据,帮助企业审时度势及时调整营销策略。

案例分析题

1.根据本案例提供的材料,谈谈西门子实施 CRM 成功的原因。

2.西门子实施的 CRM 对其他企业有何借鉴意义?

本章小结

在我国,市场经济的不断发展成熟,市场竞争新的主导规则正由产品价值转向客户需求。全球市场机会及激烈的国内外竞争推动着企业的客户关系管理应用。对国外先进经验的借鉴使 CRM 在我国的成熟更快,发展更迅速。但也要看到,CRM 不仅是一个技术系统,更是一个集成了先进 IT 技术和管理思想的完整解决方案。它的实施与企业管理层的认识、人员素质、观念、企业文化等密切相关。CRM 盲目上马、管理层低估 CRM 实施成本、企业各层次人员对 CRM 缺乏认识或存在潜在的抵触心理等因素,使我国部分企业的 CRM 实施未能显效,CRM 在中国的应用还有待探索。

电信、金融、制造、IT、旅游业等客户主导、信息化程度较高、经济实力较强的行业是我国 CRM 应用的重点行业。通过案例,我们看到不同行业的 CRM 系统设计、应用有不同的特点。贴近行业需求,进行定制化设计是 CRM 解决方案的精髓。

复习思考题

1.试述 CRM 理论的发展在中国所面临的困难和问题。

2.试述 CRM 在中国实践中与理论发展中不协调的原因。

3.中国应该如何应对 CRM 在中国的快速发展?

4.中小企业如何更好地实施 CRM?

5.试述 CRM 在产品和技术上的发展趋势。

6.结合案例,理解如何针对行业需求设计和实施 CRM?

7.选择一种你熟悉的 CRM 解决方案,对其特点进行评述。

8.分析机械行业对 CRM 的重点需求。

9.分析咨询行业对 CRM 的重点需求。

10.举例说明 CRM 的国内发展面临的困难和问题。

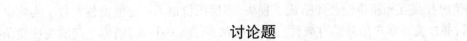

讨论题

1. 试说明信息化需求较高的大型企业和国内普通中小企业在 CRM 系统选择上有何不同需求。

2. 试讨论国内客户关系管理未来的发展状况和发展方向。

3. 试说明国内 CRM 与国外 CRM 发展道路的异同。

4. 试讨论中国客户关系管理在不同行业实施的区别(选择两个行业进行对比)。

5. 试讨论中国在 CRM 软件的选择上,是应该自主开发还是选择成熟产品。

6. 试讨论 CRM 与 ERP 的区别。

网络实践题

1. 试通过上网查阅资料,举一个 CRM 在中小企业的应用案例并对其进行分析。

2. 从网上搜索相关资料,了解中国应用比较多的 CRM 软件,并分析其特点。

3. 试通过网上搜索相关资料,分析中国在运用 CRM 软件中,应用最多的功能是什么?

4. 试搜索相关资料,分析中国在应用 CRM 中存在的误区。

参考文献

[1] Martin Christopher, Adrian Payne, David Ballantyne. Relationship Marketing[M]. London: Butter worth-heinemann Ltd, 1998.

[2] Alex Berson, Stephen Smith, Kurt Thearling. 构建面向 CRM 的数据挖掘应用[M]. 北京: 人民邮电出版社, 2001.

[3] Richard J Roiger, Michael W Geatz. 数据挖掘教程[M]. 北京:清华大学出版社, 2003.

[4] Ralph Kimball Laura Reeves, Margy Ross Warren Thornthwaite. 数据仓库生命周期工具箱: 设计、开发和部署数据仓库的专家方法[M]. 北京:电子工业出版社, 2004.

[5] 栾港. 客户关系管理理论与应用[M]. 北京:人民邮电出版社, 2015.

[6] 张燕. 软件工程:理论与实践[M]. 北京:机械工业出版社. 2012.

[7] 王广宇. 客户关系管理[M]. 北京:经济管理出版社, 2001.

[8] 董金祥,陈刚,尹建伟. 客户关系管理[M]. 杭州:浙江大学出版社, 2002.

[9] 何荣勤. CRM 原理·设计·实践[M]. 北京:电子工业出版社, 2003.

[10] 管政,魏冠明. 中国企业 CRM 实施[M]. 北京:人民邮电出版社, 2003.

[11] 杨德宏,李玲. 客户关系管理成功案例[M]. 北京:机械工业出版社, 2002.

[12] 李志宏,王学东. 客户关系管理[M]. 广州:华南理工大学出版社, 2004.

[13] 朱爱群. 客户关系管理与数据挖掘[M]. 北京:中国财经出版社, 2001.

[14] 林杰斌,等. 数据挖掘与 OLAP 理论与实务[M]. 北京:清华大学出版社, 2003.

[15] 邵家兵,于同奎. 客户关系管理——理论与实践[M]. 北京:清华大学出版社, 2004.

[16] 飞思科技产品研发中心. Oracle 数据仓库构建技术[M]. 北京:电子工业出版社, 2003.

[17] 何荣勤. CRM 原理、设计和实践[M]. 北京:电子工业出版社, 2006.

[18] 李志刚. 客户关系管理理论与应用[M]. 北京:机械工业出版社, 2006.

[19] 邵兵家. 客户关系管理[M]. 北京:清华大学出版社, 2010.

[20] 夏永林,顾新. 客户关系管理理论与实践[M]. 北京:电子工业出版社, 2011.

[21] 王金丽,申光龙,等. 在线顾客满意、顾客惰性与顾客忠诚的一种动态权变作用机制[J]. 管理学报, 2017(11).

[22] 陈明亮. 客户价值细分与保持策略研究[J]. 现代生产与管理技术, 2001(4).

[23] 王海艳,施福莱.CRM 的价值链过程[J].科学管理研究,2001(5).

[24] 刘刚.四种解决方案慎重选择[N].中国计算机报,2002-01-21.

[25] 吕英杰,汤勇,王凯.客户服务中心综述[J].新技术与新业务,2002(5).

[26] 刘满凤,黎志成.顾客满意度的测评[J].统计与决策,2002(7):11-12.

[27] 伍颖,邵家兵.顾客满意陷阱的双因素分析[J].经济管理,2002(13).

[28] 金国栋.客户细分理论及应用策略研究[J].华中科技大学学报:社会科学版,2003(3).

[29] 李良,陈钢.数据挖掘技术——模糊聚类分析在客户关系管理中的应用研究[J].工业控制计算机,2003(8).

[30] 黄亦潇,等.基于客户价值的客户分类方法研究[J].预测,2004(3).

[31] 蒋静.客户关系管理(CRM)与企业文化变革[J].南京工程学院学报:社会科学版,2004,4(3):40-43.

[32] 刘韧,张礼平.分析型 CRM 的系统构建研究[J].计算机应用与软件,2005(4).

[33] 姚仁杰.CRM 实施中的问题及对策和分析[J].企业活力——营销管理,2005(5).

[34] 曹萍.利用数据挖掘技术提升客户关系管理[J].科技管理研究,2005(5).

[35] 胡少东.客户细分方法探析[J].工业技术经济,2005(7):68-69.

[36] 叶孝明,黄祖庆.数据挖掘在零售业 CRM 中的应用研究[J].现代管理科学,2005(7).

[37] 舟野.信息技术推动传统商业革新[N].经济日报,2005-08-02(10).

[38] 张向阳,刘永梅.CRM 系统实施的关键成功因素[J].企业技术开发,2005(9).

[39] 陶融.若干客户群的客户生命周期价值模型的局限性研究[J].决策参考,2005(10).

[40] 袁建辉,刘海飞,肖斌卿.市级电信企业协同级投诉处理机制研究[J].现代管理科学,2005(11):33-34.

[41] 刘英姿,吴昊,客户细分方法研究综述[J].管理工程学报,2006(1):53-55.

[42] 冷英俊,夏安邦.基于 BPM 企业客户关系管理系统的框架研究[J].福建电脑,2006(2).

[43] 张承伟,胡艳卿.基于数据仓库的客户资源管理[J].先进制造技术,2006(2).

[44] 史达.A 建材超市 CRM 案例研究[J],电子商务,2006(6):64-67.

[45] 王方.中国 CRM 市场的发展历程及未来趋势[J].科技创业月刊,2006(7):69-70.

[46] 袁胜军.基于敏感分析的客户终生价值模型[J].价值工程,2007(7).

[47] 戴开勋.大规模定制模式的客户关系管理研究[J].经济与管理,2009(3).

[48] 杜栋,张玉阳.6 西格玛与 CRM 的比较与结合[J].华东经济管理,2009(8).

[49] 瞿艳平.国内外客户关系管理理论研究述评与展望[J].财经论丛,2011(3).

[50] 孙立阳.当前中国电信客户关系管理中的问题及对策分析[J].企业活力,2011(5).

[51] 脱建勇.基于人工免疫聚类的欺诈客户分析[J].清华大学学报:自然科学版,2011(7).

[52] 陈敏.数据挖掘技术在商业银行中的应用[J].中国管理信息化,2011(9).

[53] 2010 年中国呼叫中心产业发展研究报告.CTI 论坛,2010.

[54] 边璐.互联网背景下基于 CRM 系统的商业银行客户忠诚度提升研究——以华夏银行为例[D].杭州:浙江大学,2018.

［55］胡昶.客户关系管理（CRM）系统在诺华制药的应用策略研究［D］.郑州:河南工业大学,2017.

［56］白元.基于 SSM 的客户关系管理系统的设计与实现［D］.北京:北京交通大学,2016.

［57］周云飞.基于 CRM 的 MT 公司业务流程再造［D］.南京:南京理工大学,2014.

［58］郝长春.我国企业客户关系管理［D］.北京:对外经济贸易大学,2006.

［59］蔡铁军.CRM 在电子商务环境下的应用［D］.武汉:华中科技大学,2005.